NANCY FRIDAY
Die Macht der Schönheit

Buch

In der patriarchalisch dominierten Gesellschaft waren männliche Macht und weibliche Schönheit Tauschwerte. Und heute? Wir leben im Zeitalter der leeren Verpackung, denn Schönheit ist wie nie zuvor auf Äußeres beschränkt. Trotz aller Fortschritte in der Gleichberechtigung ist es den Frauen nicht gelungen, sich wirklich vom Diktat der Moden und von den herausfordernden, kritischen fremden Blicken zu befreien – so Nancy Friday. Ausgehend von ihrer persönlichen Biographie schildert Friday die Rolle, die das gute Aussehen im Leben einer Frau spielt, und fragt nach einer Möglichkeit, wie moderne Frauen der gesellschaftlichen Macht der Schönheit gerecht werden, ohne die erkämpfte Unabhängigkeit zu gefährden. Die Schönheit radikal abzulehnen hat sich, wie die Autorin in ihrem klugen Buch zeigt, als falscher Weg erwiesen, um sich von alten Fesseln zu befreien.

Autorin

Nancy Friday hat mit ihren Büchern, die sich speziell mit Frauenthemen befassen, weltweit großes Aufsehen erregt. Sie gehört zu den tonangebenden Kämpferinnen für Gleichberechtigung und die Befreiung der Frau.

Bei Goldmann sind bereits erschienen:

Befreiung zur Lust (12471)
Verbotene Früchte (12546)

Nancy Friday

Die Macht der Schönheit

Von der Wiederentdeckung weiblicher Stärke

Aus dem Amerikanischen übertragen
von Ursula Bischoff
und Susanne Kahn-Ackermann

GOLDMANN

Umwelthinweis:
Alle bedruckten Materialien dieses Taschenbuches
sind chlorfrei und umweltschonend.

Vollständige Taschenbuchausgabe August 1999
Wilhelm Goldmann Verlag, München,
in der Verlagsgruppe Bertelsmann GmbH
© 1997 C. Bertelsmann Verlag GmbH, München,
in der Verlagsgruppe Bertelsmann GmbH
© 1996 der Originalausgabe Nancy Friday
Originaltitel: The Power of Beauty
Originalverlag: HarperCollins, New York
Umschlaggestaltung: Design Team München
Umschlagabbildung: Tony Stone/Rizzo
DTP-Satz: Barbara Rabus
Druck: Presse-Druck Augsburg
Verlagsnummer: 12789
KF · Herstellung: Sebastian Strohmaier
Made in Germany
ISBN 3-442-12789-0

1 3 5 7 9 10 8 6 4 2

Für Patricia Colbert Robinson

Letzten Endes ist es die Liebe,
die selbst häßliche Dinge in etwas Schönes
zu verwandeln vermag.

BRUNO BETTELHEIM
Kinder brauchen Märchen, 1976

Inhalt

KAPITEL 4

Der Tanz der Adoleszenz: Mädchen

KAPITEL 5

Der Tanz der Adoleszenz: Jungen

KAPITEL 6

Feminismus und Schönheit

KAPITEL 7

Männer im Spiegel

KAPITEL 8

Penis, Schuh und Vagina

KAPITEL 9

Wider die doppelte Moral des Alterns

Danksagung

Ein Buch ist eine Reise oder, wie es Bruno Bettelheim vielleicht ausgedrückt hätte, ein Weg der Suche voller Prüfungen und Bewährungsproben. Fünf ganz besondere Menschen halfen mir unterwegs bei der Überwindung der vielen Hindernisse:

Dick Duane war meine Muse, mit der ich jeden Morgen sprach. Er besitzt die Gabe zu wissen, wie man mit Schriftstellern weiblichen und männlichen Geschlechts redet. Seine Worte machten mir Mut, als ich es am meisten brauchte.

Diane Reverand, meine Lektorin, »sah« dieses Buch so, wie ich dieses überaus bedeutsame Verb verstehe, gab mir die Freiheit zur Selbstfindung.

Julie Roth, die so hervorragend Nachforschungen anstellt, war die wunderbarste aller Hinweissammlerinnen, Rätsellöserin und die beste Gefährtin, die sich eine Schriftstellerin wünschen kann.

Caroline Fireside war die weise Frau, der wir, wenn wir Glück haben, unterwegs begegnen. Sie sah viele der lauernden Drachen schon, bevor ich sie wahrnahm, und wußte, wie sie zu umgehen waren.

Und meinem Prinzen, meinem Mann Norman Pearlstine, ist all die Liebe und Dankbarkeit vorbehalten, von der ich bis zur Vollendung dieser Reise gar nicht wußte, daß ich sie besitze.

———— •·• ————

KAPITEL 1

Der Blick

Die Augen meiner Mutter

Ich bin eine Frau, die gesehen werden möchte. Doch ich wünsche mir auch – und inzwischen empfinde ich diese Möglichkeit als zunehmend attraktiv –, es aufzugeben, mich in den Augen anderer finden zu wollen.

Ambivalenz erklärt so vieles im Leben. Wieviel soll ich von mir zeigen, wieviel von meinen Bedürfnissen, von meinem nackten Ich anderen zu erkennen geben? Was für eine Seligkeit, alles zu zeigen und bewundert und umschwärmt zu werden; was für eine Qual, abgeurteilt und dann verlassen zu werden, nachdem ich so viel von meinem zerbrechlichen Selbst offenbart habe.

Beginnen wir unser Leben in völliger Offenheit? Liebten diese ersten Augen, die auf uns ruhten, was sie da sahen? Aber Liebe ist nicht wie ein sicherer Hafen; wenn wir uns verlieben, öffnen wir uns, gehen das Risiko der Zurückweisung ein. Die Augen, die uns ansehen, versprechen Bewunderung, Anbetung. Natürlich reservieren wir unsere tiefste und heißeste Wut für die Menschen, die wir am meisten geliebt haben. Wie konnten sie es wagen, nach allem, was wir ihnen gezeigt haben, den Blick von uns abzuwenden? Wir lieben sie, wir hassen sie. Starke Ambivalenz.

Sie denken schon, dies sei kein Thema, das Sie betrifft, Sie, die Sie kein »Kleiderständer« sind und nicht ständig in den Spiegel starren. Aber auch Ihr Leben wurde durch den Spiegel geprägt; niemand entkommt dem Einfluß, den unser Aussehen auf unser Leben hat. Später mögen wir uns vielleicht zu einem Leben ohne Spiegel entscheiden, aber zu Beginn brauchen wir die Widerspiegelung. Hat man Sie als Christuskindlein vergöttert, oder wurden Sie als unsichtbares Wesen verlassen und mußten ganz allein etwas aus sich machen?

Als Kind wollten Sie gesehen, wahrgenommen, angenommen und geliebt werden. Wenn das heute nicht mehr der Fall ist, dann könnte es daran liegen, daß Sie es versucht und verloren haben. Vielleicht mußten Sie Ihrem Bruder oder Ihrer Schwester gegenüber unterliegen oder aber hatten keine Chance angesichts eines Vaters oder einer Mutter, die verlangten, daß alle Augen stets allein auf ihn oder sie gerichtet blieben. Wer will sich schon an einen solchen Schmerz erinnern? Möglicherweise haben Sie den »Schönheitswettbewerb« auch gewonnen und wurden dafür gehaßt. Neid kann mörderisch sein.

Die universelle Macht des Aussehens gleicht einem offenen Markt, auf dem exhibitionistischer Handel getrieben wird. Fast nackte Körper ziehen unsere Blicke auf sich in den Straßen und Restaurants, spärlich bekleidete Menschen auf den Fernsehschirmen in unseren Wohnzimmern verlangen: »Sieh mich an!«

Tugenden wie Güte, Großzügigkeit, Einfühlungsvermögen sind aus der Mode gekommen. Heute tragen wir unsere Identität durch unseren Körper zur Schau. Wer schert sich schon um unsichtbare Tugenden? »Sieh mich an, sonst weiß ich nicht, ob ich existiere.« Wir leben in einem Zeitalter der leeren Verpackungen. Eitelkeit ist alles. Und glauben Sie mir, auch Sie sind diesem Einfluß ausgeliefert.

Am Anfang ist Liebreiz und Schönheit alles. Je mehr eine Mutter von ihrem Kind angezogen ist, desto größer die Wahrscheinlichkeit, daß es überlebt. Für beide ist der jeweils andere Mensch vollkommen. Was weiß das kleine Kind schon von Schönheitsnormen oder guter mütterlicher Fürsorge? Das Kind mag zu dick oder zu dünn, die Mutter unansehnlich sein, im Blick vereint jedoch sind beide makellos. Wenn man sich diese Idealisierung vergegenwärtigt, die so viele Künstler in zahllosen Variationen zum Ausdruck brachten, wird einem klar, was man einst besaß und verlieren mußte oder wonach man sich sein ganzes Leben lang gesehnt hat.

Darstellungen von der Madonna mit ihrem Kind mochte ich als junge Kunsthistorikerin am wenigsten. Die selige Kindheit anderer

14

war nichts für mich; alle, die das besaßen, was ich hatte entbehren müssen, und war es auch nur in der einfachen Skulptur einer Muttergottes mit Kind ausgedrückt, erweckten in mir Neid. Dennoch blieb das Bild eines frühen Renaissancemalers, in dem der Blick zwischen Mutter und Kind durch einen goldenen, ihren Augen verbindenden Strahl ausgedrückt wird, am längsten in mir haften. Als ich vor 20 Jahren *Wie meine Mutter* schrieb, stieg die Erinnerung an diesen in einem Lichtstrahl gefangenen Blick aus meinem Unbewußten als das vollkommene Bild frühester Mutterliebe wieder in mir hoch und rührte mich zutiefst.

Mit dem »Blick« fängt alles an. »Bald nachdem wir sehen können, wird uns bewußt, daß man uns auch sehen kann«, schreibt der Kunstkritiker John Berger. »Der Blick des anderen verbindet sich mit dem unsrigen und macht es erst so ganz glaubwürdig, daß wir Teil der sichtbaren Welt sind.«[1] Wir brauchen diese liebevolle Aufmerksamkeit von Anbeginn. Unser kindliches Ich fleht um den unkritischen Blick bewundernder Augen, in dem es sich widergespiegelt, gewärmt und aufgenommen sieht. Er ist Voraussetzung für Selbstwertschätzung und Selbstachtung.

Es verwirrte mich, daß ich mir sicher war, daß dieses Motiv des »goldenen Blicks« in unzähligen Gemälden vor und in der frühen Renaissance anzutreffen sei; schließlich hatte es mir ja so viel bedeutet. Doch heute kann ich nicht einmal eines finden. Mein Gedächtnis hält wohl an diesem Bild fest, weil ich darin etwas sah, was ich mein ganzes Leben lang vermißte und betrauerte: den »Blick«.

Inzwischen habe ich es allmählich satt, mich um mein Aussehen zu kümmern. Ich möchte so geliebt werden, wie mein Hund Bongo mich liebt: unkritisch und treu. Der Aspekt der Treue spielt bei jeder Diskussion über die Macht des Aussehens eine entscheidende Rolle. Den Treuen ist dein Aussehen egal. Sie lieben dein inneres Selbst, glauben mehr an deinen Wert als du selbst. Es spielt keine Rolle, daß Bongos bedingungslose Liebe mit Abhängigkeit verwechselt werden könnte. Im tiefsten Innern weiß ich, daß er mich, selbst wenn ich seine Schüssel nicht füllte, lieben würde, ganz gleich, was ich anhabe.

Könnte ich diesen äußeren Widerspiegelungen tatsächlich den Rücken kehren und von dem leben, was im Innern existiert? Einer meiner Freunde, Dick, liebte einmal einen Mann, dessen Schriftstellerkarriere er aufbauen half. Auf einem Foto der beiden richtet Dick seinen Blick unverwandt auf seinen Geliebten, während dieser direkt in die Kamera sieht. Dick hatte diesem Mann nicht nur seinen anbetenden Blick, sondern seine Kraft gegeben. Für ihn hatte er seine eigene Karriere aufgegeben, um sich ganz auf das Werk seines Geliebten konzentrieren zu können. Je erfolgreicher dieser als Schriftsteller wurde, desto mehr haßte er seine Abhängigkeit von Dick. Als sich die beiden schließlich trennten, ging es mit seiner Schriftstellerkarriere bergab. Kürzlich hat er sich das Gesicht auf meisterliche Weise liften lassen, aber sein Ziel erreichte er damit nicht. »Er hat sich umgebracht, weil er nicht mehr angesehen wurde«, sagte mein Freund. Sein Inneres war leer.

Den Aspekt in mir, der sich nicht mehr um das Aussehen kümmern will, nenne ich die »gute Nancy«, das süße Kind, das viele Jahre lang die Wut darüber in sich begrub, daß es die Augen seiner Mutter nicht auf sich zu ziehen vermochte und von ihr nicht so bewundernd angeblickt worden war wie das Christuskind von der Madonna. Ob wohl Jesus seine selbstlose Mission ohne diese Widerspiegelung in den Augen seiner Mutter hätte erfüllen können? Ich kann es mir nicht vorstellen.

»Eines Tages«, so sage ich zu meinem Mann, »werde ich allen meinen Büchern abschwören und Gott dafür um Verzeihung bitten, daß ich über Sex, die Ambivalenz der Mutterliebe, Eifersucht und Neid geschrieben habe.« Mein Mann findet das nicht sehr komisch. Er liebt meine Bücher. Er weiß, daß die »böse Nancy«, die über verbotene Themen schreibt, sich mit der »guten Nancy«, die keinen Tag in der Sonntagsschule fehlte, bekriegt und daß aus diesem ständigen Krieg alles entsteht, was sich an kreativem Feuer in mir entzünden mag. Mein Mann *sieht* mich, und ich bin durchaus für die magnetische Macht eines Mannes empfänglich, der eine Frau tatsächlich sieht.

Solange ich denken kann, habe ich die Augen der Männer gesucht, nach ihren Blicken verlangt. Nichts macht eine Frau süchtiger nach dem liebenden Blick eines Mannes als das Geheimnis eines abwesenden Vaters. Ich habe meinen Vater mein ganzes Leben lang vermißt. Eine Leere, die, wenn ich nicht Schriftstellerin geworden wäre, hinter den Barrieren der Verdrängung verborgen geblieben wäre. Ich wuchs auf, ohne mich in seinen Augen widergespiegelt zu sehen, ohne seinen Eindruck von meiner Gestalt und meinem Gesicht zu empfangen, von meinem Intellekt, meiner Sexualität, von allem. Vielleicht war er ein kalter Mann, ein Mensch, der keine Kinder mochte, aber das werde ich nie erfahren. Da ich keine Anhaltspunkte hatte, nichts über ihn wußte, habe ich ihn zeit meines Lebens idealisiert. Ich wäre ein anderer Mensch, wenn es in meiner Kindheit einen Vater gegeben hätte.

Weder mein Großvater noch mein Onkel boten sich mir je als Vaterersatz an; ich war diejenige, die sie sich aussuchte, so wie Kinder beiderlei Geschlechts nach dem männlichen und weiblichen Anteil in sich selbst suchen, nach ihrer fehlenden genetischen Hälfte. Nur wenn sie die Wut ihrer Mutter auf die Männer übernehmen und Angst haben, sie zu betrügen und zu verraten, indem sie den Feind begehren, nur dann bleibt diese Suche aus. Daher gehörte die bedingungslose, unausgesprochene Erlaubnis, Liebe bei anderen Menschen zu suchen, zu den größten Geschenken meiner Mutter. Dies als Geschenk zu bezeichnen, mag merkwürdig anmuten, doch ich kann Ihnen versichern, daß die Arztpraxen voll sind mit Menschen, deren Eltern oder einer ihrer Elternteile sie nicht liebten, aber auch nicht wollten, daß sie anderswo Liebe und Nähe finden.

Meine Mutter erzählte mir, daß sie mich, als sie mit mir nach der Geburt nach Hause kam, in die Arme meines Kindermädchens Anna legte. Diese Beschreibung setzt in meinem Innern einen Schwarzweißfilm in Gang: Ein Auto fährt vor, Anna wartet an der Auffahrt, beugt sich vor, um dieses Bündel, mich, von meiner Mutter in Empfang zu nehmen, die müde, traurig, wahrscheinlich erleichtert und dankbar ist, daß jemand die Verantwortung für dieses zweite Kind übernimmt. Sie ist jung, auf sich gestellt, ihr Mann, mein Vater, tot, oder das wird man mir jedenfalls erzählen. Anna nimmt mich in ihre stämmigen deutsch-irischen Arme, und da bleibe ich. Ihr Schoß wird meine sichere Zuflucht sein, ihre Küche meine Domäne. Ihre Sicht von mir wird so lange das sein, was ich werde, bis andere mich wahrnehmen und Merkmale an mir entdecken, die Anna entgingen, die sie vielleicht auch nicht interessierten.

Ich bezweifle, daß für Anna Aussehen eine große Rolle spielte, da sie Tapferkeit und Abenteuer höher einschätzte als ein hübsches Gesicht. Weder sie noch ich blickten morgens in den Spiegel, wenn sie mein Haar kämmte und mir Zöpfe flocht. Wozu brauchte ich schon einen Spiegel, da ich doch ihren alles akzeptierenden Blick hatte, für den es bedeutungslos war, daß ich nicht das gute Aussehen meiner Mutter geerbt hatte? Zwar war das Band zwischen meiner Schwester und meiner Mutter enger, dafür aber war ich Annas Liebling.

Die Vaterbeziehung meiner Mutter war ebenfalls von besonderer Art. Sie war sein ältestes Kind, die Tochter der großen Liebe seines Lebens, die starb, als meine Mutter noch sehr klein war. »Mama, Mama!« rief sie stets unten an der Treppe, wenn sie von der Schule nach Hause kam, wohl wissend, daß ihre Mutter tot war, aber unfähig, die Wahrheit zu akzeptieren. Ihr Vater sah in ihr nie die hübsche junge Frau, die sie wurde. Folglich konnte auch sie sich selbst nie so sehen.

Er hatte seine eigenen Vorstellungen davon, wie eine Frau, und eben auch seine Töchter, aussehen sollte. Meine arme Mutter ist mit ihrem Aussehen nicht weniger unzufrieden als ich mit dem meinen. Bis zum heutigen Tag versteckt sie ihre Hände, die ihr Vater als »zu groß« kritisierte, als man sie im Alter von zwölf Jahren anwies, sich für die Gäste ans Klavier zu setzen. Wie soll man mit unakzeptablen Händen Klavier spielen?

Dennoch blieb meine Mutter, mehr noch als seine anderen fünf Kinder, in der Nähe meines Großvaters. Als ich aufs College ging, verließ sie Charleston, zog weiter in den Norden hinauf und lebte nun kaum eine Meile von ihm entfernt. Dort hielt sie sich für Bridge-Abende, spontane Segeltouren auf dem Ontariosee und als Zielscheibe seiner Kritik zur Verfügung. Bis an sein Lebensende hat er sie nie wirklich gesehen, und doch bin ich sicher, daß er sie liebte. Sie ihrerseits konnte nicht mit ihren Bemühungen aufhören, ihm zu gefallen. »Ach, Daddy ...«, ich höre noch ihre Seufzer der Resignation, des Ärgers. Ambivalenz.

Wir alle machen aus unserem Kummer darüber, daß ein oder beide Elternteile uns nicht sehen, ein charakteristisches Überlebensverhalten oder müssen daran zugrunde gehen. Eines Tages kam ich vom Kindergarten mit einem Bild nach Hause, das ich für meine Mutter gemalt hatte. In einem meiner frühesten Erinnerungsbilder sehe ich mich am Fuß der Treppe stehen und zu ihr hinaufrufen, während sie oben den Gang entlangeilt. Ich will, daß sie mich ansieht und nachschaut, was ich für sie gemalt habe. Doch sie ist in Eile und verschwindet, ohne mich gesehen zu haben, in ihrem Schlafzimmer. In diesem Augenblick beschloß ich, mich nie wieder darum zu bemühen, ihren Blick auf mich zu ziehen; ich wollte sie bestrafen, indem ich meine Leistungen, meine Trophäen, meine erstklassigen Noten nicht zu ihr, sondern zu anderen trug, vor allem zu ihrem Vater. Mein fünfjähriges Ich überzeugte mich davon, daß es mir nichts ausmachte, wenn ihr an meinen Erfolgen so wenig lag; schließlich war ich es, die *sie* ausschloß. Tatsächlich aber tut mir ihr fehlendes Interesse noch heute weh. Ambivalenz.

Als ich zehn war, hatte ich ein tapferes, reizendes Mädchen mit Nickelbrille und Zahnspange aus mir gemacht und Möglichkeiten ersonnen, um gesehen, in die Arme genommen und geliebt zu werden. Dieses erprobte Image gab ich jedoch abrupt auf, um in die rigiden Klischees der Pubertät zu passen. Das Mädchen, das ich dann, um dazuzugehören, zu werden versuchte, setzte weit mehr Vertrauen in den Spiegel als auf das Potential in seinem Innern. Und keinen Spiegel brauchte ich dringlicher als die Augen eines Mannes. Ich suche das Urteil der Männer wegen der Abwesenheit jenes ersten Mannes.

Heutzutage wachsen so viele Kinder ohne Vater auf, daß meine eigene vaterlose Kindheit nichts Besonderes mehr ist. In den USA hat sich die Anzahl der Kinder, die bei einem alleinstehenden, unverheirateten Elternteil, das heißt fast immer der Mutter, leben, im letzten Jahrzehnt um 70 Prozent erhöht und war 1993 bei 6,3 Millionen oder 27 Prozent aller Kinder unter 18 Jahren angelangt.[2] Dieser Zuwachs bedeutet nicht, daß die Abwesenheit des Vaters weniger schmerzlich empfunden wird. Man muß damit leben. Aber wie bei jedem schmerzlichen Verlust in der Familie, über den Erwachsene lieber nicht reden, könnten Kinder die Abwesenheit besser ertragen, wenn sie sie verstünden. Kleine Mädchen und Jungen vermissen seinen Blick. Ihr ganzes Leben lang reagieren sie auf diese Leere, diesen Spiegel, der hätte dasein können, wenn nur – wenn nur was?

Unterwegs finden wir den einen oder anderen Vaterersatz. Einer meiner ersten war das liebende Auge Gottes. Eine allmächtige Vatergestalt lächelte in der Sonntagsschule auf uns Kinder herab, liebte uns alle gleichermaßen und ohne jemanden zu bevorzugen. Was für eine Familie! Welche Freude! Welche Liebe! Nichts hätte mich von der Sonntagsschule fernhalten können. Nach der Konfirmation saß ich weiterhin treu in meiner Lieblingsbank in der Episkopalkirche von St. Phillip, deren Friedhof an die hohen Mauern unseres Grundstücks angrenzte.

Jeden Sonntag fand ich Aufnahme in einer Kirchengemeinde, die meinem Empfinden nach aus freundlichen, guten und großzügigen Mitgliedern bestand. Die Mütter und Väter dieser Kirchengemeinde machten keinen Unterschied zwischen mir und den anderen Kindern oder gaben mir zumindest durch ihre Blicke dieses Gefühl. Niemand fragte nach meinem Vater, obwohl viele von ihnen es gewußt haben mußten, denn meine Familie war die einzige, die in dieser kleinen, geschlossenen Gemeinschaft unterhalb von Broad Street keinen Vater aufwies. Kinder besitzen die staunenswerte Fähigkeit, aus etwas Fehlendem etwas Schönes zu machen. Optimismus, sagt der Anthropologe Lionel Tiger, ist größtenteils genetisch bedingt; wenn das zutrifft, dann muß ich meinen Vorfahren dankbar sein, denn ich habe eine gesunde Dosis davon abbekommen.

Es war der Sex, der mich schließlich von der Kirche und ihrem liebenden Auge trennte. Die enorme Ladung pubertärer sexueller

Energie, die mich intellektuell und gesellschaftlich gesehen hätte nähren, mich artikulierter werden und dazu hätte befähigen können, ein Leben der bewußten Wahl aufzubauen, wurde statt dessen in ein Gefühl der Opposition zu Gott und zu allem Guten umgewandelt. Dabei predigte niemand gegen Sex, weder in der Kirche noch in der Schule, noch zu Hause; vielleicht war meine Reaktion die Folge des Schweigens.

Ich kann mich nicht erinnern, bereits vor der Pubertät viel in den Spiegel geblickt zu haben. Jetzt aber, wo ich ein Identitätsversprechen in den Augen der Jungen sah, konzentrierte ich alles Verlangen meiner zwölf Jahre auf sie. Wie konnte ich sie dazu bringen, mich wahrzunehmen und zu lieben, was sie da sahen, damit ich sicher sein konnte, daß ich existierte? Es war nicht der Geschlechtsverkehr, nach dem ich mich so verzweifelt sehnte, sondern mein Bedürfnis, zur Kenntnis genommen und begehrt zu werden. Ich meinte, eine Entscheidung darüber treffen zu müssen, ob meine Rettung, mein Selbst und meine Zukunft in den Augen der Männer oder in denen Gottes zu finden sein würden. Diese Situation kennzeichnete die Spaltung meines Selbst in die »gute« und die »böse Nancy«, markierte die Geburt eines überaus strengen Gewissens. Ich akzeptierte, daß der Wert einer Frau in den Augen der Männer lag und daß alle Fähigkeiten, die ich erlernt und gemeistert hatte, wertlos waren.

Das hübsche Baby

Wie kann ich Sie davon überzeugen, daß Ihr Aussehen Ihr Leben gravierend beeinflußt? Bei den meisten Menschen ist eine eingewurzelte Weigerung vorherrschend, dem Aussehen zuviel Bedeutung beizumessen. Und das, obwohl die Erwartung von neun Monaten auf einem Neugeborenen lastet und die meisten Eltern sich schon vorher, oft jahrelang, ein Bild von ihrem Baby erträumten.

Das Aussehen eines Menschen beruht auf seinem Innersten und wird durch das Hineinwachsen in die spezielle Identität geformt. Deshalb ist der elterliche liebende Blick, der bis in dieses Innerste vordringt, so wichtig und gibt so viel Bestätigung. Für ein Kind ist es zutiefst beunruhigend und verwirrend, wenn seine Eltern es nicht sehen und von der Projektion auf ihr Kind blockiert sind. Nicht wahrgenommen zu werden wirft für das Kind die Fragen auf: Wo soll die nächste Mahlzeit herkommen, wenn sie mich nicht sieht? Wie soll ich in Sicherheit leben, wenn sie mich als das Kind sieht, das sie sich erträumte und für das sie Pläne schmiedete, aber nicht als die Person, die ich bin, gut und schlecht, eben *ich*?

Wir wandern in unserem Leben von einem Augenpaar zum andern, von einer enttäuschten Erwartung zur nächsten, bis wir eines Tages, wenn wir Glück haben, innehalten und beschließen, nach innen zu schauen.

Wenn ein kleines Kind nicht umfassend gesehen und geliebt wird, dann ist es früher oder später von Wut erfüllt. Um diese Wut baut sich um des Überlebens willen ein emotionales Netz aus eiserner Leugnung und Verdrängung auf. »Wütend, wer, ich?« Wir können uns an unsere früheste Kindheit nicht erinnern, aber wenn wir uns verlieben, gibt uns das eine leise Ahnung davon, wie abhängig sich ein Kind fühlt. Denken Sie an die emotionale Lähmung, die uns überfällt, wenn der geliebte Mensch nicht auftaucht, nicht anruft, uns nicht mit Versprechen ewiger Liebe füttert.

Die Psychiaterin Melanie Klein behauptet, daß wir nach unserer Geburt unsere Mutter und ihre nährenden Brüste weniger lieben, als sie vielmehr um ihre Macht *beneiden*. Aus diesem infantilen Neid entsteht gigantische Wut. Doch der Neid wird gemildert durch die wiederholte Bestätigung, daß die Mutter unsere Forderungen zwar nicht vollkommen, aber doch immerhin gut genug erfüllt; die verlangte Decke trifft ein, das Essen kommt, die liebenden Arme strecken sich immer und immer wieder nach uns aus. Liebe kann es erst geben, sagt Melanie Klein, wenn wir Dankbarkeit erlernt haben. Dankbarkeit öffnet die Tür zur Liebe. Lernen wir es in jener ersten Beziehung nicht, richtig zu lieben, dann ist es später sehr viel schwerer zu erlernen.

Aus dem Kummer darüber, von der Mutter nicht gesehen zu werden, entwickelt sich Überlebensverhalten. Wir lieben unsere Mutter, doch zugleich hassen wir sie auch mit dieser infantilen, allmachtslüsternen Wut, die aufzugeben wir uns weigern. Solange diese Weigerung besteht, bleiben diese Wut, dieser Haß auf sie oft in uns begraben und werden über all jenen ausgegossen, die zu lieben wir beschließen. Wenn wir unsere Mutter nicht als eine Person akzeptieren, die nicht vollkommen war, aber ihr Bestes gab, versuchen wir unser ganzes Leben lang eine idealisierte Version dessen zu erschaffen, was zwischen uns hätte sein können. Solche großartigen Erwartungen kann kein anderer Mensch erfüllen.

Das Abhängigkeitsgefühl, welches zur Liebe dazugehört, ist nur dann köstlich, wenn man dazu in der Lage ist, zu sich selbst zurückzukehren, wie zum Beispiel nach zutiefst befriedigendem Sex. Ist dieser »Hafen« im eigenen Innersten nicht vorhanden und besitzt die geliebte Person allein die Macht darüber, uns in den Himmel zu heben oder daraus zu vertreiben, dann begeben wir uns mit unserer Liebe in Gefahr. Wir lieben diesen machtvollen Menschen, aber wir hassen ihn auch. Deshalb laufen Scheidungen so blutrünstig ab, all die aufgestaute Wut will nun den Tod.

Es ist nur dann möglich, zu einer erwachsenen Liebe zu finden, wenn wir unsere Wut auf die Mutter akzeptieren, loslassen und dankbar sind für alles, was von der »guten Mutter« übriggeblieben ist. Statt dessen entscheiden sich Frauen, die als Kinder von ihren Müttern nicht genug wahrgenommen wurden, dafür, gar nicht zu lieben. »Da draußen gibt es keine guten Männer«, sagen manche Frauen. Sie würden niemals zugeben, daß die von ihnen gewählte Lösung etwas mit den ungelösten Problemen ihrer Kindheit zu tun hat. Es ist so viel einfacher, Männern, die nicht mehr die unverzichtbaren Verpflegungslieferanten sind, die sie einst waren, Intimitätsprobleme anzulasten. Heute sind Männer die bevorzugte Müllkippe, auf der Frauen ihre ganze Wut und Bitterkeit abladen können. Gleichberechtigungsprobleme am Arbeitsplatz, sexuelle Belästigung, die Wiederkehr der Schönheitstyrannei – alles wird den trägen und unfähigen Männern angelastet, die, im Gegensatz zu uns moralisch überlegenen Frauen, nur an sich selbst denken.

Die Zahl der Frauen wächst, die Frauen bevorzugt; die lesbische

Welt breitet sich aus, blüht und gedeiht. Mit einer anderen Frau können wir jene Welt wiedererschaffen, die wir einst oder nie mit unserer Mutter hatten. Der Körper einer anderen Frau erinnert uns an das Paradies. Mit seiner weichen Haut, den Brüsten, auf die wir unseren Kopf betten können, Brustwarzen, an denen wir saugen dürfen, mit einem Bauch, in dem wir einst zusammengerollt lagen und schliefen, und dem Spalt einer Möse, der die Hoffnung weckt, daß auch der unsere akzeptabel sein könnte, ist der weibliche Körper so reich an Erinnerungen. Es fühlt sich an, als käme man nach Hause. Und gerade weil es ein Nachhausekommen ist, wird, wenn die andere Frau uns enttäuscht – was sie unvermeidlich tun wird, da sie genausowenig wie ein Mann die perfekte Liebe zu liefern vermag –, uns die Quelle unserer gigantischen Wut noch zugänglicher. Einem Artikel der Zeitschrift *Ms.* zufolge war das »Verprügeln unter Frauen lange eines der häßlichsten Geheimnisse der Lesbengemeinde«.[3]

In einem Buch mit einer Sammlung von Reimen, die Schulkinder von anderen Kindern gelernt und zusammengetragen hatten, fand ich die folgenden Verse:

> Ich eins (one) meine Mutter
> Ich zwei (two) meine Mutter
> Ich drei (three) meine Mutter
> Ich vier (four) meine Mutter
> Ich fünf (five) meine Mutter
> Ich sechs (six) meine Mutter
> Ich sieben (seven) meine Mutter
> Ich *aß* (eight/*ate*) meine Mutter[4]

Das Herausgeberpaar dieser Verse weist darauf hin, daß es sich hier eindeutig nicht um Kinderreime handelt, »die eine Großmutter einem auf ihrem Schoß sitzenden Enkelkind vorsingt. Sie haben mehr Biß; sie treffen ins Schwarze ... werden ohne Einmischung seitens der Erwachsenen von einem Kind zum anderen weitergegeben.«[5] Das kann man wohl sagen; ich »aß« meine Mutter, in der Tat!

Melanie Klein hätte dieser kleine Vers wohl sehr gefallen und auch die Illustration dazu: Eine rundliche Mutter mit einem riesigen Baby an ihrem Busen, das brüllt, bis sie ihm die Brust gibt, und das dann, während es daran saugt, seine dösende Mutter verschlingt, bis nur noch ein kolossales, grinsendes Kind übrigbleibt. Ich kann mir vorstellen, daß ein gestörtes Kind einigen Trost darin findet, wenn es mit anderen Kindern diesen Reim absingt und entsprechende Bilder dazu phantasiert.

Ich bin bei der Schriftstellerei geblieben, weil ich mich mit jedem Buch durch einen weiteren verdrängten Aspekt meiner Lebensgeschichte durcharbeite. So hat es allerdings nicht angefangen. Als ich die ersten Seiten von *Wie meine Mutter* schrieb, hatte ich keine Ahnung, worauf ich mich einließ. Ich hatte die Beziehung mit meiner Mutter total idealisiert und alle Wut auf sie verdrängt. Unsere Beziehung, so sagte ich allen, war die beste Mutter-Tochter-Beziehung, die ich kannte. Als die Wut allmählich an die Oberfläche stieg, fielen mir fast alle Haare aus, und teilweise konnte ich mein rechtes Bein nicht mehr bewegen. Es war ein letzter verzweifelter Versuch, um beiderseitige Verletzungen zu verhindern. Der Terror der Kinderstube.

Die Wut darüber, nicht so gesehen und geliebt zu werden, wie wir sind und aussehen, hat seit langem Eingang in die Literatur gefunden und ist Thema zahlreicher Erzählungen und Romane. Der Autor oder die Autorin erschafft eine Figur, die, aus den unterirdischen Stollensystemen des eigenen Lebens herausgeschickt, zum Leben erweckt wird und auf diese Weise dafür sorgt, daß der Leser des Buches oder der Besucher des Theaterstücks sich selbst darin wiedererkennt und weinen muß. Niemand hat diesen Acker ausdauernder bearbeitet als Tennessee Williams, dessen eigene Familiengeschichte ihn immer und immer wieder in das hineinzog, was er mir einmal als den »Fluch der Schönheit« oder in seinem Fall als ein Scheitern an der Schönheit beschrieb. *Die Katze auf dem heißen Blechdach, Süßer Vogel der Jugend, Die Glasmenagerie* – hat er denn irgend etwas geschrieben, das sich nicht mit Schönheit und Wut befaßt? Er litt unter einer Amblyopie, einer durch ein Muskelproblem hervorgerufenen Schwachsichtigkeit, die er, sobald er es sich finanziell leisten konnte, durch eine Operation beheben ließ. Jahre später fragte er mich mit dem für ihn typischen komischen Gegluckse in der Stimme: »Findest du nicht, daß ich nun besser aussehe?« Dennoch schrieb er auch weiterhin über das, worüber er am besten Bescheid wußte – Schönheit, Zorn und verlorene Liebe.

Es kam die Zeit Ende der sechziger Jahre, da nahm der Feminismus seinen Aufschwung, und Ehe und Mutterschaft waren als Thema gestorben. Man konnte meilenweit gehen und nicht auf eine einzige schwangere Frau stoßen. Männer waren verdächtige Subjekte, und eine enge Beziehung mit einem männlichen Wesen konnte die Mitgliedschaft in einer der zahlreichen bewußtseinsfördernden Gruppen aufs Spiel setzen, in denen im Schwesternschaftstaumel befangene Frauen oft ihre intimsten Ehegeheimnisse preisgaben. Die neue Frau war an ihrer Arbeit und an ihrem beruflichen Erfolg zu erkennen. Meine Freundin Jane erinnert sich gut daran, daß sie 1971 auf dem Weg zur Arbeit immer das Gefühl hatte, ihr schwangerer Bauch sei mit einem scharlachroten Brandmal gekennzeichnet.

Nun sind die Babys wieder da, und Schwangerschaft ist absolut in Mode. Schwangere Models traben stolz über den Laufsteg, demnächst niederkommende Filmstars posieren fast nackt auf den Titelblättern internationaler Zeitschriften, und wenn eine Frau in aller Öffentlichkeit ihr Kind stillt, kann man andere Frauen neidisch seufzen hören. Manche älteren Feministinnen beklagen sich heute mit einiger Bitterkeit darüber, daß die Schwesternschaft nicht von Anfang an zur Mutterschaft ermunterte, denn nun haben sie zu lange gewartet und können keine Kinder mehr bekommen.

Manche Menschen träumen schon Jahre vor einer tatsächlichen Mutter- oder Vaterschaft von einem Kind, einem ganz speziellen Kind. Gestalt, Größe, ein bestimmtes Geschlecht, Haarfarbe – eine Traumvorstellung, erschaffen durch die künftigen Eltern, in der sich alles sammelt, was sie hatten oder gerne gehabt hätten. »Während der Schwangerschaft haben alle Eltern bewußt oder unbewußt ein Bild von ihrem Baby«, erzählt Dr. Nancy Poland, die am Brazelton Institute mit werdenden Eltern arbeitet, »Wir vermuten, daß sie sich im letzten Drittel der Schwangerschaft ein Bild von drei möglichen Babys machen. Eines ist das perfekte Baby, das Baby ihrer Träume. Eines ist das behinderte Baby, ein Bild, das vielleicht durch eine emotionale Krise, die sie durchmachten, oder durch ein genetisches Vererbungsproblem in der Familie oder auch durch eine physische Auseinandersetzung heraufbeschworen wurde. Und dann ist da das Baby im Inneren, das wirkliche Baby. Wir versuchen über Gespräche und vorsichtige Fragen, die Kluft zwischen dem real existierenden und dem entweder behinderten oder perfekten Baby zu schließen.«

»Und was ist, wenn das geborene Kind nicht so aussieht oder sich nicht so verhält, wie die Eltern es sich erträumen?« frage ich.

»Dann müssen die Eltern sich allmählich anpassen, bis sie von Herzen sagen können: ›Das ist mein Baby.‹ Nur dann kann eine von Sicherheit und Vertrauen geprägte Beziehung entstehen. Wenn diese Akzeptanz nicht entsteht, fühlt sich das Baby unwichtig, nicht wahrgenommen, unsichtbar und entwickelt sich zu einem Kind, das sich in seinem Wesen nicht akzeptiert fühlt.«

Die Wahrheit ist, daß Eltern jedem ihrer Kinder andere Gefühle entgegenbringen, und dabei spielt das Aussehen eine Rolle. Wie könnte es auch anders sein? Jedes Kind trifft zu einem anderen Zeitpunkt im Leben der Eltern ein, die sich jeder für sich wie auch gemeinsam immer auf einer unterschiedlichen Entwicklungsstufe befinden. Es gibt keinen gottgegebenen Mutter- oder Vaterinstinkt, der auf magische Weise in den Eltern die persönliche Sichtweise ihrer selbst wie auch von anderen Menschen auslöscht.

Spielte die Schönheit bereits eine wichtige Rolle in der Familie der Eltern, oder lag die Betonung auf Güte, einem offenen Herz und Leistung? Eine endlose Prioritätenliste solcher Merkmale könnte man aufstellen, doch irgendwo in ihr wird das Aussehen immer aufgeführt sein, sei es oben oder unten. Welche Erfahrungen haben sie also gemacht, diese erwachsenen Menschen, die nun ihrerseits im besten Fall voller Liebe auf dieses Baby blicken? Was zu sehen oder nicht zu sehen sind ihre Augen programmiert?

Laut Sherman Elias, dem Direktor der Fakultät für reproduktive

Genetik an der University of Tennessee in Memphis, wird die Zeit kommen, da sich Paare nicht nur das Geschlecht ihres ungeborenen Kindes, sondern auch seine Eigenschaften aussuchen können. »Heute geht es um das bevorzugte Geschlecht«, sagt er, »morgen schon werden wir Designerkinder produzieren.«[6] Werden wir, wenn das schöne Baby nach Bedarf bestellt werden kann, willens sein, die Macht der Schönheit so zu hinterfragen, wie dies heute schon in bezug auf die Macht des Geldes möglich ist?

Bis auf den heutigen Tag soll das erste Kind vorzugsweise ein Junge, das zweite ein Mädchen sein. Wie viele von uns haben die Erwartungen ihrer Eltern nicht nur hinsichtlich ihres Aussehens, sondern auch ihres Geschlechts enttäuscht?

Als ich vor fast zehn Jahren mit den Recherchen zu diesem Buch begann, machte ich ein Interview mit dem Sohn eines befreundeten Ehepaars, der in beiderlei Hinsicht die Hoffnungen seiner Eltern enttäuschte. Er war weder die ersehnte Tochter noch auch nur entfernt ansehnlich. Die hervorquellenden Augen und die merkwürdige Hautfärbung, die er bei seiner Geburt aufwies, verschwanden im Laufe der Zeit, aber sein Spitzname, Frosch, ist noch ab und zu in Gebrauch. Er macht seiner Familie deshalb nie Vorwürfe; zwischen ihnen besteht ein enger, liebevoller Zusammenhalt. Ich erzähle ihm von meiner eigenen Familie, von meiner alten Wut, die mich noch manchmal im Schlaf mit den Zähnen knirschen läßt.

»Ich träume oft, daß mir alle Zähne ausfallen. Sie sitzen ganz locker«, erzählt er. »Diesen Traum habe ich immer wieder gehabt.«

Auch dieser junge Mann träumt also den alten universellen Wuttraum, in dem wir lieber die eigenen Zähne, mit denen wir die »böse Mutter« beißen möchten, zerstören oder verlieren, um sie vor uns zu schützen. Wir wollen sie nicht für böse halten; wir lieben sie. Ambivalenz. Die halbe Welt knirscht nachts mit den Zähnen, und viele von uns tun es, weil wir das falsche Geschlecht, das falsche Aussehen haben, irgendwie falsch sind. Dem jungen Mann gefällt sein Wuttraum, denn in ihm wird etwas beim Namen genannt, erklärt er. Schließlich ist er ein erwachsener Mann und kann mit Ärger und Wut umgehen.

Bezug nehmend auf die Enttäuschung, die Eltern empfinden, wenn Babys nicht so sind, wie sie erträumt wurden, schreibt die Psychologin Aviva Weisbord: »Es herrscht eine Unzufriedenheit vor, auch wenn sie vielleicht nicht bewußt erfahren wird, die bei dem Kind den Eindruck hinterläßt, daß es nicht angenommen ist.«[7]

Was Frauen angeht, die ursprünglich aus einer unerwünschten Schwangerschaft hervorgegangen sind, so deutet eine an der University of South Carolina durchgeführte Untersuchung darauf hin, daß »bei ihnen das Risiko doppelt so groß ist, ein Kind zur Welt zu bringen, welches innerhalb der ersten 28 Lebenstage stirbt«. Es handelte sich um keine umfassende Studie, aber einer der daran beteiligten Epidemiologen kam zu dem Schluß, daß »für ungewollte Kinder ein erhöhtes Risiko hinsichtlich einer ganzen Reihe von sich auf die Gesundheit negativ auswirkenden Faktoren besteht, Kindesmißbrauch und eine verzögerte kognitive und sozial-emotionale Entwicklung eingeschlossen«[8].

Was für eine Verantwortungslast die zukünftigen Power-Babys zu tragen haben werden! Wie sollen sie den Erwartungen ihrer Power-Eltern entsprechen, vor allem heute, wo Aussehen auf Kosten weniger sichtbarer Eigenschaften so hoch bewertet wird? Wir scheinen an einem Kreuzweg zu stehen, an dem die gegenwärtige Überbetonung von Mode und Schönheitsbewahrung mit unserer tiefverwurzelten Körperfeindlichkeit zusammenprallt. Beurteilen Sie ein Buch nicht nach seinem Umschlag! Aber genau das tun wir, während wir zugleich immer noch dieselben alten Moralpredigten halten, die wir schon von unseren Eltern zu hören bekamen.

Wahrscheinlich sehnen sich Kinder verzweifelt nach ehrlichen Worten. In der Schule, im Fernsehen, auf den allgegenwärtigen Werbeplakaten, überall sehen sie, welche Macht Schönheit besitzt. Doch kein Erwachsener spricht laut über die natürliche Anziehungskraft, die Schönheit auf uns ausübt: »Du siehst toll aus!« Kein Erziehungsberechtigter erklärt, wie das mit dem Neid ist, warum wir unserer entzückenden kleinen Schwester oder diesem Mädchen in der Schule die Augen auskratzen möchten. Natürlich weiß jedes Kind, daß Neid und Eifersucht verboten sind, dennoch haben wir diese Gefühle. Und dieser Wunsch nach Zerstörung macht uns krank, nagt in unseren Eingeweiden. »Sei gutherzig, sei freundlich, sei großzügig«, sagen die Lehrer, aber keine dieser Tugenden bringt uns auch nur im entferntesten die Aufmerksamkeit ein, die das neueste Paar Reeboks sofort erkauft.

Während der Schwangerschaft übertragen die Eltern »viele verschiedene emotionale Besetzungen auf das werdende Kind«, schreibt die Psychiaterin Ethel Person. Und weiter: »Wie Freud nahelegte, versieht die vorherrschende Art des emotionalen Besetzungsvorgangs durch die Eltern das Kind mit dem Potential, ihre unerfüllten Phantasien zu verwirklichen … Es entwickeln sich Gefühle für das imaginierte Kind, welche jenen bei der Wahl eines potentiellen Geliebten gleichen. Beide Fälle beinhalten eine vorab existierende Phantasie mit sowohl bewußten als auch unbewußten Komponenten, eine Phantasie darüber, wie nach dem Wunsch des einen der andere – Geliebte/r oder Kind – sein soll.« Eine Mutter sieht das Kind als das verhaßte oder idealisierte Selbst, als Ersatzkind für eines, das davor verstarb, als Kopie eines gehaßten Geschwisters oder auch als »Substitut für die eigene Mutter. Diese Phantasievorgabe wird oft ausagiert, wenn sich die Mutter schließlich auf das Kind stützt … Beispiele dafür sind Mütter, die sich ihre Tochter als beste Freundin heranziehen und ihr – selbst wenn sie noch unter oder nicht viel über zehn Jahre alt ist – so unangemessene Dinge anvertrauen wie ihre außerehelichen Affären … Wie immer auch die Phantasien über das ungeborene Kind aussehen, sie wirken sich darauf aus, wie die Mutter das Kind wahrnimmt und auf es reagiert … Wenn [die Mutter] Phantasie und Realität nicht wenigstens bis zu einem gewissen Grad in Übereinstimmung bringen kann, zieht sie sich möglicherweise von dem realen Kind zurück oder haßt es schließlich tatsächlich, betrachtet es als Klon eines abgelehnten Ehemanns, Elternteils oder Geschwisters oder als eine dem imaginierten Kind unterlegene Enttäuschung.«[9]

In den Praxen der meisten Schönheitschirurgen gibt es einen Spiegel, der uns auf der einen Seite das Gesicht zeigt, welches wir kennen und gewohnt sind. »Oh, wie häßlich!« rief ich aus, als ich das vertraute Bild von mir sah. »Wir wissen nicht«, erklärt der Schönheitschirurg Sherrel Aston, »wie andere uns sehen, obwohl wir es zu wissen meinen.« Und die andere Seite des Spiegels zeigt mir mein Gesicht so, wie es meine Mitmenschen sehen. Welches der Gesichter ist das tatsächliche? Würden wir, wenn unsere Eltern uns so, wie wir sind, an- und wahrgenommen hätten, ein und dasselbe Gesicht in beiden Seiten des Spiegels sehen?

»Selbst deformierte, mit körperlichen Mängeln versehene Kinder vermögen ein gutes Selbstwertgefühl zu entwickeln«, sagt Nancy Poland. »Voraussetzung hierzu ist die Liebe und Fürsorge, die sie von ihren Eltern erhalten. Sie geben ihnen das Gefühl, daß sie schön sind. Irgend jemand hat mit ihnen über den Wert des Menschen gesprochen, deshalb können sie über ihre äußere Erscheinung hinwegsehen.«

Aber müssen wir nicht erst, vor allem heutzutage, die Macht der Schönheit offen anerkennen, bevor wir imstande sind, unsichtbare Eigenschaften wie Güte, Großzügigkeit und Redlichkeit – dauerhaftere Eigenschaften als ein hübsches Gesicht – glaubwürdig zu machen? Vor einiger Zeit waren Kittelchen, Schürzen und Lackschühchen der letzte Schrei, Babykleider für erwachsene Frauen, die sie mit unerschrockenem Enthusiasmus trugen. Zeitgleich zeigte sich die Mode von großen Brüsten fasziniert – Nacktheit, nicht nur tiefe Dekolletés und durchsichtige Stoffe, sondern Abbildungen von männlichen Models, die an den nackten Brüsten von Frauen saugen und sie küssen, Fotos von weiblichen Models, die ein Kind an ihrer Brust stillen, das teure Gewand weit geöffnet, so daß das Baby und auch wir Voyeure – ja, was denn? – zu sehen bekommen. Sehen wir uns jetzt kurz vor der Jahrtausendwende vielleicht intuitiv als nackt, in Babykleidung, noch nicht ganz ausgeformt, unser Selbstbild erst im Werden begriffen? Der Infantilismus unserer Gesellschaft tut sich weithin sichtbar an unserer Weigerung kund, wie Erwachsene auszusehen und zu handeln; die Mutterschaft mag ja wieder in Mode sein, aber niemand möchte wie eine Mutter, das heißt alt, aussehen. Die Tatsache, daß Männer und Frauen so erpicht darauf sind, die Mode ihrer Kinder zu klauen, stellt letztlich eine Schmähung des Erwachsenseins dar. Es gibt keine Erwachsenen und daher auch keine Eltern, denen als solche Achtung gebührt.

Zuerst werden die hübschen Babys auf den Arm genommen

Wußten Sie, daß hübsche Babys zuerst und häufiger auf den Arm genommen werden und daß ihre Bedürfnisse vor denen anderer Babys Beachtung finden? Durchgeführt wurde diese Untersuchung nicht mit normalen Müttern, sondern mit dem professionellen Betreuungs- und Pflegepersonal in Kinderkrippen und -tagesstätten und in den Kinderabteilungen der Krankenhäuser. Die Betreuer dieser Einrichtungen sind so ausgebildet, daß sie nahezu automatisch auf ein wimmerndes oder schreiendes Baby reagieren, das gefüttert, auf den Arm genommen oder frisch gewindelt werden muß.

Auch Mütter reagieren stärker und häufiger auf ihre Babys, wenn sie hübsch sind, lächeln sie vermehrt an und liebkosen, küssen und halten sie öfter in den Armen, als es die Mütter weniger hübscher Babys tun. Väter werden ebenfalls entscheidend vom Aussehen ihrer Kinder beeinflußt. Eine Studie brachte zum Vorschein, daß das vom Vater erwartete Maß an Verantwortung für die Betreuung des Kindes in einem signifikanten Verhältnis zu seiner Attraktivität steht: »Je attraktiver das Kind, desto höher die Erwartung des Vaters, mit einbezogen zu werden.«[10]

In ihrer Untersuchung über Mütter, die sich mit ihren Neugeborenen noch im Krankenhaus aufhalten, kommt die Psychologin Judith Langlois zu dem Schluß: »Je weniger attraktiv das Baby war, desto mehr wandte die Mutter ihre Aufmerksamkeit anderen Menschen zu, befaßte sich mehr mit ihnen als mit ihrem Baby ... Nach drei Monaten ... küßten Mütter von attraktiven Mädchen, gemessen an denen mit weniger attraktiven Mädchen, ihre Töchter häufiger, schmusten mehr mit ihnen, lächelten sie öfter an, hielten sie enger am Körper und kuschelten vermehrt mit ihnen.«[11]

Vor der allgemeingültigen Macht der Schönheit scheint es kein Entkommen zu geben, denn offenbar sind sich die Menschen auch darin einig, welche Gesichtszüge bei einem kleinen Kind »niedlich« sind. Die Psychologin Katherine Hildebrandt leitete eine Studie, bei der die gezeichneten Gesichtszüge von Babys im Alter von drei, fünf, sieben, neun, elf und 13 Monaten Millimeter um Millimeter verändert wurden. Die Bilder variierten jeweils in der Stirnhöhe, der Standhöhe und im Abstand der Augen, der Iris- und Pupillengröße, der Länge und Breite der Nase und des Mundes und in der Wangenfläche. Als die Versuchspersonen gebeten wurden, die Zeichnungen unter dem Aspekt der Niedlichkeit zu beurteilen, waren sich die meisten einig, daß niedliche Babys kleine und schmale Gesichter, große Augen mit großen Pupillen und eine hohe Stirn haben.[12]

Auch die Babys selbst betrachten lieber hübsche Gesichter.[13] Judith Langlois fand heraus, daß Babys, unabhängig vom äußeren Erscheinungsbild ihrer eigenen Mutter, attraktive Gesichter länger anschauen als unattraktive; zwölf Monate alte Kleinkinder spielen lieber mit Fremden (Frauen, die nicht ihre Mütter sind) und Puppen, die hübsche Gesichtszüge haben. Dabei spielt es keine Rolle, ob die Babys weißer, afroamerikanischer oder lateinamerikanischer Herkunft sind.[14]

Diese Untersuchungen über die Attraktivität von Kleinkindern häuften sich in den achtziger Jahren, als das Erscheinungsbild von Menschen aller Altersklassen wieder einmal in den Mittelpunkt der Aufmerksamkeit rückte. Katherine Hildebrandt und andere ließen Fotos von Neugeborenen von drei verschiedenen Erwachsenengruppen beurteilen: von männlichen College-Studenten, von weiblichen College-Studenten und von schwangeren Frauen. Alle drei Gruppen empfanden die hübscheren neugeborenen Jungen und Mädchen als »aufgeschlossener, weniger unruhig, kompetenter, attraktiver und körperlich kleiner und femininer« als die weniger attraktiven Babys.[15] 1990, drei Jahre später, führte Hildebrandt eine weitere Untersuchung durch, in der sich das Klischee bestätigte: »Was schön ist, ist auch gut.«[16]

Doch glücklicherweise besteht das Leben nicht aus einer Reihe quantitativ meßbarer Untersuchungen, auf die wir reflexhaft reagieren. Wir werden von einem hübschen Gesicht momentan angezogen, bis ein anderes unsere Aufmerksamkeit auf sich zieht, noch bevor wir es bewußt merken, weil es uns zum Beispiel an etwas oder an jemanden erinnert. Ein anderer Versuch zeigte sogar, daß die erfahreneren Kinderschwestern einer Tageskrippe den *weniger* attraktiven Babys ganz bewußt mehr Beachtung schenkten, »vermutlich, um sie für die mangelnde Aufmerksamkeit durch die neuen (weniger erfahrenen) Fürsorgerinnen zu entschädigen«[17].

Diese relativ neuen wissenschaftlichen Erkenntnisse über die Bedeutung von Aussehen finden Widerhall, weil sie uns von den mit der Schönheit verbundenen Emotionen ablösen und uns mit einer anderen Stimme die Wahrheit erzählen. Diese alternative Annäherung an das Thema ist wichtig, weil es derart mit Tabus und Vorurteilen befrachtet ist, daß wir erst in letzter Zeit eine Auseinandersetzung damit wagen. »Was gibt es schon über die Schönheit zu sagen? Sie existiert, oder?« fragten mich Freunde, als ich Mitte der achtziger Jahre mit meinen Recherchen begann.

»Ich hab' dich zum Fressen gern«, sagen wir, wenn uns ein Baby besonders gut gefällt. Wie oral dieser Wunsch klingt, der sich genausogut an einen Geliebten oder an eine Geliebte richten könnte! Wieviel Hunger diese Worte zum Ausdruck bringen! Ohne Schönheit können wir nicht leben, wir müssen uns satt sehen und gesehen werden.

»Laß mich schauen!« fleht der Voyeur. »Schau mich an!« fordert der Exhibitionist. Zwei Seiten derselben Medaille. Aber ich eile mir selbst voraus, denn schließlich geht es in diesem Kapitel um Eltern und kleine Kinder. Zeigt sich möglicherweise in dem, was sich in der Kinderstube abspielt, ein Muster des Sehens und Schauens, des Bemühens, zur Kenntnis genommen zu werden, das sich in seiner aktiven und passiven Form unser ganzes Leben lang wiederholt? Wird nicht schon hier das Fundament für die Erwartungen von Erfolg oder Mißerfolg gelegt? Wir sollten uns das Wechselspiel der Augen zwischen Erwachsenem und Kind sehr genau ansehen, um daraus zu lernen.

Die Erinnerung an unsere ersten Lebensjahre ist uns verwehrt; Untersuchungen haben ergeben, daß unser Gedächtnis im allgemeinen nur bis zur Zeit zwischen unserem dritten und vierten Geburtstag zurückreicht. Aber vielleicht gibt es andere Möglichkeiten, um Erfahrungen zu speichern, als die Ebene des bewußten Erinnerungsvermögens.

Das größte Hindernis bei dem Versuch, sich zu erinnern, ist die Angst. Wer möchte sich schon zurück in die Kinderstube begeben und machtlos der Gigantin gegenüberstehen, die wir liebten oder lieben wollten und die uns liebte oder auch nicht? 30, 40, 50 Jahre sind wir heute alt und scheuen davor zurück, uns an ihr Desinteresse oder an ihren übermäßigen Beschützerdrang zu erinnern.

Meine liebsten Freunde werden unvermeidlich in dieses Buch hineingezogen: Gemeinsam sitzen wir auf der Veranda in Key West, und ich lese ihnen nach einem Tag am Schreibtisch ein paar Seiten vor. Vergessene Geschichten kommen in ihnen hoch, und Träume reißen sie in dieser Nacht aus dem Schlaf. Gestern zum Beispiel nahm mich Jack beiseite und sagte: »Ich habe immer das Gefühl gehabt, anders als meine Brüder und Schwestern zu sein. Ich glaubte, sie bekämen mehr Zuneigung von unseren Eltern, weil sie hübscher waren als ich. Als ich dir gestern abend zuhörte, erinnerte ich mich daran, daß mir meine Mutter erzählte, ich hätte als Baby wie ›ein kleiner Japs‹ ausgesehen. Das war gleich nach dem Ende des Zweiten Weltkriegs. Ich dachte, daß sie deshalb in die anderen vernarrt war und in mich nicht. Sie ist eine sehr schöne Frau. Schönheit spielte in unserem Leben eine wichtige Rolle.«

»Aber du siehst gut aus«, erwiderte ich. »Und du bist erfolgreicher als alle deine Geschwister.« Wie viele Menschen hat Jack sein Unvermögen, den Blick seiner Eltern durch sein Aussehen auf sich zu ziehen, mit der Entwicklung anderer Talente und Fähigkeiten kompensiert, die sehr viel dauerhafter sind als die oberflächliche Schönheit.

Nach unserem Gespräch rief er noch spät seine Mutter an. »Ich mußte herausfinden, was es mit der Geschichte vom ›kleinen Japs‹ auf sich hat, ob sie denn wirklich stimmt. Weißt du, was sie gesagt hat? ›Ich habe dich deshalb weniger oft in die Arme genommen, weil ich dich zu sehr liebte.‹« Er lächelt mich etwas kläglich an und schüttelt den Kopf.

Der Mutter die Schuld zu geben ist schrecklich unnütz. Die Opfermentalität stellt lediglich sicher, daß wir selbst die Mutter nie so sehen, wie sie ist, gut und schlecht. Statt dessen idealisieren wir sie oder würdigen uns selbst herab oder mixen einen Cocktail aus Verdrängungen, der uns als Kinder an sie gebunden bleiben läßt.

Der wechselseitige Blickkontakt und der »Hungersturm«

Mein Analytiker Daniel Stern, den ich fünf Jahre lang aufsuchte, nachdem meine alte Welt auseinanderbrach und dieses neue Leben, das ich nun führe, mühselig geboren wurde, war der erste, der den »Blick« nach ausführlicher klinischer Beobachtung mit poetischen Worten beschrieb. In den frühen achtziger Jahren, in dem Praxiszimmer neben dem Raum, in dem er seine Beobachtungen über Mütter und ihre kleinen Kinder anstellte, Videoaufnahmen machte und seine Erkenntnisse zu Papier brachte, sprachen wir nicht viel über den »Blick«. Aber ich bemerkte wohl die Ironie der Situation: seine kleinen Babys im einen und ich, sein großes Baby, im angrenzenden Zimmer. Jetzt, zehn Jahre später und mitten in meinen Recherchen, entdecke ich sein 1990 veröffentlichtes Buch *Tagebuch eines Babys*. Auf der Rückseite des Buchumschlags findet sich ein Foto meines lieben Freundes, der nun, da ich ihn am meisten brauche, wieder in mein Leben tritt.

In der frühesten Kindheit begründet der »Blick« ein Muster, das uns befähigt zu lieben, uns selbst und auch andere zu sehen, uns selbst als eigenständig und die anderen als von uns gesondert und in diesen seltenen Momenten auch als von uns geliebte Menschen wahrzunehmen. Liebeslieder handeln immer von dem »Blick«. Lesen Sie eine Seite aus Sterns Buch, auf der er die Empfindungen und Gefühle des Kindes für seine Mutter beschreibt: »Ich tauche ein in die Welt ihres Gesichtes. Seine Umrisse sind hier der Himmel, die Wolken und das Wasser. Ihre Lebendigkeit und ihr Schwung sind die Luft und das Licht. Meist ist es ein Aufruhr von Licht und Luft. Heute aber ist hier alles bewegungslos und trübe. Weder regen sich die gebogenen Linien in ihrem Gesicht noch seine runden Wölbungen. Ist sie fort? Wo ist sie hingegangen? Ich habe Angst. Langsam kriecht ihre Gleichgültigkeit auch in mich hinein. Ich suche in ihrem Gesicht nach etwas Lebendigem, zu dem ich Zuflucht nehmen kann.

Jetzt habe ich es gefunden – es sind ihre Augen. Ihre ganze Lebendigkeit ist dort konzentriert. Es ist zugleich die weichste und die härteste Stelle dieser Welt.

Die Augen ziehen mich tiefer und tiefer in eine weit entfernte Welt hinein. Ich treibe und werde von vorbeiziehenden Gedanken hin und her geschaukelt, wenn sie die Oberfläche ihres Blickes kräuseln. Ich schaue weit hinab in die Tiefe und spüre dort die kraftvolle Strömung ihrer unsichtbaren Energie. Heftig brandet sie von dort zu mir empor und zieht und zerrt an mir. Ich rufe sie zurück. Ich will unbedingt wieder ihr Gesicht sehen mit seinem lebendigen Ausdruck.

Allmählich kehrt das Leben in ihr Gesicht zurück. Meer und Wolken haben sich verwandelt. Ihre Oberfläche schimmert gleißend hell. Neue Räume öffnen sich nun – Bögen erheben sich und schweben, Flächen und Formen beginnen langsam zu tanzen. Ihr Gesicht wird zu einer leichten Brise, die mich fächelnd berührt und mich liebkost und beflügelt. Sie ist der Wind, mit dem sich meine Segel wieder füllen. Aufs neue beginnt der Tanz in meinem Innern.«[18]

Bis vor kurzem nahmen die Verhaltensforscher an, daß die Brust das wichtigste vom Baby wahrgenommene Objekt sei, aber heute sind sie sich einig, daß die Brust dem Baby, wenn es gestillt wird, zu nahe ist, als daß es seinen Blick darauf konzentrieren könnte. Das Gesicht der Mutter befindet sich hingegen in einer idealen Entfernung. Und die faszinierendsten Merkmale dieses Gesichts sind die Augen.

»Babys verhalten sich so, als wären die Augen tatsächlich Fenster zur Seele«, schreibt Stern. »Im Alter von sieben Wochen reagieren sie auf die Augen, als handelte es sich bei ihnen nicht nur um die ›geographische Mitte‹ des Gesichts, sondern auch um die ›psychologische Mitte‹ der betreffenden Person.«[19]

Mit der Zeit hält auch das Kind seine Augen für die eigene psychologische Mitte. Von nun an wird es sein ganzes Leben lang das Gefühl haben, daß andere, wenn sie nicht in seine Augen blicken, es nicht wirklich gesehen haben. Stern führt das Beispiel eines sechsjährigen Kindes an, welches sich spielerisch die Augen mit den Händen zuhält. »Und wenn Sie es fragen, ob es meint, daß Sie es sehen können, wird es auf diese Frage meist mit einem ›Nein‹ antworten. Dies liegt jedoch nicht daran, daß sich das Kind – weil es Sie nicht sieht – umgekehrt nicht vorstellen kann, daß Sie es sehen. Das meinen nur wir Erwachsenen, denn in Wirklichkeit weiß es sehr genau, daß Sie es sehen können und daß Sie auch wahrnehmen, wie es sich die Augen mit den Händen zuhält. Was es eigentlich meint, wenn es Ihre Antwort verneint, ist: ›Wenn du meine Augen nicht sehen kannst, dann siehst du mich nicht wirklich!‹ Denn ›einen anderen Menschen sehen‹ bedeutet, seine Augen zu sehen.«[20]

Für das Kind sind vor allem die spitzen Augenwinkel und der Kontrast zwischen der dunklen Pupille, der farbigen Iris und dem hellen Augenweiß sowie der sich von der Haut abhebenden Augenbraue überaus faszinierend. Stern schreibt, daß das Baby von den Augen der Mutter geradezu magisch angezogen wird. »Verweilt [das Kind] mit seiner Mutter längere Zeit im wortlosen Blickkontakt, so ist das für [das Baby] wie der Beginn einer Reise in die ›ferne Welt‹ ihrer Augen.«[21]

Auch noch im Alter von drei oder vier Jahren sind uns im menschlichen Gesicht die Augen das liebste. Als in einer psychoanalytischen Studie Kinder Zeichnungen anfertigen sollten, um die Theorie zu überprüfen, daß sich die Augen bei der Betrachtung des Gesichts vor allem auf den Mund richten, malten sie in großer Mehrzahl Augen; immer und immer wieder waren es die Augen.[22]

Blickkontakt. Die Augen nehmen für uns alle, gleich wie alt wir sind, eine zentrale Stellung ein. Doch wenn wir, so schreibt Stern,

»einen Menschen anschauen, der uns ebenfalls direkt in die Augen sieht, so ist das eine zwischenmenschliche Erfahrung, die keiner anderen gleicht. Es scheint dann, als würden wir das Seelenleben des anderen erahnen und ihm folgen können. Wir sehen abwechselnd in das linke und rechte Auge des anderen, und auch der andere verhält sich auf diese Weise ... Es hat den Anschein, als funktionieren Richtungs- und Fokuswechsel wie ein Spiegel, der jedem der Beteiligten die Gedanken des anderen zurückwirft.«[23] Geht der andere auf dieses Zusammenspiel, auf diesen Augentanz nicht ein, dann ist er nicht erreichbar und nimmt auch sein Gegenüber nicht wahr. Dieser früheste Zyklus von »Befriedigung – Wohlbefinden – Belebung«, welcher das Baby mit seiner Mutter verbindet, dient dem Kind als Prototyp für das, was es in seinem späteren Leben im Umgang mit anderen geliebten Menschen erwarten wird.

Menschen, die weder Geliebte noch Babys sind, können den direkten Blickkontakt mit einer anderen Person nur wenige Sekunden aushalten; diese Art intensiver Begegnung rührt zu viele Emotionen auf, bewirkt Verlegenheit, weckt sogar Feindseligkeit. Bei »bestimmten Tieren wie Hunden, Wölfen oder Menschenaffen [kann er] starke Aggressionen auslösen. Dabei schaut das unterlegene Tier zuerst weg, um die möglicherweise von dem überlegenen Tier als feindselig empfundene Annäherung zu beenden.«[24] Aber Liebende und Babys sind für diese ineinander versunkenen Blicke geboren, eine für den Außenseiter sichtbare Intimität, der sie um diese momentane freiwillige Fesselung beneidet.

»Möglicherweise ist das Auge das ursprüngliche Organ der romantischen Liebe – nicht das Herz, die Genitalien oder das Gehirn«, vermutet Helen Fisher, »denn der (unverwandte) Blick löst beim Menschen oft ein Lächeln aus.«[25] Und Stern ergänzt diese Aussage: »Gefühle und Absichten eines anderen Menschen meinen wir noch am ehesten in seinem Gesichtsausdruck entziffern zu können. Dabei beginnt bereits zu einem sehr frühen Zeitpunkt ... unsere Entwicklung zum Experten.«[26]

Verliebte finden im Gesicht des anderen keine Narbe, keine Falte, keine Eigenheit, die für sie nicht anbetungswürdig ist. Indem wir ihn oder sie lieben und zulassen, daß wir in absolutem Vertrauen im freien Fall in diesen Augen versinken, finden wir zur Selbstliebe. Alles an unserem vor kurzem noch so unvollkommenen Körper wird durch diese intensive Intimität verwandelt und die Vision von einem neuen Selbst im tief forschenden Blick unserer Liebe, in diesem wechselseitigen Blickkontakt, geboren.

Wenn Freunde uns sehen, flüstern sie einander zu: »Ich habe sie kaum wiedererkannt, sie muß verliebt sein!« Sein Gesicht »leuchtet auf«, wenn wir den Raum betreten. Wenn dann alles vorbei ist und er sich fragt: »Wie soll ich ihr nur beibringen, daß ich sie nicht mehr liebe?«, dann ist es genau umgekehrt, und er braucht es gar nicht auszusprechen; sein Gesicht, die leeren Augen haben uns schon alles gesagt.

Manchen von uns ist es nicht möglich, sich in den Augen eines geliebten Menschen wiederzufinden. Wir haben dieses frühe prototypische Modell von Befriedigung – Wohlbefinden – Belebung mit der Mutter nicht erfahren. Wir sind weder imstande, Liebe zu geben, noch können wir tiefen Trost darin finden, daß uns jemand seine Liebe schenkt. Wenn wir dieses visuelle Einssein über den »Blick« nicht zum richtigen Zeitpunkt erfahren haben, dann werden uns die unvermeidlichen Unfälle des Lebens leichter aus dem Gleis werfen. In den Augen dessen, der uns seine Liebe gesteht, finden wir keine bestätigende Widerspiegelung unserer selbst als liebenswerte Person. Wir wissen nicht, wonach wir in seinen Augen suchen sollen, denn wir haben es nie gelernt. Dem anderen werfen wir Mangel an Liebe vor, wo der Mangel doch in uns besteht.

Natürlich sagen wir, daß wir lieben, und wir schlafen miteinander, aber tief in unserer Seele wissen wir, daß wir allein sind in der Welt. Selbst wenn uns unser Spiegelbild Erfolg und gutes Aussehen signalisiert, sind wir uns doch sicher, daß dies nur auf einer zufälligen Kombination aus richtiger Kleidung, Make-up und Frisur beruht und nichts mit der Substanz unserer Person zu tun hat. Doch im Inneren ist die Wut immer da und droht die attraktive Person, als die uns unsere Mitmenschen wahrnehmen, in ein Monster zu verwandeln, Dr. Jekyll in Mr. Hyde.

Tage, Monate vergehen, in denen wir zufrieden sind, aber dann spricht er zu lange mit einer anderen Frau, oder wir werden bei einer Beförderung übergangen, und unser Zorn nimmt angesichts des Geschehens überdimensionale Proportionen an, weil wir einen verwirrenden Verlust unserer Mitte erlitten haben. Wir sind dem kleinen Kind nicht unähnlich, das noch kein Bild von sich selbst und seiner Umwelt hat, das noch nicht einmal das genau zu orten vermag, was seine Wut so gewaltig entfacht. Das Kind erlebt das, was Daniel Stern den »Hungersturm« nennt.

»Die Welt ist ein einziges Brüllen. Alles explodiert und wird hinausgeworfen und bricht in sich zusammen und rast zurück zu einem punktförmigen Schmerz, der keinen Bestand haben kann, aber doch weiterbesteht.« Und Stern erklärt, wie das Baby die heftigen Schmerzen seines Hungersturms empfinden muß. »Diese ›globale‹ Störung muß [dem Baby] wie ein plötzlicher Verlust der Harmonie erscheinen, als ob ›etwas schieflaufe‹.«[27]

Die winzigen Gesichtszüge des Babys verzerren sich zu einer roten, angeschwollenen Fratze der Wut. Doch wenn die Mutter dann den Raum betritt, wenn sich dem Baby ihre Arme entgegenstrekken, dann wird es aus seinem Elend erlöst und seine Wut besänftigt. Es wird an die warme Brust genommen, gestillt und blickt in ihre Augen. In Reaktion auf sie erfährt es eine Neubelebung, die wiederum auch in ihr Gesicht mehr Leben bringt. Die Harmonie in der Welt ist wiederhergestellt.

Stern schreibt: »Wenn das Leben in seine Mutter zurückkehrt, erlebt [das Baby] dies als völlige Verwandlung seiner es direkt und unmittelbar berührenden Welt.« Beugt sie sich zu ihm, um es zu berühren, bewirkt ihr Lächeln nicht nur, daß es zurücklächelt, sondern »haucht ihm geradezu neues Leben ein«. Nun kann es wieder »im von ihr gefühlten und gezeigten Lebensrhythmus mitschwingen – sein Vergnügen, zu dem ihr Lächeln es verführt, wächst. Glücklich überläßt es sich völlig der Mutter ... In diesem Augenblick reagiert [das Baby] also nicht nur, sondern identifiziert sich auch mit ihr.«[28]

Es geht nicht um die permanente Anwesenheit der Mutter, sondern mehr um den Fokus ihrer Aufmerksamkeit, wenn sie anwesend ist, um ihr Lächeln und natürlich immer um den »Blick«. Das Kind sieht sich mit seiner Gestalt in ihren Augen gespiegelt, geliebt und angenommen. Der »Blick« baut das Vertrauen in ihm auf, gibt ihm die Sicherheit, daß sein eigenes Selbst und sein Bild von sich schön genug sind. Warum sonst würde die Mutter, die geliebte Person, zurückkehren? Denn tatsächlich richtet sich der »Blick« auf die Seele hinter den Fenstern der Augen, auf die »psychologische Mitte der Person«, wie Stern es nennt.

Die Mutter sieht, wie ihr Lächeln das Lächeln des Kindes hervorzaubert und wie ihre Liebe selbst Liebe zu erschaffen vermag. Ihr Lohn ist das Bewußtsein von ihrer eigenen Güte und Schönheit, welches ihr Baby ihr zurückgibt. Mit der Zeit imitiert das kleine Kind ihr Lächeln, und nun geht die Initiative von ihm aus und sie reagiert darauf. Je mehr »visueller Bezug«, desto mehr Lächeln, das haben die Forscher herausgefunden. Lächeln und Blicke »bilden die Grundlage für jede nahe Beziehung, jede Bindung an einen anderen Menschen«[29].

Es läßt sich leicht begreifen, warum manche Mütter ihre Kinder nie loslassen können. Da ist ein Mensch, der sie so sieht, wie sie vielleicht sonst keiner je gesehen hat. Etwa um die sechste Lebenswoche herum, wenn das Baby seinen Blick auf die Augen der Mutter fixieren und ihn halten kann, hat sie zum erstenmal das Gefühl, daß das Kind wirklich *sie* ansieht.[30] Es ist eine andere Art von Blick als jener, den sie mit ihrem Mann austauscht. Dieses Baby ist vollkommen abhängig von ihr, und sie fängt vielleicht an, sich gleichsam als Madonna zu fühlen, ganz und gar gütig und großzügig, und ja, sogar auch zum erstenmal in ihrem Leben schön.

Bis zu diesem Zeitpunkt ist es ihr nicht gelungen, einen Mann dazu zu bringen, sie als die Person zu sehen und zu lieben, die sie ist. Verzweifelt gern hätte sie ihm gesagt: »Du schaust mich an, aber du sieht mich gar nicht wirklich. Du verstehst nicht, wie ich bin, und das macht mich verrückt.« Sie sehnt sich nach einer absoluten Akzeptanz, die sie nun schließlich nicht von ihrem Mann, sondern von ihrem Kind bekommt.

Dann passiert etwas. Zum erstenmal entscheidet sich das Kind dazu, seine Mutter *nicht* anzusehen. Am Ende des dritten Monats vermag es fast genauso weit zu sehen und genausogut zu fokussieren wie ein Erwachsener. Es kann die Mutter mit seinen Blicken verfolgen, wenn sie weggeht, sich ihm nähert und im Zimmer herumgeht. Ende des sechsten Monats verwandelt sich sein Interesse am menschlichen Gesicht in eine immens starke, auf Gegenstände gerichtete Neugier. Die Mutter ist nicht mehr der Mittelpunkt im Universum ihres Kindes. Dreht sie den Kopf des kleinen Kindes zu sich herum, wenn sie es auf dem Arm hält, oder freut sie sich an seiner Neugier und daran, daß es von ihr fortkrabbelnd oder -laufend sich selbst zu finden sucht? Seine Chancen, Liebe und ein positives Selbstbild zu entwickeln, beruhen alle auf diesem empfindlichen Gleichgewicht aus Einssein und Trennung.

Perfektion wird von der Mutter nicht verlangt. Großzügig gibt die »gute Mutter« so viel von sich selbst, daß das Kind aus ihrer Sicht von ihm genährt ist und sein Selbst, seine Schönheit und seine liebenswerten Eigenschaften an anderen ausprobieren kann. Das ist das beste Geschenk im Leben; das *ist* Leben. Das Kind ist noch nicht ganz oder gerade ein Jahr alt, und die Mutter hat es schon mit einem verinnerlichten Bild ihrer unerschütterlichen Liebe beschenkt und damit gut ausgestattet, um später Liebe empfangen und erwidern zu können. Das in den ersten Lebensjahren gelegte Fundament von Einssein und Trennung ist es, das uns als Erwachsene dazu befähigt, ohne Besitzansprüche und ohne Identitätsverlust zu lieben und geliebt zu werden.

Nachdem ich nun 25 Jahre über die Beziehung von Mutter und Kind, über Eifersucht, Neid und Sex nachgedacht und geschrieben habe, hege ich nicht mehr den geringsten Zweifel, daß all das mit dem Aussehen verbundene Leid seinen Ursprung in dieser ersten Beziehung hat. Das heißt nicht, daß wir später nichts mehr daran ändern können, aber es ist sehr viel schwerer.

Wenn Frauen beschreiben, was sie eifersüchtig macht, dann nennen sie als erstes: »Wenn er eine andere Frau ansieht.« Er schaut nur, hat kein Wort gesagt, hat nichts getan. Männer sind Rüpel, sagen wir, sie wollen nur das eine, können ihren sexuellen Appetit nicht zügeln; jetzt, nachdem er sie »angesehen« hat, wird er sich an sie heranmachen, uns verlassen. Wir übertragen zuviel Macht auf die Männer. Wenn die Gewißheit von unserer Schönheit, so wie es sein soll, mit der bedingungslosen Liebe, die wir in unseren ersten Lebensjahren verinnerlicht haben, einhergeht, dann sagen wir zu unserem Geliebten: »Na gut, sieh die schöne Frau dort nur an«, weil wir wissen, *warum* er uns liebt und *was* er an uns liebt. Die Frau, die seine Blicke auf sich zieht, ist tatsächlich schön, beeinflußt aber nicht das, was er für uns empfindet. Wir wissen, daß wir nicht so leicht ersetzbar sind, ein Versprechen, das uns vor langer Zeit gegeben wurde, als unsere Eltern in uns den Mond, die Sonne und die Sterne sahen. »Urvertrauen« nannte der Psychoanalytiker Erik Erikson dieses Geschenk.

Heute sind Frauen sehr viel öfter am Arbeitsplatz anzutreffen als in den Kinderzimmern. Der große Umbruch der letzten 25 Jahre führte dazu, daß die Erforschung der frühesten Kindheit stark an Intensität zugenommen hat. Die revolutionären Veränderungen im Leben der Frauen – die neue Strukturen auch im Leben der Männer bewirkten – haben die Tür zum Kinderzimmer weit geöffnet. Erst mußten die Frauen die Kinderzimmer aufgeben, bevor wir nun endlich eine Vorstellung vom Los des Babys und dafür entwickeln können, wie überaus bedeutsam der »Blick« für die Entwicklung des Selbstwertgefühls und die Selbstachtung ist.

Die Schönheit der Trennung: eine zweite Geburt

Eine Mutter und ein Vater, die Margaret Mahlers Theorie über Trennung und Individuation akzeptieren[31], wären die idealen Eltern für ein Kind. Sie würden das Kind festhalten, ihm die Seligkeit der Symbiose schenken und es dann freigeben und dazu ermuntern, versehen mit all ihren guten Wünschen und mit einer verinnerlichten Liebe, in die Welt hinauszugehen. In dem Kind solcher Eltern könnte eine in sich ruhende, unabhängige Persönlichkeit heranwachsen, es wäre fähig, sich selbst und auch andere zu lieben. Die Welt hungert nach Menschen, die sich in ihrer Haut wohl fühlen.

Mahlers Theorien lassen sich auf Söhne wie auf Töchter gleichermaßen anwenden. Wir alle sind von einer Frau geboren worden, und die meisten von uns wurden von einer Frau aufgezogen, die, solange wir abhängig sind, unser Leben beherrscht und sicherlich die Quelle all dessen darstellt, was für unser künftiges Selbstbild bestimmend ist. Männer sind ein wesentlicher Bestandteil von Mahlers Theorien, und jetzt, da sie in den Kinderzimmern langsam Fuß fassen, ist dies besonders wichtig. Wenn ich also im Zusammenhang mit der elterlichen Fürsorge in der Regel von einer »sie« spreche, dann nur deshalb, weil Frauen hier immer noch bestimmend sind. Ich möchte Sie jedoch dazu auffordern, den »Vater« mitzulesen.

Das Thema emotionales Einssein und Trennung weist endlose Variationen auf, aber wenn eine Frau zu lange oder überhaupt nicht festgehalten wurde, kann dies dazu führen, daß sie ihren eigenen Anblick im Spiegel haßt. Wir lieben unsere Mütter; warum hassen wir dann dieses Gesicht, welches zugleich ein Ausdruck von uns selbst und von ihr ist? Wenn wir unserer Wut auf sie nicht ins Auge sehen, zementieren wir sie und haben, wenn wir 30 Jahre alt sind, noch immer wie mit drei das Gefühl, daß sie Mama zerstören wird.

Die düstere Seite der Verdrängung kommt darin zum Ausdruck, daß wir gerade die Eigenschaften imitieren, die wir an ihr am meisten haßten: ihre Ängstlichkeit, Rigidität, Pingeligkeit, ihre Ablehnung der Sexualität, ihren verwundeten Blick. Diese verabscheuten Aspekte halten wir in uns am Leben, weil wir wie das dreijährige Kind noch immer fürchten, daß sie uns umbringen könnte oder wir sie, wenn sie wüßte, daß wir sie nicht auf vollkommene Weise lieben. Gleichgültig ob es sich um körperliche, emotionale oder charakterliche Merkmale handelt, die Person, die sich von der Mutter nie emotional abnabeln konnte, wird schließlich genau diese Eigenschaften zu den ihren machen. So kommt es, daß das Spiegelbild unserer selbst, welches wir im Vorbeigehen flüchtig in einem

Schaufenster wahrnehmen, auf verblüffende Weise unserer Mutter ähnelt.

Muß ich noch hinzufügen, was unser Vater, ein weiteres Gesicht im Spiegel, ein weiteres Vorbild an Tapferkeit, das uns dazu ermuntern sollte, hinauszuziehen und zu unserer eigenen Identität zu finden, in dieses konfuse Vermächtnis von Liebe und Wut einbringt?

Wenn wir zu unserem Selbst nicht finden, verfehlen wir uns ein Leben lang. Wie beim Amputierten, der ein Bein verloren hat, juckt es uns nach der Person, die wir hätten sein sollen. Jeder Mensch ist ein einzigartiger Entwurf. Um diese Einzigartigkeit zum Leben zu erwecken, braucht er diese anfängliche Phase der Liebe in einer warmen Atmosphäre, in der er eins ist mit der Person, die ihm so lieb ist. Solange wir völlig abhängig sind, ist diese Symbiose der Himmel. Und doch, so vollkommen dieser Himmel ist, noch vor Vollendung des ersten Lebensjahrs sind wir gesättigt. Genug Einssein! Zeit, sich davonzumachen. Warum sollten wir wohl diese symbiotische Seligkeit verlassen wollen, wenn unser Leben nicht darauf angelegt wäre, daß wir uns selbst entdecken und zum Ausdruck bringen, auch in unserem Aussehen? Wenn wir unsere Grenzen nicht erforschen und nur in ganz engen Beziehungen sicher durchs Leben gehen können, dann wird die Angst vor dem Verlassenwerden unser Leben bestimmen.

Trennung – das Wort ist in seiner Bedeutung überfrachtet, und sein Klang beschwört die Vorstellung von einer grausamen, messerscharfen Spaltung herauf. Doch wenn Margaret Mahler von emotionaler Trennung spricht, meint sie damit den Beginn eines neuen Lebens, aus dem ein neues, zur Liebe befähigtes Individuum hervorgeht. Erst wenn wir über ein von Mama abgenabeltes Selbst verfügen, sind wir fähig zu lieben. Liebe, so sagt Melanie Klein, entsteht aus der Dankbarkeit heraus und kann nur empfunden werden, wenn wir nicht mehr von der »guten Mutter« mit all ihrer Macht abhängig sind. Wenn sie uns nicht gehen läßt, ist unsere Reise vorbei, noch bevor sie richtig begonnen hat. Für mich bedeutet die emotionale Trennung eine zweite Geburt.

Die symbiotische Nähe zur Mutter hat noch vor Vollendung des ersten Lebensjahrs ihren Zweck erfüllt. Das Baby verspürt den mächtigen Drang herauszufinden, was im nächsten Zimmer ist, und schon krabbelt es auf allen vieren davon. Plötzlich überfällt das Baby Panik – Wo ist Mama? Ich bin allein! –, und es tritt den Rückweg an zur Heimatstation, wo liebevolle Arme und Küsse, welche »Ich bin noch hier« signalisieren, auf das Kind warten. Die nächste Reise führt schon ein paar Meter weiter, und dann wieder zurück zu ihr zum »Auftanken«, wie Mahler das nennt. Und so geht es immer weiter. Jeder kleine Abschied ist ein neuer Schritt hinein in die unabhängige Sicherheit.

Schließlich geht es hinaus in den Garten und auf die Straße, immer weiter fort. Und so dehnen wir uns in unserem Selbst, in das wir Vertrauen setzen, nach und nach aus. Jede besiegte Angst steht für ein neu erobertes Territorium des Selbst, wird zu einem aufregenden Unterfangen, zu einer erfolgreichen Leistung, führt zum Glauben an die eigenständige Identität. Eine Mutter, die ihr Kind gehen läßt, erfüllt es mit Mut und dem Vertrauen in das eigene Selbst.

Wenn allerdings unsere frühesten Bestrebungen, die Mutter zu verlassen, mit Angst befrachtet waren – mit der von ihr übernommenen Angst –, dann können wir uns emotional nicht abnabeln. Sicher, auf der physischen Ebene werden wir früher oder später weggehen, doch dehnen wir nur eine unsichtbare Nabelschnur aus, die uns nach wie vor in Abhängigkeit von ihrer Billigung und Zustimmung hält. Bestimmend bleibt die Angst des Babys vor dem Verlust von Mamas Liebe.

Frauen, die nicht dazu ermuntert wurden, sich die emotionale Trennung zu erkämpfen, wandern von den Armen der Mutter in die Arme wechselnder Partner, die allesamt für die Mutter stehen. Am Anfang einer Beziehung zwischen Mann und Frau existieren zwischen diesen beiden Menschen mit eigenem Leben und eigener Identität Erregung und Spannung. Die Distanz zwischen ihnen beiden entzündet das Feuer. Sie schlafen miteinander. Nun verliert sich die Frau, die nie eine gesunde emotionale Trennung von ihrer

Mutter vollzogen hat, fällt wie in einen Teich in diesen Mann hinein und ertränkt ihre zerbrechliche Identität in der seinen. Sex mit ihm fühlt sich wie eine Einswerdung an und weckt in ihr all die Sehnsucht nach dem, was sie einst hatte oder auch nicht: die symbiotische Vereinigung mit Mama.

Es ist nicht so, daß Frauen sich bewußt dazu entschließen, aber es passiert. Der Mann wird nicht ganz so empfinden, denn seine Mutter wird sich durch die rigorosen Forderungen der Gesellschaft dazu gedrängt gefühlt haben, ihn immer und immer wieder seine Fähigkeit zur Eigenständigkeit erproben zu lassen. Männer, die keine gesunde emotionale Trennung vollzogen haben, dürfen sich dies auf keinen Fall anmerken lassen. Ihr Problem besteht daher weitgehend darin, ihre eisernen Abwehrmechanismen so weit zu lockern, daß sie sich in dieses momentane Einssein in der Liebe hineinfallen lassen können. »Wo ist meine aufregende, sexuell so anziehende Frau geblieben?« fragt er sich. »Warum verbindet er sich nicht wieder mit mir?« grämt sie sich, die noch vor ein paar Minuten eine unabhängige verführerische Sirene war, sich aber jetzt klein und verloren fühlt und sich ohne ihre Mama/ihren Mann vor Verlassenheit fürchtet.

Je stärker eine Frau von ihrem Arbeitsplatz beansprucht wird, desto größere Schwierigkeiten hat sie mit Trennungen. Sie verdient ihr eigenes Geld, ist scheinbar unabhängig, aber der Sex mit einem Mann weckt in ihr die Sehnsucht nach der alten Symbiose. Wie soll sie ordentlich arbeiten, wenn sie mit einem gespitzten Ohr ständig auf seinen Anruf wartet, auf sein Versprechen ewiger Liebe? Diese Situation macht uns unabhängige Frauen rasend! Verdammte Männer, die es einfach nicht fertigbringen, erwachsene Babys zu bemuttern! Männer kümmern sich nur um sich. Nur Frauen wissen, was Frauen brauchen. Nehmen deshalb lesbische Beziehungen so stark zu?

Die Schönheitsindustrie profitiert von Frauen, die mehr Geld als je zuvor für ihr Aussehen ausgeben können. Da wir von niemandem mehr die Erlaubnis einzuholen brauchen, kaufen wir uns ein neues »Aussehen« nach dem anderen und fragen uns, wenn wir morgens vor dem überfüllten Schrank stehen, warum uns keines der Kleidungsstücke das ersehnte spezielle »Ich-Gefühl« gibt. Mit jeder Jahreszeit werden die Kleiderschränke gefüllt und wieder entleert, denn keine Mode vermag solche Frauen zufriedenzustellen, die nicht wissen, wessen Urteil sie vertrauen sollen, wenn sie in den Spiegel blicken. Unsere Wut wird immer gewaltiger und hält uns in der Vergangenheit gefangen. Wie demütigend, am Arbeitsplatz als Erwachsener zu agieren, zugleich aber noch immer in der Wut der Kinderstube festzustecken! Wir leugnen unsere Wut, beweisen unsere Unabhängigkeit in einer sexuell attraktiven Aufmachung, mit hohen Absätzen und tiefen Ausschnitten, bis wir durch den Zigarettenrauch hindurch im Spiegel hinter der Bar ein kleines ängstliches Gesicht entdecken. Wessen Gesicht ist das?

Trennung, Schönheit, Konkurrenz – wäre auch nur eines dieser Themen angesprochen, analysiert und diskutiert worden, wenn unser Drängen auf den Arbeitsmarkt nicht ein tieferes Verständnis von uns selbst notwendig gemacht hätte? Solange wir in einer strikt patriarchalischen Gesellschaft lebten, in der Frauen auf das Heim beschränkt und über ihre Mutterrolle definiert wurden, gab es kein brennendes Bedürfnis nach Theorien über Trennung und Individuation. Man erwartete, daß die Tochter ihr Leben führte, wie die Mutter es getan hatte. Eine Tochter, die zuviel Freiheit, zuviel Individualität besaß, die anders handelte und aussah als die anderen Mädchen, war ein Unglück.

In den Augen der Gesellschaft waren die besten Mütter jene, die ihr Leben für das ihrer Kinder aufgaben, und ihre Qualität wurde an ihrer Opferbereitschaft gemessen. Allein durch ihre Kinder konnten sie sich lebendig fühlen. Was machte es schon, wenn die Mutter sich an ihren Kindern festklammerte und diese lehrte, sich ebenso zu verhalten? Was die Tochter anging, sie würde sich ja doch nur in ein neues Paar Arme, zu einem anderen Beschützer begeben. »Ein Sohn wird dich verlassen, aber eine Tochter bleibt immer *deine* Tochter« ist ein Spruch, der durchaus ernst gemeint war. Die alleinige Selbstdefinition über die Kinder und/oder über ihren Mann war für Frauen lange Zeit die Realität des Alltags.

Doch was geschah, wenn der Mann sich aus dem Staub machte und die Kinder aus dem Haus waren?

Die Angst und die Wut darüber, außerhalb einer Beziehung ohne Wert zu sein, wurden hinuntergeschluckt, die Depression blieb undiagnostiziert und der Neid auf die ökonomische Macht der Männer unbenannt, denn schließlich hätten Frauen ja sonst in die Hände beißen müssen, die sie fütterten! In den alten Zeiten vor dem modernen Feminismus preßten die Frauen die Lippen zusammen, bekamen Migräne, verfielen in Depression und wären lieber gestorben, als ihre ambivalente Einstellung zur Mutterliebe zuzugeben.

Die Wut auf ihre Mütter leugnend, versuchten Töchter bei ihren Männern die einzige ihnen bekannte Form von Liebe zu finden: ein symbiotisches Einssein, in dem sie sich ihnen völlig überantworteten. Zugleich stellten diese jungen Frauen enorme Ansprüche an ihre Männer, denn schließlich hatten sie ja alles – auch den Sex – für sie aufgegeben. Nun war sie ihm überlassen, unsere Sexualität, war ihm übergeben, damit er sie wiederherstellen und zum Leben erwecken konnte. Doch eine Frau, die von einem Mann erwartet, daß er sie sexuell zum Leben erweckt, indem er ihr einen Orgasmus »verschafft«, muß sich gewöhnlich auf eine lange und traurige Wartezeit einrichten.

Schließlich gaben Frauen den Sex völlig auf. Sexuelle Regungen verflüchtigten sich, weil sie ohnehin nie in das verinnerlichte weibliche Selbstbild vom braven Mädchen gepaßt hatten. Jeder entfachte sexuelle Funke war mit dem verbotenen Kick befrachtet, Mutters Regeln zu durchbrechen. Hingegen fühlte sich die Ehe wie ein Nachhausekommen an. Ohne sich bewußt dazu zu entscheiden, fing die Tochter an, sich wie die Mutter zu kleiden, wie sie zu reden und zu gehen und ihr Haus nach deren Vorbild einzurichten. Bald war ein Kind da, eine Tochter, die nun ihrerseits das alte Muster der Generationen abspulen konnte.

Eine Reihe von matriarchalisch orientierten Feministinnen attackieren Margaret Mahler, weil sie die Mütter zur emotionalen Trennung von ihren Kindern ermuntert. Dies sind Frauen, die in den letzten zehn bis 15 Jahren selbst Mütter geworden sind. Obwohl sie einst für die Freiheit auf die Straße gegangen sind und für Frauenrechte gekämpft haben, ist es ihnen jetzt ein Greuel, im Zusammenhang mit ihren Kindern Unabhängigkeit zu praktizieren. »Ihr macht für alles die Mütter verantwortlich!« werfen sie uns vor, die wir sagen und schreiben, daß die wahre Freiheit der Frau mit ihrer Selbstsicherheit, mit ihrer inneren Eigenständigkeit beginnt.

Dabei richten die Gegnerinnen von Margaret Mahler ihre schwersten Geschütze auf die Männer, die falsche Zielscheibe. »Das Patriarchat lebt davon«, so schreiben sie, »daß es die Frauen spaltet ... sie dazu bringt, miteinander zu konkurrieren ... Wissenschaftliche Experten reden den Müttern ein, daß jedes Kind eine Trennung vollziehen muß, um zur Autonomie zu gelangen. Das ist eine Lüge. Diese verzerrte Sicht von guter mütterlicher Fürsorge bringt die Gefühle einer Mutter in Widerstreit zu den kulturellen Wahrnehmungen von den Dingen, die für die Entwicklung und das Wohlbefinden ihres Kindes nötig sind. Und darüber hinaus führt diese Lüge von der Trennung Mütter zum unbeabsichtigten Verrat an ihren Töchtern.«[32]

Das ist absurd. Wenn Männer beschuldigt werden, die Theorie von der notwendigen Trennung in die Welt gesetzt zu haben, dann ermöglicht dies fehlgeleiteten Frauen lediglich, die Probleme mit ihren eigenen Müttern zu übergehen und mit ihren Töchtern zu dem Einssein zu finden, das ihnen kein Mann geben kann. Patriarchat? Margaret Mahler war diejenige, die zuerst über diese so wichtige emotionale Trennung, »die zweite Geburt«, geschrieben hat.

Viele Feministinnen, die vor 20 Jahren auf die Straße gingen, gaben Männer auf, weil die Liebe zu einem Mann sich nicht mit ihrer neugefundenen Identität vertrug und in ihnen wieder dieses alte überwältigende Verlangen nach innigster Verbundenheit weckte – ein unangemessenes Gefühl, wenn man für Frauenrechte kämpft. Noch schlimmer, noch demütigender war und ist jedoch der Widerwille der Männer, sich auf eine solche Symbiose einzulassen. Die Männer waren bereits das Feindbild, welches den Frauen am Arbeitsplatz nicht den gleichen Lohn für gleiche Arbeit zugestehen wollte. Da ist es nur ein kleiner Schritt, ihnen auch das dornige Trennungsproblem noch anzulasten.

Mahlers Theorien wurden erst in den letzten 20 Jahren populär. Als Frauen sich Mitte der siebziger Jahre massenweise Arbeitsplätze erkämpften, lehnten sie sich gegen die heiligsten Dogmen der Gesellschaft auf und stellten damit die Welt auf den Kopf. Doch wenn wir diese neue Identität der Frau als Ernährerin mit Sinn füllen wollten, brauchten wir Richtlinien, um herauszufinden, wer wir waren und wie es zu all dem gekommen war. Um die »neue Frau« zu werden, mußten wir die Frau in ihrer herkömmlichen Rolle, mußten wir uns selbst verstehen. Und Margaret Mahler lieferte den Schlüssel dazu.

Es muß daran erinnert werden, daß die Mutterrolle in den sechziger und siebziger Jahren nicht populär war. Wir konkurrierten mit den Männern und mit anderen Frauen um Arbeitsplätze und mußten hierzu aggressiv und knallhart sein – eine Haltung, die sich nicht gerade gut mit der Mutterschaft verträgt. Mahler paßte hervorragend in diese Zeit; die Theorie von der emotionalen Trennung war schmackhaft, weil sie Eigenständigkeit, Unabhängigkeit und eine Identität versprach, die wir als neues Outfit für unsere Karrieren benötigten.

Solange diese erste Feministinnengeneration am Arbeitsplatz auf sich gestellt und alleinstehend war, erfüllte Mahler eine Vorbildfunktion. Erst als die Feministinnen sich wieder dazu entschlossen, Mütter zu werden, war die Theorie von der emotionalen Trennung nicht mehr opportun. Jetzt, wo sie ihre Babys im Arm hielten, wollten Frauen nichts mehr von Trennung hören; sie fühlten sich mit ihren eigenen Müttern wiedervereint. »Ach so, deshalb wollte sie mich nicht gehen lassen!« Um dieses Einssein mit dem Baby, um diese symbiotische Seligkeit ging es also in der Mutterschaft, im Fraulichsein und nicht um Konkurrenz oder Sexualität.

»Gleich als ich meine Tochter sah ... und fühlte, wieviel ich mir für sie wünschte«, schreibt eine der Gegnerinnen Mahlers, »wußte ich, daß meine Mutter alles in ihrer Beziehung mit mir aus Liebe getan hatte.«[33] Unmöglich! Niemand liebt vollkommen. Eine solche Erwartung an die Mutter und der eigene Versuch, diesem Anspruch gerecht zu werden, ist zum Scheitern verurteilt. Liebe ist unvollkommen. Die meisten Mütter tun ihr Bestes, aber niemand ist vollkommen, und man sollte das auch nicht von sich verlangen. Wenn wir unsere Mutter als vollkommen hinstellen, ist dies die Verewigung eines Vorbilds, dem niemand entsprechen kann. In dieser idealisierten Gestalt werden ihre unvermeidlichen Mängel begraben. Die Folge ist, daß wir diese »Unvollkommenheiten« als Möglichkeit der Vergebung wiederaufleben lassen und verinnerlichen: »Schau, Mama, ich bin genau wie du, ich nörgle, bin überkritisch und besitzergreifend.«

Frauen, die den Männern die Schuld für alles geben, was in der Welt der Frauen nicht stimmt, projizieren ihren Schatten auf die Männer. Nur Männer konkurrieren, nur Frauen können lieben, behaupten sie. Während sie also einerseits den Versuch unternehmen, den Männern soviel ökonomische und politische Macht wie möglich zu entreißen, binden Frauen andererseits ihre Töchter aufs engste an sich und sind zufrieden mit einem Leben in seligem Einssein, weil für sie das Eingeständnis von Wut auf die Mutter oder die Frauen und Konkurrenz mit ihnen so schrecklich wäre wie der Tod. Der Vorwurf, Männer seien für die emotionale Trennung verantwortlich, ist dann nur noch ein kleiner Schritt. »Die Beziehung, die das Patriarchat für sein Funktionieren ganz wesentlich aufbrechen muß, ist die zwischen Mutter und Tochter«, schreibt Shere Hite. »Mütter und Töchter sind keine ›natürlichen Feindinnen‹ (die um den Vater konkurrieren, wie Freud sich das so egoistisch vorstellte), sondern ›natürliche Freundinnen‹, da sie viele Dinge gemeinsam haben. Wenn diese Beziehung ungebrochen bleibt, kann das Patriarchat nicht weiterbestehen, da sich dann nicht mehr alle Macht in den Händen der Männer befindet.«[34]

Diese das Matriarchat verherrlichenden Frauen streben letztlich eine Welt an, in der Frauen die Macht nicht mit den Männern teilen müssen. Statt sich der Wut, die Frauen zu Recht aufeinander haben, zu stellen, treffen sie Aussagen wie, »was immer meine Mutter in ihrer Beziehung zu mir getan hat, hat sie aus Liebe getan«, und gestatten sich, inzwischen selbst Mütter geworden, mit ihren Töchtern die Beziehung zu wiederholen, die sie mit ihren Müttern hatten – und begehen Verrat an ihren Töchtern. Weil sich das Thema der gesunden emotionalen Ablösung jedoch nur schwer gänzlich unter den Teppich kehren läßt, versuchen manche Frauen beides zu haben. Sie schreiben Bücher über die »Bindung in der Loslösung« und die »Autonomie in der Verbundenheit«, was den semantischen Dschungel noch undurchdringlicher macht.

In einer derart im Umbruch begriffenen Welt wie der unseren heute, in der es keine Beständigkeit gibt, nichts von Dauer ist oder zusammenbleibt, wird der Schmerz, wenn wir jemanden gehen lassen, um so stärker empfunden. Wir ängstigen uns um ihn und auch um uns, fürchten uns vor dem Alleinsein. Das spricht um so mehr für Mahlers Theorie über Individuation und Trennung. Ein Kind kann nur für eine kurze Zeit beschützt werden. Nach Vollendung des ersten Lebensjahrs muß das Gefühl von Sicherheit allmählich aus dem eigenen Inneren kommen.

Falls Sie denken, ich schriebe aus der allwissenden Position einer Beobachterin heraus, möchte ich Ihnen sagen, daß ich in meiner ersten Ehe ein gutes Beispiel für eine Frau war, die ohne die verinnerlichte Gewißheit einer eigenen Identität, von der Mahler spricht, aufgewachsen war und die in den Männern jene symbiotische Seligkeit zu finden suchte, die ich mit meiner Mutter nie hatte. Über jene Vorstellungen von emotionaler Trennung, wie Mahler sie entwickelt, hätte ich damals nur gelacht. Ich fühlte mich autark und unabhängig, schließlich hatte ich niemals einen Mann auch nur einen Pfennig für meine Miete bezahlen lassen. Und mehr als alles andere erhob mich schließlich meine Sexualität zur »Miß Autonomie«.

Mein ehemaliger Mann war zwar nicht der erste, dem ich mich überantwortete, aber er war der erste, mit dem ich einen Hausstand gründete, den ich zu einer Heimatstation machte, wie ich sie als Kind nie hatte. Weil er die Mutter ersetzte, die mir so gefehlt hatte, und weil er nur mich anbetete, harrte ich viel länger in dieser Ehe aus, als gut für mich war. Nachdem ich mir den Paradiesgarten erschaffen hatte, fiel es mir schwer, ihn zu verlassen.

Kaum war ich verheiratet, veränderte sich mein Aussehen. Damit meine ich nicht nur die konservativere Kleidung und das sorgfältig frisierte Haar, die mich, ohne daß ich darüber nachgedacht hätte, etwas matronenhafter machten. Meine ganze Haltung war nun weniger aggressiv, die Schultern waren weniger gereckt, das Kinn war gesenkt, aus mir wurde so etwas wie eine nette, damenhafte Kuh. Ich möchte hinzufügen, daß mein Mann gegen diese Veränderungen nichts einzuwenden hatte; Männer mögen herumstolzieren und sich in Pose werfen, aber viele suchen doch immer wieder auch nach einer Mutter.

Und auf meine Weise war ich eine gute Mutter, mit der ein Mann wie er durchaus leben konnte. Ich kaufte seine Kleidung, packte seine Koffer und wehrte das Lob ab, das ich mit meinem zunehmenden Erfolg als Schriftstellerin einheimste, bezeichnete ihn als den »tatsächlichen« Schriftsteller in der Familie. »Warum machst du nicht mehr her mit deinem Erfolg?« fragte mich einmal eine alte Freundin. Aber was wäre geschehen, wenn mein Licht heller gestrahlt hätte als das seine?

Also händigte ich ihm alles Geld aus, das ich verdiente, und weigerte mich anfänglich sogar, Schecks in meinem Namen auszuschreiben. Es war wichtig, daß er merkte, wie klein und abhängig ich war. Die Tatsache, daß ich schließlich die Brötchen für die Familie verdiente, änderte nichts an meinem emotionalen Bild, dem zufolge ich das Kind und er die Mutter war, obwohl ich mir eine solche Beschreibung nie bewußt eingestanden hätte. »Er nimmt nie die Augen von dir!« bemerkten Freundinnen neidisch. Ich bekam das, was ich immer gewollt hatte: eine Mama.

Und solange wir zusammen waren, schaute er nie eine andere Frau an. Nun kann ich erkennen, daß es vor allem dieses Merkmal war, das mich zu einer Ehe mit ihm verführte. Oh, ja, er war attraktiv, amüsant und ein Intellektueller, aber über diese Eigenschaften verfügten auch andere Männer. Was ihn von anderen unterschied, war, daß er nie eine andere Frau ansah als jene an seiner Seite.

»Er wird dich nie befriedigen«, warnte mich der Mann, den ich um seinetwillen verließ. Wie konnte dieser Exgeliebte auch verstehen, daß es nicht der Sex war, den ich in einer Ehe suchte? Das hatte ich ja noch nicht einmal selbst begriffen. Ja, ich konnte einen Mann verführen und mich so seiner bemächtigen, aber dann drehte er sich vielleicht um und reagierte auf die sexuellen Reize einer anderen Frau. Was ich brauchte, war ein Mann, der nicht von der Leidenschaft getrieben war und nie, niemals eine andere Frau anschauen würde.

Erst als ich mit der Schriftstellerei anfing, begriff ich, wie sehr sich mein Aussehen mit meiner Ehe veränderte; sicher, das lag auch an der unbewußten Identifizierung mit meiner Mutter. Aber gleichermaßen erschreckend war die Einsicht, daß ich in der Ehe das lebhafte und muntere Mädchen aufgab, das ich, um meine Unsichtbarkeit in den Augen meiner Mutter zu kompensieren, für mich erfunden hatte; als kleines Kind fand ich Wege und Möglichkeiten, gesehen, in den Arm genommen und geliebt zu werden. So gründlich, wie ich meine Angst innerhalb meiner eigenen Familie hinter der Maske eines reizenden Mädchens begraben hatte, begrub ich nun auch die Person, die ich bislang gewesen war: hinter der Maske der verheirateten Nancy in der Tat eine sehr angespannt wirkende Frau.

Manche Frauen brauchen keine Ehe, um ihren Müttern gleich zu werden; wir sehen in den Spiegel, sehen kleine Fältchen und schmaler werdende, einst volle Lippen; wir sehen ein Altern, das andere noch gar nicht bemerken, erschlaffende Haut, nicht mehr ganz so straffe Oberschenkel. Wir sind erst 25 Jahre alt, noch immer jung, und doch für immer Mamas kleines Mädchen und für immer Mama.

Die Idealisierung der Mutter- und Frauenrolle

Ich schreibe, um mich von der Wut meiner Kindheit zu befreien, um der Vergangenheit zu entfliehen und um heute mehr Energie in die Liebe investieren zu können. Doch wenn ich von diesem Tisch aufstehe, werde ich ins Zimmer nebenan gehen und mich wieder einmal in den bezaubernden und romantischen Fotos der Familie meiner Mutter verlieren. Mein Leben und das meines Vaters kommen darin nicht vor. Auf diesen eingerahmten Momentaufnahmen sind sie alle sehr jung: meine schöne Großmutter, die ich nie kennengelernt habe, mit allen ihren Kindern, meiner Mutter und ihren drei Schwestern und dem einen Bruder. Wie kleine Welpen hängen sie am Hals ihrer Mutter, lehnen sich in ihren weichen weißen Kleidern gegen ihr Knie, eingehüllt in eine heitere Atmosphäre absoluten Friedens. Selbst der große, gestrenge Patriarch, mein Großvater, hat in dieser idealisierten häuslichen Szene Platz genommen, neigt sein stattliches Haupt dem kleinen Jungen zu, der im Matrosenanzug auf seinen Knien sitzt.

Ein ganzer Tag, so berichtete man mir, verwendete der Fotograf darauf, um diese Familienromantik in über 30 wunderschönen, mattierten, sepiagetönten Fotos zu verewigen, die nun, versammelt in einem karamelfarbenen, ledergebundenen Album, das so groß wie ein Couchtisch ist, vor mir liegen. Als Kind blätterte ich die Seiten ehrfürchtig um und stellte mir mich in jedem der Zimmer des großen Hauses vor, in dem sie lebten, bis meine Großmutter starb und mein Großvater sein Vermögen bei der großen Depression verlor. Solange diese Idylle bestand, schien sie geradezu vollkommen gewesen sein.

Doch in Wahrheit war sie alles andere als vollkommen. Meine Großmutter war eine resolute und eigenwillige Person. Auf meinem Schreibtisch habe ich ein vergilbtes Zeitungsfoto von ihr, auf dem sie in einem Malerkittel neben ihrer Staffelei steht, auf der sich ein Porträt meiner Tante befindet, eines jener Bilder, welche damals in einer der städtischen Galerien ausgestellt wurden. Meine Tanten erzählen Geschichten von Spaghetti-Partys mit ihren Boheme-Freunden im Atelier, während mein Großvater unten im Haus Gesellschaften für die Stahlbarone von Pittsburgh gab. In welchem Maße meine Tanten ihre Mutter nach ihrem Tod idealisierten, werde ich nie erfahren, aber sie ließen nie ein kritisches Wort über sie fallen. In gewisser Weise wünschte ich, sie hätten es getan und sie damit auf ein menschliches Maß heruntergeschraubt. Was meinen

Großvater angeht, so war er offenbar ein Schürzenjäger, liebte schöne Frauen, stellte ihnen nach und verführte sie. Nach dem Tod meiner Großmutter heiratete er in der Folge nur Frauen, die unterwürfig waren oder sich zumindest so gaben.

Es fällt uns schwer, das idealisierte Bild von unserer Familie fahrenzulassen. Auf der Verstandesebene wissen wir wohl, daß es so etwas wie einen »Mutterinstinkt« nicht gibt; in den siebziger Jahren mußten wir uns mit der Tatsache abfinden, daß Mütter ihre Babys nicht automatisch mit der Geburt lieben; die Gefühle einer Mutter für ihr Kind entwickeln sich erst mit der Zeit zu Liebe. Trotzdem klammern wir uns so zäh an das Versprechen »natürlicher« Mutterliebe, wie wir an der Überzeugung festhalten, daß ein Kind selbstverständlich seine Mutter liebt.

Bei dem Versuch, die Idealisierung meiner Familie und vor allem meiner Mutter aufgeben, werde ich stets mit einer Realität belohnt, mit der ich sehr viel besser leben kann als mit einer Illusion. Heute entscheide ich mich dazu, nur noch die Aspekte meiner Mutter zu imitieren, die ich bewundere, in den Spiegel zu schauen und die ihrer Gesichtszüge zu sehen, die mir Vergnügen bereiten, meine Stimme auf Tonband zu hören und ihr Lachen wiederzuerkennen. Ich will nicht ihren ängstlichen Blick, ihren leidenden Ton am Telefon. Das Schreiben hat mich gelehrt, daß ich das, was ich an ihr liebe, erst dann in meine Persönlichkeit integrieren kann, wenn ich mein Wunschbild von ihrer vollkommenen Liebe und meine infantile Wut auf sie, weil sie nicht vollkommen war, aufgebe.

All dies hat mit Mahlers emotionaler Trennung zu tun, welche der Theorie nach im ersten Lebensjahr vollzogen wird, aber in der Praxis unser ganzes Leben lang andauert. Mama loszulassen, den Gedanken aufzugeben, daß wir sie ändern können, daß sie uns auf ideale Weise liebt, ist in späteren Jahren schwieriger, aber lohnt sich immer. Deshalb schreibe ich.

Wir werden zu unserer Mutter, weil wir sie lieben, so sagen wir. Aber warum übernehmen wir dann gerade die Eigenschaften, die wir am wenigsten an ihr mögen? Wirkliche Liebe verlangt von zwei Individuen, sich ganz bewußt für ein liebendes Interesse aneinander zu entscheiden, und zwar nicht aus der Not oder aus einer Angst heraus, sondern aus dem Gefühl, daß diese »andere« Person unser Universum erweitert und nicht bloß zu einem sicheren Ort macht.

Stimmt der alte Rat noch, wonach sich ein Mann seine künftige Schwiegermutter sehr genau ansehen sollte, weil er an ihr ablesen kann, was aus seiner jungen hübschen Frau einmal werden wird? Weil Frauen heute anders aussehen, weil sie berufstätig und nicht mehr nur Hausfrauen sind, meinen sie, daß sie nicht so werden wie ihre Mütter. Unterschätzen wir nicht die Macht dieser ersten Beziehung. Nur eine Tochter, die mit einem Gefühl für ihre eigene Identität aufwuchs, die liebevoll dazu ermuntert wurde, zu dieser Identität zu finden und sie auch zu leben, reift zu einer Frau heran, die ohne zu kritisieren in einen Spiegel blicken kann. Eine solche Frau kann zu ihrem Geliebten sagen: »Ich kann ohne dich nicht leben«, und damit nicht etwa meinen, daß sie ohne ihn sterben würde, sondern daß ihr Leben ohne ihn weniger reich wäre.

Meine an ihrer Staffelei stehende Großmutter war keine »häusliche Nonne«, trug aber, wie alle Frauen zu ihrer Zeit, eine sanfte Unterwürfigkeit zu Schau, wie sie von einer Gattin und Mutter verlangt wurde. Ich stelle mir vor, daß ihr dies zuwider gewesen sein muß. In ihrem Gesicht sehe ich diesen Blick attraktiver Resignation, der auch meiner Mutter bis vor kurzem zu eigen war. Hat meine Mutter ihn nun tatsächlich aufgegeben, oder hat sich nur meine Sicht von ihr verändert? Durch meine Schriftstellerei kam ich dazu, sie als Frau und nicht nur als meine Mutter zu sehen. Erst als ich den Wunsch nach dieser idealisierten Kindbeziehung mit ihr aufzugeben lernte, konnte ich auch den Heiligenschein entfernen, der sie vor meiner Wut schützte. Und nie sah sie besser aus.

Die Idealisierung der Frau definiert heute nicht mehr das Leben, das wir Frauen führen, unser Tun und unsere äußere Erscheinung. Es ist die Berufstätigkeit, die jetzt zum großen Teil unser Aussehen bestimmt. Es ist ja nicht so, als hätte es diese Familienromantik, bei der allein die Mutter über die Kindererziehung wacht, schon lange Zeit gegeben. Wir konnten uns die moderne Familie ganz buchstäblich erst die letzten paar hundert Jahre leisten.

Vor 300 bis 400 Jahren war der sogenannte »Mutterinstinkt« ein Luxus, den sich nur wenige leisten konnten. Die Familie bildete eine Arbeitseinheit, die das Überleben sichern sollte, und Kinder waren nur dann nützlich, wenn sie lang genug lebten, um ihren Anteil an der Arbeit mitzutragen. Bis zum 17. Jahrhundert gab es praktisch kein eigenes Konzept der Kindheit, keinen eigenständigen Persönlichkeitsbegriff vom Kind. »Von allen Eigenheiten, in denen sich das Mittelalter von der heutigen Zeit unterscheidet, ist keine so auffallend wie das fehlende Interesse an den Kindern«, schreibt Barbara Tuchman.[35]

In der mittelalterlichen Kunst werden Kinder als kleine Erwachsene dargestellt, Zwerge, die sich im Hinblick auf ihren Gesichtsausdruck und sonstigen Körperbau in nichts von den Erwachsenen unterscheiden. In der realen mittelalterlichen Welt nahm das Kind sofort nach der Entwöhnung oder wenig später ganz selbstverständlich seinen Platz an der Seite der Erwachsenen ein.[36]

Mütter und Väter konnten, weil das Leben hart und der Tod von Kindern so alltäglich war, es sich nicht leisten, Gefühle in sie zu investieren. In der Praxis hatte man so viele Kinder wie möglich und hoffte, daß zumindest ein paar überleben würden, um später die Familie zu unterstützen. Der Wendepunkt kam mit einer im 15. Jahrhundert einsetzenden Moralisierung der Gesellschaft, getragen von Männern der Kirche, des Gesetzes und der Wissenschaften, welche Eltern belehrten, daß sie für das Seelenheil der Kinder zu sorgen hatten »und vor Gott für die Seele und letztlich doch auch für den Leib ihrer Kinder verantwortlich waren … Die Fürsorge für das Kind weckt neue Empfindungen, schafft eine neue Affektivität, welche die Ikonographie des 17. Jahrhunderts mit ebensoviel Nachdruck wie Geschick zum Ausdruck gebracht hat: den modernen Familiensinn.«[37] Auf den Bildern nahmen unsere Vorfahren allmählich jenen Gesichtsausdruck moralischen Verantwortungsbewußtseins an, den wir von den Porträts der nachfolgenden Zeit kennen. Sie bezogen ihren tugendhaften Blick aus dieser respektablen Rolle, die ihnen eine Identität verlieh.

Interessanterweise waren es die Druckerpresse, das Lesen- und

Schreibenkönnen, so sagt Neil Postman, die »unser Selbst – unsere Persönlichkeit als unverwechselbares Individuum – für uns zu einem Gegenstand des Nachdenkens und Sprechens gemacht haben. Und dieses verstärkte Selbstgefühl war der Keim, aus dem schließlich die Kindheit aufblühte.«[38] Doch dies geschah nicht über Nacht. Noch im 18. Jahrhundert setzten Mütter ihre Kinder vor den Türen der Waisenhäuser aus und überließen sie Ammen, was ihre Überlebenschancen um die Hälfte reduzierte. Es bedurfte des ökonomischen Aufschwungs durch die industrielle Revolution, um die moderne Familie, wie wir sie kennen, möglich zu machen. Bevor der Mann seinen Arbeitsplatz weg vom Heim in die Fabriken und Öffentlichkeitssphäre verlagert hatte, gab es kein Konzept von einer getrennt existierenden häuslichen Domäne. Erst danach kam der Gedanke auf, daß es die vorrangige Pflicht der Frau war, die Kinder allein zu Hause aufzuziehen, ernährt von einem Mann, dessen Ziel es war, soviel Geld wie möglich für eine Wohnung, die Ernährung und Bekleidung der Familie zu verdienen. Das war die Geburtsstunde des »guten Versorgers«, eine allgemein akzeptierte Definition, die bald ein Zeichen von »Männlichkeit« werden sollte.

Familienromantik war ein ökonomischer Luxus. Je besser der Mann als Ernährer war, desto größer waren die Sicherheit und der Status seiner Familie. Der Mann des 19. Jahrhunderts erwartete von seiner Frau, daß sie über eine Heiligmäßigkeit verfügte, die ihn von verderblichem Unrat und der Korruption, die ihm zunehmend in der Welt der »großen Geschäfte« begegneten, reinzuwaschen schien. Die Leere, die wir auf den Porträts in den Gesichtern dieser Frauen wahrnehmen, bezeugen ihre Asexualität und eine gewisse Zufriedenheit darüber, daß sie die einzige Position erlangt hatten, die Frauen offenstand. In gewisser Weise ähneln diese jungen Erwachsenen des 19. Jahrhunderts in ihrer Kinnhaltung und Selbstzufriedenheit dem Aussehen von jungen amerikanischen Eltern in den fünfziger Jahren, als es in Mode war, am Tag des High-School-Abschlusses zu heiraten. Vorbei war es mit der mädchenhaften, hungrigen Sexualität, die auf den High-School-Fotos noch ein Jahr zuvor deutlich sichtbar war. An ihre Stelle war nun eine hübsche, junge Matrone getreten.

Die Idealisierung von Mutter und Kind verschaffte den Frauen ein Gefühl von Macht und Gemeinschaft, welches die ökonomische Macht der Männer ein wenig ausglich. Der Preis für diese Idealisierung war jedoch hoch: Die Madonna wurde ihrer Sexualität beraubt. Auf diese Weise konnte der Mann, indem er auf eine feste sexuelle Partnerin verzichtete, meilenweit von seinem Heim entfernt ganz friedlich im Büro sitzen. Damit hatte er eine kostenlose Kinderbetreuung und Haushälterin, und außerdem gab es immer lüsterne, »schlechte Frauen«, Huren, mit denen aufregender Sex möglich war. Die »schlechten Frauen« in den Filmen der fünfziger Jahre – mir fallen sofort Gloria Grahame, Marilyn Monroe und Jane Russell ein – konnten schon mit einem Blick von den soliden, »guten Frauen« wie June Allyson unterschieden werden. Blutrote Lippen, durch den Büstenhalter betonte spitze Brüste, hautenge Röcke und Augen, die einen Mann ansahen, als wollten sie ihn ausziehen – das waren die äußerlichen Merkmale einer Frau, die kein Baby in ihren Armen hielt. Und natürlich sahen auch die Männer wie zum Beispiel ein Robert Mitchum, mit denen sich diese Frauen abgaben, nicht wie Familienväter aus.

Die Struktur der Familienromantik wurde von der Ökonomie der paternalistischen Gesellschaft diktiert. Die von der häuslichen Sphäre scharf abgegrenzte Welt der Arbeit trennte auch den Mann von seinem Kind; schließlich brauchte man ihn in der Kinderstube nicht. Bis heute. Jetzt hat die Tatsache, daß Frauen das Heim verlassen und Einzug in die Arbeitswelt gehalten haben, eine neue Ökonomie und ein Vakuum in der Kinderstube geschaffen. Die Rolle der Frau ist um das Spektrum aller bisher rein männlichen Tätigkeiten erweitert worden, mithin steht es nun Männern ebenfalls offen, sich ihren Kindern zuzuwenden. Viele Frauen verfügen nicht über den Luxus, eine Madonna sein zu können, und manche von ihnen verspüren auch keine Neigung dazu, doch würden viele lieber sterben, als ihren Posten einem Mann zu überlassen.

Natürlich haben nicht nur Frauen ein Interesse daran, die Männer von den Kinderzimmern fernzuhalten. Anders als beim dramatischen Einzug der Frauen in die harte Arbeitswelt kommt für viele Männer die Vorstellung, daß sie nun in die traditionelle Domäne der Frauen vordringen sollen, einer Kapitulation gleich. In einer Rede vor seinen republikanischen Mitstreitern erklärte der Gouverneurskandidat von Minnesota, daß der Mann die »genetische Veranlagung« zum Haushaltsvorstand habe[39], was andererseits die »genetische Veranlagung« der Frau zum ewigen Heimchen am Herd nahelegt.

Nicht ganz so massiv, aber doch einen Nerv treffend, sinniert ein Mann in einem Zeitschriftenartikel mit der Überschrift »Der Samurai-Vater«: »Ob nun auf subtile, demonstrative, liebenswürdige, derbe oder geradezu rüpelhafte Art – ein Mann muß einfach forsch auftreten. Aber ich gebe zu, meine Herren, daß ein solches Auftreten physisch unmöglich ist, wenn man gleichzeitig ein rosiges, schlafendes Wickelkind an seine Brust drückt. Mit einem vorgeschnallten Babyrucksack kann man einfach nicht forsch auftreten.«[40]

Das idealisierte Bild einer modernen Familienromantik gelangte in Amerika in den fünfziger Jahren zur höchsten Blüte. Im Partnerlook gekleidete Mütter und Töchter signalisierten: Wir sind eins. Der zugrundeliegende Gedanke war vor allem für das Kind nicht gesund, da es im Äußeren an das erinnert wurde, was es im Inneren fühlte, nämlich daß es kein einzigartiges Geschöpf, sondern Mamas Doppelgänger war. Jetzt scheint diese Mode zurückgekehrt zu sein. In Frauenzeitschriften finden sich massenweise Abbildungen von kleinen Mädchen in Kleidern, die sie aussehen lassen wie Mama. Oder ist es die Frau, welche die Anforderungen am Arbeitsplatz satt hat und nun wieder anbetungswürdig, abhängig und unschuldig aussehen möchte?

Viele Frauen fanden den Arbeitsplatz weniger lohnend, als sie es sich erhofft hatten; diejenigen, denen dies ökonomisch möglich ist, entscheiden sich unter Umständen dazu, wieder ins Heim zurückzukehren. Doch nun betritt, nach dem Ausflug in die Arbeitswelt, eine »neue Frau« die Kinderstube. Sie bringt ein Handy und die Energie des Konkurrenzkampfs mit, die sich ohne Zweifel auf ihr

Dasein als Fürsorgerin auswirken. Das *Wall Street Journal* brachte kürzlich einen Artikel über diese zurückkehrenden Mütter, die ihren Wagenpark, ihre Eltern-Lehrer-Vereinigungen und Plätzchenbäckereien mit der gleichen kämpferischen Inbrunst managen, die sie auch in den Firmenkonferenzen über die Verkaufsbilanzen an den Tag legten.

Warum bleiben Männer so still und anscheinend unberührt, wenn ihnen von Frauen vorgeworfen wird, daß sie schuld sind an all ihren Leiden? Die Taktik der Männer scheint darin zu bestehen, sich zu ducken und einfach nicht auf die Frauen einzugehen; mit ihrer Verweigerungshaltung greifen sie auf die Tradition männlicher Unerschütterlichkeit zurück. Der Krieg zwischen den Geschlechtern tobt weiter, und niemand leidet mehr darunter als die Kinder.

Verärgerte matriarchalisch gesinnte Feministinnen werfen mir vor, daß ich den Männern gegenüber zu weich bin. Ich sehe, daß manche Männer nie aufhören, nach dem weiblichen Teil ihrer selbst zu hungern, den sie vor Jahren über Bord warfen, als sie dem Ruf einer eng definierten Männlichkeit folgten. So wie ich meine aggressive, freimütige Seite zu unterdrücken lernte, haben diese Männer ihre »Weichheit« mit Drangsalierungstaktiken oder Schweigen zugeschaufelt. Die Vaterschaft könnte den Männern die Gelegenheit bieten, ihr mitfühlendes Selbst wiederzubeleben. Nicht alle Männer werden mit dem Herz eines Fürsorgers geboren, aber das gilt auch für Frauen. Trotzdem erwarten wir von Frauen, daß sie ganz automatisch ihre mütterliche Seite entwickeln, so wie wir von Männern erwarten, daß sie »gute Versorger« werden. Nun, Arbeitsplätze sind rar, und die Kinderstube ist leer. Es ist an der Zeit, die Karten neu zu mischen und die Aufgaben neu zu verteilen, wobei jeder Person, weiblich oder männlich, das zugeteilt werden sollte, was sie am besten kann.

Selbst wenn Frauen überarbeitet sind, so leicht werden sie ihre Rolle im Kinderzimmer nicht aufgeben. Die Vorstellung, daß sie Männern in der Kinderstube Gleichberechtigung einräumen und möglicherweise zusehen müssen, wie manche Männer die »Frauenarbeit« ebensogut machen wie sie, ist unerträglich. Um uns Frauen das Monopol zu sichern, das wir schon immer innehatten, wenden wir die älteste und unfehlbarste Taktik an: Wir idealisieren die Frauen. Wir stellen sie mit einem Baby im Arm auf ein Podest, leugnen alle miesen Konkurrenzgefühle unter Frauen und geben den Männern die Schuld an allem, was in der Welt schiefläuft.

Ich begrüßte Christina Hoff Sommers Buch *Who Stole Feminism?* (Wer hat den Feminismus geklaut?) mit seiner ganzen schurkischen Galerie sich selbst verherrlichender Frauen, die sich ruchlos den Weg in profitable Bereiche freihackten, wo sie herrschen können wie irgendein männlicher Diktator. »Verdeckte Operationen«, »schmutzige Tricks«, »Klempner« und »Fehlinformation«, alle diese vertrauten Begriffe aus der Welt der »bösen Männer« gehören jetzt rechtens auch zum modernen Feminismus. Es ist eine Wohltat, wenn heute ein paar weibliche Schurken von anderen Frauen bloßgestellt werden.

Bezeichnenderweise kam zugleich eine ganze Reihe von »Mama-Horrorfilmen« in die Kinos, die noch vor zehn Jahren vermutlich kein Publikum gefunden hätten. Da erntet Kathleen Turner in *Serial Mom* große Lacherfolge als Mutter, die Leute abmurkst, die ihren Müll nicht ordnungsgemäß entsorgten. Und die in der gleichnamigen Fernsehserie auftretende Roseanne wird im *New Yorker* mit der Aussage zitiert: »Ich denke, Frauen sollten gewalttätiger sein, sie sollten viel häufiger ihre Männer umbringen.«[41] Nun, die von ihr verdienten Millionen machen wohl deutlich, daß halb Amerika Frauen und Mütter als zornige, laute und aggressive »*Muttis*« sieht.

Faszinierend ist, daß heute alle diese erdbebenartigen Energien nebeneinander existieren, und zwar ohne viel öffentlichen Kommentar. Wenige Männer kritisieren die extrem widersprüchlichen Kräfte innerhalb des Feminismus. Vielleicht fürchten sie sich, wie auch ich mich oft, vor diesen Gigantinnen. Aber meine Ungeduld mit den Männern wächst; es geht um ihre Kinder. »Verdammt noch mal«, möchte ich sie anbrüllen, »tut etwas!«

Keine Rolle schreit mehr nach einem Engagement der Männer als die des Vaters, der sich von der Empfängnis an um das Leben seines

Kindes kümmert. Sie sind unsicher, ob sie auch qualifizert sind. Es widerstrebt ihnen, sich ohne die herzliche Einladung der »natürlichen« Fürsorgerinnen einzumischen, und so verharren sie vor der Tür zum Kinderzimmer.

Die Psychologin Penelope Leach bringt es auf den Punkt: »Für Babys und kleine Kinder muß von engagierten Erwachsenen in einer geeigneten Umgebung jeden Tag rund um die Uhr gesorgt werden. Die Gesellschaft erwartet von allen körperlich befähigten Mitbürgern im Erwerbsalter, daß sie an spezialisierten, ganztägigen Arbeitsplätzen an speziellen, fernen und ungeeigneten Orten das nötige Geld verdienen und ihre Wünsche und Bedürfnisse befriedigen. Menschen können sich nicht an zwei Orten zugleich aufhalten; also kann eine Person nicht gleichzeitig ein solventer, sich selbst achtender Bürger und ein aktiver und fürsorglicher Elternteil sein.«[42]

Nichts hat mein Leben mehr verändert als die Abwesenheit meines Vaters. Es war der beständigste Mangel, den ich je erfuhr, eine Leere, die mich abwechselnd antrieb und zurückhielt, immer im Ungleichgewicht ließ. Weil er das »große Geheimnis« war, tat ich gehorsam das, was alle Kinder in dieser Situation tun: Ich beschützte meine Mutter und ihr Geheimnis. Erst das Bücherschreiben erlaubte mir, über ihn nachzudenken, darüber, wie sehr ich ihn vermißte und wie es wohl gewesen wäre, einen Vater zu haben. Ein Kind möchte einen Vater *und* eine Mutter haben. Ein Ideal? Nun, Frauen am Arbeitsplatz, das war auch ein Ideal.

Männer in der Kinderstube

Die letztendliche Entscheidung über die Schönheit, das Urteil des Paris, liegt bei den Frauen und nicht bei den Männern, die uns gar nicht so kritisch zu sehen vermögen wie eine andere Frau. Unsere Augen suchen nach Mängeln, von denen wir wissen, daß sie vorhanden sein müssen.

Hätte es zu Beginn unseres Lebens einen Vater gegeben, in dessen

Augen wir uns hätten widerspiegeln können, wir würden den Männern heute glauben. Hätte er uns in seinen Armen gehalten, uns in die Augen gesehen, während er uns fütterte, hätten seine Hände uns gebadet, hätte seine Stimme uns etwas vorgesungen und uns auch ausgeschimpft, so wären heute die Augen der Männer die Spiegel, denen wir würden vertrauen können.

Da der Vater in der Kinderstube nicht anwesend war, besaßen die Augen der Mutter Allmacht. Erblickte sie an uns irgend etwas, was ihr nicht gefiel, fühlten wir uns unzulänglich oder, schlimmer noch, unsichtbar. Sie besaß die absolute Kontrolle über uns. Sie hatte die Macht, nach Belieben zu kommen und zu gehen, uns zu füttern, uns zu wärmen oder nicht. In unserem symbiotischen Einssein verinnerlichten wir schließlich ihren Blick, was heißt, daß wir seither ihre Urteile mit uns herumschleppen. Wenn wir uns dann der »Welt der anderen Mädchen« anschließen, liegt in ihren Augen die Entscheidung über die Schönheit. Die anderen Frauen nehmen nun den Platz der Mutter ein, sind unser Spiegel. Ihre Augen folgen, kontrollieren und beurteilen uns. Wenn die »Mädchen« uns ausschließen, wenn sie miteinander flüstern und uns kritische Blicke zuwerfen, treffen diese uns tief: Irgend etwas stimmt auf ganz schreckliche Weise mit uns nicht. Der mögliche Ausschluß aus der »Mädchenclique« jagt uns Angst und Schrecken ein und läßt uns, so wie damals, als Mutter uns nicht sah, die Orientierung verlieren. »Es ist oft gesagt worden, daß die Frau sich herausputzt, um die Eifersucht anderer Frauen zu erregen«, schrieb Simone de Beauvoir schon Anfang der fünfziger Jahre, »und diese Eifersucht ist in der Tat ein klares Zeichen ihres Erfolgs.«[43]

Der Einzug der Frauen in die Arbeitswelt bewirkte für sie, und damit auch für die Männer, den größten »Imagewandel« in der Geschichte. Ganz offensichtlich beruht unser Selbstbild, wie auch unsere Selbstachtung, nicht nur auf unserer äußerlichen Erscheinung, sondern auch auf unserem Handeln und Denken. Da wir nun mit dem Auszug aus dem Heim in eine sehr viel komplexere Beziehung mit den Männern eingetreten sind, fragt sich, wieviel zutreffender unser Selbstbild wäre, wenn wir von Anfang an nicht nur von der Mutter, sondern auch vom Vater aufgezogen worden wären. Was erst muß es für Männer bedeuten, wenn sie ebenfalls von Anfang an einen Vater um sich haben und die Augen eines Mannes und einer Frau, die ihnen als Spiegel dienen, auf sich spüren? Die nur von einem einzigen Geschlecht betreute Kinderstube war nie eine gute Lösung, stand aber immer unantastbar dem von einem einzigen Geschlecht vereinnahmten Arbeitsplatz gegenüber.

Wie aufs Stichwort hat nun »die neue Vaterschaft« – wie sie in einer Titelgeschichte von *Time* benannt wurde – ihre Stimme erhoben. Leider handelt es sich nicht um eine kultur- und geschlechtsübergreifende Revolution. Diese »Vaterschaftsarmee« besteht, weitgehend nur auf dem Papier, aus einer Gruppe in der Forschung engagierter Psychologen, Psychiater, professioneller Kinderbetreuer, Schriftsteller, Väter und, Gott sei Dank, auch einiger Frauen. Das Recht ist auf ihrer Seite, aber die öffentliche Meinung stellt sich überwiegend gegen sie. Warum sind wir der Auffassung, daß Männer weniger Anspruch auf einen Platz im Kinderzimmer haben als Frauen auf einen Arbeitsplatz?

Männer bringen etwas in das Leben ihrer Kinder ein. Was wir darüber *wissen*, ist beeindruckend, und die Literatur hierüber wächst ständig an. 1933 konnte Großvater Spock noch schreiben: »Väter ... bekommen schon allein bei dem Gedanken eine Gänsehaut, daß sie bei der Betreuung eines Babys mithelfen sollen.« 1993 hingegen gab er den Rat: »Der Vater – jeder Vater – sollte sich mit der Mutter von Anfang an in die tägliche Kinderbetreuung teilen ... Das ist für den Vater, genau wie für die Mutter, die natürliche Art und Weise, die Beziehung zu beginnen.«[44]

Aus wissenschaftlichen Studien *wissen* wir, daß Väter schon vor der Geburt ihrer Kinder Phantasien über sie haben, daß sie zuweilen von morgendlichen Übelkeitsanfällen geplagt werden, daß mittlerweile 90 Prozent von ihnen bei der Geburt ihres Kindes dabei sind, daß sie die Präsentation ihrer Neugeborenen in Hochstimmung versetzt, daß sie ihren Babys genausogut und effektiv die Flasche geben können wie die Mütter. Wir *wissen* außerdem, daß Väter ihre eigenen Babys hübscher finden als andere, daß sie sie als vollkommen betrachten, daß sie sich von »ihrem« Baby magnetisch angezogen fühlen, daß sie mit ihren kleinen Kindern ganz automatisch in einer höheren Stimmlage sprechen.

»… Elterliche Fähigkeiten werden gewöhnlich von Müttern und Vätern *in der Praxis* erworben«, schreibt der Psychologe Michael Lamb.[45] Väter »fühlen sich anders, von ihren Gefühlen überschwemmt und überwältigt«, wenn sie Umgang mit ihren Babys pflegen, und »ihr Selbstwertgefühl steigt enorm«, beobachtet der Psychiater Martin Greenberg.[46] Selbstverständlich gibt es Väter, die keine enge Beziehung mit ihren kleinen Kindern eingehen wollen oder können, aber das gleiche gilt auch für manche Mütter.

Warum stellen wir nicht, wenn wir doch *wissen*, was Väter in das Leben ihrer Kinder einbringen können, die Welt auf den Kopf, um dafür zu sorgen, daß Väter so selbstverständlich wie Mütter am Leben ihrer Kinder teilhaben?

Wir akzeptieren viel leichter eine Frau als Vorsitzende an einem Konferenztisch als die Vorstellung, daß ihr Mann zu Hause das Baby in den Armen wiegt. Wir schauen einen Transvestiten gleichmütiger an als einen Mann, der etwa auf einer Herrentoilette die Windeln seines Babys wechselt oder sich ein Jahr von seiner Arbeit beurlauben läßt, um bei seinem kleinen Kind zu sein. Männer wissen das.

»Die Gesellschaft sendet zwei Botschaften aus«, schreibt der Psychologe Jerrold Lee Shapiro, Vater zweier Kinder und Autor dreier Bücher über Vaterschaft. »Die erste lautet: Wir wollen, daß ihr euch beteiligt, aber ihr werdet eine unzulängliche Mutter sein. Die zweite lautet: Ihr seid zur Anwesenheit bei der Geburt und bei der Kinderbetreuung eingeladen – aber wir wollen euch dort nicht als gleichberechtigte Partner, wir wollen nur eure Unterstützung. Wir sind im Rahmen unserer Kultur noch nicht bereit, die Ängste der Männer, ihre Wut oder ihre Traurigkeit zu akzeptieren, und das macht die Männer verrückt. Wir wollen, daß sie Beschützer und Ernährer sind, fürchten aber, daß sie diese Funktion nicht erfüllen können, wenn sie zugleich sanft und weich sind.«[47]

Gefühle und Einstellungen, die wir von unseren Eltern und diese wieder von ihren Eltern übernommen haben, müssen auf der unbewußten Ebene einen tiefen Wandel durchlaufen, bevor sich tatsächlich etwas ändert. Können Sie sich vorstellen, daß etwas tiefer verwurzelt sein könnte als die Behauptung, daß die Kinderstube Sache der Frauen ist, da sie doch über den Schoß, die Brüste, die ganze erforderliche Ausrüstung verfügen? Doch selbst wenn sich die Vorstellung, daß Männer Kinder aufziehen, auf der Verstandesebene nicht richtig anfühlt, müssen wir unbedingt an ihr festhalten.

Vor 15 Jahren fragte ich Berry Brazelton in einem Interview: »Wie bringen wir mehr Männer in die Kinderstube angesichts der Frauen, die sie allenfalls als Stellvertreter, aber nicht als gleichberechtigte Fürsorger zulassen wollen?«

»Man muß es immer und immer wieder mit fester Stimme sagen«, erwiderte er.

In den USA wachsen gegenwärtig 27 Prozent aller Kinder ohne Vater auf, 1970 waren es noch 12 Prozent. »Selbst im perfektesten Haushalt eines alleinerziehenden Elternteils bekommt ein Kind keinesfalls eine gleichwertige Ausrüstung, um in die Welt hinauszugehen und sich als erwachsener Mensch zu bewähren, wie in einem Haushalt, in dem beide Elternteile mitwirken«, schreibt Judith Seifer, Präsidentin der American Association of Sex Educators, Counselors and Therapists. »Die männliche oder weibliche Person, die sich zur Alleinerziehung entscheidet, trifft eine außerordentlich egoistische Wahl.«[48]

In einem 1994 in den USA veröffentlichten Bericht wurde festgehalten, daß »... Kinder Alleinerziehender ... es sehr viel wahrscheinlicher mit Verhaltensproblemen und emotionalen Schwierigkeiten zu tun bekommen«[49]. Dies angesichts der sich mehrenden wissenschaftlichen Beweise dafür, daß das Umfeld, in dem die Kinder von Geburt an bis zum Alter von drei Jahren aufwachsen, wesentlich über ihre Gehirnstruktur und ihre Lernfähigkeit bestimmt.

Die mächtigste Kraft, die einer gleichberechtigten emotionalen Verantwortlichkeit der Männer in der Kinderstube entgegenwirkt, ist unsere gefühlsmäßige Weigerung, das Bild vom unbeugsamen Mann aufzugeben. Niemand verlangt von einer Frau: »Beweise, daß du eine Frau bist!« Der Beweis ihrer Männlichkeit ist für Männer eine lebenslange Aufgabe, was heißt, sie kann abhanden kommen, wenn die Küste nicht erobert, der Angriff nicht abgewehrt und die Butter für das Brot nicht verdient wird. Männer sind sich dessen völlig bewußt, wie die Gesellschaft einen Mann einschätzt, der firmeneigene Möglichkeiten wie etwa den Vaterschaftsurlaub nutzt. Seine Mitarbeiter klopfen ihm vielleicht auf die Schulter, sagen, daß es gut ist, was er macht. Zugleich aber existiert die unausgesprochene Überzeugung, daß ein Mann, der seinen Posten verläßt, und sei es auch um des eigenen Kindes willen, kein ganzer Mann ist. Seine Kollegen werden nicht begeistert sein, daß sie nun auch noch sein Arbeitspensum übernehmen müssen, und sein verlassener Schreibtisch wird das Kampfobjekt all derer sein, die in der Firmenhierarchie unter ihm stehen.

Unsere Erziehung läßt uns bereitwilliger eine Frau akzeptieren, die in der Firma ihren »Mann« steht, als einen Mann, der dem Kind die Flasche gibt. Bevor irgendeine relevante Veränderung hinsichtlich der unterbesetzten Lage in der Kinderstube eintreten kann, müssen wir uns eingestehen, wie sehr wir es verabscheuen, das Bild vom »erobernden Mann« aufzugeben. Der keinesfalls nur unbewußte Druck, der dafür sorgt, daß Männer sich von »Frauenarbeit« fernhalten, trägt den Sieg in einem Wettbewerb davon, der Kinder, und damit die Gesellschaft, entrechtet.

Eine auf Wettbewerb gegründete Wirtschaftswelt kann für den Mutter- oder Vaterschaftsurlaub keine Toleranz aufbringen. »Was [Väter] von ihren Vorgesetzten, von den Institutionen, von ihrem kulturellen Umfeld und selbst von ihren eigenen Frauen zu hören bekommen, läßt sich sehr oft auf eine einzige katastrophale Botschaft reduzieren: Wir haben kein Vertrauen, daß Männer die Pflichten elterlicher Fürsorge richtig wahrnehmen, und eigentlich können wir sie in dieser Rolle auch nicht gebrauchen.«[50]

Überrascht es da noch, daß Vaterschaftsurlaub mit der Wirtschaftswelt kollidiert? 1992 versuchte die Zeitschrift *Child* Firmen zu finden, die dem Vaterschaftsurlaub gegenüber freundlich eingestellt waren, fand aber so wenige, welche die nötigen Voraussetzungen erfüllten oder sich auch nur Gedanken darüber machten, daß sie im folgenden Jahr die ganze Sache fallenließ. Und wenn der Psychiater Kyle Pruett von der Yale University vor Frauengruppen und fundamentalistischen christlichen Gruppen Vorträge hält, wird ihm stets vorgeworfen, den »natürlichen« Platz der Frau in der Kinderstube usurpieren zu wollen.

Die meisten Frauen wollen das Beste für ihre Kinder. Aber sie wollen nicht, daß Männer ihnen eine Rolle streitig machen, die sie mit ihren Müttern gemeinsam haben. Aus einer Studie geht hervor, daß eine Mehrheit der Männer gern stärker an der Kindererziehung beteiligt wäre, und sie zeigt auch, daß zwischen 60 und 80 Prozent der befragten Frauen nicht wünschen, daß sich ihre Männer stärker an der Kindererziehung beteiligen, als sie es gegenwärtig schon tun.[51]

Ambivalenz. Wenn Frauen außer Haus arbeiten und der Mann unbedingt die Rolle des Fürsorgers übernehmen muß, befinden sich viele Frauen, auch wenn sich das Paar über die Rollenverteilung einig ist, in einem inneren Konflikt. »[Mein Mann] und ich haben bislang zu einem Gleichgewicht gefunden, weil ich noch stille. Aber es wird schwieriger werden, wenn ich damit aufhöre«, gesteht eine Frau.[52]

Bisher haben wir die Mutterrolle immer als Opferrolle begriffen. Nun, da die Männer diese Rolle auch für sich beanspruchen möchten und bereit sind, Opfer zu bringen, begreifen wir sie auf einmal als Macht. Es geht nicht um die Frage, ob Männer über ausreichende Fürsorglichkeit verfügen, ob sie so gut wie Frauen für ein Baby sorgen können oder nicht, denn daß dies der Fall ist, wurde bereits bewiesen. Ein weit größeres Problem ist es für Frauen offenbar, ihre Phantasien von einem Übervater aufzugeben. Scheinbar läßt uns die Tatsache, daß er in unseren frühen Jahren emotional nicht präsent war, an unserem übertriebenen Wunschbild festhalten.

Da wir in allem von der Mutter so abhängig waren, konnten wir es uns nicht leisten, ihr die andere Seite unserer Liebe zu zeigen oder sie auch nur uns selbst einzugestehen: die Wut. Dem Vater hätten wir sie zumuten können; der Vater ist groß und hart im Nehmen;

an ihm wäre unsere Wut wirkungslos abgeprallt. Starke Männer bewahren uns unsere geistige Gesundheit und schützen die Mutter vor uns, die zu verlieren wir uns nicht leisten können. Ein Mann kann all die Wut aushalten, die unsere erste Feindin, die über alle Macht der Welt verfügte, nicht ertragen könnte. Was würden wir tun, wenn die Männer ihr hartes Selbst verlören? Wir wären gezwungen, in Erfahrung zu bringen, wie wir mit der Wut an ihrer Ursprungsquelle zurechtkommen.

Wir schicken unsere Männer bereitwilliger zum Kämpfen und Sterben in ein fremdes Land, als ihnen Eintritt in die Kinderstube zu gewähren. Auf einer bestimmten Ebene ist uns bewußt, daß die gegenwärtige Auflösung der Gesellschaft etwas mit der neuen Rolle der Frauen in der Arbeitswelt und mit der sich daraus ergebenden mangelnden Kinderfürsorge zu tun hat. Wie interessant, daß uns der Anblick eines Mannes am Wickeltisch mehr verstört als der einer stahlharten Konzernchefin, die viel Geld verdient und Männer herumkommandiert. Aber genau das meine ich. Die starke, herrschsüchtige Frau am Arbeitsplatz ist uns innigst vertraut. Mit ihrer Tyrannei erinnert sie uns an die übermächtige Gigantin in der Kinderstube. Um uns vor ihr zu schützen und sie vor uns, brauchen wir einen Monolithen, einen Schwarzenegger; und der ist in letzter Zeit zum Müllabladeplatz aller feministischen Klagen geworden: miese Männer! Wo würden Frauen ihr Gift ablassen, wenn der Blick der Männer weicher würde?

Alleinerziehende Mütter sind inzwischen ein im Alltag gewohntes Bild. Aber »die Frauen, die es allein versuchen, merken schließlich, daß sie einen Mann brauchen«, sagte mir Berry Brazelton vor Jahren. »Wenn man ihnen zu der Einsicht verhilft, daß die Kinderfürsorge besser ein Gemeinschaftsunternehmen sein sollte, lassen sie sich oft noch rechtzeitig darauf ein, um das Kind zu retten. Und das ist mein Ziel. Daß eine Frau ein Kind für sich ganz allein will, ist eine Sache, aber ich mache mir Sorgen um die Kinder. ›Was soll ich meinem kleinen Mädchen über seinen Vater sagen?‹ fragte mich die Mutter einer Dreijährigen. ›Wie bitte?‹ fragte ich erstaunt. ›Ich weiß, daß ein kleines Mädchen eine Vaterphantasie braucht‹, antwortete die Mutter. ›Aber mit Sicherheit!‹ stimmte ich zu. ›Soll ich eine erfinden?‹ fragte sie. Und ich: ›Ich denke, Sie sollten etwas über den Vater herausfinden, Ihre Tochter genug über ihn wissen lassen und ihr zumindest eine gewisse Erkenntnis vermitteln, warum sie anders ist als all die anderen.‹ Und diese Frau erwiderte: ›Wissen Sie, ich wollte nie einen Mann, und als ich mich künstlich befruchten ließ, sagte ich ihnen, daß sie mir nichts über den Vater erzählen sollen.‹«

Als ich aufwuchs, gab es in meinem Umfeld kein einziges anderes Kind, das ebenfalls ohne Vater groß wurde. Was hat diese Idealisierung der Mütter ohne Ehemänner, der Frauen, die sich dazu entschlossen haben, den Mann vom Akt der Fortpflanzung auszuschließen, zu bedeuten? Fällt es denn niemandem auf, daß die Wut der Männer etwas damit zu tun haben könnte oder damit, daß Aussehen, Mode und Models als Ikonen in den Bühnenmittelpunkt gerückt werden und daß Männer nun auch ihren Anteil an der Macht der Schönheit haben wollen? Das gehört alles zusammen.

Von sich aus werden sich die Männer nicht in die Kinderstube begeben, um ohne die Zustimmung ihrer Frauen beim Aufziehen der Kinder zu helfen. Wenn es je ein feministisches Anliegen gab, dann sollte es dieses sein: Gebt einem Kind die Chance zweier involvierter Elternteile, zweier Erwachsener, die ihre Konflikte unter sich ausmachen, statt sich selbst zu idealisieren und ihre jeweiligen Rechte als Erwachsene über die des Kindes zu stellen. Statt eine immer länger werdende Liste von Verbrechen aufzustellen, die Männer an Frauen begangen haben, sollten wir uns fragen, warum Männer diese Verbrechen begehen, derer sie angeklagt werden. Warum sind die Männer so wütend, und woher kommt diese Wut, die sie dazu bringt, Frauen und Kinder zu mißbrauchen? Diese Männer sind unsere Väter, Brüder, Ehemänner, Liebhaber, Freunde.

Männer schreiben oder sagen nicht viel über ihren Schmerz und ihren Zorn, wenn sie am Arbeitsplatz mit Frauen konkurrieren und ihnen unterliegen. Das ist der Bereich, in dem Männer sich traditionellerweise beweisen. Ihre Väter mußten nie mit Frauen konkurrieren und den kürzeren ziehen, nicht an diesem Ort. Und ihre Väter wurden auch nicht ständig von Frauen beschuldigt und einer ganzen Litanei von Verbrechen bezichtigt. Wenn Männer heute Frauen sexuelle Belästigung, Kindesmißbrauch und Vergewaltigung zur Last legten – was manche rechtens tun könnten –, würde sich ein wütender Chor von Frauenstimmen erheben und sich emotional und sehr artikuliert verteidigen. Die wenigen männlichen Stimmen, die sich gegen männerfeindliche Feministinnen zu Wort melden, klingen so einsam wie die Rufe eines Elchs; ein »echter« Mann beteiligt sich nicht an solchen Dingen.

Die Pioniere der Männerrechtsbewegung brauchen ein stählernes Rückgrat, denn sie befinden sich auf schwankendem Boden, vor allem dann, wenn es um die Erziehung der Kinder geht. Mag eine Frau auch rufen: »Ich brauche dich!« Sobald ihr Mann das Kinderzimmer betritt und das Baby in die Arme nimmt, wird sie Kritik üben. Er möchte von ihr verlangen, gleichberechtigt behandelt zu werden, aber in der Kinderstube erinnert ihn ihre kritisierende Stimme an eine andere Frau, an die Mutter, die ihn beherrschte. Also geht er.

Wie gut würde es Männern tun, wenn auch sie ihre Kinder in die Arme nähmen, wiedervereint würden mit dem zärtlichen, weichen Teil ihrer selbst. So wie Frauen sich am Arbeitsplatz Fähigkeiten und Talente wieder angeeignet haben, die sie in der Pubertät verloren, können auch Männer durch die Kinderfürsorge den fehlenden Teil ihrer selbst wiederfinden. Aufgrund der Unabhängigkeit und Elastizität, die Männer ein Leben lang praktizieren, werden sie gute Lehrer sein, wenn es um die liebevolle Trennung von ihren Kindern geht. Wissenschaftliche Untersuchungen haben bereits gezeigt, daß Väter nicht wie Mütter gluckenhaft um ihre Kleinen herumschwirren, wenn diese die Welt erkunden möchten; Väter sehen zu, ermuntern, übertragen aber nicht die Ängstlichkeit einer Mutter auf ihre Kinder.[53]

Durch ihre Lebensführung sind Männer von Natur aus besser ausgerüstet, um ihr Baby zu ermuntern und zu unterstützen, wenn es sich aus den liebevollen Armen, die es umschlungen halten, herausmanövrieren will; Männer sehen nicht überall Gefahren. Die Mutter dieses Vaters mag versucht haben, ihn für immer an sich zu binden, aber weil er männlichen Geschlechts war, zögerte sie, ihn in seinen Probeschritten fort von ihr zu entmutigen.

»Väter bringen in bezug auf das Kind eine andere Art von Fürsorglichkeit ein, welche die der Mutter ergänzt«, erzählt Shirley Hanson, Professorin an der Oregon Health Scientists University. »Frauen kuscheln meist mehr mit ihrem Kind und halten es eng bei sich, während die Väter mehr zu psychomotorischen Aktivitäten neigen, das Kind in die Luft werfen, ihm helfen, Schritte zu machen, gehen zu lernen und seine Beine zu gebrauchen, es ins nächste Zimmer führen. Auf diese Weise erweitern sie den Horizont des Kindes. Sie fördern seine physische, soziale und mentale Wachstumsentwicklung. Dieses spielerische Lernen fügt dem, was Frauen einbringen, eine weitere Dimension hinzu. Eine Mutter kann ihr Potential besser verwirklichen, wenn ein Vater präsent ist.«

Ich bezweifle, ob Frauen dazu in der Lage sind, ihre Entscheidung, die alleinige Kontrolle über Fortpflanzung und Kinderfürsorge auszuüben, als Konkurrenz zu begreifen, denn wir sind dazu erzogen worden, diese Empfindung schon im Ansatz zu leugnen. O ja, ich würde diese zornige Verdammung der Männer und diesen Wunsch nach der Schaffung eines Matriarchats, in dem Frauen weiterhin miteinander wetteifern können, ohne jedes Zögern als Konkurrenzverhalten bezeichnen.

Konkurrenzverhalten beginnt im Leben eines Kindes schon früh. Nicht alle Männer gehen damit bis an tödliche Grenzen, aber sie kennen die Spielregeln den Gewinnens und Verlierens, die Frauen fremd sind. Übung nimmt die Angst aus dem Leben und öffnet das Herz für größere Abenteuer, bis die Sicherheit schließlich verinnerlicht ist und die emotionale Trennung von den beiden wichtigsten Menschen in unserem Leben möglich wird. »Ich kann mein eigenes Leben haben und auch die bedingungslose Liebe meiner Eltern. Das ist kein Entweder-oder. Ich bin mir dessen sicher, weil ich schon von Anfang an immer wieder dieses Weggehen von ihnen und die Bewegung hin zu meiner eigenen Identität geübt habe. Die Erschaffung meines eigenen Selbst gab mir nie das Gefühl, sie zu verlieren. Dieses Wissen bedeutet ein Bankguthaben für meine Lebensreise.«

In keinem Zusammenhang sehe ich die Beziehung zu meiner Mutter klarer, als wenn ich über Sex schreibe, wenn ich mich mit dem konfrontiere, was sie mich lehrte, ohne die Worte jemals auszusprechen: Sex ist schmutzig und schlecht, meine Genitalien sind häßlich und unakzeptabel. Wie ich wurde auch sie von ihrer Mutter belehrt, und auch heute noch geben Mütter und Töchter dieses Vermächtnis von der »Kloake« weiter. Die Lektion über die »Kloake« beginnt mit der frühesten Kommunikation zwischen Mutter und Kind und ist eine Vorstellung, von der sich zu befreien Frauen furchtbar schwerfällt. Sie ist Bestandteil des »emotionalen Klebestoffs«, der Töchter daran hindert, sich abzunabeln und zu einem eigenen Selbst zu gelangen; jedesmal, wenn wir die Beine breitmachen, nein, jedesmal, wenn wir an Sex denken, wird das Bild unserer eigenen unappetitlichen Geschlechtsteile als negatives, uns verunsicherndes Gefühl lebendig. Stellen Sie sich das vor, nach allem, was ich über Sex geschrieben habe, muß ich feststellen, daß dieser ererbte Makel der »Kloake« noch immer in mir existiert!

Oh, Daddy, armer Daddy, ach wärst du doch dagewesen! Ach hätte doch ein liebevoller Vater in diesen ersten kostbaren, unwiederbringlichen Lebensjahren mir die liberalere und gesündere männliche Einstellung zu den Genitalien vermittelt! Liegt es nicht an diesem ewig und unveränderlich schmutzigen Körperteil, daß unser Gesicht und der Rest unseres Körpers nie hübsch genug sind?

Wenn meine Ängste vor dem Verlassenwerden nachts in meinen Träumen auftauchen, nährt meine Abscheu vor dem, was sich zwischen meinen Beinen befindet, meine Phantasien am Tag. Erotische Szenarien, die ihre Energie aus dem Verstoß gegen die Regeln meiner Mutter hinsichtlich dieser verbotenen, widerlichen kleinen Zone zwischen meinen Beinen beziehen. In meinen sexuellen Phantasien überwinden die Männer diese Erbschaft der Frauen, indem sie das anbeten, was sie sehen.

Wenn mir die Augen und liebevollen Hände eines Mannes mein erstes präverbales Selbstgefühl geschenkt hätten, wäre ich sicher zu einer Frau mit einer ausreichend guten Meinung von ihren Genitalien herangewachsen. Aus diesem Grund und weil ich aus tiefstem

Herzen glaube, daß die lebenslange Unzufriedenheit der Frauen mit ihrem Aussehen hier zwischen unseren Beinen ihren Sitz hat, wünsche ich mir, daß jedes Kind einen Vater hat, der ebenso innig Anteil nimmt wie eine Mutter.

Bislang konnte ich noch keine wissenschaftliche Studie ausmachen, die meine tiefste Überzeugung bestätigt, daß Männer einem Baby gegenüber aufgeschlossener sind, das sein Geschlecht berührt, als Frauen. Wenn es diese Untersuchung einmal gibt und meine Ahnung tatsächlich bestätigt, dann wird sie ein gutes Argument dafür liefern, Männer schon von Anfang an in die Kinderfürsorge mit einzubeziehen. Wenn wir unsere Genitalien lieben, werden wir auch uns selbst lieben und unser Geschlecht respektieren und pflegen.

Bewußt erinnern wir uns nicht an unsere frühe Kindheit. Dennoch »wissen« wir auf einer bestimmten Ebene über sie Bescheid. Von Geburt an haben wir Bilder und Empfindungen in uns angesammelt. Noch bevor wir den Windeln entwöhnt wurden und durch die Sauberkeitserziehung lernten, was andere über unsere Erfolge oder Fehlschläge hinsichtlich der Kontrolle über unsere Ausscheidungen denken, haben wir in den Augen derer, die uns betreuen, gelesen, haben wir an ihren Händen gespürt und in ihrer Stimme gehört, wie sie über den Bereich zwischen unseren Beinen denken; und sie, die das ganze Universum für uns sind, entscheiden darüber, wie wir dereinst darüber denken werden.

Wer könnte etwas dagegen haben, Kindern ein gesünderes Bild von ihren Genitalien zu vermitteln? Wenn wir unseren Körper lieben, werden wir uns auch um ihn kümmern, die Verantwortung für ihn übernehmen. Wenn wir mit dem Gefühl aufwachsen, daß mit diesem Bereich zwischen unseren Beinen etwas nicht stimmt, werden wir ihn nicht nur als abstoßend und als »Kloake« betrachten, sondern auch annehmen, daß unser Geschlecht wie ein häßliches Muttermal das ist, was die Leute als erstes sehen, wenn sie uns anschauen. Ganz egal, was wir durch Make-up oder Chirurgie zu bewirken suchen, wir stellen uns stets das Auge des Betrachters vor, das diese lebenslange Quelle des Glücklichseins über unsere Schönheit sieht – und ablehnt.

Wir Erwachsenen meinen gern, daß wir, was die Kinderstube angeht, über einen Freibrief verfügen. Schließlich kann sich ein winziges Baby ja nicht an die Ereignisse damals erinnern, nicht wahr?

Dem Psychiater Daniel Siegel zufolge ist das Gehirn eines kleinen Kindes bis zum Alter von drei Jahren physisch nicht in der Lage, *explizite* Erinnerungen zu bilden. Mit expliziten Erinnerungen sind jene gemeint, die wir anderen erzählen können. Aber *implizite* Erinnerungen formen sich schon vom ersten Lebenstag an und bleiben uns unser ganzes Leben lang erhalten, weil sie im ganzen Gehirn gespeichert werden. Implizite Erinnerungen sind jene, die erfahren zu haben wir uns nicht entsinnen können, die wir nicht bewußt erinnern, so wie zum Beispiel den Gebrauch eines Löffels.

»Unsere impliziten Erinnerungen gründen sich auf die Erfahrungen, die wir mit unseren frühesten Bezugspersonen gemacht haben, und sind von grundlegender Bedeutung dafür, wie wir uns selbst während unseres Wachstums erleben«, sagt Siegel. »Wir sind vielleicht nicht imstande, uns diese innerlichen Verkörperungen bewußtzumachen, aber sie nehmen immer, immer, immer Einfluß auf die Art und Weise, wie wir das Leben erfahren und die Welt beurteilen. Die frühesten Erinnerungen sind der Filter, durch den wir die Welt, die menschliche Erfahrung von Realität wahrnehmen. Sie sind von fundamentaler Bedeutung.«

Die Lektionen über Körperliebe oder Körperabscheu nehmen schon mit dem Eintritt ins Leben ihren Anfang. Die von der Frau geborene Frau ist keine gute Lehrerin hinsichtlich des Körperbereichs, den abzulehnen sie gelernt hat. So erotisch aggressiv die »neue Frau« in ihrem Lederbikini, in ihren Springerstiefeln und ansonsten weitgehend nackt auch auftreten mag, noch immer trägt sie das Paßfoto mit sich herum, das ihr in ihren ersten Lebensjahren eingeprägt wurde: die implizite Erinnerung an ihr sexuelles Selbst, gespiegelt in den Augen ihrer Mutter. Liebte ihre Mutter ihr Geschlecht so wie ihr schönes Haar, ihr Gesicht, ihre Hände? Hat sie, wenn sie den winzigen Körper ihrer Tochter betrachtete, beim reizenden Anblick dieser kleinen Spalte zwischen ihren Beinen gelächelt? Oder hat deren Aussehen und Geruch sie dazu veranlaßt, den

Blick abzuwenden, die Schultern zu verkrampfen und einen mißbilligenden Schnalzlaut von sich zu geben?

Der Durchschnittsvater wird vielleicht die nassen Windeln, das Erbrochene, den mit Exkrementen verschmierten kleinen Körper nicht gerade innig lieben. Aber wahrscheinlich wird er auch nicht sein Gesicht zu einer Grimasse verziehen, den Atem anhalten und mißbilligende Geräusche von sich geben und so dem Baby einen fundamentalen Eindruck vom Wert der natürlichen Funktionen seiner Genitalien übermitteln. Wir kommen nicht mit dem Abscheu vor dem Geruch von Exkrementen und Schweiß, dem Anblick von Penis und Vagina auf die Welt; er wird erlernt.

Männer bringen eine Erholungspause vom Diktat der absoluten Sauberkeit in die Kinderstube; der Vater ist wahrscheinlich weniger geneigt, ständig das kleine Gewand glattzustreichen, die schmutzig gewordenen Hände und Knie sauberzuwaschen. Selbst wenn meine Ansicht hier nur zum Teil korrekt sein sollte, würde es sich nicht lohnen, Männern Zutritt in die Kinderstube zu gewähren und damit eine Generation von Frauen aufzuziehen, die nicht besessen ist von Sauberkeit, Gerüchen, weiblicher Demütigung, was letztlich alles auf ein zwanghaftes Beschäftigtsein mit dem Aussehen hinausläuft?

Weltweit und fundamental wird die Einstellung der Frauen gegenüber ihren Genitalien von Frauen diktiert. Natürlich werden diese Bilder mit der Zeit durch den Einfluß einer hoffentlich gesunden Erziehung und Ausbildung modifiziert, aber sie werden doch insgesamt immer ein Teil von uns bleiben. Wäre es nicht ein schrecklicher Nachteil, wenn eine weitere Generation von Frauen heranwüchse, die der armen Vagina so unbarmherzig gegenübersteht wie wir?

Solange »das da unten« als schmutzig angesehen wird, werden wir nie an die wie auch immer geartete Schönheit glauben, die wir besitzen. Wir werden immer einen Makel an uns finden. Die Häßlichkeit »dieses einen« erinnert uns ein Leben lang an unser Versagen in puncto Schönheit, eine Niederlage, die uns mit allen anderen Frauen in Konkurrenz bringt, von denen wir vermuten, daß sie die Kunst des Schönseins besser gemeistert haben als wir. Eine Rivalität und ein Unterlegensein, die zurückgehen auf den Anfang der Zeit, und die wir, gemäß den Regeln der Frauen, uns weigern, je offen einzugestehen und anzuerkennen. Ein Vater, für den der Körper einer Frau nichts Schmutziges an sich hat, ist der ideale Kandidat, um diesen uralten Fluch, der auf den Frauen lastet, zu durchbrechen.

»Schließlich gibt es noch aufsehenerregende Ergebnisse in der Vater-Kind-Forschung, die sich auf den Zusammenhang mit späteren Vergewaltigungen von Kindern beziehen«, schreibt Kyle D. Pruett. »Unabhängig davon, ob es sich um das eigene oder um ein fremdes Kind handelt: Wenn ein Mann sich an der körperlichen Pflege und Sorge für sein Kleinkind bis zum Alter von drei Jahren beteiligt, verringert sich in geradezu überwältigendem Ausmaß die Wahrscheinlichkeit, daß dieser Mann irgendwann in seinem späteren Leben die eigenen oder Kinder überhaupt sexuell belästigt oder mißhandelt. Der ›humanisierende Effekt‹, der für Vater und Kind mit der täglichen Pflege und Fürsorge verbunden ist, errichtet eine starke Hemmschwelle gegen einen künftigen Mißbrauch dieser Intimität.«[54]

Wenn wir in den Armen des Vaters ein Zuhause finden, uns selbst in seinen Augen sehen, er uns einen ersten Eindruck von unserer »Schönheit« durch seine Berührung, seinen Geruch, seine Stimme übermittelt, dann wird ein weibliches Kind später an die Lobesworte der Männer glauben, seine Schönheit in den Augen der Männer sehen können und sich nicht ausschließlich auf die meist schlechte Meinung anderer Frauen verlassen müssen.

Neid

Die dunkle Seite der Schönheit

Die Mutter sonnt sich in der Bewunderung für ihr neugeborenes Baby. Dieser winzige Mensch ist ein Wunder und fühlt sich noch immer wie ein Teil ihrer eigenen Person an. Daher bezieht sie die Komplimente, die der Schönheit des Babys gelten, auf sich. Sie bringen die Mutter ihrem Kind noch näher, und das ist gut so, angesichts seiner totalen Abhängigkeit von ihr.

»Was für ein hübsches Baby!«, so der Ausruf Fremder auf der Straße, und noch immer lächelt die Mutter voller Verständnis für die Bewunderung, die ihrem Kind für seine Schönheit zuteil wird. Doch eines Tages lächelt sie plötzlich nicht mehr und stellt sich verbal zwischen den Bewunderer und das Kind. »Oh, aber er schreit ziemlich viel«, sagt sie und wehrt die bewundernden Worte ab. Warum? Weshalb blockt sie diese Anerkennung seiner Schönheit ab? Weil sich Bewunderung, vor allem die Bewunderung von Schönheit, sehr rasch in Neid verwandeln kann.

Neid bringt Verderben; er trachtet nach der Zerstörung des Objekts der Bewunderung. Wie soll sie also das Baby schützen? »Kenehore«, murmeln jüdische Mütter, wenn zu viele Komplimente in Richtung ihres verletzlichen Babys fliegen, ein uraltes Schutzwort gegen den Neid.

»Instinktiv weiß man, daß zuviel Bewunderung Schlechtes nach sich zieht«, sagt meine Freundin Catherine, deren kleiner Sohn auffallend hübsch ist. »Man fühlt sich bedroht.« Ihr wird warm ums Herz, wenn sich die Leute auf der Straße bewundernd nach ihm umdrehen, denn sie ist es gewohnt, selbst für ihre Schönheit gerühmt zu werden. Sie, die vor ihrem Entschluß, alleinerziehende

Mutter zu werden, eine sehr ehrgeizige Karrierefrau war, schien nach der Geburt gleichsam ganz bewußt ihre in der Schwangerschaft erworbene Leibesfülle beizubehalten, als sei es, so sage ich zu ihr, »einfach zuviel Schönheit, wenn ihr gemeinsam aller Augen auf euch zieht«. Und ohne zu erröten pflichtet sie mir bei.

»Malocchio« nennen die Italiener den »bösen Blick« eines Menschen, der das Glück eines anderen nicht ertragen kann und Unheil auf die beneidete Person projiziert. Schon immer verfügen die Kulturen über Rituale und Zaubermittel, um dafür zu sorgen, daß aus dem bewundernden kein scheeler Blick wird, daß sich das Lob nicht in Gift verwandelt. An welchem Punkt verwandelt sich für das hungrige Auge das Vergnügen am Anblick der Schönheit in Groll darüber, daß diese Macht nicht in uns, sondern außerhalb von uns liegt? Während wir die Schönheit in uns aufnehmen, verzweifeln wir schon, weil wir sie nur betrachten, nicht aber besitzen können.

Nichts definiert unsere Schlechtigkeit präziser als der Neid; wir alle tragen in uns den Verlust der Unschuld. Eva sah, »daß es köstlich wäre, von dem Baum zu essen, daß der Baum eine Augenweide war«. Und als sie und Adam von seinen Früchten gegessen hatten, »da gingen beiden die Augen auf, und sie erkannten, daß sie nackt waren«[1].

Über den Neid läßt sich nichts Gutes sagen. Er ist das Merkmal einer niedrigen Gesinnung. Obgleich sich das Leben um uns herum in rasendem Tempo verändert, verschwanden tief eingewurzelte Rituale im Zusammenhang mit dem Gebrauch und Mißbrauch von Schönheit nicht in den kurzen zurückliegenden 30 Jahren des gesellschaftlichen und ökonomischen Aufruhrs. Die um die Macht der Schönheit versammelten Gesetze und der Neid sind so zeitlos wie die Steingestalten auf der Osterinsel.

Neid ist das verderblichste Gefühl im Leben und steht als solches im Zentrum dieses Buches. Mein ganzes Leben lang habe ich andere Menschen um nichts mehr beneidet als um ihre Schönheit und nie im geringsten an die geglaubt, über die ich vielleicht selbst verfügte. Wenn es mir gelungen wäre, mich an meiner Schönheit zu erfreuen, dann hätte ich, so befürchtete ich zumindest, den gehässigen Neid anderer auf mich gezogen. Das ist keine schöne Aussage, aber sie erklärt eine Art territorialen Anspruch, den ich bei diesem Thema spüre und auf das mich meine früheren Bücher vorbereitet haben.

Ich bin vielleicht kein so schlechter Mensch wie der Bösewicht Claggart in Melvilles *Billy Budd*, aber ich nicke mit dem Kopf, wenn ich im Zusammenhang mit ihm lese: »... hat aber je einer im Ernste zugegeben, daß er *neidisch* sei? Jeder fühlt, daß der Neid noch mehr erniedrigt als selbst das gemeinste Verbrechen. Und nicht nur, daß ihn jeder verwirft – die Besseren mögen es kaum glauben, wenn er einem verständigen Menschen nachgesagt wird. Er sitzt aber im Herzen und nicht im Kopf, so daß keine noch so entwickelte Vernunft gegen ihn schützt.«[2]

Schönheit und Neid schließen sich nicht aus; oft stecken sie im selben hübschen Päckchen. Aus Furcht, daß der Mörder Neid auf sie losgelassen werden könnte, verderben sich die Schönheiten schnell den Spaß an ihrem guten Aussehen, indem sie vorgeben, kein Vergnügen an ihrer Macht zu haben. »Wer, ich, hübsch? Hast du denn meine häßlichen Schenkel und meine große Nase nicht gesehen?« Und auch die Neidischen wollen nicht als bösartig erkannt werden und streiten alles ab: »Wer, ich, sie beneiden? Sie ist mir völlig egal!« Ein Spiel der Spiegel, nichts ist so, wie es scheint. Kein Wunder, daß die Schöne im Märchen oft eine arme Schöne ist.

Das Leid mit dem Neid beginnt mit der Bewunderung. Einen Augenblick lang gibt es dieses Ahhhhh!, wenn wir jemanden sehen, wenn etwas den Blick weich macht und uns erwärmt, bis wir den Biß der Schlange spüren und uns die Frage stellen: »Warum dieser Mensch und nicht ich?«

Wir leben im Zeitalter des Neids. Im allgemeinen sind wir entschlossen, niemanden mehr besitzen zu lassen, mehr Macht über uns zu geben, als wir selbst haben. Liebe, Familie, Gemeinschaft, selbst die Luft und das Wasser haben wir mit unserer Gier, der nahen Verwandten des Neids, verpestet. Das gute Gefühl Dankbarkeit können wir offenbar nicht ertragen, denn Dankbarkeit wird von den Neidischen als Impotenz empfunden. Natürlich ist die Schönheit im Zeitalter des Neids eine tief eingewurzelte Ikone. »Neid ist die Sünde, die in Hierarchien und Familien, in allen möglichen gesellschaftlichen Strukturen schwärt«, schreibt die Autorin A. S. Byatt.[3]

Verwechseln Sie nicht Neid mit Eifersucht, die ein angemessenes Gefühl ist, wenn wir Gefahr laufen, unseren Geliebten an eine Rivalin zu verlieren. Die Grundstruktur der Eifersucht ist immer ein Dreieck, in das die oder der Geliebte, wir selbst und die Rivalin oder der Rivale einbezogen sind. Ich würde keinen Geliebten haben wollen, der bei der Aussicht, mich zu verlieren, nicht eifersüchtig würde. Es ist der Umgang mit der Eifersucht, der zeigt, ob wir gemein oder nobel sind. Innerhalb dieses Dreiecks sind wir vielleicht neidisch auf die Besitztümer unserer Rivalin – größere Schönheit oder mehr Reichtum – oder beneiden unseren Geliebten um seine Macht, uns in den Himmel zu heben oder in die Hölle stürzen zu lassen. Neid dagegen ist ein Gefühl der Demütigung, Kränkung und des Übelwollens, ausgelöst durch die Beobachtung von höheren Vorzügen, die ein anderer besitzt.

Überall auf der Welt werden höherstehenden Menschen ambivalente Gefühle entgegengebracht. Und haben wir in der traditionellen Frauenwelt der begrenzten Ressourcen eine schöne Frau nicht schon immer auf diese Weise betrachtet? Wir scheinen die Vorstellung zu haben, daß Schönheit ein nur begrenzt vorhandenes Gut ist. Dein Gewinn muß folglich mein Verlust sein. Wenn du also etwas sehr Bewundernswertes tust oder besitzt, bist du eine Bedrohung für die Gemeinschaft und beraubst uns andere. Um uns aber in unserer Feindseligkeit zu besänftigen, wirst du klugerweise dein Glück herabwürdigen. Neid nährt sich aus den Gefühlen des Mangels und der Entbehrung. Wir lieben die Schönheit, wir hassen die Schönheit. Wir wollen uns in ihrem Glanz sonnen, an ihrer Macht teilhaben, wir wünschen ihr Böses. Ambivalenz.

Folglich beeilen sich die heute für einen Werbespot Millionen Dollar verdienenden Topmodels, uns wissen zu lassen: »Ach, ich haßte meine Ohren, mein Haar, meine Füße, mein Aussehen, als ich zwölf war.« Umgekehrt leugnen die Frauen, die am Pool sitzen und mit spitzer Zunge über die fabelhaft aussehende Frau auf dem Surfbrett herziehen, sofort die bösen Absichten ihres Geflüsters, wenn man näher nachfragt: »Oh, wir haben nichts gegen sie! Sie ist unsere beste Freundin, wir lieben sie!« Sie sagen das ohne Verlegenheit oder Zögern; sie hassen und lieben sie zugleich.

Ambivalenz. Das Baby liebt die Brust, das Baby haßt die Brust, weil sie über alle Macht verfügt. Das Baby beißt in die Brust. Manche von uns empfinden jedoch mehr Neid als andere, und ich schließe mich Melanie Klein an, die der Meinung war, daß Neid sowohl erlernt wird als auch anlagemäßig bedingt sein muß. Sie betonte, daß jede Neigung zum Neid durch schlechte mütterliche Fürsorge verstärkt und durch gute mütterliche Fürsorge gemildert werden kann. Wegen der fortgesetzten beständigen Güte der Mutter wird aus dem Neid des Babys schließlich ein Schuldgefühl. Dieses Schuldgefühl, sagt Melanie Klein, ist der paradoxe Beginn der Entwicklung, bei der sich der Neid und der Haß des kleinen Kindes in Dankbarkeit verwandeln. Und Dankbarkeit öffnet die Tür zur Liebe.

Melanie Klein definiert Neid folgendermaßen: »Neid ist das Gefühl des Ärgers und Zorns darüber, daß eine andere Person etwas Wünschenswertes besitzt und genießt, verbunden mit dem neidischen Impuls, es wegzunehmen oder zu verderben. Darüber hinaus impliziert der Neid eine Beziehung des Subjekts nur zu einer Person und reicht zurück auf die früheste exklusive Beziehung mit der Mutter.«[4]

Damit bringt sie zum Ausdruck, daß unsere individuellen Reaktionen als Erwachsene auf Schönheit – auf die eigene und die anderer – völlig davon abhängen, was sich zwischen uns und dieser ersten wichtigsten Person in unserem Leben abspielte. Sind Sie fähig, sich an den guten Dingen, die andere besitzen, zu erfreuen? Gelingt es Ihnen, Ihre eigenen Leistungen und Erfolge zu genießen, ohne ihren Wert schmälern zu müssen?

Während Freud bereits die veranlagungsmäßigen Unterschiede hinsichtlich des menschlichen Sexualtriebs sehr stark betonte, faßte

Melanie Klein sie in ihrem grundlegenden Werk *Envy and Gratitude* (Neid und Dankbarkeit) noch nachdrücklicher zusammen: »Meiner Ansicht nach ist der Neid ein oral-sadistischer und anal-sadistischer Ausdruck destruktiver, vom Lebensbeginn an wirksamer Impuls und hat eine veranlagungsbedingte Grundlage ...«[5]

Zehn Jahre – und die Uhr tickt noch immer – leben wir nun schon im Bauch der Schönheit, konzentrieren uns auf sie wie nie zuvor zu meiner Lebenszeit und beziehen dennoch so wenig Freude und Vergnügen daraus. Nichts befriedigt, nichts ist von Dauer; eine Mode, Liebesaffäre, Ehe folgt der anderen. Schönheit ist die Allegorie, die uns an diese Jahre erinnern wird, eine Metapher, über die wir später nachsinnen und angesichts derer wir uns fragen werden: Warum war damals niemand glücklich? Was immer wir kaufen, um uns eine Freude zu machen – Autos, Häuser, Urlaubsreisen –, wir kaufen Schönheit in immer größerer Verzweiflung, investieren in ihre Macht wegen des nagenden Neids in uns.

Kinder, die von ihren Eltern dazu erzogen wurden, erfolgreich zu sein, finden es verwirrend, wenn die Eltern sie dann beneiden, weil sie genau die Dinge erreicht haben, die diese bewundern. Wie kann es sein, daß Vater und Mutter, die für das Heranziehen eines erfolgreichen Sohnes, einer schönen Tochter gearbeitet und einiges geopfert haben, ihren Kindern nun ihr Glück neiden? Der Neid kennt keine Logik. Wenn Eltern das Glück ihrer Kinder zerstören, indem sie sie ständig mit einer anderen, schöneren, erfolgreicheren Person vergleichen, regiert das Unglück.

Wenn ich mir meine Herkunftsfamilie anschaue, dann komme ich zu den Schluß, daß wir ein neidischer Haufen sind. Die Erwachsenen hatten sehr klare Meinungen darüber, wer die Schönheiten waren, und wir Kinder stellten Vergleiche untereinander an. Nachdem ich schon als Kind andere um ihre Schönheit so stark beneidete, beeile ich mich heute, einen Bewunderer darüber zu informieren, daß mein überaus elegantes Kleid schon zehn Jahre alt ist.

Heutzutage wird jede anlagemäßige Neigung zum Neid durch die massive Werbung noch verschlimmert. Sie macht alles schlecht, was wir bereits besitzen, um uns dazu zu bringen, das neueste Fernseher-, Auto- und Computermodell oder die gerade über Nacht entworfene neueste Kleidermode zu kaufen. Zur Dankbarkeit wird nicht ermuntert, denn die Wertschätzung des bereits vorhandenen Besitzes steht dem von der Gier lebenden Kommerz entgegen. Kinder sind im Zeitalter des Neids für die Botschaften einer Gesellschaft besonders empfänglich, für die so unsichtbare Tugenden wie Güte, Ehrgefühl und Großzügigkeit keinen Wert haben.

Und es sind nicht nur die Werbespots und -anzeigen, die unseren Neid wecken; Markennamen, die im Text von Zeitungsartikeln und populären Büchern erwähnt werden, definieren ganz genau, was wir alles nicht haben; schöne Menschen, die ein schönes Leben führen, starren uns aus den Boulevardblättern heraus an und ruinieren den bislang guten Tag, weil sich nun unsere Kleider und Häuser im Vergleich zu den ihren schäbig und unzulänglich ausnehmen.

Welche Ironie, daß unsere ursprüngliche Reaktion auf die Schönheit Bewunderung war, eine auf Respekt basierende Emotion! In einer von Neid geprägten Gesellschaft wird Bewunderung schnell ranzig und sauer. Wir wünschen ihnen nichts Gutes, diesen Menschen auf den Fotos, die in solch herrlichen Häusern leben, einen so eleganten Wagen fahren und sich mit Filmstars auf Partys treffen.

»Bring mir ihr Herz!« rief die neidische böse Königin, als der Spiegel sie über das schönere Schneewittchen aufklärte, und verschlang dann, wie sie fälschlicherweise annahm, das Herz und die Leber ihrer gemordeten Rivalin. Das ist Neid!

Wenn der Gegenstand der Bewunderung menschliche Schönheit ist, dann eskaliert die Bösartigkeit, denn der Neid auf Schönheit reicht in die frühesten Lebensjahre zurück. Wir alle wissen, daß unser Leben anders verlaufen wäre, wenn wir schön wären. Vor allen anderen werden zuerst die hübschen Babys in den Arm genommen. Danach geschehen Dinge, die einige Änderungen in diesen glückverheißenden Anfang bringen. Was wissen wir, wenn wir einer schönen Frau begegnen, schon von neidischen Geschwistern, neidischen Eltern, neidischen Freundinnen, die ihr vielleicht das Leben zur Hölle gemacht haben? Diese Kehrseite der Schönheit lassen wir bereitwillig unter den Tisch fallen – wenn wir doch nur so ein Gesicht, so einen Körper hätten! Wir sind neidisch, und sie weiß es, vor allem heutzutage, da höfliches Abstreiten nicht mehr in Mode ist.

Die Weigerung, die Macht der Schönheit einzugestehen, gründet nicht selten auf dem Widerwillen, sich den eigenen muffigen, giftigen Neid einzugestehen. A. S. Byatt schreibt in ihrem Essay über Neid: »Allegorien und Märchen sind verfestigte Moral und Psychologie, und wenn es um den Neid geht, funktionieren sie besonders gut, weil Neid mit Lähmung und Selbstverzehrung arbeitet – in der Tat, die Neidischen *werden* zum Neid.«[6]

Überall auf der Welt haben Gesellschaften, die sich in jeder anderen Hinsicht stark voneinander unterscheiden, ihre einzigartigen Verteidigungsmechanismen gegen den Zerstörungswunsch des Neids entwickelt. »Willkommen in meiner bescheidenen Behausung«, spricht der chinesische Mandarin und verbeugt sich tief am Eingangstor zu seinem Palast.

Wir erwarten durchaus, daß reiche, mächtige Menschen ihre Privilegien genießen. Selbst wenn ein Teil in uns ihnen alles Üble wünscht, weil sie soviel mehr haben als wir, verstehen wir doch widerwillig, warum ihnen eine bevorzugte Behandlung zuteil wird. Nachdem er seinen obligatorischen Kotau vor den Göttern hinter sich gebracht hat – damit wir ihn nicht wegen seines »Glücks« umbringen –, geht der Mandarin daran, noch mehr Macht anzuhäufen – wie wir es an seiner Stelle auch tun würden.

Die körperliche Schönheit ist jedoch nicht mit einem solchen Schutz-Mantra vor dem Neid geschützt oder durch es eingegrenzt. Sie vermag bequem noch größere Macht zu erwerben. Wir helfen uns mit der Warnung: »Schönheit ist nur oberflächlich.« Diese gouvernantenhafte Ermahnung wird mit erhobenem Zeigefinger jenen gegenüber ausgesprochen, welche die Macht der Schönheit geltend machen. Besser ist es, ihre Macht herunterzuspielen, sich ihr gegenüber blind zu stellen oder sie ganz zu leugnen: »Wer, ich, schön?«

Als ich Ende der achtziger Jahre einen kurzen Dokumentarfilm über die Macht der Schönheit produzierte, tauchte plötzlich in den Printmedien eine Werbeanzeige für ein Haarspray auf. Ein umwerfend aussehendes Model flehte: »Hassen Sie mich nicht für meine Schönheit.« Und im nachfolgenden Text erklärte die Schöne dann, daß sie im Grunde genauso ausgesehen habe wie Sie und ich, bevor sie zu diesem Produkt gegriffen hatte. Was für ein schlauer Werbetexter, dachte ich; eine perfekte Werbeanzeige im Zeitalter des Neids.

Jede Gesellschaft hat ihre Arrangements, ihre Abmachungen zwischen den Geschlechtern in bezug auf Ressourcen und Rollenverteilungen. Bei uns gehörte die ökonomische Macht traditionell den Männern und die fürsorgende Macht den Frauen, die einige hundert Jahre lang auch das Monopol auf Schönheit genossen. Dieses Monopol hatte allerdings ein paar Haken. Wenn eine paternalistische Gesellschaft funktionieren soll, muß die Schönheit mit ihrer Gabe, das Auge vom Rad des Fortschritts ablenken zu können, unter Kontrolle gehalten werden. Diese Aufgabe erhielten die Frauen als Beigabe zu ihrem Schönheitsmonopol. Damit waren die Männer von ihrem Neid auf die Macht der Schönheit befreit und hatten die Frauen zu ihren eigenen Gefängniswärterinnen gemacht.

Eine Mutter betrachtete prüfend das Gesicht ihrer kleinen Tochter und sah darin deren Zukunft. War sie hübsch, so war sich die Mutter sicher, daß eines Tages ein Prinz daherkommen, für ihr liebreizendes Kind sorgen, ihm ein Haus kaufen und einen Platz in der Gemeinschaft geben würde. Das war das gesellschaftliche Arrangement: Das hübscheste Mädchen ging an den mächtigsten Mann. Eine ganz einfache Formel. Und so gewichtig in ihren Implikationen. Ein arm geborener Junge konnte in die Welt hinausziehen und sein Glück suchen, aber ein Mädchen wurde schon mit ihrem Glück geboren, sichtbar für alle, die es betrachteten.

Daher mußten Regeln aufgestellt werden, um die Schönheit vor dem Neid anderer Frauen zu schützen, Regeln, die auch für jene Frauen sorgten, die diesbezüglich weniger gut ausgestattet waren. Außerdem konnten Frauen es sich in einer Welt, in der die Männer über alle ökonomische Macht verfügten, nicht leisten, daß die Vorteile der Schönheit sie gegeneinander aufbrachten. In einer Frauenwelt mit begrenzten Ressourcen war Schönheit so entscheidend, daß folglich nicht offen und ehrlich über sie gesprochen werden durfte; es wurde nicht toleriert, daß Frauen hörbar oder sichtbar in puncto Schönheit miteinander rivalisierten. Konkurrenzgefühle wurden vehement geleugnet.

Unsere heutige neugewonnene ökonomische Macht wird durch nichts so sehr bedroht wie durch das Leugnen von Konkurrenz. Frauen sind nach wie vor nicht bereit, die Regeln zu erlernen, die einen gesunden Wettbewerb ermöglichen.

Ich kenne keine Frau, die sich tatsächlich daran erinnert, daß sie sich mit einer Gruppe von Mädchen zusammensetzte, mit der gemeinsam sie die folgende Übereinkunft traf: »Das hier sind die Regeln für nette und anständige Mädchen, und wer sich nicht daran hält, fliegt raus.« Ein Ausgestoßensein aus der Frauenwelt in jungen Jahren bedeutet totale Verlassenheit, denn die »Welt der kleinen Frauen« ersetzt die Bindung an Mama. Nun, auch große Mädchen schließen sich gegenseitig aus. Ich habe das mein ganzes Leben lang erlebt, bei der Arbeit und vor allem unter engen Freundinnen. Solange wir nicht bereit sind, das Leugnen unserer Konkurrenzgefühle aufzugeben, und nicht endlich zu der Einsicht kommen, daß gutes Aussehen keineswegs unsere einzige Ressource ist, werden wir uns weiterhin neidisch gegenseitig überwachen.

Schöne Frauen geben sich schon als Kinder Mühe, auf anderen Gebieten, wie etwa dem Intellekt, dem Sport, der Führerschaft, nicht allzusehr zu glänzen. Sie vermeiden es, in Konkurrenz zu anderen zu treten, denn ihr Becher ist bereits übervoll. »Wer, ich, hübsch?« sagte das entzückende kleine Mädchen. Ableugnen, der erste und wirksamste Abwehrmechanismus gegen den Neid. Andere Mädchen unterstützen die Schöne in ihrer Selbstverleugnung, indem sie sie wissen lassen, wie klug es ist, »schön, aber dumm« zu sein. Wenn die Pubertät heranrollt, hat die Schöne zwölf Jahre der Belehrung über Frauenregeln hinter sich. Vergehen Jugend und Schönheit oder verläßt sie der mächtige Mann wegen einer jüngeren Frau, dann hat die einst schöne Frau wenig, worauf sie zurückgreifen kann. Der Spruch ihrer Jugend hat sich bewahrheitet: Schönheit ist nur äußerlich, im Inneren ist alles leer.

Heute kann eine Mutter nicht mehr sicher sein, ob ihre schöne kleine Tochter dereinst ihr Aussehen einsetzen wird, um sich einen reichen Mann zu angeln, oder ob sie sich ein eigenes Imperium aufbaut und Männer aus ihrem Leben ausschließt. Unverändert geblieben sind jedoch die Kaufkraft der Schönheit, die nun allerdings in wachsendem Maße auch von Männern ausgenutzt wird, und der Neid. Jetzt, wo sich Männer und Frauen die Macht des materiellen Reichtums und der Schönheit teilen, täten wir gut daran, den Neid zu studieren, uns dieses Gefühls bewußter zu werden und es so rechtzeitig zu erkennen, daß wir die Menschen, die wir bewundern und lieben, nicht verletzen.

»Wie bemerkenswert«, schreibt der Anthropologe George Foster, »daß wir ohne Verlust der Selbstachtung Gefühle von Schuld, Stolz, Gier und sogar auch Wut eingestehen können, aber daß es, zumindest in der amerikanischen Gesellschaft, schier unmöglich ist, Neidgefühle zuzugeben … Wenn ein Mensch Neid in sich erkennt, gesteht er damit *in bezug auf einen anderen* eine Unterlegenheit ein; er mißt sich an einer anderen Person und stellt fest, daß es ihm an etwas mangelt. Ich glaube, daß es dieses implizite Eingeständnis einer Unterlegenheit ist und nicht so sehr das Zugeben von Neidgefühlen, was wir so schwer akzeptieren können.«[7]

Die Welt der Frauen hat sich radikal geändert. Wir brauchen uns nicht mehr nur auf unser Aussehen zu verlassen, um an die Fleischtöpfe zu kommen. Heute besitzen Frauen selbst ökonomische Kraft. Und nachdem wir gutes Geld – nicht Papas Geld oder das des Ehemanns, sondern unser eigenes – für Kleider, Make-up, den Schönheitssalon ausgegeben haben, sind wir nicht mehr so leicht bereit, unser Aussehen herunterzuspielen. Wir wollen es genießen. »Wer, ich, hübsch?«, das geht uns nicht mehr so leicht über die Lippen wie früher.

Außerdem haben wir beobachtet, daß die Männer in der Firma Lob und Komplimente nicht abwerten oder jungenhaft verschämt den Kopf senken. Auch ihnen ist es jetzt wichtig, gut auszusehen, und wenn ihnen jemand ein Kompliment über ihren neuen Armani-Anzug macht, dann reagieren sie nicht mit einem Satz wie: »Ach, dieses alte Ding?« Männer akzeptieren das Kompliment und setzen es für sich ein. Männer sind zum Handeln, zum Erbringen von Leistungen erzogen worden und nicht dazu, sich unsichtbar zu machen oder sich zurückzuhalten. Und wenn sie weiterhin tiefer und tiefer in die älteste Machtbastion der Frauen eindringen – und das werden sie –, dann werden Frauen Mühe haben, die neuen schönen Männer mit ihrer kleinmädchenhaften Verleugnung ihres Neids in Schach zu halten.

Jetzt zur Jahrtausendwende steht das Rollenverhalten von Männern und Frauen zur Neudefinition an. Doch gelten zugleich noch immer die alten Abmachungen: Ökonomische Macht und Schönheit bilden gern ein Paar. Ganz egal, wie alt und häßlich der Mann ist, nie wurden solche Verbindungen wirklich in Frage gestellt. Das werden sie auch heute noch nicht. Wir zucken die Achseln, wenn wir die zarte Frische der jungen Frau neben dem aufgequollenen, fleckigen Gesicht des alten Patriarchen sehen. Schließlich verflüchtigen sich so tief in die Gesellschaft eingewurzelte Tauschgeschäfte wie die zwischen Schönheit und Reichtum nicht so rasch, und 25 Jahre sind zeitlich gesehen ein Klacks.

Frauen fällt es gefühlsmäßig leichter, in die Arbeitswelt einzutreten, für sich selbst zu sorgen, zu kämpfen, sich den Herausforderungen zu stellen und wie Männer zu agieren, als sich mit der typisch weiblichen Art, sich die Schönheit zunutze zu machen, zu konfrontieren. Aus Angst vor den Repressalien anderer Frauen leugnen wir noch immer die Macht der Schönheit. Manchmal ist es so, als ob die Männer gar nicht existierten.

Wessen prüfenden Augen muß sich eine Frau stellen, die in ihrem teuren Chanel-Kostüm oder auf hochhackigen Schuhen und im Minirock ins Büro kommt und zwischen den Schreibtischen ihrer Kolleginnen und Kollegen hindurchgeht? Die Augen der anderen Frauen schätzen ab, was sie für dieses Kostüm ausgegeben hat, entscheiden darüber, ob ihre Beine für einen Minirock gut genug sind oder nicht. Die Augen der anderen Frauen ziehen sie nackt aus und stellen sich ihre eigene Person in diesem Outfit vor; sie vergleichen, taxieren, beurteilen. Es ist durchaus in Ordnung, ein Chanel-

Kostüm zu tragen; schließlich arbeiten wir ja dafür, daß wir unser Geld für das ausgeben können, was wir wollen. Unverantwortlich ist nur, daß wir das, was Schönheit auslösen kann, nicht wertschätzen, und daß aus der Bewunderung so schnell Neid wird. Wenn wir mit dieser verhüllten Feindseligkeit in den kritischen Augen nicht leben können, dann haben wir unser Geld unklug investiert.

Der Neid wird so wenig verschwinden wie wir Frauen die Arbeitswelt verlassen und wieder in die totale ökonomische Abhängigkeit von den Männern zurückkehren werden. Es ist an der Zeit, daß wir Frauen uns so sehen, wie Männer es schon immer getan haben: als machtvoll schön, so wie es die erste Frau war, die sie in den Armen hielt. Ein Mann, von einer Frau geboren, von einer Frau aufgezogen, verfügt über den tiefsten und echtesten Einblick in weibliche Schönheit. Bevor wir Frauen den Lohn genießen können, der mit der Schönheit einhergeht, für die wir, um sie uns kaufen zu können, nun so hart arbeiten, müssen wir erst einmal lernen, unsere Schönheit als Macht zu begreifen.

Manche Feministinnen argumentieren, daß Frauen nur dann machtvoll auftreten können, wenn sie zusammenhalten und die aus der Kinderstube herrührenden Wutgefühle, das heißt die Wut auf andere Frauen, resolut von sich weisen. Der Feind ist »da draußen«, skandieren sie auf Demonstrationszügen zum Thema »Erobert euch die Nacht zurück«. Es stimmt, einige böse Männer verletzen Frauen, aber Männer sind nicht der Ursprung unserer tiefsten Wutgefühle. Nicht einmal sie wollen sich die wahre Quelle eingestehen, weil diese alte Wunde, die ihnen von der ersten wichtigsten Frau in ihrem Leben zugefügt wurde, in ihnen Minderwertigkeitsgefühle auslöst.

Das geleugnete Leben ist das unerforschte Leben. Leugnen kostet viel Kraft. Im Ofen muß ständig nachgelegt werden, damit er genügend Rauch produziert und das verschleiert, was wir nicht sehen wollen. Als sich vor vielleicht 25 Jahren die Armee versammelte, mußten wir Frauen unsere Energie darauf verwenden, uns aus den eisernen Dogmen der traditionellen Frauenwelt herauszuwinden. Es war wenig überraschend, daß als erstes die Garderobe abgeschafft wurde, die hübschen Kostümchen, in die Mama uns als Kinder zwang, um unseren Wert zur Schau zu stellen. Wir marschierten in Jeans.

Doch die Frauenbewegung hat weder die Wut der Kinderstube besiegt noch die große Bedeutung der Schönheit geschmälert. Zwar haben Frauen heute die Möglichkeit, sich durch die berufliche Betätigung eine dauerhaftere Identität zu verschaffen, aber unsere Entscheidung, ob wir der Frage des Erscheinungsbilds ausweichen oder nach den Trophäen des guten Aussehens streben, wird auch weiterhin vom Geschehen in unseren ersten Lebensjahren beeinflußt.

Wir verbeugen uns auf Kosten der Schönheit vor dem materiellen Reichtum, nicht weil wir der primitiven Macht der Schönheit entwachsen wären, sondern weil unser ungestillter Hunger nach ihr vom Zeitpunkt unserer Geburt an Brennmaterial für unser Schicksal war. Wenn sich unattraktive, kleingewachsene Männer die primitive Wut aus der Kinderstube als Brennstoff zunutze machen, um ein Imperium zu erschaffen – und nichts, so sagt uns Melanie Klein, erzeugt soviel Wut wie eine versiegende Mutterbrust oder, noch schlimmer, eine, die gar nicht da ist –, werden sich diese Männer als erstes ein schönes Gesicht und ein großes Paar Titten kaufen. Aber die Rache ist nie vollständig; die Schönheit, die Titten gehören ihr, nicht ihm. Der Zorn verraucht nie ganz.

Unsere Unfähigkeit, die Allmacht der Schönheit zu sehen, ist viele Generationen lang weitergegeben worden. Geht man davon aus, daß sich die patriarchale Gesellschaft auf das letztliche Ziel materiellen Reichtums gründete, mußte die der Schönheit inhärente Potenz auf jede mögliche Weise herabgewürdigt werden. Natürlich besitzen wir kein Mantra, mit dem wir den Neid auf die Schönheit abwehren könnten.

Ich schrieb *Wie meine Mutter* aus der Angst heraus, daß ich mich nie ganz heil und unabhängig fühlen würde, wenn ich weiterhin meine wahren Gefühle würde leugnen müssen. Tatsächlich begann ich dieses Buch in einem Zustand der Unschuld; die Wut stieg erst auf, als ich im Schreiben schon weiter fortgeschritten war. Denn damals in den ersten Lebensjahren hatte ich emotionale Kanäle angelegt, um den Zorn von meiner Mutter fort auf sicherere Ziele zu lenken. Parallel zu dieser Verdrängungsleistung sah ich mich ständig dazu angehalten, Energie dafür aufzuwenden, um die Beziehung zu meiner Mutter/den Frauen noch zu beschönigen.

In Leserbriefen teilten Frauen mir mit, daß sie mich anfangs hätten umbringen können, daß die Wut, die ich in ihnen weckte, sie das Buch quer durch das Zimmer schleudern ließ. Ich konnte es ihnen nachfühlen. Ich hatte Melanie Kleins *Envy and Gratitude* (Neid und Dankbarkeit) monatelang in einem Schrank eingeschlossen, um die Konfrontation damit, wie die Beziehung zu meiner Mutter tatsächlich war, hinauszuzögern. Aber das Thema dieses Buchs ist noch komplexer, denn es geht um die Wurzeln der Schönheit, darum, wie wir uns selbst in den Augen anderer sehen, wie sie uns aufnehmen und was wir im Vorübergehen in den Schaufenstern widergespiegelt sehen.

Heute ist die einst homogene Frauenbewegung in so viele theoretische Lager aufgespalten, daß es immer schwieriger wird, ihre Entwicklung zu verfolgen. Das ist gut. Feministinnen sind Individualistinnen mit den verschiedensten Vorstellungen von anstrebenswerten Lebensweisen. Doch obgleich wir zu höchst differenzierten Überzeugungen gelangen, herrscht dennoch keine Achtung vor der Vielfalt. Jede Gruppe tut so, als seien die Andersdenkenden Verräterinnen, als gebe es nur »eine gültige feministische Denkungsart«, die ihre. Die Frauen sprechen immer noch von Schwesternschaft, tatsächlich aber handelt es sich eher um eine in sich sehr vielschichtige gleichgeschlechtliche Gemeinschaft. Wir können uns nicht einmal darin einig werden, in welcher an sich gesunden Auseinandersetzung wir uns uneinig sein sollen, eben weil wir so verschieden sind.

Aber eine Auseinandersetzung ohne die Angst, daß unsere Wut die Gegnerin vernichtet oder sie uns, fordert gesunde Menschen, die sich selbst bereits gefunden haben. Der richtige Umgang mit der Wut verlangt Übung, damit wir immer und immer wieder erfahren, daß sie nicht zwangsläufig töten muß, sondern einfach ein zum

Leben gehöriges Gefühl ist. Der Feminismus duldet Meinungsverschiedenheiten nicht, weil wir Frauen uns nie sicher fühlten, wenn wir anderer Meinung waren als die erste Frau in unserem Leben, der wir unsere Wut nicht zeigen durften. Emotional haben sich Mütter und Töchter immer noch nicht voneinander getrennt, und die Wut der Kinderstube kommt jedesmal dann hoch, wenn sich eine andere Frau mit uns anlegt.

Ich kann mir zur Untersuchung unserer Unabhängigkeit kein besseres Schlachtfeld als das Thema dieses Buchs vorstellen – Aussehen, Schönheit, Aufmachung, die Art und Weise, wie wir uns selbst den Augen anderer präsentieren und uns in allen spiegelnden Flächen selbst sehen.

Frauen, Männer, keiner von uns wird je seine Haltung gegenüber dem eigenen Aussehen verstehen noch sie verändern, wenn wir nicht zur Quelle zurückkehren, zu ihr, deren Auge unser kritischster Spiegel war. Sie, zusammen mit dem Vater und den Geschwistern, erschuf die erste Bühne, auf der uns eine Rolle zugewiesen wurde, die wir nach wie vor spielen oder eben verweigern. Wie wurden wir von ihnen gesehen? Waren wir so sehr der Augapfel unserer Mutter, daß unsere Schwester oder unser Bruder uns haßten? Hat der Vater uns gern angesehen und damit den Neid der Mutter erregt, so daß sie dazwischentrat, um buchstäblich zu teilen und zu herrschen? Oder waren wir im Gegensatz zur Mutter, dem Vater oder der liebreizenderen Schwester die Unansehnliche und somit gezwungen, andere Möglichkeiten zu erfinden, um gesehen und geliebt zu werden?

Die Familiensituation in unseren frühesten Jahren bildet die Grundlage für unser Selbstbild. Wenn Sie der Gedanke an erlebte Ungerechtigkeiten in Ihrer frühen Kindheit heute mit Wut erfüllt, *dann geben Sie nicht der Mutter die Schuld!* Machen Sie sie nicht zum Sündenbock. Wenn wir der Mutter alle unsere Probleme anlasten, verweigern wir selbst die Verantwortung dafür. Schuldzuweisungen garantieren nur eins: daß wir niemals erwachsen werden. Wir sind es, die die Wut überwinden wollen; sie erinnert sich nicht einmal daran. Wir müssen unsere Hausaufgaben ma-

chen, alles ehrlich durchdenken, bewahren, was im Zusammenhang mit ihr gut und liebenswert war, so daß wir dankbar sein
können. Dankbarkeit ist wichtig. Na gut, sie war nicht vollkommen. Doch wer ist das schon?

»Bring mir ihr Herz!«

Unsere Kultur fördert den Neid, rührt ihn auf und applaudiert einer
Emotion, über die, ihrer Definition nach, nichts Gutes gesagt werden kann. Neid verkauft sich. Die Werbeagenturen haben begriffen, daß sie, indem sie in den Menschen die Unzufriedenheit mit
ihren Besitztümern wecken, diese leicht dazu bewegen können, das
noch kaum Getragene oder Benutzte zu ersetzen. »Sie dachten, Sie
seien glücklich mit dem Wagen, den Sie vor sechs Monaten gekauft
haben?« so der Werbespot. »Nun, Sie Idiot, dann schauen Sie mal,
was Ihre Nachbarn gerade gekauft haben, schauen Sie sich an, was
die wirklich wichtigen Leute tragen, essen, trinken. Und besser
noch, übertreffen Sie Ihren Nachbarn, legen Sie sich einen Wagen
zu, der noch auffälliger ist als der seine, und sehen Sie dann zu, wie
er sich krümmt und windet!« Neid, diese schleimige, schlammige
Emotion, ist inzwischen so allgemein verbreitet und selbstverständlich, daß Kinder sich eine Waffe organisieren und andere Kinder
bedrohen, um ihnen das Goldkettchen, die Sportschuhe zu stehlen.
Oder wollen sie einfach dieses nagende Unterlegenheitsgefühl loswerden, das der Neid produziert? Warum er, warum sie und nicht
ich?

Wir sind ja sogar neidisch auf die Macht, die wir unserem Geliebten einräumen, die Macht, uns glücklich oder traurig zu machen,
die Macht, uns seine Schönheit wegzunehmen und sie einer anderen Person zu schenken. Im Haß auf die Macht, die er über uns hat,
verlassen wir ihn um eines anderen Menschen willen. Ehebruch ist
zu einem Alltagsthema geworden, und die Scheidungsrate steigt
rapide. Es gibt keine Beständigkeit. Es gibt keine Dankbarkeit, und
ohne Dankbarkeit gibt es keine Liebe.

Konkurrenz an sich ist nichts Schlechtes. Aber wenn sie ohne Übung und ohne Sicherheitsregeln praktiziert wird, dann ist es nur eine Frage der Zeit, bis ein Unheil geschieht. »Die Tatsache, daß wir in unserer paranoiden Gesellschaft keinen Ansporn brauchen, um Konkurrenzverhalten zu entwickeln, stellt den ursprünglich nützlichen Zweck dieser Emotion nicht in Frage«, schreibt der Psychiater Willard Gaylin. »Wahrscheinlich ist es das vorrangige Ziel aller Kinder, die Mutter ausschließlich für sich allein zu besitzen; die Konkurrenzsituation ist normal, und das Teilen muß erst gelernt werden.«[8] Aber von wem sollen Kinder lernen, wie man richtig konkurriert? Seit 20 Jahren predigt uns der Feminismus, daß jegliches Konkurrieren des Teufels ist. Was sollen die Kinder tun, wenn die Mutter den nützlichen Zweck dieser Emotion nicht benennt oder erklärt? O ja, dies ist eine wunderbare Zeit für Märchen, je grausamer, desto besser, um einem Kind einen ehrlichen Spiegel des wirklichen Lebens vorzuhalten.

Das Kind hört kurz vor dem Einschlafen der ihm liebsten Stimme auf der Welt zu; Träume und Alpträume werden es beschäftigen. Nicht die grausame Geschichte von »Hänsel und Gretel« strukturiert seine Träume, sondern seine eigenen destruktiven Emotionen, die es heute gegenüber einem Geschwister, Elternteil oder Freund empfand. Wenn ihm die geliebte Stimme von Vater oder Mutter die Geschichte vorliest und sie mit einem Kuß vor dem Einschlafen beendet, wird das Kind weniger hart mit sich selbst ins Gericht gehen, weil ihm das Märchen erzählt hat, daß es nicht allein ist mit seinen häßlichen Gefühlen. Und der Kuß, den es vor dem Einschlafen bekommt, versichert ihm, daß es nicht verlassen werden wird. Kein Wunder, daß die Grundstruktur des Märchens durch die Familie gebildet wird; für das Kind bedeutet seine Familie die ganze Welt, von der es in allem völlig abhängig ist. Wenn sie funktioniert, bildet die Familie ein verläßliches Netzwerk, aber sie wird zu einem schreckenerregenden Mikrokosmos, wenn sich das Kind in ihrem Inneren bedroht fühlt.

Was ist zu tun? Den Kindern die Einsicht in ihre eigenen häßlichen und zerstörerischen Seiten als Teil des gesamten Spektrums menschlicher Emotionen nehmen? Wie sollen wir, wenn wir unsere eigenen dunklen Aspekte nicht schon früh erkennen, bewußt entscheiden, ob wir auf böswillige Impulse reagieren oder diese häßlichen Gefühle zügeln sollen oder nicht? Die Märchen sind voll von Helden und Heldinnen, die eine Entscheidung treffen müssen. Und das muß das Kind auch.

In den letzten Jahren haben sich einige matriarchalisch orientierte Feministinnen dagegen ausgesprochen, unsere Kinder den alten Märchen auszusetzen, weil sie ihrer Ansicht nach klischeehafte Geschlechterrollen propagieren. Die meisten dieser Heldinnen, so klagen sie, werden als passiv und unterwürfig geschildert und dienen vorrangig als Trophäe für den wagemutigen Prinzen, was bedeutet, daß sie in ihrer Identität vom Prinzen abhängig sind.

Die Nihilistin Andrea Dworkin zeigt uns in ihren selbstverfaßten Geschichten eine Alternative zur in alten Märchen beschriebenen Welt: Dort kastriert die Heldin systematisch alle Männer. Kein hübsches Bild, doch eine grausige Beschreibung von Dworkins eigener, ganz besonderer feministischer Wut auf die Männer. Sie mag zwar keine Gutenachtgeschichten für Kinder schreiben, aber das Gift, das sie speit, ist aus dem gleichen Stoff wie der im Unbewußten eines Kindes hochblubbernde Nihilismus.

Ich finde es aufregend, daß Frauen neue Märchen ersinnen, in denen die Heldinnen nicht mehr als jammervolle, verlassene und hilflose Geschöpfe geschildert werden, sondern als Persönlichkeiten, die Dinge mutig in die Hand nehmen und ritterlich sich selbst und andere von bösen Unterdrückern befreien. In dem Märchen »Petronella« heiratet die Prinzessin schließlich, aber nur nach Beendigung ihrer persönlichen, gefahrvollen Heldinnenreise, die viel Klugheit und Tapferkeit erforderte. In einer anderen Geschichte rettet in Umkehrung des Märchens »Rapunzel«, die Prinzessin dem Prinzen das Leben.

Allzuoft wird die Erzählerin mancher dieser neuen Märchen vom Eifer überwältigt. Wenn wir also Märchen erfinden, um die Welt der Frauen zu feiern, sollten wir bedenken, daß für das männliche oder weibliche zuhörende Kind Frauen die absolute Entscheidungsgewalt darüber haben, ob Liebe gegeben oder genommen, ob bestraft, ob Streitigkeiten und Meinungsverschiedenheiten beendet werden sollen, kurzum: daß sie über alle Macht in der Kinderstube verfügen. Wenn die neuen feministischen Märchen die männlichen Charaktere eindimensional und schwächlich zeichnen und sie überaus machtvollen weiblichen Personen gegenüberstellen, erweisen wir weder unseren Söhnen noch unseren Töchtern einen Dienst, die nämlich in den Märchen weniger nach dem Versprechen einer rosigen Zukunft suchen als vielmehr nach einer Verständigungsmöglichkeit mit ihrem eigenen destruktiven Unbewußten.

»Während gewisse Eltern, die sich an den Wortlaut der Geschichte halten, das nicht merken, wissen die Kinder, daß das Märchen sich auf ihre eigenen Probleme bezieht, ganz gleich, welches Geschlecht der Held hat«[9], schreibt Bruno Bettelheim, der dem Vorwurf der »sexuellen Stereotypisierung« in den alten Märchen entgegentritt.

Wir sind töricht, wenn wir die alten Märchen über Bord werfen. Lange bevor diese Märchen aufgeschrieben wurden, war es die in ihnen enthaltene wichtige Thematik der Schönheit mit ihrem Einfluß auf unser Leben, die Eltern ihren Kindern vermitteln wollten. Haben Sie nach fast 25 Jahren Feminismus feststellen können, daß die Schönheit im Leben von Männern und Frauen eine geringere Rolle spielt? Ganz im Gegenteil! Können Sie wirklich ehrlichen Herzens glauben, daß die neu aufgekeimte Macht der Schönheit eine heimtückische Erfindung böser Männer ist, um Frauen von ihren Arbeitsplätzen zu vertreiben und wieder an ihre Frisierkommoden zu scheuchen? Wir Frauen selbst sind es, die sich wieder Schönheit in ihrem Leben wünschen. Die Macht der Schönheit besteht ewig. Die Tatsache, daß sie einst unsere einzige Macht war, ist kein Grund, sie nun aufzugeben. Besser wäre es, sie in der direkten Auseinandersetzung mit ihrer Leuchtkraft zu begreifen und wirkungsvoll nutzen zu lernen, und zwar von der Wiege an.

Das Thema Schönheit aus unseren zeitgenössischen Märchen auszusparen, bedeutet, die Realität zu verdrehen. Auch die männliche Jugend wird lernen, ihr Aussehen einzusetzen, um ihre Ziele nicht nur bei den Frauen, sondern auch am Arbeitsplatz zu erreichen. Um so mehr Grund, Märchen zu ersinnen, welche die Gefühle des kleinen Jungen widerspiegeln, der neben seiner Schwester schläft und sie haßt, weil sie all die Umarmungen, die Ooohs und Aaahs einheimst, und der sich sehr viel besser fühlen würde, wenn er wüßte, daß Rivaliätsgefühle ihn nicht zu einem Bösewicht abstempeln.

Was immer wir einem Kind sagen, muß die Tugend der Wahrheit besitzen, muß das repräsentieren, was die Eltern ehrlich empfinden. Eltern sollten erklären, was das Aussehen an Gutem und Schlechtem bewirken kann. Ja, Schönheit öffnet manche Türen, schließt aber auch andere. Schönheit ist eine so freischwebende Form von Macht, daß ein Kind sowohl in bezug auf sich selbst als auch auf andere auf den Umgang mit ihr vorbereitet werden sollte. Wenn die Menschen, die das Kind am meisten liebt, mit ihm offen über die Macht und die Probleme der Schönheit sprechen, werden sie zu einer Gegebenheit.

Es würde uns allen überhaupt nichts schaden, wenn wir uns die alten Märchen wieder anhörten. Als Erwachsene haben wir die in ihnen enthaltene Weisheit vergessen und statt dessen die höflichen Verteidigungsmechanismen der Gesellschaft erlernt. Die Wut der letzten Nacht zum Beispiel störte unseren Schlaf, ließ uns am Morgen zu spät zur Arbeit kommen; jene schrecklichen Träume hatten etwas mit der Abendgesellschaft zu tun, bei der unser Gatte seiner reizenden Tischnachbarin zustimmte statt uns und sie dabei mit diesem gewissen konspirativen Lächeln ansah. Noch als wir das Haus verließen, war uns die eigene Aufmachung hoch elegant vorgekommen, dann fühlten wir uns angesichts ihrer Haare und Augen und ihres fabelhaften Kleides plötzlich auf seltsame Weise schäbig und minderwertig.

Die Wut auf ihn auf der Nachhausefahrt war angesichts des Geschehens völlig überzogen; es war doch gar nichts passiert, nur ein Lächeln, ein paar Worte. Wie denn dieses demütigende Gefühl laut benennen, diesen Neid der bösen Königin auf das schönere Schneewittchen, der, als wir klein waren, in der Stimme der Mutter schmerzlich, aber immerhin noch akzeptabel klang, doch heute für eine erwachsene Frau absolut schmachvoll und tödlich ist? Da wir dazu erzogen wurden, die Macht der Schönheit zu leugnen, müssen wir auch ihren Begleiter, den Neid, verbergen. Also haben wir letzte Nacht schlecht geschlafen, die Angst vor dem Verlust der Liebe an eine Rivalin begraben. Aber die Beerdigung hat nicht funktioniert.

Wenn wir uns mit den mächtigen Kräften der Schönheit und des Neids nicht konfrontieren, wird das Leugnen zur Lebensweise; Schönheit wird weiterhin als Macht eingesetzt, anderen Menschen wird Leid zugefügt, Handlungen und Absichten werden anders benannt und nie als das, was sie wirklich sind.

»Jedes Kind hat«, so schreibt Bettelheim, »... nicht nur in seltenen Augenblicken – das Gefühl, daß es wegen seiner geheimen Wünsche, ja vielleicht sogar wegen heimlicher Taten, verdient hätte, degradiert, aus der Gegenwart der anderen verbannt und in die Unterwelt von Schmutz und Asche verwiesen zu werden.« Und: »Es fürchtet und haßt jene anderen – wie zum Beispiel seine Geschwister –, von denen es annimmt, daß sie von ähnlichen Schändlichkeiten völlig frei sind, und es hat Angst, sie oder die Eltern könnten dahinterkommen, wie es wirklich ist, und es dann herabwürdigen, so wie Aschenputtel das von seiner Familie widerfahren ist. Weil das Kind möchte, daß die anderen – vor allem die Eltern – an seine Unschuld glauben, ist es begeistert darüber, daß ›alle‹ von Aschenputtels Unschuld überzeugt sind ... Da die Leute glauben, daß Aschenputtel ein liebes Kind ist, hofft es, daß sie das auch von ihm annehmen. Und eben diese Hoffnung nährt ›Aschenputtel‹, und deshalb ist es eine so wundervolle Geschichte.«[10]

Für mich gehört das alles zusammen, die Angst vor Ablehnung und das Versprechen der Liebe im bewundernden Blick einer allmächtigen Fürsorgerin, errungen durch ein Grübchen und lockiges Haar. Die Tatsache, daß mein Haar glatt ist und meine Füße zu groß sind, hat zu Alpträumen geführt: Der verlorene Koffer, die Türschwellen, an denen ich einsam stehe und sich umarmende Paare beobachte. Ich bin so sehr an Träume von Verlassenheit gewöhnt, daß ich mich gar nicht mehr frage, warum meine intellektuellen Einsichten sie nicht verändert haben. Das ist das Unbewußte, so habe ich begriffen, das erbarmungslos sein altes, vertrautes Lied abspielt.

Und das nun hat mich der bewußte Intellekt gelehrt: Ohne mein glattes Haar und die Abwesenheit eines bewundernden Blicks wäre ich nie zu der zielbewußten Überfliegerin geworden, zu einer Frau, die unerschrocken einen Mann verführt. Das bedeutete eine Menge Kleiderschränke und mehr Schuhe, als ich zählen kann. Aber hier ist mein Mann, der mich zutiefst liebt, wie ich weiß. Mein Mann, der in der vierten Klasse für einen Tag dazu erwählt wurde, der Günstling der Klassenschönheit zu sein. »Einen zauberhaften Tag lang«, erzählt er, »haben mich all die anderen Mädchen und Jungen anders behandelt und angeschaut, weil ich im magischen Glanz der Schönheit stand.«

Die Rivalität der Geschwister

Ich kann mich nicht entsinnen, daß ich als Kind hübsche Kleider haben wollte, mit Kamm und Bürste spielte, hochgehoben und vor den Spiegel gehalten wurde. Das änderte sich erst in der Pubertät, über Nacht und grundlegend. In welchem Alter fing ich an, andere Möglichkeiten an meinem Aussehen zu erproben, um bemerkt zu werden? Wann habe ich beschlossen, zur Darstellerin zu werden, in bestimmter blickfängerischer Weise zu agieren, so daß Leute, die mich ansonsten vielleicht übersehen hätten, stehen blieben und lächelten, mich anschauten und mich aufhoben? Umgeben von hübschen, ja schönen Frauen, erschuf ich mir schon bald eine eigene Identität, die unabhängig von meinem Aussehen mein Überleben garantierte. Ich erwartete nie, so geliebt zu werden wie meine liebreizende Schwester, die einfach nur dazustehen brauchte.

Es ist ja nicht so, daß nur die Betreuerinnen sich mit sicherem Instinkt die hübschesten Babys heraussuchen; kleine Kinder tun das auch. Vorschulkinder wissen genau, welche Kameradinnen und Kameraden netter und hübscher sind. Sie befreunden sich lieber mit attraktiven Kindern und gehen davon aus, daß diese freundlicher und weniger aggressiv sind und seltener ohne Grund zuschlagen. Wenn kleine Kinder in den Kindergarten kommen, schätzen sie die attraktiveren Kinder als klüger, freundlicher, netter, selbständiger und unabhängiger ein als die unattraktiveren; unattraktive Kinder, vor allem kleine Jungen, werden als aggressiver und weniger sozial eingeschätzt.[11]

Hübschheit ist von sich aus gut und wirkt wie eine Art Heiligenschein. Man denke nur an all die rehäugigen Heldinnen in den Märchen; die Gänsemagd schubste niemanden herum, und auch Aschenputtel gab ihren bösen Stiefschwestern nicht das, was sie verdient hätten. Und meine Schwester tat es ebenfalls nicht. Aber ich war bei jedem Spiel, zu dem ich sie verleiten konnte, aggressiv hinter ihr her. Sie verlor so bereitwillig, ihr lag so wenig am Gewinnen, daß ich sie hätte schütteln mögen. Es war, als wüßte sie genau, daß Gewinnen oder Verlieren egal waren, denn irgend jemand würde sich ihrer annehmen und für sie sorgen. Wenn sie die Arme ausstreckte, um mit mir zu schmusen, stieß ich sie weg.

Zweifellos beneidete ich meine Schwester um ihre Nähe zu meiner Mutter, die ich wohl zum Teil auf ihrer beider Schönheit zurückführte. Melanie Klein nennt als klassische Verteidigungsmechanismen gegen den Neid Idealisierung und Abwertung, und sicherlich idealisierte ich meine Schwester, erhob sie in ihrer Schönheit und Heiligkeit in Höhen, die jenseits der Reichweite meines mordlüsternen Neids lagen.

Dreisamkeiten innerhalb der Familie oder in einer Liebesbeziehung tragen stets eine grundlegende Instabilität in sich. »Ein Geschwister steht immer mehr im Vordergrund als die anderen und löst deshalb leidenschaftliche Gefühle von Haß oder Liebe aus«, schreibt der Psychologe Stephen Bank, dessen Spezialgebiet die Geschwisterbeziehungen sind. »Starke Gefühle sind selten gleichmäßig verteilt.« Gleiches gilt auch für Freundschaften und für Liebesbeziehungen, wo die geheiligte Zweiheit keine Einmischung seitens einer anderen Person verträgt. In allen Fällen solcher Dreisamkeiten »werden zwei Personen unvermeidlich die Nähe, sogar die Vereinigung suchen, während die dritte Person sich selbst überlassen bleibt und sich allein durchschlagen muß«[12].

Als Kind dachte ich, daß meine Schwester, weil sie hübscher aussah, auch ein besserer Mensch sei. *Sie war gut, und ich war schlecht.* Vor meinem vierten Lebensjahr gibt es keine Fotos von mir, doch ich erinnere mich an das folgende Bild: Ich bin vier, das glatte dünne Haar ist streng zusammengeflochten, und mein rechtes Auge, welches zu diesem Zeitpunkt noch nicht operiert worden war, kollert hinter meiner Nickelbrille nach innen – so ähnlich wie bei dem von Charles Laughton gespielten Quasimodo. Neben mir steht meine Schwester, deren Locken sanft ihr hübsches Gesicht umspielen, das dem meiner Mutter so ähnlich ist. War das der Grund, warum ich meine Schwester fortstieß? Wurden unschmeichelhafte Vergleiche angestellt, die ich mit anhören mußte?

Nun gut, ich sah so aus, als stammte ich aus einer anderen Familie, dann würde ich mich eben auch so verhalten, daß es keine Grundlage für Vergleiche mit meiner Mutter und meiner Schwester gab. Soweit ich mich zurückerinnern kann, weigerte ich mich, die Dinge zu essen, die ihnen ganz besonders gut schmeckten; ich verlangte sogar, daß immer Miracle Whip vorrätig war, und behauptete, daß ich ihre Hellmann's-Mayonnaise auf meinem Erdnußbutterbrot nicht vertrug. Da sie so gut (und hübsch) waren und ich so schlecht (und häßlich), verlieh ich meiner Schlechtigkeit Nachdruck und fing schon sehr früh an, in den Läden Süßigkeiten zu klauen und Kleingeld aus dem Portemonnaie meiner Mutter zu entwenden. Wenn die Haustür offenstand, machte ich mich allein davon, wohl wissend, daß es verboten war, und sicherlich auf der Suche nach Blicken, die mein wahres Ich registrieren würden, den süßen Liebling, der sich aus Notwendigkeit als Diebin verkleidete und gezwungen war, Lügen zu erzählen. Glücklicherweise waren die Leute, denen ich mit vier auf dem Bürgersteig begegnete, unvorstellbar freundlich; sie nahmen mich mit sich nach Hause, setzten mir Nudelsuppe mit Hühnerfleisch und Erdnußbutterbrote vor, bis sie nach langen Telefonaten herausfanden, zu wem ich gehörte.

Bis zur Pubertät mied ich eigensinnig Spiegel aus Glas, bevorzugte die Augen der Menschen, die ich zum Aufleuchten bringen konnte, wenn ich einen Kopfstand machte. Wenn ich irgendein Vergehen meiner Schwester anlasten konnte, dann tat ich es und fühlte mich in meiner Rache gerechtfertigt, obschon ich mich nicht entsinnen kann, daß sie mir je irgend etwas Böses angetan hat.

Im *Tagebuch eines Babys* beschreibt Daniel Stern, auf welche Weise ein Vierjähriger Zugang zu den Gefühlen seiner Babyzeit hat. Gibt es irgendwelche Erinnerungen an unsere ferne Vergangenheit, die so »häufig hervorgeholt und auf den neuesten Stand gebracht« und dadurch »ständig lebendig« bleiben[13], so Stern, wie diese uralten Gefühle im Kontext dessen, was unsere Eltern und Geschwister in uns sahen und liebten oder nicht liebten? Urteile, die mit Lächeln, Berührung, Umarmen, Küssen verbunden waren, damals so wie heute, heute so wie damals? Woher sonst kommen diese intensiven Gefühle bei familiären Wiedervereinigungen, ganz gleich, wie alt wir sind?

Die Eigenschaften, die ich als Kind mühsam erwarb, um Sichtbarkeit zu erlangen, machen heute den Teil meiner Persönlichkeit aus, dem ich am meisten Vertrauen entgegenbringe. Ich bin keine gute Fee, aber auch nicht das böse Kind, das zu sein ich mir ausmalte, als ich klein war. Mich fasziniert diese Unsichtbarkeit in frühen Jahren nicht, weil sie so etwas Trauriges an sich hat, sondern wegen ihres höchst dramatischen Gehalts und wegen des unbedingten Überlebenswillens des kleinen Kindes. Wir sind längst nicht so schlecht, wie wir glauben.

»Geschwister sind die besten Lehrmeister in bezug auf Rachegefühle«, sagte mir Daniel Stern einmal. »Von ihnen erfährt man alles über die Realität von Gesetzes- und Strafsystemen. Sie leisten in dieser Hinsicht viel bessere Arbeit als die Eltern.«

Da waren wir also, wir drei. Und obwohl ich mich nicht an ein einziges grausames Wort seitens meiner Mutter oder meiner Schwester in jenen frühen Jahren erinnere, haben doch meine Wut und Angst, weil ich mich aus ihrem Bund, so wie ich ihn »wahrnahm«, ausgeschlossen fühlte, meine Lebensrichtung bestimmt. Dabei habe ich mir in meinen kindlichen Bemühungen, mich zu »rächen«,

mehr gute und schöne Zeiten und Dinge verwehrt, als ich hier auf-
zählen möchte. Ich verweigerte sie mir, weil »sie« sie hatten oder
machten.

Wenn es je eine Zeit zum Märchenerzählen gab, dann heute. Die
reale Welt ist beängstigend. Alle Abmachungen sind null und nichtig. Feindseligkeit, Wut und Neid regieren, wo einst traditionelle
Verhaltenskodizes, ethische Grundsätze und Manieren bestimmend
waren. Und Sie wollen Ihren Kindern die Geschichte von der kleinen
Dampflokomotive vorlesen? Nehmen Sie die Gebrüder Grimm. Da
steht drin, wie das Leben wirklich ist, und Kinder sehnen sich verzweifelt danach, die Realität laut ausgesprochen zu hören.

Kinder, die noch immer einer Reinheit der Emotionen nahe sind,
verstehen ganz genau, welche Gefühle die bösen Stiefschwestern
dem schöneren Aschenputtel entgegenbringen. Sie haben am Tag
den gleichen mörderischen Haß gegenüber ihrem Bruder oder ihrer
Schwester empfunden, deren goldene Locken einmal wieder den
letzten Keks auf dem Teller errungen haben. Und auch dem niedli-
chen Geschwister ist nicht entgangen, was seine Schönheit ihm einbringt: den Neid der anderen.

Märchen lenken Kinder von diesen übermäßig harten Anklagen
ab, indem sie ihnen Ereignisse und Charaktere präsentieren, die
alles, was das Kind fühlt, darstellen und ausagieren; das Kind muß
seine schlechten Gefühle nicht mehr verinnerlichen und gegen sich
selbst richten. Die Stiefschwestern in »Aschenputtel« bekommen
nicht nur, was sie verdienen, sie sind auch so böse, daß sie den
eigenen Haß des Kindes im Vergleich dazu als milde erscheinen
lassen.

»Da [das Kind] Zwischenstadien des Grades und der Intensität
nicht erfaßt, sind die Dinge entweder ganz hell oder ganz dunkel«,
schreibt Bettelheim. »Das Kind ist entweder vollkommen helden-
mütig oder ganz und gar ängstlich, der glücklichste oder der un-
glücklichste Mensch, der schönste oder der häßlichste, der klügste
oder der dümmste; es liebt oder haßt und kennt keine Zwischen-
stufen.

So schildert auch das Märchen die Welt; seine Gestalten sind entweder abgrundtief böse oder von selbstloser Güte. Ein Tier ist entweder reißend und gefährlich oder der beste Freund und Helfer. Jede Gestalt ist im Grunde eindimensional, so daß das Kind ihre Handlungen und Reaktionen leicht begreifen kann. Mit einfachen, direkten Bildern hilft das Märchen dem Kind, seine vielschichtigen, ambivalenten Gefühle zu entwirren, so daß sie nicht mehr ein großes Durcheinander bilden, sondern einzeln ihren Platz bekommen.«[14]

Wenn Schönheit nicht eine so bedeutsame Rolle in unserem Leben spielte, würde sie in den Märchen nicht derart häufig und vorrangig zum Thema gemacht werden. Hübsche Babys werden vor allen anderen auf den Arm genommen. Andere kleine Kinder nehmen dies durchaus wahr, und diese Wahrheit ist viel machtvoller als jene spätere, rein verbale: »Ich liebe alle meine Kinder gleichermaßen.«

Egal welche Entscheidungen wir für unser Leben treffen, ob wir eine Frau oder einen Mann als Partner wählen oder allein leben, die Schönheit gibt den Ausschlag, weil die Kindheit das Reich der Schönheit war. Nie vergessen wir die Augen, die an uns vorüberglitten, um bewundernd an einem anderen Kind haftenzubleiben.

In jedem Märchen, das von Schönheit handelt, tauchen unweigerlich Szenen grausamster Geschwisterrivalität auf, die in ihrem Extremismus einen Zweck verfolgen: Sie sollen dem Kind eine weitgefaßte Version der Gefühle übermitteln, denen die Eltern andere und zivilisiertere Namen geben. Und sie sollen dem Kind einen größeren emotionalen Spielraum verschaffen. Aschenputtels Stiefschwestern sind zum Beispiel so grotesk böse, daß es in Ordnung ist, wenn wir sie hassen; außerdem gelangen wir durch sie zu der Einsicht, daß wir nicht so gräßlich sein wollen; und schließlich erkennen wir, daß wir gar nicht so grauenhaft sind, wie wir befürchteten. Wenn Kinder das Gute mit Schönheit assoziieren, nehmen sie angesichts ihres unvollkommenen Äußeren zugleich eine Einschätzung ihrer selbst vor und stufen sich selbst als gemein, schlecht und grauenhaft ein. Die weniger Hübschen unter uns versuchen, diesen »schlechten Charakter« hinter einer Fassade zu verstecken, sind übertrieben bemüht zu gefallen. Klingelt jedoch das

Telefon nicht und trifft die Einladung nicht ein, dann leiden wir unter der Angst, die Welt könnte hinter unserem hübschen Äußeren die innere Schwärze entdeckt haben.

Kinder lieben es, wenn ihnen Märchen immer und immer wieder erzählt werden, denn dies bestätigt ihnen, daß sie nicht die einzigen sind, die dunkle und grausame Gefühle hegen. Es sind die Erwachsenen, die diesen Teil ihrer Gefühlswelt »vergessen« haben und nun bei diesen Horrorgeschichten zusammenzucken: »O Gott, o Gott, wie kannst du deinem Kind so etwas erzählen?« Wie denn nicht, wenn es weit und breit das einzig Ehrliche ist?

Märchen versprechen dem zuhörenden Kind, wenn es schon kurz vor dem Einschlafen ist, aber dennoch nie weit entfernt von seinen sehnlichen Wünschen und von seinen übermäßig harten Selbstverurteilungen, daß es Verwandlungen gibt. Das Kind kennt keine Grauschattierungen: Das schlechte Ich befindet sich im Krieg mit dem guten Ich. Das Märchen bietet Lösungen an, läßt hoffen, daß das Gute siegen wird und sich in dem Kind neben dem Schlechten befindet. Der Umgang mit der kindlichen Ambivalenz von Gut und Böse muß erlernt werden, denn erst dann sind wir fähig, eine Wahl zu treffen.

»Letzten Endes ist es die Liebe, die selbst häßliche Dinge in etwas Schönes zu verwandeln vermag. Nur wir selbst können den urtümlichen, plumpen und gewöhnlichen Inhalt unseres Unbewußten – Rüben, Mäuse, Kröten – in höchst verfeinerte Geisteserzeugnisse verwandeln«, schreibt Bettelheim.[15]

Ja, wir wollen schön sein, aber wie das Kind vor dem Einschlafen möchten wir auch die neidischen und gemeinen Gedanken loswerden, die uns gegen so jemanden wie ein Geschwister losschlagen lassen und dafür sorgen, daß wir uns schlecht fühlen. Es ist schade, daß wir schon so früh aufhören, Märchen zu lesen. Eigentlich sollten wir unsere Kinder dazu anhalten, uns vorzulesen, sobald sie dazu in der Lage sind. Es wäre eine interessante Übung, mit ihrer Stimme vorgetragen zu hören, wie sehr die Märchen doch auf uns alle anwendbar sind.

Es ist alles so lange her, daß wir uns weigern zu glauben, die

Wutgefühle der Kinderstube hätten irgend etwas mit unseren heutigen Reaktionen zu tun. Wie kannst du, wo wir doch schon eigene Kinder haben, behaupten, daß das, was sich zwischen mir und meinem Bruder/meiner Schwester abspielte, mich noch immer beeinflußt? Wo sonst sollten wir nach Gründen suchen, die den heutigen Einfluß des Aussehens auf unser Leben erklären? Wo wir auch hingehen, beurteilen uns Blicke, drücken auf diesen Erinnerungsknopf, der Gefühle aus unseren ersten Lebensjahren hochruft und uns Vergleiche anstellen läßt. Wenn unser Geliebter »auf diese spezielle Weise« eine andere Frau anschaut, gilt unsere Überreaktion nicht seiner Tat – denn schließlich ist ja nichts passiert –, sondern diesem häufig hervorgeholten und auf den neuesten Stand gebrachten Gefühl, das wir schon hatten, als unser neugeborener Bruder erstmals in unser Leben trat.

Auf der intellektuellen Ebene wissen wir, welche Gefühle unser Geliebter für uns hegt und warum. Woher kommt dann diese unangemessene und überwältigende Wut? Tatsache ist, daß das Gefühl, »die Unansehnliche« zu sein, niemals Ruhe gibt, nie verschwindet. Es bleibt uns immer zugänglich, mit all der von einem ohnmächtigen, abhängigen Kind empfundenen Intensität.

Wir glauben den Komplimenten nicht, die uns unser Geliebter macht – jedenfalls nicht so bereitwillig wie irgendeine üble Geschichte über uns. Unser halbes Gehalt haben wir dafür ausgegeben, um die Person zu erschaffen, die wir im Spiegel sehen, aber sie ist eine Erfindung, eine Lüge, die nur so lange standhält, wie der Wind nicht bläst.

Wir wollen uns ja nur, so sagen wir, ein Selbstbild schaffen, mit dem wir glücklicher leben können. Sehr wahrscheinlich liegen hinter dem künstlichen Image die gewonnenen und verlorenen Schlachten gegen einen Bruder oder eine Schwester begraben, die uns aus dem Mittelpunkt der Aufmerksamkeit verdrängten. »Liebst du mich?« fragen wir unseren neuen Geliebten, dessen inbrünstiges »Ja!« wir einfach nicht glauben können. *Wir* können im Spiegel keine liebenswerte Person sehen.

Ich halte mich in meinem Garten hier in Key West auf, wandere barfuß zwischen den Palmen umher, suche nach dem, was mich verschönern wird, nach einer doppelten weißen Hibiskusblüte, die ich mir heute ins Haar stecken werde.

Dies ist mein bevorzugtes Selbstbild, nicht nur, weil ich mir die Schönheit der Hibiskusblüte borge, sondern weil Blumen im Haar einer Frau wohlige Weiblichkeit in einer sexuellen Liaison mit der Natur anklingen lassen. Mit der Blüte bin ich verwandelt wie im Märchen und nicht mehr jene blumenlose, getriebene, ehrgeizige, ungeduldige, nicht immer gerade freundliche, weniger liebreizende und daher weniger gute Person. Ein bißchen Schönheit macht wohl die meisten von uns etwas besser, sogar auch netter, wenn wir uns im Spiegel so verwandelt sehen. Und diese Transformation wird bestätigt, wenn andere innehalten und uns auf andere Weise anschauen; und wir sehen, daß sie uns wahrnehmen, und sind dankbar. Sobald wir jedoch etwas Typisches sagen oder tun, ist der Zauber gebrochen, und wir werden daran erinnert, daß es nur eine Blume oder ein Kleid oder eine neue Frisur ist und daß wir dahinter immer noch der weniger schöne Mensch sind, der wir immer waren.

Ich, die ich eine rastlose, sich stark auf ihre maskulinen Gene stützende Frau bin, empfinde es als zutiefst befriedigend, wenn ich meine Weiblichkeit betone. Drei weiße Doppelblüten im Haar mögen exhibitionistisch sein, aber im Gegensatz zu einer durchsichtigen Bluse sind Blumen entwaffnend; wer könnte Sie beschuldigen, die Aufmerksamkeit auf sich ziehen zu wollen, Neid zu erwecken, wenn Sie sich Schönheit einfach von der Natur borgen?

Am Morgen finde ich dann diese lieben, verschrumpelten Blütenleichen vom Vorabend auf dem Nachtkästchen; mit ihnen sind stets viele Erinnerungen verbunden. Die Blüten sind meine selbsterwählten Komplizinnen, miteinbezogen in die Vergnügungen, die ich in der Nacht zuvor initiierte. Sie ermöglichen mir das großzügige Verhalten anderen gegenüber, Freundlichkeiten, die ich nicht so mühelos hätte erweisen können, wenn mich nicht die Schönheit der Blumen von der schlechten, bösen Nancy in eine andere verwandelt hätte.

Da heute Weihnachten ist, spreche ich ein kleines Extragebet in der Hoffnung, daß die Natur über Nacht all ihre Kraft entfaltet haben möge. Ich brauche wenigstens neun Blüten, die mir durch die drei Akte des Weihnachtstages helfen. Ich biege die riesigen Blätter eines Vogelknöterichs auseinander, und da ist sie, eine zauberhafte Ernte taufrischer Hibiskusblüten.

Bei dem Weihnachtsfrühstück, zu dem wir unsere liebsten Freunde Dick und Bob einladen, deren Garten an den unseren grenzt, machen wir immer ein besonderes Getue um Dick, um ihn für ein Weihnachtsfest zu entschädigen, das er mit vier Jahren erlebte. An jenem Morgen hatte er sich seinen kleinen blauen Blazer mit den roten Paspeln, seine Kniestrümpfe und die kurzen grauen Flanellhosen angezogen und stand, guter kleiner Junge, der er war, oben an der Treppe in Erwartung eines absolut wunderbaren Festtages. Statt dessen aber blickte er auf seine schöne Mutter hinunter, die in den Armen des Chauffeurs, ihres Liebhabers, zur Haustür hinausgetragen wurde, um nie wieder in seines Vaters Haus zurückzukehren. Dick wurde sofort auf sein Zimmer geschickt, seine Geschenke blieben ungeöffnet.

Er ist das einzige Kind, was nicht heißt, daß ihm die Geschwisterrivalität erspart blieb. Seine Mutter beanspruchte in dieser Hinsicht alles Terrain. Sein Vater wollte einen »schönen Sohn und Erben« und erwählte deshalb ein vollkommenes, sehr viel jüngeres Musterexemplar als Gefährtin und Mutter seines Sohnes. »Er hat mich in den Arm genommen, in die Luft geworfen, meinen Bauch geküßt, mich zum Lachen gebracht«, seufzt Dick. Aber als sich seine Mutter davonmachte, nahm der Vater seinen Sohn nie wieder in die Arme.

Wie im Märchen war es seine warmherzige Großmutter, die dem Haus ihres Sohnes vorstand und sich ihres kleinen Enkels annahm. Ab und zu besuchte er seine Mutter, die Schneekönigin. Aber als seine Großmutter starb, wurde er der einzigen Liebe beraubt, die er gekannt hatte. Sonntags kam der Bruder seines Vaters mit seiner Familie zum Dinner, die armen Verwandten. Sie konkurrierten um die Aufmerksamkeit und das Geld des Vaters. Dick, den schönen

Sohn, abgrundtief hassend, schmiedeten der böse Onkel und die Vettern ein Komplott und brachten es schließlich dahin, daß er enterbt wurde.

Vor 20 Jahren lud die Mutter Dick zum Lunch ein und gab ihm den endgültigen Abschiedskuß. Sie stand kurz vor ihrer vierten Eheschließung, und er würde doch sicherlich verstehen, »daß niemand mir glauben würde, daß ich einen Sohn in deinem Alter habe. Oh, und ruf nicht wieder an. Versuch nie wieder, mich zu erreichen.« Sie war erst 17 Jahre alt, als er geboren wurde, und sie haßte seine Schönheit, sah sie als Bedrohung an, die bewundernde Blicke von ihr abziehen konnte. Als er zu einem äußerst reizvollen Jugendlichen herangewachsen war und sich die Blicke eines bestimmten Liebhabers von ihr abwandten und zu lange auf ihm ruhten, schränkte sie seine monatlichen Besuche ein. »Mutter wird dich anrufen, wenn sie dich sehen will«, verkündete sie, ihre Worte mehr wie eine rivalisierende Schwester wählend als wie eine Mutter.

Während wir unsere Geschenke auspacken, rufen Familienmitglieder an, um uns alles Gute zu wünschen. Eine der Anruferinnen ist meine Cousine aus Charleston, die sagen möchte, wie begeistert ihre Kinder von unserem Geschenk sind, einer Märchensammlung auf Video. »Rate mal, wer sie am meisten liebt?« fragt mich meine Cousine. »Die Zweijährige.« Zwei Jahre alt und steht auf Schönheit, Liebe und den Mörder Neid. Der Stoff des Lebens, wenn man zwei ist und Wert legt auf Ehrlichkeit.

Kaum der Muttermilch entwöhnt, speichert das zweijährige Kind die Botschaften über die Schönheit, die so widersprüchlich sind wie das Leben selbst. Schönheit ist Macht. Diese Lektion ist erlernt und mit ihr die Regeln, die jede Schöne praktizieren muß, wenn sie in der Welt der Frauen überleben will: Wenn du Schönheit besitzt, bist du bereits allen anderen Mädchen – vor allem denen in der eigenen Familie – so weit voraus, daß du um deiner Sicherheit willen die anderen herunterspielen mußt.

Ist das kleine Mädchen vier Jahre alt geworden, ist der Spruch »Schönheit ist nur oberflächlich« so tief in sein Gehirn eingeprägt, daß die Worte nicht mehr wiederholt werden müssen. Andere Kinder haben es über ihre ambivalenten Gefühle hinsichtlich seiner Vorzüge belehrt; nicht anders als die Erwachsenen suchen sie die Gesellschaft der kleinen Schönen, angezogen von der gelassenen Heiterkeit ihrer liebreizenden Gestalt. Sollte das kleine Mädchen noch mehr Macht erwerben, verwandelt sich die Bewunderung in Neid, der immer hinter den Kulissen wartet. Dieser Gefahr ist sich niemand bewußter als es selbst. Wie in einer Frauenwelt, auch nur in der Welt der kleinen Frauen, überleben, wenn du diese Gabe besitzt? Spiel sie runter, sei achtsam, versuch nicht, noch allzuviel mehr zu bekommen, da du doch schon soviel hast.

Hat ein Kind dann das fortgeschrittene Alter von zehn oder elf Jahren erreicht, ist es im Verteidigungssystem gegen den Neid so geübt, daß einer unter Fünftkläßlerinnen durchgeführten Studie zufolge mehr als 75 Prozent von ihnen, darunter die hübschesten, sich als die am wenigsten attraktiven Mädchen in der Klasse einstufen.[16] Ein bemerkenswertes Ergebnis mit so vielfältigen Implikationen, daß man gar nicht weiß, wo man anfangen soll. Wie kann es dazu kommen, daß Zehnjährigen derart die Realität verstellt ist?

Ich habe lange darüber nachgedacht, ob ich den Kindern meiner Cousine wirklich eine Märchensammlung auf Video schenken soll. Als Kind liebte ich es, wenn mir Märchen vorgelesen wurden. Ich mochte die physische Nähe der erwachsenen Person, die mir ihre ausschließliche Aufmerksamkeit, ihre Zeit schenkte, die vertraute Stimme, deren Klang sich mit diesen Geschichten verband, die für mich dem Leben gefühlsmäßig näher waren als alle sogenannte Realität.

Die Grimmsche Märchensammlung meiner Kindheit war ein großes, schweres Buch mit blauem Einband, und die erhabene, goldene Zierschrift auf seinem Deckel versprach lange, verwickelte Geschichten, die nie enttäuschten. Ihre Schrecken erschütterten mich bis ins Mark, wahrscheinlich erkannte ich meine eigene Wut in dem neidischen Kind, das eine schöne ältere Schwester hatte. Und vielleicht noch mehr als alles andere liebte ich die Vorstellung, daß meiner Mutter auch schon aus demselben Buch vorgelesen worden war.

Mythen und Volksmärchen bieten dem Kind imaginäre Lösungen für die realen Widerspüche im Leben an. Verwandlungen und Verkleidungen erklären eher, als daß sie verwirren. Häßliche Frösche verwandeln sich in schöne Prinzen, scheinbar gütige Großmütter werden zu grausamen Hexen, die kleine Kinder quälen und foltern. Für ein Kind fühlt sich das richtig an, denn die Erwachsenenwelt quillt für es über von Widersprüchen. Erwachsene nennen Gefühle nicht bei ihrem richtigen Namen. Ihre Interpretationen der Ereignisse decken sich nicht mit denen des Kindes. Sie sagen, sie lieben dich, wenn sie es gar nicht tun, und erzählen Lügen über den Wert eines hübschen Gesichts. Das Märchen kommt der Realität näher als das, was Mutter sagt. Sogar noch während ich dies schreibe, wird mir bewußt, wie sich der Glaube an mein böses Kindheits-Ich, das ich verbergen mußte, zu einem Selbstbild auswuchs, das ich später im Leben in jede wichtige Beziehung einbrachte. Was meine Schwester und meine Mutter betrifft, so habe ich sie erst kürzlich entmythologisiert und ihnen ein bißchen von der Schlechtigkeit zugestanden, die ich als Kind monopolisiert hatte.

Anscheinend können weder mein heutiges intellektuelles Verständnisvermögen noch Güte und spontane Großzügigkeit und noch nicht einmal meine Liebe zu meinem Mann den Verdacht ausräumen, daß der Neid in meiner Kindheit mich lebenslang zum bösen Mädchen abgestempelt hat. Wenn eine liebe Freundin eine bösartige Rezension über eines meiner Bücher schreibt, bin ich untröstlich. Mein Mann erklärt mir, daß wahrscheinlich der Neid sie dazu getrieben hat. Aber der Neid anderer Leute macht mir den meinen nicht unverdächtiger. In der Kindheit entwerfen wir ein so übermäßig harsches Selbstbild, um uns vor ihnen und sie vor uns zu schützen. Ohne meine heutige elegante Aufmachung, meine sonderangefertigten Ohrringe und die erkauften blonden Strähnchen würde ich als die »böse Nancy« erkannt werden. Die Verkleidungen der Lebensmitte auf die frühen Lebensjahre zurückzuführen, bietet sich so augenfällig an wie die Aufforderung, der gepunkteten Linie zu folgen.

Ich habe versucht, die Angst zu verstehen, die in diesem Haus herrschte, in das man mich nach der Geburt brachte. Meine junge Mutter war von ihrem dominanten Vater finanziell abhängig. Er war so entschieden gegen die Ehe mit dem von ihr geliebten Mann, daß sie heimlich durchbrannten. Dann ging er weg, mein geheimnisvoller Vater, war verschwunden, kehrte nie wieder zurück.

Erinnerungen an meinen Vater. Ich habe keine. Ich wuchs im Glauben auf, daß er tot sei. »Oh, mein Papa ist tot«, pflegte ich fröhlich zu erwidern, wenn mich Fremde fragten, wo er sei. Mehr nicht, denn ich wußte nichts, wußte nur, daß ich nicht fragen, mir nicht einmal Gedanken über ihn machen durfte, so verboten, mit so schrecklichen Konsequenzen beladen war das Thema. Von meinen frühesten Tagen an ging ich davon aus, daß er die Quelle der Ängste meiner Mutter war; sie seufzte viel, und wenn sie statt meines geliebten Kindermädchens Anna bei seltenen Anlässen mein Haar flocht, war mir ihr Seufzen an meinem Ohr angsterregender Beweis, daß ich eine schreckliche Bürde für sie war. Wenn ich sie zu anderen Zeiten seufzen hörte, nahm ich an, es hätte mit seiner Abwesenheit zu tun. Ich zählte zwei und zwei zusammen und wußte, wenn ich nicht wäre, wäre sie noch immer mit ihm zusammen.

Ich habe immer den Verdacht gehegt, daß es, bevor ich daherkam, eine Zeit gab, in der »sie« – meine Mutter, mein Vater, meine Schwester – miteinander glücklich waren. Meine Schwester hatte ihn gekannt, war von ihm in den Arm genommen worden, hatte sich in seinen Augen gespiegelt gesehen. Und ganz gewiß war meine Mutter damals glücklich. Ich hatte das *Gefühl*, daß meine Mutter und meine Schwester diese Familienromanze teilten, es war ein Band zwischen ihnen. Ich muß darauf zutiefst neidisch gewesen sein.

Das Aussehen stand nicht einmal auf der Liste all der Dinge, die in meinem jungen Leben zählten; ich arbeitete an meinem Glück, indem ich mir Liebe außerhalb der Familie auf jedem Gebiet mit Ausnahme dem der Schönheit gewann. Mein Verteidigungswall gegen das Eingeständnis, daß ich auf meine Schwester neidisch war, weil sie meinen Vater gekannt hatte und in puncto Schönheit meiner Mutter in nichts nachstand, war undurchdringlich.

Eine unter erfolgreichen Frauen durchgeführte Befragung hat ergeben, daß die Mehrheit von ihnen schon früh das Gefühl hatte, das weniger attraktive Geschwister gewesen zu sein. Und als ich 1990 mit Hilfe eines Instituts für Meinungsforschung meine eigene Untersuchung auf nationaler Ebene durchführte, sagten 75 Prozent der befragten Frauen aus, daß sie aufgrund der Tatsache, daß sie die »weniger Hübsche« in der Familie waren, den unbedingten Entschluß gefaßt hatten, sich zu beweisen.

Na gut, daraus könnte man schließen, daß es große Vorteile mit sich bringt, wenn wir uns für das unansehnliche Kind halten. Aber wäre die bestmögliche aller Welten nicht eine, in der die Familien alles daransetzen, der intellektuellen Neugier, Unabhängigkeit, der Klugheit und Tapferkeit Lob zu spenden, wie auch der Schönheit das zukommen zu lassen, was ihr zusteht? Die Schönheit in ihrer machtvollen Kraft anzuerkennen, damit wir sowohl für unsere eigene Person als auch in bezug auf andere kompetent mit ihr umgehen können?

Es war einmal – das ist eine wahre Geschichte – ein Mann, der mir einen sehr breiten Goldring schenkte, in den er Bilder aus dem Märchen von der Prinzessin im Glasberg eingraviert hatte. Der Vater der Prinzessin, der König, hatte gesagt: »Wer den Glasberg erklimmen kann, gewinnt die Hand meiner Tochter und das Königreich.« Da waren drei Brüder, und der älteste von ihnen stürmte arrogant mit seinem Pferd den Glasberg hinauf und scheiterte kläglich. Der mittlere Bruder versuchte es erfolglos mit der gleichen Taktik. Es war der jüngste, vernachlässigte Bruder, dem es gelang, zu Fuß den glatten Berg zu erklimmen und das Herz der Prinzessin zu erobern. Und wenn man sich den Ring sehr genau ansah, konnte man eine winzige Prinzessin auf dem Hügel und alle drei Brüder erkennen.

Der Mann, der ihn mir schenkte, war der jüngste von drei Brüdern. Sie waren sehr viel älter als er. Bis eine Schwester geboren wurde, die sehr ersehnte einzige Tochter, war er der Liebling seiner Mutter gewesen. Wie er diese Schwester haßte! »Die Schönheit der Frauen ist wichtig«, hatte er mir irgendwann ernst gesagt, doch seine Worte waren mir, bis ich dieses Buch schrieb, ein Rätsel. Ich, die ich in bezug auf meine Person nie an gutes Aussehen glaubte, akzeptierte den Ring und trug ihn; ich habe ihn noch immer. Er war ein so zäher Bursche, dieser Liebhaber, ein Intellektueller, umschlossen von eisenharten Abwehrmechanismen. Man stelle sich vor, er gestattete es sich, ein solches Geschenk zu schaffen. Und dann gab er es mir, die ich nie an die Schönheit glauben konnte!

Der folgende Kindervers über Geschwisterrivalität entstammt derselben Sammlung, in der sich auch mein Lieblingsreim »Ich eins meine Mutter ... ich aß meine Mutter« befindet. Das Autorenteam merkt dazu an, daß kleine Kinder ihn beim Schaukeln singen:

> Zum Garten meines Vaters ging ich hin
> Und fand einen irischen Kupferling.
> Meiner Mutter gab ich das Klimperding,
> Ein Brüderchen zu kaufen im Laden.
> Mein Bruder war bös mißraten.
> Da buk ich ihn in 'nen Kuchen,
> Den konnt' man nicht mal versuchen.
> Da warf ich ihn übern Gartenzaun.
> Ich warf ihn übern Gartenzaun.
> Sei einmal tot!
> Sei zweimal tot!
> Sei dreimal tot und nimmermehr!
> Und nim-mer-mehr![17]

Sauber (und schön) sein

Ein modernes Rätsel: Warum sind Frauen, die für ihre Abneigung gegen den Anblick, Geruch und die Berührung ihrer eigenen weiblichen wie auch der männlichen Geschlechtsorgane berüchtigt sind, weiterhin dafür verantwortlich, die Menschheit zur Sauberkeit zu erziehen? Wir wissen, daß unsere haftendsten Eindrücke von unseren Genitalien in den frühesten Lebensjahren geprägt werden, Gefühle, die wir in unser Sexualleben einbringen und nur unter großen Mühen verändern können. Welchen Beitrag leistet eine Frau zu den Belehrungen über Selbstliebe und das ganzheitliche Selbst und über die Liebe dessen, was da zwischen unseren Beinen ist?

Was übermitteln ihre Augen, ihr Gesichtsausdruck, ihre Stimme und Körpersprache, wenn sie die kleinen Beine ihres Babys auseinanderspreizt und die Furchen und Fältchen reinigt? Macht ihr der Geruch von Kot etwas aus? Kann eine Frau in ihrem lebenslangen Festhalten an pingeliger Hygiene, in ihrer Angst vor der Demütigung, falls sie doch einmal die Kontrolle über irgendwelche Funktionen des genitalen Bereichs verlieren sollte, kann sie unter solchen Umständen tatsächlich eine entspannte, nicht übermäßig kritische Haltung gegenüber den Ausscheidungsorganen ihres Kindes einnehmen? Und wird es ihr schließlich gelingen, der Vulva ihrer Tochter, so unbehaart und rein diese auch aussehen mag, mehr Achtung entgegenzubringen als ihrer eigenen?

Neben den grausamen, aber sich nicht unerwartet einstellenden Fehlfunktionen, über die unsere Gesellschaft seit Hunderten von Jahren tunlichst schweigt, haben wir es nun in einem geradezu epidemischen Ausmaß mit unerwünschten Schwangerschaften und mit durch den Geschlechtsverkehr übertragenen Krankheiten tödlichen Ausgangs zu tun. Wir haben gehört und gelesen, daß unsere Einstellung zu unseren Genitalien unser Sexualverhalten bestimmt. Unsere bewußten und unbewußten Gefühle machen auch eine Vorhersage darüber, wie unsere Kinder heranwachsen und zu Erwachsenen werden.

Selbst wenn wir Frauen den Arbeitsplatz wieder verlassen könnten, niemals wieder würden wir wie früher Mutter sein können mit all der Allmacht oder all dem anmutigen Liebreiz; wir haben schon zu viele Frauen erlebt, die zielorientiert wie Männer handeln, um je wieder an die idealisierte Mama glauben zu können, welche die Frauenbewegung vom Sockel gestürzt hat.

Die inner- und außerhalb des Hauses gewaltig angestiegene Arbeitslast der Frauen macht es erforderlich, daß gewisse Aufgaben neu verteilt werden; und jede Person sollte die Arbeit zugewiesen bekommen, für die sie am besten qualifiziert ist. Wenn es darum geht, kleinen Kindern Respekt vor ihren Genitalien beizubringen,

120

dann bietet sich der Vater als Kandidat an. Und der Respekt vor den Genitalien beginnt damit, daß das Kind dazu erzogen wird, die Ausscheidungsorgane auch während des Schlafs unter Kontrolle zu halten. Wenn diese Erziehung unverkrampft vonstatten geht, wenn mit Belohnung statt mit Bestrafung gearbeitet wird, ist alles »da unten« nicht mit Abscheu, Ängsten und der Drohung von Liebesentzug besetzt. Ich würde viel dafür geben, wenn mich ein Mann zur Sauberkeit erzogen hätte.

Mir ist klar, daß es dieser Vorschlag nicht zu großer Popularität bringen wird; zumal Frauen sich in ihren Mutterqualitäten angegriffen fühlen könnten und werden. Aber dieses Thema gehört zum Kern dieses Buchs: Unsere Gefühle in bezug auf unsere Geschlechtsorgane, unser Bild von ihnen, das noch bevor wir den Windeln entwöhnt waren, geprägt wurde, bilden unvermeidlich die Linse, durch die wir unseren gesamten Körper betrachten.

Wenn wir Frauen in den Spiegel blicken und mit unserem Anblick unzufrieden sind, hat es immer mit diesem schmutzigen Geheimnis zwischen unseren Beinen zu tun. Müssen Frauen nicht in erster Line und vor allem »sauber und reinlich« sein? Wir denken hier vielleicht nicht bewußt an unsere Genitalien, aber sie sind wie eine Entstellung, die keine noch so große Menge schöner Kleider, Parfüms oder irgendwelcher Schmuckstücke zum Verschwinden bringen kann. Und kein Mann kann uns davon überzeugen, egal welche Worte er wählt, daß er »das da unten« liebt, denn wir sind geprägt durch die für uns allerwichtigste Person, die uns *ihre* Gefühle in bezug auf *ihre* Genitalien mitgegeben hat.

Weder Männer noch Frauen werden mit einer größeren Liebe zu oder einem größeren Haß auf ihre Genitalien geboren. Wir *erlernen* diese Gefühle. Und sie werden zu einem Zeitpunkt eingeübt, zu dem wir so winzig und angesichts unserer totalen Abhängigkeit so beeindruckbar sind, daß diese Lektion niemals wieder vergessen wird. Sie ist befrachtet mit dem Versprechen der Liebe oder der Drohung von Liebesentzug.

Wir Frauen werfen den Männern vor, allzusehr in ihren Penis verliebt zu sein. Wir sind böse auf diese Liebesaffäre, weil sie uns ausschließt, ja, man könnte sogar sagen, wir sind eifersüchtig auf die Zeiten, die er mit »ihm« allein verbringt. Wir wollen ihn nicht unbedingt haben, aber das heißt nicht, daß wir es zulassen, daß er seinen Penis genießt und uns so an unser Versagen als sexuelle Wesen erinnert. In irgendeiner Nische unseres Gehirns wissen wir Frauen, daß Sex etwas Gesundes und Natürliches ist, daß es gute Zeiten gab, in denen auch wir unsere Freude daran hatten, aber nicht so wie er. Wir sind nicht nur eifersüchtig, weil er uns beim Masturbieren ausgeschlossen hat, wir sind auch neidisch; wir würden es zwar nie zugeben, aber im geheimen bewundern wir Menschen, die, ob mit oder ohne Schuldgefühle, masturbieren.

Da Männer und Frauen in ihren Ansichten über die Schönheit ihrer eigenen Geschlechtsorgane und die der anderen zeit ihres Lebens selten übereinstimmen, lohnt es sich, der Sache nachzugehen. Könnte es zum Beispiel sein, daß wir Frauen, die wir uns in der fürsorgenden Mutter erkennen, unbewußt ihre Einstellung gegenüber den Geschlechtsorganen übernehmen? Sind Jungen andererseits möglicherweise dazu verdammt, als gegengeschlechtlicher Part der Mutter ihr ein Leben lang zu beweisen, daß sie im Irrtum ist? Könnte männliches Verhalten wie Konkurrenzdenken, Masturbieren, das Aufsuchen »schlechter« Frauen, »verbotener« Sex, aber auch die unterdrückte Wut, die lieber gegen die eigene Person gerichtet wird, etwas aussagen über die tiefe Bedeutung dieses ersten Urteils seitens jener wichtigsten Person?

Man denke nur an die demütigenden Spitznamen, die eine gütige und liebevolle Mutter dem Penis des kleinen Jungen verpaßt. Was sieht oder empfindet die Mutter, wenn sie den Penis ihres Jungen in den Händen hält, um ihm das ABC der »Stubenreinheit« beizubringen? Und hat sie, obwohl dieser hier nicht größer ist als ihr Daumen, je zuvor einen Penis auf so intime Weise in der Hand gehalten, wollte sie das überhaupt, hat sie je einen geküßt, ihn in ihrem Mund zur vollen Erektion gebracht? Ja, ja, das hier ist ihr Sohn und er ist erst zwei Jahre alt, *aber das ist ein Penis*! Sie nennt seinen Penis Pimmelchen oder Schwänzchen, stutzt ihm – unbewußt – die Flügel – schnippschnapp.

Natürlich sind Jungen darauf »programmiert«, vor ihren Kumpels mit ihrem Penis anzugeben, Kumpels, mit denen sie viele Interessen teilen, aber keines, das befriedender wäre als die sexuelle Erleichterung darüber, der Gigantin entkommen zu sein. Der Penis ist die Flagge, welche das ihr abgerungene Territorium markiert; ein sexuell anzügliches oder mit den Genitalien assoziiertes Verhalten, das dereinst den Verlust der Mutterliebe hätte bedeuten können, wird nun zum männlichen Spielfeld und zur Quelle des Stolzes. Kein kleines Mädchen würde es wagen, im Klassenzimmer vor allen anderen einen lauten Furz zu lassen, aber für die Jungen bedeutet das öffentliche Brechen mit den Regeln der Frauen einen trotzig errungenen Sieg, der um so mehr Spaß macht, wenn die kleinen Mädchen (kleinen Mütter) voller Abscheu die Nase rümpfen.

Alle Hoffnung, daß Mädchen im Pubertätsalter das Interesse der Jungen an der Erkundung des verbotenen Körperteils teilen könnten, wird erstickt, wenn weibliche Entrüstung sie darüber informiert, daß Mädchen genau wie die Mutter sind. Den Jungen bleibt nur die unselige Wahl, sich wie ein Mädchen zu verhalten oder aber sich aufsässig in größeren Gruppen zusammenzurotten. Dadurch wird eine traurige Trennungslinie zwischen den Geschlechtern gezogen.

In welchem Maße sind tatsächlich Frauen die Ursache für die Peniszentriertheit der Männer? Wer kann es dem jungen Mann verdenken, daß er zu »schlechten« Frauen geht, wenn er von einer Frau erzogen wurde, die Liebe und Sex voneinander trennt? Wenn er einer Frau begegnet, die seinem Penis die gleiche enthusiastische Bewunderung entgegenbringt wie er selbst, kommt nach der ersten Aufregung und anfänglichen Dankbarkeit die Frage: Warum? Was für eine Art von Frau ist sie? Der Spruch von den Mädchen, die man fickt, und denen, die man heiratet, ist nicht ohne Grund schon so alt.

Ein Großteil der männlichen sexuellen Phantasien erwächst aus der ersten Liebe, als der kleine Junge das Gefühl hatte, daß er sich zwischen der Liebe seiner Mutter und seinem Penis entscheiden muß. In ihren Phantasien bringen Männer es auf schlaue Weise fertig, das Verbot der Mutter zu umgehen und ihre bedrohlichen Warnungen vor »schlechtem Sex« sogar für sich arbeiten zu lassen. Sie stellen sich vor, gefesselt, angekettet und gedemütigt der Gnade einer gigantischen Frau ausgeliefert zu sein. Ja, sie hat die Kontrolle, aber dennoch gewinnen immer die Männer. Sie mag die Peitsche schwingen, aber sie kriegen ihre schmutzigen kleinen Orgasmen.

Warum sollte ein Mann erwarten, daß »anständige Frauen« seinen Penis mehr lieben, als seine Mutter es tat? Tatsächlich kann die Frau, welche die Anständigkeit und Nettigkeit der Mutter mit einer unverkrampften sexuellen Vertrautheit mit den männlichen Geschlechtsorganen verbindet, sogar als zu machtvoll empfunden werden. Sollte sie heiraten, ist der Mann oft erleichtert, wenn ihr Sexualtrieb nach der Geburt des ersten Kindes etwas nachläßt. Er bevorzugt Sex unter weniger komplizierten Umständen; bei ihm daheim sind nun wieder Mutter und Kinder präsent.

Lesen Sie, was ein Mann darüber schreibt, dem seine Mutter beibrachte, »in die Klosettschüssel zu pinkeln – wie ein Erwachsener«. Diese Episode war möglicherweise »der Anlaß zu meiner gegenwärtigen Zwangslage«, überlegt der Autor, »hin und her gerissen zwischen Begierden, die mein Gewissen verurteilt, und einem Gewissen, das meinen Begierden im Wege steht«. Diese Passage aus *Portnoys Beschwerden* von Philip Roth wurde vor fast 30 Jahren geschrieben: »Ich stehe mit meinem vorwitzigen kleinen Piepel breitbeinig über dem kleinen Wasserrund, während meine Momma auf dem Wannenrand daneben sitzt, die eine Hand am Wasserhahn (aus dem ein dünner Strahl rinnt, dem ich es gleichtun soll), die Finger der anderen Hand kitzeln die Unterseite meines Schwänzchens. Ich wiederhole: *sie kitzelt mich am Schwanz!* Ich nehme an, sie glaubt, auf diese Weise zu erreichen, daß aus dem Ding vorn was rauskommt, und was soll ich Ihnen sagen, der Erfolg gibt der Dame recht. ›Mach ein schönes Strulli, *bubala*, mach ein schönes kleines Strulli für Mommy‹, sagt Mommy in singendem Ton, während sich in Wirklichkeit hier höchstwahrscheinlich meine Zukunft entscheidet. Stellen Sie sich das mal vor! Was für eine Farce! So wird der Charakter eines Menschen gebildet, so ein Schicksal vorgeformt ...«[18]

Arme, häßliche kleine Vagina

Als ich zum erstenmal zum Arzt ging, um mir ein Diaphragma anpassen zu lassen, saß ich mit meiner neuen Gummischeibe in seiner Praxis und sah zu, wie er anhand eines häßlichen rosa Modells auf seinem Schreibtisch die weiblichen Geschlechtsorgane erläuterte. Ich wollte nichts davon wissen, obwohl mir der Gedanke an eine Schwangerschaft Angst einflößte. Ich konnte den Anblick der Bleistiftstriche nicht ertragen, mit denen er schon für zahllose andere blinde Frauen die Linie vom Gebärmutterhals zur Harnröhre, zur Blase und, o nein, nicht zum Anus! nachgezogen hatte. Ich hatte weder die Harnröhre noch den Anus je zuvor gesehen und wollte nichts darüber wissen, obwohl mich nichts dem Himmel näher brachte als der Mund eines Mannes in diesem Bereich. Für die Magie war es ganz wesentlich, dessen bin ich mir sicher, daß er, mein Geliebter, mich mit seinem Mund »dort« berühren wollte; das machte ihn irgendwie kraftvoll männlich und »schmutzig« und erlaubte mir, der »unschuldigen« Frau, von unkontrollierbaren Kräften in den Orgasmus hinein überwältigt zu werden.

Ich erwähnte bereits, daß wir uns alles »da unten« irgendwie als Loch vorstellen, als eine einzige Öffnung, aus der alles aus unserem Körper herauskommt: die »Kloake«. Gynäkologen sagen mir, daß viele Frauen auch heute noch nicht genau wissen, wo sich die Harnröhre und Vagina befinden oder was der Unterschied zwischen beiden ist; allerdings sind seit der Erfindung des Vibrators hinsichtlich der Lokalisierung der Klitoris große Fortschritte gemacht worden. Es überrascht nicht, daß so viele Frauen es vorziehen, in der Badewanne unter dem reinen, aus dem Wasserhahn oder der Brause strömenden Strahl zu masturbieren; es ist nicht nur eine hübsche Methode, sondern enthebt sie auch der Notwendigkeit, sich selbst zu berühren, und verspricht Reinlichkeit als Absolution für die Qualen des Orgasmus.

»Im Gegensatz zu Freud glaube ich nicht, daß der Penisneid angeboren ist«, sagt mein Mentor Richard Robertiello, »noch tun dies die meisten meiner heutigen Kollegen. Ich glaube nicht, daß eine Frau von Natur aus das Gefühl hat, ein defektes Organ zu haben.« Doch wie andere seiner Kollegen hat Robertiello den Eindruck, daß kleine Mädchen insgesamt das Gefühl haben, daß irgend etwas mit ihnen, das heißt mit ihren Genitalien, nicht stimmt, weil sie einer überaus strengen Sauberkeitsschulung unterworfen werden, erleben müssen, wie ihre Mütter sich selbst herabwürdigen oder masochistische Neigungen zeigen, und weil sie ständig der Botschaft ausgesetzt sind, daß Frauen in der Familie weniger wert sind als Männer. »Wenn Frauen heranwachsen, übertragen sie diese ›Entstellung‹ auf ihre Schenkel, ihre Brüste, ihre wabbeligen Arme. Hast du je eine Frau getroffen, die nicht glaubte, daß sie einen körperlichen Makel aufweist?« fragt er mich.

Ich schüttle traurig den Kopf und wünschte, ich hätte ein gutes Gegenargument. Robertiello und ich haben über die Jahre hinweg oft solche Gespräche geführt. Je mehr und länger ich schreibe, lese, denke, lebe, desto tiefer überzeugt mich das Bild von der überschwappenden »Kloake«, die so den ganzen Körper besudelt. Als kleine Mädchen wollen wir nicht so sehr den Penis als vielmehr die Herrschaft, für die er steht. Wenn wir außerdem Zeugin für eine erotische Bindung unserer Mutter an unseren Bruder sein sollten, verstärkt das unsere Überzeugung, daß er etwas Wünschenswertes hat, das uns fehlt. Was immer an unterschiedlicher Behandlung dem Jungen zuteil wird, es kann scheinbar seinen Ursprung in jenem Körperbereich haben, den wir kleine Mädchen für unzulänglich halten.

Tatsache ist, daß die meisten Männer nicht unter einer lebenslangen Unzufriedenheit mit ihrem Körper leiden, die wir Frauen empfinden; sie machen sich vielleicht Sorgen um die Länge ihres Penis, verbinden aber mit dem Penis und dem Anus nicht die Vorstellung von einer Kloake. Wenn kleine Jungen lernen, die Vagina mit Ausdrücken wie »Loch« oder »Fotze« verächtlich zu betiteln, ist das eine beabsichtigte Schmähung, die sie teilweise der Empfindlichkeit der Mädchen in bezug auf ihre »Deformierung« entnommen haben. Mag der Junge auch neidisch auf die Brüste der Frauen sein und auf ihre Fähigkeit, Kinder zu bekommen, die Befangenheit der

Mädchen in bezug auf ihre Genitalien informiert ihn aufs beste darüber, daß sich hier ein perfektes Ventil für männliche Feindseligkeit anbietet.

Wenn der Junge schließlich lernt, daß Frauen die absolute Kontrolle darüber haben, ob es zum Sex kommt oder nicht, verstärken sich seine groben Bemerkungen über Mädchen; meistens würde er lieber den Körper der Frau einfach bewundern. Wenn er aber an seinen Platz verwiesen wird und das Gefühl haben muß, ein Tier zu sein, dann reagiert er eben auch wie eins.

Männer machen sich eine Empfindlichkeit zunutze, die schon immer vorhanden war und bestenfalls eine Angst vor Unzulänglichkeit darstellt, die Frauen von anderen Frauen erlernen. Da der Junge meint, daß Frauen alle Macht haben, ist die Entdeckung dieser Schwachstelle in unserer Rüstung äußerst wertvoll.

»Wenn Patientinnen zu mir kommen und sagen: ›Körperbild, das bedeutet für mich die Größe meiner Nase, meine Körpergröße, mein Körpergewicht‹, dann versuche ich sie zu einer Erkenntnis über die Kompliziertheit des Körperbildes gelangen zu lassen«, erzählt die Psychologin Ann Kearney-Cooke. »Beim Körperbild geht es *nicht* darum, was du von deinem Körper denkst, wie du über ihn sprichst. Es geht darum, wie du dich in sexueller Hinsicht empfindest; es geht um Themen der Kontrolle und Herrschaft, die mit der Funktionsweise deines Körpers, mit deinen frühesten Lektionen über die Kontrolle dieser Funktionen ihren Anfang nehmen.«

Unser frühestes Identitätsgefühl entwickelt sich aus den Gefühlen, die wir als Kinder unserem Körper entgegenbringen, aus der Art und Weise, wie wir uns selbst und wie »sie« uns sahen. »Unser Körper ist das Haus, in dem wir leben, und wenn sich darin irgend etwas abspielt, was deinem Gefühl nach nicht in Ordnung ist, dann führt das zu einer negativen Körperbetrachtung«, sagt Kearney-Cooke. »Als du anfingst zu krabbeln und zu laufen, haben alle Beifall geklatscht. Als du lerntest, deine Ausscheidungsorgane zu kontrollieren, brachte dir das entweder Liebe oder das Gefühl von Mißerfolg ein. Je mehr du als Kind das Gefühl hast, Kontrolle über deinen Körper zu haben, desto mehr Kontrolle glaubst du auch über dich selbst zu haben, und das übersetzt sich in ein positives Körperbild.«

Kontrolle. Wahrscheinlich das letzte, was wir als Schlüssel zu einem guten Körperbild betrachten würden. Tatsächlich aber fühlen wir uns nur dann wohl, wenn wir *den Beobachter kontrollieren* können, das heißt in dem Moment seine oder ihre Aufmerksamkeit auf uns ziehen, in dem wir uns absolut sicher sind, daß wir – als lebendes Bildnis – perfekt aussehen. Kontrolle, Kontrolle, Kontrolle.

Wo erlernen wir Frauen dieses – von den Männern gehaßte – Bedürfnis, die Welt kontrollieren zu wollen? Wir erlernen es früh, im Kinderzimmer und im angrenzenden Badezimmer, wo sich die Toilette befindet, auf die wir gesetzt werden, um Schließmuskeln und Blase zu kontrollieren. Plötzlich beruhen Liebe, Akzeptanz, das Image ganz und gar auf unserer Fähigkeit, den Urinfluß und das Ausscheiden von Fäkalien kontrollieren zu können.

»Kleine Mädchen werden formlos auf die Toilette gesetzt, sie sollen sich dabei weder selbst anschauen noch sich berühren, ihnen wird lediglich erklärt, daß das eine Körperfunktion ist, die sie beherrschen, kontrollieren müssen«, erklärt mir die Sexualpädagogin Judith Seifer. »Kleine Mädchen bekommen ständig Botschaften von Verunreinigung und Beschmutzung übermittelt. Sie lernen, daß das, was sie da unten haben, dunkel und schmutzig ist und daß sie es nicht anfassen sollen. Wenn sie dann zu urinieren gelernt haben, wird ihnen als nächstes beigebracht, sich mit einer Unmenge Klopapier sauberzuwischen und sich dann die Hände gründlichst zu waschen. Die kleinen Jungen hingegen lernen, ihren Penis in die Hand zu nehmen, richtig zu zielen, und wenn dann der Urinstrahl in die Kloschüssel trifft, werden sie großartig gelobt.«

Für ein Mädchen ähnelt das manipulierbare Ding, das ihr Bruder da in seiner Hand hält, dem Wasserhahn, der sich auf- und zudrehen läßt. Wenn es so etwas wie einen Penisneid gibt, dann ist es der erworbene Neid auf etwas, das anscheinend die Kontrolle jener Funktionen erlaubt, die der Mutter so besonders wichtig sind. Das auf der Toilette sitzende kleine Mädchen – Genitalien außer Sicht, kein Griff weit und breit – muß annehmen, daß dieser Ort zwischen seinen Beinen nicht so lenkbar ist. Wäre es anders, dann müßten sich ja das Gesicht der Mutter und ihre Haltung schließlich entspannen.

Eine kürzlich durchgeführte Untersuchung über Mütter mit ein- bis vierjährigen Kindern und unterschiedlichem ethnischem, sozialem und ökonomischem Hintergrund ergab, daß weniger als ein Drittel der Kinder je die korrekten Bezeichnungen für ihre Genitalien zu hören bekommen und statt dessen Ausdrücke gelernt haben wie Muschi, Pussi, Möse, Mimi (für die Mädchen) und Pimmel, Pinsel, Schwanz, Zipfel (für die Jungen). Manche haben überhaupt kein Wort dafür bekommen. Und falls Sie meinen sollten, daß das mit zunehmendem Alter und der Weiterbildung besser wird, so ist dies leider ein Irrtum. Die Dozenten für Kinderheilkunde zweier verschiedener medizinischer Hochschulen ließen in ihren Lehrprogrammen »bei ihren Routineuntersuchungen im Rahmen der Gesundheitsvorsorge für Kinder entweder die Untersuchung der Geschlechtsorgane ganz aus, führten sie schweigend durch oder leiteten sie mit Kommentaren ein wie: ›Nun werde ich da unten überprüfen.‹ [Eine ähnliche Studie] ergab, daß die Dozenten für Kinderheilkunde bei ihren Untersuchungen die Genitalien der Mädchen nur halb so häufig mit einbezogen wie die der Jungen.«[19]

Reinlich sein, angenehm riechen, anders sein als der Bruder, das alles hat viel mit der Sauberkeitserziehung und der unterschiedlichen Art zu tun, wie wir an sie herangehen. Er steht da, hält seinen Penis, schwatzt beim Urinieren mit seinen Kumpels und wischt sich nicht einmal ab, sondern hinterläßt Tropfspuren auf dem Boden. Für das kleine Mädchen ist es ein Rätsel, daß der Bruder einerseits sauberer in seiner Fähigkeit ist, den Urin zu kontrollieren, andererseits aber schmutziger in seinen Gewohnheiten. Noch bevor es in die Schule kommt, wird das Mädchen neben seiner Mutter stehen und angesichts der dreckigen Fußabdrücke des Bruders auf Mutters sauberem Küchenboden mißbilligend mit der Zunge schnalzen. Sie identifiziert sich mit der Mutter über die sauberen Fußböden wie auch über die Kosmetikfläschchen und -töpfchen im Badeschränkchen über dem Waschbecken. Sie versteht vielleicht noch nicht deren Verwendung, aber sie hat bereits begriffen, daß sie der Maskierung jener unaussprechlichen weiblichen Körperteile dienen. Mit der Zeit wird alles, was sich das Kind überzieht oder womit es sich bemalt – Kleider, Lippenstift, feine Unterwäsche –, zur Maskierung, zur theatralischen Aufmachung, um von dem Makel der »Kloake« abzulenken.

»In all den Jahren haben mich viele Patientinnen jeglichen Alters und unterschiedlichster Lebensumstände bei ihrer gynäkologischen Untersuchung gefragt: ›Wie können Sie diese Arbeit machen? Sie ist ja so abstoßend‹«, schreibt die Gynäkologin Christiane Northrup. »Und der häufigste Grund, warum Frauen ihre Genitalien in besonders starkem Maße reinigen, ist der von der Mutter an die Tochter weitergegebene Irrglaube, daß dieser Körperbereich übel riecht und einer speziellen Säuberung bedarf.«[20]

Daß unsere intimen Erwachsenenbeziehungen etwas mit dem zu tun haben, was sich zwischen uns und unseren Müttern abspielte, ist zutiefst entmutigend. Nirgendwo ist die Wut der Frauen so fehl am Platz, als wenn sie von der Mutter fort auf den bösen Mann ihrer sexuellen Phantasien projiziert wird, der uns dazu »zwingt«, jenes orgasmische Vergnügen zu fühlen, von dem wir schon immer geträumt haben und das von seinem Penis herrührt, von seiner Hand oder besser noch von seinem Mund an diesem dunklen, verbotenen, schmutzigen Ort.

Als vor langer Zeit gewissenhafte Frauen mit ihrer Rolle als Haushälterin identifiziert und an ihr gemessen wurden, schickten Werbespots Meister Proper in die Küche, wo er Hausfrauen dabei erwischte, daß sie das falsche Reinigungsmittel benutzten, und sie schalt, daß ihre Fußböden bei weiten nicht so sauber waren, wie sie es sein sollten. Schlechte, schmutzige Frauen!

Heute zielen Werbespots auf die neue Frau ab, die hektisch zwischen Büro und Heim hin- und hersaust, immer in Panik, ihre vielen Aufgaben nicht angemessen zu erfüllen. Sie treffen genau den Bereich, den Meister Proper nur symbolisierte: Meine Damen, ihr kriegt es nicht wirklich sauber hin! Ihr macht vielleicht Männerarbeit, kommt für euren Lebensunterhalt auf, aber ihr überseht die

Basis zu Hause: Duscht sie! Besprüht sie! Das Allzweckduschgel hat Meister Proper in den Schrank verbannt.

Wie wundervoll es für ein kleines Mädchen wäre, würde es von jemandem gebadet, gepudert und zur Sauberkeit erzogen, der den Anblick und Geruch von Exkrementen nicht schauderhaft findet und die Vagina nicht als eine Kloake betrachtet. Männer besitzen nicht diese überzogene Vorstellung von Sauberkeit, wie sie für Frauen typisch ist, und sie fühlen sich auch nicht in ihrer Identität bedroht oder verurteilt, wenn ein Kind seine Genitalien berührt. Wie sähe die Geschichte der Masturbation aus, wenn dieses Thema dem Vater statt der Mutter überlassen bliebe? Stellen Sie sich vor, Sie wüchsen auf und masturbierten dann, wenn Ihnen gerade danach wäre, ganz natürlich, erlernten die Regeln der Privatsphäre, hätten das Gefühl, daß Sie ein Recht auf Ihre Sexualität haben, wodurch Sie für sie auch ein stärkeres Verantwortungsgefühl entwickeln würden?

Als die damalige Generalstabsärztin Joycelyn Elders anläßlich einer AIDS-Konferenz gefragt wurde, wie es ihrer Meinung nach um die »Aussichten auf eine explizitere Diskussion und Befürwortung der Masturbation« stünde, gab sie zur Antwort: »Ich halte sie für einen Bestandteil der menschlichen Sexualität und für etwas, das vielleicht unterrichtet werden sollte. Aber wir haben unseren Kindern noch nicht einmal die grundlegendsten Dinge beigebracht. Meinem Gefühl nach haben wir es nun schon sehr lange mit der Unwissenheit probiert und ist es nun an der Zeit, es mal mit Aufklärung und Erziehung zu versuchen.«[21] Tapfere und gut gewählte Worte, die leider Präsident Clinton zu der hastigen Bitte um Elders Rücktritt veranlaßten.

Wir weigern uns, über kindliche Sexualität nachzudenken. Die Vorstellung, daß kleine Kinder sexuelle Wesen sind, bereitet uns Unbehagen, aber wir sind auch nicht bereit, die Erinnerungen an unsere eigenen frühesten sexuellen Regungen wiederauferstehen zu lassen, da uns doch damals in unserem Elternhaus wachsame Augen keinerlei Privatsphäre gewährten. Da saßen wir eines Tages rittlings auf der Sofalehne, rutschen wie so oft vor und zurück, nur daß diesmal eine aufregende Empfindung in uns aufstieg, ausgehend von diesem Ort zwischen unseren Beinen. Wir waren zwar erst vier Jahre alt, spürten aber aufgrund dieses Ausgangsorts, daß das, was wir da taten, vielleicht unrecht war. Das plötzliche Erscheinen der Mutter, ihre Stimme und ihr Gesichtsausdruck bedeuteten uns warnend, das nie wieder zu tun. Aber was tun? Ging es um dieses Hin- und Herrutschen auf der Sofalehne, um das, was wir uns in der Phantasie vorstellten, oder um dieses warme, glühende Gefühl, das sich in unserem Körper ausbreitete? Ging es darum, daß wir uns dort nie berühren sollten, oder daß sie wußte, was wir fühlten, daß sie es einst auch gefühlt hatte und daß es gar nicht anständig war?

Mutters Mißbilligung ist nun in unsere sexuellen Gefühle eingewoben. Mama ist gut – daran kann kein Zweifel bestehen –, und deshalb sind wir und dieses angenehme Gefühl schlecht. Wenn wir dieses Gefühl aufgeben, wird sie uns nie verlassen. Wir schwören ihm ab oder versuchen es zumindest, und liegen für den Rest unseres Lebens im Streit damit, wenn es wiederkehrt. Selbst die leichteste sexuelle Erregung wenige Jahre später ist vermischt mit Ängsten. Wir erinnern uns nicht an den Vorfall auf der Sofalehne, aber wenn unser eigenes Kind vier Jahre alt ist und wir es dabei erwischen, wie es sich berührt, dann erkennen wir unsere Ärgerlichkeit wieder und fühlen uns unserer Mutter näher. Wir vergeben ihr und schelten das Kind.

Wenn es noch eine andere, der Mutter gleichwertige Quelle der Liebe im Haus gäbe, jemanden, der nichts dagegen hat, daß wir auf der Sofalehne hin- und herrutschen, dann würden wir unseren Körper vielleicht mehr mögen. Natürlich sind nicht alle Männer frei von sexuellen Problemen, vor allem wenn es um ihre Töchter geht. Ein Teil ihres Unbehagens in bezug auf Sex und Frauen rührt von ihrer eigenen, von Frauen dominierten Kindheit her, und es würde mit der Zeit abnehmen, wenn Väter die Rolle einer zweiten fürsorgenden Person übernehmen könnten und eine andere Stimme einbrächten. Kinder müßten dann nicht auf so absolute Weise die Mißbilligung ihrer Mütter fürchten.

Ihnen ist sicher aufgefallen, wie erstaunlich sich großartiger Sex auf die äußere Erscheinung auswirkt. Das Gesicht der Frauen bekommt ein Strahlen und Leuchten, der angespannte Ausdruck, der uns gar nicht bewußt ist, so permanent sind wir auf der Hut, wird sanfter. Sind Sie jemals, wenn dieses Leuchten noch gegenwärtig war, ausgegangen, sagen wir in ein Restaurant, und haben bemerkt, wie diese postorgasmische Kraft im Raum wirksam ist? Statt verantwortungsbewußt großartigen Sex zu genießen, verwenden Frauen ihre Zeit und ihr Geld auf die Schönheit. Dies zeigt, wie eisern uns die sexfeindlichen Regeln, mit denen wir aufwuchsen, noch immer im Griff haben. All die Wut und Übellaunigkeit, die die Welt durch uns ertragen muß, weil wir uns den Sex verweigern! Verdammt sei jede Frau, die ihre Beine öfter breitmacht als der Rest von uns und dieses postorgasmische Lächeln zur Schau stellt!

Selbst der ökonomische Erfolg, den wir Frauen in letzter Zeit errungen haben, mildert nicht den Groll über dieses erzwungene Opfer der Sexualität, das schon lange vor der Pubertät seinen Anfang nahm. Oft denke ich, daß dieser Zorn heute noch schlimmer ist und im gleichen Maße anwächst wie unsere ökonomische Macht, als wollten wir sagen: »Hier sitze ich, die Herrin meines Universums, und hasse *noch immer* meinen Körper!« Doch eine Konfrontation mit der Quelle unseres Selbsthasses, der Person, um deren Liebe willen wir unser natürliches sexuelles Wesen aufgaben, ist heute noch ebenso mit Ängsten befrachtet wie in unserer Kindheit. Das ist demoralisierend. Die Sache wird nur besser, wenn wir das, was sie uns lehrte, nun auch unseren Kindern beibringen; eine Nachahmung ihres Verhaltens fällt uns leicht, geschieht ganz automatisch. Indem wir sie werden, vergeben wir der Mutter. »Schau, ich hasse dich nicht, Mami! Bin ich nicht genau wie du? Jetzt verstehe ich: So sind Mütter!«

Es ist kindisch, diesen interessanten Dialog mit der Begründung zu meiden, daß hier der »guten Mutter« die Schuld gegeben wird. Wie sollte eine Mutter, die ihr eigenes Sexualleben aufgegeben hat, darüber glücklich sein, daß ihre Töchter sexuell neugierig sind? Ich meine nicht sexuell aktiv, sondern nur offen, sich selbst akzeptierend. Wir sind auf sexuell ungezwungenere Menschen neidisch, selbst wenn es die eigenen Töchter sind; sie machen uns bewußt, was wir aufgegeben haben, und dafür hassen wir sie. Wenn Frauen mir Geschichten über ihre Mütter erzählen, die sie zornig beschimpften, wenn sie in jungen Jahren masturbierten – »Kein anständiger Mann wird dich mehr heiraten!« –, dann höre ich den Neid aus der Mutter sprechen.

Was die Reglementierung der Sexualität seitens der Frauen so schrecklich macht, ist die Tatsache, daß sie nicht nur ihre Kinder, sondern auch ihre ganze Umwelt unter Kontrolle halten müssen. Doch die Aneignung der Sexualität ist entscheidend für das Gefühl von Ganzheit, Vollständigkeit, für das Bewußtsein der eigenen sexuellen Lebendigkeit. Wenn andere uns darin hemmen, ist das unerträglich. Mit dem Abscheu vor der eigenen Sexualität und der sexuellen Abstinenz läßt sich nur leben, wenn alle anderen sich ebenfalls daran halten.

Wir sollten gründlich darüber nachdenken, warum wir bereit sind, den Frauen das Recht auf einen Arbeitsplatz zuzugestehen, die Präsenz der Männer in der Kinderstube aber noch immer in Frage stellen. Manche Männer können ein Kinderzimmer ebensogut managen wie manche Frauen eine Firma. Das zu sagen und darüber zu sprechen, muß akzeptabel werden. Liebende, die ihre Zukunft planen und eine Ehe in Betracht ziehen, sollten sich darüber unterhalten. Vielleicht wollen beide eine Familie gründen, aber sie sollte keine Schuldgefühle beim Eingeständnis haben, daß ihr das Aufziehen von Kindern nicht besonders liegt. Das wäre ein wichtiger Grund, sich einen Mann auszusuchen, dem der Gedanke, ganztags oder halbtags Hausmann zu spielen, großen Spaß macht, während sie außer Haus arbeitet. Wir wählen unsere Partner nach religiösen Gesichtspunkten, aus ökonomischen Gründen, aufgrund der äußeren Erscheinung, warum sollte bei dieser Wahl nicht auch ausschlaggebend sein, wer am besten die Kinder erziehen und/oder das Geld verdienen kann? Vor 20 Jahren brach die Hölle los, als die Theorie aufgestellt wurde, daß es den vielgepriesenen »Mutterinstinkt« gar nicht gibt. Nun, es gibt ihn tatsächlich nicht. Liebe wird von Eltern und Kindern erlernt.

Stellen Sie sich eine Generation von Eltern vor, in der beide Geschlechter ihre einzigartigen Qualifikationen und Lebenserfahrungen in die Fürsorge und Erziehung des kleinen Kindes einbringen. Stellen Sie sich vor, Ihnen wird schon als Kind die Zuneigung zu ihren Geschlechtsorganen vermittelt, Sie betrachten sie als schön, die Vagina, den Penis, den Anus, mit allen ihren Funktionen. Sind denn irgendwelche Probleme im Zusammenhang damit, daß Männer sich inniger und intensiver auf die Kindererziehung einlassen, beängstigender als jene, mit denen sich Frauen vor 20 Jahren konfrontiert sahen? Was könnte härter sein, als die Männer dazu zu bringen, ihr Monopol auf die rein männliche Arbeitswelt aufzugeben? Gesetzlich und moralisch gesehen waren wir Frauen im Recht; das sahen sogar die Männer ein, und viele kämpften an unserer Seite für gleiche Rechte. Die Männer in die Kinderstube zu bringen, ist ein nicht weniger moralisches und ethisches Anliegen, als es das Recht der Frauen auf einen Arbeitsplatz war. Es liegt in den Händen der Frauen, ob der Wandel erfolgreich eingeleitet und abgeschlossen werden kann.

Er wird nicht leicht vonstatten gehen. Vielleicht bin ich deshalb so berührt von einer Szene in Saul Bellows Roman *Herzog*, in der sich Moses Herzog eine Pistole nimmt und mit dem Vorsatz zum Haus seiner Exfrau Madeline fährt, sich an ihr und ihrem neuen Mann Gersbach zu rächen. Dort schaut er durchs Badezimmerfenster, sieht seine Tochter Junie in der Badewanne sitzen und eine Hand – eine Männerhand! –, die das Wasser abdreht. Gersbach ist im Begriff, sie zu baden, was er liebevoll und mit brummigem Lächeln und gelegentlich sogar mit Gelächter tut. Dann hört er seinen verhaßten Rivalen seine Stieftochter anweisen, »zu stehen, und sie beugte sich ein wenig vor, damit Gersbach ihr die kleine Rinne waschen konnte … Gleichmäßig und gründlich trocknete er sie ab und puderte sie dann mit einer großen Quaste. Das Kind sprang hoch in die Luft vor Vergnügen. ›Schluß jetzt mit dieser Wildheit‹, sagte Gersbach. ›Zieh dir den Pyjama an.‹« Und damit war Herzogs

Wut verraucht, und er geht davon. »Das Schießen mit der Pistole war nur ein Gedanke gewesen.«[22]

Ich mußte oft an diese Szene denken, in der ein Mann mit einer Pistole ankommt und vom Anblick seines Rivalen entwaffnet wird, der zart die »kleine Rinne« seiner Tochter wäscht. Ich liebe das.

Eine bereits 1977 durchgeführte Umfrage ergab, daß 51 Prozent der befragten Ehemänner mehr Zeit mit ihrer Familie verbringen würden, wenn sie eine kürzere Arbeitswoche hätten.[23] Als die *Los Angeles Times* 1990 eine Umfrage durchführte, gaben 39 Prozent der befragten Väter an, daß sie ihren Job kündigen wollten, um mehr Zeit mit ihren Kindern verbringen zu können; und in einer anderen Umfrage erklärten 74 Prozent der Männer, daß sie einen »vaterfreundlichen« Job einem »Karrierejob« vorzögen.[24] Aus einigen Studien geht hervor, daß Männer, die intensiv an der Erziehung ihrer Kinder beteiligt waren, ein höheres Selbstwertgefühl besitzen. Deutet das nicht auch darauf hin, daß ein Junge, der sowohl von einem Mann als auch von einer Frau erzogen wird, weniger zu Gewalt und Mißbrauch neigen wird?

Vor hundert Jahren hatten die Männer und Frauen ein Dutzend Nachkömmlinge, um die unvermeidlich hohe Sterberate kleiner Kinder auszugleichen. Jetzt, da uns Medizin und Technologie zur Verfügung stehen, haben wir Kinder, aber keine Eltern. Und wir haben die einstige Großfamilie verloren, die Großeltern, Onkel und Tanten, die nicht nur ein paar zusätzliche Hände bedeuteten, sondern auch einen weiteren Schoß und ein weiteres Paar liebevoller Augen, in denen sich das Kind gespiegelt sah. Die Aufmerksamkeit der Erwachsenen, schreibt Penelope Leach, »ist eines der rarsten Güter in unseren materiell reichen Familienheimen. [Kinder] … können ohne jegliche ihnen zuteil werdende Aufmerksamkeit nicht sie selbst *sein*. Sie würden lieber Mißbilligung, Zorn, sogar Bestrafung erfahren, als ignoriert zu werden, und provozieren oft eine negative Aufmerksamkeit, wenn ihnen nichts anderes zur Verfügung steht.«[25]

Wir geben unseren Kindern mehr materielle Dinge und weniger von uns selbst, vielleicht weil wir dem Besitz mehr Wert beimessen als uns selbst. Auf intellektueller Ebene wissen wir, daß die Grundlagen für unsere Denk- und Verhaltensmuster in den ersten Lebensjahren gelegt werden. Dann besitzen unsere Kinder bereits das Fundament eines Selbstgefühls, einer von uns gesonderten Identität, oder aber nicht. Wenn sie in den Spiegel schauen, sehen sie eine Person, die in Ordnung, »gut genug« ist, genügend geliebt wird. Oder aber ihr Spiegelbild wird verzerrt durch demütigende Niederlagen, verborgen hinter den Verteidigungsmechanismen. Niemand hat sie je als vollkommen betrachtet: »Geh, mein Kind, du bist vollkommen, so wie du bist.«

——— • ◆ • ———

KAPITEL 3

Die Erfinderjahre

Ach, diese wunderbare Freiheit!

Beim Erzählen von Lebensgeschichten wird merkwürdigerweise oft ein Kapitel ausgelassen, so als beinhalte es nichts Erzählenswertes. Dabei wirken sich gerade jene aufregenden Jahre, in denen wir uns bereits weitgehend von der Mutter freigeschwommen haben, aber noch nicht von den revolutionären Gefühlen der Pubertät überschwemmt worden sind, am stärksten prägend auf das Selbstbild aus. Ich fühlte mich als die Heldin meiner eigenen Geschichte.

Wir sind vielleicht acht oder neun Jahre alt und bewegen uns, verglichen mit dem Vorher und Nachher, relativ unbehindert außer Haus. Leider hat Freud diese Jahre durch das langweilig klingende Wort Latenzperiode klassifiziert, dabei bietet dieser Lebensabschnitt doch ein größeres Potential für Kreativität und Optimismus, als wir es jemals wieder erleben. Auch sind wir keineswegs bar jeglicher sexuellen Gefühle, wie es das Wort Latenz vermuten läßt; vielmehr haben wir nach den schlechten Premierekritiken unserer ödipalen Jahre gelernt, unsere sexuellen Regungen für uns zu behalten.

In diesem Alter verfügen wir über eine einzigartige Kombination aus Neugier, Wagemut und Unfehlbarkeit der Unschuld. Zwar haben wir bei den Rivalitätskämpfen innerhalb der Familie Verletzungen und Verluste erlitten, diese sind jedoch nicht aus den vier Wänden unseres Heims nach außen gedrungen.

Wenn wir erst einmal über unseren Gartenzaun hinausgekommen sind, dann stellen wir mit Entzücken fest, daß niemand »da draußen« von unseren Niederlagen gegenüber den Geschwistern weiß. Jetzt gehen oder radeln wir weg von unserer Heimatstation, zu der wir zwar zurückkehren, um physisch und emotional aufzutanken, die aber für uns nicht mehr die ganze Welt bedeutet. Außerhalb des Hauses existiert ein neues Publikum mit Augen, die uns auf eine Weise wahrnehmen, wie wir nie zuvor betrachtet wurden.

Wenn wir jetzt auf dem Fahrrad sitzen, unsere Wanderungen unternehmen, uns in der Schule oder in den Elternhäusern unserer Freundinnen und Freunde aufhalten, werden wir zum erstenmal als von unserer Familie gesonderte Personen betrachtet. Diese Menschen kennen unsere gräßlichen Familienspitznamen nicht, und sie stellen keine Erwartungen an uns. Der Mann an der Tankstelle, der unser Fahrrad aufpumpt, die Frau an der Kasse des Ladens, wo wir Süßigkeiten kaufen, sie haben eine Sichtweise von uns, die *ihrem* Leben entspringt und nichts mit uns zu tun hat, was seltsam befreiend ist. Vielleicht halten sie eine Minute inne in dem, was sie tun, und sollten wir über ein ausreichend gewinnendes Wesen verfügen, sehen wir, wie sich ihre Pupillen weiten und auf *uns* konzentrieren.

Auf uns. Und uns dämmert, daß wir uns selbst erfinden können! Wie in den Märchen, die uns vorgelesen wurden, können wir der Held oder die Heldin eines Abenteuers sein. Wir selbst können etwas formen und gestalterisch auf unser Leben einwirken.

Wir kennen diesen Moment aus der Literatur, aus Filmen, aus dem Leben, wenn jemand außerhalb der Familie die Eltern über ihr eigenes Kind informiert: »Was für ein wunderbarer Geschichtenerzähler Ihr Sohn ist. Was für ein bezauberndes Kind, so lustig, so freundlich, so bewundernswert.« Manche Eltern sind entzückt, wenn sie solches zu hören bekommen. Andere schätzen es gar nicht, von Fremden über ihr Kind belehrt zu werden; das Kind hat ihnen diese Seite seines Charakters nie gezeigt, und dies gibt ihnen ein seltsames Gefühl von Versagen, ja fast von Verrat. Das Kind bemerkt die Enttäuschung, spürt den Verdacht, es sei illoyal, weil es etwas Besonderes von sich selbst außerhalb der Familie preisgegeben hat, und beschließt, diese neue Identität zu verheimlichen.

Daß wir um der Eltern willen gewisse Abenteuer für uns behalten, um sie und uns selbst zu schützen, stärkt in uns ein neuentdecktes Verantwortungsgefühl. Die Jungen in dem Film *Das Geheimnis eines Sommers* erkennen rasch, daß sie ihr gerade erlebtes Abenteuer am besten für sich behalten; das festigt nicht nur ihre Kameradschaft, sondern bindet sie auch in dem Schwur, die Eltern zu schützen. Nach dem bestandenen Abenteuer fühlen sie sich anders, sind selbstsicherer, sehen auch anders, weniger kindlich aus.

Andere mögen hübscher sein als wir, aber nun zählen auch andere Vorzüge. Wir messen unsere Intelligenz, Schnelligkeit, unseren Erfindungsreichtum, unsere Tapferkeit an einem hübschen Gesicht und gehen als Sieger aus diesem Wettkampf hervor! Durch ständiges Üben eignen wir uns Fähigkeiten an, die mit der Zeit unseren Charakter formen. Wir glauben an sie und fangen an, wie der Athlet, die Schauspielerin, der Anführer auszusehen. In früheren Jahren, als unsere Persönlichkeit durch die ständigen Vergleiche innerhalb der Familie geformt wurde, prägte Unsicherheit unsere Gesichtszüge. Jetzt zieht bei einigem Glück Leben in unser Kindergesicht ein. Wir brauchen nicht in den Spiegel zu sehen; wir haben angefangen, im Inneren ein Wissen um die eigene Person auszubilden.

Unsere Eltern und Geschwister stellen vielleicht fest, daß wir so gehen und sprechen, als spielten wir eine bestimmte Rolle; der Bruder wirft uns möglicherweise »angeberisches Verhalten« vor, die Schwester rät uns, »nicht mehr zu versuchen, eine Person zu sein, die wie gar nicht sind«. In neuentdeckter Tapferkeit schütteln wir diese Kritik ab und behalten unser neues Selbst für uns. Innerhalb des Familiengemäldes werden sich die Dinge vielleicht nie ändern, werden uns Brüder, Schwestern, Eltern für den Rest unseres Lebens dort sehen, wo sie uns innerhalb der frühesten Hierarchie angesiedelt haben. »John ist der Gutaussehende«, sagen sie noch 20, 30 Jahre später, obwohl wir John in dieser Hinsicht längst überflügelt haben. Hat ein Elternteil sein eigenes Bild schon früh in ein bestimmtes Kind investiert, mag er sich unter Umständen weigern, an der Position des Lieblingskindes innerhalb der Familie etwas zu ändern, denn das würde eine Schmälerung der eigenen Person bedeuten.

Versuchen Sie nicht, in Ihrer Familie eine Neubewertung Ihrer Person zu erzwingen. Ich rate Ihnen, entledigen Sie sich des alten

Ballasts der von Geschwistern und/oder Eltern erfahrenen Ungerechtigkeiten, denn nichts beraubt uns mehr aller Freude als das
Gezänk über alte Familienwertungen. Nehmen Sie Ihre Wut, betrachten Sie sie im richtigen Zusammenhang mit Ihrem damaligen
Alter, und lassen Sie sie los.

Wäre ich nicht Schriftstellerin geworden, hätte ich nie dieses junge
Mädchen ausgegraben, zu dem ich mich in meinen vorpubertären
Jahren entwickelte und das die positive Kraft in meinem Leben verkörpert. In jedem Buch, das ich in den letzten 25 Jahren geschrieben
habe, trauere ich darüber, daß ich sie verließ, als die Pubertät mich
überwältigte. Im Grunde jedoch ist sie nie fortgegangen.

Als ich erst einmal groß genug war, um von meinem Elternhaus,
wo ich mich unsichtbar fühlte, wegzuradeln, empfand ich es als
sehr aufregend, daß die Augen der Menschen, denen ich begegnete,
mir ein anderes Ich zurückspiegelten, eine Ahnung von mir selbst,
die ich immer gehabt hatte. Um Liebe zu erringen, reichte es jetzt
aus, nur ich selbst zu sein. Meine Traurigkeit darüber, daß ich das
Auge meiner Mutter nicht auf mich zu ziehen vermochte, verflüch-
tigte sich. Meine Selbstsicherheit entstand aus einem neuentdeckten
Gefühl von Grenzen und Geborgenheit. Ich glaubte, daß ich für
mich selbst sorgen konnte. Das stimmte natürlich nicht, aber in mir
glaubte ich an die Welt als an einen guten Ort, spürte ich das offene
Herz des jungen Helden in den Märchen und Romanen, wenn er
sein Elternhaus verläßt und sich aufmacht, sein Glück zu suchen.
Für den Rest meines Lebens sollte ich nie wieder ein so ansprechen-
des und angemessenes Selbstbild haben wie damals. Ich nehme an,
das war es, was mich wie Millionen andere auch in den frühen
siebziger Jahren zu Saint-Exupérys *Der kleine Prinz* hinzog. »Diese
Welt der Kindheitserinnerungen wird mir immer hoffnungslos realer als die andere erscheinen«, schrieb er einmal.[1]

Für mich ist das Fahrrad ein Symbol für diese Jahre. Fahrradfah-
ren zu lernen bedeutet, etwas zu meistern. Mein Fahrrad eröffnete
mir eine Welt jenseits des Elternhauses und führte mich in die Straßen der Nachbarschaft, die ich bislang nie erkundet hatte. Zum
erstenmal allein mit dem Fahrrad wegzuradeln bedeutet eine bis

dahin unvergleichliche Erfahrung von Kontrolle und Abenteuer. Sie ist eine noch größere Meisterleistung, wenn sich die Grenzen der Welt noch weiter öffnen und wir uns in ein Territorium hineinbewegen, das von diesen ersten urteilenden Augen noch weiter entfernt ist. Fremde treten in unser Leben ein. Fremde können sich in alles verwandeln, zu allem werden, so wie auch wir in ihren Augen alles werden können.

Ich sehe mich auf meinem grünen Fahrrad, die Hände abgehoben vom Lenker, singend, in Jeans und Pullover unbestimmter Farbe und unbestimmten Stils, denn was kümmerte mich mein Bild im Spiegel? Ich fühlte, wer ich war, ich war in Bewegung, flog an Fußgängern vorbei, fuhr durch vertrautes Terrain, das durch den täglichen Weg zur Schule zu dem meinen geworden war, bog plötzlich rechts ab, experimentierte mit einer neuen Route, verirrte mich, fand mich wieder zurecht, schaffte das allein, bewies mir, daß ich das konnte, bewies, bewies, bewies. Beine, Muskeln, Koordination verbanden sich zu einem Gefühl meines Selbst in Bewegung, das ich unter Kontrolle hatte. Ich stellte mir vor, wie andere zu Zeugen meiner Fahrt und meiner Macht wurden. Und was machte es schon, wenn sie mich nicht bemerkten? Hatte ich sie nicht im Staub hinter mir gelassen? Die Realität war unwichtig; es war das Bild von mir in meinen und in ihren Augen, das meine Meisterschaft bestätigte. Ich betrat und verließ ihre Welt, wie es mir beliebte. Die Zutaten für das Glück waren damals auf so weniges beschränkt. War ich jemals wieder so glücklich?

Der Zauber dieser Jahre besteht für uns darin, daß wir für kurze Zeit die Freiheit haben, auf Forschungsreise zu gehen, andere, die wir bewundern, nachzuahmen, uns in Dingen zu üben, für die wir ein natürliches Talent mitbringen. Plötzlich sind wir etwas Besonderes. Eine Lehrerin sagt vielleicht: »Du hast ja tatsächlich ein Auge für das Zeichnen!« Jemand hat uns erkannt! Probier mich aus! Sei das! Mach es so! drängen innere Stimmen. Die Spontaneität ist eine Königin, wie sie es nie wieder sein wird, nicht so mit dieser einzigartigen Unabhängigkeit von urteilenden Blicken, die uns einsortieren.

Welche Zeit im Leben könnte besser geeignet sein, um herauszu-finden, wer wir sein wollen? Ein Publikum wartet, und obwohl wir vielleicht ein bißchen Lampenfieber haben, wird es doch nie wieder weniger einschüchternd sein. Mach es jetzt! Sei, wer immer du sein möchtest! Jetzt ist es an der Zeit, herauszufinden, was wir wollen und wer wir sind. Niemand ist erfindungsreicher als ein neunjähri-ges Kind. Denken Sie an all die jungen Helden in Filmen und Bü-chern, die wir lieben, weil wir uns in ihnen selbst erkennen. Und obgleich ich mir wünschte, es gebe in den Büchern und Filmen auch mehr neunjährige Heldinnen, kann ich mir doch Robert de Niros *In den Straßen der Bronx* anschauen und mich in dem kleinen Jungen verlieren, der sein Bett ans Fenster schiebt, damit ihm nichts entgeht, was sich unten auf der Straße, in seiner Welt, abspielt. Auch ich hatte zum Schlafen mein Kopfkissen auf das niedrige Fen-sterbrett geschoben, so sicher war ich, daß mein Leben da draußen passierte, überall, ein Leben ohne Grenzen, und ich wollte nichts davon verpassen. Und es gab keine Spiegel.

In diesen Jahren war ich nicht im mindesten befangen. Ich war frei vom physischen Vergleich mit meiner Schwester und meiner Mutter und nährte mich von der Liebe, die ich in anderen erwecken konnte. In mir entstand ein Gefühl ungeheurer Großzügigkeit, ein Wunsch zu geben, der genauso groß war wie meine Bedürftigkeit. Wie habe ich dies verloren, wohin ist es entschwunden?

Mir kam nie der Gedanke, meine Liebe für romantische Musik in Frage zu stellen. Wenn ich auf meinem grünen Fahrrad dahinfuhr, schmetterte ich aus vollem Hals die Songs, die ich gelernt hatte, indem ich mir die Aufnahmen der Broadway-Musicals meiner Mutter anhörte. Herzzerreißende Liebeslieder entströmten meinen Lippen, während ich diese reizenden, engen Gassen meiner Jugend entlangfuhr, Melodien, die mich auf eine Weise öffneten, die ich noch nicht verstand. Romantik ist schließlich nicht Sex; und tat-sächlich ging es bei der romantischen Liebe in ihrer Essenz, so wie sie urspünglich von den Troubadouren verstanden wurde, um die unerreichbare Geliebte. Reines Sehnen.

Sicherlich wollte ich mich verzweifelt gern in den Armen eines anderen verlieren. Seine Arme, ihre Arme, was spielte das für eine Rolle für mich? In den Armen gehalten zu werden, das war wichtig, und ich wußte es nicht einmal, konnte es vor mir selbst nicht zugeben aus Angst, abgewiesen zu werden.

Noch immer bedeutet mir romantische Musik sehr viel. Darin gleiche ich meinem reizenden, inzwischen leider verstorbenen Nachbarn Peter Allen. Er sang seine Liebeslieder auf der Terrasse, die wir zwölf Jahre lang miteinander teilten. Im Sommer saß ich dort, hörte zu, wie er komponierte, und hatte das Gefühl, ein Kreis meines Lebens hätte sich mit diesem Musiker geschlossen. In der heißen Jahreszeit rollten wir sein Klavier auf die Terrasse und Peter sang über Manhattan und unter dem vollen Mond über dem Carlyle Hotel Liebeslieder, nichts als Liebeslieder.

Peter war wie der Bruder, den ich nie hatte. Es erfüllte mich immer mit einer gewissen Traurigkeit, daß ich keinen Bruder hatte, denn ich wäre in der Rolle der kleinen Schwester aufgeblüht. Bei meiner Körpergröße und meiner Liebe zu allem, was abenteuerlich ist, war ich so sehr jungenhaft, grenzte mich so stark von meiner Mutter und meiner Schwester ab, daß ich mich möglicherweise selbst in der Rolle des Bruders sah. Ich identifizierte mich gewiß mit meinem Großvater und empfand es, da meine Mutter und meine Schwester häufig zu Tränen neigten, als meine Pflicht, den »Mann im Haus« zu spielen. Hinzu kamen die wachsenden Ängste und Rivalitätsgefühle meiner Mutter, als meine Schwester immer mehr in die Jahre der Adoleszenz kam. Jemand mußte sichtbar die Verantwortung übernehmen, und obwohl ich nicht die Rechnungen bezahlte, schwor ich mir, keine Ängste in dieses Haus zu tragen und nicht zu heulen »wie sie«.

Die Entspanntheit hinsichtlich der Geschlechterrollen war es, die ich in jenen vorpubertären Jahren besonders genoß. Die prägende Vorstellung meiner Mutter, wie eine junge Dame auszusehen hat, war noch vorhanden, wird vielleicht immer dasein angesichts ihres in unser Unbewußtes eingegrabenen Fundaments. Es starrt uns heute kritisch aus dem Spiegel entgegen, wenn wir in unserem Wonderbra davor posieren und uns fragen, warum wir nicht mögen, was wir da sehen. Unser vorpubertäres Aufflammen selbst-sicherer Unabhängigkeit und Tapferkeit wird später mit dem über-mäßig harten mütterlichen Urteil über unser Aussehen als erwach-sene, sexuelle Frau ringen. Wann sonst in ihrem Leben erhält eine Frau die Gelegenheit, sich auf diese Weise von den Urteilen der Männer und Frauen zu erholen? Die meisten von uns bekommen keine zweite Chance, sich selbst zu erfinden. Und so sterben wir, ohne das Wesen ausgetestet zu haben, das sich da so eng zusam-mengerollt in unserem Inneren befindet, diesen Embryo dessen, was wir hätten sein können.

Wenn wir heute mehr jungenhaften Wagemut in den jungen Mädchen wahrnehmen als weibliche Eigenschaften in den Jungen, dann zum Teil deshalb, weil die Gesellschaft mit den Männern so hart umgeht, so rigide definiert, was ein Mann ist. Es ist die Aufga-be des Jungen, die Qualitäten, die er in seiner Mutter am meisten liebte, abzulehnen und alles Weibliche zu fliehen, um das Männli-che zu finden. Was eine Frau ist, weiß er nur zu gut, weiß er aus erster Hand und aus nächster Nähe. Aber was ist ein Mann außer einem Zuchtmeister mit einer Brieftasche? Die Jungen treffen sich außer Haus, und ein jeder identifiziert sich mit einem Männerbild, das er im Fernsehen kennengelernt hat: Schwarzenegger, Rambo, wer auch immer die Helden der Jungen sein mögen. Doch kann es keiner von ihnen mit der Macht der Mutter/Frau aufnehmen. Um sich selbst größer zu machen, muß der Junge Frauen kleinmachen.

Und je weniger die Väter vorhanden sind, desto größer ragt die Mutter auf. Der Einsatz des Jungen muß also immer größer wer-den, damit er sich als anders wahrnimmt. Er gründet mit anderen Jungs eine Bande, die sich ebenfalls beweisen müssen, daß sie keine Frauen brauchen. Zusammen üben sie sich in neuen Verhaltens-, Gefühls- und Sprechweisen und schütteln dabei nach allen Seiten ihre weiblichen Eigenschaften ab.

Ich hätte mich gern diesen Jungen und ihren Banden angeschlos-sen, so erpicht war ich darauf, nicht wie diese furchtsamen, ewig in Tränen aufgelösten, zutiefst mit sich selbst beschäftigten Frauen in meinem Zuhause zu sein. Obwohl ich weder einen Vater noch einen Bruder, noch nicht einmal eine Freundschaft mit einem Jungen hatte, verhielt ich mich doch wie ein Junge. Und das ohne bewußte Imitation.

Meine Mutter hat meine Erinnerung, die ich als Erwachsene von meinem Aussehen in jenen Jahren hatte, stets mit den Worten abgetan: »Warum, du sahst doch so niedlich aus mit deinen Zöpfen, wenn du da in deinen Jeans die Mauern hochgeklettert bist.« Aber ich war eben nicht niedlich, und deshalb kletterte ich auch und wollte beweisen, daß ich bei anderen Dingen als der Schönheit die Gewinnerin war. Es spielt keine Rolle, daß Familienmitglieder ihre Eindrücke von uns, wie wir damals waren, unerschütterlich beibehalten, denn heute sind wir aus unseren Gefühlen hinsichtlich dessen, wie wir damals innerhalb des Familienbildes gesehen wurden, herausgewachsen. Wenn ich heute gut von mir denken will, dann ist hier die Zehnjährige, an die ich mich erinnere: Ich stehe am Morgen auf, so früh, daß die Nacht noch nicht ganz das Zimmer verlassen hat. Die am Abend zuvor auf einem Stuhl zusammengefalteten Kleidungsstücke nehme ich mit aus dem Schlafzimmer, das ich mit meiner Schwester teile, und gehe ins Badezimmer. Innen an der Badezimmertür hängen die Strümpfe und der Slip einer erwachsenen Frau, meiner Mutter. Im Spiegel über dem Waschbecken sehe ich Zöpfe, eine hohe Stirn, Sommersprossen, Zahnspangen und die weder farblich noch stofflich aufeinander abgestimmten Kleidungsstücke, die über den Kopf gestreift werden. Tatsächlich aber bleibt der Spiegel unbeachtet, bis ich meine Zahnbürste zur Hand nehme, sie halbwegs zum Mund führe, einen Blick auf die Zahnbürsten meiner Mutter und meiner Schwester werfe, dann trotzig etwas Wasser über die Zahnbürste laufen lasse und sie wieder zurückstelle. Daß ich meine Zähne nicht putze und auch nicht darauf warte, daß meine Zöpfe neu geflochten werden, ist für mich wie ein kleiner Sieg. Selbstverständlich wird niemand die Zahnbürste oder das Haar beachten, aber das Ritual wird dennoch vollzogen.

Unten hole ich mir Rosinenmüsli, Erdnußbutter und Toast, lasse mich an meinem Platz am Tisch nieder und esse, während ich dabei mit den Seiten eines vor mir ausgebreiteten Schreibhefts herumspiele. Ich schreibe Songs, das heißt neue Texte für bereits existierende populäre Melodien. Diese werde ich dann den anderen Mitgliedern der The Slick Chick Jivers beibringen. Wir sind eine Gruppe von vier Fünftkläßlerinnen, die eben an diesem Tag in der Upper School, die ich besuche, für eine Darbietung vorgesehen sind. Und während ich esse, summe ich vor mich hin, übe ein paar Handbewegungen, stehe ein-, zweimal auf und gehe eine trickreiche Schrittabfolge durch, an die ich mich aus dem letzten im Kino gesehenen Musical erinnere.

Was ich an meinem mädchenhaften Selbst mag, ist die absolute Arglosigkeit und Unbefangenheit. Die Bücher in der Hand steige ich auf mein treues Fahrrad, trete in die Pedale und radle in Windeseile weg von diesem Haus der Ängstlichkeit und Zaghaftigkeit, verlangsame die Fahrt nur, um der Frau zuzuwinken, die ihre Blumenkörbe vor der Treppe zur Post ausbreitet, und dem Mann, der im Pferdewagen das Eis ausliefert und neben dem ich immer herfuhr (bis mich die Freundinnen meiner Mutter verpetzten). Wenn ich dann beim Haus meiner Freundin Joanne anlangte, war ich bereit für ein weiteres Frühstück, vor allem da dieses mit der vollständigen Familie, das heißt mit einem Vater am Kopfende des Tischs, eingenommen wurde. Ich wurde als Mitglied der Familie willkommen geheißen und erwachte, lächelnd und charmant, buchstäblich zum Leben.

Joanne, meine beste Freundin und ebenfalls Mitglied der Jivers, und ich schlagen sofort vor, der Familie einen Vorgeschmack von unserer Darbietung zu liefern. Ich stehe auf, lege meine Arme um sie, und wir tragen und tanzen unseren Song »You Wonderful You« aus *Summer Stock* mit Gene Kelly und Judy Garland vor. Die romantischen Worte passen wunderbar zu Joannes süßer Sopran- und meiner Altstimme. All die sentimentale Sehnsucht kommt in den zwei kleinen Mädchen in den Rollen eines Mannes und einer Frau, die sich lieben, zum Ausdruck.

In diesen kurzen Jahren wurde von mir nur verlangt, daß ich zur Essenszeit zu Hause auftauchte und um neun im Bett war. Und selbst diese Forderungen wurden ausgesetzt, wenn ich aus einem der vielen Elternhäuser überall in der Stadt, in denen ich willkommen war, anrief. Ich schulde diesen Familien, die mir einen Platz an ihrem Tisch einräumten, so viel. Betrachteten sie mich als verlorene Seele, das einzige Kind ohne Vater in unseren Kreisen? Ich habe keine Ahnung. Wenn dem so war, haben sie mir jedenfalls nie ihr Mitleid gezeigt; statt dessen bekam ich Lob, Akzeptanz und Liebe zurückgespiegelt.

Die Schuljahre vor der Adoleszenz stehen nun an der Stelle der engen Grenzen meines Zuhauses. Wenn uns unsere Eltern und Geschwister immer als »die Ruhige« gesehen haben, läßt sich diese Meinung nur schwer ändern. Doch unsere Lehrer und Klassenkameraden sehen uns vollkommen neu. Die Kraft unserer Stimme und die neue Spiegelung in ihren Augen strahlen auf uns zurück.

Also gab es auch in dieser Lebensphase zwei Nancys: die erfolgreiche in der Schule, der sie zum Abschluß einen gravierten Silberpokal für ihre Leistungen überreichten, und die Person zu Hause, der die Unsichtbarkeit dort allmählich behagte. Es wurde nie danach gefragt, wo ich mich denn herumtrieb, was zutiefst zwiespältige Gefühle in mir auslöste. Es verletzte mich, daß mich niemand vermißte, es gab mir aber auch die Gelegenheit, mich unentwegt neu zu erschaffen.

Meine Schule, dieser wunderbare Ort, wo ich heranwuchs und mehr Stunden verbrachte als zu Hause, war mein Paradiesgarten, ein Ort endlosen Entzückens, wo ich Theaterstücke einübte, Baseball spielte, Musicals schrieb und eine Führerin sein durfte. Manchmal kam ich morgens so früh dort an, daß nur der Hausmeister da war, und während ich auf den Rest des Teams und auf das Training wartete, warf ich Bälle in den Basketballkorb, vollkommen glücklich, einfach nur da zu sein, in *meiner* Schule. Sie war eine reine Mädchenschule, wofür ich ewig dankbar bin; wären männliche Gefährten verfügbar gewesen, hätte ich bestimmt verzweifelt versucht, in den Augen der Jungen ein liebenswertes Mädchen zu sein, statt die Sportlerin, die Schülerin, die Führernatur zu werden. Denn als die Jungen dann schließlich doch in mein Leben traten, gab ich um ihrer Liebe willen alles andere auf, obwohl sie es nie von mir verlangten.

Meine voradoleszente Lebensphase ist in meiner Erinnerung etwas, was ich aus ganzem Herzen bewundere. Ich war freundlich, gut, ehrgeizig und fair, hatte Spaß an Wettkämpfen aller Art, war eifrig, konnte mich artikulieren und war als Anführerin beliebt. Und ein paar Jahre später gab ich all dies für das Bild vom netten Mädel auf, ein Bild, das gar nicht paßte.

Selbstentdeckung auf der Kinoleinwand

Wenige Erinnerungen sind so unauslöschlich mit diesen Jahren verknüpft wie die Entdeckung unseres geheimen Selbst in den Kinofilmen. Stellt das Fahrrad die Gelegenheit zur Meisterung der äußeren Welt in physischer Hinsicht dar, so erwecken Filme unsere Phantasie, eröffnen uns Träume, die wir in unserer kleinen Welt sonst vielleicht nie gehabt hätten. Wenn die Märchen die turbulenten Gefühle, von denen wir als kleine Kinder erschüttert wurden, widerspiegeln, so nehmen die großen Kinofilme den Faden da auf, wo die Gebrüder Grimm endeten. Wenn wir im Kino sitzen, dehnt sich das Leben ins Unendliche aus. Natürlich, Filme sind eine Illusion, aber für einige von uns fühlen sie sich realer an als alles, was wir erlebt oder auch gelesen haben. Wir sind nicht schön, wir können keine endlosen Stufen hinauf- und hinuntertanzen, aber das konnte die Heldin anfangs auch nicht, bis – bis was? –, bis jemand sie wegen eines Songs, eines Kleides, eines Kusses auf andere Weise sah.

Für eine Zehnjährige wie mich begann das Leben erst mit all den Filmen samt der Illusionen, die sie heraufbeschworen. Meiner Ansicht nach hat es, wenn ein Kind in diesem Alter von der Kinowelt fasziniert ist, damit zu tun, ob wir von den wichtigsten Augen der Welt, denen unserer Eltern, wahrgenommen und gewärmt wurden oder nicht. Wenn wir *ihr* Film waren, die Person, in deren geliebten Gesichtszügen sie sich verloren, haben unsere Tage der Starexistenz unser Verlangen nach Sichtbarkeit gestillt. War das nicht der Fall, dann präsentieren uns die Filme – und ich meine hier nicht das

Fernsehen, sondern die große, große Kinoleinwand – Bilder und Gestalten, in denen wir uns verlieren können. Die Magie der Kinofilme besteht darin, daß sie uns aufsaugen.

Mich überrascht es nicht, daß ich diese Obsession mit meinen engsten Freundinnen und Freunden teile, die wie ich jeden Film sahen, der in der Stadt gezeigt wurde. Was uns miteinander verbindet, ist nicht unbedingt die Regelmäßigkeit unserer Kinobesuche, sondern eine gemeinsame Neigung zum Exhibitionismus: die Tendenz, sich an die Front zu begeben und Risiken einzugehen.

Wie der kleine Junge im Film *Cinema Paradiso* mußte auch ich, nachdem ich erst einen Film gesehen hatte, alle sehen. Ich durchsuchte die Manteltaschen und Handtaschen meiner Mutter, bis ich das nötige Kleingeld fand – weniger als einen Dollar, wenn ich mich recht entsinne –, und ging dann die paar Blocks bis zum Drugstore an der Ecke King und Broad Street, wo ich meine Freundinnen traf. Wir hatten uns schon entschieden, ob wir den Film im Gloria oder im Riviera sehen wollten, und gingen nur noch zur Bäckerei, wo wir braune Papiertüten mit Marmeladen-Doughnuts und Schokoladen-Eclairs füllten, die wir dann in der Heiligkeit des dunklen Raums verschlangen, der uns dazu ermunterte, unser nacktes Selbst hinzugeben, das sich dann in die Menschen auf der großen Leinwand verwandelte. Unsere Augen hafteten an ihnen, wir seufzten mit ihnen, den Mund voll mit zuckrigem Brei, wir starben mit ihnen, wir waren sie. Das fehlte beim Fernsehen; die riesige Größe der Menschen und ihrer Leidenschaftlichkeit, die uns überwältigte und mit einschloß.

Wenn in diesem Alter noch kein Erwachsener unsere inneren heroischen Gefühle zu entfachen vermocht hatte, so füllten diese für eine Stunde auf der Kinoleinwand lebendigen Giganten die Leere und spiegelten die Gefühle und das Aussehen von Personen wider, denen wir gleich werden konnten. In einem riesigen dunklen Raum – mitten unter Fremden! – zu sitzen und unsere intimsten und nicht eingestandenen Gefühle *in aller Öffentlichkeit* zu erleben ist eine Offenbarung, die zu wiederholen mir bislang auf keine andere Weise gelang. Wir halten den Atem an und seufzen in einer kollektiven Zurschaustellung von Gefühlen, geradezu das Gegenteil von guten Manieren, die verlangen, daß wir unsere tiefsten Regungen für uns behalten.

Merkwürdigerweise ähnelte diese Erfahrung dem, was mir die Kirche gab: das Gefühl, Teil einer überlebensgroßen Emotion zu sein, sie öffentlich mit anderen zu teilen, ein kollektives Bild unseres Selbst. Sicher, ich sah mich als kleine Christin, gespiegelt in all den anderen netten guten Kirchgängern um mich herum, aber dieses mein Kirchen-Ich war nur ein Bruchstück dessen, was ich war. Mein wirkliches Ich wurde im Kinosaal geboren, wo mir *alle* Aspekte meines Selbst vorgestellt wurden. Hier wurde das Samenkorn gepflanzt, das sich zur jugendlichen Gewißheit auswuchs, daß ich nach dem Schulabschluß nicht heiraten wollte wie so viele meiner Freundinnen. Da gab es Erfahrungen, die ich mir zu eigen machen wollte, Gefühle, die ich in all ihrer Fülle durchleben mußte, so wie ich sie da oben auf der Leinwand erlebt hatte.

Filme bieten auch großen Trost; in ihnen kamen Schurken vor, die weitaus schlimmer waren als meine üblen Vermutungen in bezug auf mich selbst. Richard Widmark jagte mir Angst und Schrecken ein, aber das Ausmaß seiner Gemeinheit machte die meine zu etwas, mit dem ich leben konnte. Vielleicht war ich doch nicht ganz so mies. Elizabeth Taylors Schönheit überstieg meine wildesten Träume, aber ich beneidete sie nicht, vielmehr erlaubte mir der Glanz der Filme, sie geradezu anzubeten. Seltsamerweise ließen mich ihre ungeheure Schönheit wie auch ihr Leiden – sie litten immer, die großen Schönheiten – denken, daß Schönheit nicht alles war, daß es Alternativen zur Macht der Schönheit gab, die vorzuziehen waren. Das machte mir Hoffnung. Ja, Schönheit war machtvoll, aber die Filme machten deutlich sichtbar, wie gefährlich nahe den Schönheiten ihre Ermordung durch die neidischen Habenichtse bevorstand.

Nichts jedoch bewegte mich so erdbebenartig wie die großen Musicals der späten vierziger und frühen fünfziger Jahre: *Singin' in the Rain, Showboat, On Moonlight Bay, Good News, Funny Face*. Ich saß völlig hypnotisiert im Dunkeln, bewegte die Lippen, wiegte den

Körper, ich als Doris Day, die den Nachbarjungen anschmachtete, und wenn ich dann das Gloria verließ, nachdem ich Fred Astaire und Judy Garland in *Easter Parade* gewesen war, konnte ich nicht anders, als die Stufen zur Post immer zwei auf einmal hinaufzuhüpfen, ein imaginäres Spazierstöckchen in der Hand, das Lächeln der Blumenfrauen unten gar nicht wahrnehmend. Die Musik dieser Filme, die mich so fesselten, hielt mich auch dann noch in ihrem Bann, nachdem ich die Platten gekauft und die Texte Wort für Wort auswendig gelernt hatte. Ich wollte nicht aus dieser Trance erwachen, in die ich mich, seufzend und sehnend und ersterbend, ganz und gar hatte hineinfallen lassen. Das Versprechen von Glück in Gesang und Tanz.

Wie angemessen, daß die alten Musicals in den lieblosen achtziger Jahren so stark zurückkamen, als sich die tiefempfundene Romantik auf dem Tiefstand befand. Unfähig, neue Texte und Melodien zu erfinden, welche die romantische Liebe einfingen, entdeckten wir wieder Frank Sinatra und Tony Bennett, die mühelos den Klang eines brechenden Herzens für eine neue Generation erschufen.

Wenn ich sage, daß die Filme mir in gewisser Weise das Leben retteten, mir einen Ausblick auf und ein Versprechen von Gesichtern und Rollen, die ich ausprobieren konnte, gewährten, dann ist das keine Übertreibung. Es war völlig egal, ob diese starken Gefühle von einem Mann oder einer Frau durchlebt und empfunden wurden. Die Filme öffneten mir die Augen für genau das, was ich im wirklichen Leben, in dem ich gelehrt wurde, mir den vollen Ausdruck meiner selbst zu verwehren, nicht hatte finden können. Die Filme drückten aus, daß starke Gefühle mehr als in Ordnung waren; es war gut, soviel wie möglich zu empfinden, und man sollte, so wie Leslie Caron und Bette Davis, niemals die Hoffnung aufgeben.

Was wir brauchen, wenn wir zehn sind und uns selbst in all der Vielfältigkeit des Lebens vorstellen, ist die innigst empfundene Ermunterung seitens unserer lieben Freundinnenbande. Wir lesen ein Buch, schauen uns einen Film an, treffen ein Mädchen, das in uns das Gefühl vertraulicher Wechselseitigkeit weckt. Wir haben recht, wenn wir herumschnuppern, mit unzähligen Bildern und Träumen im Kopf leben, diese oder jene Person ausprobieren, um festzustellen, wer zu uns paßt. Nie wieder wird so wenig Druck zur Konformität auf uns ausgeübt werden. Wenn es uns gelänge, mit der vollen Unterstützung unserer Freundinnen an diesen imaginären inneren Bildnissen festzuhalten, dann würden wir als Erwachsene zu einer Person, die wir bewundern, statt zu einer Frau, die sich nicht sicher ist, wer und was sie ist, und daher ständig zu den Spiegeln eilt.

Wenn junge Mädchen sich nur gegenseitig anfeuern, sich in ihrer Individualität und Originalität ermuntern könnten. O ja, wir gehen innige Freundschaften mit Mädchen ein, ohne die wir nicht leben zu können meinen, Freundschaften, die uns in unserer Einzigartigkeit unterstützen. Aber gerade die Liebe innerhalb dieser Freundschaften führt dazu, daß wir einander und auch uns selbst verraten. Diese Liebe ist nach dem einzigen Muster gestrickt, das wir kennen, eng und symbiotisch, mit einer dunklen Seite verbunden. Die alte Wut, die wir der Mutter zu zeigen uns nicht leisten konnten, diese Wut wird jetzt zu einem geradezu unwiderstehlichen Impuls. Von einem Tag auf den anderen lassen wir unsere beste Freundin fallen. Ein anderes Mädchen kam daher, machte eine Dreisamkeit aus unserer Freundschaft und löste den unleugbaren Drang aus, jemanden auszuschließen.

Es ist ein Spiel, das Frauen spielen und das so früh im Leben beginnt, daß es uns so unvermeidlich definiert wie unsere Brüste: Das *ist* Weiblichkeit. Tatsächlich aber wird es erlernt. Wenn ein kleines Mädchen aus heiterem Himmel seine beste Freundin meidet, dann findet es Vergnügen an dem Leid, das es verursacht, ein ihm wohlbekannter Schmerz, weil es ihn auch schon erlebt hat. Zwei Mädchen, das ist absolut in Ordnung, aber ein drittes bietet die Gelegenheit, eine spannende Zweiheit aus dem Leid des ausgeschlossenen Mädchens zu schaffen, indem man ihm gemeinsam »eine Abreibung« verpaßt.

Das Spiel beginnt, sobald wir aus dem Haus treten, um uns in Beziehungen zu üben, und beruht auf dem Muster der einzigen Liebesbeziehung, die wir je kennengelernt haben, die mit der Mutter. Wir wollen mit unserer neuen Freundin eine intime Beziehung, aber wir wollen auch Macht, so wie Mama Macht über uns hatte. Ein Wunsch, der in uns erweckt wird, wenn das »Opfer« daherkommt. Da wir diese Rolle selbst spielen mußten, existiert der unüberwindliche Drang, sie nun einer anderen aufzuerlegen. Wir wollen Mutter spielen. Es ist nicht so, daß wir unsere emotionale Bindung an unsere Freundin beendet hätten, wir haben sie vielmehr mit uns selbst verwechselt. Sind wir denn nicht auch so miteinander verwoben, wie wir es mit Mama waren? Dann laß sie auch eine Weile leiden, so wie Mama uns hat leiden lassen.

Daß wir so automatisch jemanden zum Opfer machen können, macht die Zweisamkeit mit unserer Mitverschwörerin lebendiger und intensiver. Sie ist wahre Leidenschaft. Das Grausame daran ist, daß wir, obwohl wir genau wissen, wie man sich als Verlassene fühlt, dies nun, wenn sich die Gelegenheit bietet, einem anderen Mädchen oder später einer anderen Frau antun.

Wenn die Mutter ihre Tochter den allmählichen Entwicklungsprozeß zur Eigenständigkeit hätte durchmachen lassen und diese die zwischen ihnen beiden existierende Liebe im Laufe der Trennungsreise verinnerlicht hätte, dann würde das kleine Mädchen nicht solche Angst vor dem Verlust dieser Liebe haben, sobald sich die Mutter einem anderen Familienmitglied zuwendet. Da es in seinem Inneren keine sichere eigene Identität aufgebaut hat, bleibt die kleine Tochter in ihrer Beziehung zur Mutter gefangen und überträgt sie in der Folge auf alle Freundschaften zu Mädchen und Frauen.

Den folgenden Brief fand ich unter den Leserbriefen der Zeitschrift *American Girl*, und er ist typisch für Mädchen in diesem Alter:

Liebes *American Girl*, meine beiden besten Freundinnen hängen wie Kletten zusammen. Ich bin immer diejenige, die ausgeschlossen wird. Alles geht gut, wenn ich einzeln mit ihnen spiele. Wie können wir Freundinnen sein, ohne uns dauernd zu streiten?[2]

Wir sind neun, vielleicht zehn oder elf Jahre alt. Unsere Körper und unsere emotionalen Fähigkeiten wachsen, unsere Gesichter öffnen sich erwartungsvoll, einer Palette gleich, über die alle Gefühle des Lebens frei und ungehindert, ohne Angst vor Zensur, dahinströmen können sollten. Wir Mädchen sollten einander anfeuern, uns gegenseitig applaudieren. Unsere Augen sollten in Erwartung gemeinsamer Abenteuer mit anderen tapferen, neugierigen Mädchen weit geöffnet sein. Aus welchem Grund hüpft unser Blick nervös hin und her?

Angst. Befürchtungen. Angst vor möglichem Liebesverlust. Der Verdacht, daß uns die anderen Mädchen im Stich lassen werden, wenn wir zu weit gehen, zuviel gewinnen, zu glücklich sind. Auf diesem Schlachtfeld lernen erwachsene Frauen das Abwehren von Komplimenten – »Ach, dieses alte Ding?« Die Drohung des Ausschlusses hängt wie ein Damoklesschwert auch über der liebevollsten Kleinmädchenfreundschaft.

Zwei kleine Mädchen wollen sich zutiefst nahe fühlen, und das dritte Mädchen wird gebraucht, um dies zu bewirken. Das ausgeschlossene Opfer wird möglicherweise morgen wieder geliebt, aber jetzt, in diesem Moment, kann diesem Drang unmöglich widerstanden werden. Die Verbannung des dritten Mädchens macht die Zweisamkeit soviel intensiver. Die Ausgrenzung der Dritten zeigt, daß Wut, Rache- und Machtgedanken tief in die Vorstellung der Mädchen von Liebe eingewoben sind. Der infantilen symbiotischen Liebe nie entwöhnt, ist die enge Zweisamkeit oder, genauer, die totale Eigentümerschaft die einzige bekannte, sichere Form der Liebe.

Was empfindet ein kleines Mädchen, wenn sich die Mutter von ihm ab- und dem Vater oder dem Bruder zuwendet und die Zweisamkeit zerbricht? Es ist erst ein oder zwei Jahre alt und muß seine

Wut hinunterschlucken, um sich die Liebe der Mutter zu bewahren; eine Übung, die immer und immer wieder wiederholt wird. Da die Mutter dem Kind verbietet, seine Wut zu zeigen – eine Regel, der Mädchen viel strenger unterworfen werden als Jungen –, agiert das kleine Mädchen diese schmerzliche Szene mit seinen Puppen aus, die es bestraft, so wie es selbst bestraft wurde: »Böse, böse, böse!« Es liebt seine Puppen, aber jetzt gehören zur Liebe untrennbar auch Wut, Rachegefühle und der Wunsch, die Macht der Mutter selbst zu besitzen.

Je intensiver die Freundschaft der zehnjährigen Mädchen ist, desto stärker wird die frühkindliche Beziehung zur Mutter zum Leben erweckt. Wenn drei kleine Mädchen zusammenkommen, dann werden Rivalitätskämpfe mit Brüdern und Schwestern um den Vater oder die Mutter ausagiert. Da die Mutter all die unausgesprochenen Wettkämpfe innerhalb des Heims »gewann«, identifiziert sich nun ihre Tochter mit ihr in diesem Kampf zwischen besten Freundinnen um den Besitz der Liebe, das heißt, jemand *muß* »verlieren«.

Wenn sich die Mutter zu Hause einem anderen Familienmitglied zuwandte, dann hatten wir immer das Gefühl, daß für uns, die Ausgeschlossene, weniger da war. Wir waren auf jeden neidisch, dem es gelang, uns die Liebe der Mutter wegzunehmen. Leider brachte uns unsere große Lehrerin nie bei, daß man auch einen guten Kampf kämpfen, wütend sein und miteinander konkurrieren kann und daß danach die Liebe trotzdem noch vorhanden ist. Statt dessen wachsen wir mit dem Gefühl auf, schon von vornherein zur Niederlage verdammt zu sein.

Indem das Mädchen seine Freundin fallenläßt und sich auf die Seite der neu Hinzugekommenen schlägt, vermeidet es die Konkurrenzsituation! Es ist nicht nötig, zuzuschlagen, sie tatsächlich zu verletzen oder etwas Böses zu sagen. Das Meiden, das Geflüster und Gekicher, das emotionale Sichzurückziehen reichen aus. Schluchzt sie nicht? Ist nicht eine neue symbiotische Einheit geschaffen, ein Sieg errungen worden? Wenn Sie die beiden Mädchen wegen ihres Verhaltens zur Rede stellten – wie es besorgte Mütter oft tun –, dann können sie ihr Verhalten nicht erklären.

Später sind es erwachsene Frauen, die wispern, konspirieren, den unwiderstehlichen Drang zur Exkommunizierung einer anderen Frau austesten, verschwörerisch die Köpfe zusammenstecken und den Adrenalinstoß spüren, den der plötzliche leidende Blick einer Freundin in uns auslöst. Mit der Zeit lernen die »großen Mädchen« es, mit viel Geschick nur mit Blicken ein Signal über einen ganzen Raum voller Menschen hinweg zu schicken. Auch das wird der »Blick« genannt. Verstohlen und gemein schwelgen zwei oder mehr Frauen darin im Restaurant, wenn sich ein unbeliebtes Mitglied der Tischrunde zur Toilette begibt.

Dieser »Blick« mag sich wie eine geringfügige Angelegenheit ausnehmen, doch er ist bezeichnend, bedeutet einen Makel nicht nur in unseren Beziehungen untereinander, sondern auch in unserem Selbstbild; wir wissen, daß wir nicht vertrauenswürdig sind, daß eine von uns entweder verraten oder zum nächsten Opfer in der Frauenwelt wird. Was, glauben Sie, tun diese Ängste Jahr um Jahr unserem Gesicht an? Wir sind immer in Gefahr. Die kleinen Linien der Angst und Anspannung graben sich immer tiefer ein. Finden uns die anderen zu schrill, zu langweilig, zu laut, zuwenig elegant, übertrieben elegant, *eben einfach nicht richtig?*

Während wir aufwachsen, so der Physiologe Paul Ekman, erlernen wir »die Regeln der Zurschaustellung«, mit deren Hilfe wir unseren Gesichtsausdruck kontrollieren und die schon bald unbewußt zum Einsatz gebracht werden. Selbst wenn wir uns dieser Regeln gewahr sind, ist es doch nicht immer möglich und ganz gewiß nicht einfach, sie außer acht zu lassen.

Mit der Zeit wird das Gesicht des Menschen zur Landkarte seines Lebens. Immer öfter, und das beginnt schon in der Kindheit, verliert unser emotionaler Ausdruck seine Spontaneität und wird zur Maske, mit der wir unsere Gefühle verbergen. Wir setzen ein falsches Gesicht auf. Heute haben Frauen mehr Macht über das Aussehen anderer Frauen als je zuvor. Wie Wetterfahnen reagieren wir auf die geringste Andeutung eines Blicks, nicht auf das Urteil der Männer, sondern auf den kritischen Blick anderer Frauen!

Nach dem heutigen Arbeitsessen zum Beispiel wurden Telefonate getätigt, wurde Klatsch über die Beförderung einer anderen Frau ausgetauscht, über ihre neue Eroberung im Bett, über ihre exhibitionistische Garderobe, darüber, wie »wichtig sie sich nimmt«; so jedenfalls empfinden es ihre Schwestern, deren Leben nun angesichts der Siege dieser Frau weniger bedeutend erscheinen. Wie kann sie es wagen, das ungeschriebene Gesetz zu brechen, wonach alle Frauen gleich sind? Sie hat in uns das verbotene Gefühl der Konkurrenz erweckt, das bei vulkanischen Hitzegraden unterdrückt in uns vor sich hinbrodelt. Schlagt sie aus dem Feld! Gebt ihr den »Blick« oder eine stille Abreibung!

Wenn ein Mann eine Frau so behandelte, wie manche ihrer Freundinnen sie behandeln, würde sie ihn verlassen. Wir können unsere Freundinnen nicht verlassen; nächste Woche schon wird dieselbe Frau, die uns mied, flüsternd über uns herzog und uns nicht zu ihrer Dinnerparty einlud, diejenige sein, die in einem Notfall kommt und uns beisteht. Ist das nicht das Ritual unseres Lebens, ein Kreislauf von Intimität, Ausschluß und Schmerz, der den Drang zur Konkurrenz unter Kontrolle hält, obwohl dieses Verhalten für sich genommen bereits eine kranke Form von Konkurrenz darstellt?

In ihrem Roman *Katzenauge* beschreibt Margaret Atwood die Abscheulichkeit dieses mädchenhaften Verhaltens in eindrucksvollen Bildern. Elaine, die neunjährige Heldin, versucht, mit ihren ersten Freundinnen zurechtzukommen: »Ich denke darüber nach, was ich heute gesagt habe, über meinen Gesichtsausdruck, darüber, wie ich gehe, was ich anhabe, denn all diese Dinge muß ich besser machen. Ich bin nicht normal, ich bin nicht wie andere Mädchen. Sagt Cordelia, aber sie wird mir helfen. Grace und Carol werden mir auch helfen. Es wird harte Arbeit sein und viel Zeit brauchen ... Gegen Feinde kann man Haß empfinden und Zorn. Aber Cordelia ist meine Freundin. Sie hat mich gern, sie möchte mir helfen, alle wollen das. Sie sind meine Freundinnen, meine besten Freundinnen.«[3]

In Elaines Worten kommt zum Ausdruck, wie tief Margaret Atwood ihre Geschlechtsgenossinnen durchschaut: »Ich erkenne, daß die Unvollkommenheit kein Ende nimmt, immer gibt es Dinge, die falsch gemacht werden«, sagt Elaine. »Selbst wenn man erwachsen ist, wird es immer, egal wie kräftig man schrubbt, was immer man tut, einen Makel oder einen Fleck auf dem Gesicht oder irgend etwas Dummes geben, das man getan hat, so daß jemand die Stirn runzelt. Aber irgendwie habe ich Spaß daran, all diese unvollkommenen Frauen auszuschneiden, mit ihrer gerunzelten Stirn, die zeigen soll, wie besorgt sie sind, und sie in mein Heft zu kleben.«[4]

Jahre später versuchen wir immer noch, unser Gesicht bis zum perfekten Aussehen zu bemalen, das perfekte Kleid zu tragen, die perfekten Dinge zu äußern. Kann denn irgendeine Frau tatsächlich glauben, daß unsere schreckliche Angst, die Männer offenbar nicht teilen, irgend etwas mit dem zu tun haben kann, was Männer uns angetan haben? Es täte weniger weh, von einem Mann verlassen zu werden, wenn wir an die Möglichkeit einer anderen Liebe, einer neuen Partnerschaft mit einem anderen Mann glauben könnten, wenn wir nicht mit dieser panischen Angst aufgewachsen wären, daß das Zerbrechen der Zweisamkeit den Tod bedeutet.

Wieviel unterdrückte Wut kann ein Körper aushalten? Vordergründig war *Eine verhängnisvolle Affäre* ein populärer Film, weil hier eine schöne und sehr sexy angezogene Frau äußerst aktiv einen Mann verführt. Aber was das Publikum meiner Ansicht nach wirklich anzog, war die Tatsache, daß hier eine moderne Frau mit ihrer rasenden Wut zu sehen war. Die Person, die unsere Wut abkriegt, wenn der Damm bricht, ist ein Mann. Können wir tatsächlich glauben, daß diese titanenhafte, tobsüchtige Raserei ihre Wurzeln in der Adoleszenz hat, wenn die Jungen in unser Leben treten? O nein. Die heutige Wut der Frauen erwuchs aus viel tieferen und früheren Wurzeln.

Ich nehme an, der kleine Junge liegt mir so am Herzen, weil ich in meinen vorpubertären Jahren selbst so jungenhaft war, nicht nur hinsichtlich meiner Kleidung und meines Verhaltens, sondern auch in meiner totalen Unschuld und Unkenntnis dessen, was die Adoleszenz mit sich bringen würde. Der vorpubertäre Junge schmiedet Pläne für ein erträumtes Leben, sieht sich als Sportler, Erfinder oder interplanetarischer Reisender, je nachdem, was seinem inneren Auge vorschwebt. Die Brieftasche seines Vaters ist noch nicht in den Brennpunkt geraten. Der »gute Versorger« ist noch nicht seine Zukunftsvision. Mädchen? Nun, Mädchen erinnern ihn an die Mutter, die er noch immer liebt und zu sehr braucht. Mama ist Mama, und sie ist großartig, aber Mädchen? Mädchen sind in der Jungenbande absolut unerwünscht.

Freundschaften, Kameradschaft und Vertrauen spielen eine große Rolle, denn die Jungenbande legt genau fest, was ein echter Junge ist. Mag sein, daß ab und an der eine den anderen im Stich läßt, aber ihre Freundschaften sind nicht diesen ständigen emotionalen Wechselbädern ausgesetzt. Und wenn es tatsächlich einen Bruch in der Freundschaft gibt, dann darf der Junge seiner Wut und seinem Zorn eine Stimme verleihen. Die Mutter hat ihn weit mehr als seine Schwester darin gefördert, zu streiten, eine andere Meinung zu vertreten, seine Stimme zu erheben. Jungen raufen, streiten und fordern sich gegenseitig heraus, aber wenn es um Konkurrenz und Wettbewerb geht, sei es im Kampf oder Spiel, dann werden erlernte Regeln angewandt. Man kämpft nicht mit schmutzigen Tricks.

Der Junge, der die Regeln nicht einhält, wird ausgeschlossen, und er weiß, warum. Bei den Spielen geht es um Gewinnen und Verlieren, und beides muß akzeptiert werden. Nach dem Wettkampf gibt man sich die Hände. Im Gegensatz zu seiner Schwester wächst der Junge in dem Glauben auf, daß das Leben ein ewiges Spiel mit endlosen Gewinnchancen ist.

Jungen können grausam sein, aber sie ermutigen einander zur Tapferkeit und begegnen ihr mit Anerkennung. Sie folgen dem Anführer ihrer Bande, weil er die anderen übertroffen hat. Er bricht Rekorde, welche die Helden auf dem Spielfeld vor ihm aufgestellt haben, und beugt übermäßig starre, die Freiheit behindernde Regeln. Andere Jungen mögen Wut-, Neid- und Konkurrenzgefühle haben, aber wenn sie in diesen Jahren nicht lernen, zu verlieren, sich die Hände zu geben und davon überzeugt zu sein, daß sie zwar heute verloren haben, aber schon morgen gewinnen können, kommen sie als Bandenmitglied nicht in Betracht.

Jungen können durchaus auch einen »besten Freund« haben,

aber zugleich gehören sie auch einem größeren Klub an. Manchmal ist dieser Klub organisiert und verfügt über ein Hauptquartier, ein Baumhaus, die Garage eines Vaters oder einen Kellerraum. Daß es dort keine Mädchen gibt, ist selbstverständlich. Dies ist schon deshalb nicht möglich, weil die männliche Verbundenheit eine ganz andere ist als die in einer Mädchengruppe, die sich auf dem Gleichheitsprinzip und auf der Vermeidung von offener Konkurrenz gründet.

Frauen üben sehr viel mehr Macht übereinander aus, als sie je ein Mann über sie haben könnte. Frauen geben einander die Erlaubnis zur Entfaltung oder sperren einander ein. Diese Macht nimmt in der Adoleszenz rasch und gewaltig zu und hört auch danach nie auf. Gesunder Wettbewerb zwischen Frauen ist nicht möglich, weil sich hinter der Herausforderung zur Konkurrenz mit einer anderen Frau die bange Frage verbirgt: Wird sie, wenn ich gewinne, mich noch immer lieben, oder wird sie mich umbringen?

Mädchen, die hart daran arbeiten, um diesem inneren Trieb gerecht zu werden, der sie zu ihrer einzigartigen Identität finden läßt, können gar nicht anders, als sich in die Opposition zu ihrer Mutter zu begeben, auch wenn die ältere Frau gar nichts sagt. Ohne eine gesunde Abnabelung haben wir sie, wenn wir uns anders verhalten als sie, mindestens gefühlsmäßig immer im Kopf. Schuldgefühle beherrschen das Leben jeder Frau. Es wäre anders, wenn wir einen Vater hätten, der uns so lieb und nahe ist wie die Mutter. Bettelheim macht hierzu die folgenden wichtigen Bemerkungen: »Das Kind fängt an, sich als Person, als wichtigen und bedeutsamen Partner in einer menschlichen Beziehung zu empfinden, sobald es beginnt, zum Vater in Beziehung zu treten. Man wird zu einer Person nur soweit, wie man sich gegen eine andere Person abgrenzt. Da die Mutter die erste und eine Zeitlang auch die einzige Person in unserem Leben ist, beginnt eine gewisse, wenn auch noch sehr rudimentäre Selbstdefinition damit, daß wir uns von ihr abgrenzen. Aber durch seine tiefe Abhängigkeit von der Mutter kann das Kind nicht zur Selbstdefinition gelangen, wenn es sich nicht zugleich an eine dritte Person anlehnen darf. Es stellt einen notwendigen Schritt zur

Unabhängigkeit dar, daß man lernt: ›Ich kann mich auch an eine andere Person anlehnen und mich auf sie verlassen, die nicht meine Mutter ist‹, bevor man glauben kann, daß man auch zurechtkommt, ohne daß man sich an *irgend jemand* anlehnt.«[5]

Wer könnte besser als der Vater für die Tochter diese erste »bedeutsame andere Person« sein, die ihr beibringt, wie Konkurrenz gefahrlos abläuft und daß es noch ein Leben außerhalb der Zweisamkeit gibt? »Wenn der Vater dem Mädchen erstmals eine Bindung anbietet, welche jene an die Mutter ergänzen (und teilweise ersetzen) kann«, schreibt Dorothy Dinnerstein, »dann stellt er ihm eine neue Möglichkeit zur Verfügung, um mit der Ambivalenz, die der Kind-Mutter-Bindung innewohnt, umzugehen.« Der Vater stellt gewissermaßen »ein unbeschriebenes Blatt« dar und weckt »keine Assoziationen an die unvermeidlichen Kümmernisse der Säuglingszeit«, so Dinnerstein. Also gewinnt das Mädchen »einen weniger zwiespältigen Brennpunkt für seine Gefühle reiner Liebe, und es kann sich seine Anklagen gegen die Mutter unbekümmerter bewußt machen, ohne fürchten zu müssen, vom Ideal uneingeschränkter Harmonie mit einem magischen, animalisch geliebten, elterlichen Wesen völlig abgeschnitten zu werden.«[6]

Solange Mädchen nicht von Anfang an zu der Vorstellung erzogen werden, daß es äußerst lohnenswert ist, sich zu einem einzigartigen Individuum zu entwickeln, zu einer Person, die zwar die Tochter ihrer Mutter, aber nicht ihr Klon ist, werden wir weiterhin durchs Leben gehen und die Billigung anderer Frauen suchen und ihre Mißbilligung fürchten. Laßt uns Auseinandersetzungen führen ohne Angst vor Vergeltungsmaßnahmen, zornig und ärgerlich sein ohne Angst vor dem Verlust der Beziehung, im gesunden Wettbewerb stehen mit der Frau, die unsere geborene Lehrerin ist, wenn es darum geht, das Gewinnen und Verlieren zu erlernen. Solange das nicht geschieht, werden drei kleine Mädchen nicht zusammen spielen, nicht ohne Angst vor Ausschluß zusammenarbeiten, zusammensein können.

Ich verstehe die Frauen, die heute aus beruflichen Gründen in die Männerklubs einbezogen werden wollen, aber ich habe auch Mitgefühl mit den Männern, die ihre »Räume ohne Frauen« verlieren. Männer müssen in einer Welt, in der sie sogar auf dem Gipfelpunkt des Patriarchats die Macht der Frauen fürchteten, nach wie vor ihr Selbstgefühl, ihr Gefühl von ganzer Männlichkeit wiederherstellen können.

Männer und Frauen brauchen ihre jeweils gesonderten Rituale und Räume, die uns eine Koexistenz in gesellschaftlicher, sexueller wie auch beruflicher Hinsicht ermöglichen. Mir war immer bewußt, daß Frauen mit Männern sehr viel glücklicher sind, und sie mit uns, wenn die Männer eine gewisse Zeit ohne uns verbringen dürfen. Das geht zurück auf die ersten Lebensjahre, in denen der kleine Junge von der Gigantin völlig abhängig war und sie ihn mit seiner infantilen Wut, die er immer noch auf Frauen richtet, allein ließ.

Als ich ein Mädchen war, ließ sich nur schwer ein Team ehrgeizig gesinnter Mädchen zusammenstellen, die spielten, um zu gewinnen. Wenn sie kicherten und den Ball fallen ließen, fand das Beifall. Das machte mich wahnsinnig. Wenn ich heute weiblichen Sportteams zusehe, jubelt mein Herz. Diese jungen Frauen nehmen den Sieg einer Frau als Meßlatte für sich selbst, als sicheres Ventil für die Feuer der Konkurrenz. Als das weibliche Basketballteam der University of Connecticut, die Huskies, 1994/95 eine ganze Saison ohne Niederlagen spielte, war ihr Endspiel ein herrlicher Anblick. Ich hatte das Gefühl, eine Jahrhundertwende mitzuerleben.

Und wie reagieren andere Frauen und Männer darauf, wenn die Läuferin oder die Basketballspielerin auch noch schön ist? Wie reagiert die Sportlerin selbst auf eine solche Anhäufung von Macht? Es ist angemessen, daß Schönheit heute ungebunden auf den Straßen herumläuft, sich funkensprühend wie ein loser elektrischer Draht bewegt. Was damit anfangen? Frauen haben nicht mehr das exklusive Recht auf Schönheit; während wir uns im Konkurrieren üben, werden Männer schöner. Die Mode für Männer und Frauen jeglichen Alters wechselt ständig, als wäre das Leben in einer Drehtür gefangen. Kinder auf den Straßen, Männer und Frauen in den Büros tragen mal kurz, mal lang, haben mal kurze, mal lange Haare, tauschen Mode über die Generationen und Geschlechter hinweg aus.

Aussehen und Sex sind untrennbar miteinander verbunden und werden zu dem Material, mit dessen Hilfe wir unseren gesellschaftlichen Standort neu erfinden. So wie wir als Kinder die Kleider unserer Eltern anzogen, ihre Stimmen und ihr Gebaren nachäfften, so probieren wir als Erwachsene nun ebenfalls alles aus, alle möglichen Rollen und sexuellen Stellungen.

Doch sind die wechselnde Mode und Geschlechterposen nicht das Endprodukt, sondern lediglich das Mittel zum Zweck, um eine neue Lebensweise zu schaffen. Im Gegensatz zu unseren Eltern können wir bewußt wählen, welche Wichtigkeit wir der Schönheit beimessen, wie wir ihre Macht nutzen wollen, die in ihrer Erweiterung auch alle anderen Formen von Macht einschließt: Liebe, Sex, Arbeit, all das. Daher ist es nützlich, einen Blick auch auf unsere sogenannte Latenzperiode zu werfen. Hier begegnen wir möglicherweise einem starken Bild von uns selbst, einem Mädchen, das keine Sklavin der Mode oder des Geldes ist und nie in den Spiegel schauen muß, weil sie ihrem inneren Selbst-Gefühl vertraut.

Die Suche nach einem Ich-Ideal

In der Latenzphase hatte ich zwei Heldinnen, die mich völlig gefangennahmen, so aufregend fand ich sie und das, was ich in bezug auf mich in ihnen sah. Sie machten mir Versprechen des Lebens zugänglich, von denen ich bis dahin nie zu träumen gewagt hatte. Sie brauchten nichts zu tun, nur zu sein. Jede hatte die Macht, mir das Herz zu brechen, so verliebt war ich. Ich wollte ihnen nahe sein, sie anstarren und nachahmen, denn mir wurde klar, daß ich mich genau nach ihrer Art bewege, daß ich so handeln und so aussehen wollte wie sie. Die eine war meine schöpferische, die andere meine erotische Muse. Eine war erwachsen, die andere nur zwei Jahre älter als ich. Beide Frauen übten einen nachhaltigen Einfluß auf mich aus.

Meine Tante Pat zog zu uns, als ich neun Jahre alt war. Sie war die jüngste Schwester meiner Mutter und landete als interplanetarische Besucherin bei uns, so schön erschien sie mir mit ihrem originellen Aussehen und Verhalten. Sie war wie keine andere erwachsene Frau, die ich kannte, glich keiner Mutter, keiner Lehrerin. Sie war die geborene Heldin. Es war leicht, sie anzustarren und in ihr ein Porträt meiner selbst und ein Vorbild zu finden. Sicherlich war ich keine so glanzvolle Erscheinung wie sie, deren Gesicht von roten Locken umspielt wurde und die ihre wogenden Röcke von breiten Gürteln zusammengehalten trug, aber ich bewunderte ihr andersartiges Aussehen zutiefst.

Meine Tante, eine Schauspielerin, Schriftstellerin und Malerin, warf beim Lachen den Kopf zurück und roch nach einem moschusartigen Parfüm, das die alten griechischen Münzen, die sie als Armband trug, auszuströmen schienen. Ich begleitete sie zur Uferstraße, wo sie sich im ersten Stock eines verlassenen Lagerhauses ein Atelier einrichtete. Dort stellte sie ihre Staffelei auf, warf Tücher und Kissen über alte Sofas, steckte Kerzen in leere Chianti-Flaschen, in deren Schein sie und ihre Schauspielerfreunde einander laut vorlasen. Und ich, die Neunjährige, durfte daran teilnehmen, bekam sogar meinen Part zum Vorlesen. Ihre Großzügigkeit, ihre Güte! Ich habe das nie vergessen.

An manchen Abenden gingen wir ins Dock Street Theatre – das älteste Theater des Landes –, und ich sah zu, wie der Mann, den sie später heiraten sollte, Regie führte in Stücken von Shakespeare, Wilder, O'Neill, in denen sie die Hauptrolle spielte. An Sommertagen gingen wir zum Friedhof hinter der Kirche St. Phillip, wo sie mich den Umgang mit Aquarellfarben lehrte, und bald schon hatte ich das Gefühl, ohne sie nicht mehr leben zu können. Es waren gerade Schulferien in diesem ersten Sommer, in dem sie bei uns lebte, und ich lag auf meinem Bett, erstickte gleichsam in der mit schwerem Magnolienduft geschwängerten Luft, weil ich nicht atmen zu können meinte, bis ich ihre Schritte draußen auf dem Kiesweg und das große schmiedeeiserne Tor quietschen hörte. Sie war zurück!

Ich war verliebt, und Tante Pat erlaubte mir, sie zu lieben; mein anbetender Blick machte sie nicht im geringsten verlegen, und sie muß meinen Schmerz, wenn sie weg war, gespürt haben, denn sie schloß mich in ihre Runde erwachsener Freunde ein, wann immer es möglich war. Wenn wir im dunklen Kino saßen, berührte mein Arm den ihren, und ich hatte bei diesem körperlichen Kontakt ähnliche, wenn auch nicht die gleichen Empfindungen wie ein paar Jahre später bei Jungen.

Ihr Interesse an mir ließ mich glauben, daß ich mit der Zeit so aussehen, ja so werden würde wie sie. Sie verkörperte meine erste Hoffnung, genauer gesagt, mein erstes wirkliches Verlangen, das ich mir in bezug auf Blicke zu erträumen wagte. Dieses Vertrauen gewann ich, weil sie mich als eine sah, die es wert war, mit Gedanken und Vorstellungen von großen Leistungen erfüllt zu werden. Es wurden Bücherlisten erstellt, es gab Schauspielunterricht, und es wurde der Stolz auf Größe und gute Körperhaltung gelehrt. Vor allem aber war da der Anblick, wenn sie an dem Spieltisch, den man in mein Zimmer gestellt hatte, saß und an einem Theaterstück tippte, den ganzen Nachmittag dort schrieb. Aus ihrem goldenen Zigarettenhalter stieg eine schwebende, träumerische Rauchspur auf, die von der leichten Sommerbrise durch das Zimmer dorthin getragen wurde, wo ich saß und das ganze Bild in mir aufnahm. Ich tat nicht einmal so, als würde ich das in meinem Schoß liegende Buch lesen, so verliebt war ich in die Gestalt dieser wunderbaren jungen Frau, in diese erste Person in meinem Leben, die mich wirklich wahrnahm und mir das Gefühl gab, geliebt zu werden.

Gleichzeitig begegnete ich und verliebte mich ebenso heftig in Poppy, ein Mädchen, zwei Jahre älter als ich, dessen Familie ein Haus auf der anderen Seite unserer Gartenmauer gekauft hatte. In jenen Jahren durchwanderte ich meine Nachbarschaft oben auf den Backsteinmauern, welche die hübschen Gärten in unserem Teil der Stadt umgaben. Ein paar Leute hatten auf ihren Mauersimsen ein paar Glasscherben angebracht, um Eindringlinge abzuhalten, aber mich hinderte das nicht, und ich fühlte mich auch nie unwillkommen in den Gärten, in die ich mich so formlos herabplumpsen ließ.

Die Bewohner schienen mich zu erwarten, was heißt, sie waren nie verblüfft oder ärgerlich, wenn sie in ihren Garten kamen und mich dort mit ihren Haustieren spielend oder in ihren Bäumen sitzend vorfanden.

Vor allem aber waren es die Zeit und der Ort. Charleston war noch immer »das bestgehütete Geheimnis in Amerika«, wie mein Onkel zu sagen pflegte, und die Leute, nun, sie waren ganz bestimmt keine leeren Seelen, die verzweifelt auf teure Kleider, Schmuck und Luxuskarossen aus waren, um Aufmerksamkeit auf sich zu ziehen. Die Menschen, die meine Kindheit bevölkerten, waren voller Güte, hatten Charakter, gute Manieren und einen ererbten Sinn für das, was und wer sie waren. Die hohen Mauern, auf denen ich entlanglief, bedeuteten keine Einengung, sondern versprachen abgeschlossene Abenteuer wie die einzelnen Geschichten in einem Märchenbuch. Woher hatte ich meine Furchtlosigkeit, und wo habe ich sie verloren?

Eines Tages kletterte ich von meinem Zimmerfenster aus auf unsere Mauer hinunter und entdeckte, daß zwei Gärten weiter eine neue Familie in unsere Gemeinschaft Einzug hielt. Und so traf ich Poppy, die mich als erstes mit der Frage begrüßte: »Wer zum Teufel bist du denn?« Ein Ausdruck, den ich, ein anständiges Mädchen, noch nie hatte verwenden hören. In den schockierenden Worten schwang jedoch auch die Aufforderung mit, zu ihr zu kommen. Ich glitt hinunter in Poppys Garten und fing sofort Feuer, denn sie war noch wilder als ich und besaß, wie auch ihre ganze Familie (die, wie die Leute sagten, aus den falschen Kreisen kam), eine so offenkundige sexuelle Ausstrahlung, wie ich ihr noch nie begegnet war. Ich spürte sie, roch sie, fühlte sie, noch bevor ich wußte, daß es hier um Sex ging. Bald schon sollte ich dieses Wort von Poppy und ihren drei älteren Schwestern lernen, die allesamt eine Lippenstiftfarbe aufgelegt hatten, die sie als »schlechte Mädchen« kennzeichnete.

Ein Mädchen in meinem Alter, das mich an Wagemut übertraf, war für mich ungewohnt. Dazu brachte Poppy noch die Sitten und Gebräuche ihrer Welt der Arbeiterklasse ein, die meine Welt der Privatschule für Mädchen zahm und sittenstreng erscheinen ließ.

Ich hatte nicht gewußt, wie sehr mir diese dampfige Seite des Lebens, die Poppys ganze Familie in ihrem Aussehen und in ihren Gefühlen verkörperte, gefehlt hatte, bis ich mitten in sie hineinpurzelte. Ihr Haus war nicht besonders ordentlich, sie aßen in der Küche und kommunizierten miteinander durch wildes Geschrei. Vor allem aber war es dieses sexuelle Ding, etwas, das meine andere Heldin, meine Tante, nicht vermittelte und das mich nun sofort anzog.

Da saß ich stundenlang in meinen Pfadfindershorts und sah zu, wie Poppys Schwestern sich für ihre Verabredung mit den Kadetten zurechtmachten, die unten auf diese vollbusigen, stattlichen jungen Damen mit ihrem blonden Haar und ihrem Make-up warteten. Ihre vier Betten waren allesamt in einem großen Raum aufgestellt, und dazwischen eingeklemmt befanden sich Frisierkommoden mit zahlreichen Spiegeln, in denen sie sich stundenlang betrachteten, Härchen auszupften, gemächlich und geschickt Make-up auftrugen, Wimperntusche, Rouge, Augenbrauenstift, meisterlich Farben miteinander mischten und aufeinander abstimmten, die Finger naßleckten, um widerspenstiges Haar zu glätten. Dann der Nagellack, die Finger auf dem nackten Knie gespreizt, das Blutrot mit unendlicher Sorgfalt aufgetragen. Und unten harrten derweilen die Kadetten aus, voller Erwartungen und Hoffnungen. Ich wollte die jungen Frauen zur Eile treiben und sagen: »Beeilt euch, macht schnell, oder sie gehen wieder!« Doch sie wußten es besser.

Ich wußte, daß sie sich auf etwas Bedeutsames vorbereiteten, und ich studierte sie ebenso genau wie meine Tante. Hier waren zwei Seiten des Werdens, die sich nur schwer miteinander vereinbaren ließen: Dort war die schöne Welt der großen Leistungen meiner Tante mit ihren Versprechungen von Kreativität und Applaus, und hier war die Welt der verbotenen Sexualität, die ebenfalls eine sehr augenfällige Sichtbarkeit versprach, etwas, auf das ich, angeregt durch Jahre der Unsichtbarkeit in meiner Familie, ganz entschieden Appetit hatte.

Als ich wieder einmal bei ihnen übernachtete, ein Abend, der wie jeder andere begann, kroch Poppy zu mir ins Bett und nahm meine

168

Hand, führte sie über ihre Brüste, zeigte es mir, leitete mich an, bevor sie hinunterglitt zwischen meine Beine und mich mit Mund und Zunge überall an jenem Körperteil berührte, den ich selbst, außer wenn ich mich sauberwischte, nie anfaßte. Es war ein aufregendes Gefühl, das noch durch die mir bekannte Schlechtigkeit dieser Handlung gesteigert wurde. Ich war erst zehn, wußte aber, daß solche Dinge verboten waren und daß ich den anderen »anständigen Mädchen« nichts davon erzählen durfte.

Meine Tante billigte meinen Umgang mit Poppy nicht. Eines Tages erwischte sie mich dabei, wie ich mir hinter einem Azaleenbusch in unserem Garten heimlich die Lippen rosa anmalte; ich muß in meiner Jeans, dem Flanellhemd, mit meinen Zöpfen und der Zahnspange einen etwas verwirrenden Anblick geboten haben. »Warum triffst du dich mit diesem Mädchen?« fragte Tante Pat. Wenn ich damals meine Sehnsüchte hätte verstehen können, hätte ich geantwortet: »Weil sie mich auf eine Weise erregt, die ich fühlen möchte, etwas in meinem Inneren, das ebensosehr Teil von mir ist wie das, was du mir gegeben hast.« Aber ich schwieg und rannte mit schamrotem Gesicht davon.

Die Adoleszenz erfaßte Poppy über Nacht, und sie konnte nichts mehr mit mir anfangen. Sie verschwand aus meinem Leben so abrupt, wie sie gekommen war. Nun war sie umringt von Jungen. In die Fußstapfen ihrer Schwestern tretend, machte sich Poppy daran, die Männer mit dem gleichen verführerischen Zauber anzuziehen, der mich zu ihr hingezogen hatte. Mit gebrochenem Herzen kehrte ich in die Gesellschaft der Mädchen zurück, die ich schon mein ganzes Leben lang kannte. Ich wurde wieder eine von ihnen, aber innerlich war ich anders.

Das großzügigste Geschenk meiner Mutter war die Tatsache, daß sie meine Bewunderung für ihre jüngere Schwester nie kritisierte oder ihr in irgendeiner Weise Schranken auferlegte. Meine Mutter gestattete mir soviel Nähe zu meiner Tante und ihren Freundinnen aus dem Norden, wie ich wollte. Sie waren Frauen wir Pat, jede auf ihre Art einzigartig; sie gaben in New York Zeitschriften heraus oder schrieben Bücher. Auch Männer trafen ein, große, gutaussehende Architekten, Dichter, Theaterschriftsteller, die alle meiner Tante die Ehe antrugen. Ich lebte im Schatten meiner Tante, bis auch mich eines Tages die Adoleszenz wie ein Fieber überkam.

Aus der Liebesaffäre mit Tante Pat nahm ich eine Vorstellung von meinem Aussehen mit, die nichts mit Mode oder Aufmachung zu tun hatte, sondern eine innere Sichtweise von mir wiedergab, die sie inspiriert hatte. Natürlich löschte das nie die infantile Angst aus, wegen einer Hübscheren verlassen zu werden. Diese beiden Aspekte bekämpfen sich bis auf den heutigen Tag: ein starker Glaube an mich selbst, den ich ihr verdanke, und das unansehnliche Kind, das in seinem Aussehen nie an die anderen heranreichte. Ambivalenz.

Von Nancy Drew zu Thelma und Louise

Wir Zehnjährigen begeben uns in die Welt auf der Suche nach neuen Allianzen. Unsere Wegzehrung ist das Vertrauen, welches unsere Familien uns entgegenbringen. Gehen wir mit ihrem Segen, um andere Vorbilder als sie zu finden, die uns zeigen, wie wir zu einer Frau oder zu einem Mann werden können? Hören sich unsere Eltern gern die Geschichten an, die wir über all die wunderbaren Menschen, denen wir begegnen, nach Hause bringen, über den Vater unserer Freundin, der uns das Angeln beibringt, die hübsche Lehrerin, die sagt, daß wir eine Begabung für Sprachen, für das Malen haben oder vielleicht sogar ein großartiger Sopran sind und eines Tages durch ganz Europa reisen und in einem Opernhaus namens La Scala singen könnten? Oder wird uns das Gefühl vermittelt, daß wir Verräter sind?

In diesem Alter brauchen wir nichts so sehr wie die Erlaubnis zur liebevollen Nachahmung anderer Personen außerhalb unserer Familie; wir müssen von den uns liebsten Menschen hören, daß sie sich unsere Offenheit für Alternativen und andere Vorbilder wünschen.

Wenn wir aber statt dessen das Gefühl haben, daß zum Beispiel unsere Zuneigung zu einem älteren Bruder oder einem Onkel von der Mutter als Verrat empfunden wird, dann klammern wir uns um so fester an sie, spüren ihren unausgesprochenen Schmerz über unsere Untreue. Die Mutter und der Vater würden bestreiten, daß sie etwas gegen unsere Suche außerhalb der Familie haben; das Gefühl elterlichen Besitzanspruchs läßt sich so leicht in andere Worte kleiden: Verantwortungsgefühl, Besorgnis, Angst vor der Außenwelt, die in der Tat reale Gründe haben mag. Aber zur Rolle der Eltern gehört auch, daß sie den Unterschied zwischen tatsächlichen und vorgestellten Gefahren erkennen.

Wie soll man einem Vater oder einer Mutter beibringen, daß es ein Akt größter elterlicher Liebe ist, wenn sie ihr Kind ermuntern, die Nähe anderer Menschen zu suchen? Kinder werden ganz natürlich von der Welt angezogen, in der sie sich selbst finden wollen. Deshalb lieben wir auch die Geschichten von Tom Sawyer und Huckleberry Finn mit all ihren Abenteuern und farbigen Charakteren, denen sie außer Haus begegnen, Menschen, die ihr Denken und Leben veränderten. Angesichts ihrer künftigen Wahlmöglichkeiten und der bevorstehenden Entscheidungen, die nur schwer zu treffen sind, wenn ein Anders-als-die-Mutter-sein-Wollen als Verrat erlebt wird, brauchen junge Mädchen in diesem Alter mehr denn je Heldinnen.

Die jetzt neun- oder zehnjährigen Mädchen lieben zwar ihre Familie, aber sie sind ihr hinsichtlich eines Vorbilds, welches zur Nachahmung geeignet ist, entwachsen. Wir kennen unsere Familienmitglieder in- und auswendig und wollen mehr. Ein Vakuum in unseren Gehirnzellen wartet auf Inspiration durch eine bewunderungswürdige andere Person, die uns einlädt, unsere eigene Identität in ihr zu sehen. Wer sind wir? Wir wissen nicht einmal, daß diese Frage existiert, aber sie drängt uns hinaus in die Welt.

Theoretisch wird der emotionale Trennungsprozeß zwischen dem ersten und zweiten Lebensjahr vollzogen, aber in der Praxis arbeiten wir unser ganzes Leben lang daran. Wir sind nie zu alt, um unsere Persönlichkeit zu erweitern und das Gefühl von Sicherheit in uns selbst aufzubauen. Wenn wir die Liebe der Familie verinnerlicht haben, dann verfügen wir über eine gute Basis des notwendigen Sicherheitsgefühls. Was uns Kinder angeht, die wir das Geschenk der bedingungslosen Liebe entbehren mußten, so haben wir immer noch diese paar Jahre der Latenzphase, in denen wir mit Feuereifer nach Menschen »da draußen« suchen können, die uns akzeptieren, uns tief in die Augen blicken und den Funken unserer Individualität wahrnehmen.

Von den Eltern wird die ausgesprochene Ermutigung zum Eingehen anderer enger Bindungen verlangt, etwas wie: »Ich finde es wunderbar, daß du jemanden gefunden hast, der deine Liebe für Bücher, Tennis, Sprachen zu schätzen weiß. Wie nett von ihr, daß sie dir ihre Zeit und Aufmerksamkeit schenkt.« Ist Eltern eigentlich bewußt, wie viele Gelegenheiten Kinder nicht wahrnehmen aus Angst, unloyal zu erscheinen? Blasen uns die guten Wünsche unserer Eltern wie Wind in den Rücken, fühlen wir uns frei, zu gehen, zu reden, zu denken und uns zu kleiden wie eine andere Person, die uns überaus wichtig ist, und entdecken dann, daß unser neues Ich uns nicht die Liebe unserer Familie gekostet hat. Wir sind gewachsen.

Jedesmal, wenn wir uns verlieben, erleben wir die Sensation, daß wir als einzigartig wahrgenommen werden. Wenn der Reiz dessen, daß wir jemandem unser ganz besonderes Selbst schenken, der Angst vor dem Verlassenwerden weicht, verlieren wir unsere eigenständige Persönlichkeit, ohne uns dazu entschieden zu haben. Denn wer würde sich schon für den Verlust seiner Persönlichkeit entscheiden? Wir fallen zurück in die babyhafte Bedürftigkeit nach Einssein und Symbiose: »Ich sterbe, wenn du mich verläßt!«

Die »Erfinderjahre« bleiben vielen Frauen deshalb so stark im Gedächtnis, weil diese Zeit zwischen dem Verlangen nach der Mutter und dem Verlangen nach den Männern so aufregend war. Eine Weile lang waren wir befreit von Regeln, befreit von den Augen, die alles sehen, frei, ein Selbst zu erfinden.

Niemand will von einem geliebten Menschen verlassen werden. Doch wenn Frauen schon den geringsten Moment der Abkehr – wenn er auch nur eine andere Frau anblickt – als Verlassenwerden interpretieren, dann jagt ihre Wut ihnen und ihm Angst und Schrecken ein. Wenn wir nie gelernt haben, daß Wut zur Liebe gehört, ihre unvermeidliche Kehrseite ist, dann lodert sie in ihrer ursprünglichen infantilen Hitze auf. Wenn sie in unseren Wachstumsjahren nicht rausgelassen werden durfte, wenn all die schrecklichen Worte nicht im Raum stehenbleiben konnten, bis sie sich verflüchtigt hatten und die Luft wieder rein war, dann wird sich unsere Wut immer gigantisch ausnehmen. Robertiello sagt, daß irrationale Ängste in der Dunkelheit vor Ungeheuern, Mördern und Gespenstern ein Ausdruck jener eigenen Wut sind, die in der Kindheit nie zum Ausdruck gebracht werden durfte, die immer noch im Unbewußten weiterlebt und auf böse Mächte »da draußen« projiziert wird.

Was mich wie Millionen anderer junger Mädchen zu dieser, von Carolyn Keene ersonnenen, jugendlichen Detektivin Nancy Drew hinzog, war ihre Tapferkeit. Sie hörte keine Mörder an Türen und Fenstern rütteln, wenn sie allein zu Hause war. Ich las jeden Band dieser Reihe – die ich geschenkt bekommen hatte, weil ich die Sonntagsschule nie ausließ –, und ich wollte ihr nicht nur in ihrem Aussehen nacheifern. Vielmehr war es ihre Entschlossenheit, mit der sie intuitiv Ungerechtigkeiten und Widerständen begegnete. Sie jammerte nicht – »O mein Gott, was werden die anderen Mädchen denken?« –, sie handelte. Und Gefahr ließ sie nicht zögern und es sich noch einmal überlegen – »Oh, ich kann unmöglich allein in dieses dunkle große Haus gehen!« Sie ging hinein. Und das machte ich mit zehn Jahren auch. Große leere Häuser, Eisenbahnwaggons unten am Kai, hohe Bäume zogen mich magisch an; das Element der Gefahr war nichts im Vergleich zum Lohn, es geschafft zu haben. Nur im Haus meiner Mutter fürchtete ich, wenn ich nachts allein war, die unaussprechliche Bedrohung aus der Dunkelheit jenseits der Fensterscheibe. Meine eigene nach außen projizierte Wut, übertragen auf dunkle Mördergestalten, die mich vernichten würden: »Ich eins meine Mutter, ich zwei meine Mutter ... ich *aß* meine Mutter.«

Gleichzeitig und im Gegensatz dazu praktizierte ich den Mut wie eine Schwertkämpferin, forderte meine Freundinnen heraus, immer noch höhere Backsteinmauern zu erklimmen. Selbst heute noch zieht mich das Unerwartete mehr an als die Bequemlichkeit. Angesichts all des vielen Unbekannten ist es nicht schlecht, einem Mädchen Mut beizubringen, und es gibt keine bessere Zeit dafür als die Latenzphase.

Ähnliche Gefühle wie Nancy Drew weckte in mir *Thelma und Louise*, ein Film, der 1991 beträchtliches Aufsehen erregte, das Titelblatt von *Time* zierte und viele Feministinnen enorm verunsicherte. Desillusioniert, unerfüllt, mehr am Ende als am Anfang ihres Lebens stehend, purzeln die beiden Heldinnen in ein Abenteuer, das sie wieder mit ihrer Libido, ihrem Mut, ihrer Überschwenglichkeit vereint. Sie klauen Waffen, überfallen ein paar Läden, jagen einen Laster in die Luft und gehen ganz allgemein »wie Männer« vor.

Meine Güte, was für ein Aufruhr dieser Film verursachte! Im ganzen Land hingen Frauen tagelang am Telefon, stritten sich, schrien sich an, manche wütend, manche lachend, aber lebendig! Es war ein gutes Gefühl, daß dieser Streit offen ausgetragen wurde, und der Film war der erste von vielen, in denen weibliche Hauptdarsteller die Straßen unsicher machten. Aber da das Drehbuch von einer Frau geschrieben worden war, wurde *Thelma und Louise* von einigen Feministinnen besonders schlecht aufgenommen. Die Filmkritikerin Sheila Benson sah in dem Film einen Verrat an der Frauenbewegung, denn Feminismus habe »mit Verantwortungsgefühl, Gleichheit, Sensibilität, Verständnis zu tun – nicht mit Rache, Vergeltung oder sadistischem Verhalten«[7]. Ach ja?

Thelma und Louise zeigt für mich vor allem Frauen in Rollen, in denen sie nie zuvor gesehen wurden. Aber wir kennen diese Grausamkeit, haben sie in unserem Leben tatsächlich erfahren, die Wut der Frauen wie auch ihre Güte. Es ist befreiend, bestärkend und manchmal auch unterhaltsam, das Biest in uns wahrzunehmen. Es sagt uns, daß wir menschlich sind.

Wenn wir solche Filme wortwörtlich nehmen und in ihnen nur eine Anregung für Frauen sehen, zu waffennärrischen Banditinnen zu werden, dann entgeht uns die Schönheit der Botschaft. Das *ist* es, was aus uns geworden ist. Wir akzeptierten, daß Männer, manche von ihnen, Mörder sind; nun, einige Frauen sind das auch.

Für mich stellte *Thelma und Louise* die perfekte Fortsetzung der vorpubertären Jahre dar: Das Bild dieser ungestümen und zum Handeln bereiten Frauen erweckt zuviel Neid nicht bei den Männern, sondern bei den Feministinnen, die es einfach nicht ertragen können, wenn eine andere Frau mit offenem Verdeck die Autobahn der Sexualität entlangrast, die Waffe in der Hand, bereit, eher dem Nichts ins Auge zu blicken, als zu einem Leben der Regeln und Vorschriften zurückzukehren.

Die Macht des negativen Rollenvorbilds

Im Gegensatz zu den Personen, die wir als Idol verehrten, gab es die Menschen, deren Handlungsweise, Aussehen und Lebensart wir uns niemals, so schworen wir uns, zu eigen machen wollten. Unbewußt gelobten wir uns, nie wie der überkritische Vater, die ewig jammernde Mutter oder das grausame Geschwister sein zu wollen. Da wir noch von unserer Familie abhängig waren, konnten wir diesen Entschluß freilich nicht laut äußern.

Wenn wir heute in den Spiegel blicken, nehmen wir bestimmte physische Ähnlichkeiten mit einem besonders großspurigen Onkel, einem verdrießlichen Großvater oder einem gemeinen älteren Bruder nicht wahr. Gerade die Merkmale, die dem negativen Rollenvorbild zu eigen waren, wollen, so berichtet ein Schönheitschirurg, die meisten Patientinnen am wenigsten ändern. Wir haben uns geschworen, nie so zu sein wie sie, und in unseren Augen sind wir es auch nicht!

Die Beschreibung, die Doris Lessing in ihrer Autobiographie von ihren Eltern gibt, fasziniert mich sehr stark. Sie zeichnet damit ein Bild dessen, wie ihr Leben ganz bestimmt *nicht* sein würde: »Da sitzen sie zusammen, *sitzen zusammen fest*, durch ihre Armut und – viel schlimmer noch – durch verborgene und unzulässige Bedürfnisse, die tief in ihrer so unterschiedlichen Vergangenheit begründet liegen. Ich empfinde sie als unerträglich, erbärmlich, unzumutbar; was ich nicht ertragen kann, ist ihre Hilflosigkeit. Ich stehe da, ein böses, unversöhnliches, unerbittliches Kind, das stumm sagt: Ich will nicht. Ich nicht. Ich werde nicht so werden wie sie. Ich werde nie so sein ... Vergiß diesen Moment nicht. Behalte ihn für immer im Gedächtnis«, ermahnt sich die junge Doris Lessing selbst. »Du darfst ihn nicht vergessen. *Werde nicht so wie sie.*«[8]

Wann hatte ich mir geschworen, daß ich ökonomisch unabhängig sein würde, den Preis vor Augen, den meine Mutter für ihre Abhängigkeit von meinem Großvater bezahlte? Er war mein Held, aber wie viele Großeltern, die eine Beziehung zu ihren Enkelkindern aufbauen, war er unfähig, seinen eigenen Kindern gegenüber etwas anderes als ein überaus kritischer Zuchtmeister zu sein. Er war ein reicher Mann, aber seine kalvinistische Starrsinnigkeit verlangte es, daß meine Mutter für ihn arbeitete, um zumindest teilweise die Gelder, die er für sie und uns Kinder bereitstellte, »zurückzuzahlen«. Als ich im Süden aufwuchs, arbeitete keine Frau »unserer Gesellschaftsschicht«, und mir prägte sich durch meine Mutter nicht das bewundernswerte Vorbild einer berufstätigen Frau ein – sie haßte ihre Arbeit –, sondern ihre ängstliche, resignative Ausstrahlung. Die Traurigkeit in ihrem hübschen Gesicht machte mir angst, vor allem am Eßtisch, dem Kampfplatz so vieler Familien. Wenn sie mit ihren Freundinnen und Freunden beisammen war, bei Partys, die sich oft spontan in unserem Haus ergaben, sah ich sie glücklich und lachend, aber mir wandte sie sich stets mit einem Seufzer zu, so erschien es mir zumindest.

Ich würde niemals so seufzen, schwor ich mir, und tat es auch nicht. Wie die meisten Kinder ging ich davon aus, daß ich der Grund für diese tiefen Seufzer war und daß sie etwas mit der Abhängigkeit von ihrem Vater zu tun hatten. Mir würde das nicht passieren, beschloß ich. Ich würde nie diesen Blick der Kapitulation aufsetzen. Ich mag mich ganz bewußt entschieden haben, anders zu sein, und doch gibt es bestimmte charakteristische Züge, die wir aus Dutzenden von Gründen nicht umhin können zu ererben und deren nicht geringster der Beweis der Liebe ist: »Schau, Mami, ich hasse dich nicht, ich bin du geworden!«

Ich wollte unabhängig sein, also begann ich, als ich etwa sieben

Jahre alt war, mein Geld in einer Sparbüchse in Form eines gläsernen Globus zu sparen. Ich sah zu, wie sich meine Pennys, Fünf- und Zehncentstücke hinter Portugal und dann Frankreich aufhäuften, und stellte mir vor, daß diese Münzen mir meine Fahrkarte zu all den Ländern auf den mit farbenprächtigen Briefmarken versehenen Postkarten, die mein Großvater, wenn er verreiste, an uns schickte, kaufen würden.

Irgendwann gelangte ich zu einem enormen Mitgefühl für das, was meine Mutter durchmachte, aber als ich klein war, wußte ich nichts von den Hintergründen ihres Unglücklichseins. Mein Vater, den ich tot glaubte, war ja tatsächlich noch am Leben; mit diesem Wissen lebte sie und mit dem Kummer über ihre Abhängigkeit von der »Großzügigkeit« meines Großvaters. Ich sah nur ihre Erbitterung und ihre in Resignation zusammengezogenen Schultern. Um sie zu erfreuen, brachte ich immer gute Noten nach Hause, gewann Preise, Trophäen, Spiele, wurde zur Mannschaftskapitänin, zur Präsidentin und was immer gewählt. Aber ich erreichte mein Ziel bei ihr nicht, und so beschloß ich, ihr weder Probleme noch Preise ins Haus zu tragen. Ich versuchte, für mich selbst verantwortlich zu sein, mir ökonomische und emotionale Unabhängigkeit zu sichern.

Im Spannungsfeld zwischen dem positiven Rollenvorbild meiner Tante in bezug auf Unabhängigkeit und Freude an einem schöpferischen Leben und dem, wie ich fürchte, hier vor allem negativ dargestellten Rollenvorbild meiner Mutter entwickelte sich eine emotionale Blaupause, die noch immer gültig ist. Geändert hat sich, daß ich mir heute dessen bewußt bin, daß das Lachen meiner Mutter, ihr Eifer und ihr Wettbewerbsgeist sowohl genetisch als auch durch Nachahmung Teil meiner Person sind. Ich war zu lange zu wütend, um zugeben zu können, wieviel ich ihr verdanke; zusammen mit der Wut unterdrückte ich auch die Dankbarkeit. Als ich klein war, nahm sie mich nicht wahr. Das verletzte mich tief. Wenn ich sie jedoch heute in der Gesellschaft meiner Freunde in Key West sehe, am Pool sitzend, Martinis schlürfend und sich verführerisch dem Mann zuneigend, der mein liebster Freund ist, dann sehe ich mich selbst.

Und wenn ihr mein Leben bewußt wird, wenn sie sieht, wie wir zurechtkommen, um die Welt fliegen und wie ich mich kleide, dann sagt sie: »Meine Güte, was bist du doch für eine Frau von Welt!« Jetzt ist alles in Ordnung. Ich kann mit ihrem Neid leben, weil ich ihn verstehe: Sie war ebenso befähigt wie ich, ein Leben wie das meine oder irgendein anderes ihrer Wahl zu führen, ihr fehlte lediglich ein gutes negatives Rollenvorbild.

Im Zelt oder bei der Freundin übernachten?

Daß vorpubertäre Mädchen und Jungen, wenn sie erst einmal einen Schritt vor die Haustür gewagt haben, sich in so diametral entgegengesetzte Richtungen aufmachen, zeigt die Dringlichkeit ihres Anliegens: Jedes Geschlecht ist erpicht darauf, Menschen zu finden, die so sind wie es, mit ihnen Freundschaften zu schließen und Gruppen zu bilden. Mädchen bleiben über Nacht bei ihren Freundinnen, berühren sich gegenseitig, quatschen bis spät in die Nacht miteinander, versichern sich gegenseitig, daß sie sich gleichen, einander lieben. Jungen schlafen lieber in einem Zelt, in einem Baumhaus, stellen Vergleiche untereinander an, messen sich miteinander bei sportlichen Wettkämpfen. Der vorpubertäre Junge *muß* Kontakt zu anderen Jungen finden, weil er dem Spiegelbild seiner selbst in den Augen der Mutter, die ihn seit seiner Geburt beherrscht hat, endlich entkommen will. Wer bin ich? fragt er sich und sucht sich als Antwort Menschen seiner Größe, die aussehen wie er, in denen er sich selbst erblicken und denen er vertrauen kann.

Väter spielen im Leben ihrer Söhne eine zu geringe Rolle, und zu viele Jungen werden allein von ihren Müttern großgezogen. Welche Folgen dies hat, ist aus einem kürzlich im *Esquire* erschienenen Artikel über eine von Robert Sears durchgeführte Studie zu entnehmen. Er hatte über Jahrzehnte hinweg eine Gruppe von Männern dokumentierend begleitet und fand heraus, daß »diejenigen im Alter von 23 Jahren am besten Konflikte durch Kompromisse lösen konnten, die als Fünfjährige von Eltern erzogen wurden, die sich die Kindererziehung gleichberechtigt teilten, und ... deren Vater sich ebenso intensiv mit ihnen befaßte wie die Mutter. Als dieselben Männer im Alter von 31 Jahren auf ihr Mitgefühl hin überprüft und mit 41 Jahren an ihren sozialen und intimen Beziehungen gemessen wurden, stellte sich heraus, daß der bei weitem bestimmendste Faktor das Beteiligungsmaß des Vaters an der Kindererziehung war.«[9]

Auf dem Sportplatz, in den geheimen Klubs, an dunklen, schmutzigen Orten, die gerade deshalb gewählt werden, weil sie verwildert, dumpfig, übelriechend und rauh sind und damit einen Gegensatz zu der von Frauen so bevorzugten Umgebung bilden, wird von den Jungen eine neue Sprache und Haltung herausgebildet und eingeübt. So sorgsam erworben, daß viele Männer sie nie wieder verlernen. »Scheiß drauf! Fick dich! Kotz dich aus! Wer hat gefurzt?« Sie brüllen es, sie machen es, masturbieren, furzen, scheißen gemeinsam, alles, was nicht nach Weiblichkeit aussieht. Wenn die Jungs es übertreiben, dann weil sie verzweifelt gern das Gegenteil von uns sein möchten. In ein paar Jahren schon soll der Junge alles unter Kontrolle haben, ein Mann sein.

Als zehnjähriges Mädchen hätte ich schrecklich gern einen Bruder gehabt – oder einen Penis. Der Penis ist ein so vereinendes Symbol, so sichtbar, so greifbar und sauber. Was könnte Jungen besser als andersartige Wesen kennzeichnen? Natürlich löschen sie das Lagerfeuer, indem sie gemeinsam hineinpinkeln, hüpfen nackt in Umkleidekabinen herum, wetteifern darum, wer beim Masturbieren am schnellsten und am weitesten ejakulieren kann. Vergnügt brechen sie Mutters strikteste Regeln, und daß sie damit davonkommen, erfüllt sie mit Wagemut. Der Junge beansprucht stolz die Eigentümerschaft über jenen Körperteil, über den seine Mutter vor wenigen Jahren noch die Kontrolle ausübte, den sie jedoch nicht mochte. Jedesmal, wenn ein Junge masturbiert, ist dies eine Übung für seine Abtrennung von den Frauen, eine Deklaration seiner Männlichkeit.

Wie viele Möglichkeiten hat ein Junge, sich in einem anderen männlichen Wesen zu sehen, den Anblick des schönen jungen männlichen Körpers zu genießen und zu lieben? Mädchen und Frauen berühren und bewundern sich, liegen beieinander, ohne daß dies eine Bedrohung darstellte. Aber ein Junge hat nur diese kurze, schamfreie Zeitspanne, in der er es sich erlauben darf, einen anderen, der ist wie er, zu bewundern, sich einer Art Heldenverehrung hinzugeben. Nur allzu bald wird er mit dem Tabu der Homosexualität konfrontiert. »O mein Gott, ich muß schwul sein!«

Der Entschluß des Jungen, sich nicht um sein Aussehen zu kümmern und statt dessen nach anderen Möglichkeiten des Selbstausdrucks zu suchen, ist Bestandteil seines Ablösungsprozesses von der Mutter. Die frühere Bewunderung seiner langen Augenwimpern und blonden Locken wird jetzt zugunsten von Mutproben beiseite gewischt, die seine Mutter in Angst und Schrecken versetzen oder mit Abscheu erfüllen würden, ihm aber in der Bande Punkte einbringen. Indem er auf ihre Bewunderung seiner Schönheit verzichtet, gewinnt er den Boden, den er als Mann braucht. Die Macht der Schönheit ist zu einem minderwertigeren, mädchenhaften Aktivposten geworden, und wenn die Mutter ihm nun das Haar glattstreichen und ihren Blick auf ihm ruhen lassen will, schiebt er sie mit einem genervten »Ach, Mama!« fort. Sein Ansehen in den Augen der Bandenmitglieder hat ihm die Gewißheit beschert, daß er seine Männlichkeit, seine Distanz zur Mutter und zu Mädchen durch Stärke, Verderbtheit und Können beweisen muß. In seiner Clique ist Schönheit nichts wert.

Ich warte mit Spannung darauf, wie sich die Tatsache, daß bei Männern das äußere Erscheinungsbild eine immer bedeutendere Rolle spielt, auf das Aussehen der Zehnjährigen auswirken wird. Nicht nur erwachsene Männer befassen sich nun eingehend mit Mode und Schönheitspflege und genießen die mit gutem Aussehen verbundene Macht. Das Fernsehen hat männliche Schönheit zu einem immer profitableren Markt gemacht. Diejenigen meiner Freundinnen, die junge Söhne haben, bestätigen mir, daß der Stellenwert des guten Aussehens bereits Einzug bei den Jungen gehalten hat. Haargel, Cremes, die richtigen Turnschuhe, das richtige Hemd und die richtigen Jeans können einem Neunjährigen außerordentlich viel bedeuten. Was ihn verwirrt, sind die Mädchen, die hinter ihm hertelefonieren, ihm von der Schule nach Hause folgen; er zieht sich gut an, um Teil seiner Freundesclique zu sein, nicht um den Mädchen zu gefallen, noch nicht.

Mädchen, die sich in den Armen liegen

Im Gegensatz zu den Jungen bringen Mädchen in die Vertraulichkeiten, die sie miteinander austauschen, den gleichen leidenschaftlich symbiotischen Klebstoff ein, den sie schon aus ihrer Beziehung zur Mutter kennen. Mädchen werden quicklebendig, wenn sie bei der Freundin übernachten. Um ihr Vertrauen zu zeigen, erzählen sie bei einer solchen Gelegenheit alles von sich, was sie aus ihrem kurzen Leben hervorkramen können, in der Hoffnung, daß das andere Mädchen (oder die anderen Mädchen) dieses Vertrauen erwidert und so ihr Einssein besiegelt. Ja, wir wollen unser eigenes spezielles Leben leben, aber das einzig uns bekannte Muster ist die Zweisamkeit. Auch wenn wir noch so sehr den Versuch machen, anders zu sein als die Mutter, sind wir doch von ihr durchdrungen.

Kleine Mädchen schlüpfen zueinander ins Bett, um miteinander zu flüstern, zu kichern, sich zu kitzeln, sich zu umarmen, zu berühren, anzuschauen. Wir können gar nicht tief genug schauen, denn dieses andere Mädchen bin ich, und ich bin es. Wir fangen an, uns selbst zu lieben. Das ist es, was ein Mädchen ist, nicht Mutter, nicht Schwester, sondern die beste Freundin, die so sehr ist wie ich, daß wir, wenn wir voneinander getrennt sind, dennoch über das Telefon in Verbindung bleiben, so verzweifelt halten wir an diesem neuen Selbstbild fest. Unsere liebe kleine Freundin ist unser neues Spiegelbild! Wir sind Seelenschwestern, sie ist die Brücke hinaus in die Welt, die vertrauenswürdige »andere«, die uns, Hand in Hand, bei unseren zaghaften Schritten weg von zu Hause unterstützt, während ihre Augen uns Selbstgewißheit zurückspiegeln. Bis sie uns mit einem anderen Mädchen verrät, uns ausschließt und ohne unser Selbst zurückläßt.

Die Allgemeinheit möchte sich Neunjährige nicht als sexuelle Wesen vorstellen; die Pubertät tritt bald genug ein. Doch in unserer hartnäckigen Weigerung zu akzeptieren, daß ein Kind von Anfang an sexuelle Gefühle hat, spiegelt sich nur unsere eigene Angst vor dem Sex. Es ist lächerlich, daß wir die Realität leugnen und damit junge Menschen zur Unterdrückung einer Vitalität erziehen, die sie in anderen Wachstumsbereichen als dem sexuellen nutzen könnten, wenn *wir* endlich mit unserer Sexualität zurechtkämen.

Die sexuelle Energie ist ein Brennstoff, der für das Lernen, den Sport, die soziale Kommunikation und alle Talente und Fähigkeiten genutzt werden könnte. Kinder sind fähig, das zu begreifen. Wir betrügen sie, wenn wir sie nicht über die altersgemäße Nutzung der sexuellen Energie aufklären.

Wir Mädchen haben stärker als unsere Brüder die sexfeindliche Einstellung der Mutter verinnerlicht, da wir das gleiche Geschlecht haben und sie unvermeidlich unser Vorbild ist. Aber wenn wir uns dann mit anderen kleinen Mädchen und Jungen zu sexuellen Erkundungsspielen zusammentun, macht der warnende Zeigefinger der Mutter das Spiel nur noch aufregender. »Wir saßen auf dem Rand der Sandkiste«, erzählt mir eine Frau, »wir waren vielleicht acht oder neun, Mädchen und Jungen, und ich werde mich immer an die Grunzlaute erinnern, die wir von uns gaben wie kleine Tiere, während wir die Hosen herunterzogen und uns einander zeigten.« Die Spannung des Verbotenen, der Eckstein der sexuellen Phantasien, die Frauen auch weiterhin ausschmücken werden.

Der am weitesten verbreitete erotische Tagtraum unter heterosexuellen wie lesbischen Frauen ist heute jener, bei dem wir Sex mit einer anderen Frau haben, und die früheste Erinnerung an derartige wirkliche sexuelle Erkundungen reicht in unsere Erfinderjahre zurück. Natürlich bleibt uns die Erinnerung an die erste sexuelle Stimulierung im Gedächtnis haften, die Berührung durch einen Finger so klein wie der unsere, das Bewußtsein, daß er einem anderen kleinen Mädchen gehört, das unsere bislang geheimgehaltenen Gedanken mit uns teilt. Wir hatten geglaubt, daß wir die einzigen sind, daß alle Frauen so sind wie die Mutter. Gemeinsam, Partnerinnen in Geist und Tat, entfernen wir uns von der Mutter. Das dem Brechen der mütterlichen Regeln anhaftende Element des Verbotenen wird zu etwas Beherrschendem und so tief mit Sex assoziiert, daß viele erwachsene Frauen einzig und allein »verbotenen Sex« erregend finden können; nach der Hochzeit verliert der Sex seinen besonderen Reiz.

Ein weiteres vorherrschendes Detail der sexuellen Phantasien erwachsener Frauen ist das intime Gespräch, das Mitteilen von Geheimnissen, die eine erotische Brücke zum Geschlechtsakt aufbauen. Männer verstehen die Vorliebe der Frauen für das verbale Vorspiel einer gedämpft geführten Unterhaltung vor dem Sex nicht, Worte und Worte, die Vertrauen aufbauen, die sexfeindlichen Fesseln lockern, die Tür zum Käfig öffnen und die Leidenschaft auflodern lassen. Kleine Mädchen liegen im Bett und erzählen sich Geheimnisse. Große Mädchen möchten ein Abendessen bei Kerzenschein, mit leiser Stimme ausgetauschte Vertraulichkeiten und, vielleicht später, romantische Musik, noch mehr Worte der Liebe, die sie vor Verlangen feucht werden lassen.

Wenn wir klein, wenn wir neun sind, haben wir unsere Genitalien bereits als etwas Unberührbares verinnerlicht. Wir haben sie uns nie angeschaut, aber wir wissen, daß sie kein hübscher Anblick sind. Jetzt, wo wir mit diesem anderen Mädchen zusammen sind, tut sich die Chance auf, zu entdecken, daß Mutter vielleicht nicht recht hat. Wenn das andere Mädchen uns »da« berühren möchte und will, daß wir es auch anfassen, dann ist das Geheimnis nicht mehr schmutzig und auch kein Geheimnis mehr. Vielleicht erkennen wir nun unsere Vagina, unsere Klitoris als Bestandteil unserer selbst. Es muß für Männer sehr schwer sein, diesen einzigartigen Zugang, den Frauen zueinander haben, zu begreifen.

Manche Frauen »vergessen« ihre präadoleszenten Abenteuer mit anderen Mädchen, bis, Jahre später, das Unbewußte beim Geschlechtsverkehr oder Masturbieren ein Gefühl freisetzt, das ebendiese Erregung ist, die wir bei unserer ersten sexuellen Selbstentdeckung fühlten.

Vielen jungen Mädchen würde es nicht im Traum einfallen, ein anderes kleines Mädchen so zu berühren und seinen Körper zu erforschen. Sollten sie etwas Schlechtes tun, wie zum Beispiel im hohen Gras gemeinsam pinkeln, sind sie ganz sicher, von jemandem beobachtet zu werden, und von Angst erfüllt. Das Mädchen hat nie die emotionale Trennung von der Mutter geübt, hat Mutters Liebe verinnerlicht – »*meine* Tochter, komme was da wolle« – und nun auch das alles sehende Auge der Mutter übernommen. Wenn sie dann Jahre später mit einem Mann im Bett liegt, und ihre Mutter ruft an, ist sie sich sicher, daß die Mutter ihn nackt neben ihr im Bett und die beschmutzten Bettlaken »sieht«. Die Meinung ihrer Mutter zerstört sie auch heute noch so wirkungsvoll wie damals, als sie zwei oder neun war.

Vor 20 Jahren kamen bei Frauen sexuelle Phantasien über Sex mit einer anderen Frau relativ selten vor. Heute nehmen sie den ersten Rang ein. Tatsächlich fühlen sich Frauen nicht nur in der Phantasie, sondern auch im wirklichen Leben sexuell zueinander hingezogen. In einer Welt, in der Frauen neu erfinden, was eine Frau ist und wie sie auszusehen hat, erscheint dies absolut logisch. Was ist eine Frau? Wir wenden uns, genau wie damals mit neun Jahren, neugierig, gespannt einander zu, um uns genau zu erforschen und zu bestätigen, was es heißt, weiblich zu sein.

Denken wir Frauen jemals über den Vorteil nach, den wir gegenüber unseren Brüdern haben, über unsere ambisexuelle Lockerheit, mit der wir uns auf Experimente mit beiden Geschlechtern einlassen, ohne zu befürchten, daß wir die Gewißheit über unsere Geschlechtszugehörigkeit verlieren könnten? »O mein Gott, ich muß homosexuell sein!« steht für die Panik, die einen Mann überfällt, wenn er sich bei dem Gedanken an einen Geschlechtsgenossen ertappt. Die spontane sexuelle Phantasie oder wirkliche Erfahrung mit einem anderen weiblichen Wesen kann das Selbstbild des Mädchens bereichern, doch beim Jungen werden die Türen zugeschlagen, und sein Selbstbild verengt sich.

Heterosexuelle Männer wagen es nicht, mit Phantasien über andere Männer zu spielen; statt dessen bleibt das vorherrschendste Thema ihrer Phantasien jenes eine, das zeigt, wie überaus tief die

Macht jener ersten Frau über ihren Sohn und seine Wut reicht, weil sie seine Sexualität nie anerkannte und ihm ihren Segen nicht gab. In erotischen Träumen von Erniedrigung wendet der Mann seinen Zorn und seine Wut auf Frauen gegen sich selbst.

Manche jungen Mädchen übernehmen die sexuelle Rigidität ihrer Mütter so vollkommen, daß sie über ihre Abscheu vor allen sexuellen Dingen nie hinauswachsen. O ja, sie kommen in die Pubertät, sie heiraten, haben Sex und werden Mütter, aber sie betrachten sich selbst nie als sexuelle Wesen. Wenn sie in den Spiegel blicken, stellen sie sich nie vor, daß ein Mann auf die Kurven ihrer Brüste, ihre langen Beine reagiert; so haben sie sich selbst niemals gesehen. Das Empfinden der eigenen Sexualität wurde schon vor langer, langer Zeit aufgegeben und wird nie vermißt werden.

Man kennt diese Art Frauen, ist ihnen schon begegnet. Sie haben einen gewissen Blick, eine Art, sich zu kleiden, bestimmte Merkmale an sich, die warnen: Betrachte mich nicht als sexuelle Person. Man nennt sie Latenzfrauen, was bedeutet, daß sie auf der emotionalen Ebene nie die Erfahrung des sexuellen Erwachsenwerdens gemacht haben. In Gesellschaft anderer Frauen fühlen sie sich wohler als mit Männern, sind jedoch nicht lesbisch. In der Ehe versuchen sie vielleicht, mit ihrem Mann die Symbiose mit der Mutter wiederherzustellen. Doch die meisten Männer haben Angst, sich emotional in einer weichen, engen Verschmelzung zu verlieren.

Solange diese Pfadfindermädelfrauen ihre sexfeindliche Einstellung für sich behalten, wünsche ich ihnen alles Gute; wenn sie aber ihren richterlichen Heiliger-als-der-Papst-Blick auf den Rest von uns richten und verlangen, daß wir so leben sollen wie sie, dann werden sie für mich zum Feindbild. Gib deine Reichtümer auf, iß kein Fleisch mehr, geh am Sonntag nicht mehr zum Tanzen; gibst du aber deine sexuelle Mitte auf, dann wirst du in der Nacht mit den Zähnen knirschen und dir vorstellen, wie andere an der verbotenen Frucht teilhaben. Sexuelle Abstinenz ist nur erträglich, wenn alle anderen sich auch enthalten.

Sexfeindliche Männer sind ebenso mißgünstig wie sexfeindliche Frauen. Ich habe nie daran gezweifelt, daß die neidische Wut der extremen politischen Rechten aus der unerträglichen Vorstellung resultiert, daß andere sich an dem erfreuen, woran sie, die enthaltsamen selbsternannten Gottesfürchtigen, schon seit Jahren nicht mehr teilhaben. Außerdem bin ich sicher, daß die hingebungsvollsten Pornographiekonsumenten anschließend hinausstürmen, um Absolution für ihre schmutzigen Orgasmen zu suchen.

Die Wurzeln für ein kommendes Matriarchat sehe ich in den von Frauen beherrschten Familien, in denen die Abwesenheit des Mannes statt Anlaß zur Sorge der bevorzugte Zustand ist. Fehlt der Vater, dann kommen Mädchen und Jungen ohne Vorbild für die Männerrolle in die Adoleszenz. Der Junge wird sich um so stärker an seine rein männliche Clique anlehnen; das Mädchen aber erwartet, daß die Intimität mit einem Mann das symbiotische Einssein mit der Mutter widerspiegelt. Das ist eine für Männer absolut unerfüllbare Erwartung.

Viele von uns Frauen wollen nicht in einem solchen Matriarchat leben; wir fürchten die rigiden Regeln und die einengende Macht der Frauen mindestens ebenso wie die patriarchalische Gesellschaft. Aber Kinder, die nur von Frauenmacht umgeben aufwachsen, haben keine Wahl. Statt der Liebe der Väter erhalten sie ihre tägliche Dosis Wut auf die Männer, die noch durch deren gewalttätige, grausame und brutale Darstellung im Fernsehen und in den Printmedien verstärkt wird.

Es ist faszinierend, nicht wahr, daß wir nun genau in dem Moment etwas über das lebensbestimmende Bedürfnis nach intimer Elternbetreuung in frühen Jahren erfahren, in dem wir das ausgedehnte Team – Mutter, Vater, Großeltern und all die anderen – verlieren. Nicht daß all die vielen Armpaare im Haus automatisch die Erfahrung vollkommenen Einsseins und anschließender emotionaler Trennung garantierten. Trotzdem schauen wir uns Woody Allens *Radio Days* mit einem Seufzer der Sehnsucht nach den exzentrischen, aber liebenswerten Tanten und Onkeln an, die in den überzähligen Zimmern der Familie zu wohnen pflegten.

Es geht schließlich immer wieder um die alte, mit Robertiello debattierte Streitfrage: »Wärst du lieber schön, wie das Christuskind geliebt auf die Welt gekommen und immer festgehalten worden oder aber als unsichtbares Wesen, das alternative Mittel ersinnen mußte, um endlich wahrgenommen zu werden?« Ich würde immer letzteres wählen; es führt zu sehr hohen Höhen und sehr tiefen Tiefen, über die man eigentlich gar nichts wissen will; aber auch die sehr junge Schönheit wird betrogen. Schönheit ist nicht von Dauer; hingegen können die von Tante Pat oder von einem Onkel, der ein Rennradfahrer, ein Geiger, ein Opernsänger war, erlernten Fähigkeiten ein Leben lang vorhalten.

Ich hoffe, daß junge Menschen vor allem dieses Kapitel lesen und daß sie, selbst wenn sie sich nicht darin erkennen sollten, die unerschlossenen Möglichkeiten sehen, die »da draußen« existieren, einzigartige Gelegenheiten für die Acht- bis Zehnjährigen, einer bewunderungswürdigen anderen Person nahe zu kommen. Diese kurze Zeit, in der wir so formbar und befreit von den Forderungen der Familie sind, von ihren Projektionen und den Wünschen der Gesellschaft, wie wir sein und aussehen sollen, ist unendlich kostbar. Auch wenn wir unser schönes zehnjähriges Selbst in der Spiegelhalle der Adoleszenz drangeben sollten, bleiben die Siege dieser Jahre doch in unserem Inneren intakt.

Ich kann Ihnen versichern, daß es nie zu spät ist, um zurückzugehen und ein Bild einzufordern, das wir mit neun oder zehn Jahren von uns erschufen; wenn wir es überprüfen, paßt es noch immer perfekt, weil es im Inneren existiert. Vor zehn Jahren wurde ich schließlich erwachsen. Damit meine ich, daß ich die Haut abstreifte, in der ich bis dahin mein Erwachsenenleben geführt hatte; ich hörte auf, mit Männern das erschaffen zu wollen, was ich als kleines Kind nicht hatte. Und die Haut, die genau richtig paßte, fand ich in diesen Jahren der Selbsterfindung.

KAPITEL 4

Der Tanz der Adoleszenz:
Mädchen

Und wieder werden hübsche Babys
zuerst in die Arme genommen

Niemand vergißt die Jahre der Adoleszenz. Niemand. An irgendeinem Tag, der beginnt wie jeder andere, signalisiert eine kleine Drüse im Gehirn dem Körper, daß wir nun für die Geschlechtsreife bereit sind. Von einem Bedürfnis geweckt, das uns von unseren Kindheitsspielen mit Menschen, in denen wir uns jahrelang selbst sahen, weglockt, machen wir eine Kehrtwendung, um den urteilenden Blicken der Angehörigen des anderen Geschlechts zu begegnen. Wir fühlen uns zu ihnen hingezogen, suchen nach einer neuen Widerspiegelung. Was immer wir uns auch an Selbstwertschätzung erworben haben, jetzt fühlen wir uns von ihrer Bewertung abhängig. Wir warten auf den Tanz.

Im Laufe der Jahre schrieb ich über jene Nacht im Jachtklub, unseren ersten offiziellen Tanz in der Erwachsenenwelt, und über meinen Schock. Mit meinen 13 Jahren war ich nicht darauf vorbereitet, daß sich an jenem Abend mein Ich auflösen und meine Welt auseinanderbrechen sollte. Ich stand da in meinem schauderhaften Kleid, die Schultern an die Wand gepreßt, und sah zu, wie meine lieben Freundinnen, deren Anführerin ich gewesen war, in den Armen gutaussehender Jungen tanzten; und die ganze Zeit über leugnete dieses gefrorene Lächeln in meinem Gesicht, daß ich dringend Rettung brauchte. Ja, sogar das Mädchen, das um ihres Lebens willen keinen Ball in den Korb brachte, tanzte an mir vorbei. Und obwohl sie mir alle zuflüsterten, ich solle mich auf der Damentoilette verstecken, hielt ich die Stellung.

In dieser Nacht oder kurz darauf dankte ich in meiner Anführerinnenrolle ab und warf damit auch meinen Mut, meine Intelligenz, meinen Witz, meine Rasanz fort; alles, was ich jahrelang geübt hatte, erwies sich nun als nutzlos in meinem verzweifelten Verlangen, in den Armen gehalten und zum Tanz der Adoleszenz geführt zu werden.

Ich habe ein in unserem Garten aufgenommenes Foto von mir, das geradezu mit »Der erste Tag der Adoleszenz« betitelt werden könnte. Jemand hatte mein Haar zu einer glatten Pagenfrisur geschnitten, die mein langes Gesicht noch trauriger erscheinen läßt. Ich sitze nach vorn gebeugt in einem weißen Korbstuhl, starre zu Boden, die Hände eng zusammengepreßt im Schoß, versunken in der Qual der Niederlage einer Verliererin.

Die Erwachsenen flüsterten einander zu: »Es ist nur eine Phase, sie wird darüber hinwegkommen.« Psychologen benutzen noch immer diese Worte, als seien der Schmerz und die Widersprüche unvermeidlich. Sind sie das? Ich bin nicht davon überzeugt. Mein Leben wäre anders verlaufen, wenn ich nur imstande gewesen wäre, das Mädchen, das ich gewesen war, mit in die Adoleszenz zu nehmen. Daß ich ihm die Zügel anlegen, es zwingen mußte, den einschnürenden Regeln zu gehorchen, denen sich alle Mädchen unterwerfen müssen, machte mich für den Rest meines Lebens äußerst befangen, übermäßig vorsichtig, unsicher, ließ mich alles im nachhinein in Frage stellen und kritisieren. Und nicht zu vergessen, es machte mich wütend. Wut, weil ich mich selbst im Stich ließ, zähneknirschende Wut, die ich pflichtschuldigst hinunterschluckte und »vergaß«.

Die rigiden Regeln der Adoleszenz verwandelten mich wie die meisten Frauen, die ich getroffen habe, in eine Person, die über alles die Kontrolle haben muß. Ein kleines, beschränktes Leben zu führen, wenn du ganz natürlich nach mehr hungerst, ist nur erträglich, wenn all die anderen Mädchen ihren Appetit auch unterdrücken.

Die Adoleszenz erwischte mich ohne einen Spiegel, den ich mein eigen hätte nennen können. Jahrelang war ich an ihnen vorübergegangen, ohne ihre Macht zu erkennen. Der Spiegel über dem

Waschbecken im Badezimmer hätte genausogut auch eine gestrichene Wand sein können. Wozu brauchte ich einen Spiegel, ich war mir ja meiner Person sicher, wußte, wer ich war, sah mich in den Augen anderer Menschen. Die Leute spiegelten mir Zustimmung und Gefallen an meiner Gegenwart zurück. Ich spürte ihre Güte und Freundlichkeit und blieb noch einen Augenblick länger, wärmte mich auf.

Jetzt mußte ich plötzlich meine Vorzüge überprüfen. Ich schloß die Badezimmertür und starrte diese lange Person in dem mannshohen Spiegel an – und kam plötzlich nicht einmal mehr als Mitspielerin in Betracht. Ich war gewohnt zu gewinnen, im Unterricht wie auf dem Sportplatz, und ich kannte die Fähigkeiten und Mängel aller meiner Freundinnen, mit denen ich mein ganzes Leben lang Basketball und Baseball gespielt hatte. Ich war es gewohnt, das Team zusammenzustellen, und hätte mich für diesen neuen Wettkampf nie selbst ausgesucht, der mir zu meinem Kummer weitaus bedeutsamer erschien als alles, was ich bisher versucht hatte. Auf der Stelle, quasi über Nacht, verbrannte ich mein schönes inneres Selbstbild und steckte all meine Energie in die Nachahmung der Manierismen der hübschesten Mädchen, in ihre Körperhaltung, ihre Kleidung.

Von einem Tag auf den anderen konnte ich der Schönheit meiner Mutter, die sich bald wieder verheiraten sollte, und meiner Schwester nicht mehr ausweichen. Ihre Streitigkeiten und hitzigen Dispute am Eßtisch über Make-up und enge Pullover waren nun für mich voller Bedeutung. Ich sehnte mich danach, daß sie mir aus meiner mißlichen Lage halfen.

Sehr dünn und groß zu sein, war, als ich aufwuchs, nicht in Mode, hingegen stießen kleine Mädchen in den Südstaaten auf Bewunderung. Wir Mädchen befanden uns in einem Wettrennen, bemüht, einander in einem negativen Wettstreit auszustechen, bei dem es darum ging, nicht mehr, sondern weniger zu sein. Selbst der Intellekt war nicht etwas, dessen wir uns brüsten konnten. Die Jungen wollten kein »wandelndes Lexikon«, unser abschätziger Spitzname für Mädchen, die einfach nicht anders konnten, als alles zu lesen, was sie in der Bibliothek zwischen die Finger kriegten.

Vor der Adoleszenz hatte mich das Leben gelehrt, daß alles gemeistert werden konnte, wenn man es nur lange genug übte. Jetzt bestand meine Aufgabe darin, alles wieder zu verlernen, langsamer zu werden, weniger zu reden, weniger zu denken, weniger zu sein. Es sollte viele Jahre dauern, bis ich wieder so viel Vertrauen gewann, daß ich meine Gedanken flüssig zu artikulieren vermochte, so gekonnt hatte ich in der Adoleszenz den Stromkreis zwischen Gehirn und Zunge unterbrochen.

Jahre später machte ich zahllose Therapiestunden durch, um mein Rückgrat wieder geradezubiegen, das sich nie von meinen gebeugten Knien erholt hatte, dieser Körperhaltung, die ich mir bei der Kunst, weniger zu sein, so meisterlich angeeignet hatte. Was ich aber jahrelang am meisten vermißte, war diese Selbstsicherheit, die Tapferkeit, die ich vor der Adoleszenz besessen hatte. Warum liebten mich die Leute nicht? Weder der berufliche Erfolg noch großartige Freundschaften, noch die Liebe der Männer konnten mir helfen, dieses Maß an Selbstvertrauen zurückzugewinnen, diese innere Vision und, ja, die Freundlichkeit und Großzügigkeit, die ich vor der Zeit der äußeren Spiegel der Adoleszenz besaß. Erst als mein Haus niederbrannte, konnte ich mit dem Wiederaufbau beginnen, auch wenn ich nie wieder die ganze Schwungkraft zurückerlangte.

Erst seit wenigen Jahrhunderten können wir uns diese Adoleszenz genannten Jahre leisten, unseren Kindern die Chance des Heranwachsens geben, statt sie auf den Feldern und in den Fabriken schuften zu lassen. Warum dieses Geschenk, wenn wir Erwachsenen *sie* dann gar nicht gelten lassen, uns nicht dieses Wunder ihres physischen und intellektuellen Wachstums anschauen, so wie wir sie in ihrer Kindheit betrachtet haben? Stimmt, sie haben nicht mehr diese eindeutige, betörende Abhängigkeit des Kleinkindes. Vielmehr können uns diese Jugendlichen ziemlich verrückt machen, den einen Tag krabbeln sie uns auf den Schoß, den anderen fordern sie die Rechte eines Erwachsenen. Es wäre demütigend für sie, sollten sie nach der liebevollen Widerspiegelung ihrer selbst verlangen, die einem kleinen Kind angemessen ist; doch genau das ist gewünscht – der »Blick« –, sofern sie nicht gerade ihre absolute Privatsphäre fordern. Ist das von den Eltern zuviel verlangt?

Ich könnte weinen, wenn ich an all das denke, was wir aufgeben, um in dieses Klischee zu passen, heute genauso wie zu meiner Zeit. Und in diese Abdankung würde ich auch die schönen Mädchen einbeziehen, die an nichts anderes glauben als an die Macht der Schönheit. Wie sollte es auch anders sein angesichts einer Welt, die sich vor ihnen verneigt? Wie sagt man diesen schönen Helden und Heldinnen der Adoleszenz, daß ihre wenigen sonnigen Momente vielleicht alles sind, was sie je haben werden? Meine Antwort darauf lautet, daß wir sie über die Macht der Schönheit aufklären und ihnen zugleich beibringen müssen, die Langlebigkeit der Intelligenz, der Klugheit und des Mitgefühls gegen die kurze Herrschaft des äußeren Erscheinungsbilds abzuwägen.

Wenn ich einen Lehrplan für präadoleszente Jugendliche erstellen sollte, würde ich sie auf eine neue Einschätzung und Wertschätzung des anderen Geschlechts und durch das andere Geschlecht vorbereiten, das nun auf sie wartet. Ich erinnere mich an die Adoleszenz als eine abrupt aufgestoßene Tür, und da waren sie, die Jungen. Ich wußte gar nicht, was ich entbehrt hatte, bis ich sie sah und die Musik einsetzte; dann stieg die ganze verzweifelte Sehnsucht meiner frühesten Lebensjahre in mir auf und verlangte nach Erfüllung. Mit einemmal begriff ich die Bedeutung der romantischen Songs, die ich unschuldig und ausgelassen auf meinem Rad gesungen hatte.

Vor jenem Abend im Jachtklub war mein kindlicher Exhibitionismus auf das Erringen von Aufmerksamkeit und Zustimmung der Welt im allgemeinen ausgerichtet. Danach erkannte ich mein wahres Publikum: Jungen. Nur sie konnten mich mit ihren Blicken in sich aufnehmen, lieben, was sie sahen, und mich auf diesem Weg mir selbst zurückgeben. Der »Blick« der frühen Kindheit. Nun stieg er auf von den Spielsachen im Kinderzimmer, forderte noch einmal eine Chance, diesmal bei den Jungen und nicht bei der Mutter. Der unselige Haken dabei war, daß ich in meinem dreizehnjährigen Geist und Körper sexuelles Verlangen mit der kindlichen Sehnsucht nach symbiotischer Seligkeit verwechselte.

Die libidinöse Energie, die jetzt für meine intellektuelle und soziale Entwicklung zur Verfügung stehen sollte, diente statt dessen der Erfüllung meines unwiderstehlichen kindlichen Bedürfnisses, in den Arm genommen zu werden. Intellekt und Führungsqualitäten spielten bei diesen frühen Paarungsritualen keine Rolle. Ein rascher Blick auf die aufgereihten Jungen und Mädchen sagte mir hingegen, daß mir Schweigen und Kleinheit am dienlichsten wären, wollte ich tanzen und in den Armen eines Jungen gehalten werden.

Und da kam nur einer von ihnen in Frage. In meinen Augen hatte nur einer die Macht, mich zu erwecken. Malcolm, der Anführer der Bande, James Dean, Elvis, Alter ego meines Kleinmädchenselbst. Malcolm, der harte Bursche in der Windjacke, die Ärmel seines T-Shirts hoch über die Armmuskeln aufgekrempelt, Blick und Schultern unbeugsam, war für mich der Fels, an den ich mich klammern wollte, der unerreichbare Prinz, für den ich jeden Drachen erschlagen würde. Ein Widerspruch, aber das ist das Merkmal der Adoleszenz.

Aber Malcolm sah mich nicht. Sein Blick ging glatt an mir vorbei und richtete sich auf ein Mädchen, das schön war und auf perfekte Weise alle erforderlichen Merkmale aufwies: große Augen, schmales Kinn, breite Backenknochen, ausladende Hüften und natürlich Brüste. Nur Baseball spielen, auf eine Mauer klettern und eine Gruppe anführen, das konnte sie nicht.

Beneidete ich sie? Ohne Zweifel, ja, denn ich habe in diesen Adoleszenzjahren Malcolm nie aus dem Blick verloren, habe nie aufgehört, nach ihm zu verlangen. Aber ich konnte es mir nicht leisten, das Mädchen zu hassen, für das er sich entschieden hatte und das meine Freundin war, und ich hätte jegliche Konkurrenzgefühle vehement abgestritten. Die Jungen waren das Ziel, aber meine Mädchenschar war die Heimatstation. Statt dessen bediente ich mich des besten Abwehrmechanismus gegen das Erkennen von Neidgefühlen: Ich idealisierte meine Rivalin. Sie stand so weit über mir, daß es undenkbar war, sie als Rivalin zu betrachten. Ich lächelte in ihrer Gegenwart, umarmte sie so fest wie immer und redete mir ein, daß ich glücklich war, mit einem von Malcolms Leutnants auszugehen.

Wenn ich schon nicht mehr die Anführerin meiner Schar bei diesem neuen Spiel des Begehrtwerdens war, dann würde ich die beste Nachahmerin der kollektiven Identität sein. Die unausgesprochenen Regeln für »brave Mädchen« schrieben vor: keine Konkurrenz, keinen Sex. Ein Verstoß gegen sie hätte den Ausschluß aus der »Mädchenclique« bedeutet.

Obwohl ich immer das Gefühl hatte, daß niemand in unserer »Clique« die Jungen leidenschaftlicher begehrte als ich, hat sich zugleich niemand vehementer an diese Regeln gehalten als ich. Gelegentlich dachte ich daran, meine Freundinnen anzurufen und zu fragen, ob sie von der verbotenen Frucht kosteten. War ich die einzige, die sich danach sehnte, die Grenzlinie zu überschreiten, sich dem geliebten Jungen im Austausch für Liebe ganz und gar hinzugeben, und sich enthielt?

Tatsächlich war aber das, was ich als Ersatz für den Geschlechtsverkehr fand, auf seine Weise ziemlich erfüllend. Je mehr ich das orgasmische Potential der Frauen studiere, ihr Vermögen, allein durch die Macht der Phantasie ohne irgendwelche Berührungen einen Orgasmus zu schaffen, desto überzeugter bin ich davon, daß es das war, was die Leidenschaft in jenen Autos meiner Jugend zuwege brachte. Ich verstand nie, warum bei meiner Rückkehr nach Hause meine hübschen, weißen, spitzenbesetzten Baumwollunterhöschen völlig durchnäßt waren. Meine Brüste durften nicht berührt werden und auch nicht meine Genitalien; es fand alles in meinem Kopf statt.

Ich meinte, durchaus ohne Penetration leben zu können, die mir mit ihrer Drohung der Ächtung durch die »Clique« wie die Hölle selbst vor Augen stand. Mein mir selbst gegebenes kognitives Versprechen funktionierte besser als jedes im Laden gekaufte Verhütungsmittel: ein »mentales Diaphragma«, das mir ganz entschieden von meiner Tante und den Lehrerinnen in den Kopf eingesetzt worden war.

So verzehrend meine Liebe zu den Jungen auch war, die Aussicht auf viele Männer und viele Abenteuer zog mich noch machtvoller an, und all das hätte ich durch eine Schwangerschaft drangeben müssen, die eine Wiederholung des Lebens meiner Mutter bedeutet hätte. Die Macht des negativen Rollenvorbilds! Für den Moment war die gewählte Droge das Aufgeben des Selbst zu den Klängen romantischer Musik.

Die Leute in dem wunderbaren Ort, in dem ich aufwuchs, waren freundlich und gütig und in meiner Erinnerung voller Akzeptanz und Liebe trotz all meiner zum Mißerfolg verdammten Bemühungen, klein und niedlich zu werden. Niemand verlangte, daß ich mich selbst in diese miese Kopie eines Mädchen-Mädchens verwandelte. Die Tragödie ist die, daß ich den größten Teil meines Lebens darauf verwenden mußte, diese Rolle wieder abzustreifen.

Das Lächeln, das meine Wut verbarg, weil ich mich selbst im Stich gelassen hatte, gab mir meine neue Identität. In den Armen eines Jungen oder Mannes zu liegen und sich angebetet zu fühlen, machte alles wieder wett, und als ich dann mit Anfang 20 schließlich Geschlechtsverkehr hatte, war ich mein fügsamstes Selbst geworden: Indem ich keine Verhütungsmittel benutzte, überließ ich ihm die ganze Verantwortung. Das war nicht das Verhalten des verläßlichen Mädchens, das ich vor der Adoleszenz gewesen war.

Stärker als Worte sagt die sexuelle Unverantwortlichkeit der Frauen der Mutter, daß wir immer noch ihr kleines Mädchen sind: »Schau, Mami, ich habe Sex, aber ich bin keine gleichwertige Partnerin. Ich habe diesem Mann die Eigentümerschaft über meinen Körper übertragen, so wie einst dir.«

Pubertät: »Ein Abschied von der Kindheit«

Soviel von unserer Zukunft erfolgt in Reaktion auf das Geschehen während der Adoleszenz. Waren diese Jahre ein Gipfelpunkt, nach dem das Leben wieder bergab ging, oder eine qualvolle Phase der Anpassung, die rückblickend uns zu Entscheidungen motivierte, die über den Rest unseres Lebens bestimmten?

In der Adoleszenz erwacht im Heranwachsenden die Erkenntnis von der Bedeutung der eigenen Handlungen für seine gegenwärtige und zukünftige Rolle und Stellung in der Gesellschaft. Warum neigen wir dann zu einer Herabwürdigung dieser Lebensphase, sehen sie lieber irgendwo angesiedelt zwischen komischer Oper und einer schwierigen Anpassungsphase? Die Erwachsenen warten darauf, daß diese problematischen Jahre der Teenager vorübergehen, bringen ihnen nur widerwillig die Geduld und das Verständnis entgegen, die sie verdienen. Wir haben unseren Kindern diese Jahre mit unserer harten Arbeit und mit unserem Wohlstand erkauft, damit sie diese »zweite Geburt« durchlaufen können und nicht schon in einem allzu frühen Alter schuften müssen und selbst Eltern werden. Wir geben ihnen die Jahre, aber kein mentales Rüstzeug, um sie optimal zu nutzen.

Wie kommt es, daß die Rolle der Adoleszenz im Vergleich zu den ersten Lebensjahren bis vor kurzem von den modernen Verhaltensforschern derart vernachlässigt wurde? »Es ist oft bemerkt worden«, schreibt der Psychoanalytiker Peter Blos, »daß die westliche demokratische, kapitalistische Gesellschaft wohl kaum einheitliche Prozesse und Techniken liefert, um die Rolle der Adoleszenz festzulegen, noch erkennt diese Gesellschaft ein Ritual der adoleszenten Statusveränderung an ... Während der Adoleszenz – im scharfen Gegensatz zu der frühen Kindheit – ist das Auffallende der Mangel an institutionalisierten Formen. Man könnte sagen, die Gesellschaft gibt die Jugend auf und läßt sie selbst zusehen, wie sie weiterkommt.«[1]

Wir sind die einzigen Primaten mit einer so langen – Adoleszenz genannten – Entwicklungsphase im Leben. Primaten niedrigerer Entwicklungsstufen werden geboren, wachsen, bis sie sich fortpflanzen können, und tun dann automatisch und wie die Generation vor ihnen genau das, immer und immer wieder, bis sie sterben. »Zur Geschlechtsreife gelangte Tiere sind in der Familiensippe einfach nicht willkommen«, erklärt die Soziologin Virginia Rutter. »Sexuelle Rivalität macht das Zusammenleben unmöglich. Aber bei den Tieren fällt die Geschlechtsreife mit der geschärften Intelligenz zusammen, so daß ihr Verlassen der Sippe keine Zurückweisung darstellt.«[2]

Stellen Sie sich vor, wir würden mit dem Einsetzen der Pubertät aus dem Haus geworfen werden; tatsächlich sah das Leben vor etwa 300 Jahren nicht viel anders aus. Voraussetzungen für eine Adoleszenz, wie wir sie heute kennen, waren nicht nur der Wohlstand und die industrielle Revolution, sondern auch Erziehung und Ausbildung. Nachdem die Druckerpresse erfunden und Schulen eingerichtet waren, mußten die jungen Menschen erst einmal lesen lernen, um als Erwachsene zu gelten. »Weil die Schule dazu bestimmt war, einen des Lesens und Schreibens kundigen Erwachsenen heranzubilden, wurden die Kinder nicht mehr als kleine Erwachsene wahrgenommen, sondern als etwas völlig anderes – als ungeformte Erwachsene«, schreibt Neil Postman.[3]

»Noch vor ein paar Jahren war es unter ernsthaften Studenten der Humanentwicklung ein offenes Geheimnis«, schreibt der Entwicklungspsychologe Urie Bronfenbrenner, »daß der Adoleszenzbereich sozusagen ein Trümmerhaufen war. Es gab natürlich eine Reihe eleganter und aufregender Studien, aber viel von dem, was da unter Forschung lief, war bestenfalls langweilig.«[4] Zwar hat sich dies seit 1985 und mit der Gründung der Society for Researching Adolescence geändert, dennoch fragt man sich unwillkürlich, warum das wissenschaftliche Interesse an dieser Lebensphase erst so spät erwacht ist.

Wo sind die mitfühlenden Fernsehsendungen, die darüber aufklären, wie es sich anfühlt, wenn man 13, 15 Jahre alt ist? Wann haben wir je ein Handbuch für Eltern mit adoleszenten Kindern auf der Bestsellerliste gesehen? Wir stellen weiterhin Konsumartikel für Teenager auf einem bereits überschwemmten Markt her, der jährlich Millionen Dollar abwirft, haben aber weder die Zeit noch die Neigung, ihre Entwicklung in der Jugend so genau zu studieren wie ihre Babyjahre. Wir verfügen auch über immer mehr Geriatriespezialisten im Ausgleich zu den Pädiatriespezialisten, aber wo sind die »Adoleszenzspezialisten«?

Die Welt der Heranwachsenden wird immer komplexer und gefährlicher; warum sollten wir all die Mühen und Kosten auf uns nehmen, um für die Babys und kleinen Kinder zu sorgen, um sie dann, mißverstanden, an der Schwelle zur Pubertät im Stich zu lassen? Die Grenze zwischen Teenager und Erwachsenem verwischt mehr und mehr angesichts der Jugendlichen, die zu Stars in Erwachsenenfilmen, spitzenverdienenden Topmodels, MTV-Superstars und zu Idolen nicht nur ihrer eigenen Generation, sondern auch der unseren werden. Vielleicht wollen wir – natürlich unbewußt – nicht, daß unsere heranwachsenden Kinder uns überflügeln, uns in der Fülle ihres knospenden sexuellen Lebens daran erinnern, daß wir alt sind.

Es ist ein Paradoxon voller Ambivalenz und wird von sexueller Schönheit beherrscht. Wir lieben unsere Kinder vielleicht zu keiner Zeit mehr, als wenn sie klein, abhängig, die »unseren« sind. Mit dem Heranwachsenden, der voller Widerspüche ist, verhält es sich anders. Die Welt von heute, die Medien, die Mode, die Filme, der Markt, alles fokussiert sich auf die schönen jungen Menschen, so als wären die Sechzehnjährigen das Zentrum des Universums. Das kann Eltern ziemlich verstören. Schon unter optimalen Bedingungen ist es schwierig, Regeln für einen Heranwachsenden aufzustellen, und wir haben keine optimalen Bedingungen.

Eltern sind nicht dagegen immun, ihre Kinder zu beneiden. Die größte Wut reserviert der Mensch für jene, die er am meisten liebt, gleich ob sie Geliebte, Eltern oder Kinder sind. Die Ambivalenz der Liebe weiß nichts von Familienbanden.

Wir wünschen unseren Kindern alles Gute. Wir haben für sie Opfer gebracht. Aber wenn wir die Fülle ihres adoleszenten Lebens sehen, diese Schönheit, ihre sozialen, intellektuellen und sexuellen Erfolge, dann fühlen wir den Stachel des Neids in uns. Abgestritten und anders benannt – »ich tue das nur zu deinem Besten« –, schwillt der gräßliche Neid nur noch mehr an.

Die Adoleszenz ist ausreichend komplex, um drei Entwicklungsstadien aufzuweisen: Vorpubertät, Pubertät und Nachpubertät. Wenn ich mir so die Namen der Hormone anhöre, die durch den adoleszenten Körper marschieren – Androgene, Östrogene, Testosterone –, erinnert mich das an altrömische Armeen: »*Insula est parva*«, denn das waren die Jahre, in denen wir Mädchen den ersten Lateinunterricht von der lieben Mrs. Jervey erhielten. Ich lese über die Sekretionen des adoleszenten Körpers – Substanzen, chemische Energie, die einen Wachstumsschub auslöst, das Schamhaar zum Wachsen bringt – und stelle mir eine Szene aus Charlie Chaplins *Moderne Zeiten* vor, Maschinenräder, Förderbänder, die sich methodisch in alle Richtungen bewegen.

Der Junge schläft, und doch marschieren die Armeen der Hormone in ihm weiter, stimulieren das Absacken der Hoden, das Wachstum des Penis, aller Knochen, aller Organe; jedes Gewebe drängt, wächst, verlangt nach mehr Raum. Eines Morgens wacht er auf und findet die Spuren eines Samenergusses auf Mutters sauberem Bettlaken. »O mein Gott!« Ein Freund erzählt mir von Nächten in der Adoleszenz, in denen er zum Kühlschrank stolperte, sich Milch, Brot, Brennstoff für die in ihm vorrückenden Armeen holte, die Ausdruck seines Werdens waren. Anderntags veränderte sich seine Stimme, hatte er eine ungebetene Erektion im Schulbus.

Und da sitzt das Mädchen, liest, träumt, lauscht auf romantische Musik, während ihre Armeen das Wachstum der Klitoris, Vulva, der Brüste, Haare und natürlich der Pickel einleiten. Eines Tages fängt sie in der Klasse an zu bluten, beschmutzt ihr Kleid. »O mein Gott!« Aus dem Körper eines Kindes gestaltet sich der Körper einer Frau, der wiederum ein Kind austragen kann. Sie hebt die Arme, um nach den ersten Achselhaaren zu schauen, spreizt die Beine, wenn sie sich sauberwischt, um nachzusehen, ob da ein Haar sprießt, stellt sich seitwärts vor den Spiegel in der Hoffnung, daß sich Brüste zeigen, die sich mit denen ihrer Freundin vergleichen lassen. Sie hat Träume und Phantasien, die ihrem Körper ein Absondern von Flüssigkeiten signalisieren; sie hat auch Tagträume, Sehnsüchte nach einer Intimität, ein Refrain aus ihren Tagen der frühesten Kindheit.

Das ist es, was der oder die Heranwachsende durchmacht, eine Rekapitulation der früheren Kindheit. Diesen zarten Erinnerungen steht ein trotziger, regelbrechender Teenager gegenüber; Kleidung, Frisur, ein neuer Sprachschatz, ein neuer Tanz und eine neue Musik, erfunden, um ihn oder sie auf Abstand zu den verletzlichen Gefühlen der »zweiten Geburt« und auch zu uns Erwachsenen zu halten. Daß wir unseren adoleszenten Kindern ihre Verkleidung so enthusiastisch abnehmen, zeigt, was für komplexe Emotionen Eltern in der Gegenwart ihrer nunmehr geschlechtsreifen Kinder haben.

Wir schenken unseren Kindern Jahre, verhalten uns aber selbst wie Kinder, die es nicht ertragen können, sich von dem hübschen Geschenk zu trennen. Ohne die richtige Gebrauchsanleitung, ohne *unser* Verständnis und *unsere* besten Wünsche ist die Adoleszenz ein wenig erfreuliches und oft auch gefährliches Geschenk.

Nein, wir selbst, die Erwachsenen, wollen noch einmal jung und schön sein und die Gelegenheiten der Adoleszenz erhalten! Die Erwachsenen von heute wollen weder in ihrem Äußeren noch in ihrem Verhalten wie Eltern wirken. Sie wollen so aussehen wie ihre Kinder; und dagegen müssen selbst die liebevollsten Söhne und Töchter etwas haben.

Wie kommt es dazu, daß wir an der Schwelle zum 21. Jahrhundert unsere Heranwachsenden als gierige Konsumenten und unverantwortliche Egoisten betrachten? Wir selbst haben das zu verantworten. Wenn die Jugendlichen von sich selbst wie besessen sind, dann deshalb, weil wir Erwachsene sie zu Konsumenten erzogen haben, die für alles Geld ausgeben, was ihnen eine Identität verschafft. Schau mich an! Sieh mich, oder ich sterbe!

Wir erziehen unsere Kinder nicht so, daß sie von der Selbstliebe zur Menschenliebe gelangen können – an uns haben sie ganz gewiß nichts entdeckt, was einem solchen selbstlosen Verhalten auch nur nahekäme. Die Jugendlichen sehen, daß wir unsere Identität auf dem Rücken aufgedruckt tragen, daß wir unser Selbstwertgefühl und unsere Moral in unseren Schmuck und in unsere Besitztümer verlagert haben. Sie sehen unsere skrupellosen, doppelzüngigen nationalen und internationalen Führer in den Abendnachrichten.

G. Stanley Hall, der die Adoleszenz als eine Lebensphase bezeichnete, in der zivilisatorisch gesehen die nächste Generation entweder Fortschritte macht oder aber auf ewig verlorengeht, erklärte, daß es seiner Ansicht nach nicht möglich sei, das bei der »zweiten Geburt« Verlorene später im Leben wieder wettzumachen. Dem muß ich mit Bedauern zustimmen. Die Schwungkraft meiner Kindheit habe ich nie wiedererlangt.

Niemand hat mir oder meinen Freundinnen irgend etwas darüber erzählt, was mit unserem Körper passiert. Wir wurden weder in der Schule noch zu Hause sexuell aufgeklärt, und auch wir Mädchen sprachen untereinander nicht darüber. Die biologischen Vorgänge blieben also unerklärt, und auch in anderer Hinsicht hatten wir in diesen Jahren keine Strukturen, wie wir sie hätten haben sollen; uns wurde nicht für fortgesetztes intellektuelles Wachstum der Lohn einer weitaus aufregenderen Zukunft in Aussicht gestellt, als sie eine allzu frühe Ehe, eine allzu frühe Schwangerschaft hätte bieten können. Wir hätten die Generation sein können, welche die Gesellschaft auf die nächsthöhere Entwicklungsstufe führt, die über ihre Eltern hinauswächst, eine bessere Welt aufbaut. Die Gesellschaft muß es nicht gewollt haben, sonst wäre es geschehen.

Oberflächlich betrachtet besitzt die Welt der heutigen Jugendlichen wenig Ähnlichkeit mit jener meiner Jugend. Aber das innere Bild vom Selbst – das mich weitaus mehr interessiert als die Verpackung – bleibt das gleiche: turbulent, schwankend, verzweifelt um Erkennen ringend. »Wie siehst du mich, damit ich mich selbst sehen kann?« Unsere Teenager rufen in uns unsere eigene Adoleszenz wach, die verlorengegangenen Gelegenheiten, die sexuellen Begegnungen, die wir uns verwehrten. Als wir jung waren, begriffen wir nicht, daß die sexuelle Energie auch die intellektuelle und soziale Entwicklung nährt. Jetzt aber ist uns klar, daß damals viel verlorenging, nicht nur sexuelle Abenteuer, sondern eine ganze Welt. An diesen Verlust werden wir nun durch unsere eigenen heranwachsenden Kinder erinnert.

Nachdem wir als Eltern unsere ganze strafende Energie auf die Unterdrückung der kindlichen sexuellen Aktivität gerichtet haben, verweigern wir den Teenagern nun eine ausreichende sexualkundliche Aufklärung und die Versorgung mit entsprechenden Schutzmaßnahmen. Dies garantiert, daß sie uns nicht überflügeln oder uns an unsere eigene armselige Welt sozialer und sexueller Erfüllung erinnern.

Diejenigen, die heute noch behaupten, daß Sexualkundeunterricht für junge Leute gleichbedeutend ist mit der Erlaubnis zum Sex, reduzieren ihre Kinder auf das Niveau trainierter Tiere. In unserer Weigerung zu glauben, daß ein junger Mensch durchaus dazu in der Lage ist, seinen Körper als einen schutzwürdigen Tempel zu betrachten, zeigen wir, wes Geistes Kind wir sind, schreibt Virginia Rutter: »Das deutet hin auch auf die negativen Gefühle, die wir Amerikaner mit der Adoleszenz verbinden – wir betrachten sie als eine Krankheit.«[5]

Es gibt gute Gründe, sich des allzu frühen Geschlechtsverkehrs zu enthalten. So stark die sexuelle Phantasie auch sein mag, ein Teenager ist durchaus in der Lage, einen noch stärkeren und beherrschenderen Druck ins Spiel zu bringen: seinen oder ihren Traum vom künftigen Leben, der zerstört würde, wenn Geschlechtsverkehr nicht auf später verschoben oder ein Verhütungsmittel benutzt wird. Wenn sich ein mit Prinzipien ausgestatteter weiblicher oder männlicher Jugendlicher dazu entscheidet, die sexuelle Befriedigung dem großen Lebensplan unterzuordnen, die Eltern ihr oder ihm aber nicht vertrauen oder beistehen, kann der Traum vom verantwortlichen Selbst irreparabel beschädigt werden.

Wenn sich ein Mädchen von seiner Mutter auf der emotionalen Ebene verraten fühlt, weil diese ihre Tochter als Rivalin betrachtet oder weil sie sie nicht auf die Adoleszenz vorbereitet hat oder ihre Sexualität nicht zur Kenntnis nimmt, dann ist eine Schwangerschaft quasi vorprogrammiert. »Fast immer findet sich bei der ungewollten Schwangerschaft eines Teenagers der Wunsch, wieder mit der Mutter vereint zu sein, und gleichzeitig ein Rachegefühl, das sich auf die Mutter richtet, weil sie ihre Liebe entzogen hat,« schreibt die Psychiaterin Louise Kaplan.[6]

Die Jugendlichen von heute sehen in uns keine bewunderungswürdigen Vorbilder, denen sie nacheifern wollen, indem sie Geist und Körper dazu drängen, über unsere Leistungen hinauszuwachsen. Harte Arbeit, damit unsere Kinder einmal ein besseres Leben haben als wir, darum ging es beim berühmten amerikanischen Traum. Inzwischen hat sich aus diesem Traum in pädagogischer

Hinsicht eine Katastrophe entwickelt: Mehr als 1,6 Millionen junge Menschen im Alter von fünf bis vierzehn Jahren werden jeden Tag allein zu Hause gelassen.[7] Wie viele ungewollte Schwangerschaften resultieren aus dem leidenschaftlichen Schrei: »Kümmere dich um mich! Bewundere mich!«, und nicht so sehr aus einem sexuellen Verlangen, dem man auch auf verantwortungsbewußte Weise hätte nachgeben können. Der Verzicht auf Verantwortungsbewußtsein schafft die ersehnte Abhängigkeit des nie genossenen kindlichen symbiotischen Einsseins.

Wir haben unsere Jugendlichen süchtig gemacht nach der Macht »des Images«. Sie haben unseren Neid auf ihre Jugend und Schönheit gespürt und zugesehen, wie wir ihnen ihre Adoleszenz stehlen, ihre Mode, ihre Musik, ihre Tänze, alles, was sie erfinden, um sich von uns abzugrenzen. Schamloser Neid ohne Schuldgefühl – alles von uns erlernt – ist zu ihrer geistigen Einstellung geworden.

Tempel oder Kloake?

Genau in dem Moment, in dem die Schönheit am meisten zählt, werden wir gleichsam wie aus einem Alptraum zu dem schockierenden Bewußtsein erweckt, daß wir über unseren Körper keinerlei Kontrolle haben. Unsere Brüste wachsen, die Kleider, die uns noch gestern paßten, sind uns morgen zu eng, zu kurz. Und dann setzt eines Tages die Blutung ein, und wir beschmutzen uns selbst.

Gerade als wir dachten, unter den Freundinnen unseren Platz auf der Rangleiter gefunden zu haben, und nachdem wir unsere Identifikation mit der Mutter auf Menschen unseres Alters und unserer Größe verlagert haben, zieht uns die Unterströmung einer Flutwelle körperlicher und emotionaler Veränderungen zurück in die Zeit der Kinderstube. Das Menstruationsblut erweckt die Angst der ersten Lebensjahre vor dem Kontrollverlust zu neuem Leben. Von der ersten Frau haben wir damals das Gefühl für die Schmutzigkeit unseres Körpers erlernt. Wir haben immer gewußt, daß Mutter ihren Körper nicht mochte; jetzt verstehen wir, warum.

Welches Selbstbild auch immer ein junges Mädchen sich vor der Menarche erschaffen haben mag, jetzt wird es sich verändern. Die Menstruation mit all den begleitenden Ritualen übt auf das Mädchen einen so nachhaltigen emotionalen Einfluß aus, daß es nie wieder in den Spiegel blicken und sich so optimistisch darin sehen kann wie vor der ersten Regelblutung. All diese Gefühle des frühkindlichen Kontrollverlusts, die wieder hochgeschwemmt werden! Und außerdem noch diese Blutung, die beschmutzt, schlecht riecht und absolut unkontrollierbar ist – das macht die Menstruation zur gefürchtetsten Feindin der Schönheit.

Als ich aufwuchs, bestand der einzige Hinweis auf weibliche Hygiene in ganzseitigen Werbefotos von schönen Frauen in eleganter Garderobe und der diskreten Botschaft in einer Ecke: »Camelia, weil ...« Weil was? Vor meiner ersten Regelblutung dachte ich über das Geheimnis der Menstruation nicht nach, obwohl ich heute sagen würde, daß sich mir jene höfliche Botschaft ins Gehirn eingeprägt hat. Als ich dann zu bluten begann, »wußte« ich, ohne daß man es mir gesagt hätte, daß ich mich nie für die gebotene »Anständigkeit« qualifizieren würde, wenn ich nicht, so wie die elegante Dame auf dem Foto, mein schmutziges kleines Geheimnis für mich behielt. Wie töricht von mir zu glauben, daß mich diese Werbefotos nicht beeindruckt haben; umkreise ich nicht den Ladentisch der Apotheke unseres Viertels, bis eine Verkäuferin frei war, die mir eine Schachtel Tampax verkaufen konnte, weil ich mich zu sehr schämte, mich an einen männlichen Verkäufer zu wenden?

Wie mag sich ein junges Mädchen heute fühlen, das mit Werbespots für weibliche Hygieneartikel bombardiert wird, die dem Thema das Gepräge einer Epidemie geben? Verschwunden ist das untertriebene »Camelia, weil ...«, das schon schlimm genug war, da alles ungesagt blieb. Statt dessen sehen wir nun glückliche Teenager am Strand, Mütter und Töchter in Kornblumenfeldern spazierengehen, dankbar, daß sie es wieder einen Monat ohne Demütigung geschafft haben dank des einen oder anderen der Dutzende weiblicher Hygieneprodukte, die der Markt anbietet. Ausgerechnet Frauen schreiben in der Werbebranche Texte für weibliche Hygieneprodukte, die das abscheuliche Spektakel unserer Genitalien bestätigen. Warum drehen wir die Sache nicht um, bewirken eine Wandlung in der Selbstwertschätzung und Selbstachtung der Frauen?

Das Einsetzen der Regelblutuung läßt sich nicht kontrollieren. Wir können nicht wissen, wann sie beginnt, oder uns absolut sicher sein, daß wir diesmal unsere Kleidung nicht in aller Öffentlichkeit beflecken. Und was die Sache noch schlimmer macht, wir wissen jetzt, daß dieser Bereich zwischen unseren Beinen die Quelle sexuellen Vergnügens *und* ungeheurer Scham ist. Wie kann man mit einem solchen Konflikt fertig werden?

»Wir statten Frauen nicht mit einem Bewußtsein darüber aus, daß sie die Verantwortung für ihren Körper übernehmen müssen«, sagt Judith Seifer, die die Pubertät und adoleszente Sexualität seit über 20 Jahren erforscht und unterrichtet. »Im sexuellen Aufklärungsunterricht wird den Mädchen immer noch nicht gesagt, daß sie eine Klitoris haben. 18 Jahre habe ich mich mit zwei pharmazeutischen Firmen herumgeschlagen, die beide Plastikmodelle für Arztpraxen herstellen. Ich habe noch nie ein von einer pharmazeutischen Firma hergestelltes sexualkundliches weibliches Modell gesehen, das eine Klitoris aufweist. Die Sechst- bis Neuntkläßlerinnen in meinem Unterricht schauen sich dieses Modell an, und wenn sie bereits das Glück hatten, ihre eigene Klitoris entdeckt zu haben, und nun keine am Modell sehen, glauben sie mir nie wieder ein Wort.«

Mädchen kommen nun allgemein früher in die Pubertät, was weitgehend auf eine bessere Ernährung zurückzuführen ist, und das heißt, daß sie groß genug sind, um ein Kind austragen zu können. Seit Mitte des 19. Jahrhunderts hat sich die Pubertät – der Eintritt der Geschlechtsreife und der Beginn der Adoleszenz – alle 25 Jahre jeweils um ein Jahr nach rückwärts verlagert. Sie tritt heute im Durchschnitt sechs Jahre früher ein als 1850 – bei Mädchen mit elf oder zwölf Jahren; bei Jungen mit zwölf oder dreizehn Jahren.

»Als ich in den späten fünfziger und Anfang der sechziger Jahre aufwuchs, setzte sie mit zwölf Jahren und acht oder neun Monaten ein«, sagt Seifer. »Vor dem Zweiten Weltkrieg wahrscheinlich mit

13 Jahren und etwas mehr. Der Grund, warum zehn- und elfjährige Mädchen in den Städten so früh zu menstruieren beginnen und auch schwanger werden, ist der, daß so viele mehr Körperfett aufweisen als die vorangegangenen Generationen; sie nehmen Nahrungsmittel zu sich, die nicht unbedingt gesund sind, aber Fettzellen bilden, und Östrogen wird in Fettzellen gespeichert.«

So wie unsere Menarche zunehmend früher einsetzt, verschiebt sich auch die Menopause immer weiter nach hinten, was heißt, daß wir mittlerweile 30 oder 40 Jahre lang Blutungen haben und uns Sorgen machen. Die Menstruation stößt jedem Mädchen zu, und darin liegt ein gewisser Trost; und wenn die Menarche nicht rechtzeitig einsetzt, wenn unsere Freundinnen sie bereits haben und nur wir nicht, dann fangen wir sogar an zu befürchten, daß sie überhaupt nie kommt.

Jetzt ist Gleichsein mehr als je zuvor alles, worum es im Leben geht. Wenn die mit der Menstruation assoziierten Demütigungen vage Form annehmen, bindet uns das Gleichsein zu engen Gruppen zusammen. Mit unserer besten Freundin teilen wir die Schmach, wenn sie ihr Kleid befleckt, weil wir wissen, daß uns das auch leicht passieren kann. Nur Kontrolle kann uns retten. Wir müssen uns auf Schritt und Tritt beobachten, in jedem Moment vor dem Verlust der Kontrolle auf der Hut sein.

Wir werden, wenn unsere Regelblutungen einsetzen, zur Meisterinnen der Kontrolle. Die Regeln, die bislang unsere »Clique« beherrschten, sind nun noch härter als zuvor. Überempfindlichkeit, Reinheit und Kontrolle spielten in unserem Leben natürlich schon immer eine Rolle; nicht nur in bezug auf die frühe Sauberkeitserziehung, sondern auch im Zusammenhang mit der Mutter und den Lehrerinnen, die uns ermahnten, leiser zu sprechen, unser rauhes Gelächter klangvoller zu modulieren und unser Gerenne sein zu lassen. Die »Mädchenclique« schließlich übte darüber hinaus Kontrolle über unsere Kleidung und unser Verhalten aus. Jetzt, da die Jungen die Bühne betreten, kommt die Kontrolle der Leidenschaft hinzu. Wer die Regeln nicht beachtet, der wird ausgestoßen. Die Drohung der Exkommunikation von der »Clique« gewinnt nach dem Einsetzen der Regelblutung und ihrer unaussprechlichen Partnerin, der Demütigung, noch mal eine zusätzliche Dimension der Grausamkeit und Einsamkeit.

Wir Frauen haben nichts getan, um uns zu helfen, die natürlichste Sache eines Frauenlebens zu feiern, die Regelblutung. »Es ist ein erlerntes Verhalten«, sagt Judith Seifer. »Mädchen mögen ihre Periode immer noch nicht. Sie nennen sie immer noch den ›Fluch‹. Wenn du in einem Haushalt mit Frauen aufwächst, die diese Erfahrung hassen, sie verabscheuen und pathologisieren, Krämpfe haben und Pillen aus der Drogerie dagegen· einnehmen oder mit einer Wärmflasche ins Bett gehen – was tust *du* dann, wenn nicht dasselbe, beim Versuch, das Verhalten der Erwachsenen nachzuahmen?«

Seifers Worte erinnern mich an das Glas mit einem Schuß Gin, das meine Mutter für meine stöhnende Schwester die Treppe hinauftrug. Durch die geschlossenen Türen hindurch hörte man das Gestöhne zweimal im Monat im ganzen Haus widerhallen. Mutter und Tochter. Eines Tages setzte während des Geschichtsunterrichts meine Periode ein; plötzlich krümmte ich mich vor Schmerzen zusammen. Ich erhob mich pflichtbewußt von meinem Stuhl, bat darum, entschuldigt zu werden, und stolperte quer über die Straße zum Haus meiner Freundin, nur um die Haustür verschlossen zu finden. Getreu der Familientradition schlug ich ein Küchenfenster ein, um an den Gin zu kommen.

Ich möchte hier nicht so tun, als wollte ich aus einem Kohlkopf eine Rose machen, aber warum verhält sich beispielsweise die frühe kämpferische Feministin Simone de Beauvoir und außer ihr viele andere wie »kleine Mädchen«, wenn es um die Funktion geht, die stärker als alles andere unser Vermögen, Kinder zu gebären, signalisiert? Die Reaktion auf gute oder schlechte Gerüche wird erlernt, und der Anblick von Blut, das zum Beispiel durch die Bandagen eines Soldaten sickert, ist würdiger Anlaß für einen Salut. Warum ist dann unser Blut nicht ein triumphales Banner, unter dem wir Frauen marschieren und die Lebenskraft feiern, über die nur wir verfügen?

Statt dessen schreibt meine Heldin de Beauvoir: »Das männliche Geschlecht ist sauber und einfach wie ein Finger, der sich in aller Unschuld vorzeigen läßt, und oft haben die Knaben es ihren Kameraden stolz und herausfordernd vorgeführt. Das weibliche Geschlecht ist der Frau selbst ein Geheimnis, verborgen, unbehaglich, schleimig, feucht. Mit den monatlichen Blutungen, manchmal auch mit schmierigem Ausfluß führt es ein geheimes, bedrohliches Eigenleben.«[8]

Schmach und Scham sind mit diesen Blutflecken verbunden, das Mal eines Fluchs, das kundtut, daß eine Frau ihr Haus nicht in Ordnung gehalten und die Selbstkontrolle vernachlässigt hat; diese Demütigung läßt sie aus dem Zimmer rennen und untröstlich schluchzen. Sie fühlt sich als minderwertige Frau, weil sie nicht ausreichende Vorsicht hat walten lassen und mit übermenschlicher Kraft die Magie ihres menstruellen Zyklus zu kontrollieren sucht, der sich natürlich der Kontrolle entzieht.

Einige jüdische Freundinnen erzählen mir, daß sie der Menarche ihrer Töchter durch eine Bar-Mizwa-Feier Ehre erweisen. Das ist gut, aber nur ein Anfang. Die von der Gesellschaft übermittelte Botschaft muß ins Gegenteil verkehrt werden, und das bald, denn sonst konzentrieren sich Frauen auch weiterhin zu intensiv auf körperliche Unvollkommenheit. Heute verrichten wir unsere Arbeit in der Öffentlichkeit, was heißt, daß wir immer Blicken ausgesetzt, von Spiegeln und reflektierenden Flächen umgeben sind, die uns ablenken, weil sie uns daran erinnern, daß wir zu dick, zu klein, zu groß sind und vielleicht gar nicht bemerkt haben, daß wir unsere Kleidung befleckt haben.

Warum starten wir nicht, bevor wir die Mädchen den Konkurrenzhärten am Arbeitsplatz aussetzen, eine Werbekampgane, welche die Sache mit der Menstruation wieder in die richtigen Bahnen lenkt? Wir könnten rote Armbänder verkaufen, die wir an den Tagen, an denen wir bluten, stolz tragen. Ich bin davon überzeugt, daß Männer, wenn die Rollen vertauscht wären, die monatliche Regelblutung zum Anlaß einer Feier machen würden. Einerseits stärken wir in unseren Töchtern das Vertrauen darauf, alles erreichen zu können, aber andererseits belasten wir sie mit unseren Menstruationsmiseren.

»Stoppt die Unfälle, bevor sie passieren«, so der Werbetext für Binden in einer Teenagerzeitschrift. »Der Bus hat Verspätung, und du hast mörderische Krämpfe. Du bist so aufgeschwemmt, daß du dich wie ein kleiner Wal fühlst ...«, so ein anderer Text, dessen letzte Zeile verspricht: »So gut es sein kann, bis es vorbei ist.« Was ist »es«? Vielleicht 20 Prozent unserer gebärfähigen Jahre, verlorene, häßliche Tage, und immer mit Risiko behaftet, wenn man der Werbung glaubt, die weiterhin junge Mädchen und ihre Mütter einer Gehirnwäsche unterzieht.

Als Mitte der achtziger Jahre die Vorherrschaft der Schönheit im Leben der Frauen wieder Fuß faßte, nahm auch die Zahl ganzseitiger Werbeanzeigen für weibliche Hygieneprodukte rasant zu. Noch alarmierender waren die Werbespots im Fernsehen, und dieser Trend ist noch immer im Wachsen begriffen. Wie wird wohl die nachfolgende Generation berufstätiger Frauen in der Zukunft mit den zunehmenden Schönheitsanforderungen im Schatten der »Kloake« umgehen?

»Wir wissen nicht, wie wir die mit dem Frauwerden einhergehenden physiologischen und psychischen Veränderungen akzentuieren oder feiern sollen«, sagt Tamara Slayton, Leiterin der Menstrual Health Foundation. »Als ich anfing, mit geschlechtsreif werdenden Mädchen zu arbeiten«, erzählt sie, »stellte ich fest, daß sie keinerlei Wert in der Menstruation sahen. Ihr Haß auf die Blutungen war so tief, daß meinem Gefühl nach viele junge Frauen schwanger werden, um sich nicht mehr mit ihrer Periode befassen zu müssen. In unserer Gesellschaft wird heutzutage die Schwangerschaft in einem positiven Licht gesehen, auch dann, wenn es eine uneheliche ist. Hingegen wird die Menstruation auch weiterhin als negative Erfahrung gewertet. Die zu dieser Zeit stattfindenden hormonellen Veränderungen im Körper führen auch zu Verhaltensänderungen, aber wir haben nichts, um das gebührend zum Ausdruck zu bringen. Mädchen begegnen den Herausforderungen des physischen Körpers, treffen eigene Entscheidungen, nehmen ihr Leben in die

Hand, aber zu viele tun es über eine frühe Schwangerschaft. Das heißt, möglicherweise tritt dieses Schwangerschaftsphänomen bei diesen jungen Mädchen anstelle eines Initiationsrituals auf, das an sich zum Zeitpunkt der Menarche einzuführen wäre.«

»Wenn eine Mutter negative Gefühle mit ihrem Körper verbindet, sollte sie in Gegenwart ihrer Kinder nicht darüber sprechen«, sagt Ann Kearney-Cooke, eine Psychologin, die sich auf Themen des äußeren Erscheinungsbilds spezialisiert hat. »Die Kinder beginnen sich schon früh in ihrem Leben mit ihren Eltern zu identifizieren, borgen sich etwas von deren Selbstwertgefühl. Eine Mutter muß versuchen, die Geschichte ihres persönlichen Körperbilds zu verstehen, damit sie nicht irgendwelche Aversionen gegen bestimmte eigene Körperteile auf ihr Kind projiziert. Mütter, die sich ihres Geschlechts schämen, ihrer Brüste, ihrer Genitalien, übertragen das ohne ein Wort zu sagen auf ihre Töchter.«

Ich würde noch einen Schritt weiter gehen und Mütter dazu drängen, ihren Töchtern ganz ehrlich zu erzählen, welche Gefühle sie in bezug auf ihren Körper und die Menstruation haben. Wenn das Mädchen seine Mutter diese Dinge laut aussprechen hört, wird es dadurch allmählich befreit, vor allem wenn die Mutter hinzufügt, daß sie sich wünscht, daß ihre Tochter ein besseres Selbstbild hat als sie. Wenn sie das nicht aussprechen und auch wirklich meinen kann, sollte die »gute Mutter« dafür sorgen, daß das Mädchen sich mit einer Frau unterhalten kann, die eine gesunde Einstellung zu ihrer Menstruation hat. Das ist meiner Meinung nach eines der größten Geschenke, die eine Mutter ihrer Tochter machen kann.

Ich stimme Tamara Slayton darin zu, daß wir so etwas haben wie eine »stillschweigende Initiation in die Scham, die dem jungen Mädchen ein sehr klares Bild vermittelt, was es bedeutet, weiblich zu sein, und es lehrt, seine Rhythmen als Quelle der Stärke und Inspiration zu ignorieren.«

Das familiäre und gesellschaftliche Schweigen, welches die Menarche umgibt, erklärt die negative Verwandlung in der Pubertät eines einst lebhaften und selbstsicheren Mädchens. Wenn wir diesem traditionsbedingten Rückschlag noch das heutige übertrieben auf die Schönheit und die äußere Erscheinung gerichtete Scheinwerferlicht hinzufügen, dann sehen wir eine Generation junger Frauen vor uns, die sich zwar in der konkurrenzorientierten Arbeitswelt ihren Lebensunterhalt verdienen, jedoch auch weiterhin stark mit menstruellen Ängsten beschäftigt sind.

Vor Jahrhunderten galt die menstruierende Frau als gesegnet; das englische Wort für Segen, *blessing,* leitet sich aus dem altenglischen Wort *bletsian,* bluten, ab. In den Schöpfungsgeschichten des Mittleren Ostens und anderer Kulturen erschuf eine Göttin die Menschheit, indem sie Lehm mit ihrem menstruellen Blut vermischte; der Einfluß dieser Vorstellung läßt sich noch im alttestamentarischen Namen »Adam« finden, der von dem hebräischen Wort *adamah,* »blutiger Lehm«, herrührt.[9] Als sich jedoch das Christentum in Europa ausbreitete, faßte mit ihm auch die Vorstellung von der menstruellen Unreinheit der Frau Fuß. Irgendwo zwischen der alten Verehrung des Menstruationsblutes und der heutigen Hysterie in bezug auf die Menstruation befinden sich gesunder Menschenverstand und Akzeptanz.

Ob wir nun fünf oder 55 Jahre alt sind, der Faktor, der an erster Stelle etwas über unser Selbstwertgefühl aussagt, ist die Wahrnehmung unserer physischen Erscheinung. Da steht das Mädchen kurz vor der Adoleszenz, in der dann seine Träume bei Nacht und bei Tag mit Romantik, Liebe und Schönheit besetzt sind. Nie war es empfindlicher in bezug auf sein Aussehen, das ihm Liebe und Romantik, Küsse, Umarmungen und die Wiedererweckung des symbiotischen Einsseins in den Armen des Jungen bringen wird: »Nimm mich, halt mich, laß mich niemals los«, tönt die träumerische Stimme aus dem Autoradio.

Wenn er dann seine Hand zwischen ihre Beine legt, sind ihre guten Gefühle wie fortgeblasen. Seit sie zu menstruieren begonnen hat, stellt sie sich diesen Ort als doppelt unberührbar vor, und er will seine Hand auf ihre »Kloake« legen, wo das Blut hervorströmt, wo der Geruch entsteht? Wie kann er alles ruinieren, indem er dafür sorgt, daß sie sich häßlich fühlt, wo sie sich doch gerade geliebt wähnte? Ihr inneres Selbstbild sinkt in den Keller: Nicht nur der romantische Augenblick, ihr ganzes Selbstwertgefühl ist nun bei Null angelangt.

Die meisten Frauen haben eine vollkommen überzogene Vorstellung von der Blutmenge, die sie während der Menstruation verlieren. Tatsächlich handelt es sich lediglich um etwa sechs Teelöffel voll Blut. Angesichts unserer übertriebenen Vorstellung von der Blutmenge läßt sich auch verstehen, warum wir uns einbilden, daß dieser gräßliche Abfluß auch andere Körperteile entstellt. Adoleszente Mädchen befassen sich zwanghaft mit ihren rundlichen Armen, dicken Bäuchen, massigen Oberschenkeln. Na gut, wenn sie schon keine Kontrolle über den Blutfluß und den Geruch haben, können sie wenigstens ihr Gewicht unter Kontrolle halten.

Ich kann mich nicht mehr daran erinnern, wann dieses geistige Bild von meiner Mutter entstand, wie sie vor dem Kamin im Haus steht, das wir bewohnten, als ich elf Jahre alt war. Es ist Cocktailstunde, und sie und ein Mann unterhalten sich und lachen, und ich sitze auf dem Sofa und beobachte sie. Plötzlich sehe ich eine Blutlache auf dem Boden, da wo meine Mutter steht, und ich bin entsetzt und so sprachlos wie sie. Es ist der Mann, der rasch in die Küche geht, mit Papiertüchern zurückkehrt und das Blut aufwischt. Er ist nicht im geringsten verlegen, aber wir zwei Frauen sind es – denn ich bin nun im Bluten mit ihr vereint. An diesem Punkt hakt die Kamera in meinem Kopf und zeigt nicht, was als nächstes geschieht, sofern sich dieser Vorfall überhaupt je ereignete. Ich war mir dessen nie ganz sicher, und meine Mutter, die ich gerade anrief, ist schockiert von dieser Geschichte. Es spielt sich alles in meiner Phantasie ab, der Alptraum der Demütigung einer Elfjährigen, die gerade zur Frau wurde.

Manche Männer gehen mit dem blutenden Körper der Frau besser um als wir, und ich gedenke liebevoll der Liebhaber in meinem Leben, die bereitwillig in die überfüllte Apotheke gingen, um mir die Notfallschachtel Tampax zu besorgen; daß sie sich nicht genierten, sagte mir etwas, wie mir auch die Männer, die meinen Körper während der Menstruation aufrichtig liebten, ihren blutigen Penis zurückzogen und die Bettlaken in aller Unbekümmertheit beschmutzten, etwas sagten ... etwas Wichtiges, aber was? Daß ich meine Scham wieder verlernen könnte?

Ich kann mich noch entsinnen, daß mir meine Tante – die Heldin meiner Jugend – vor 20 Jahren von ihrer Idee erzählte, ein Buch über die Menopause zu schreiben, in die sie gerade eingetreten war. »Ich habe deine Mutter angerufen«, fügte sie hinzu, »aber die wollte nicht darüber sprechen.«

Meine Tante hat das Buch nie geschrieben, aber andere Frauen haben das in den letzten Jahren getan. Fast täglich erscheint nun ein Artikel über weitere Forschungsergebnisse über die Gesundheit von Frauen. Und doch stoppt unser von Neugier beflügelter Geist am Uferrand der Menstruation, so als handle es sich um den Styx. Statt dem Ursprung unseres Abscheus vor unserem Körper nachzugehen und ihn zu verstehen, widmen wir uns mehr denn je der Jagd nach der Schönheit, einer hübschen, leeren Hülse, die das, was innen ist, verleugnet.

Vor fast 50 Jahren schrieb Simone de Beauvoir: »Es ist nicht einfach, das schöne Idol, die Märchenfee, die unnahbare Prinzessin zu spielen, wenn man zwischen den Beinen eine blutige Binde spürt oder ganz allgemein das Erzübel kennt, ein Körper aus Fleisch und Blut zu sein.«[10] Ich hätte mir gewünscht, daß Susan Brownmiller, als sie diese Worte in ihrem Buch *Weiblichkeit* zitierte, Simone de Beauvoir korrigiert, sie hinsichtlich der neuen feministischen Einschätzung auf den neuesten Stand gebracht, die Menstruation mit dem ganzen machtvollen Spektrum der Fruchtbarkeit verbunden hätte.

Die matriarchalisch gesinnte Feministin Carol Gilligan vermeidet in ihrem Buch, in dem sie die dramatischen Veränderungen in prä-adoleszenten Mädchen beim Übergang von einem Lebensstadium ins andere dokumentiert, ganz und gar die Erwähnung der Menstruation. Susan C. Roberts zufolge runzelte man in der privaten Mädchenschule, in der Gilligan und ihre Kollegin Lyn Mikel Brown ihre Untersuchungen anstellten, die Stirn bei dem Gedanken, daß solche Themen wie die Menstruation explizit erwähnt würden.[11] Unaussprechlich? Wie kann man ein Buch über den Übergang von der Latenzperiode zur Adoleszenz schreiben und die Menstruation auslassen, die doch das Symbol schlechthin für die Schwelle zu diesem neuen, erwachsenen Lebensabschnitt ist?

Lob der Masturbation

Aus Untersuchungen von Simmons und Rosenberg wissen wir, daß Jungen und Mädchen vor der Adoleszenz in etwa über ein gleichwertiges Selbstbild verfügen. Dann aber verändert sich ihr Selbstwertgefühl dramatisch, und weitaus mehr Mädchen als Jungen werden extrem unsicher und gehemmt.[12] Fragt man sie: »Wie gut siehst du aus?«, geben die frühadoleszenten Jugendlichen sehr viel weniger wahrscheinlich »sehr gut« zur Antwort als jüngere Kinder. Und je stärker sie sich um ihr Aussehen kümmern, desto schlimmer ist ihre Befangenheit.[13]

Bei all den physiologischen Veränderungen während der Pubertät wäre es ungewöhnlich, wenn der Spiegel nicht einen größeren Platz im Bewußtsein der Heranwachsenden einnähme. In diesem Alter unterscheiden die Jungen und Mädchen im allgemeinen nicht »zwischen dem, was andere denken, und ihrer eigenen starken Beschäftigung mit sich selbst und nehmen daher an, daß ihre Altersgenossen sich ebensosehr mit ihrem Verhalten und Aussehen befassen wie sie selbst«, schreibt der Psychologe David Elkind.[14] So überrascht es auch kaum, daß die primäre Grundlage der Freundschaften in diesen Jahren das äußere Erscheinungsbild ist.

Nun ist es an der Zeit, ihnen über diese oberflächliche Einschätzung hinwegzuhelfen, wobei wir damit beginnen können, daß wir sie zu einer Akzeptanz ihres Körpers, und hier vor allem ihrer intimsten Körperteile, ermuntern. Das kommt zwar in der Adoleszenz etwas spät, doch besser spät, als einer jungen Person überhaupt nie das Erforschen ihrer eigenen Genitalien zu gestatten.

Was immer auch in den letzten Jahren darüber geschrieben wurde, Selbstwertschätzung ist der Kernpunkt einer guten Meinung von sich selbst. Wir halten Arroganz, Eitelkeit und Stolz oft für

Selbstwertgefühl, aber sehr häufig versteckt sich hinter dem Ange-
bertum eines Menschen seine schlechte Meinung von sich selbst.
Wenn eine Frau, sei sie jung oder alt, nicht ohne Abscheu ihre
Genitalien berühren kann, sind ihre Bemühungen um Selbstachtung zum Scheitern verurteilt, ganz gleich, wie sehr sie mit der Anzahl ihrer Verehrer prahlt.

Wenn eine Frau, die nicht mit Vergnügen die Finger auf ihre Klitoris legen kann, Sex hat, wird sie kaum geneigt sein, sich mit dem
Einführen eines Diaphragmas zu befassen. Allein die Vorstellung,
mit ihrer Hand »das da unten« zu berühren, ist den Phantasien in
ihrem Kopf von dem Prinzen, der sie nun in seinen Armen hält und
hinwegtragen soll, ganz und gar fremd.

Auf die Masturbation würden wir mit der Zeit bei der Erforschung unseres Körpers auf ganz natürliche Weise kommen, wenn
es nicht die unausgesprochenen Verbotsregeln mit ihren schauderhaften Konsequenzen gäbe. In den ersten Lebensjahren berührte
die winzige Hand diesen Bereich zwischen den Beinen, weil es sich
so gut anfühlt. Und wir würden weiterhin unseren Körper erforschen und kennenlernen, wenn nicht ein wichtiger Mensch die
Hand immer wieder wegzöge und mit gerunzelter Stirn mißbilligende Laute von sich gäbe. Mit der Zeit lernen Kinder, auf welche
Weise hier die Privatsphäre ins Spiel kommt.

Wie viele ungewollte Schwangerschaften könnten verhindert
werden, wenn die Masturbation nicht mit einem Verbot belegt wäre? Ich würde alles in meiner Macht Stehende tun, um eine Jugendliche zur Verschiebung der Schwangerschaft zu überreden. Vom
Risiko der Schwangerschaft und Krankheit einmal abgesehen, ist
es einfach wichtig, daß ein junges Mädchen sich seine Unabhängigkeit während der Pubertät bewahrt, um seine eigene Entwicklung
so weit wie möglich vorantreiben zu können. Was in der Adoleszenz vernachlässigt wird, kann in späteren Jahren nicht nachgeholt
werden. Wenn wir ein Kind, einen Mann haben, wird das Leben
als Paar erfahren, das heißt, die Gedanken, Gefühle, Möglichkeiten
werden durch dieses Verschmelzen des Selbst mit einem anderen
gefiltert.

Mit dem Geschlechtsverkehr bis zu einem späteren Zeitpunkt zu warten ist deshalb sinnvoll, weil die mit ihm verbundenen starken Gefühle etwas auslösen können, worauf eine Vierzehnjährige einfach nicht vorbereitet ist, vor allem dann, wenn sie, wie es wahrscheinlich der Fall ist, auf symbiotisches Einssein programmiert ist. Wenn wir uns auf Sex einlassen, können wir gar nicht anders als unseren Körper dem Jungen überantworten, der ihn dann als rechtmäßigen Besitz betrachten muß.

Das junge Mädchen befindet sich mitten in seiner sozialen, intellektuellen und physischen Entwicklung, bis plötzlich, in einem Moment der Leidenschaft, des Davongetragenseins, der Junge seinen Penis in es hineinsteckt und seine sich entfaltende Persönlichkeit, sein Heranwachsen zu einem einzigartigen Individuum von einer Woge des Sichaufgebens unterbrochen wird, die in frühkindlicher Bedürftigkeit ihren Ursprung hat. »Ich will dich, ich brauche dich, ich kann ohne dich nicht leben!« So fühlen wir, klammern uns an den Jungen, der sich fragt, was hier passiert ist, wohin die Geilheit entschwunden ist, woher plötzlich dieses kleine weibliche Baby kommt. Glaubt mir, ihr jungen Mädchen, der adoleszente Sex ist all das, was für immer verlorengeht, nicht wert.

Ich war in der Adoleszenz so verhungert, so anfällig für »dieses Gefühl«, das die Jungen in mir erweckten, wenn ich von ihnen in den Armen gehalten und geküßt wurde. Doch wenn ich sie in mich hätte eindringen lassen, wären die emotionalen Schleusen durch den Geschlechtsverkehr geöffnet, wäre ich versklavt worden. Nichts wäre dann mehr von Belang gewesen außer wieder und wieder mit ihm zusammenzusein. Denn er hielt, so hätte ich es empfunden, den Schlüssel zu meinem Leben in den Händen. So töricht ich damals in bezug auf die Verhütung war, ich wußte doch, ich würde meine Träume nie verwirklichen können, wenn ich ihn »sein Ding reinstecken« ließ. Und ich hatte recht.

Die meisten adoleszenten Mädchen begreifen nicht, daß der Geschlechtsverkehr nicht nur darin besteht, daß der Penis in die Vagina eingeführt wird. Wenn das Mädchen nicht dadurch, daß es sich selbst stimuliert, gelernt hat, daß seine sexuellen Gefühle allein

216

in ihm beheimatet sind, daß sie nicht etwas sind, was nur eine andere Person in ihm zu entfachen vermag, dann schreibt es die ganze Magie ausschließlich dem Jungen zu. Es bringt Liebe und Sex durcheinander. Es wird süchtig nach »seiner« Magie, danach, was seine Hände und sein Mund und sein Penis mit ihm anstellen können.

Solange sie nicht entdeckt, daß sie selbst durch die Berührung mit ihrer Hand die gleichen Gefühle auslösen kann, wird er immer der junge Prinz sein, der den Schlüssel in Händen hält. Sie wird am Telefon sitzen und auf den nächsten magischen Augenblick in seinen Armen warten, der ihr dieses sexuelle Gefühl »macht«. Daß so viele Mädchen und so viele erwachsene Frauen »seiner« Magie nachgeben und schließlich den vollen Geschlechtsverkehr, ohne Verhütung, zulassen, hat in allem damit zu tun, wer über die Magie verfügt.

Und Frauen kritisieren Männer für ihren übermäßigen Penisstolz! Wer bringt ihnen bei, welch großartige Macht sich mit der Erektion verbindet? Ja, Jungen mögen ihre Genitalien mehr als Mädchen die ihren, aber wir Frauen verleihen ihnen die Ehrendoktorwürde. »Donnerwetter«, denkt der Junge, wenn er sieht, daß sein Penis das widerstrebende Mädchen in seine Liebessklavin verwandelt hat. »Ich wußte ja, daß er gut ist, aber daß er *das* kann, wußte ich nicht!«

Das adoleszente Mädchen kämpft mit seinem eigenen Verlangen nach Liebe und dem Verlangen des Jungen, es »dort« zu berühren; wie kann er mit seinen Fingern, mit seinem Mund die »Kloake« erforschen wollen! Weiß er nicht, was sich da tut, kann er es nicht riechen? Wie kann ein junges Mädchen sein erotisches Verlangen mit dem häßlichen mentalen Bild von diesem »da unten« versöhnen?

Indem er ihre Vulva mit seinen Lippen berührt, löst er ihr Dilemma. So wie sich im Märchen der häßliche Frosch in einen schönen Prinzen verwandelt, so nimmt auch ihre Abscheu vor der ungeliebten »Kloake« ab, wenn der Prinz sie küßt. Sie vergißt all das Unschöne zwischen ihren Beinen, wenn er es ihr mit seinem tapferen, hungrigen Mund macht. Was für ein Tier er ist! Wie begehrenswert er sie sich fühlen läßt! Wie sehr er den Sex mit ihr will, daß er sogar diese undenkbare Handlung begeht und sie zum Orgasmus bringt! Doch magisch ist dabei allein sein Mund, nicht ihre Klitoris. Und wenn sie *ihren* Orgasmus ausschließlich *seinem* Mund zuschreibt, wird sie sich ihm ganz und gar, mit Körper und Seele, ausliefern. Wenn er jetzt Anstalten macht, seinen Penis in sie einzuführen, überschreibt ihr kindliches Verlangen nach symbiotischem Einssein ihm automatisch die volle Verantwortung für ihr kleines Selbst.

Es ist sehr traurig, daß es uns leichter fällt, einen Mann uns »da« mit seinem Mund berühren zu lassen, als uns selbst mit unseren Fingern zu erforschen. In meinem Fall war es ein Citadel-Kadett von honigsüßer Beredsamkeit, der mich dazu brachte, ´mein »Nein!« aufzugeben. Er zitierte Baudelaire und trug mich mit sü-ßen Worten über meinen Ekel vor mir selbst hinweg bis hin zum Orgasmus. Ich habe seinen Mund nie vergessen.

Warum habe ich ganze zehn Jahre gebraucht, um festzustellen, daß ich »seine« Magie auch mit meinen eigenen Händen, ganz für mich allein, zuwege bringen kann? Ich glaube, ich wollte einfach nicht mit meinem Orgasmus allein sein. Ich hatte die Denkart eines kleinen Mädchens, das sich weigerte, sich selbst Zöpfe zu flechten aus Angst, sein geliebtes Kindermädchen Anna könnte sich über-flüssig fühlen und es verlassen. Wir legen den Schlüssel zu unserem Sex in die Hände der Männer; wir wollen nicht masturbieren und uns selbst zum Orgasmus bringen, denn das würde heißen, daß wir unabhängig sind, und das sind wir nicht, nicht emotional gesehen. Die Vagina unerforscht, die Klitoris von uns nicht berührt, liegen wir reglos da und warten: »Mach mir einen Orgasmus! Mach mich zu einem sexuellen Wesen! Verlaß mich nicht, oder ich sterbe! Sorg für mich, denn ich bin ein kleines Ding und hilflos ohne dich!«

Nennen Sie es Selbstachtung oder Selbstliebe, unsere Meinung über unsere Genitalien ist für das Bild, das wir von unserem Ge-samtwesen haben, von zentraler Bedeutung. Wenn wir meinen, daß unser Geschlecht eine »Kloake« ist, dann beeinflußt dies unser Selbstbild, bekleidet oder unbekleidet. Wenn wir in den Spiegel blicken, zieht unser Unbewußtes auch immer die »Kloake« mit in Betracht, und unser Selbstbild verzerrt sich durch die Häßlichkeit, die sich zwischen unseren Beinen verbirgt. Unsere genitale Entstellung wird auf den gesamten Körper übertragen, wird zur Häßlichkeit unserer Unterarme, zu den dicken Schenkeln, der Nase, den Füßen, den Händen, die nicht in Ordnung sind, nicht in Ordnung, nicht in Ordnung!

Das häßliche Antlitz der Wut

Da stand ich, ganz Spannung und Ungeduld, während vor jenem schicksalshaften Tanzabend im Jachtklub das alte Abendkleid meiner Schwester an mir befestigt wurde. Ich wußte nicht, daß mir dieses trägerlose Kleid überhaupt nicht stand, vor allem nachdem noch dunkelbraune Träger aus Samt angenäht worden waren, damit es nicht von meiner flachen Brust herabrutschte. Ich maß dem Aussehen keinen Wert bei. Da mir dieser Initiationsritus nicht erklärt worden war, hatte ich auch keinen Hinweis darauf, daß Schönheit *die* Vorbedingung für adoleszente Anerkennung ist. Daran gewöhnt, bei jedem Mädchenteam als erste ausgewählt zu werden, hatte ich keine Zweifel am Erfolg dieses Abends. Ich konnte mich keinerlei Niederlagen entsinnen, so sorgsam hatte ich meine Wutgefühle aus der Kinderstube unter den Trophäen meiner Leistungen und Erfolge begraben. Sollten die Jungen ihre Partnerinnen für diesen Abend nur zögerlich auswählen, so war ich sicherlich darauf vorbereitet, ihr Problem zu lösen, indem ich selbst die Initiative ergriff.

In den letzten Jahren war mein Leben ein großes Abenteuer gewesen, bei denen keine Vergleiche mit meiner Mutter und meiner Schwester angestellt worden waren. Doch dieser Abend im Jachtklub markierte das Ende der Kindheit, den Abschluß einer Abenteuergeschichte, in der ich die Heldin war.

In einer einzigen schicksalhaften Nacht erkannte ich, was meine Freundinnen hatten und woran es mir mangelte, sah alles so klar und deutlich, daß ich noch heute den Film Bild für Bild wieder ablaufen lassen kann. Sie hatten ein Aussehen, das über bloße Schönheit hinausging. Das waren nicht nur die Locken, die Brüste, sondern, noch wichtiger, sie hatten eine Art des Sichergebens an sich, strahlten das gefällige Anerbieten aus, sich führen zu lassen, statt zu führen.

So elend ich mich in dieser Nacht auch fühlte, ich nahm doch die Aufgabe zur Kenntnis, die auf mich wartete: Das Mädchen, welches ich erfunden hatte, das so erfüllt war von Worten, die darauf warteten, ausgesprochen zu werden, und von Fähigkeiten, die gemeistert werden wollten, dieses Mädchen mußte wie ein häßliches Schachtelteufelchen in das Kästchen zurückgepreßt werden.

Und obwohl ich bereit war, jeden beliebigen Preis für die Liebe der Jungen zu bezahlen, muß es mich doch mit Zorn erfüllt haben, daß ich diese meines Erachtens nach hervorragende Person aufzugeben hatte. Eine gigantische Wut von ähnlichem Ausmaß wie mein kindliches Bedürfnis nach Liebe. Was tat ich mit all meinem Grimm? Ich hatte keine Stimme, die dieser Wut Ausdruck verleihen konnte.

In dieser Nacht wurde ich eine Frau; ich weinte und weinte, nachdem mich der Vater von irgend jemandem nach Hause gefahren hatte, während der Rest »meiner Clique« in die Nacht hinauszog, um noch irgendwo eine späte Party mit den Jungen zu feiern. Ich zeigte meinen Kummer, aber nicht meine Wut. Ich hatte kein Vorbild für eine Frau, die ihre Wut annahm, formte und in konstruktive Energie umwandelte. Ich tat das, was die meisten Frauen noch immer tun: Ich würgte, schluckte meine Wut hinunter – und habe damit zweifellos eine Reihe physischer Beschwerden ausgelöst, die sich später nach wiederholten ähnlichen Vorfällen manifestierten.

Die Schmach meines Bankrotts an diesem Abend im Jachtklub war um so schlimmer, als sie sich in aller Öffentlichkeit ereignete. Und noch destabilisierender war der sofortige emotionale Rückfall in eine Zeit, in der ich mich sehr klein und unfähig gefühlt hatte, das Auge meiner Mutter auf mich zu ziehen. Wieder einmal war ich unsichtbar! Ich besaß keine Schönheit, und gerade die rangierte jetzt an oberster Stelle.

Als der Morgen kam, hatte ich mein elfjähriges Selbst, die Mauerbegeherin, begraben und betrauert und war zu einer eifrigen Schülerin in Sachen Schönheit geworden. Von nun an würde ich meine schönen Freundinnen kopieren, das Gruppenlächeln aufsetzen, den Gruppengang annehmen und mein Bestes tun, um, mit gesenktem Kopf und gebeugten Knien, dem Gruppenaussehen möglichst nahe zu kommen. Aber ich war sehr, sehr zornig. Damals war es mir nicht bewußt, aber jetzt kann ich es erkennen.

Am Vorabend der Adoleszenz steckte ich meine Wut in den gleichen hermetisch abgeriegelten Raum im Unbewußten, in dem ich auch schon meine alte Wut auf meine Mutter verstaut hatte. Was die Wut auf die Mutter angeht, so möchte ich betonen, daß einiges davon so unvermeidlich ist wie die dunkle Seite irgendeiner Liebesbeziehung. Der Trick beim Verständnis der Wut im Erwachsenenalter besteht in der Rückkehr zu ihrer frühesten Quelle. Wenn wir später versuchen, die Wut zu verstehen, die wir auf Menschen haben, die wir lieben, dann kann dies nicht gelingen, wenn wir zugleich die Wut auf die Mutter leugnen. Wie sehr auch der heute geliebten Person eine Schuld anzulasten sein mag, wenn unsere Wut angesichts des Geschehens unangemessen ist, dann entspringt das Ausmaß unseres Unglücks und Zorns nicht dem, was sie gerade getan oder nicht getan hat. Suchen Sie die Ursache in einer weiter zurückliegenden Zeit.

Wir können uns nicht bewußt an unsere frühe Kindheit erinnern, in der dieses Muster von Liebe und Wut geprägt wurde, aber in der Adoleszenz, wenn das Thema wieder hochkocht, ist es uns zugänglich. Finden Sie die Nabelschnur der Wut in der Adoleszenz und verfolgen Sie sie zurück in die frühe Kindheit, wo der »Blick« der Mutter die ursprüngliche Quelle ist. Wurde Ihnen der »Blick« zuteil? In der Adoleszenz versuchen wir es noch einmal. Wurde er Ihnen diesmal zuteil? Waren Sie in der Adoleszenz eine reizende Person, strahlte man Sie an, wurden Sie gesehen, zurückgespiegelt? Gab es zornige Rivalität in bezug auf Schönheit innerhalb oder außerhalb der Familie?

Sicher gibt es Alternativen zur Schönheit; Männer konnten sich immer wahlweise in Talenten und Fähigkeiten üben. Nun haben die jungen Frauen die gleichen Möglichkeiten, aber verlassen sich noch immer bevorzugt auf die Schönheit. Was bedeutet das? Folgen Sie der Nabelschnur. Die nebelhaften Bilder aus den ersten Lebensjahren bewahren wir unser ganzes Leben lang im Gedächtnis. Mark Twain verglich diese verschwommenen Erinnerungen mit einer an der Angelschnur befestigten Fliege und meint damit, daß sie irgendwo zwischen Fakt und Fiktion angesiedelt sind. Ich habe beim Schreiben dieses Buches eine ganze Menge solcher »Fliegen« entdeckt und konnte, nachdem ich die Verwandten meiner frühesten Kindheit damit genervt hatte, in den meisten Fällen deren Realitätsgehalt bestätigen. Die Entdeckung, daß es echte Gründe für meine lebenslangen, verleugneten Wutgefühle gab, war für mich eine große Erleichterung.

Was für eine Menge Wut ich zu Beginn der Adoleszenz hinuntergeschluckt haben muß! Mein ganzer Wagemut, meine Intelligenz, mein Witz, all die Eigenschaften, die ich mir bis dahin erworben hatte, waren völlig nutzlos für das Erringen der Liebe. Meine Stärken waren genau das, was *nicht* erwünscht war, sie waren *männlich*. Die Jungen in meiner Adoleszenz müssen von der Intensität meiner Leidenschaft überwältigt gewesen sein.

Die Texter romantischer Musik, die wirklich guten, sind auf die kindlichen Bedürfnisse erwachsener Leidenschaft eingestellt. Wußten Sie, daß Untersuchungen ergaben, daß adoleszente Mädchen durch nichts mehr erregt werden als durch romantische Musik? Nicht durch Filme, nicht durch Fotos in den Zeitschriften, sondern durch die Bilder und Gefühle in unserem Kopf, die entstehen, wenn wir dieser Nimm-mich-halt-mich-Musik lauschen.

In der Adoleszenz sind wir fähig, uns willentlich zur Schwerelosigkeit zu bringen, gefangengenommen von romantischer Musik und romantischen Texten; wir sind verliebt in die Liebe, sehnen uns verzweifelt danach, uns der sexuellen Erregung, der oralen Leidenschaft, der Beraubung der Sinne hinzugeben.

So viele Lieder der Adoleszenz sind am »Blick« festgemacht. Wenn wir ein neues Kleid, unsere ersten hochhackigen Schuhe kaufen, uns in der Nacht mit Lockenwicklern im Haar peinigen, haben wir zum Ziel, uns selbst in den Augen eines unwissenden Knaben zu finden, der gar keine Ahnung von seiner Macht hat. All diese Kleider in all diesen Jahren konnten nie länger als allenfalls für einen Abend das herauslocken, was ich damals wollte.

Am meisten bedaure ich, daß ich bei meinem Losstürzen auf adoleszente Schönheit meine Sprachgewalt aufgegeben habe. Ich schwor meinem denkenden, sprechenden Ich ab, dem Mädchen, das wiederholte Male an der Spitze einer Schulversammlung gestanden, die Führung bei Wettkämpfen übernommen hatte. Ich hielt den Mund. Es war keine bewußte List zur Täuschung der Jungen, sondern die unbewußteste aller Kapitulationen. Die Wut, welche zur dunklen Seite meiner Liebe zu den Männern wurde, war kein Zorn auf sie: »Nach allem, was ich in meiner Adoleszenz für euch aufgegeben habe!« Meine Wut galt der Tatsache, daß ich die Männer nie dazu kriegen konnte, mich so zu lieben, wie ich gewollt hätte, daß meine Mami mich liebt.

Unser Sprechgebaren ist ganz offensichtlich Bestandteil unseres Aussehens, denn es wirkt sich maßgeblich darauf aus, wie andere uns wahrnehmen. Das Gesicht eines Mädchens, einer Frau, die sich artikulieren kann, ist lebendig, ihr ganzer Körper ist an diesem Akt der Umwandlung von Gedanken in Worte beteiligt. Die Gesichter schweigender Frauen, die darauf warten, daß andere für sie das Wort ergreifen, für sie im Restaurant bestellen, für sie Entscheidungen in wichtigen Angelegenheiten treffen, sind wie Fenster mit heruntergelassenen Rolläden, wie Masken.

Worte setzen Wut, Humor, Inspiration frei; sie packen unsere Gedanken, gestalten sie zu Sätzen, während der Geist schon weiterrast, um den nachfolgenden Gedanken einzufangen; gibt es irgend etwas Aufregenderes als ein gutes Gespräch, Menschen, die begeistert, entflammt sind durch den elektrischen Strom eines Wortwechsels? Wir wachsen an diesem Austausch, wir werden, wir erfinden uns neu. Und bis vor kurzem haben Frauen all das in der Adoleszenz verloren. Gedanken und Worte werden hinuntergeschluckt, lassen die Mundwinkel absinken, schaffen ein resigniertes

Aussehen, hinter dem sich Wut versteckt. Wenn wir nicht sprechen, wissen andere nicht, und wir auch nicht, wer wir sind.

Es wäre gut, wenn wir schon bei unserer ersten emotionalen Trennung von der Mutter in den ersten Lebensjahren unserer Wut sprachlich Ausdruck zu verleihen lernten. Wenn wir dann erkennen, daß dies in der Gegenwart der Person, von der unser Leben abhängt, möglich ist, lernten wir, in den Umgang mit unserer Wut Vertrauen zu setzen; und wir würden feststellen, daß uns Wut nicht unbedingt Liebesverlust einbringt. Das ist eine der wichtigsten Lektionen des Lebens. Wenn wir sie damals nicht gelernt haben, ängstigen wir uns weiterhin schrecklich vor der Wut, denn sie fühlt sich dann stets so destruktiv an wie in der frühen Kindheit. In der Folge werden wir uns unser ganzes Leben lang um die vollkommene Liebe bemühen, um den Lohn, den Mutter uns versprach, wenn wir die Wut hinunterschlucken. Weil es in unseren Augen nie die Schuld der Mutter, sondern immer nur unser Fehler ist, bleibt das Samenkorn der Wut unsere Störung. Die Mutter bleibt vollkommen; wir sind die Bösen.

In der Adoleszenz versehen wir das Objekt unserer romantischen Liebe mit Mutters Vollkommenheit, sie ist unser Vorbild für Liebe. Jetzt wird uns dieser Junge auf diese vollkommene Weise bewundern und anbeten, nach der wir uns immer gesehnt haben. Er ist unser Lohn dafür, daß wir ein »braves Mädchen« waren. Wenn er weniger vollkommen ist, als er es unserer Programmierung nach sein sollte, wenn wir uns nicht ständig in seinen Augen bewundert sehen, sterben wir. Wir könnten ihn umbringen, so unser Gefühl, aber diese Wut kann nicht im bewußten Hier und Jetzt gespürt werden. Also begraben wir sie, wenden sie schweigend gegen uns selbst.

Die erfolgreichsten Filme über die Jahre der Adoleszenz lassen etwas in uns anklingen, ganz gleich, wie alt wir sind; sie fangen das Unvermögen der jungen Leute ein, zu bewirken, daß sie von ihren Eltern, von der Gesellschaft als die gesehen werden, die sie wirklich sind. Das sind Filme wie *Fieber im Blut, Denn sie wissen nicht, was sie tun* und *Dirty Dancing*, einer meiner Lieblingsfilme. In all diesen Filmen führt die Tatsache, daß der jugendliche Held oder die jugendliche Heldin in seinem/ihrem inneren, wahren Selbst nicht erkannt wurde, zu einem falschen Gesicht, hinter der er oder sie ihre Wut über die von der Außenwelt erfahrene Ablehnung verbirgt, bis natürlich der Held/die Heldin seine/ihre wahren Gefühle und Identität nicht länger unterdrücken kann.

Vor diesen von der Sexualität beherrschten Jahren wurde alles innerhalb der Familie bemerkt und kommentiert. Das adoleszente Mädchen wartet in gutem Glauben auf eine Bestätigung dessen, was mit ihm passiert. Was ist so schrecklich am Sex, daß er nicht zusammen mit all dem anderen, was sich da in seinem Gemüt und Körper tut, eingestanden werden kann? Es fühlt einen Mangel an Vertrauen, hat das Gefühl, daß zwar alle Augen auf sein Geschlecht gerichtet sind, daß aber niemand offen und ehrlich darüber sprechen will.

Wir brauchen, wenn wir jung sind, ein Ventil für die Wutgefühle auf die Familie, gute Auseinandersetzungen, die sich aufbauen und dann wieder abebben und alle Beteiligten mit der Erfahrung entlassen, daß niemand sterben muß, weil er Wut zum Ausdruck bringt, daß sie nichts weiter ist als eine der Emotionen, die zum Leben gehören. Trotz seiner kindlichen Wut lernt das Baby mit der Zeit, daß es die Mutter zwar nicht in aller Allmacht beherrschen kann, daß sie aber doch »gut genug« ist, ein Gefühl, das Dankbarkeit und schließlich Liebe erweckt.

In gewisser Hinsicht muß diese erste Übung in Wut und Liebe in der Adoleszenz wiederholt werden. Nun braucht das Kind eine Anerkennung seines reiferen Selbst, eines Selbst, das eigene Meinungen, Rechte, das Bedürfnis nach Privatsphäre und nach der Bestätigung hat, daß die Liebe bleibt, selbst wenn es seinem Groll einmal Luft verschafft. Es muß das Gefühl haben, daß die Liebe bleibt. Wenn wir unseren Spruch in unserer Familie nicht aufsagen dürfen und die Mahlzeit nicht mit einem verbalen Händeschütteln und mit lächelnden Gesichtern beendet werden kann, werden wir nie Vertrauen in unsere Wut setzen können. Die Wut wird in einem kindlichen Stadium der Allmachtsphantasien steckenbleiben. Wir saugen die Wut wieder in uns hinein, bis sie sich psychosomatisch in einem Augentic, in Migräne, in einem gebrochenen Gelenk manifestiert.

»Genau wie dein Vater«, murmelt die Mutter, die den Widerspruch des Sohnes, seine wütende Weigerung, ihrem Wunsch zu entsprechen, nicht gerade schätzt, aber dennoch toleriert. Sie würde gern an ihm festhalten, aber in der Folge würde die Gesellschaft sie als »schlechte Mutter« einstufen. Bei ihrer Tochter ist das anders. Bei ihr läßt sie »diesen Ton« nicht durchgehen.

Das häßliche Ableugnen
der Mutter-Tochter-Konkurrenz

Unsere Verehrung jugendlicher Schönheit bei Frauen jeglichen Alters bereitet deutlich sichtbar die Bühne für eine Konfrontation zwischen Mutter und Tochter; plötzlich sind zwei weibliche sexuelle Wesen im Haus. Eine solche Konfrontation muß nicht unbedingt auf der Konkurrenzebene ausgetragen werden, doch wird jedenfalls die ältere Frau ihre Tochter in einem neuen Licht sehen. Trotzdem würden die meisten Mütter behaupten, daß sich hinsichtlich ihrer Gefühle für ihre Mädchen nichts verändert hat. Konkurrenz zwischen Frauen, vor allem zwischen Mutter und Tochter, ist das Pulverfaß, auf dem Frauen sitzen und zu dem sie sich immer noch nicht bekennen können.

Ich kenne Frauen, die äußerst konkurrenzbewußte Mütter hatten, und andere, die wie ich für ihre Mütter unsichtbar blieben. Doch ob wir nun in ihren Augen nur schemenhaft existierten oder für sie eine Bedrohung darstellten, der Rest unseres Lebens wird davon geprägt, wie sie auf unsere zweite Geburt, auf die emotionale Trennung von ihr, reagierten.

Vor diesem Buch hätte ich Ihnen erzählt, daß ich meinem Gefühl nach von der Rivalität zwischen meiner Mutter und meiner Schwester nicht betroffen war. Die Wahrheit ist jedoch, daß meine vorher positiv bewertete Unsichtbarkeit nun zur Bestätigung meines Versagens wurde: Die Eintrittskarte zur Adoleszenz, die Schönheit, war mir versagt geblieben. Das traf so tief, daß ich Räume seitdem befangen betrat und verließ, verzweifelt nach Anerkennung heischend und zugleich blind für jene, die ich erhielt.

Welche Ironie, daß ausgerechnet ich die erste in meiner Clique war, die menstruierte, sogar noch vor Julie und Rose Anne, die wunderschöne Brüste hatten. Der Schock der verräterischen Blutflecken in meinem weißen Baumwollhöschen erforderte ein Eingreifen meiner Mutter. Sie war verlegener als ich, als sie mir den häßlichen Bindengürtel umlegte, den ich so oft in der Schublade im Badezimmer gesehen und mit ihren anderen weiblichen Utensilien assoziiert hatte, die mich glücklicherweise, zumindest redete ich mir das ein, von ihr trennten.

Zu meinem Kummer fühlte ich mich plötzlich in die von Konkurrenz besetzten Themen eingeschlossen, aus denen die komplizierte Beziehung zwischen meiner Mutter und meiner Schwester bestand. Daß mein Eintritt in die Pubertät anfangs so unbeachtet blieb, war zweifellos darauf zurückzuführen, daß ich mit meinem glatten Haar, den Zahnspangen und meiner flachen Brust keine Ähnlichkeit mit den beiden aufwies.

Ich liebte meine Mutter, hatte sie immer gebraucht, jetzt mehr denn je, aber die von mir erwählte Rolle war die der starken, sich nie beklagenden Nancy; soweit ich mich zurückerinnern kann, erzählte sie den Leuten immer: »Ich mußte mir um Nancy nie Sorgen machen. Sie kann sich um sich selbst kümmern.« Und das tat ich, bis zur Adoleszenz, als sich die Welt veränderte und die Gruppenkonformität erforderte, daß ich einen Büstenhalter trug, ungeachtet der Tatsache, daß ich nichts hatte, um ihn auszufüllen. Ich weigerte mich, um einen zu bitten, nachdem meine Mutter zu meiner Tante amüsiert gesagt hatte, was für ein Glück ich hätte, »flach« zu sein. Eine korrekte Beobachtung, aber ich fühlte mich so gedemütigt, daß ich schließlich, als ich dann einen Büstenhalter brauchte, einige aus Belks Department Store klaute. Ich bat auch nicht um so hübsche pastellfarbene Kleider, wie meine Freundinnen sie trugen, sondern tröstete mich statt dessen mit den abgelegten Kleidern meiner

Schwester. Es war ein erbarmungswürdiges Spiel der Weigerung, um etwas zu bitten, in der Hoffnung, so nehme ich an, daß sich meine Mutter eines Tages umdrehen und mich wahrnehmen würde. Als ich dann schließlich zu einem annehmbaren Aussehen gelangte, bemerkte sie es nicht.

Dem Psychologen Laurence Steinberg zufolge ist die Adoleszenz des Kindes typischerweise die Zeit, in der die Eltern ihr eigenes Leben überdenken. Das ist besonders schmerzlich für den Elternteil desselben Geschlechts, aber Mütter und Töchter haben im allgemeinen noch mehr Schwierigkeiten als Väter und Söhne. »In jedem Fall dient das Kind meist als Spiegel für ihr verlorenes Selbst«, faßt Virginia Rutter zusammen. Die Sexualität des adoleszenten Kindes kann in den Eltern »Zweifel an ihrer eigenen Attraktivität, an ihrem gegenwärtigen Sexualleben sowie auch Bedauern und Nostalgiegefühle hinsichtlich ihrer eigenen sexuellen Erlebnisse in ihrer Jugend aufkommen lassen ... Eltern von Teenagern fühlen sich deprimiert, was ihr eigenes Leben oder ihre Ehe angeht; sie spüren den Verlust ihres Kindes; sie sind eifersüchtig, fühlen sich abgelehnt und sind verwirrt über dieses neue, geschlechtsreife Aussehen ihres Kindes, seine schlechte Laune, seinen Rückzug in die Privatsphäre, wenn es zu Hause ist, und sein zunehmendes Involviertsein mit Freunden.«[15]

Die Analogie zwischen der Abnabelung in der Adoleszenz und der frühen Kindheit ist leicht ersichtlich; die Jugendliche wird von emotionalen und physischen Triebkräften vorangedrängt, außer Haus getrieben, nur um dann wieder auf Mamas Schoß zu landen. Sicher ist sie kein nun geschlechtsreif gewordenes Riesenbaby. Doch eine Jugendliche, die zwischen der Forderung nach ihrem eigenen Raum und der sicheren Geborgenheit am Hals der Mutter hin- und herschwankt, braucht vernünftige Regeln, die zuverlässige Grenzen schaffen, gleichermaßen die Ermutigung und die Bestätigung sowohl ihres neuen, eigenständigen Selbst wie auch der weiterhin bestehenden Liebe ihrer Eltern.

Wenn so viele von uns in der Adoleszenz steckenbleiben und nie verantwortungsbewußte Erwachsene werden, dann ist das zum

Teil auf einen Mangel an Vertrauen in die Zukunft, in uns selbst, zurückzuführen. Dies ist ein deutlicher Hinweis darauf, daß wir unfähig sind, die Vergangenheit loszulassen. Wir arbeiten unser ganzes Leben lang an der emotionalen Trennung, aber es gibt keinen besser geeigneten Zeitpunkt als die Adoleszenz, um unsere Identität aus den Tagträumen über unsere Zukunft heraus zu erfinden.

Eine der destruktivsten und rückschrittlichsten Bemühungen des matriarchalischen Feminismus in den letzten Jahren war das Bemühen, die Idealisierung der Mutter-Tochter-Beziehung alter Zeiten wiederherzustellen. Mütter werden, da sie nun ihre Töchter loslassen sollen, von der starken Sehnsucht überwältigt, sie statt dessen noch fester an sich zu binden. Für viele dieser Mütter ist die Tochter ihre engste und liebste Beziehung, vielleicht ihre einzige. Weil sie zugleich Ernährerinnen und Fürsorgerinnen sind, haben sie oft das Gefühl, auch besondere »Ansprüche« erheben zu können; die Tatsache, daß sie ihr Geld eigenständig verdienen und das Kind vielleicht allein erziehen, steigert ihr Gefühl von Eigentümerschaft und Kontrolle. Gab den Männern ihre Rolle als Brötchenverdiener nicht auch das Gefühl, das Besitzrecht auf ihre Frauen zu haben?

Welche Chance hat die Tochter, zu ihrer einzigartigen Identität zu finden, wenn ihre Mutter dagegen ist, daß sie eine eigenständige Persönlichkeit entwickelt? Diese jungen Töchter der neunziger Jahre erinnern an die Mädchen der fünfziger Jahre, die »braven Mädchen, die alle Geheimnisse mit ihrer Mutter teilen ... Sie sind und bleiben gewöhnlich Kopien einer idealisierten Version von Mama – sie ahmen nach, wie sie sich kleidet und frisiert, wie sie ißt, spricht und geht«, schreibt die Psychiaterin Louise Kaplan. »›Wir haben uns nie so nahe gestanden wie jetzt‹, prahlt die stolze Mutter ... Selbst wenn sie [die Tochter] verheiratet ist, bleibt Mama ihre beste Freundin. Mama ist ihre Vertraute, ihre Verbündete gegen den Ehemann. Kein Mann vermag in diese Intimität zwischen Mutter und Tochter einzudringen.«[16]

Da Konkurrenz mit Verrat gleichgesetzt wird, leugnet die erwachsene Frau ihre Rivalität mit der adoleszenten Tochter zu einem Zeitpunkt, da Jugend und Schönheit im Mittelpunkt stehen. Tatsächlich aber geht es im Schönheitswettbewerb nur um Konkurrenz. Jugendliche und erwachsene Frauen tummeln sich in knappen, figurbetonten Kleidchen auf den Straßen. »Schau mich an!« fordert ihre Kluft. Aber niemand schaut, weil alle um die Blicke konkurrieren. Als *Seventeen*, ein amerikanisches Jugendmagazin, die Frage stellte: »Wie empfindest du deine Generation?«, antworteten 60 Prozent der Jugendlichen: »Konkurrenzorientiert.«[17] Diese Mädchen können die Emotion benennen, sind aber nicht dazu erzogen, auch mit ihr umzugehen.

Die heutige Oberherrschaft von Aussehen, Schönheit und Auftreten läßt die Jugendlichen mit der nicht zu verantwortenden Angst allein, hart mit anderen Mädchen und mit ihren Müttern konkurrieren zu müssen, während sie gleichzeitig befürchten, daß diese Konkurrenz die Liebe zerstört. Es ist die Lähmung des Entweder-Oder, die wir schon früh im Leben mit unserer liebsten Rivalin erfahren haben. Wenn die Mutter nicht mit uns wieder und wieder die Stadien eines gesunden Wettbewerbs durchexerziert, so lange, bis wir glauben, daß es Spaß macht und spannend ist, zu wetteifern und zu gewinnen und daß wir dennoch hinterher so gute Freundinnen bleiben wie eh und je, dann werden wir, wenn wir zum Konkurrieren gezwungen sind, dies nur mit Angst und Wut tun können.

Ich glaube, daß die Mutter-Tochter-Bindung die mächtigste Quelle der Stärke für Frauen sein kann, aber nicht, wenn im Kern des hübschen roten Apfels der Liebe ein häßlicher Wurm namens Leugnung sitzt. Ich habe verdeckte Schönheitskonkurrenz bei den anscheinend perfektesten Beziehungen beobachtet; sie bleibt unsichtbar, bis »etwas passiert«. Als ich Mitte 20 war, besuchte ich die Familie meines Geliebten. Es war ein Wochenende, und wir wollten zum Abendessen in den Country-Club gehen. Die Mutter meines Geliebten war eine schöne Frau Anfang 60, von Kopf bis Fuß sehr gepflegt. Die Tochter hätte gleichermaßen attraktiv sein können, wenn sie nicht in ein formloses Gewand gehüllt gewesen wäre. Die liebevolle Nähe zwischen den beiden Frauen war offensichtlich, aber auch die Verständigung darüber, wer hier der Star war.

An diesem Abend wurde ein Foto von uns gemacht, und als wir es uns am nächsten Wochenende gemeinsam betrachteten, zog sich die Tochter weinend in ihr Zimmer zurück. Ihr Bruder, der genau wußte, was hier vor sich ging, erzählte mir: »Meine Mutter kauft alle Kleider meiner Schwester. Sie hat sie schon immer so angezogen, sogar als sie im College war. Ich glaube, euer Anblick, du und Mutter, ihr saht so fabelhaft aus, und sie in diesem schrecklichen Kleid ... na ja, was soll sie tun? Darüber kann nie gesprochen werden.« Diese Mutter liebt ihre Tochter; die Tochter liebt ihre Mutter. Aber für zwei Schönheiten ist in der Familie kein Platz. Es war ein Arrangement, mit dem beide leben konnten, bis ein Foto die unbestreitbare Wahrheit allzu deutlich aufzeigte.

Wenn die Mechanismen der Schönheit, zusammen mit dem mit der adoleszenten Schönheit so eng verbundenen Sex, nicht ehrlich diskutiert werden, dann geht das Mädchen angesichts des Leugnens der Mutter davon aus, daß dies Bereiche sind, über die es keine Kontrolle hat und für die es keine Verantwortung übernehmen muß. Die Jungen lernen schon früh, daß Versprechungen der Liebe und wiederholte Schönheitsbeteuerungen die Abwehrmechanismen des Mädchens dahinschmelzen lassen. Wenn es endlich hört, was es schon immer hören wollte, daß es tatsächlich das Ziel, die Erfüllung im Leben der Frauen erreicht hat, die Macht der Schönheit, dann gibt es sich in seine Hände.

Eine Studie aus dem Jahr 1992 ergab, daß Mädchen mit »traditionellen Wertvorstellungen« früher Sex haben als jene, die solche nicht haben, und daß sie auch weniger wahrscheinlich Verhütungsmittel benutzen. Mit Wertvorstellungen waren Überzeugungen gemeint wie: »Die meisten Frauen können ohne Hilfe der Männer nicht für sich sorgen«; »Die meisten Frauen sind an ihrer Arbeit und Karriere nicht sehr interessiert«; »Ein Mann sollte klüger sein als seine Frau.«[18]

Weil Mutter ins Fitneßstudio geht und auf ihre Diät achtet, kann sie die Kleider ihrer Tochter tragen. Die neueste heiße Musik von

MTV ist auch in Mutters Schönheitssalon zu hören oder im Autoradio, wenn sie zur Arbeit fährt. Ist die Mutter geschieden oder alleinerziehend, dann ist dies auch die Musik, zu der sie in ihren Klubs, in ihren Lieblingsbars tanzt mit ihrem Freund, der altersmäßig womöglich irgendwo zwischen ihr und ihrer Tochter angesiedelt ist. Die neueste Mode in den Boutiquen mag für ihre Tochter angemessener erscheinen, aber kann man denn von ihr erwarten, daß sie sich wie eine Matrone kleidet? Schließlich sind dies die besten Jahre ihres Lebens, jedenfalls hatte sie dieses Gefühl, bis die sexuelle Schönheit ihrer Tochter täglich zunahm.

Die Mutter liebt ihr Mädchen, fühlt sich immer noch als seine Beschützerin, als Wächterin über »die Regeln«, als die »Frau« im Haus. Was soll sie mit ihren Konkurrenzgefühlen anfangen, auf die sie von ihrer eigenen Mutter nicht vorbereitet wurde und die sie selbst jetzt nicht bei ihrem häßlichen wahren Namen nennen möchte? Ängste, sich angesichts der sexuellen Schönheit ihrer Tochter älter zu fühlen, schiebt sie beiseite. Sagen nicht alle, daß sie eher wie Schwestern aussehen? Welche ist denn nun die Mutter?

Wir behaupten, daß wir unsere adoleszenten Mädchen so erziehen, daß sie die Architektinnen ihrer Zukunft sind. Auf der bewußten Ebene mag dies zutreffen. Aber die Töchter verhalten sich in Reaktion auf den unbewußten Druck nicht anders als meine Generation, die wartete, bis sie zum Tanz aufgefordert wurde; darauf wartete, daß er die Verführung vorantrieb. Heute laden die Mädchen den Jungen vielleicht ins Kino ein oder zum Essen, aber wenn es um Sex geht, schieben sie nach wie vor ihm die Verantwortung zu.

Wer hat gewonnen, wenn heute die Medien dem Schwesternteam aus Mutter und Tochter Beifall klatschen: die jüngere Frau, die älter aussieht, oder die Mutter, die ihre Uhr zurückgedreht hat? Offensichtlich letztere. An dieser Austauschbarkeit von Mutter und Tochter ist etwas zutiefst Beunruhigendes, vor allem da heute das Aussehen als Wert die Zivilität, die Kultiviertheit ersetzt hat: Das schön verpackte Päckchen ist leer.

Es gibt tiefe Gründe für die Kleidung, die Musik, die Tänze und das Vokabular der Jugendlichen, die herkömmlicherweise die empörte ältere Generation schockieren und verwirren. Wir wollen in unserer Jugend verzweifelt gern als wir selbst gesehen werden, wollen im Inneren fühlen, daß unsere »Andersartigkeit« öffentlich zur Kenntnis genommen wird. Die Pubertät ist eine stark narzißtische Phase. Wir treten aus dem Schatten der Mutter, wir tauchen auf, lassen die Kindheit hinter uns, fühlen uns innerlich so einzigartig, so einmalig, daß wir in Extreme verfallen. »Wir, als Gruppe, sind anders als ihr«, erklärt der Gruppenlook den Älteren. Sollte sie, die »alte« Generation, sich weigern, das Weiterreichen der Fackel zuzugestehen und zu bestätigen, werden Aussehen und Handeln der neuen Generation um so wilder ausfallen: »Verdammt noch mal, schaut *uns* an!«

Wenn die Erwachsenen heute das Aussehen der jungen Leute imitieren, dann vergessen sie, wer sie sind; sie brauchen nicht alt auszusehen und sich nicht alt zu benehmen, aber sie sollten die Grenzlinie zwischen den Generationen nicht überschreiten. Bleib jung und gesund so lange wie möglich, geh zum Chirurgen und laß dich ein bißchen liften und straffen, aber respektiere die Distanz zwischen den Generationen, die ihren Zweck und Sinn hat.

Es gehört zur Rolle der Mutter, daß sie die Privatsphäre respektiert, sie muß das »Opfer« bringen, wie die ältere, verantwortliche Generation auszusehen und sich auch so zu verhalten. Adoleszente Mädchen zweifeln zwanghaft an sich selbst und vergleichen sich automatisch mit anderen Frauen. Die letzte Person, die eine Tochter braucht, um sich kritisch an ihr zu messen, ist ihre Mutter, die in ihren »Teenagerklamotten« besser aussieht als sie selbst. Wenn die Mutter diesen Wettbewerb gewinnt, sich selbst das Scheinwerferlicht erobert, wird die Tochter durchs Leben gehen und der Konkurrenz stets alle möglichen Namen geben, nur nicht den, der das bezeichnet, was sie ehrlich fühlt; sie wird die Niederlage einräumen und dabei heimlich ihre Rivalinnen für ihren »Sieg« hassen.

Modedesigner stehlen den Jugendlook und verkaufen ihn den Eltern. Damit wird die junge Generation gezwungen, immer wieder neu nach einem Stil, nach einer Identität, nach etwas zu suchen, das ihr im Zeitalter der leeren Hülsen Sichtbarkeit verleiht. Natürlich waren Kleider schon immer ein Identitätsmerkmal, aber die heutigen Jugendlichen wurden dazu erzogen, sich im Mittelpunkt der Aufmerksamkeit zu sehen. So gierig ist die Wirtschaft darauf aus, sich an der Schönheitsversklavung der jungen Leute zu bereichern, daß sich »der Look« ständig verändert; so flüchtig ist die Erfüllung, die eine neue Jeans, die neuesten modischen Schuhe, der Schmuck gewähren, daß das Glück ständig neu gekauft werden muß, denn im Inneren existiert nichts, kein Selbstgefühl, auf das man sich stützen kann.

Das adoleszente sexuelle Fieber befeuert bis zur Raserei das verzweifelte Verlangen, gesehen zu werden. Töchter, die hungern, lassen sich auf den schwärzesten aller Wettbewerbe ein, denn hier stirbt die Gewinnerin. Mädchen, Frauen beäugen einander neidisch, stellen Vergleiche über den schmaler werdenden Umfang von Hand- und Fußgelenken an, quietschen: »Oh, du siehst wunderbar aus, du bist so *dünn!*« Dieser Wettbewerb hat eindeutig nichts mit den Männern zu tun. Magersucht und Bulimie entstehen aus den unaussprechlichen Problemen unter Frauen.

Das Auftauchen der adoleszenten Supermodels, die von den Erwachsenen nachgeäfft und zutiefst bewundert werden, bringt ganz normale Jugendliche in eine unhaltbare Position. Der Tod von Kurt Cobain, dem Leadsänger der Grunge-Gruppe Nirvana, die vier Jahre zuvor schlagartig berühmt geworden war, machte dies nur allzu deutlich. Kurt Cobain kam aus der Arbeiterschicht, aus einer Familie, die durch eine zornige Scheidung zerbrochen war, und seine Songs, die seine Generation in ihren Bann zogen, handelten von einer tief wurzelnden Wut, von Tod und Entfremdung, waren erfüllt von psychischer Beschädigung. Wie eine Ironie des Schicksals erscheint es mir, daß er in seinen Nachrufen als der Begründer der Grunge-Mode gefeiert wurde, ein kürzlich aufgetauchter neuer Look, der den abgerissenen, ausgebleichten, völlig unrespektablen Kleiderstil des Sängers kopierte.

Ich erinnere mich gut an die Sommer auf Sullivans Island und an die Freundesclique, in der ich heranwuchs. Unseren Treffpunkt nannten wir den »Pavillon«, und unser Tanz war der Shag. Ich hatte für mich eine Uniform erfunden, deren zentrales Stück eine reguläre weiße Marinesoldatenhose war, die ich in einem Laden für Marineüberschußware erworben hatte und die so eng eingenäht war, daß ich meine Mutter geradezu nach Luft ringen hören konnte, als sie mit Freunden vorbeischaute. »Nancy, diese engen Hosen, und die Art, wie du getanzt hast, und diese laute Musik!« seufzte sie am nächsten Morgen am Frühstückstisch, den ich dann unverzüglich mit einem neuen Gefühl der Befriedigung verließ, weil ich nun endlich ihre Aufmerksamkeit auf mich gezogen hatte. Wenn sie so mit den Augen rollte, sie nach oben verdrehte, lächelten die anderen Erwachsenen am Tisch, und sie lächelte und auch ich.

Mit einer Schachtel Schokoladenkekse und einer Cola ausgerüstet, verbrachte ich dann den ganzen Tag am Strand, wo ich hingebungsvoll meinen ganzen viel zu langen Körper zu einer tiefgoldenen Tönung bräunte, die, wie mir der Spiegel gezeigt hatte, eine Verwandlung bewirkte. Die Magie dieser schönen Pocahontas-Färbung, die ich mir an den Stränden rund um den Globus zulegte, machte mich zu einer großen Sonnenanbeterin. Von Natur aus rastlos, konnte ich den ganzen Tag damit verbringen, bis zu den Knien im Meer, in Seen zu stehen, friedlich und völlig zufrieden im Wissen, daß ich mein persönliches Schönheitsgeheimnis entdeckt hatte, eine Möglichkeit, bemerkt zu werden. Ich fühlte mich hübsch und attraktiv, wenn ich tief gebräunt war; ich stolzierte erhobenen Hauptes an den Stränden der Welt auf und ab, sonnte mich in den Blicken derer, die sich nach mir umdrehten. Doch natürlich hatte meine Mutter recht, wenn sie mich warnte, daß ich meiner Haut irreparablen Schaden zufügte. In diesen Sommern der Adoleszenz bedeuteten die mißbilligenden Äußerungen meiner Mutter über meine Kleider, meine Musik, mein Tanzen, meine Stunden in den Armen der Citadel-Kadetten in der großen Hängematte allesamt eine Bestätigung meiner Ichwerdung und auch, daß sie Teil meiner Vergangenheit war und blieb, geliebt, aber auf Distanz gehalten. In dieser von mir herbeigeführten und von ihr respektierten Distanz erkannte ich für mich ein wachsendes Verantwortungsgefühl an. Wenn ich nicht wie sie aussehen und mich nicht wie sie verhalten wollte, dann mußte ich mich um mich selbst kümmern.

Sind Mütter und Töchter »beste Freundinnen«, so bleibt kein Raum für gesunden Wettbewerb. Das Mädchen hat gegenüber der älteren Frau keine Chance und muß sich ihr früher oder später geschlagen geben. In der Folge übernimmt es nie die Verantwortung für sich selbst und fordert andere Frauen entweder gar nicht oder in übertriebenem Maße heraus. Wenn kein Vater im Haus ist, kein Mann, der dem Wettbewerb offener begegnet, gibt es buchstäblich niemanden, der dem adoleszenten Mädchen behilflich ist, um über die symbiotische Bindung hinaus- und in sein eigenes Leben hineinzuwachsen.

Wenn wir streiten, wenn wir uneins sind, wenn es einen Wettstreit mit sicheren Regeln gibt, zerstören Konkurrenzgefühle die Liebe nicht; nur wenn Konkurrenz existiert und abgeleugnet wird, kann dies geschehen. Wettbewerb und Liebe schließen einander nicht aus. Vielmehr entsteht ein Hochgefühl der Kameradschaft, wenn der Wettstreit ehrlich ausgetragen wird und es eine Gewinnerin und eine Verliererin gibt. Die abschließende Umarmung oder das Händeschütteln besagt: Wir haben unser Bestes gegeben, nach den Regeln gespielt, und wir sind nun bessere Freundinnen denn je.

Die Mädchenclique – keine Konkurrenz!

Wo waren die Jungen meiner Adoleszenz vor jenem schicksalhaften Abend im Jachtklub? Ich kann mich kaum an sie erinnern. Wir Mädchen waren unzertrennlich gewesen, hatten jahrelang beieinander übernachtet, zusammen in einem Bett geschlafen. Unsere Freundschaften hatten sich gegenseitig ergänzt, die wechselseitige Widerspiegelung in unseren Augen machte das Leben ganz. Jetzt verlangte aber die gegenseitige Ein- und Wertschätzung, daß wir einander mit den Augen des anderen Geschlechts betrachteten. Plötzlich waren die Jungen die Richter, und wir lebten, ohne es in

Frage zu stellen, nach ihrem Punktesystem; wie sie uns bewerteten, ließ uns einander in einem anderen Licht sehen.

Ohne eine Erklärung zu verlangen, ließen wir uns auf die Vorlieben der Jungen für Brüste, blonde Locken und lange Beine ein. Die Oberherrschaft adoleszenter Schönheit weckte in uns die Erinnerung an die Macht der Schönheit in unseren frühesten Lebensjahren innerhalb der Familie. Die Latenzphase hatte uns eine bedeutsame Erholungspause von der Tyrannei des Aussehens gewährt, aber jetzt war sie wieder da und wurde angeheizt von mächtigem sexuellen Verlangen.

Wir verstehen vollkommen, warum der beste Junge das hübscheste Mädchen wählt. Wir würden das gleiche tun. Tatsächlich waren meine besten Freundinnen sowohl während der Latenzphase als auch in der Adoleszenz die hübschesten Mädchen. Vielleicht hatte ich das Gefühl, daß mich allein schon ihre Nähe wärmte, und hoffte wahrscheinlich, daß etwas von ihrem Glanz auf mich abfärben würde. Möglicherweise würde sich ja einer der von der Schönen abgewiesenen Verehrer auf mich einlassen.

»Mit Beginn der dritten Klasse sinkt bei den Mädchen die Meinung über ihr Aussehen drastisch, während die Jungen weiterhin ihr Aussehen ganz in Ordnung finden«, schreibt die Psychologin Susan Harter. »Die Meinung anderer Leute über ihr Aussehen beeinflußt nun weitaus stärker das Selbstwertgefühl, als es Intelligenz, sportliche Leistungen und andere Bereiche, in denen sie mit sich zufrieden sein können, tun. Dies gilt für so unterschiedliche Gruppen wie Jungen und Mädchen, die Behinderten und die Begabten. Bei allen diesen Gruppen nimmt die Bewertung des eigenen Aussehens eine Vorrangstellung über alle anderen Bereiche ein, wird zum Faktor Nummer eins der Selbstwertschätzung, was in uns die Frage aufwirft, ob diese Selbstwertschätzung nicht nur eine äußerst oberflächliche Angelegenheit ist. Warum sollte die *äußerliche* physische Person dermaßen stark mit der *inneren* psychischen Persönlichkeit verknüpft sein?«[19]

Wir sind nicht die einzigen, die unserem Aussehen Einfluß auf unsere gesamte Persönlichkeit zumessen; auch Freunde und Lehrer schreiben im Kindergarten und in der Latenzphase den hübscheren Kindern besondere Talente zu. Eine Studie aus dem Jahr 1987 ergab, daß »die Lehrer die in der frühen Adoleszenz befindlichen, physisch attraktiveren Schülerinnen und Schüler als gelehriger, sozialer eingestellt und sportlich leistungsfähiger bewerteten ... als die physisch weniger attraktiven Schülerinnen und Schüler«[20].

Keine Frage, wir Mädchen mischten die Karten neu gemäß der seismographischen Auswirkungen der Schönheit auf unser Leben; die Anführerinnen der Latenzzeit traten automatisch hinter die adoleszenten Schönheiten zurück, wobei sie sich der Angemessenheit der natürlichen Auslese voll bewußt waren. Die Tragödie war, daß sich unsere mentalen, körperlichen und sozialen Fähigkeiten im Gegensatz zur Schönheit bei diesem neuen erotischen Tanz so armselig und unbedeutend ausnahmen, ja uns manchmal als Manko erschienen.

Für adoleszente Mädchen besteht die Ironie darin, daß wir zwar sehnlichst unser Bild in den Augen der Jungen erkennen möchten, daß aber die unser Leben beherrschenden Richterinnen nach wie vor die anderen Mädchen sind, deren Blicke nicht weniger hart und um nichts toleranter sind als die der Mutter. Der Blick eines Jungen kann eingefangen werden, aber es gibt eine höhere Macht, ohne deren Zustimmung wir nicht leben können. Wenn der Blick der anderen Mädchen das Urteil fällt, daß wir mit einem Jungen zu weit gegangen sind, dann sind wir untröstlich. Nicht einmal der geliebte Junge kann uns wiederbeleben; nur wenn uns vergeben wird und wir wieder in »die Familie« aufgenommen werden, fühlen wir uns von neuem ganz und heil. Nach den »Regeln der Mädchen« zu leben und gleichzeitig die Liebe der Männer zu erringen, stellt einen schwierigen Balanceakt dar.

Hineingeworfen in diese ungewohnte Rivalität mit den Mädchen, die jahrelang unser Leben bedeuteten, warten wir nun passiv darauf, erwählt zu werden. Selbst die Initiative bei den Jungen zu ergreifen, würde die verbotene Konkurrenz ins Spiel bringen. Ein anderes Mädchen aktiv zu überflügeln oder auszustechen ist ebenso verboten, wie es dies damals auch schon bei der Mutter war. Da gab es nie einen echten Wettstreit, denn ein Sieg hätte für uns ihren Verlust bedeutet.

Damals war es völlig tabu, als Mädchen die Initiative zu ergreifen. Ich saß am Telefon, starrte es an, wartete und betete, daß es klingeln möge. Da es verboten war, im Kino die Hand des Jungen zu ergreifen, plazierte ich meine Hand in flehendlichster Position auf die Armlehne zwischen uns oder legte sie in den Schoß und betete. In den heutigen Jugendzeitschriften steht zu lesen, daß die Mehrheit der Mädchen und Jungen die Ansicht vertritt, daß es völlig in Ordnung ist, wenn ein Mädchen einen Jungen zum Ausgehen auffordert. Andererseits ergab dieselbe Umfrage: »Mädchen, die gleichzeitig mit mehr als einem Jungen ausgehen, kommen in den Ruf, ein Flittchen zu sein.«[21] Es ist also noch immer das gleiche alte Spiel: Wenn du mehr bekommst, heißt das, daß für mich weniger da ist.

Erst gestern noch bedeutete unsere beste Freundin alles für uns; heute nimmt »die Clique« ihren Platz ein und breitet wie eine Glucke ihre Flügel über uns aus. Die Mädchenclique ist eine Große Mutter, die Quelle der Liebe und Identität und zuweilen ein überaus hart urteilendes Tribunal.

Ein Führerschein konnte mit 14 Jahren erworben werden, und die auserkorene Fahrerin sammelte die Mitglieder der Clique auf, bis wir uns zu siebt oder acht ins Auto gequetscht hatten. Oh, diese bange Spannung, wenn ich am Fenster stand und auf das Auto meiner Freundin wartete, fürchtend, ich sei vergessen worden, obwohl das nie geschah. Es war eine Furcht, die ich in den vorangegangenen Jahren überwunden hatte, als ich Baseballspiele initiierte und meine ängstlicheren Freundinnen ermunterte, tapfer zu sein. Jetzt befand ich mich wieder in der Warteposition, und obwohl niemand je eine Bemerkung über meine mangelnde Schönheit machte, bin ich doch sicher, daß sie der Grund für meine wiedererweckte Angst vor dem Verlassenwerden war.

Hätte ich den Trost, den ich im Wettkampf fand, mit in die Adoleszenz nehmen können, hätte ich sicher in der Fülle meines Wesens etwas gefunden, das es mir erlaubte, mit den Schönheiten zu wetteifern. Aber angesichts der Oberherrschaft der Schönheit in den Südstaaten verfiel ich wieder in meine dem Konkurrenzverbot unterworfene Rolle in meiner Familie, wo ich immer unsichtbar gewesen war. Dort hatte ich mir einreden können, daß ich »sie«, meine Mutter und meine Schwester, nicht brauchte, aber meine Clique brauchte ich aus ganzem Herzen.

»Die Adoleszenz ist eine jener Phasen, in der man versucht, zu einer psychisch unabhängigen Person zu werden«, sagt die Psychiaterin Jeanne Murrone. »Solche Phasen durchläuft man mit acht Monaten, im Alter von zwei Jahren, dann wieder mit vier und fünf Jahren und in der Adoleszenz. Während der Individuation in der Adoleszenz wollen die Jugendlichen nicht ganz allein sein, sondern suchen sich eine Art Ersatzfamilie, die Clique gleichrangiger Altersgenossen. Zum erstenmal im Leben sind wahrscheinlich nicht Familienangehörige, sondern Altersgenossen die wichtigsten Menschen.«

Ich habe den Großteil meines Lebens Liebe mit Sex verwechselt und fand in den Armen der Männer weitaus mehr, als ausgehandelt war. Einmal geküßt, war ich schon Sklavin einer Leidenschaft, die nichts mit dem Jungen oder dem Mann in meinen Armen zu tun hatte. Er war nur eine mythologische Figur für die lebenslange Suche meines irrenden Herzens. Zweimal geküßt, und ich fand mich ebenso schön wie die Mädchen, deren Aussehen mich noch Augenblicke zuvor minderwertig fühlen ließ. Jetzt hatte auch ich Arme, die mich umfingen; ich war ein echtes Mitglied der Clique, deren Vorbedingung für Mitgliedschaft die Schönheit mit ihrem Preis, dem Prinzen, war.

Als die Jungen in unsere eng geschlossenen Reihen eindrangen, uns Mädchen aus unseren Umarmungen rissen, sie sich einzeln herauspflückten und mit sich hinaus in die Nacht nahmen, da wurde unsere Loyalität auf eine starke Probe gestellt. Wir sehnten uns danach, erwählt zu werden, und gingen glücklich mit ihnen davon, aber die Angebote der Liebe und das Lob der Jungen hatten doch nie soviel Einfluß wie die Stimme der anderen Mädchen.

Wir fühlten uns wohler mit unseresgleichen, da wir nur wenig

Vertrauen in die Liebe der Jungen hatten. Ertrinkend klammerten wir uns aneinander fest, verzweifelten, weil die Jungen uns nicht glauben machen konnten, daß sie uns liebten. Natürlich hielt uns diese Art der Liebe auch nicht davon ab, an einem Sommertag trunkener Mädchenhaftigkeit einer unserer liebsten Freundinnen »eine Abreibung« zu verpassen. Wir liebten sie, wir wollten sie bestrafen; Liebe und Wut, das früheste und wichtigste Modell für Intimität.

Aus der »Clique« herauszuragen, anders zu sein, »mehr« zu sein, kann Ablehnung und Isolation bedeuten, sagt die Sportpsychologin Cheryl McLaughlin. »Um vor allem in den High-School-Jahren akzeptiert zu werden, müssen die Mädchen in Kleidung und Sprache so wie alle anderen sein. Wenn ein Mädchen die Wahl trifft, sich hervorzutun, seine Talente zu zeigen, hat das oft schwerwiegende Konsequenzen. In den Tennisteams der High-Schools verbergen talentierte Spielerinnen oft absichtlich ihre Fähigkeiten, verlieren Spiele gegen ihre Freundinnen, setzen sich an die dritte Stelle, weil sie den Verlust ihrer Freundschaften nicht riskieren wollen. Mädchen und Frauen neigen auf allen Ebenen dazu, der Konkurrenz aus dem Weg zu gehen.«

Wenn wir konkurrieren, dann heimlich, im dunkeln, es bestreitend. Wir lieben unsere beste Freundin, aber manchmal können wir einfach nicht anders: Der eiserne Ring, der uns Mädchen oder Frauen zusammenhält, muß getestet werden. »Letztes Jahr habe ich meine Jungfräulichkeit verloren«, schreibt eine junge Frau an die Zeitschrift *Seventeen*, »und seither versucht meine beste Freundin mich auszustechen. Wenn ich mit einem Jungen schlafe, schläft sie mit zwei. Es scheint, daß sie jedesmal, wenn wir derart konkurrieren, noch mit einem Jungen mehr schläft, um zu gewinnen, und das reibt sie mir dann hin. Ich weiß nicht, was ich tun soll. Bin ich denn blöd, daß ich all diese Jungen für diesen idiotischen Wettbewerb benutze?«[22]

Ein junger Mann berichtete mir von einem Vorfall in seiner Schule, als vor ein paar Jahren die Freundin seines besten Freundes schwanger wurde. Sie war eines der hübschesten Mädchen, war die

Intelligenteste ihrer Klasse und gehörte außerdem einer besonderen Clique an. Es war eine sehr eng zusammengeschlossene Mädchengruppe, die den Spitznamen »Die vestalischen Jungfrauen« trug. Als herauskam, daß eine der ihren die Kardinalregel gebrochen hatte, wurde sie ausgeschlossen. Der Junge entschied sich dazu, das Mädchen zu heiraten, aber erst marschierte er in die Cafeteria und herrschte vor versammelter Mannschaft die »vestalischen Jungfrauen« an: »Wie könnt ihr es wagen, so über meine Freundin herzufallen! Laßt mich sagen, wer noch aus eurer verlogenen Mitte mit mir geschlafen hat: du und du!« Er deutete auf zwei Mädchen. Die Clique brach auseinander und war nicht mehr zusammenzuflicken.

Wir gehen durchs Leben und kaufen Schönheit, hungern für sie, verstümmeln unseren Körper, um eine Macht des Aussehens zu erwerben, an die wir nie wirklich zu glauben wagen. Selbst die von Natur aus Schöne erlaubt sich nicht, allzuviel Vergnügen an ihren Vorteilen zu zeigen. Das ist einfach Glück, sind gute, von den Eltern ererbte Gene, möchte uns Cybill Shepherd glauben machen und schüttelt ihre tolle blonde Mähne in einem Werbespot für L'Oreal. »Ja, richtig«, sagen wir neidisch und sind ein ganz klein wenig entzückt, wenn wir lesen, daß ihre Ehe zu Bruch gegangen ist. »Haßt mich nicht, weil ich schön bin«, fleht eine andere Filmschönheit auf den Seiten eines Frauenmagazins und kommt der Sache schon näher. Die Tyrannei der Schönheit hält uns zurück, weil sie in ihrem Kern das Leugnen der Konkurrenz enthält.

Nur im geheimen mit einer anderen Frau flüsternd, die unsere Ressentiments teilt, können wir unserem Ärger Luft verschaffen. Wenn eine Jugendliche zwei andere Mädchen ihre Köpfe zusammenstecken sieht, dann weiß sie, daß hier Gemeinheiten entweichen. In gewisser Weise unterstützt dieses gelegentliche Dampfablassen den Zusammenhalt der Clique. Der geliebte Junge mag das Ziel sein, aber wir wissen, wenn er uns das Herz bricht, dann werden uns die Mädels umringen und trösten.

Wir kämpfen in der Adoleszenz darum, vom anderen Geschlecht geliebt zu werden und gleichzeitig unsere Bindungen und Identifizierung mit der Clique nicht zu verlieren. Allzu bald zeichnet sich auf den erwartungsvollen Gesichtern der jungen Mädchen die Angst ab, von den Jungen abgelehnt zu werden, aber auch die unterdrückten Konkurrenzgefühle zu jenen, die das Fundament unserer Welt bilden. Wir versuchen die Emotionen, die sich bislang ganz natürlich in unseren Mienen spiegelten, unter Kontrolle zu halten, und das Aussehen der Adoleszenz nimmt die Züge der Zaghaftigkeit an. Der mimische Ausdruck von Gefühlen wie Wut und Angst muß zensiert werden.

»Ich meine, daß der Charakter durchscheint«, sagt Lynton Whitacker, Direktor der Abteilung für plastische Chirurgie an der University of Pennsylvania Medical School, »weil die mimetischen Gesichtsmuskeln ganz anders gelagert sind als alle anderen Körpermuskeln. Sie bilden eine direkte Verbindung vom Knochen zur Haut. Deshalb zeigen sie Gefühle so, wie man sie ganz persönlich zum Ausdruck bringt. Das muß sich eine Zeitlang immer wiederholen, so lange, bis sich die Linien wie bei einer Glasgravur eingraben. Es braucht wahrscheinlich ein paar Millionen Male, bis sie sich permanent eingeprägt haben. Vielleicht 20 bis 30 Prozent der Menschen, die wegen einer Schönheitsoperation zu mir kommen, bitten mich ganz spezifisch etwas zu entfernen, das wir als Emotion bezeichnen würden: Traurigkeit, Wut, Langeweile. Es besteht kein Zweifel, daß diese Faltenbildung bei manchen Leuten schon in den Teenagerjahren beginnt.« Stellen Sie sich die erforderliche Muskelkontrolle vor, um niemals den Ausdruck von Haß und Wut auf unseren hübschen Gesichtern erscheinen zu lassen!

Was das Annehmen der eigenen neuen, sexuellen Persönlichkeit angeht, so bildet sich auch hier ein lebenslanges Muster heraus. Wenn das Leben unter Mutters Dach uns nicht schon früher das Versprechen gab, daß sie auf unserer Seite steht, daß Konkurrenzgefühle sich Luft verschaffen können, ohne die Liebe zu beschädigen, dann werden Streitigkeiten und Rivalität mit Mädchen wie mit Jungen, die wir lieben, immer als Bedrohung der Liebe empfunden werden; Glück ist dann nur in einem symbiotischen Beisammensein möglich.

Der Junge will ein Mädchen, von dem er bis letzte Nacht noch nicht einmal wußte, daß er es sich erträumte. Und da ist sie, sie mit dem zurückhaltenden Lächeln, der weißen Haut, den wunderschönen Brüsten, die in ihm ein Gefühl erweckt, das sagt: Tanz mit mir. Er hat gar nicht vor, die Mädchenclique auseinanderzureißen oder die anderen Mitbewerberinnen herabzusetzen; er muß schon seit Jahren mit dem Auswählen und Verlieren zurechtkommen. Wenn er sie nun von ihren Freundinnen weglockt, ist er sich des Risikos gar nicht bewußt, und auch nicht der Macht, die ihr zuwächst.

Die Tragödie für diese Schöne besteht darin, daß sie sehr wahrscheinlich bis zur Adoleszenz, bis sie zum Schwan wurde, ein Mädchen war wie alle anderen auch. Während ein Teil von ihr den Erfolg, den sie bei den Jungen hat, durchaus zur Kenntnis nimmt, hütet sie sich doch davor, ihrem Triumph allzuviel Gewicht beizumessen. Der Ausdruck in den Augen der anderen Mädchen, die sie lieben, aber auch beneiden, macht es erforderlich, daß sie irgendwo verliert, um ihren Sieg auszugleichen. Um ihre neuen Kräfte etwas abzumildern, versucht sie, sich bei anderen Aktivitäten nicht hervorzutun, da sie ja bereits schon soviel hat. Die Liebe der Jungen ist wundervoll, aber Unterstützung und Liebe der Mädchen sind ihre adoleszente Rettungsleine.

Und obwohl wir uns vielleicht danach gesehnt haben, selbst die auserwählte Königin zu sein, sind wir doch von der Unausweichlichkeit ihrer Verbindung tief berührt; wir verstehen vollkommen, warum sie zusammengehören. Macht, angezogen von Macht. Zusammen herrschen sie über uns, ihre Rolle bleibt unangefochten, bis sich natürlich eine schwache Stelle in ihrer Rüstung zeigt, ihre Verletzlichkeit offenbart wird, unseren Neid einlädt. Wir stoßen die Klinge hinein und lassen ein bißchen vom Druck des Grolls entweichen, lernen die Kehrseite der Macht kennen, welche die Schönheit besitzt: Sie erweckt in den Habenichtsen Grausamkeit.

So stark war die unterdrückte Rivalität im Bereich der Schönheit in der traditionellen Welt der Frauen, daß sich das Gebot »Keine Konkurrenz!« auf alles im Leben erstrecken mußte. Diese dem Wettbewerb feindlich gesonnene Haltung konnte erst dann allmählich aufweichen, als die Schönheit nicht länger unsere einzige Machtquelle war. Nirgendwo zeigt sich das heute deutlicher als im Frauensport. Zu sehen, wie die jungen Frauen nun ebenso hart und elegant wie jedes männliche Team spielen, ihren Sieg bejubeln und anschließend die Hände mit ihren Konkurrentinnen in dem Wissen schütteln, daß diese vielleicht morgen die Gewinnerinnen sind, das ist für mich Feminismus im besten Sinn. Meine Art von Feminismus.

»Am Anfang stellt es für junge Sportlerinnen ein Problem dar, daß sie im Training gegen ihre eigenen Teamgenossinnen hart vorgehen und dann nach dem Spiel einander freundlich gesinnt bleiben sollen«, sagt Geno Auriemma, der Trainer des schon früher erwähnten Connecticut Women's-Basketball-Teams, das die NCAA National Championship gewann, ohne auch nur eine einzige Niederlage in der ganzen Saison einzustecken. »Eine der ersten Ansprachen, die ich ihnen halte, lautet in etwa: ›Hört mal zu, hier gibt's nichts von diesem Mädchengetue. Kein ›Sie hat gesagt, daß du gesagt hast, daß sie gesagt haben …‹, wie man das den Mädchen so zuschreibt, und sie wissen genau, wovon ich rede. Sagen wir mal, zwei Jungs eines High-School-Teams konkurrieren um dieselbe Position. Im Training machen sie sich gegenseitig gnadenlos fertig; sie sind mit aller Intensität dabei. Dann endet das Training. Die beiden tun sich zusammen, gehen vielleicht gemeinsam was essen. Und am nächsten Tag sind sie wieder da und machen es wieder ganz genau so. Und das nennt man Konkurrenz.

Den Mädchen fällt so etwas schwer. Sie nehmen ihre Konkurrenzgefühle vom Spielfeld mit. ›Ich rede nicht mehr mit ihr.‹ Oder: ›Sie hat versucht, mich aus dem Feld zu schlagen, und das heißt, sie ist nicht mehr meine Freundin.‹ Es ist schwierig, den Mädchen beizubringen, daß sie in einer Konkurrenzsituation mit aller Härte vorgegen *sollen*. Im Spiel geht's darum, so gut zu spielen, wie du irgend kannst, nicht um die Frage: ›Wer ist meine Freundin und wer meine Feindin?‹ So hart zu spielen, wie du irgend kannst, ruiniert die Freundschaft nicht.

Ich denke, daß Frauen länger und härter arbeiten als Männer.

Aber sie müssen lernen, als Team zu arbeiten und nicht immer irgend jemanden auszuschließen. Sie müssen glauben, daß sie so hart wie möglich konkurrieren dürfen und danach zusammen weggehen und was trinken können. Das gleiche gilt am Arbeitsplatz, wenn sie dann älter sind. Die Leute sagen: ›Frauen können mit Konkurrenz nicht umgehen, sie sind zu emotional.‹ Humbug. Frauen sind stärker, als die Leute ihnen zugestehen. Wenn du im sportlichen Wettbewerb großartige Leistungen bringen kannst, heißt das, daß du Disziplin und Engagement hast. Frauen können alles in den Griff kriegen. Alles. Sie brauchen die Erlaubnis, mit anderen Mädchen zu konkurrieren, sie zu besiegen und trotzdem noch Freundinnen bleiben zu können.«

Gloria Steinem sagte, daß Konkurrenz dem Feminismus diametral zuwiderlaufe, und Carol Gilligan bestätigt an ihrer Seite, daß die Überlegenheit der Frauen auf einem angeborenen Widerwillen beruhe, sich auf Konkurrenz einzulassen. Tatsächlich ist es aber der Mangel an gesunden und gefahrlosen Wettbewerbsregeln, welche die Tyrannei der Schönheit so tödlich macht. Anstatt die Macht der Schönheit und die unvermeidlich daraus entstehende Konkurrenz als Tatsache anzuerkennen, nehmen wir Zuflucht zu einem Gleichsein, das die Schönen scheinbar vor Groll und Ressentiments schützt und den Habenichtsen Unterstützung zukommen läßt. Statt sich mit der Konkurrenz auseinanderzusetzen und mit ihr umgehen zu lernen, verkündet der Gruppen-Look: »Schau, ich bin nicht wütend, ich sehe aus wie du, ich fühle wie du, ich spreche wie du, ich gehe wie du.« So wird jene vom einzigartigen sexuellen Wachstum dieser Jahre angetriebene, originäre Person in dieser zweiten Geburt der Adoleszenz nie erschaffen werden.

Die »Regeln«, die uns diktierten, wie wir unser adoleszentes Leben anzugehen hatten, sind nie erwähnt oder besprochen worden. Es war, als hätte die Feenpatin der Adoleszenz eine jede von uns in der Nacht besucht und uns die »Regeln« ins Ohr geflüstert. Eines Tages standen wir auf, zogen uns für die Schule an und waren weniger abenteuerlustig, beobachteten einander wachsamer und genauer, obwohl ein außenstehender Beobachter das vielleicht als stärkere Intimität oder als Symbiose bezeichnet hätte. Die Angst, ausgeschlossen zu werden, schweißte uns mehr als alles andere zusammen. Wie abhängig wir voneinander waren! Wir zerbrachen nie die magische Kette, die unser Lebenserhalt war – und auch unsere Garantie, daß kein Mädchen mit mehr davonschwamm als seinem Anteil an der verbotenen Frucht. Wir hatten unsere ersten Regelblutungen an verschiedenen Tagen im Monat, aber emotional wußten wir immer über alle Erfahrungen jedes Mädchens Bescheid.

Niemand hatte für uns genau festgelegt, wie weit wir mit den Jungen gehen durften. Vielleicht hat das die »Regeln« so unheilschwanger gemacht: Sie ließen uns in Ungewißheit darüber, was nun genau die anderen Mädchen im Dunklen machten. Es waren also immer nur wir selbst, die in einem Moment der Leidenschaft zu weit gingen, und folglich mußten wir uns auch selbst unser Ticket zur Hölle ausstellen.

Es war ein auf Fire Island verbrachter Sommer in den sechziger Jahren, und ich lag nackt mit meinem Geliebten Stan im Bett. Es war nicht unser Bett, doch Stan liebte es, an verbotenen Orten zu ficken, und die im angrenzenden Zimmer stattfindende Party war in vollem Schwung, der Geruch von Hasch hing in den Deckenbalken. Denken Sie daran, dies waren die Jahre der vollkommenen Freizügigkeit. Die einzige Regel bestand darin, jede zu brechen, auf die man stieß. Nicht nur ich und Stan, auch alle anderen jenseits unserer Zimmertür waren absolut auf das Regelbrechen aus. Das Vögeln so dicht bei den anderen brachte Stan kurz vor den Orgasmus, als sich plötzlich die Stimme einer Frau über den Partylärm erhob, eine entschieden kritische Stimme, darauf aus, mich in meinen erotischen Phantasien zu erreichen und mit einem schrecklichen Richterspruch in die Realität zurückzuholen. »Schuldig!« hörte ich sie rufen, obwohl ihre genauen Worte anders lauteten: »Nancy ist im Schlafzimmer und fickt mit Stan.«

Das stimmte. Doch es war dieser Ton weiblicher Zensorenschaft; oder war es mein abgrundtiefes Schuldgefühl, das aus einem Kommentar zum faktischen Geschehen einen Schuldspruch im Kontext

meines endlosen inneren Identitätskampfes zwischen der »guten«
und der »bösen Nancy« machte? Die Regeln für »anständige Mädchen« werden mich bis ins Grab begleiten. Ich stelle mich ihrer
öffentlichen Zensur in den Medien, wann immer ich über Sex
schreibe. Ich bin schon auf ihre zimperliche Kritik eingestellt, benutze sie tatsächlich als kreatives Feuer, um meine Bücher zu
schreiben, habe das Gefühl, ihnen eins auf die Nase zu geben dafür,
daß sie sexuelle Schuldgefühle unter Frauen verbreiten, aber trotzdem treffen sie mich. Sehr gern möchte ich daran glauben, daß sich
das nun ändert.

Auf der Suche nach den Augen meines Vaters

Mein Vater. Die Worte sind meinen Lippen, meinen Fingerspitzen,
die sie zu Papier bringen, so fremd. Ich begehe eine Art Verrat,
breche den unausgesprochenen Schwur zu schweigen. Selbst jetzt
noch scheint es mir gefährlich, über ihn, ich meine seine fehlende
Anwesenheit, zu schreiben. Als »braves Mädchen« war es meine
Pflicht, nie zu fragen: »Was ist mit ihm passiert? Wohin ist er gegangen? Wie sah er aus?« Dieses Thema war so gefährlich, daß
meine Mutter seinen Namen nie aussprach, niemals. Sein Name
war Walter. So, da habe ich es hingeschrieben.

Es ist an der Zeit, über ihn zu sprechen, vor allem in diesem Kapitel, das nach den Vätern ruft. Bis zu jenem grauenhaften Abend im
Jachtklub, als mich niemand zum Tanzen aufforderte, war ich
durchaus fähig, von meinem Großvater abgesehen, ohne einen
Mann zurechtzukommen. Ja, ich hatte sogar versucht, in der Familie
den Platz meines Vaters einzunehmen, indem ich mich im Gegensatz
zu meiner niedergedrückten, ängstlichen Mutter und Schwester verantwortungsbewußt gab, nie jammerte und tapfer war. Jetzt, quasi
über Nacht, wollte ich ein Star dieses Geschlechts, von dem ich mich
abgeseilt hatte, ein Mitglied dieses Privatklubs von sehr weiblichen
Frauen sein, dem die Mutter und die Schwester angehörten und in
den einzutreten ich nie aufgefordert worden war.

Da kein Vater im Haus war, der meiner Weiblichkeit den Segen erteilen konnte, machte ich mich mit einer gewissen Verzweiflung daran, die männliche Zustimmung anderswo zu finden. Ich nehme an, das war es, was der Psychiater Leonard Michaels damals, als ich ihn vor Jahren interviewte, meinte: »Ein Kind, das in einer Familie ohne Vater aufwächst, hört nie auf, nach einem Mann zu hungern.«

Ich bin von meinem Wesen her eine Vatertochter, ich liebe Männer und bin in meiner Entschlossenheit, mich stets selbst zu beweisen, »männlich«. Und obgleich meine Liebe zu den Männern teilweise vom Verlangen herrührte, in ihren Augen die Bewunderung zu finden, die ich bei meiner Mutter entbehrte, war damit doch untrennbar das Bedürfnis verbunden, die Seelengefährtin eines Mannes zu werden und damit seinen adoleszenten Traum von einem Mädchen zu erfüllen, das ihm in allem auf halbem Weg entgegenkommt. Ich war mir sicher, wenn ich einen Mann nur dazu bringen konnte, seine Abwehrmechanismen zu lockern und sich auf mich einzulassen, dann würde er mich als die Frau erkennen, die ihn vollkommen akzeptiert. Ich würde der Spiegel sein, und in dem Wissen, daß ich alles, was er mir zeigte, akzeptieren würde, würde er sich ergeben. Er würde mich nie verlassen.

An einem heißen Tag in meiner Adoleszenz sah ich dann das Bild meines Vaters ganz unten in einer Wäscheschublade meiner Mutter. Ich erinnere mich noch an die Stille im Haus, an das Sonnenlicht auf dem dunklen Holz der Mahagonikommode. Es war nicht das erstemal, daß ich den Schrank und die Kommodenschubladen meiner Mutter durchstöberte. Ich gestand mir nicht bewußt ein, daß ich nach Hinweisen auf meinen Vater suchte, aber da war er plötzlich, verborgen unter Spitzenunterwäsche, sah mich an, ein gutaussehender Mann mit dunklem Haar in Anzug und Krawatte. Mein geheimgehaltener Vater, der Mensch, über den niemand sprach, das fehlende Glied in unserer Familie und in meinem Leben; die Augen, die ich immer vermißt hatte, die mich sehen, mich in sich aufnehmen, mich billigen, mich lieben sollten.

»Dein Vater war bei den Frauen sehr beliebt«, erzählte mir eine der Schwestern meiner Mutter später. »Er war ein Frauenheld.«

Natürlich habe ich immer angenommen, daß ich seine Auserwählte gewesen wäre, so wie meine Schwester die Auserwählte meiner Mutter war. Hätte seine Gegenwart die Konkurrenz gemildert, mit der ich es meinem Gefühl nach nicht nur in bezug auf meine Mutter und meine Schwester, sondern nun in der Adoleszenz auch mit meinen Kindheitsfreundinnen zu tun hatte?

An meiner geschlechtlichen Identität hegte ich nie Zweifel; mein tiefes Verlangen galt der Bestätigung durch das andere Geschlecht, daß ich begehrenswert war. Und die Tragödie war, daß ich nicht so weiblich aussah, wie ich mich fühlte. Und als sich das dann gegen Ende meiner Teenagerjahre änderte, war dieses Verlangen zum Muster geworden; immer zeigte mir der Spiegel die Dreizehnjährige, die in puncto Schönheit versagt hatte. Ich habe nie daran gezweifelt, daß mein exhibitionistisches Bedürfnis nach Zustimmung in den Augen der Männer eine Reaktion darauf ist, daß ich den Schönheitswettbewerb mit meiner Mutter und meiner Schwester verloren hatte.

Als ich bei Daniel Stern in Therapie war, es war das Jahr nachdem mein Haus niedergebrannt war und ich mich von meinem ersten Mann getrennt hatte, zog ich eines Tages von ganz hinten im Schrank ein Kleid heraus, daß ich seit Jahren nicht mehr getragen hatte. Ein leuchtend gelbes Ding, schwingender Rock, Oberteil, das sich über die Schultern herabziehen ließ, ein bißchen im Stil der Unschuld vom Lande, der überhaupt nicht der meine war, und ganz gewiß nicht die passende Kleidung für eine Therapiesitzung mit meinem Psychoanalytiker.

»Tragen Sie dieses hübsche gelbe Kleid für mich?« waren seine ersten Worte, so sanft gesprochen wie die eines Vaters zu seinem Kind und mit einem liebevollen Lächeln im Gesicht. Er hatte mich durchschaut, kannte meine Absichten besser als ich. Ja, natürlich war ich darauf aus, meinen Analytiker zu verführen, war es vom ersten Moment an gewesen. Ich war verrückt nach meinem Vater/Analytiker, und der Vorfall mit dem gelben Kleid erwischte mich kalt, denn ich spielte die Verführerin nicht als erwachsener Vamp, sondern als adoleszentes Mädchen.

»Haben Sie denn nicht Proust gelesen?« fragte ich hochmütig im hastigen Versuch, meine weltmännische Haltung zu bewahren: »Mindestens die Hälfte von *A la recherche du temps perdu* handelt davon, was Albertine trägt. Die Kleidung treibt das Geschehen voran.«

»Und was für ein Geschehen wollen Sie vorantreiben, Nancy?« fragte er.

»Unsere Affäre natürlich. Die Sie sich weigern zur Kenntnis zu nehmen. Statt dessen verlassen Sie mich, um sich auf Ihrem blöden Boot davonzumachen.« Es war schon fast August, der nationale Ferienmonat der Analytiker. Und dann lachten wir beide, obwohl mein Lachen nur halbherzig war. Niemand wußte über die Auswirkungen meines abwesenden Vaters besser Bescheid als Stern.

»Ich komme zurück«, sagte er zu seinem großen Baby im gelben Kleid. Doch ich fühlte mich nicht getröstet.

Es ist erstaunlich, wie bereitwillig wir das Fehlen des Vaters im Leben seiner adoleszenten Tochter akzeptieren, wo doch seine Möglichkeiten, ihr zu helfen, so offensichtlich sind; er, der ein Mann ist und deshalb Bescheid weiß über die Jungen, auf die sie nun so fixiert ist. Stellen Sie sich einen Vater vor, der das männliche Geschlecht für sein Mädchen zivilisiert und ihm gleichzeitig weitaus besser als die Mutter die machtvolle Auswirkung erklärt, die seine Schönheit auf die Jungen hat. Er würde seiner Tochter von den Unsicherheiten des Jungen, seinen Träumen erzählen, ihr verständlich machen, daß er in die Machorolle verfällt, weil er mit seinen Gefühlen nicht umgehen kann angesichts eines Mädchens, das für ihn nun über alle Macht der Welt zu verfügen scheint.

In der Adoleszenz steht die Tochter vor ihrem Vater, hängt sich an seinen Arm, wartet auf seinen Urteilsspruch: »Sieh mich an«, will sie sagen. »Laß mich wissen, daß ich es richtig mache, daß ich es schaffe, ein hübsches Mädchen zu sein. Du bist der einzige Mensch, dessen Meinung ich vertrauen kann.«

»Laß deinen Vater in Ruhe, du bist jetzt ein großes Mädchen«, sagt die Mutter. Greift sie ein oder zieht sich der Vater in diesem entscheidenden Stadium der Vater-Tochter-Beziehung zurück, dann lernt das Mädchen, daß ihr die Nähe zu Männern den Verlust der geliebten Bindungen an andere Frauen einbringt.

Wenn er sich der Konkurrenzsituation unter den Frauen im Haus entzieht, läßt er seine Tochter im Stich. So viele Frauen erinnern sich daran, von ihren Vätern »fallengelassen« worden zu sein, die bis zur Adoleszenz ihre engen Gefährten gewesen waren. »Ich war Papas Mädchen«, so die Geschichte, »sein Liebling, die er auf seine Angelausflüge und manchmal auch auf seine Geschäftsreisen mitnahm. Aber als ich in die Adoleszenz kam, ließ er mich fallen.«

Daß so viele von uns, aus den verschiedensten Gründen, ohne die liebevolle väterliche Zustimmung zu unserem sexuellen Erwachen in die Adoleszenz eintraten, ist ein Verlust, der immer auf uns zurückschlägt. Das adoleszente Mädchen will im Grunde gar nicht der Mutter den Vater stehlen, sondern nur an dem einzigen Mann, dem es vertraut, seine Geschicklichkeit im Flirten erproben. Wenn er erkennt, was die Tochter braucht, und weiß, was er zu tun hat, wird er mit echter Liebe in seinem Blick zu ihr sagen: »Du bist zu einer so schönen jungen Frau herangewachsen.« Und sie erkennt, daß er das wirklich meint, und wird ihm glauben. Das Geschenk ist ausgetauscht worden.

Ich kann mich an kein einziges Mädchen in meiner Jugendzeit erinnern, das eine starke Beziehung zu seinem Vater hatte. Ich mochte vielleicht das einzige vaterlose Mädchen in unserer Clique sein, aber das hätte man in dieser Phase auch ebensogut von all den anderen Mädchen behaupten können. Da gab es keine väterlichen Ratschläge oder Kenntnisse, die an uns weitergegeben worden wären, und wenn ich eine Freundin zu Hause besuchte, nahmen sich die Väter wie Gespenster aus, schattenhafte Gestalten, die in Lehnstühlen die Zeitung lasen.

Es gibt eine Studie über weibliche Teenager, die teils mit und teils ohne Väter aufwuchsen. Die Jugendlichen in der ersten Gruppe hatten geschiedene Eltern und ihre Väter seit der Scheidung nicht mehr gesehen; die der zweiten Gruppe hatten verwitwete Mütter und die der dritten Gruppe noch beide Elternteile zu Hause. Es ließen sich bei allen drei Gruppen keine unterschiedlichen Verhaltensprobleme feststellen, aber es zeigten sich definitiv Unterschiede in der Reaktion auf Männer.

Im Rahmen dieser Untersuchung wurde jedes Mädchen in ein Büro geführt, wo es von einem Mann interviewt wurde. Es gab drei Sitzgelegenheiten im Raum, unter denen die Mädchen wählen konnten. Die »Scheidungstöchter« suchten sich gewöhnlich die aus, die dem Mann am nächsten war, und setzten sich breitbeinig und sich räkelnd hin; sie flirteten, waren redselig, neigten sich dem Mann zu, sahen ihm in die Augen. Die Mädchen, deren Väter gestorben waren, ließen sich möglichst weit vom Mann entfernt nieder, saßen steif und mit geschlossenen Beinen da, lächelten nicht und vermieden den Blickkontakt; sie waren scheu und ängstlich. Die Mädchen, die noch Vater und Mutter hatten, zeigten keine dieser beiden extremen Verhaltensweisen und benahmen sich dem Mann gegenüber viel lockerer und natürlicher. Als dieselben Mädchen von einer Frau interviewt wurden, kamen diese Unterschiede nicht zum Vorschein.

Als man dann die Beziehungen untersuchte, die diese Mädchen mit anderen männlichen Wesen hatten, stellte sich heraus, daß die Mädchen, deren Eltern geschieden waren, viel Zeit an Orten verbrachten, wo junge Männer anzutreffen waren, und häufig ihren Körper zum Einsatz brachten, um die Aufmerksamkeit auf sich zu lenken; sie gingen öfter aus und hatten öfter und frühzeitiger Sex als die Mädchen der beiden anderen Gruppen. Mädchen, deren Väter gestorben waren, gingen später mit Jungen aus, tendierten eher dazu, Männer zu meiden, und schienen sexuell gehemmt zu sein. Die Psychologin E. Mavis Hetherington schreibt in ihrem Bericht über diese Studie: »Bei beiden Mädchengruppen mit abwesenden Vätern hatte die mangelnde Gelegenheit zur konstruktiven Interaktion mit einem liebevollen, aufmerksamen Vater Befürchtungen und unzureichende Fähigkeiten im Umgang mit Männern zur Folge.«[23]

Die Ergebnisse dieser Untersuchung machen deutlich, daß sich die Abwesenheit des Vaters stark auf die Einstellung der Tochter zu Männern im allgemeinen auswirkt. »Die aus intakten Familien kommenden Frauen wählten ihren Ehemann mit einem sicheren Blick für die Realität und mit größerem Erfolg und vermeldeten in weitaus höherer Anzahl sexuelle Befriedigung (die größere Anzahl von Orgasmen eingeschlossen) in ihrer Ehe, als es die Frauen taten, die ohne Vater aufgewachsen waren.«[24]

Sind die Ergebnisse dieser Studie überraschend? Daß sie uns so einleuchtend erscheinen, ist an sich schon traurig genug, denn dies setzt voraus, daß wir schon immer wußten, wie sich der Vaterentzug auf junge Mädchen auswirkt. Damit sich die Männer weiterhin auf den industriellen Fortschritt konzentrieren konnten, wurde die Vaterrolle des »guten Ernährers« so idealisiert wie das Monopol der Mutter auf das Heim und die Kinder.

Die ganze gewichtige und urteilende Bewertung in den ersten Lebensjahren sollte nicht allein in der Macht der Frauen liegen. Und wenn dann die Adoleszenz eintritt, ist es für den Vater an der Zeit zu erkennen, daß seine Tochter die Schwelle zum Frausein überschritten hat; statt sich abzuwenden, sollte er dasein, sie dazu drängen, weiterhin ihren Intellekt, ihr Sprachvermögen und all die anderen voradoleszenten Fähigkeiten, die sie schon gemeistert hat, zu trainieren. Er sollte mit ihr über Sex sprechen, ihr Jungen als Menschen mit all ihren Unzulänglichkeiten und Stärken erklären.

Elterliche Komplimente mögen von Jugendlichen als Bestandteil ihres Bruchs mit der Vergangenheit abgeschüttelt werden, aber die Worte müssen ausgesprochen werden, denn sie werden in der Tat gehört. »Es zeigt sich ganz klar, daß die Eltern bei den meisten Jugendlichen weiterhin den größten Einfluß ausüben«, sagt Jeanne Brooks-Gunne, Präsidentin der Society for the Research of Adolescence. »Und obgleich der Einfluß der Altersgenossen in diesen Jahren an Gewicht zunimmt, zeigen Untersuchungen über den Stellenwert von schulischen Leistungen, von Noten, der nach der High-School angestrebten Ziele und sogar von solchen Dingen wie Rauchen und Trinken, daß die Eltern immer noch mehr zählen als die Altersgenossen.«

Die Tochter, der es an Schönheit mangelt, wird vom Vater erfahren, daß nicht alle Männer allein auf Äußeres reagieren; er wird sie glauben machen, daß andere Qualitäten und Eigenschaften für Männer wichtig sind. Es mag ein kalter Trost sein, aber sie wird ihn dennoch annehmen, und zwar mehr noch als von der Mutter, denn er gehört schließlich der Welt der Männer an, von der sie nun so angezogen ist. Sein Rat, Talente nicht zu vernachlässigen, die nicht mit dem Spiegel in Zusammenhang stehen, wird Gewicht haben. Sie wird ihm glauben, weil sie gelernt hat, dem zu vertrauen, was sie in seinen Augen liest.

Bis jetzt glauben Frauen, daß nur die Augen anderer Frauen ein Urteil über Schönheit abgeben können. Dieses Monopol leitete sich von der totalen und lebenslangen Abhängigkeit der Frauen von der Mutter ab. Wenn nun immer mehr Väter helfen, ihre Töchter von Geburt an aufzuziehen, werden ihre Blicke und ihre Urteile so glaubhaft und erstrebenswert sein wie die der Mütter. Die Antwort auf das alte Rätsel: »Für wen ziehen sich Frauen schön an?« wird dann lauten: »Für Männer und Frauen.«

Auf die Frage, was ein adoleszentes Mädchen am meisten braucht, antwortet Judith Seifer: »Es braucht ein unverführbares männliches Wesen, an dem es seine sozialen Fähigkeiten und Verführungskünste erproben kann. Das kann es mit seinen Freundinnen nicht tun. Und doch lehrt ebendie Gesellschaft, die dies den Frauen nicht ermöglicht, die Männer, daß alle Frauen potentielle Sexpartnerinnen sind. Frauen und Mädchen werden in unserer Kultur so erotisiert, daß die meisten Ehemänner oder Väter im Umgang mit ihren Töchtern gar nicht anders können, als ihre Sexualität zu negieren. Wenn sich der Vater zurückzieht, versteht *sie* nicht, warum sich diese von ihr geliebte Person abkehrt. Wir bestrafen junge Mädchen dafür, daß sie heranwachsen. Wenn der Vater die physischen Veränderungen, die seine Tochter durchlebt, nicht bestätigt – selbstverständlich ohne sie zu verführen –, dann hat sie eine ganze Reihe von Jungen da draußen, die nur allzu bereit sind, dies zu tun.«

Warum nehmen wir an, daß Väter weniger fähig sind, mit der Sexualität ihrer Töchter zurechtzukommen, als die Mütter mit der ihrer Söhne? Warum sollte ein Mann sich weniger der Überschreitung der Inzestgrenze enthalten können? Manchmal kommt mir der Gedanke, daß unsere bereitwillige Annahme, daß Männer ihre Sexualität nicht zügeln können, zu einer sich selbst erfüllenden Prophezeiung geworden ist. Wir schauen einen Mann an, der die Verantwortung für ein schönes junges Mädchen trägt, und schon denken wir automatisch, daß er sie vielleicht belästigen könnte. Was stimmt mit uns nicht?

Die Bedingungen für den vom Vater begangenen Inzest bestanden seit Generationen, weil es der Gesellschaft so paßte. Erotische Phantasien über Familienangehörige kommen vor, aber eine Phantasie ist noch keine vorbedachte Tat. Wenn die Gesellschaft nicht wünschte, daß sich Väter von ihren Töchtern zurückziehen, wenn sie sich nicht dazu entschieden hätte, die Lüsternheit der Männer als unkontrollierbar anzusehen, hätten wir die Männer entsprechend erzogen, hätten wir ihnen beigebracht, Phantasien als Gedanken und Bilder zu verstehen, die uns in den Sinn kommen, so wie wir eben auch manchmal Mordgedanken hegen; und doch begehen wir keinen Mord, begehen keinen Inzest.

Indem sie die Männer von ihren Kindern fernhielt, außer Haus hielt, sorgte die Gesellschaft dafür, daß sie sich total auf ihre Ernährerrolle konzentrierten, in sorgfältiger Ausbalancierung mit dem Monopol der Frauen auf alle häuslichen Angelegenheiten. Die Annahme, daß »Männer sexuelle Bestien sind«, trug weiterhin dazu bei, das Bild vom machtvollen Mann aufzublähen, und dämpfte die den Frauen eigene Lüsternheit. Dies war schon in alten Zeiten eine schlechte Einrichtung, aber heute taugt sie bestimmt gar nichts mehr.

Wir entschieden uns auch zur Ansicht, daß Mütter keine inzestuösen Gedanken haben, daß der Mutter-Sohn- und der Mutter-Tochter-Inzest nicht vorkommt. Natürlich tut er das. Mit der zunehmenden ökonomischen Macht der Frauen gelangt auch die ganze Palette unserer Sexualität immer stärker ans Licht. Wenn die einzige Möglichkeit, die Väter zu einem stärkeren Engagement in bezug auf ihre Kinder zu bewegen, darin besteht, daß wir die dunkle Seite der weiblichen Sexualität bloßlegen – wir sind nicht weniger menschlich als die Männer –, dann bin ich dafür, es zu tun. Das größte Hindernis, das einer engen Tochter-Vater-Beziehung entgegensteht, ist die Weigerung des Feminismus, die Sexualität der Frauen auf die Tagesordnung zu setzen, sich das ganze Bild anzusehen.

Von der Mutter begangener Inzest wurde unter den Teppich gekehrt, weil die Gesellschaft idealisierte Fürsorgerinnen brauchte. Bis vor 30 Jahren bestritten Verhaltensforscher sogar, daß Frauen sexuelle Phantasien haben. Wenn die Gesellschaft sich scheute, auch nur die Tatsache zu akzeptieren, daß Frauen an Sex *denken*, dann ist die Vorstellung, eine Mutter könnte, in Gedanken oder in der Tat, Inzest *begehen*, unvorstellbar. Wir haben den von Vätern begangenen Inzest zum pikanten Gegenstand von Nachrichten, zum heißen Thema nachmittäglicher Talkshows gemacht, wenden uns aber entsetzt ab, wenn darauf hingewiesen wird, daß auch Mütter nicht nur inzestuöse Gedanken haben, sondern tatsächlich auch Inzest begehen.

Was ist Inzest? Der Definition nach handelt es sich nicht einfach nur um Geschlechtsverkehr. Die Mutter, die den Penis ihres noch sehr kleinen Jungen küßt, nachdem sie ihn gebadet und abgetrocknet hat, betrachtet das nicht als inzestuöse Handlung. So festgegossen sind die mütterlichen Rechte, daß danebenstehende Personen diesen Akt weder kommentieren noch irgend etwas unternehmen würden. Die Mutter legt sich in ihrer Einsamkeit, während der Mann geschäftlich unterwegs ist, zu ihrem Sohn ins Bett. Sie schläft neben ihm, hat ihren Arm um ihn geschlungen und nichts weiter, doch für den Sohn ist es doch »etwas«; da liegt er mit seiner Erektion und wird sich den Rest seines Lebens daran erinnern. Das Gefühl der Mutter, ein Anspruchsrecht zu haben, beinhaltet auch einen physischen Kontakt mit ihren Kindern, noch lange nachdem sie aus dem dafür angemessenen Alter heraus sind.

Wir hören so wenig über von Müttern begangenen Inzest, weil Jungen und Männer nichts davon erzählen. Die Mutter liebte ihn; ein Teil von ihm genoß es, neben ihr zu liegen. Die sexuellen Gefühle waren seine Schuld; er hat schreckliche Schuldgefühle wegen der Erektion, die er bekam, als er in ihren Armen lag; Mutter ist gut, er ist schlecht.

Wenn er dann zum Mann herangewachsen ist, empfindet es der Sohn als unmännlich und undankbar, darüber zu sprechen, ja, auch nur darüber nachzudenken; Tatsache ist, daß die meisten Männer solche Vorfälle »vergessen«. Waren sie nicht der Person verpflichtet, die ihnen das Leben schenkte und so lange für sie sorgte? Die zahlreichen Männer, die mir von inzestuösen Begegnungen mit ihren Müttern berichteten, taten das nicht auf verurteilende Weise. Die meisten ziehen es vor, es für Liebe zu halten, und doch, was kann für einen Sohn sexuell verwirrender sein als eine Mutter, die nachts bei ihm schläft und am Tag ihm gegenüber die Gesetzgeberin spielt?

Einst drängte der Junge das Mädchen, »alles zuzulassen«, aber wenn es Widerstand leistete, hörte er gewöhnlich auf. Vor 30 Jahren gab es mehr Väter zu Hause, die für ihre Söhne zumindest so etwas Ähnliches wie ein männliches Vorbild abgaben. Doch heute findet sich das adoleszente Mädchen, wie eh und je darauf erpicht, daß man sich seiner annimmt, in den Armen eines Jungen, der seine Vorstellung von Männlichkeit dem Fernsehen verdankt.

»Töchter brauchen ihre Väter während der Adoleszenz *wirklich*. Wahrnehmung und Zustimmung des Mannes erlauben der Tochter, sich physisch, in ihrer ganzen Körpergestalt zu akzeptieren«, sagt der Psychologe Henry Biller, der schon 30 Jahre lang das Thema Vaterschaft untersucht. »Was die Tochter will, ist so einfach: Sie sehnt sich nach der Bestätigung, daß alles, was in physischer und emotionaler Hinsicht mit ihr passiert, gut und bewunderungswürdig ist und daß sie in seinen Augen Erfolg hatte. Sie ist eine reizvolle junge Frau geworden.«

Leider haben wir keine »Vater-Tochter-Tradition«; es gibt keine Geschichten, keine Weisheiten, die in den Familien von Generation zu Generation weitergegeben werden, so daß die Väter heute wüßten, welche Pflichten und Verantwortlichkeiten sie in bezug auf die adoleszente Tochter haben. Der moderne Vater muß sich selbst erfinden. Seine Frau hat sich in einer von Männern dominierten

Arbeitswelt selbst erfunden, die ihrer Mutter fremd war; nun sind die Väter an der Reihe. Bücher für Väter warten darauf, geschrieben zu werden, und die beängstigendsten Kapitel werden davon handeln, wie der Vater mit der Konkurrenz unter den Frauen im Haus umgehen soll, damit sie eingestanden und durchlebt wird, ohne daß Mutter oder Tochter das Gefühl haben, daß sie ihn oder einander verloren haben.

Die heutigen adoleszenten Mädchen werden sich bald mit beiden Geschlechtern in Konkurrenz am Arbeitsplatz sehen. Aus Studien in der Verhaltensforschung geht hervor, daß Mädchen, die Sport treiben, bessere Erfolgschancen im Geschäftsleben haben, weil sie Zusammenarbeit im Team, Kooperation und Risikobereitschaft lernen, was sich alles positiv auf die Netzwerkarbeit am Arbeitsplatz niederschägt. Und darüber weiß der Vater am besten Bescheid. Wer sollte besser als er seine Tochter ins nächste Jahrhundert geleiten?

Es ist ein Wunder, daß ich nicht einen dieser Jungen heiratete, die mich in der Adoleszenz in den Armen hielten, und eine Kindfrau blieb; dieser Rausch, geliebt zu werden, endlich, von einem exotischen, so männlichen »anderen«, soviel, das ich im Haus der Frauen entbehrt hatte. Wenn ich die Jungen idealisierte, dann nur, weil ich sie mir in Abwesenheit meines Vaters in meiner Phantasie ausmalen mußte. Auch wenn ich nicht die Krone der Schönheit trug, liebte ich doch mein adoleszentes Erwachen für die Männer.

Wie ich es über mich brachte, mir das zu verweigern, was ich am allermeisten wollte, werde ich nie ergründen. Ich war ein so vernarrter, liebeskranker Teenager; ich bezeichnete es zwar als romantisches Gefühl, doch es war eine starke Dosis reinen sexuellen Verlangens dabei. Die Regeln, die ich für mich selbst aufgestellt hatte, waren in ihrer Selbstverdammung äußerst rigide; ich hatte mich in der Abwesenheit meines Vaters zu derjenigen gemacht, die in unserer Familie die Verantwortung trug. Natürlich wurde ich in der Schule immer zur Anführerin gewählt.

Dann beschloß ich an einem Frühlingstag in meinem zweiten College-Jahr, daß ich meine Karriere als »Klassensprecherin« nicht mehr fortsetzen wollte. Ich wollte nicht diejenige sein, die die Regeln festsetzte, die sagte, daß es nicht erlaubt war, auf den umliegenden Wiesen am See Bier zu trinken; ich wollte mit meinem Freund am Samstagnachmittag Bier trinken können. Genauer gesagt, ich wollte die Wahl haben, wollte mich emotionaler auf das einlassen, was immer ich mit den Männern zu tun beschloß. Ich sehnte mich danach, die Regeln für anständige Mädchen fallenzulassen und ich selbst zu sein, wer immer ich sein mochte.

Meine Entscheidung bestürzte meinen Fakultätsberater. Es mag sich wie ein belangloses Ereignis anhören, aber es war ein Wendepunkt, und es hatte eine Menge mit Sex zu tun und mit dem Bedürfnis, ein Leben mit Männern zu erfinden, das sich auf neue Regeln gründete. Regeln sind wichtig, sowohl das Aufstellen von Regeln als auch ihr Durchbrechen. Und Regeln sind vor allem wichtig für ein Mädchen, das ohne Vater aufwächst, immer hungrig nach Männern ist.

Ich verstand weder die volle Bedeutung meines gläsernen Sparschweins in Form eines Globus, in dem ich meine Fünf- und Zehncentstücke sammelte noch, törichte Jungfrau, meine Biologie, selbst dann nicht, als ich in geparkten Autos mit Penissen und Beinahepenetrationen herumspielte. Was die Macht der Schönheit anging, und dies waren noch die Zeiten, in denen Schönheit der an erster Stelle rangierende Preis für den besten Prinzen war, alle diese enormen Einflüsse, die mein junges Leben regiert hatten – Ökonomie, Sex und Aussehen –, begriff ich nicht zur Gänze, bis mein Haus 1980 niederbrannte.

Die jungen Frauen von heute verfügen nicht mehr über den Luxus einer so ausgedehnten naiven Jugend, wie ich sie hatte. Meine Generation war die letzte, die noch den in die protestantische Arbeitsethik eingebetteten Grundoptimismus kennenlernte, der so viele Generationen lang vorherrschte. Heute haben wir nicht mehr das Vertrauen, daß unsere Kinder einen höheren Lebensstandard erreichen werden, wenn wir sie dazu erziehen, hart zu arbeiten und an Gott zu glauben. Die Arbeitsethik, der Optimismus, die innere Schönheit, die Moral sind verschwunden.

Die nackten Mächte von Geld, Sex und äußerlicher Schönheit kommen alle in der Adoleszenz zusammen. Mehr denn je ist der Vater, ein »unverführbarer erwachsener Mann«, im Leben eines adoleszenten Mädchens überaus erwünscht und vonnöten.

Weil ich ohne ihn, ohne jegliches Gefühl für einen Mann aufwuchs, kam ich zu dem festen Entschluß, in finanzieller Hinsicht für mich selbst zu sorgen; ich wurde eine exzellente Geldverdienerin, eine gute Ernährerin. Aber ich machte auch gravierende Fehler. Als ich das erstemal heiratete, gab ich das Geld in die Hände meines Mannes. Ich wollte mit diesen finanziellen Dingen nichts zu tun haben. Im Rahmen meines Handels mit ihm, der besagte, daß ich das Kind und er der Papa war, überließ ich ihm alle meine Schecks. Wenn er irgendwelche Summen auf der Bank erwähnte, wurde ich wirr im Kopf. Erst nach jenem Feuer und meinen Gesprächen mit dem unverführbaren Daniel Stern fing ich an, die Mächte von Geld, Sex und Schönheit, welche die Adoleszenz in mir durcheinandergebracht hatte, voneinander zu trennen.

KAPITEL 5

Der Tanz der Adoleszenz: Jungen

Der geliebte Feind

D ie Macht der Schönheit ist uns in der Adoleszenz nichts Neues, denn wir alle haben sie bereits einmal erlebt. Wir haben zwar versucht, unserer frühen Kindheit den Rücken zu kehren, unsere schmerzlichen Erinnerungen an Mutters Vorliebe für unseren hinreißenden Bruder oder unsere liebreizende Schwester zu verdrängen und zu vergessen, aber jetzt, wo die sexuelle Schönheit die Oberherrschaft angetreten hat, kommt alles wieder hoch: die alte Eifersucht, der Neid, die Erinnerung an den Verlust. Wagt es der Junge noch einmal, die Schöne zu gewinnen, ist er gut genug, hat er das erforderliche gute Aussehen, die Macht, ihr ebenbürtig zu sein? Wagt er es, eine Niederlage vor den Augen seiner Kameraden zu riskieren?

Fünf, sechs Jahre lang war sein Bedürfnis nach der Liebe der Frauen, der Mutter durch die wachsende solidarische Kameradschaft mit anderen Jungen und die starke Identität, die ihm sein Anderssein verlieh, gemindert. Abrupt schwemmt nun die Schönheit der Mädchen alles wieder hoch, gewinnt durch die unleugbare Wirkung, die sie auf ihn hat, die Oberhand und reduziert den starken, entwickelten, selbstsicheren Jungen auf einen sklavischen, einfältigen Verehrer. Vielleicht assoziiert er die Macht, die das Mädchen über ihn hat, nicht bewußt mit dem, was er gegenüber seiner Mutter empfand, aber es ist da, existiert irgendwo in seiner Erinnerung.

Ist der Junge in seinem Erwachen für die Schönheit der Mädchen tatsächlich so anders als Dornröschen? Vergessen wir für den Moment die Geschlechterrollen. Für manche Menschen gibt es keinen atemberaubenderen Anblick als den jugendlichen männlichen Körper; die alten Griechen hatten den rechten Sinn dafür. Es ist alles eine Sache der Sehgewohnheit, des Auges, das sich an die Mode und an ein Schönheitsideal in männlicher oder weiblicher Gestalt gewöhnt. Vor meinem geistigen Auge sehe ich den adoleszenten Jungen seine Hand dem Mädchen entgegenstrecken. In seiner eleganten ausgestreckten Männerhand drückt sich eine Erwartung von Gegenseitigkeit aus, die Erwartung, daß ihm das Mädchen auf halbem Wege entgegenkommt. In seinen Augen besitzt es soviel Macht, und er, der einige Jahre der weiblichen Berührung ferngewesen war, hat nun wieder das Bedürfnis, gesehen, mit Blicken aufgenommen und als Person akzeptabel gefunden zu werden.

In seiner Erinnerung sind Schönheit und Mutter eins. Als er in ihrem Herrschaftsbereich lebte, war es für ihn lebensnotwendig, daß ihre Blicke auf ihm ruhten. Mit der Zeit entzog er sich dann ihren liebevollen Händen. Jetzt, in der Pubertät und von der Schönheit der Mädchen eingeschüchtert, hat er ein ebenso starkes Bedürfnis, zur Kenntnis genommen und anerkannt zu werden wie sie.

Doch Jungen gehören dem unsichtbaren Geschlecht an. Denn Männern wird beigebracht, sich abzuwenden, sie werden gelehrt, daß es unmännlich ist, sich in dem »Blick« zu sonnen. Statt dessen sieht der Junge, wie die Blicke des Mädchens sich an ihm vorbei auf sein Auto richten, auf seine Geschicklichkeit auf dem Spielfeld, seinen Status, wie sie seinen Wert wie eine Rechenmaschine zusammenaddiert und nach dem Neid in den Augen der anderen Mädchen forscht.

Ja, heute verdient sie selbst ihr Geld, aber sie möchte über die alten wie die neuen Optionen verfügen. Sollte sie ihn zurückweisen, muß er sich völlig ungerührt geben. Mädchen haben das Monopol, Schmerz zu zeigen, und er möchte nicht, daß ihn seine Kameraden mit einer Schwachstelle in seiner Rüstung erleben. Seine voradoleszenten Träume von Abenteuern und weiten Horizonten haben sich nicht erfüllt. Und spätestens jetzt lernt er auch die Macht des Geldes kennen.

Er ist erst 13 Jahre alt und lernt, sich in Pose zu werfen, hoffend, daß er für jemanden gehalten wird, der er gar nicht ist. Mädchen haben Erwartungen und beurteilen einen Jungen anders, als es ein anderer Junge tut. Mädchen wissen, was sie wollen. Doch was weiß ein Dreizehnjähriger davon, wie man eine Göttin geleitet? Was weiß er von ihren Phantasien über ihn, von dem Zugang zu ihr, den sie ihm gewähren wird, wenn er sie von seiner Meisterschaft überzeugt? In dem monastischen Leben, das er noch bis vor kurzem führte, fand er sich ganz gut ohne Frauen zurecht. Jetzt sind sie da, klug gemacht durch das Wissensgut der Mädchenzeitschriften, geübt in der hohen Kunst der Intimität, aber trotzdem seine Überlegenheit und Meisterlichkeit fordernd. Führen?

Dem Mädchen kommt es gar nicht in den Sinn, daß der Junge sich nicht in den erforderlichen Fähigkeiten geübt haben könnte, daß er nicht ihr Bild heraufbeschworen hat, das sie jetzt so verzweifelt gern in seinen Augen sehen möchte. Wie kann der Junge, der eine völlig andere Reise hinter sich hat, begreifen, daß dieses Mädchen sich wie sein geliebtes Baby fühlen möchte, dessen Gedanken er lesen kann und über das er die absolute Herrschaft hat? Für ihn besitzt doch sie die ganze Macht! Hat sie nicht bislang jede Bewegung, jeden Schritt kontrolliert, ihn nur zentimeterweise an sich herangelassen? Er liest ihre Gefügigkeit in seinen Armen als eine Begegnung zwischen zwei Ebenbürtigen, wobei sie einen Vorteil hat, denn nur sie kann seiner Sexualität einen Sinn verleihen, seine brütenden masturbatorischen Träume zivilisieren, die bislang ohne Herz, ohne Seele waren.

Wenn sie für ihn ihre Zugbrücke herunterläßt und ihm signalisiert, daß sie die seine sein will, dann kommt damit zum Ausdruck, daß er sie zu einem sexuellen Wesen machen und die Verantwortung für sie übernehmen soll. Wie kann der adoleszente Junge die Bedeutung ihrer Kapitulation und die an ihn gestellten Erwartungen verstehen? Ja, er ist dankbar, vielleicht liebt er sie auch, aber war das nicht ein Gemeinschaftsunternehmen? Was weiß er davon, wie total die Intimität ihre Selbstsicht verändert hat, was weiß er von ihrer neuen Erwartung, durch seine Augen transformiert zu werden? Was weiß er von Spiegeln? Er hat seine Augen gelehrt, ihn nicht zu verraten. Er sieht sie global, während sie sich selbst als bislang unvollkommenes Sammelsurium von Einzelteilen betrachtete, unvollkommen, bis er die Bühne betrat.

Jetzt, wo er sie transformiert hat, dürfen seine Blicke nur noch auf ihr ruhen, muß er erkennen, wenn sie unglücklich ist, ihr Haar anders gescheitelt ist, sie einen Pickel hat oder einen neuen Pullover trägt. Wenn er versagt, weint sie: Du hast mich nie geliebt! Und sie fühlt sich darin bestätigt, daß nur Frauen einander richtig beurteilen und wertschätzen können; nur Frauen, so leitet sie daraus ab, wissen zu lieben.

Was ist mit den sehr gut aussehenden Jungen, die sich selbst im Spiegel sehen, die Bemerkungen der Leute über ihre Schönheit hören? Nach der »alten Absprache« war es Männern verboten, aus ihrem guten Aussehen Kapital zu schlagen; ja, sie sahen ihr Spiegelbild, wußten, daß sich die Frauen von ihnen angezogen fühlten. Aber wie das adoleszente Mädchen, das nun langsamer gehen und sich kleiner machen muß, muß der Junge sich einem allzu bewußten Wissen darüber enthalten, was Schönheit ihm zu erkaufen vermag.

Ich bedaure, daß ich den Jungen meiner Adoleszenz nicht mehr Bewußtsein von der Macht ihrer Schönheit übermittelte. Es dauerte Jahre, bis ich mir selbst eingestehen konnte, wie sehr mich ihr Aussehen berauschte. Ich wußte nicht, daß männliche Schönheit diese Wirkung haben kann; niemand hatte mich darauf vorbereitet. Keine Frau berichtete von der Spannung und Erregung, die der Anblick männlicher Schönheit auslöst. So tief war das Schweigen.

Die gesellschaftliche Abmachung, wonach weibliche Schönheit für männlichen Schutz eingetauscht wird, hat uns ebenso blind gemacht, wie es Männern verwehrt war, gesehen werden zu wollen. Natürlich sind Männer wütend, so wütend wie wir Frauen; des gesunden narzißtischen Vergnügens beraubt, gesehen, bewundert, von liebevollen Augen aufgenommen zu werden, verhalten sich Männer wie die unsichtbaren Geschöpfe, zu denen wir sie gemacht haben.

Meine früheste bewußte Erfahrung mit männlicher Schönheit, dem erregenden Erlebnis, männliche Körper zu betrachten – ein Sakrileg, denn natürlich war visuelle Lust verboten –, war das

Spektakel auf dem Paradefeld der Citadel. Es gehörte zum Ritual der Mädchen von Charleston, daß wir am Freitagnachmittag unsere Autos am Rande dieses Geländes parkten und uns auf den vorderen Kotflügeln drapierten, während die Kadetten zu den Klängen von John Philip Sousa vorbeimarschierten. Kann etwas sexuell exhibitionistischer sein als der Anblick der kollektiven Schönheit eines Kadettenkorps in maßgeschneiderten Uniformen, in hautengen Jacketts, den S-Kurven von Schultern, Hüften und Hintern? Wie seltsam, daß niemand von uns über unsere hypnotische, geradezu sklavische Bindung an diesen Anblick sprach, über den Eindruck, den er auf unsere Phantasien machte.

Auf zwei verschiedenen Planeten aufgewachsen, treffen Jungen und Mädchen in der Adoleszenz aufeinander, beiden fehlt jegliche Kenntnis vom anderen Geschlecht. Er mag sich zwar anfangs untauglich fühlen, aber ihre träumerische Sicht von ihm als dem verantwortlichen Initiator ist eine Rolle, die er sehr gern erfüllen würde; es ist großartig, so erhöht zu werden, wenn man nichts als zwei linke Hände hat. Er umwirbt sie. Erst hinterher kommt ihm das volle Spektrum ihrer Erwartungen zu Bewußtsein. Er fühlt sich schlecht. Sie fühlt sich verraten.

Als junge Frauen opfern wir beim Eintritt in die Adoleszenz soviel und hassen dann die Männer, weil sie uns nicht angemessen für all das entschädigen, was wir aufgegeben haben. Aber die Jungen haben das gar nicht von uns verlangt. Wir haben es getan und hassen dann die Jungen, weil sie uns nicht mit einer Macht wieder von den Toten haben auferstehen lassen, über die sie gar nicht verfügten.

Mädchen machen sich nie Gedanken darüber, was denn der adoleszente Junge in seiner Sehnsucht, von uns geliebt zu werden, hinter sich gelassen haben könnte. In den Jahren davor gelangte er durch die Kameradschaft mit anderen Jungen zu der Überzeugung, daß Männer die gleiche Kraft besitzen wie die Mütter. Auch wenn sich alle Jungen nicht immer gegenseitig mögen, so gehen sie doch davon aus, daß sich ein Gefühl der wohligen Zwanglosigkeit einstellt, wenn gute Kumpel zusammenkommen. Das Schild »Nur für Männer« richtete sich ursprünglich nicht gegen Frauen, sondern war für die Männer da, entsprach einem Bedürfnis, das aus ihren ersten von Frauen beherrschten Lebensjahren herrührte.

Heutzutage ist es noch furchterregender, ein adoleszenter Junge zu sein und mit diesen sehr wissenden, fordernden jungen Frauen umgehen zu müssen, die mit einer matriarchalisch-feministischen Tagesordnung aufgewachsen sind, die davon ausgeht, daß der Junge der Staatsfeind Nummer eins ist. Und in dieser mißlichen Lage haben die Söhne auch von ihren Vätern keine Hilfe zu erwarten.

Die Verhaltensforscher sagen uns, daß sich die Eltern in ihren adoleszenten Kindern selbst wiedererkennen, daß ganz besonders dieses Alter in ihnen ihre eigenen Erfahrungen wiedererweckt. Möchte der Vater, wenn er in seiner Adoleszenz die Hölle durchmachte, seinem Sohn nun das Leben leichter machen? Vielleicht denkt er, daß die harten Schläge, die er einstecken mußte, einen Mann aus ihm gemacht haben; vielleicht beneidet er seinen Sohn, der all die Dinge hat, deren er sich nie erfreuen konnte und die nur durch seine harte Arbeit ermöglicht wurden. Ja, aus diesem Grund hat er so hart gearbeitet, aber jetzt, wo der Junge davorsteht, ins Leben hinauszugehen, wo der Vater plötzlich sein eigenes Alter spürt, empfindet der ältere Mann Neid und Groll.

Die patriarchalische Gesellschaft hat den Vater gelehrt, daß Männer stark sein, die Verantwortung übernehmen müssen und keine Schwächen zeigen dürfen; soll doch der Junge in diesen Jahren leiden, sie sind eine Art Überlebenstraining fürs künftige Leben, so beschließt der Vater. Wahrscheinlich tut er das nicht bewußt, aber es besänftigt den Neid auf die Jugend. Doch die Definition von einem »echten Mann« hat sich seit Vaters Zeiten geändert.

Ohne Eltern, Lehrer, ihn spezifisch ansprechende Literatur, die ihn darüber aufklären, was ihn erwartet und wie komplex und widersprüchlich der neue Mädchentypus ist, ist der Junge schlechter dran, als sein Vater es damals war. Der Vater konnte wenigstens auf ein gesellschaftliches Abkommen bauen, wonach die Frauen ihn für ihr ökonomisches Überleben brauchten. Es war kein großartiges Abkommen, und es ist gut, daß es damit vorbei ist, doch läßt das den heutigen männlichen Jugendlichen geradezu unvermeidlich bei den Mädchen ins Straucheln geraten, die emotional so bedürftig und fordernd sind wie eh und je, aber nun letztlich auch ohne ihn überleben können.

Was kann der junge Mann von heute einbringen, um der Macht der Mädchen etwas Gleichwertiges entgegenzusetzen? Er strebt die traditionell männliche Macht des Reichtums an, aber er arbeitet auch an seinem Aussehen, zieht den Spiegel zu Rate, kauft mehr Kleidung und Kosmetikprodukte als irgendeine Generation vor ihm. Die den Frauen eigene Macht der Schönheit, nun noch verstärkt durch die Neuerwerbung dessen, was einst eine Machtdomäne der Männer zu sein pflegte, zwingt die adoleszenten Jungen, für sich den Einfluß ihres Aussehens neu zu überdenken und einzuschätzen. Klug ist ein Junge, der die Macht der Schönheit versteht.

Wenn sich junge Männer heute bereitwilliger mit ihrem Aussehen befassen, dann weil männliche Eitelkeit keine Gefahr mehr darstellt: Ein Mann ist nicht weniger ein Mann, wenn er gut aussieht und sich fabelhaft anzieht. Das hat der Feminismus für die Männer bewirkt, hat langsam und stetig die Schranktür immer weiter geöffnet, wo sich nun eine stetig vielfältigere Männergarderobe zeigt.

»Sei ein Mann!«

In jener kurzen Latenzphase zwischen der Abhängigkeit von der Mutter und der Ankunft der adoleszenten Mädchen hat sich der Junge, als Bestandteil des Abnabelungsprozesses von seiner Mutter, seiner Bewunderung für die weibliche Gestalt entwöhnt. In Gesellschaft der anderen Jungen lernte er, seine Liebe und seinen Neid auf den Körper, der ihn einst in sich beherbergte, der ihn ernähren und erhalten konnte, zu »vergessen«. Er baute mit seinen eigenen Händen und seiner Imaginationsgabe eine Jungenwelt auf, die ihn in seinem neugefundenen Gefühl der Unabhängigkeit von Frauen bestärkte. Statt auf die Mutter ist er nun auf den vollkommenen älteren Jungen fixiert. Heldenverehrung.

Und dann tritt er eines Tages in die Adoleszenz ein. Plötzlich erwecken die Mädchen, die bis gestern noch unsichtbar und für ihn nutzlos waren, eine fast vergessene Sehnsucht nach dem weiblichen Körper; doch in diesem neuen Sehnen vermischt sich die unbewußte Erinnerung an die Schönheit der Brust, an die weibliche Haut und ihren Geruch mit sexuellem Verlangen.

»Mir scheint, daß viele Männer sich an einem in den Tiefen der Kindheit angesiedelten Ort auf ihren Gegenstand des Verlangens fixieren«, schreibt Paul Theroux. »Ihre Libido wird schon in frühen Jahren kodiert. Die meisten Männer kommt es hart an, sich den kindlichen Aspekt der Lust einzugestehen oder damit zurechtzukommen. Alle Prostituierten und Rollenspieler kennen diese Kindlichkeit ... die auf einer infantilen oder adoleszenten Erinnerung basiert«, weshalb die meisten Männer deren Ursprung einer Frau nur ungern enthüllen, »denn diese Enthüllung gibt ihr Macht über ihn«[1]. Was für ein kluges Eingeständnis von Theroux!

Da wir alle, Männer und Frauen, bei der Brust beginnen, hat das adoleszente Mädchen keine infantile unbewußte Erinnerung an einen männlichen Körper, wird sein Sexualtrieb beim Anblick eines gleichaltrigen Jungen nicht erweckt. Statt dessen muß sie sich eine neue Sicht aus der Schönheit der männlichen Gestalt schaffen, die im Hier und Jetzt ihrer zwölf, 13 Jahre wurzelt; und wenn der Boden nicht vorbereitet, aufnahmebereit und fruchtbar ist, wenn sie nicht mit der Liebe zu Männern aufgewachsen ist, dann wird ihre Phantasie den erotischen Anblick junger Männer nicht akzeptieren. Ihr ganzes, nach den Regeln der Frauen ausgerichtetes Lebenstraining, ihr Mangel an Vertrautheit mit dem eigenen Körper machen sie sogar noch weniger geneigt, lassen sie durch den Anblick der männlichen Gestalt noch weniger stimuliert und noch weniger wahrscheinlich zur Voyeurin werden. Da sie nie erlebt hat, daß sich ihre Mutter visuell an der Erscheinung der Männer erfreut hat, teilt sie in ihrer Adoleszenz nicht die Erweckung des Jungen zur erotischen Stimulierung durch den Blick. Ihre Libido wird »nicht immerzu aufgeladen und angespitzt«, um Theroux zu zitieren. Das hat nicht nur damit zu tun, daß sie nicht über das äußerliche, die Erregung anzeigende Organ des Jungen verfügt. Das Liebesleben des Jungen beginnt mit der Beschaffenheit, dem Geruch und dem Anblick des weiblichen Körpers, vor allem der wunderschönen Brüste. Auch wir Frauen schauen sie gern an.

Was hat der entflammte Jugendliche im Austausch für die weibliche Schönheit anzubieten? Es kommt ihm gar nicht in den Sinn, daß sein eigenes Aussehen durchaus würdig wäre, gegenüber dem Antlitz und dem Körper des Mädchens in die Waagschale gelegt zu werden. Er fühlt sich machtlos. Das Mädchen ist es, das ihn lehren wird, was *sie* will, welcher Junge *ihrem* Gefühl nach ihre Schönheit aufwiegt. Doch leider trifft sie ihre Entscheidung blind, ist ohne Mitgefühl und Einfühlungsvermögen.

Und was ihn besonders unglücklich macht: Sie ist vom Anblick seines Penis angewidert. Mit der Zeit wird sie darüber entscheiden, ob er ihre Lippen küssen, ihre Brüste berühren darf, deren Konturen ihn in der Nacht mit einer Erektion aufwachen lassen. Weder ist ihr das Ausmaß ihrer Macht bewußt, noch nimmt sie die Schönheit des Jungen wahr. Auch er ist dazu erzogen worden, sie zur Kenntnis zu nehmen, aber sicher sehnt er sich danach, daß sie ihn mit ihren Augen in sich aufnimmt.

Der adoleszente Junge ist allein in seiner Auseinandersetzung mit der Oberherrschaft weiblicher Schönheit. Ich nehme an, das soll ihn abhärten – »Sei ein Mann!« –, damit er seine Rolle als Ernährer und Problemlöser, der Kaufpreis der Schönheit, schneller lernt. Der düstere Nebeneffekt ist jedoch der Neid der Männer auf die Macht weiblicher Schönheit.

Wir müssen die Bewunderung für männliche Schönheit wieder aktivieren, träge Augen lehren, die hypnotische Wirkung der Kurven eines männlichen Torsos wirken zu lassen. Anscheinend sind wir auf dem richtigen Weg. 1995 haben bei einer Befragung 73 Prozent der Jungen zwischen zwölf und 19 Jahren ausgesagt, daß sie sich entweder »sehr bemühen«, mit der neuesten Mode zu gehen, oder »sich in einem gewissen Maß darum kümmern«[2]. Sind wir nicht alle der Macht der weiblichen Schönheit ein bißchen überdrüssig? Es ist Zeit für die männliche Schönheit, und keine ist anmutiger als die des adoleszenten Jungen.

Wir überlassen die männlichen Jugendlichen einem schrecklichen Nachteil, von denen viele, einem vaterlosen Zuhause entstammend, wissen, daß Mädchen, so wie auch ihre jungen Mütter, ohne Männer auskommen können. So muß der Junge mit seiner Vorstellung von einem allmächtigen Mädchen zurechtkommen, das in ihm Gefühle, Triebe und vehemente Wünsche weckt, die zu verstecken er versuchen muß, da sie so einseitig sind; das Mädchen leidet ja offensichtlich nicht.

Ich sitze im Auto bei einem Jungen, und wir parken am Strand bei einem Drive-in. Ich bete, er möge seinen Kopf wenden und seine Lippen auf die meinen drücken. Meine Augen sind geschlossen, meine Lippen warten, meine zitternden Hände, mit denen ich seinen Kopf sanft zu mir hätte hinwenden und seine Lippen zu den meinen führen können, liegen zusammengepreßt im Schoß. Er war von der Macht weiblicher Schönheit ebenso eingeschüchtert, wie es die Jungen heute sind. Mir war nicht gestattet, die Initiative zu ergreifen, den ersten Schritt zu tun, aber hat der Feminismus nicht genau das für unsere adoleszenten Mädchen errungen, nicht nur das *Recht*, die Initiative zu ergreifen, sondern auch die gemeinsame Verantwortung dafür, was den Mut, eine Zurückweisung zu riskieren, mit einschließt?

Wir Erwachsenen, die wir nicht die sexuelle Verantwortung für uns selbst übernommen haben, sind armselige Lehranwärterinnen, wenn es darum geht, unseren Söhnen beizubringen, sich selbst klar im Spiegel zu sehen und sich an ihrem Anteil an der Macht der Schönheit zu erfreuen, ihn weise nutzen zu lernen und verantwortlich zu sein für das, was er auslöst. Mit einem solchem Glauben ausgestattet, könnte der Junge als Mitstreiter in die Adoleszenz eintreten.

Erweckt das Erlebnis der Schönheit der Frauen den jungen Mann nicht zum vollen Spektrum des Lebens an sich? Theroux bringt sein frühestes Erwachen für die weibliche Schönheit mit seinem lebenslangen Wunsch, die Welt zu sehen und alles zu erfühlen, in Verbindung. Was für eine Tür unsere Schönheit den Männern öffnet, erstaunlich! Könnten wir nicht in Anerkennung der Schönheit der

Männer unsere Töchter lehren, den Männern eine Widerspiegelung ihrer selbst zu schenken, nach der sie sich sicherlich ebensosehr sehnen wie wir?

Erzählen wir dem Jungen, warum er sich angesichts hinreißender Mädchen in einen Wackelpudding verwandelt und was die Freundinnen des Mädchens, das sich ihn auserkoren hat, plötzlich zu ihren Rivalinnen gemacht hat. Wir verfügen mittlerweile über wertvolle Informationen, die den Jugendlichen solche Zusammenhänge erklären. Zum Beispiel wird eine frühreife körperliche Entwicklung, also breite Schultern, Bartwuchs, Körpergröße und eine tiefe Stimme, ganz automatisch in psychische Reife übersetzt, und schon steht dem Jungen die Führerschaft zu.

Den Psychologen zufolge trifft dies auf adoleszente Mädchen nicht zu. Bei ihnen stehen eine frühe Entwicklung der Brüste, breite Hüften und das Einsetzen der Menstruation nicht für den Anspruch auf die Gruppenführerschaft. Dieser Unterschied zwischen den Geschlechtern findet seinen Widerhall; der früh entwickelte Junge, der Anführer, wählt für sich das schönste Mädchen. Wir wissen, warum, und wissen es doch nicht. Als ich aufwuchs, blickten wir in unserer Clique deshalb ziemlich neiderfüllt auf die »beste Freundin«, die früher als wir alle aufblühte. Na gut, wir waren praktisch gezwungen, dies wie ein Naturgesetz zu akzeptieren, aber innerhalb der Clique mußte sie sehr aufpassen, durfte sich ihren Busen nicht zu Kopf steigen lassen. Kein Wunder, daß die körperlich frühreifsten Mädchen in der Adoleszenz die meisten psychischen Probleme haben.

Wie jedes Geschlecht seine Gruppenmitglieder und Anführer erkennt und anerkennt, ist eine Lektion, die wir für den Rest unseres Lebens mitnehmen. Daß so viele körperlich weniger gut ausgestattete Jungen später mit so unbeirrbarem Eifer den ökonomischen Erfolg anstreben, ist vielleicht kein Zufall; viele der heute erfolgreichen Frauen berichten ebenfalls, daß sie sich in ihrer Kindheit und Jugend als »die weniger Hübsche« fühlten. Die in puncto Schönheit Unterprivilegierten kompensieren das mit anderen Talenten. Unterscheiden sich die heutigen Regeln für »brave Mädchen«, die immer noch fordern, daß keine Frau mehr vom Kuchen abkriegt als die anderen, wirklich so sehr von jenen, mit denen wir in unseren Teenagerjahren leben mußten?

Erst kürzlich hat man festgestellt, daß manche Männer und Frauen aus genetischen Gründen durchsetzungsfähiger und selbstbewußter sind als andere. Es steckt im Blut. Es ist noch nicht lange her, da glaubte man, daß Mädchen aufgrund ihrer Chemie und Biologie nicht zu aggressivem Handeln neigten. Heute wissen wir, daß Androgene und Östrogene in beiden Geschlechtern vorhanden sind und nicht, wie man einst dachte, strikt getrennt bei Männern und Frauen vorkommen. Es scheint, daß der Junge nichts sein eigen nennen kann, nicht einmal das Testosteron, das sein Selbstvertrauen stärken und ihn dazu bringen kann, das Telefon in die Hand zu nehmen und eine Abfuhr zu riskieren.

Wenn sich die Jugendliche von heute in den Armen eines Jungen findet, nein, sich in seine Arme *begibt,* und seine Hände ihren Körper erkunden, ist sie zwischen zwei Welten gefangen. Ihre Mutter hat ihr nie etwas über ihre Klitoris erzählt; nur sehr wenige Mütter tun das. Wenn der Junge sie dann für sie entdeckt, verwandelt er sich in die Gestalt des Prinzen, und aus dem selbstsicheren Mädchen des neuen Typus ist wieder die alte Liebessklavin geworden.

So verwirrend das alles für das Mädchen sein mag, so stellen Sie sich doch einmal, nach nun 25 Jahren Feminismus, die Gefühle eines Jungen vor. Schon immer erschien es ihm, als hätten die Mädchen alle Macht. Und doch wird sie, wenn er sie zu einem Orgasmus gebracht hat, zu seinem Baby. *Er* weiß, daß er nichts Meisterliches vollbracht hat. *Er* weiß, daß sie das gleiche mit eigener Hand hätte bewirken können. Was für eine Ermächtigung wächst da dem Jungen zu?

Heute müssen Jungen *cooler* aussehen denn je, so als hätten sie alles im Griff. Bei unserer Fixierung auf das Geld der Jugendlichen vergessen wir leicht, daß der Junge in den letzten vier Jahren einen halben Meter gewachsen ist und jährlich bis zum Ende der Pubertät weitere zehn Zentimeter wächst. Mädchen erfahren ihren Wachstumsschub früher als Jungen, etwa mit zwölf Jahren. Bei Jungen geht es erst mit etwa 14 Jahren los, und diese Unterschiede spielen heute, wo der Junge darauf aus ist, ebenso wie das Mädchen bewundert zu werden, eine größere Rolle. Doch die Gesellschaft bringt kein Mitgefühl für den Jungen auf.

Da sie weniger Väter zu Hause haben denn je, sich kein männliches Vorbild herausschält, identifizieren sich die Jungen mehr denn je mit ihren Altersgenossen. Der Junge erfindet sein persönliches Aussehen, seine Sprache und sein Verhalten aus der nackten Verzweiflung adoleszenter Wut heraus. Angesichts der geballten Frauenmacht ist es nicht weiter verwunderlich, wenn er versucht, Frauen zu demütigen, die Schöne zu verunglimpfen, indem er sich auf eine Weise über sie lustig macht, die sie und ihre ungeheure Macht *an ihrem Platz* hält. »Her body's beautiful, so I'm thinkin' rape – shouldn't had her curtains open, see, that's her fate« (Sie hat einen schönen Körper, also denk' ich an Vergewaltigung – hätte ihre Vorhänge nicht offenlassen sollen; schau, das ist nun ihr Schicksal), so der Rap der Jungen in den Ghettos. Wenn rüde Männer auf der Straße verächtliche Bemerkungen über Frauen machen, dann tut sich Neid lautstark kund; wenn junge Rap-Sänger primitive, widerliche Texte über Frauenkörper und unsere sensibelsten Bereiche erzeugen, dann drückt sich diese üble Feindseligkeit in der Stimme von Menschen aus, die sich angesichts der Frauen unbedeutend fühlen.

Wie Mädchen die Widerwärtigkeit des Sex auf Jungen projizieren

Mit als erstes muß ein Junge in der Adoleszenz lernen, seine Unsicherheit zu verbergen; während Mädchen zwar alle Macht zu haben scheinen, wollen sie doch geführt und umsorgt werden. Seine Befangenheit ihnen gegenüber ist für ihn ein neues Gefühl, und seine Unkenntnis von all den Dingen, die sie wollen, darf ihn nicht verraten. Deshalb muß er seine Gesichtszüge und seinen Körper unter Kontrolle halten. In ein paar Jahren wird er diesen regungslosen Ausdruck ganz natürlich zur Schau tragen. Und noch ein paar Jahre später sehen wir dann, wie verblüffend sich erfolgreiche Männer mit ihrem leeren Gesichtsausdruck auf Zeitungsfotos ähneln.

»Was empfindest du?« fragen Frauen und betrachten ungeduldig das ungerührte männliche Gesicht. »Was denkst du?« Frauen ärgern sich über diese Männer, die sich nichts anmerken lassen, während sie in uns, dem emotionalen Geschlecht, wie in einem Buch lesen können. Mit der Zeit wird der Junge auch innerlich regungslos, lernt es, empfindsame Reaktionen rasch zu unterdrücken.

Daß adoleszente Jungen sich zusammenrotten, um sich im Voyeurismus zu üben, hat seinen Grund: Allein wäre es zu beängstigend. Dieser Trieb, soviel Zeit damit zuzubringen, Mädchen anzustarren, ist neu. Frühere Phantasien von Segelreisen nach Afrika werden jetzt durch Träume über den weiblichen Körper abgelöst. Wenn ein Mädchen vorübergeht, sackt ihm die Kinnlade herunter; woher soll er wissen, wie empfindlich sie auf sein Starren reagiert? Wir wissen nichts von seiner unwillkürlichen Reaktion bei unserem Anblick, verstehen ihn nicht und haben auch kein Mitgefühl. Hätten unsere Abhängigkeitsgefühle sich in der frühen Kindheit auf einen männlichen Körper konzentriert, so daß wir uns nun nach seinem Anblick, seinem Geruch sehnen, wir würden in der Adoleszenz die Jungen ebenso anstarren wie sie uns und in ihnen unser neues, erotisches Selbst erkennen.

Da er seinem eigenen Aussehen kaum Aufmerksamkeit schenkt, ist er sich der Unsicherheit des Mädchens wegen dicker Oberschenkel, strähnigen Haars, des Pickels auf der Nase nicht bewußt. Er hält sie für die Herrin des Universums. Der Junge ist jahrelang weder in den Arm genommen worden, noch wollte er jemanden streicheln und liebkosen. Nun begehrt er das Mädchen, genau die mit dem Pickel auf der Nase, den er gar nicht bemerkt. Völlig außer Übung und schlecht ausgerüstet, die Führungsrolle im Balzritual zu übernehmen, begehrt er sie, und sie schaut nicht einmal in seine Richtung. Er fühlt sich abgelehnt und nimmt sich nun die Macht, die sie ihm unbewußt gegeben hat; die Angst in ihren Augen vor dem Taxiertwerden zusammen mit ihrer schlaffen Passivität verursacht in ihm die Kühnheit, sie anzustarren.

Er tut es auf grobe Weise, als wollte er so seine Ängste überwinden. Wir Mädchen hätten das ganz anders gemacht, wenn wir die Initiatorenrolle innehätten. Wir wissen, wie man küßt, streichelt, kuschelt, liebt, und ganz gewiß wissen wir, wie man andere weibliche Wesen abschätzt und bewertet. Wenn seine ungeschickten Annäherungsversuche unserem Standard nicht entsprechen, erteilen wir dem Tölpel eine Abfuhr. Das machen wir nicht nett, da es uns ärgert, so passiv sein zu müssen. Und auch bei ihm mischt sich Ärger in seinen nächsten Versuch. Wenn er dann die Kunst des Anschauens gemeistert hat, findet sich eine Menge Feindseligkeit in seinem Blick, die er größtenteils von uns erlernt hat.

Ich kann mich kaum daran erinnern, wie denn die Jungen in diesen frühen Tagen der Adoleszenz aussahen; wir Mädchen empfanden uns so stark als Mittelpunkt ihres Orbits, daß es uns gar nicht in den Sinn kam, unsere eigenen Augen zu gebrauchen. Und wir waren uns unserer Unzulänglichkeiten so sicher, waren so voller Haß auf unseren Körper, daß wir diese Selbstverachtung auf sie projizierten. Wir bestückten ihre Augen mit Waffen, die sie dann, so nahmen wir an, gegen uns wendeten. Eine sich selbst erfüllende Prophezeiung. Wo sonst könnte ein Junge lernen, daß er über die gleiche Macht verfügt, wie sie einst die Augen seiner Mutter über ihn hatten? Er erinnert sich nicht bewußt daran, das wäre unmännlich; statt dessen kommt er zu dem Schluß, daß es das ist, was Männer tun: Puppen abchecken.

Heute stelle ich mich der Herausforderung der Blicke auf dem Bürgersteig mit einer Mischung aus Neugier, ein bißchen Vertrauen in mein Selbstbild und noch immer einem Rest Angst. Eine rüde Bemerkung, absichtlich gemein, und mir wird heiß im Gesicht. Aber ich trenne den miesen Bastard von all den anderen, die da sitzen und ihr Mittagessen verzehren; der Bastard ist die Ausnahme und nicht die Regel, dessen bin ich sicher.

Ja, Jungs jagen den Mädels nach, stehen an den Ecken und schauen uns an, aber vor allem und hauptsächlich lungern sie herum. Daß sie so intakt, so selbstgenügsam sind, ist zum Verrücktwerden. In meiner Jugend trafen wir uns manchmal bei einem Mädchen und warteten darauf, daß die Jungen uns fanden: »Warten auf die Jungs.« Früher oder später fanden sie uns, aber sie kamen zu ihrer Zeit. Unsere Mädchenclique war fest verschweißt, dennoch fühlten wir uns nach dem Eintreten der Adoleszenz seltsam unvollkommen ohne die Jungen. Unser Mangel an Autonomie sorgte dafür, daß wir diese Jungen auf tief emotionale Weise brauchten, die ihrerseits uns so nicht »brauchten«. Männer lieben uns, wollen uns, fahren nicht gut dabei, wenn sie später ohne eine Frau allein leben, aber sie haben nicht diese Angst, bei der es um Leben und Tod geht, die uns Frauen mit Beginn der Adoleszenz packt.

An anderen Nachmittagen standen wir Mädchen am Spielfeldrand und sahen den Jungen bei ihrem Spiel zu. Manchmal standen wir stundenlang da, waren nicht imstande, auch ohne sie fröhlich nach Hause zu gehen. Tat es weh, die Neigung zum Ergreifen der Initiative zügeln zu müssen? Am meisten schmerzte mich dieses Warten. Das Warten darauf, daß das Telefon klingelte, daß der Junge mich küßte, daß etwas geschah. Ich half mir, indem ich das Warten vereinnahmte. »Ich warte darauf, daß etwas passiert.« Wie ich schließlich erfuhr, wartete ich darauf, daß ich mir mein natürliches initiatorisches Talent wieder aneignete.

Haben Frauen irgendeine Vorstellung davon, wie es sich anfühlt, immer und immer wieder abgelehnt zu werden? Manchmal wacht der Junge – der Gedanke ist schon die Tat – entsetzt aus erotischen Träumen mit Menschen seines eigenen Geschlechts auf. Er weiß nicht, daß solche Träume etwas Natürliches sind; für ihn signalisieren sie oft sein Versagen, es bei den Mädchen nicht »zu bringen«. Der Junge versieht sich mit einem Etikett und sagt: »Ich muß schwul sein.« Vielleicht ist er es, vielleicht auch nicht. Frauen haben ihr ganzes Leben lang wilde erotische Träume und Phantasien über andere Frauen, ohne ihre Heterosexualität in Frage zu stellen.

Das Mädchen hat kein äußerliches Organ, das ihm seine sexuelle Erregung anzeigt. Es hat nie einen Penis von nahem gesehen. Für es ist der ganze Bereich zwischen den Beinen häßlich und schmutzig. Wenn er versucht, ihre Hand dorthin zu lenken, wenn er ihre Hand auf seinen nackten Penis legt oder ihr zu verstehen gibt, daß er möchte, daß sie ihn dort mit ihrem Mund berührt, ist sie angeekelt. Er ist verwirrt, verletzt, fühlt sich abgelehnt. Wenn er ihn doch nur berühren dürfte, diesen Ort zwischen ihren Beinen, er würde sie dort anbeten.

»Nein!« wehrt sie entschieden ab. Sie selbst hat ihre Genitalien nicht berührt, sie nicht mit ihren Fingern erkundet, und sollte sie masturbiert haben, dann mit großen Schuldgefühlen. Daß er, ihr romantischer Held, der sie gerade mit seinen Küssen zum Glühen gebracht hat, nun alles ruiniert, indem er ihre Hand zu dieser Wölbung in seinen Hosen führt oder dieses große, rote, häßliche »Ding« entblößt ... sie könnte weinen. Vielleicht tut sie es auch. Und so lernt der Junge, wie verschieden männliche und weibliche Wesen sind: Er ist schlecht, und sie ist gut.

So sieht sie ihn und sich selbst. Na gut, das ist ihm immer noch lieber als für einen Einfaltspinsel gehalten zu werden. »Schlecht« und »unanständig«, hartgesotten zu sein, das klingt männlich. Deshalb muß er, wenn er weiter in ihre Zitadelle vordringen will, den schmutzigen, sexuellen Aggressor spielen und sie die Prinzessin; er muß sie mit diesem durchaus nicht unerfreulichen Geschäft des Küssens, des versuchsweisen Berührens umwerben, allmählich ein bißchen mehr an Boden gewinnen, ein bißchen mehr von ihrem Vertrauen, während ihre abwehrenden Hände immer weniger und weniger Widerstand leisten.

Bis zur Adoleszenz hat er Liebe nicht mit Sex assoziiert. Tatsächlich hat er angesichts der Liebe zu seiner Mutter und deren Abscheu vor der Masturbation Liebe und Sex voneinander getrennt. Der Junge hat absolut recht; es ist wundervoll, wenn Sex und Liebe zusammen auftreten, aber sie *sind verschieden*. Der netteste aller Jungen findet sich nun in der nicht beneidenswerten Situation, herausfinden zu müssen, was das Mädchen »anmacht«; die Ironie dabei ist, daß sie glaubt, er habe die Macht über ihre sexuelle Erregung. Er hat den Schlüssel, er *ist* der Schlüssel.

Es ist die Aufgabe des Jungen, sie in den verbotenen, schmutzigen, schlechten Sex einzuführen, während er gleichzeitig ihr Prinz bleibt. Sie spaltet ihn in zwei Aspekte auf. Sie bringt ihm bei, daß nein nicht immer nein heißt. Wenn sie murmelt: »Ach nein, tu das nicht!«, während sich gleichzeitig ihr Körper an ihn drängt, sind diese Worte das Signal für den »bösen Jungen«, sie weiter zu bedrängen, zu beharren, während er in seiner Prinzenrolle ihr zugleich ins Ohr flüstert: »O Gott, wie ich dich liebe, du bist so schön, so süß, o ja, bitte, laß mich dich berühren, bitte, bitte, ich liebe dich so sehr ...!« Sie will zwar das sexuelle Gefühl, nicht aber die Verantwortung dafür, wenn Sex nicht als Liebe verkleidet wird. Inzwischen fordert der häßliche Penis, der mächtiger ist als beide, seinen Lohn.

Nach dieser Nacht, ob es nun zum Geschlechtsverkehr kam oder nicht, wird sie auf ihrem Bett liegen und all das wiederauferstehen lassen. Dieses Sich-träumerisch-Hingeben zu den Klängen romantischer Musik bildet den Hintergrund für ihre Phantasien, genommen zu werden, sich seiner Herrschaft zu unterwerfen, die sie über ihr »Nein!« hinausdrängt und zu einem Opfer der Liebe macht (ihr Wort für Sex). Sie stellt sich vor, wie sie umworben und eingefangen wird. Ihn sieht sie gleichsam von ihrer Schönheit überwältigt. Wenn er am nächsten Tag nicht anruft, bezichtigt sie ihn natürlich des Verrats, stellt sich vor, wie er in seiner Lust auf den Straßen herumstreicht, wie sie es an seiner Stelle tun würde. Männer sind heißhungrig auf Sex: Projektion.

Sie wartet auf seinen Telefonanruf; wie könnte er sich denn nicht wieder melden wollen? Wenn das Telefon nicht klingelt, wenn sie ihn mit einem anderen Mädchen sieht, oder wenn sie schwanger ist, wirft sie ihm vor: »Aber du hast gesagt, daß du mich liebst! Ich hätte all das nie gemacht, wenn ich nicht geglaubt hätte, daß dir etwas an mir liegt.« Aber er hat nicht gesagt, daß er sie liebt, und selbst wenn er es gesagt hat, wußte er doch nicht, was sie mit Liebe meint. Er betrachtete ihrer beider Hingabe an die Leidenschaft als Hinweis dafür, daß sie genau wußte, was sie tat; er wußte es.

Mit der Zeit und durch Wiederholung lernt der Junge die traurige Wahrheit kennen: Mädchen mögen wie die Mutter seinen Penis nicht; sie finden ihn häßlich und bedrohlich, was recht genau auch ihre gesamte Einstellung zum Sex beschreibt. Wenn er dann erwachsen ist, wenn er heiratet, ist die mit der männlichen Erektion verbundene weibliche Vorstellung unvereinbar mit dem sauberen, anständigen, mütterlichen Bild von seiner Frau. Für den guten – das heißt schmutzigen – Sex geht er zu den Huren.

Ein Junge, der ein Mädchen will, muß sie scheinbar von den anderen Mädchen ihrer Clique wegziehen, die dann verstehen, daß er eine unwiderstehliche Gewalt ist, dunkel, mysteriös, den Frauen fremd, aber dennoch unsere Zukunft. Es muß den anderen Mädchen so erscheinen, daß wir sie nur gegen unseren Willen verlassen, daß wir von etwas überwältigt werden, über das wir keine Kontrolle haben. Der »schlimme« Sex, der uns von der Seite der Mutter oder der Freundinnen wegnimmt, wird zur verworrenen gegebenen Tatsache; wenn uns die Männer verletzen oder verlassen, kehren wir zu den Frauen zurück, die uns umringen und trösten: »So ist das, so sind die Männer.«

Der adoleszente Junge hätte nicht diese Macht, wenn wir sie nicht auf ihn projizieren würden; wenn Männer uns später zum Sex zwingen, agieren sie die Meinung aus, die Frauen von ihnen haben. Und das wird sich nie ändern, solange wir die Mädchen nicht dazu erziehen, daß sie ihre Sexualität verstehen und die Verantwortung dafür übernehmen.

Der Junge mag in seinem sexuellen Verantwortungsgefühl nicht sehr fortgeschritten sein, aber wahrscheinlich hat er vor der Adoleszenz schon masturbiert. Morton Hunts 1974 veröffentlichte Studie über sexuelles Verhalten zeigt, daß im Alter von 13 Jahren 63 Prozent der Jungen bereits masturbiert haben, jedoch nur 33 Prozent der Mädchen.[3] Er weiß, daß das Sperma seinen Samen enthält, daß Frauen das Kind austragen, aber daß es ohne ihn zu keiner Schwangerschaft kommen kann. Natürlich stellt sich der Junge in seiner Phantasie vor, daß das Mädchen seine Ejakulation mag, und phantasiert auch gern, daß es die Ejakulationsflüssigkeit trinkt, eine der lebenslangen Lieblingsphantasien der Männer.

Seit Hunt weist eine ganze Reihe verschiedener Studien über die adoleszente Sexualität auf ein Zunehmen der Masturbation bei Mädchen hin. Nach wie vor masturbieren jedoch weitaus mehr Jungen als Mädchen. »Offensichtlich ... beinhaltet die Masturbation für Frauen kein so bekräftigendes Moment wie für Männer«, kommentieren die Autoren einer Studie von 1993. »Die übliche Erklärung für diesen geschlechtsspezifischen Unterschied lautet, daß Frauen stärker als Männer dazu erzogen werden, Sex mit Romantik, Beziehungen und emotionaler Intimität zu assoziieren. Ein Interesse am Sex nur aus Gründen der körperlichen Befriedigung gilt als stärkeres Tabu für Frauen als für Männer ... Die Bemühungen der letzten Zeit, Frauen dazu zu ermuntern, mehr Verantwortung für ihre Sexualität zu übernehmen, und der explizite Vorschlag, mehr zu masturbieren, hat an diesem Sozialisationsprozeß nichts geändert.«[4]

Da ich ohne einen Mann im Haus aufwuchs, habe ich keine frühen Erinnerungsbilder an Penisse. Später hatte ich es gern, wenn ich ihn beim Tanzen an meinen Körper gedrängt spürte, doch stellte ich ihn mir weder bildlich vor, noch dachte ich darüber nach, welcher Teil meiner Anatomie nun in Erregung geriet, wenn ich mich daran rieb. Jahrelang blieb der Penis in meiner Vorstellung vom geliebten Jungen losgelöst in dem Sinn, daß er für mich keine Ähnlichkeit mit der Schönheit seiner restlichen Gestalt aufwies, bis ich einen in meiner Hand hielt und mit ihm vertraut wurde, indem ich ihn in den Mund nahm. Wie Austern hatte der Penis einen Geschmack, an den man sich erst gewöhnen mußte. Dabei halfen mir die merkliche Dankbarkeit des Mannes wie auch mein Machtgefühl, ihm soviel Vergnügen bereiten zu können.

Heute studiere ich Mapplethorpes Fotografien von Penissen mit unendlicher Neugier; was für ein Kunstwerk ein Mann ist! Und wie tragisch, daß die Geschlechter, die von ihrem körperlichen Entwurf her so wunderschön zusammenpassen, sich damit auf psychischer Ebene so schwertun. Abgesehen von ihren Ängsten in bezug auf ihre Penislänge finden Männer ihr eigenes Design meist akzeptabel und das unsere göttlich, während wir unseren eigenen Anblick hassen und uns grundsätzlich auch nie ganz klar darüber sind, ob wir den Anblick des Penis nun mögen oder nicht.

June Reinisch, die ehemalige Direktorin des Kinsey-Instituts, sagt, daß Männer, wenn sie gefragt werden, was sie sich von einer

Partnerin wünschen, an erster Stelle antworten: »Geliebt werden.«
Es stimmt nicht, daß Männer »nur das eine« wollen; das ist eine
Projektion der Frauen. Das Mädchen projiziert auf den Jungen alles, was es an dessen Stelle selbst tun würde, wäre es ihm nicht
allgemein verboten, sexuell selbst an den Start zu gehen. Ihre Weigerung, Verhütungsmaßnahmen zu ergreifen, steht in Übereinstimmung mit ihrer Projektion auf ihn von schmutzigem Sex und seiner
Verantwortung für sie.

Die Adoleszenz hat den Jungen gelehrt, daß die Mädchen die
Kontrolle über den Sex haben. Bald lernt er auch, daß sie dieselbe
niedrige Meinung von seinen Genitalien haben wie seine Mutter.
Diese Person seines Alters liebt vielleicht sein Gesicht, seine Schultern, seine Brust, aber sie wendet sich ab von dem Körperteil, der
ihn als männlich definiert, von seinem Penis. Ihre abschätzige Meinung drängt ihn in die Defensive und macht ihn wütend. Er hält
nun insgesamt weniger von seiner Erscheinung, was die Macht der
Schönheit auf seiten der Frauen noch vergrößert.

»High-School-Schülerinnen fühlen sich weniger wohl mit ihren
sexuellen Erfahrungen als ihre männlichen Altersgenossen«, ergab
eine nationale Umfrage aus dem Jahr 1994. Überrascht es irgend
jemanden, daß die Jungen mehr Spaß am Sex haben oder daß
»zwar 81 Prozent der sexuell aktiven Jungen aussagten, daß ›Sex
eine angenehme Erfahrung‹ ist, aber nur 59 Prozent der Mädchen
diese Meinung teilten?«[5] Wir wären nicht überrascht, wenn sich
dieses Ergebnis bei den 20 Jahre älteren Männern und Frauen wiederholte. Wir können auch heute noch nicht davon ausgehen, daß
Frauen soviel Spaß am Sex haben wie Männer.

»Wenn ein Junge tatsächlich die Meinung der Frauen akzeptiert,
daß sein Penis ein häßlicher, schmutziger Teil seines Körpers ist,
dann ist das Mädchen, das wirklich gern mit ihm Liebe macht,
auch keine sehr nette und anständige Person und ganz gewiß keine,
die er heiraten und mit der er Kinder haben möchte«, sagt June
Reinisch. »Das läuft auf einer sehr unbewußten Ebene ab. Es mag
die Samenkörner für die dualistische Vorstellung von der Madon-
na/Hure säen.«

Die mißliche Lage des adoleszenten Jungen war Stoff für viele Bücher und Filme. Doch zum Beispiel der von dem jungen William Holden gespielte Held in Bill Inges *Picknick* ist heutzutage nicht mehr modern. Die Gesellschaft reagiert nicht mehr so erpicht auf die unwiderstehliche männliche Kraft, verkörpert im gestählten jungen Fremden, der an einem heißen Sommertag von einem Güterwaggon herabspringt und in das kleinstädtische Leben einer Familie einbricht. In den fünfziger Jahren, als dieser Film herauskam, assoziierten wir einen jungen Mann mit starker erotischer Ausstrahlung noch nicht automatisch mit einem Schurken, Rohling oder Vergewaltiger.

Keine Frau in dieser Familie kann sich seinem Moschusduft entziehen, von der altjüngferlichen Lehrerin bis hin zum adoleszenten Mädchen, das, im reinsten Sinn, genau versteht, warum seine üppig schöne ältere Schwester auf diese Weise auf ihn reagiert. Vor der Ankunft des Fremden war die reizende Schwester eben genau das; aber sie ist nicht ganz zum Leben erweckt, nicht so, wie sie es sein wird, wenn die bedrohliche Sexualität des Fremden in ihr das Feuer entfacht. Als dies geschieht, angemessenerweise nachdem sie zur Schönheitskönigin des Städtchens gekürt wurde, haben wir das Gefühl, daß die Schlechtigkeit seiner sinnlichen Begierde auch sie zu einer schlechten Person macht. Aber wir können es ihr nicht verübeln, denn Inges filmisches Geschick läßt das Publikum ihre sinnliche Begierde bejubeln; der Held hat uns alle verführt.

Inge sagt uns, daß großartiger Sex nur durch unsere Konventionen zu etwas Schlechtem gemacht wird. Ja, der Held zerstört beinahe die Familie, das ganze Städtchen, aber er hat nichts getan, er trat nur in Erscheinung, so wie der Sex in unserer Adoleszenz. Wir machen ihn zu etwas Häßlichem, und niemand erkennt das deutlicher als die jüngere Schwester.

Niemand schreibt heutzutage mehr Drehbücher wie für *Picknick*. Junge Männer wie Brad Pitt sind sexy, haben aber nicht diesen Moschusgeruch an sich, der »Gefahr« signalisiert. Der Feminismus hätte den Moschus unter den Geschlechtern aufteilen, neben den Männern auch uns Frauen unseren Anteil zumessen sollen. Statt dessen entschied er sich dazu, den Sex in den Händen der Männer zu belassen, der ja ein so bequemes Mäntelchen für das Böse und Ruchlose ist. Frauen und Männer sind heute nicht mehr so scharf aufeinander, weil wir den Satyr verloren haben, die schöne männliche Kraft, die andere Hälfte unserer sexuellen Schönheit.

Der Abschied vom Penisneid

Es wird nicht mehr viel über den Penisneid gesprochen. Ich persönlich mochte dieses Wort nie. Allein schon bei der Erwähnung von Freuds Namen verzog ich den Mund; ich sah geringschätzig auf die Leute herab, die eine Psychoanalyse machten, betrachtete sie als schwache Menschen, die ihre Zeit und ihr Geld vergeudeten. Dann wurde ich Schriftstellerin und war überhaupt nicht darauf gefaßt, einer noch schreckenerregenderen Person als Freud zu begegnen – Melanie Klein, die mich lehrte, daß es noch etwas bei weitem Machtvolleres als den Penis gibt: die Brust.

Schon lange vor dem modernen Feminismus glaubte außer den striktesten Freudianern niemand mehr, daß Frauen ihre Vagina für einen Penis eintauschen wollten; die Psychiaterin Clara Thompson rückte in ihrem berühmten, 1943 veröffentlichten Aufsatz »Penis Envy in Women« (Penisneid bei Frauen) die Dinge wieder gerade. Wie sie schreibt, ist der Penisneid vor allem symbolisch zu verstehen, denn in ihm drückt sich das Unzulänglichkeitsgefühl der Frauen in einer patriarchalischen Gesellschaft aus. Somit steht er für eine Einstellung, wie sie sich ganz ähnlich in der Einstellung irgendeiner unterprivilegierten Gruppe gegenüber den Machthabenden findet.[6]

Was der Penisvorherrschaft wirklich das Grab schaufelte, war der Aufstieg des Brustneids. Der Macht der Brust kann der Penis als Symbol einfach nicht das Wasser reichen. Brustneid macht sich überall breit. Er war schon immer da, doch jetzt hat er Berühmtheitsstatus erlangt. In alten Zeiten pflegten die Männer im sicheren Wissen um die Königswürde des Penis die Brüste der Frauen zu beäugen, nicht zu beneiden. »Ich stehe auf Brüste«, sagte so ein Kerl. Ein Mann konnte sich gefahrlos in Bildern von Frauenbrüsten verlieren und fröhlich masturbieren; er wußte, er befand sich in Marlboro-Land. Neid auf die Titten einer Frau? Zum Teufel, nein!

Heute stoßen Frauen Männer beiseite, um ihre Andacht vor der Brust zu verrichten, um in Verzückung auf das zu blicken, was für die Frauen selbst nun viel bedeutsamer geworden ist als für diese Männer. Die Rolle, die sie nun im Leben der Frauen spielt, hat nichts mit den Männern zu tun. Frauen werden geil, wenn sie die Brüste anderer Frauen anschauen. In der Beschreibung ihrer sexuellen Phantasien gehen sie sehr detailliert auf die Größe, Form und den Geschmack der Brüste anderer Frauen ein; sie wollen auf ihnen liegen, *sie besitzen*. So wie Frauen sich heute Sperma kaufen, können sie sich nun auch Brüste kaufen. Wer braucht noch einen Mann?

Nackte Brüste, Brustimplantate, Brustrekonstruktionen, Wonderbras, Stillen auf Parkbänken ... nie gab es so viele Brüste und so wenig Milch menschlicher Güte. Es gab Zeiten, in denen sich ein Mann einmal ein Befühlen, ein Beknabbern der Brustwarzen »stehlen« konnte. Heute weist sie ihn an, stärker zu saugen, ihre Brüste mal so, mal so zu kneten, es besser zu machen, schneller, so wie die andere Frau es macht. Den Männern wird die Macht der Brust »um die Ohren gehauen«.

Wie fühlen sich Männer, da nun mehr und mehr Frauen in den Büros stolz ihre schwangeren Bäuche vor sich hertragen? Wie soll der entrechtete Mann auf diese Zurschaustellung von Brüsten und Schwangerschaften auf den Straßen, nackt auf den Titelseiten der Zeitschriften und als *die* Mode überhaupt annonciert, reagieren? Selbst männliche Machofilmstars mischen mit, aufgemotzt im Transvestiten-Outfit mit allem, was dazugehört, einschließlich der falschen Brüste, Darsteller in einem Film über drei unerhörte Tunten, die quer durchs Land reisen, schließlich einen Transvestiten-Schönheitswettbewerb gewinnen und tatsächlich schöner aussehen als einige der echten Frauen in diesem Film. Der arme alte Penis spielt dabei aber auch nicht die allerwinzigste Rolle.

Wenn wir versuchen, die Wut des adoleszenten Jungen auf die

Frauen zu verstehen, dann müssen wir uns daran erinnern, daß er seinen tiefsten Neid und seine heißeste Wut auf die Menschen richtet, die er am meisten liebt und braucht. Wenn der Junge das Gefühl hat, daß die Macht der Mutter, der Mädchen ihn klein-macht und erniedrigt, dann entwickelt er ihnen gegenüber ambi-valente Gefühle.

Junge Frauen sind hinsichtlich der Macht ihres Körpers nicht bes-ser aufgeklärt als die Männer, die nach ihm verlangen. In patriar-chalischen Zeiten haben wie keines der Geschlechter zum Wissen um die Macht der Frauen erzogen; der Penis war alles. Nun haben wir eine namenlose Gesellschaft und weigern uns immer noch, den Einfluß anzuerkennen, den der weibliche Körper auf unser ganzes Leben hat. Und niemand bekommt heute diese Macht schärfer zu spüren als der adoleszente Junge.

Wir leben im Zeitalter des Leugnens. Leugnen ist der erste Ver-teidigungswall gegen den Neid. Frauen sind das Leugnen gewohnt. Doch für Männer ist diese Haltung fremd; sie handeln, wenn sie ärgerlich, wütend sind, vor allem männliche adoleszente Wesen, die Männer zu sein versuchen und für die nach wie vor die lang bewährte Definition gilt: machtvoll, stark, alles unter Kontrolle. Die Jungen sehen zu, wie die Mädchen ihres Viertels mit ihren Wonderbras ganz unabhängig die Straße hinauf- und hinunterstol-zieren, und ihre Botschaft ist um nichts weniger eindeutig als die der Frauen in den Nachtklubs: Wir brauchen euch Kerle nicht; wir kommen sehr gut ohne euch zurecht.

Der Junge nimmt den Hunger und die Abfuhr in die Hand und masturbiert nicht nur mit Verlangen, sondern auch mit Wut. Seine Musik wird lauter, wilder, die Texte sprechen von Mädchen als Huren und von Verachtung für die Körper der Frauen. Das Fern-sehen zeigt ihm den gefühllosen Würger, den Mann, der ohne mit der Wimper zu zucken Frauen mordet und vergewaltigt. Und er sieht zu, wie die neue Heldin, dieses Biest im Lederminirock, der kaum die Möse verhüllt, mit dem Terminator beim Morden kon-kurriert. Er hat nichts mehr, was er sein eigen nennen könnte, nicht einmal die emotionslose Zerstörungsgewalt.

Ich nehme die Brüste sehr ernst. Melanie Klein sagt, daß die zerstörerische Macht des Neids mit dem an der Brust liegenden Säugling beginnt; der Säugling liebt die Brust und verübelt ihr zugleich ihre Macht. Wenn wir die häßliche Destruktivität des Neids nicht abmildern, damit wir zur Dankbarkeit für und Liebe zur Mutter/Brust finden, dann bleibt der bittere Neid für den Rest unseres Daseins ohne Liebe erhalten.

Wir meinen, daß unsere ganze Verwirrung nur den Arbeitsplätzen, dem Geld, der Politik gilt, während wir doch in Wahrheit nach dem Nähren, der Hege und Pflege hungern, die Frauen einstmals verkörperten. Wir alle haben unsere Mütter verloren, auch wir Frauen, was der Grund dafür ist, daß sich so viele von uns anderen Frauen statt Männern zuwenden. Gib mir eine Brust, an die ich mich anschmiegen darf! Natürlich hat die Brust den Penis ersetzt, pumpen Frauen ihre Brüste auf und starren ebenso hungrig wie Männer auf andere Frauen. Wir sind alle verhungert.

Welches Gesicht hat der Zorn?

Langsam und unerbittlich dehnt sich die Adoleszenzzeit stetig weiter aus, da die Pubertät immer früher einsetzt und das durchschnittliche Heiratsalter – in den USA bei Frauen fast 25 und bei Männern nahezu 27 Jahre – sich stetig weiter nach hinten verlagert. Das könnte an sich mehr Zeit für die persönliche intellektuelle und soziale Entwicklung bedeuten, bevor wir die Verantwortlichkeiten der Ehe und Mutterschaft/Vaterschaft übernehmen. Welche Lebensphase könnte besser geeignet sein für Wachstum und Experimentieren? Es ist schwer, sich durch die Adoleszenz zu manövrieren, wenn die Erwachsenenkultur mit ihrem Schönheitsideal selbst adoleszent ist. Wo ist der erwachsene Mensch?

Wenn Frauen warnend den Zeigefinger und anklagend die Stimme erhoben, nannten die Männer das »nörgeln«. Doch sie schüttelten es locker ab, als sie noch die Macht hatten. Die nörgelnde oder keifende Ehefrau und Mutter bot Stoff für Comic strips, wurde humorvoll aufgenommen und dann abgetan; das machte die Frauen wütend, aber damals hatten sie keine Stimme, um ihrer Wut Ausdruck zu verleihen. »Ach, Mama«, sagte der adoleszente Junge im Klageton und nahm pflichtschuldigst Mutters Bemühungen hin, ihn unter Kontrolle zu halten, eine Reaktion, wie er sie bei seinem Vater beobachtet hatte. Er umarmte seine Mutter und fuhr dann fort, sich über die Regeln hinwegzusetzen, so wie Daddy sorgsam darauf achtend, seine »Schlechtigkeit« aus ihrem Blickfeld herauszuhalten.

Irgendwo zwischen der Kontrolle, die »schlechte« Männer über die Gesellschaft hatten, und den Bemühungen »guter« Frauen, die Männer unter Kontrolle zu halten, wurde ein Satz sittlicher Regeln, eine Moral und ein Verhaltenskodex geschaffen, die zum großen Teil das Produkt dieses männlichen Schlechtseins und des weiblichen Gutseins waren. Es war kein gesundes System, aber es funktionierte lange Zeit.

Heute sind Frauen so »schlecht« wie die Männer, aber wir behalten uns das Recht vor, den Männern alle Schlechtigkeit der Welt anzulasten. Kein männliches Wesen bekommt das härter zu spüren als der adoleszente Junge, der die Macht der Mutter immer noch als sehr stark empfindet. Der junge Mann fühlt, wie sich der Ärger der Frauen über ihn ergießt, und sucht Deckung. Wie soll er aussehen, was soll er tragen, um sich vor diesen Frauen zu schützen, die schon soviel besitzen, ihm aber trotzdem noch das Seine wegnehmen wollen, ihn verfluchen, weil er für sie nicht seinen Arbeitsplatz räumt, nicht mit der Art von Liebe rüberkommt, die Mädchen wollen, weil er sich ihre Beschimpfungen nicht gefallen läßt, kurzum: weil er nicht beiseite rückt, um sich von den Frauen beherrschen zu lassen?

Jede Revolution, auch unsere glorreiche Frauenbewegung, hinterläßt ein Chaos, aber die Feministinnen, die sich in der Opferrolle sehen, wollen keine Verantwortung dafür übernehmen. Das traditionelle Privileg der Frauen, den Männern die Schuld zu geben, hält sich immer noch. Ein erwachsener Mann mag ja vielleicht beiseite rücken können, aber der adoleszente Junge ist verletzlich. Glauben wir denn, daß das alles an unseren Kindern spurlos vorbeigeht, wenn wir uns nur damit beschäftigen, Geld zu verdienen, zu heiraten, uns scheiden zu lassen, noch mehr Klamotten, noch mehr »Dinge« zu kaufen, um unsere innere Leere zu überdecken? Woran sollen sich Jugendliche halten, wenn es im Elternhaus, in der Gemeinschaft, in der Gesellschaft keine Regeln mehr gibt? Die von den Erwachsenen aufgestellten Regeln sind suspekt, wenn sie nicht einmal jene zu tragen vermögen, die sie erfunden haben. Es gibt keinen von Männern und Frauen getragenen Grundsatz, der noch standhält, und kein privates oder öffentliches Gewissen. Die einzige von der Gesellschaft angebotene Konstante, die scheinbar für die Jugendlichen Früchte trägt, ist die Macht, welche die Schönheit verspricht. Was für eine Zukunft haben die Jugendlichen, wenn sich auf den Plakaten und Titelblättern der Zeitschriften nur noch Sechzehnjährige finden?

Weil der Feminismus sich weigert, die Macht der Schönheit anzuerkennen, zu verstehen, wie sie auf uns einwirkt, fügen wir unseren adoleszenten Kindern einen schrecklichen Schaden zu. Mädchen wie Jungen werden von dem Thema Schönheit tyrannisiert, ja, wir erwarten, daß sie sich vorrangig mit ihrem Aussehen beschäftigen. Es ist schon schlimm genug, mittleren Alters zu sein und von der geheimnisvollen Kraft der Schönheit an- und umgetrieben zu werden. Aber es ist nicht zu verantworten, wenn wir als Vierzehn- bis Achtzehnjährige stärker vom äußeren Erscheinungsbild als durch irgendwelche moralischen und ethischen Prinzipien motiviert werden.

Was hat dieses »Sei ein Mann« zu bedeuten? Der Junge muß lernen, so aufzutreten, als habe er alles unter Kontrolle, muß seine Emotionen verstecken. Vor 30 Jahren ließen sich die Jungen das Haar wachsen, wie es der Beatles-Look vorschrieb, und ihre Väter zuckten noch zusammen. Der adoleszente Junge sucht verzweifelt nach etwas, was der Macht des Mädchens über ihn standhalten kann. Es sind nicht nur Kleidungsstücke, es sind auch ein Verhalten, ein bestimmter Gesichtsausdruck, eine besondere Art sich zu bewegen gefordert, um die inneren Ängste zu verbergen. Vielleicht hat der Junge kein Bewußtsein von »political correctness«, aber die Geringschätzung für ihn hat er mitbekommen. Er lernt, eine Maske aufzusetzen.

Es gibt noch eine andere mißliche Lage, mit der sich ein sexuell unsicherer junger Mann konfrontiert sieht. Wie soll er darauf reagieren, daß es nun in den Colleges chic ist, lesbisch zu sein? Das »neue Lesbentum« inner- und außerhalb der Colleges und Universitäten ist nicht so sehr ein Produkt der homosexuellen Befreiungsbewegung als vielmehr eines des matriarchalischen Feminismus; unsere neue ökonomische Freiheit gestattet es jungen Frauen, sich eine andere Frau zur sexuellen Partnerin zu erwählen, statt nach einem Ehemann Ausschau zu halten.

Ich kann begreifen, daß erwachsene Männer diese lesbische Modeerscheinung unter Umständen als ein Ausagieren ihrer eigenen erotischen Träume mißverstehen. Es ist eine der populärsten Männerphantasien, war schon immer ein wahrgewordener Traum für einen Mann, wenn sich zwei Frauen überreden ließen, mit ihm zusammen ins Bett zu steigen. Doch wenn sich die Töchter des modernen Feminismus heute einander zuwenden, ist das eine ganz andere Sache; und gewiß verstehen nicht alle ihrer männlichen Altersgenossen den Sex unter Frauen und ihr Zusammenleben einfach als eine weitere Form des »Sichantörnens«. Diese Frauen brauchen die Männer nicht; eine Botschaft, welche die Sexualität eines jungen Mannes wie auch seine Zukunft in Frage stellt.

Nach dem College-Abschluß gehen viele lesbische Mädchen durchaus davon aus, daß sie nun heterosexuelle Beziehungen eingehen; ihre früheren Affären mit Frauen haben dann ihre Bedeutung verloren. Diese Option steht jungen Männern nicht offen. Ein Mann ist entweder heterosexuell oder schwul, uns Frauen allein ist alle Welt ein Bankett.

Männliche Homosexuelle schätzen den sexuellen Akt sehr hoch ein. Ist die Entscheidung dafür erst einmal gefallen, dann wird sie nicht so leicht wieder zurückgenommen. Der Eintritt in die lesbische Schwesternschaft bedeutet unter Umständen keine derart lebenbestimmende Wahl. Er bezeugt eher die Neigung, dort zu bleiben, wo sich junge Frauen immer aufhielten, nämlich nahe bei den Frauen.

Einst betrachtete der männliche Jugendliche die weibliche Brust als sein Ziel, deren Form und Beschaffenheit ihn so anzogen, daß er einfach nicht anders konnte als hinschauen, begehren, bewundern. Er machte seine Faszination nicht an seiner früheren Abhängigkeit in der Kinderstube fest, sondern sah die Brust nun als etwas ganz Eigenes und Neues. Heute wird der in den Wonderbra gehüllte Powerbusen nicht ihm, sondern den anderen Mädchen vorgeführt. Junge Frauen halten sehr viel bewußter als ihre Mütter nach der Zustimmung und dem Begehren im Blick anderer Frauen Ausschau.

Konkurriert der Junge denn nun mit anderen Männern oder mit anderen Frauen um den schönen Busen? Wie paßt er denn, sollte er die Lieblingsphantasie seines Vaters ausleben, in der es um Sex mit zwei Frauen geht, zu diesem vollständigen Paar, das ihn nicht einmal anschaut, keine Schönheit in ihm sieht, während er, der heterosexuell ist, sich verzweifelt nach weiblicher Schönheit sehnt, nach ihren Augen, in denen er sich spiegeln kann?

Die Zahl der Frauen, die sich allein für Frauen interessieren, wächst ständig, zwingt die Männer, zu warten und sich Fragen zu stellen; es wäre unmännlich, gegen diese sexuelle Vorliebe der Frauen füreinander Protest einzulegen. Als kürzlich im *Wall Street Journal* ein Artikel über die College-Lesben erschien, kam keiner meiner männlichen Bekannten darauf zu sprechen. »Schau, ich sehe das so«, sagt da eine der interviewten College-Lesben, »heute ist alles so hart geworden – die Suche nach dem Arbeitsplatz, der Versuch, so erfolgreich zu sein wie die Eltern –, da wäre es doch wirklich idiotisch, die Liebe nur wegen so etwas wie dem Etikett der Geschlechtszugehörigkeit an dir vorbeigehen zu lassen.«[7]

In einer anderen Zeitung vom selben Tag findet sich eine Reportage über einen schwulen Mann, der aus der Armee rausgeworfen wurde. Junge Männer lesen diese Artikel und wissen sehr genau, daß ihre Zukunft am Arbeitsplatz gefährdet wäre, wenn sie sich so verhielten wie die oben zitierte Frau. Doch die im *Wall Street Jour-*

nal interviewten Frauen geben ihren Namen und ihre Identität preis und haben das Privileg, morgen zu einem heterosexuellen Leben und zu einem Mann zurückzukehren, der sie deswegen nicht weniger für eine Frau hält. Was aber ist ist mit den Rechten der Männer? Was ist mit dem adoleszenten Jungen, der inmitten all dieser Frauenmacht aufwächst?

In seinem Buch *The Father Factor* (Der Vater-Faktor) schreibt Henry Biller: »Die Beziehung Ihres Sohnes zu den Mädchen ... wird sich auf die Qualität seiner Maskulinität gründen, die Sie durch das Beispiel Ihrer Beziehung zu Ihrer Frau und zu anderen Frauen beeinflußt haben ... Ihr Sohn wird auch aus der Beobachtung lernen, wie Sie auf die sexuelle Attraktivität von Frauen reagieren ... Jungen, die keine starke Beziehung zu ihrem Vater haben oder unter dessen Abwesenheit oder einer Vernachlässigung durch ihn leiden ... haben unter Umständen Probleme mit ihrer Beziehung zu Mädchen und Frauen. Ohne eine solide Geschlechtsidentität werden sie sich im Umgang mit Frauen weniger wahrscheinlich sicher fühlen.«[8] Angesichts der Tatsache, daß in den USA zwei von fünf Kindern ohne ihren Vater leben, »verbindet sich die Abwesenheit des Vaters mit den meisten unserer gesellschaftlichen Alpträume – von dem Jungen mit der Waffe in der Hand bis hin zu dem Mädchen mit Baby«[9].

»Wir fragen uns, woher bei den männlichen Jugendlichen diese Gewaltbereitschaft, das Stehlen und die Überfälle kommen«, sagt die Psychologin Jeanne Murrone, die in Kliniken mit Jugendlichen arbeitet. »Unsere Gesellschaft erzeugt ein Gefühl von Anrecht. Wenn ein Teenager heute den Fernseher anmacht, sieht er die Werbung für ein Paar Schuhe von Adidas, die 120 Dollar kosten. Die kann er sich nicht leisten, aber um akzeptiert zu werden, kann er auch keine Schuhe für 20 Dollar tragen. ›Ich muß diese Adidas-Schuhe haben‹, denkt er sich. ›Ich habe ein Recht auf diese Schuhe, auf diese Jacke da. Ich nehm' mir eine Knarre und halt' sie jemandem vor die Nase und zieh' sie ihm aus.‹«

Eine von den Gesundheitsbehörden in Auftrag gegebene Studie besagt, daß zwischen 1985 und 1991 die alljährliche Rate der ermordeten jungen Männer zwischen 15 und 19 Jahren um 154 Prozent anstieg. Wir sind schnell dabei, die Drogen für das verantwortlich zu machen, was in unserer Gesellschaft schiefläuft, wobei wir dieses Übel auf die siebziger Jahre zurückführen. In Wahrheit jedoch steckt das Problem in uns, und gleich, ob wir nun meinen, daß unsere innere Leere mit dem Konsumrausch nach dem Zweiten Weltkrieg begann oder in den fünfziger Jahren mit McCarthy, in den Sechzigern und Siebzigern mit Vietnam, oder ob wir sie auf die Gier schieben, die in den Achtzigern ihren Gipfelpunkt erreichte, Tatsache ist, daß wir den besten Teil unseres Selbst verloren haben. Und statt uns mit dem Horror unserer Leere zu konfrontieren, hüllen wir uns in eine exotische Verpackung und verdrücken uns aus unserem einst vollkommenen Paradiesgarten.

Wir fürchten uns vor unserer eigenen Leere; wonach sollen wir uns selbst und einander beurteilen, wenn die nicht augenfälligen Charakterzüge, die einst einen Menschen auszeichneten, gar nicht mehr vorhanden sind? Schau dir an, wie die Verpackung aussieht. Hohl und verängstigt laufen wir in den Straßen herum, fangen Blicke ein, fordern Aufmerksamkeit: »Schau mich an, verdammt noch mal, oder ich bring' dich um!«

»Vater, komm zurück. Du kennst den Weg«

»Ich bin dein Vater, um den du so herzlich dich grämtest«, sagt Odysseus zu seinem Sohn Telemachos nach 20 Jahren der Trennung. Wie einfach die Worte, gleich einer Inschrift auf einem Grabstein, so als wären da weder der Raum noch die Möglichkeit, all das in einer Begrüßung einzufangen, was diese 20 langen Jahre beinhalten. Ich fand das Zitat in einem vergilbten Zeitungsausschnitt aus dem Jahr 1984, in dem der Dichter Stanley Kunitz davon spricht, daß der Ödipus-Mythos für das Amerika des 20. Jahrhunderts weniger Bedeutung hat als der Mythos von der Wiederversöhnung, wie er sich in der Begegnung von Odysseus und seinem Sohn darstellt. »Und selbst wenn sie [die Väter] physisch anwesend sind, sind sie doch spirituell abwesend ... Der Vater ist im Leben ebenso verloren, wie er es in der Armee, in der Fabrik, auf dem Marktplatz ist.« In seinem eigenen, 50 Jahre davor verfaßten Gedicht schrieb Kunitz: »›Vater‹, rief ich, ›komm zurück. Du kennst den Weg.‹«[10]

Was macht der Junge heute, der ohne ein erstrebenswertes Männerbild aufwächst, das dem machtvollen Aussehen und der starken Ausstrahlung der Frauen standhalten kann? Auf welchen bewundernswerten Mann kann er sich fixieren, dem er gern nacheifern würde, der ihm das Gefühl gibt, daß er unter seinesgleichen zum Erwachsensein gelangt ist, der zudem aber auch für Mädchen attraktiv ist?

In diesem Zeitalter der Adoleszenz haben wir unser eigenes armes Frankenstein-Monster erschaffen, das sich schwerfällig dahinschleppt, gefährlich, die Bevölkerung mit seiner geschmacklosen und lärmenden Erscheinung in Angst und Schrecken versetzt, während es hingegen auf der Suche nach dem Vater ist, der es erschuf. Mary Shelleys Kreatur war von Natur aus gutherzig und zu großer Intelligenz fähig, doch brauchte sie so verzweifelt Liebe und war durch ihr Aussehen so zum Scheitern verurteilt, daß das arme Geschöpf schließlich wütend gegen alle losschlug. Sein Vater hatte ihn verlassen. Mary Shelley erschuf ihr Monster aus den politischen, sozialen und wirtschaftlichen Unruhen der letzten Jahrhundertwende heraus, ein klassischer romantischer Held, der nur wegen der Behandlung, die ihm seine Mitbürger angedeihen ließen, als letzten Ausweg zur Gewalt Zuflucht nahm.

Wenn ein Junge ohne Vater aufwächst, noch nicht einmal eine Erinnerung an ihn hat, nicht die geringste Vorstellung von dem, der ihn vielleicht geliebt hätte, dessen auserkorenes Lieblingskind er vielleicht gewesen wäre, dann prägt das sein ganzes Leben. Wie soll er, selbst wenn alle Liebe der Welt über ihm ausgegossen wird, den Entschluß seiner Mutter begreifen, die Männer aus ihrem und seinem Leben zu verbannen? Verbirgt die Mutter in ihrem Herzen, da er ja auch ein Mann ist, auch Wut auf ihn? Was ist an den Menschen seines Geschlechts so schrecklich?

Ja, schlechte Männer verlassen ihre Kinder und zahlen nicht einmal Alimente. Sie sind moralisch im Unrecht, und ich schließe mich der öffentlichen Forderung nach ihrer Bestrafung an. Aber ich mache auch jenen Frauen einen Vorwurf, die ganz absichtlich von der Empfängnis an einem Kind seinen Vater nehmen. Bislang haben die Männer auf diesen Ausschluß mehr oder weniger mit Schweigen reagiert; aber er muß auch seine Auswirkung auf diese letzten Jahre männlicher Brutalität gehabt haben, die sich sowohl gegen das eigene Geschlecht als auch gegen Frauen richtet.

Wenn vaterlose brutale Jungen auf vaterlose junge Mädchen treffen, sagt der Psychiater Frank Pittman, »wählen Mädchen sich sehr wahrscheinlich Jungen zum Freund, die gewalttätig und äußerst verführerisch sind«[11].

Robert Bly spricht in seinem Bestseller *Eisenhans* davon, daß die zunehmende Macht der Frauen es erforderlich macht, daß erwachsene Männer der jüngeren männlichen Generation beistehen und mit den Jungen zeremonielle Treffen unter Ausschluß von Frauen veranstalten, wo sie sich »verbünden« und sich ihre verlorengegangene Maskulinität wieder aneignen können. »Mir scheint, daß Bly das Pferd von hinten aufzäumt«, bemerkt dazu die Erzieherin und Autorin Marina Warner und fährt fort: »Die Monster des Machismus werden in Gesellschaften erschaffen, in denen Männer und Frauen durch sexuelle Ängste und Abscheu bereits zu weit voneinander getrennt sind, isoliert durch die Verachtung für den vorgeschriebenen häuslichen Bereich des Weiblichen und vor allem durch das übertriebene Beharren auf Aggression als Definitionsmerkmal des Heldischen und der Macht ... Die Anwesenheit der Väter wird nur dann den allseitig vorherrschenden, bedrohlichen Charakter der Männlichkeit reduzieren, wenn die geschlechtsspezifischen Polaritäten gemindert und nicht noch verschärft werden.«[12] Wie dem auch sei, eines ist klar: Jungen müssen mehr Zeit mit Männern verbringen.

Die männliche Jugend von heute entnimmt ihr Männerbild Filmen, dem Fernsehen, Comic-Heften, Videospielen und modernen Mythen und Märchen. Wie sieht der männliche Held aus? »Die

Angst vor den Männern wuchs mit der Überzeugung, daß Aggression – einschließlich sexueller Gewalt – unausweichlich den Charakter des jungen Mannes kennzeichnet«, schreibt Warner. Verschwunden ist die Hexe, der herkömmliche angsteinflößende Störenfried. Statt dessen haben wir da eine »neue Faszination und ein beklemmendes Gefühl in bezug auf die Männer ... Die Jungen werden nicht (wie in den alten Mythen oder Märchen) dazu angeleitet, Betrüger oder Trickser zu werden – es wäre undenkbar, die künftigen Männer im Ködern und Überlisten auszubilden, ihnen Maskierungen und Tricks beizubringen; sie werden heute dazu gebracht, mit Action Man und seinem hochleistungsfähigen, futuristischen Star-Wars-Arsenal zu spielen; sich mit Ninja Turtles zu identifizieren, sich als Kreuzritter, Wächter, Krieger zu fühlen ... als der Terminator, Robocop ... Ich stelle hier nicht den Schwindler über den Soldaten oder den Betrüger über den ehrlichen Gentleman – das wäre absurd; ich beobachte einen Trend zur Definierung männlicher Identität und Geschlechtszugehörigkeit über sichtbare, körperliche, sexualisierte Zeichen der Potenz, statt über verbale, mentale Agilität.«[13]

Untersuchungen haben ergeben, daß drei Viertel der jungen Kriminellen in unseren Justizvollzugsanstalten aus einem vaterlosen Zuhause kommen; diese jungen Leute gehen in der Regel auch vorzeitig von der High-School ab.[14] Es ist traurig, aber je besser eine alleinerziehende Mutter alles macht, was ein Mann machen kann, desto stärker stellt sich dem Jungen die Frage, warum Frauen überhaupt einen Mann brauchen sollten. Im Gegensatz dazu stehen die positiven Erkenntnisse, daß Väter, die sich schon frühzeitig mit ihren Söhnen befassen, durch diese Beziehung ebensosehr profitieren wie die Jungen. Die Glueck-Studie zum Beispiel hat 40 Jahre lang 240 Bostoner Väter und deren Kinder beobachtet. Daraus ergab sich, daß Söhne, deren Väter sich an ihrem Werdegang beteiligen, nicht nur höhere verbale und soziale Fähigkeiten entwickeln, sondern daß auch die Väter mit einem besseren beruflichen Fortkommen, mit einer stabileren Ehe und mit mehr Zufriedenheit in ihren mittleren Jahren belohnt werden.[15]

Wenn ein Sohn doch einen Vater hätte, der, frei von Konkurrenz-denken, von Anfang an mit seinem Sohn zusammen wäre, ihn in den Armen hielte und badete, wenn der Junge das Gefühl hätte, sowohl von einem Mann als auch von einer Frau gesehen und be-wundert zu werden! Dann wäre die emotionale Trennung von ih-nen nicht mit der Verzweiflung befrachtet, die ein Junge empfindet, für den einzig eine Frau alle Liebe und Intimität repräsentiert. Er müßte sein emotionales Selbst nicht aufgeben, um ein Mann zu werden. Bestünde dann nicht auch eine geringere Notwendigkeit für den Jungen, sich übertrieben von den Frauen, der Mutter abzu-heben? Wie anders alles sein könnte, wenn der Vater von Anfang an seinem Sohn gezeigt hätte, daß ein Mann zartfühlend, liebevoll und stark zugleich sein kann.

Vielleicht würde sich der Junge dann nicht vor seinem Verlangen nach Intimität fürchten, sondern statt dessen, wie das Mädchen, das Gefühl haben, daß sich nun ein Kreis geschlossen hat, er zu-rückgekehrt ist zu etwas, das es vor langer Zeit gab und für das er einst ein Talent besaß: Liebe. Er würde verstehen, was das Mäd-chen will, und sich nicht davor fürchten, es auf diese sehr persön-liche, intime Weise anzublicken. Er würde es genießen, sich in ihrer Schönheit zu verlieren, statt die sichere Distanz zu benötigen, wel-che die verdinglichten Fotos von Frauen im *Playboy* anbieten. Mei-ner Meinung nach kann keiner außer dem Vater einen Jungen zu dieser Art von Mann erziehen.

Bis zu Beginn der Teenagerjahre drücken Jungen und Mädchen ihre Emotionen gleich aus, schreibt der Psychologe Warren Farrell. In der Adoleszenz werden amerikanische Jungen dann dazu ge-drängt, sich emotional zurückzuziehen. Das schöne Mädchen wird zu einer »genetischen Berühmtheit«, wie Farrell das nennt. Die Jun-gen rivalisieren um ihre Aufmerksamkeit, als wäre sie ein Star, und »die genetische Schönheit wird abhängig von diesem Zuspruch. So schwierig das für die Mädchen ist, ich glaube, daß in dieser Zeit etwas mit den Jungen passiert, was einen Selbstmord möglicher werden läßt.«[16]

Heutzutage scheinen die einzigen Vorbilder für Männer Schurken und Bösewichter zu sein. Angesichts der fast totalen Abwesenheit von Frauen in der Phantasiewelt der Videospiele und Filme, mit denen sich die präadoleszenten Jungen so stark befassen, und ihres Gefühls von Entfremdung sind sie schlecht auf adoleszente Mädchen vorbereitet. Wie kann der Junge bei allem Verlangen und Ehrgeiz dem Helden, den das Mädchen im Kopf hat, gerecht werden? Er lernt aus der Beobachtung der Ehe seiner Eltern. Wie schaut der Vater seine Mutter an, wie funktioniert dieser Blickaustausch, was empfindet der Vater, wenn er die Mutter anblickt?

Als die heutigen Väter heranwuchsen, gab es noch nicht soviel Macht im adoleszenten Mädchenlager; körperliche Schönheit wurde noch nicht so offen gehandelt. Wie kann denn nun der Vater seinem Sohn bei diesem neuen Machtaustausch beistehen? Der Glueck-Studie zufolge hatten »Väter, die ihren Söhnen in der Kindheit und Adoleszenz ein hohes Maß an intellektuell-akademischer und in der Kindheit auch ein hohes Maß an sozial-emotionaler Unterstützung zukommen ließen, Kinder, die sich dann hinsichtlich ihrer Ausbildung als mobiler erwiesen«[17].

Was geschieht jedoch, wenn beim Vater Konkurrenzgefühle aufkommen? Sportliche und intellektuelle Erfolge werden im älteren Mann Neid erwecken, aber was ist mit dem Erfolg des Sohnes in sexueller Hinsicht, seiner überlegenen körperlichen Entwicklung, welche die Blicke von Frauen allen Alters auf sich zieht? Wenn sich der Trend zur neuen Vaterschaft fortsetzt und sich Väter immer stärker mit ihren Söhnen befassen, dann werden wir früher oder später mehr über den väterlichen Neid auf die physische Attraktivität des Sohnes und seine sexuellen Erfolge erfahren. Welcher Art wird der kommende Schönheitswettbewerb zwischen Vater und Sohn sein?

——— • ❖ • ———

KAPITEL 6

Feminismus und Schönheit

Mädels in duftigen Sommerkleidern

In den sechziger Jahren Single zu sein war für eine Frau ein Geschenk des Himmels. Das sexuelle Erwachen aus dem Dornröschenschlaf dank einer verläßlichen Empfängnisverhütung und der damit einhergehenden Freizügigkeit war eine Offenbarung. Wenn man diese Aufbruchstimmung miterlebt hat, kann man die heutigen Schwierigkeiten vielleicht besser verstehen. Wer in den fünfziger Jahren aufwuchs, der erlebte die Geburtsstunde des derzeitigen Geschlechterkriegs im Rahmen der alten patriarchalischen Strukturen hautnah mit.

Diese bahnbrechenden Umwälzungen fanden innerhalb eines einzigen Jahrzehnts statt oder in einer noch kürzeren Zeitspanne. Bis 1963, als wir John F. Kennedy und mit ihm die Aussicht zu Grabe tragen mußten, die Herausforderungen einer neuen Welt als Chance anzunehmen, war uns nicht bewußt gewesen, in welchem Ausmaß wir uns auf seine Fähigkeit verlassen hatten, Amerika dem Gipfel entgegenzuführen, den es seit Ende des Zweiten Weltkriegs stetig angestrebt hatte. Und so wirkte sich das unerfüllte Versprechen der toten Vaterfigur wie ein Wermutstropfen auf alle übrigen Revolutionen aus: auf die Menschenrechtsbewegung, den heimlichen und lautstarken Widerstand gegen den Vietnamkrieg, die feministische Front, die Hippie-Subkultur, die Drogenszene und auf alles, was sonst noch angetreten war, um dem Establishment die Stirn zu bieten.

Kennedy, der jungenhafte Held, war der Schwarm aller Mädchen und das leuchtende Idol, dem junge Männer nacheiferten. In ihm sahen wir uns selbst, wie wir mit zunehmender Reife vielleicht geworden wären, wenn JFK uns nicht im Stich gelassen hätte. Natürlich war das reine Spekulation, aber die Wut, die sich seit seinem Tod in uns aufgestaut hat, ist die eines untröstlichen heranwachsenden Kindes, das sich verwaist und verbittert fühlt, nachdem sich der Vater aus dem Staub gemacht hat.

Ende der fünfziger Jahre war ich nach Manhattan gezogen, wo alles noch ziemlich genauso aussah wie seit Generationen. Die Erwachsenen in den alteingesessenen Familien, die zu den ersten am Platze zählten und mich sonntags zum Essen einluden, waren ein Abklatsch ihrer Eltern, die ihrerseits wie eine Kopie ihrer eigenen Erzeuger wirkten. Nur die Mode änderte sich, wie man den gerahmten Fotografien auf blankpolierten Beistelltischchen leicht entnehmen konnte. Für eine kurze Zeitspanne fühlte ich mich dieser Welt zugehörig, und dafür bin ich dankbar, denn sie blieb mein Bezugspunkt für alles, was folgte.

New York war in den sechziger Jahren immer noch ländlich-sittlich, genauso wie die Mädels in der Upper East Side, wo ich mir mit zwei weiteren Jungfrauen ein Apartment teilte. In dem Raum, in dem wir schliefen, gab es zwei Einzelbetten, einen Kleiderschrank und einen Anrufbeantworter, der die Stimmen derjenigen Männer erkannte, mit denen wir nicht sprechen wollten. Gristede lieferte uns die Einkaufstüten mit den Lebensmitteln frei Haus bis zur Hintertreppe, und die Anwesenheit eines Pförtners war eine Beruhigung für unsere Eltern, die sich um unsere Sicherheit sorgten. Es gab weniger Straßenverkehr, weniger Lärm und weniger Müll.

Meine Zimmergenossinnen und ich waren ständig bis über beide Ohren verknallt, obwohl der jeweilige Mann unserer schlaflosen Nächte mit schöner Regelmäßigkeit wechselte. Bis wir, jede zu ihrer Zeit, unsere Jungfräulichkeit verloren hatten, benutzten wir kein Diaphragma. Daß eine von uns schwanger werden würde, war daher nur eine Frage der Zeit.

Ich sah mir die Männer sorgfältig an, mit denen ich schlief. Ich versuchte einzuschätzen, in welchem Maß sich ein Mann, der ein Freund gewesen war, sich nach dem sexuellen Akt als Droge entpuppen würde. So machtvoll ich mich auch fühlte, wenn es mir gelungen war, einen Mann mit meinem Liebeszauber zu umgarnen und zu erregen, ich wurde seine Sklavin, sobald er mich aufs Kreuz gelegt hatte. Es waren mein Mund, mein Körper, meine Vulva, die ihn festhielten und aussaugten, aber er war es, der sich wie Phönix aus der Asche erhob, postorgasmisch, verjüngt, um sich voller Tatendrang auf sein Tagwerk zu stürzen, während ich wie gelähmt liegenblieb, unfähig, einen klaren Gedanken zu fassen, bis er anrief oder besser noch, bis er zurückkehrte, um mich mit einer weiteren »Dröhnung« zu erlösen. Ich wußte, daß der verhängnisvolle Sinn für die eigene Sterblichkeit nichts mit dem einzelnen Mann zu tun hatte, der lediglich den Schlüssel zu meinem geheimen Lustgarten entdeckt hatte. Aber das bessere Wissen konnte, wie bei allen Süchtigen, die Besessenheit nicht mindern.

Der Strategie der Konkurrenzvermeidung folgend, besaßen die Mädchen in diesen Jahren ein sorgsam gehegtes, absolut austauschbares äußeres Erscheinungsbild. Nichts förderte diese Konformität mehr als die Kleidung: Keine fiel aus dem Rahmen, um dadurch die Blicke der Männer auf sich zu ziehen. Männer waren das Ziel, auf das wir getrimmt worden waren; das Kunststück bestand darin, sich einen zu angeln, ohne den Anschein zu erwecken, daß es uns große Mühe kostete. Da der Mann Geld verdienen und einen großen Teil seiner Kraft und Zeit darauf verwenden mußte, sich im feindlichen Leben zu behaupten, war das letzte, was er brauchen konnte, eine exhibitionistische, verführerische Frau. Hübsch durfte sie sein, als Aushängeschild für seinen wirtschaftlichen Erfolg, aber nach dem Gang zum Traualtar hatte sich der Sirenengesang in matronenhafte Fürsorge zu verwandeln. Einem hart arbeitenden Mann blieb keine Zeit für eifersüchtige Verdächtigungen.

Wenn der Mann alten Kalibers das Haus verließ, mußte er sich keine Sorgen machen, daß seine Frau auf Abwege geriet. Frauen selbst waren die besten Tugendwächter; sie beobachteten einander mit Argusaugen, um zu gewährleisten, daß keine ein größeres Stück vom Kuchen ergatterte, als ihr zustand. Vor der sexuellen Revolution war die Welt in zwei Lager gespalten: Auf der einen Seite standen die »braven« und auf der anderen die »bösen Mädchen«. Nichts veranschaulichte diese Trennlinie klarer als die sexuellen Stereotypen, die Hollywood wie am Fließband produzierte: hier Doris Day, dort Marilyn Monroe.

Der damalige Zeitgeist wurde besonders an dem verschneiten Tag deutlich, als John F. Kennedy den Amtseid leistete, während des Defilees entlang der Pennsylvania Avenue, die hübsche Jackie mit ihrem Pillbox-Hütchen an seiner Seite, auf dem Höhepunkt des »American Dream«. Hier liefen alle historischen Fäden der Vergangenheit zusammen, waren eingewoben in das Bild, das wir gerne geboten hätten, nach innen und außen, unser Camelot. Sie waren beide so gutaussehend, so wohlgeraten, sie mit ihrem zarten Stimmchen, das seine Worte untermalte, wenn sie uns anspornten, unsere höchsten Ideale zu verwirklichen. Aus ebendiesem Holz mußte eine Frau geschnitzt sein, das war ihre Aufgabe, »sich um das Wohl meines Mannes, des Präsidenten, zu kümmern«. Daß er eine Geliebte hatte und daß Konflikte mit dem Gesetz im Kennedy-Clan eine lange Tradition besaßen, schien und scheint bis heute kaum ins Gewicht zu fallen.

Als Jackie 1994 starb, rückte die Nation enger zusammen – besser gesagt, alle Nationen, genau wie bei der Ermordung ihres Mannes, um den die ganze Welt trauerte. In den alten Fotos suchten wir nach einer Antwort auf die Frage, was aus uns geworden war. Wo ist es geblieben, das Gefühl, eine Nation moralisch verantwortlicher Menschen zu sein? Es spielt keine Rolle, daß es sich nicht selten um eine Fassade handelte; wir sehnen uns trotzdem danach zurück, nach dem Bild und nach dem Gefühl.

Wenn ich versuche, meine Erinnerungen an das Leben Anfang der sechziger Jahre im Dunstkreis der Fifth Avenue zu beschreiben, dann sehe ich eine fließende Abfolge von Jahren vor mir, in denen der Sommer auf den Frühling folgte, die Männer ihre teuren leinenen Brooks-Brothers-Anzüge aus dem Schrank holten und mit einem hübschen Mädchen im ärmellosen, pastellfarbenen Kleid am Arm auf den Straßen flanierten. Ich erinnere mich noch sehr genau an die Zeit, als wir Mädels die Unterwäsche in die unterste

Schublade verbannten und die Röcke bis zum Gehtnichtmehr kürzten, als sich Aussehen und Lebensgefühl der »braven Mädchen« auf einen Schlag änderten, als wir uns in die »neuen Frauen« verwandelten, als wir begannen, mit den Brötchen auch unser Recht auf Selbstbestimmung zu verdienen, und in Sachen Sex die Initiative ergriffen.

Was immer damals auch schiefgelaufen sein mag, wir werden den Fehler nie korrigieren, wenn wir die Vergangenheit nicht verinnerlichen und bewußt entscheiden – auch wenn es politisch falsch sein mag –, daß es vielleicht doch das eine oder andere gibt, nach dem wir uns zurücksehnen. Die Vergangenheit ist heute so lebendig wie nie zuvor.

Jaxpants und Twist

Als ich nach New York kam, entsprach mein Geschmack in bezug auf Aussehen und Kleidung noch weitgehend jenem meiner College-Zeit, wo mein Schicksal eine drastische Wende genommen hatte. Im Norden Amerikas sah man mich aus einer anderen Perspektive. Vielleicht lag es daran, daß die Männer größer waren oder andere Eigenschaften bei einer Frau zu schätzen wußten, die ich offenbar, ohne mir dessen bewußt zu sein, besaß. Bis heute ist mir unerklärlich, warum sich beim ersten gemeinsamen Fest mit den Harvard-Studenten der bestaussehende Typ weit und breit den Weg quer durch die dichtgedrängte Menge ausgerechnet bis zu mir bahnte. Da stand ich, mit dem affektierten Lächeln, das ich einstudiert hatte, damit es das natürliche Lachen ersetzte, und erwartete das Schlimmste. Er war ein Held, ein Star in seiner sportlichen Disziplin, und ich wurde sein Mädchen und trug voller Stolz seinen riesigen rotbraunen Mannschafts-Sweater mit dem großen »H«.

Zu meiner Überraschung war ich ihm in sexueller Hinsicht, also was ausdauerndes Knutschen und Fummeln betraf, Lichtjahre voraus. Außerdem war ich daran gewöhnt, die Südstaatenjungen geschickt abzuwimmeln, für die es eine Sache der Ehre war, bei einem Mädchen so weit zu gehen, wie diese es zuließen. Mein Prinz war jedoch in einer kühlen Klimazone aufgewachsen, und merkwürdigerweise fand ich es enttäuschend, heißblütiger zu sein als er. Zwar bat er mich, ihn zu heiraten, nachdem wir zwei Jahre »miteinander gingen«, doch ich hatte das Interesse an ihm verloren. Mir war bewußt geworden, daß ein Mann mehr in die Beziehung einbringen muß als ein hübsches Gesicht. Immerhin entdeckte ich durch ihn, daß ich Macht über Männer besaß. Ich fing an, meine Liebestöter durch Reizwäsche zu ersetzen. Erst aus heutiger Sicht erkenne ich, daß zu diesem Zeitpunkt mein Leben als Exhibitionistin begann.

Als ich meine ersten Gehaltsschecks kassierte, klapperte ich sofort die namhaften Modegeschäfte auf der Suche nach etwas ab, das zu *mir* paßte. Aber als die höfliche Verkäuferin mich nach meinen Wünschen fragte, fehlten mir die Worte, um zu beschreiben, wer *ich* war. Dann entdeckte ich Jax, unweit der Fifth Avenue an der 57th Street. Jax lieferte mir die Erklärung, warum mich die Mode für »brave Mädchen« nicht befriedigt hatte. Ich hatte meinen Körper niemals genauer betrachtet und wußte erst zu würdigen, womit mich die Natur ausgestattet hatte, als ich mich in den knallengen Jaxpants im Spiegel sah. In diesem Augenblick erwachte ein Instinkt in mir, der mir sagte, daß auch ich über die Macht verfügte, Blicke auf mich zu ziehen. Das war eine aufregende Erkenntnis.

Auf nicht unbeträchtliche Weise kündigten die Jaxpants kurz vor der Ankunft von Pucci, Courrèges und dem Minirock die sexuelle Revolution an, die bereits ausgebrütet wurde. Die hautengen Hosen aus Wolljersey und kariertem Gingham-Baumwollstoff brachten einen wohlgerundeten Hintern und lange Beine so zur Geltung, daß sie unwiderstehlich wirkten. Ich kenne Frauen, die behauptet haben, ihr Leben habe mit Jaxpants begonnen, und ich zähle mich zu ihnen. Was für eine unsägliche Wonne, in der Peppermint Lounge in Jaxpants zu twisten, Musik, Erotik und den neuen Look zu genießen!

Meine Liebhaber in den sechziger Jahren waren Welten entfernt von den netten Jungen, mit denen ich aufs College gegangen war.

War die Wahl der Männer, die meine Mutter gewiß nicht gebilligt hätte, eine verspätete Rache an ihr, oder folgte ich dem Vorbild meiner bewundernswerten Tante Pat? Jedenfalls war ich im Gegensatz zu meiner Tante und meiner Mutter nicht an einer Ehe interessiert, und der Gedanke an Mutterschaft lag für mich in unvorstellbar weiter Ferne. Ehe und Kinderkriegen hätten Stillstand bedeutet. Und das Leben fing für mich gerade erst an.

Ich empfand New York als eine Stadt der Frauen. Ein Mädchen konnte nachts am Arm verschiedener Männer kreuz und quer durch sämtliche Viertel der Metropole streifen. Männer hingegen schienen an ihr jeweiliges Milieu gebunden und von ihm geprägt zu sein, und die Freundescliquen definierten sich in hohem Maß über die berufliche Tätigkeit. Nur selten verließen Männer ihre eingeschworene Gemeinschaft; die Greenwich-Village-Kumpels tauchten nicht bei Festen in der Upper East Side auf, und die Wall-Street-Banker fehlten in den weitläufigen, über stillgelegten Fabriken ausgebauten Lofts der West Side, einem Viertel, in dem die Filmemacher Quartier bezogen hatten.

Ich fiel aus dem Rahmen: ein anständiges Mädchen aus einer guten Familie, das noch immer im Zustand der Adoleszenz gefangen war. Männer, vor allem jene, die ich in West Side und Downtown kennenlernte, waren meine Nachhilfelehrer in Lebensbereichen und bei Studien, von deren Existenz ich überhaupt nichts geahnt hatte. Sie besaßen keinerlei Ähnlichkeit mit den Harvard- und Yale-Studenten aus meiner Vergangenheit. Sie hatten etwas Draufgängerisches, Unbekümmertes an sich, sahen Frauen unverfroren an und verschlangen sie mit den Augen wie ein köstliches Mahl. Auf diesen Gesichtern wurden Empfindungen nicht maskiert.

Die interessantesten Männer waren jüdischer Herkunft. Sie erwarteten, daß man sich eine eigene Meinung bildete, sie hörten zu, wenn man bisher unausgesprochene Gedanken formulierte. Sie lachten schallend und spontan, und sowohl der Eifer, mit dem sie Streitgespräche führten, als auch die Lautstärke ihres Gelächters sagten mir, daß ich gut daran getan hatte, nicht von der Schulbank weg zu heiraten wie die anderen »braven Mädchen« aus der Upper East Side. Ich hatte zwar eine erstklassige Ausbildung in renommierten Schulen genossen, aber in den Augen dieser Leute war ich unwissend. Doch wollte ich unbedingt dazulernen, wollte ihre Welt erkunden, wollte wie sie sein, unverkrampft, unbeschwert, selbstbewußt und autark. Diese Männer wurden mein Vorbild, in wesentlich stärkerem Maß als Frauen.

Was mir Mut machte und mir gestattete, mich in dieser rätselhaften Welt zu behaupten, war mein neuentdecktes äußeres Erscheinungsbild. Nachdem ich mich vom häßlichen Entlein in einen Schwan verwandelt hatte, strahlte ich Vertrauen in mein neues sexuelles Selbst aus, und mein neues Selbstbild blieb nicht unbemerkt. »Wie fühlt man sich, wenn man so hübsch ist wie Sie?« fragte mich eines Abends eine Frau, die ihre Skulpturen in Galerien ausstellte. Noch nie hatte mich eine andere Frau als »hübsch« bezeichnet. Ich fühlte mich selbstsicher in meinen Jaxpants und blühte regelrecht auf. Und je größer mein Selbstvertrauen, desto sexuell exhibitionistischer wurde mein äußeres Erscheinungsbild.

Eines Morgens, als ich so gegen neun Uhr die East 54th Street entlangschlenderte, sah ich ein knalloranges Seidenhemd und einen atemberaubenden fuchsiafarbenen Rock in einem Schaufenster. So lernte ich Rudi Gernreich und Couturiermode vom Feinsten kennen, was bedeutete, daß ich mein Geld eisern zu sparen begann. Die Kleiderfarbe mag ein merkwürdiges Mittel sein, um Eigenständigkeit zu proklamieren, aber angesichts der wichtigen Rolle, die der Sexualität bei der Suche nach der eigenen Identität zukommt, wurden Gernreichs hautenge, knallfarbige Kleider das Banner, mit dem ich in die Schlacht zog. Es gab kein Deuteln mehr, ob ich es darauf anlegte, gesehen zu werden oder nicht.

Im darauffolgenden Jahr verliebte ich mich in ein weißes Gernreich-Schlauchkleid aus Seidenjersey, ärmellos, bodenlang und mit einem so tiefen V-Ausschnitt im Rücken, daß ich mir Unterwäsche von vornherein sparen konnte. Der Architekt, mit dem ich den Silvesterabend in diesem Traumkleid verbrachte, schenkte mir eine umwerfende weiße Federboa, die das Bild abrundete. Als wir den

Raum betraten, sagte eine ältere Frau zu mir: »Mein Gott, und Sie waren mal so ein hübsches Mädchen!« Das war für mich der Beweis, daß ich zum erstenmal in meinem ganzen Leben die neidvollen Blicke einer anderen Frau auf mich gezogen hatte.

Die Farben Anfang der sechziger Jahre waren mit nichts zu vergleichen, was es vorher gegeben hatte. Die Frauen, die in dieser Zeit lebten, hatten solche frechen Farben und freizügigen Schnitte bei ihren Müttern nie zu Gesicht bekommen. Wir legten die traditionellen Schönheitsideale ab wie Sklaven ihre Ketten. Die Rolle des Minirocks und der Verzicht auf den Büstenhalter in den sechziger Jahren war bedeutender, als die Feministinnen, die gegen Männer und Sex gleichermaßen Front machten, eingestehen wollten. Die weitverbreitete Gewohnheit, den Minirock an- und den BH auszuziehen, symbolisierte die Rebellion gegen alle erdenklichen Zwänge – auf der sexuellen, kulturellen, politischen, wirtschaftlichen und politischen Ebene –, die für diese Ära kennzeichnend war, schrieb Tom Robbins.[1]

Die verschiedenen Revolutionen am Horizont, die in der Mode, in der Musik, in der Kunst und im Tanz ihre Schatten vorauswarfen, weckten in mir die Sehnsucht nach meiner Redegewandtheit, einer Fähigkeit, die eingerostet war, seit es mir als Heranwachsende die Sprache verschlagen hatte. Ich stellte fest, daß zu den faszinierendsten Gesprächspartnern ältere Männer gehörten, zu denen ich ein platonisches Verhältnis hatte, Männer, die in Burma gelebt, im Zweiten Weltkrieg gekämpft, für die United States Information Agency im Ausland Filme gedreht hatten.

Wenn ich heute durch mein Haus gehe, entdecke ich überall den Einfluß von Männern, die mir Freund, Liebhaber, Lehrer waren. Wenn ich ihnen dankbar bin für alles, was sie mir gegeben haben, rede ich weniger von greifbaren Geschenken. Sie haben dazu beigetragen, daß ich über die gedruckten Seiten, die ich im College gelesen hatte, hinausdachte, und in mir den Wunsch geweckt, Seiten mit meinen eigenen Worten zu füllen. Daß es mir schließlich gelang, mich freizuschwimmen, verdanke ich nicht zuletzt den Männern, ihrer großzügigen Geisteshaltung, ihrer intellektuellen

Ermutigung und dem Lob, das sie mir, frei von Neid, mit ihren Blicken erteilten. Ich bin noch heute mit den meisten meiner ehemaligen Liebhaber befreundet, weil die Dankbarkeit auf beiden Seiten groß ist.

Wonderbra und Powersuit

»Brave Mädchen«, die nach einem braven Ehemann und Versorger Ausschau hielten, boten ihr unschuldiges Aussehen in der richtigen »Verpackung« dar, um dem potentiellen Heiratskandidaten die verlangte Kontinuität zu versprechen. Frauen wußten, daß sie ihren Teil des sozialen Handels einhalten und nach außen spiegeln mußten, was sie innerlich waren: aus dem Stoff, aus dem man Mütter machte, nett, gefügig, ohne Absicht, dem Herrn und Gebieter ins berufliche Gehege zu kommen. Dieses festgefügte Bild gestattete dem Mann, seinen Part beim »patriarchalischen Handel« zu spielen und sich mit entsprechender Rückendeckung ins feindliche Leben zu stürzen.

»Wenn du mich verläßt, hat mein Leben keinen Sinn mehr«, war mehr als der tränenrührige Ausspruch einer Leinwandheldin aus den fünfziger Jahren. Es war die Realität, wie alle Frauen sie empfanden. Die Männer in ihren grauen Flanellanzügen mit den wattierten Schultern versprachen Sicherheit und sahen wie vertragsgemäße Versorger aus, felsenfest im Boden verwurzelt mit ihren derben, schwarzen Schuhen. Ihr Aussehen versprach den Frauen: All die Jahre des Wartens, in denen ihnen Freiheit, Abenteuer, eine eigene Meinung und vor allem das Ausleben ihrer sexuellen Wünsche verweigert worden waren, hatten sich gelohnt.

Scheidungen kamen vor, aber der Druck, zusammenzubleiben und sich zu arrangieren, war ungeheuer groß; das Wort »geschieden« machte keinen guten Eindruck in den Bewerbungsunterlagen eines Mannes. Die Firmen zogen treusorgende, verläßliche Familienväter vor. Ehebruch war immer noch besser als Scheidung, damit konnten Frauen leben. Frauen, mit denen sich ein verheirateter

Mann einließ, als Spielgefährtin fürs Bett, waren auf den ersten Blick an ihrem Äußeren erkennbar.

Nachdem ich entjungfert worden war, marschierte ich schnurstracks zum Spiegel, um mein neues Ich zu betrachten, so sicher war ich mir, daß Sex das Aussehen einer Frau verändert. Zu meinem Erstaunen sah ich genauso aus wie vorher. Zum Glück fielen meine Jahre als Single mit dem Beginn der sexuellen Revolution zusammen, an der ich mich mit ganzem Herzen beteiligte. Nun konnte ich aussehen wie »mein wahres Selbst«, konnte das Mädchen sein, das sich immer danach gesehnt hatte, beachtet und begehrt zu werden.

Die Werbung, die ich mit meinem veränderten Aussehen für mein sexuelles Selbst machte, kam bei meinen braven Freundinnen von der Upper East Side nicht besonders gut an, aber das konnte mich nicht schrecken. Ein Satz, der meine Verwandlung auf den Punkt brachte, bekam ich von Männern, die an die 60 Jahre alt waren, zu hören. Nach einem heißen Twist wischten sie sich lächelnd den Schweiß von der Stirn und brachten mich zu meinem Begleiter mit den Worten zurück: »Eine tolle Frau! Aber zuviel für mich …« Zu diesem Zeitpunkt verstand ich den »patriarchalischen Handel« noch nicht, begriff nicht, daß ein wirtschaftlich mächtiger Mann von »bösen Mädchen«, die mit ihrer Sexualität warben, in eine Position gedrängt wurde, die ihn verwundbar machte. Mit dem Erfolg und dem Geld ging für den Mann im dunkelblauen Anzug die Gefahr eines Sturzes aus noch höheren Höhen einher, falls die heißblütige Frau an seiner Seite ihm Hörner aufsetzte und ihm zeigte, daß er ein Schwächling war, der seine Partnerin nicht halten konnte.

War es gestern, daß ich einen Bericht über eine Mailänder Modenschau sah, die zeigte, was der Mann im nächsten Winter trägt? Das genaue Datum spielt ohnehin keine Rolle, denn seit ich mit der Arbeit an diesem Buch begonnen habe, dreht sich das Modekarussell ohnehin immer schneller. Heute ist der Powersuit wieder gefragt, Armanis neue, lässige Anzüge mit breitschultrig geschnittenen Jacketts, nicht gerade so stark wattiert wie der graue Flanellanzug von Gregory Peck, aber eine gewisse Ähnlichkeit besteht.

»Warum können Männer nicht auf maskuline Weise glänzen?«
fragte Armani.[2] Worauf ich nur erwidern kann: »Hört, hört!« Es
wurde behauptet, Männer hätten sich wegen der »mit Wonderbra
hochgerüsteten, in hochhackigen Schuhen einherstelzenden, in eine
Federboa gewickelten und von einer Disco zur nächsten schwadro-
nierenden Weibsbilder, die von der Frauenmode so ehern gefördert
werden«, veranlaßt gesehen, ein machtvolleres Bild im Spiegel zu
suchen. Im Klartext heißt das: Da Frauen noch eins draufgesetzt
haben und ungehindert ihrem sexuellen Exhibitionismus frönen,
bleibt Männern gar nichts anderes übrig, als in diesem Bild für
Ausgleich zu sorgen.

»Ein voller Busen ist in Wirklichkeit ein Mühlstein am Hals einer
Frau«, schrieb die Feministin Germaine Greer 1970. »Er macht sie
bei den Männern beliebt, die aus ihr ein Mamchen machen wollen,
aber sie darf niemals annehmen, daß die Glotzaugen der Männer
sie selber sehen.«[3] Wir haben den großen Busen als Unterschrift
unter die Urkunde, die uns zur Sklavin der Männer machte, gegen
Ende der sechziger Jahre abgeschafft – 30 Jahre war es kaum möglich, einen Wonderbra aufzutreiben. Aber sie sind wieder im Kommen, die »Busenheber«, nicht als Reaktion auf die Bedürfnisse der
Männer, sondern auf die Nachfrage der Frauen. Frauen wünschen
sich wieder einen »Atombusen« und werfen den Besitzerinnen eines solchen neidische Blicke zu.

Wonderbra und Armani-Powersuit – Busenheber und Anzüge
mit breitgeschnittenen Schultern. Ja, ich erkenne, warum sich der
abgehalfterte Anzug von gestern nicht gegenüber einer Frau mit
15 Zentimeter hohen Absätzen behaupten konnte, die ihren reizvollen Körper zu einer gesundheitsabträglichen S-Kurve verbog.
Ein üppiger Busen und ein Hohlkreuz, die nach Penetration schrei-
en, läßt die Männer in ihren flatternden Anzügen wie pubertieren-
de Knaben aussehen. Als der Council of Fashion Designer, das
Maß aller Modemacher in Amerika, eine besondere Auszeichnung
für den »Wonderbra und seinen Beitrag zur Mode«[4] ankündigte
und der Busenheber wieder für Schlagzeilen sorgte – die Modeseite
allein konnte die Neuigkeit nicht fassen –, rieb ich mir ungläubig

310

die Augen und dachte: »Jetzt macht aber halblang, das ist ein uralter Hut und keine brandneue Erfindung.« Schließlich hatte ich schon in den sechziger Jahren solche zauberhaften Folterinstrumente besessen, in die man kleine Wattepolster einlegt, um den Busen anzuheben.

Vielen Dank, Dr. Guttmacher!

Während der ersten Jahre in New York begnügte ich mich mit oralem Sex und Minipenetrationen, die so läppisch waren, daß sie den Namen kaum verdienten. Ich war mir der Risiken bewußt, und wenn meine Periode auch nur einen Tag zu spät kam, rannte ich pausenlos auf die Toilette und betete verzweifelt um die erlösenden Bluttropfen, die mir anzeigten, daß der Kelch für dieses Mal an mir vorübergegangen war. Es war ein Alptraum. Doch kaum war ich wieder für vier Wochen aus dem Schneider, kehrte ich zu meinem Spiel mit Penis, Orgasmus und Teilpenetration zurück, bis der Mann ejakulierte. Wie Sally Belfrage in ihren Memoiren einer Heranwachsenden schrieb: »Keine Penetration, wie sie später definiert wurde, ein Risiko von eins zu einer Million, und trotzdem bist du schwanger.«[5]

Ich war eine junge Frau, die nicht auf den Kopf gefallen war, außer in dieser einen Hinsicht. Ich zahlte pünktlich meine Miete, pumpte meine Familie nie um Geld an und erledigte meine Arbeit professionell, aber in diesem einen Punkt war ich eine Niete. Die Tatsache, daß ich immer wieder schwach wurde, wenn die Aussicht bestand, in den Armen eines Mannes dahinzuschmelzen, war ein Schlag ins Gesicht meiner Intelligenz.

Obwohl ich so unsäglich töricht war, gelang es mir irgendwie, einer Schwangerschaft zu entgehen; vielleicht erklärt das mein leidenschaftliches Engagement, mit dem ich den erzieherischen Wert der Masturbation in all meinen Büchern predige. Wenn mich jemand von Anfang an darüber aufgeklärt hätte, wie man auch ohne fremde Hilfe einen Orgasmus herbeiführen kann und daß meine

Sexualität mir allein gehört und nicht von einem Prinzen erweckt werden mußte, dann wäre ich »seinem« Zauber nicht so bereitwillig erlegen.

Zu Beginn meiner beruflichen Laufbahn hatte ich die Gewohnheit entwickelt, einen interessanten Job anzunehmen, der mir acht oder neun Monate intensiver Arbeit abverlangte, aber dafür einen Anfang und ein Ende hatte. Ich war nicht auf Karriere oder Ehe bedacht, sondern wollte nur genug Geld verdienen, um meine Miete zu zahlen und ins Ausland zu reisen, wo ich blieb, bis meine Mittel versiegten. Danach kehrte ich nach New York zurück und traf bald darauf irgend jemanden, in aller Regel einen Mann, der mir einen neuen Job anbot. Ich lernte die Männer bei Tanzveranstaltungen und Partys in privatem Kreis kennen, und nicht ein einziger forderte dafür eine Gegenleistung in Naturalien.

Ich reiste immer allein, da mein erstes Europaabenteuer mich gelehrt hatte, daß zwei Frauen, die nebeneinander sitzen, auf einen Mann abschreckend wirken. Ich war am Ende dieser ersten Reise in einem Hotel nahe der Place de l'Etoile in Paris gelandet, in einem kleinen Stundenhotel, das von Prostituierten und ihren Zuhältern frequentiert wurde, die nachts auf der engen Stiege lautstark ihre Streitigkeiten austrugen. Aber ich wohnte dort sehr preiswert. Wenn ich nicht draußen war, dann las ich, hielt Erinnerungen in meinem Skizzen- oder in meinem Tagebuch fest und wartete darauf, »daß sich etwas tat«. Jeden Tag bummelte ich durch die Rue du Faubourg-St.-Honoré und sammelte Poster in den Kunstgalerien. Nachts saß ich in Bars, mit Männern, die mich küßten und deren Küsse ich erwiderte, einige leidenschaftlicher als andere. Aber wenn sich mein Geld dem Ende zuneigte, bestieg ich ein Schiff und segelte heim.

Der plötzliche Besitz guten Aussehens, worum ich andere mein Leben lang beneidet hatte, hätte für mich eigentlich wie eine unerwartete Erbschaft sein müssen, eine Macht, mit der man verschwenderisch umgehen kann. Aber ich empfand die Schönheit-der-späten-Jahre als zutiefst unzuverlässig. Ich wünschte mir verzweifelt, an sie glauben zu können. Ich erwiderte das Lächeln der Männer, schwebte im siebten Himmel, wenn ich das Verlangen in ihren Augen entdeckte, und wurde zunehmend wählerisch, wem ich gestattete, mir ein Abendessen zu bezahlen. Als mich der Spiegel schließlich überzeugte, daß meine neue Verpackung mich in zu viele riskante Abenteuer verwickelte, ging ich eines Morgens zwei Häuserblocks weiter in Dr. Aronsons Praxis. Auf dem Untersuchungstisch zu liegen, die Füße in den Halteschlaufen, um mir ein Pessar anpassen zu lassen, war lange nicht so spannend wie ein paar neue Schuhe anprobieren. Eigentlich hätte ich das Gefühl haben müssen: »Prima, jetzt kann ich ja gefahrlos mit Millionen Männern ficken!«, das Versprechen der Jaxpants und des tief dekolletierten Seidenfutterals von Gernreich voll auskostend, wenn ich im Le Club bis in die Puppen tanzte. Nach der Anprobe in Dr. Aronsons Praxis hielt ich die häßliche Gummischeibe in der Hand und die Jalousien vor meinen Augen heruntergezogen, während er mit der Bleistiftspitze die verschiedenen Kanäle und Höhlen meiner Reproduktionsorgane auf einem Plastikmodell nachzeichnete, um mir zu zeigen, wie man das Scheidendiaphragma einführt.

Wäre unsere Sexualität nicht als etwas Böses stigmatisiert worden, hätte das Pessar den Frauen vielleicht bessere Dienste leisten können. Wenn wir von Kindesbeinen an dazu erzogen worden wären, uns selbst als sexuelle Wesen zu betrachten, hätten wir das Verhütungsmittel beim Verlassen des Hauses möglicherweise genauso automatisch in die Handtasche gesteckt wie den Wohnungsschlüssel. Aber ein »braves Mädchen« mußte sich ständig daran erinnern, das grauenvolle Ding mitzunehmen, »für alle Fälle«, genauso wie den Regenschirm an einem sonnigen Tag. Wenn sie nach Hause zurückkehrte und das Pessar nicht hatte benutzen müssen, fühlte sie sich wie eine Dirne, der es nicht gelungen war, einen Freier an Land zu ziehen. Fand sie sich jedoch in den Fängen des Eros wider, mußte sie sich aus der leidenschaftlichen Umarmung lösen, um sich ins Bad zurückzuziehen, sich hinhocken und das Diaphragma in den nun feuchten Tunnel einführen. Dabei wurde sie stets daran erinnert, daß diese mechanische Kontrazeption nicht narrensicher war. Was für eine dumme Jungfrau ich doch war, so lange mit einem Scheidendiaphragma zu warten, es dann niemals mit Stolz zu tragen und mich dennoch nach wie vor von der Leidenschaft mitreißen zu lassen. Wie viele junge Frauen damals und heute steckte ich voller Widersprüche.

Ich erschien häufig allein bei einer Party, um die Wirkung meines neuen Erscheinungsbilds besser auskosten zu können und mit einem Mann meiner Wahl im Schlepptau zu gehen. Automatisch fiel mein Blick auf den Mann, den ich für den unerreichbarsten hielt, der sexuelle Unverschämtheit ausstrahlte, der eine Frau unverblümt musterte und mit den Augen auszog. Ich war jetzt nicht nur bereit, mit einem Mann ins Bett zu gehen, sondern hatte auch erfahren, welchen Reiz eine Frau auf einen Mann ausübt, die nichts als Sex von ihm will, die es weder auf sein Herz noch auf seinen Geldbeutel abgesehen hat. Ich begriff, daß Sexualität, ohne solche Fesseln dargeboten, für einen Mann ein Leckerbissen ohnegleichen war.

Ich besaß nur so lange Macht, bis der Penis eines Mannes, sein Mund, seine Lippen, seine forschende Zunge und Hände mich von einem Orgasmus zum nächsten führten. Ich gab im gleichen Maße, wie ich nahm, aber Männer wurden nicht wie wir Frauen dazu erzogen, symbiotisches Einssein anzustreben. Noch bevor die Nacht vorüber war, hatte ich mich in ihm und meine Macht verloren.

Es muß verwirrend für einen Mann gewesen sein, von einer jungen Frau in einem aufreizenden Kleid verführt zu werden, die ihm mit ihrem Körper aggressiv sagte, daß sie niemals klammern würde, nur um sie am nächsten Morgen nach dem Aufwachen fragen zu hören: »Wann sehe ich dich wieder?« Er würde an diesem Tag mit mehr Schwung an seine Arbeit gehen, würde sich stärker, mächtiger fühlen, während ich dalag, niedergestreckt. Der Anblick meiner auf dem Fußboden verstreuten Kleidungsstücke zeugte von meiner Machtlosigkeit, nun, da mich die Liebe, eine verzweifelte Liebe, in ihren Klauen hielt.

Diese Versklavung nach dem sexuellen Akt ängstigte mich. Es machte mich wütend, daß ich außerstande schien, die magische

314

Verwandlung zu steuern. Wozu sollten Schönheit und sexuelle Macht gut sein, wenn sie das Einssein, nach dem ich strebte, die gute Meinung, die ich von mir selbst gehabt hatte, zerstörten? Wenn sie mich zu einer Bettlerin machten, während er, der unbekümmerte Prinz meiner schlaflosen Nächte, eine so unwiderstehliche Droge geworden war, daß ich wie angeklebt am Telefon hockte, wartete, betete und nicht wagte, den Raum zu verlassen?

Verdammt soll sie sein, diese Sucht der Frauen nach symbiotischem Einssein, vor allem nach dem Sex; sie hätte eines der ersten und wichtigsten Themen des Feminismus sein und Frauen den Unterschied zwischen Liebe und Sex vor Augen halten müssen. Inhalt der ersten Lektion wäre die Ursache dieser Sucht gewesen, die nicht erfolgte gesunde Ablösung von der Mutter in den ersten Lebensjahren. Dieses Defizit schafft eine Abhängigkeit, die in der Intimität der Erwachsenen zu neuem Leben erwacht. Was soll das Gerede von Chancengleichheit am Arbeitsplatz, wenn wir unsere Identität im sexuellen Akt immer noch verlieren?

Wie soll man das Drama beschreiben, wenn man sich von einem Mädchen mit Pessar in eine Frau verwandelt, welche die Pille nimmt? Die Antibabypille räumte nicht nur mit der Angst vor einer ungewollten Schwangerschaft auf, sie bewirkte auch, daß die Rolle der »braven Mädchen« beim Sex in Frage gestellt wurde. Dank der Freiheit, die mit diesem Verhütungsmittel einherging, wurde mir erstmals bewußt, daß ich und andere Frauen sexuelle Phantasien haben.

Wie konnte eine kleine Pille, einmal täglich eingenommen, die Grenzen meines Lebens so ungeheuer erweitern, mein Selbstbild völlig auf den Kopf stellen? Sie bot uns Frauen die Chance, beim Sex die Initiative zu ergreifen, einen Mann gezielt ins Visier zu nehmen und ihn zu verführen; ein unbeschreibliches Gefühl, das sich mit keinem anderen vergleichen läßt.

Wir schrieben das Jahr 1963, und ich hatte noch nie etwas von der Antibabypille gehört, als mein Liebhaber eines Morgens mit Blick auf mein Pessar meinte, das Ding sei »verdammt unbequem«. Ich vertraute diesem Mann, vor allem in sexuellen Angelegenheiten.

315

»Lies mal«, sagte er und drückte mir einen Artikel über Dr. Alan Guttmacher und das neue Empfängnisverhütungsmittel in die Hand. Da ich der kleinen Gummischeibe ebenfalls keine große Zuneigung entgegenbrachte, ließ ich mir einen Termin bei dem ehrenwerten Dr. Guttmacher geben, der mich höchstpersönlich untersuchte und mir ein Rezept für ein neues Leben in die Hand drückte. Dem Liebhaber, der mir den Tip gab, kann ich gar nicht genug danken.

Da ich nie vorher wußte, wo ich mich zur Stunde X befand, in der ich pünktlich meine Pille schlucken mußte, trug ich sie ständig bei mir: in einem winzigen aufklappbaren Globus, der an einem goldenen Armband hing. Da ich das Gefühl hatte, meine sexuellen Aktivitäten nun besser unter Kontrolle zu haben, änderte sich auch mein Gang, wenn ich eine Straße entlangschlenderte. Ich trug Schuhe mit höheren Absätzen, nicht nur, um gesehen zu werden, sondern auch, um besser Ausschau halten und den Blick eines Mannes einfangen zu können oder um Aufschluß über seine Empfindungen zu erhalten.

»Worauf Frauen bei der Pille angesprochen haben, ist vor allem die Trennung zwischen dem Akt der Empfängnis und dem sexuellen Akt an sich«, sagt Jeannie Rosoff, Vorsitzende des Alan Guttmacher Institute. »Wir wissen aus Erfahrung, daß eine Kontrazeptionsmethode auf um so mehr Akzeptanz stößt, je weiter sie vom Geschlechtsverkehr entfernt gesteuert werden kann.« Aus heutiger Sicht weiß ich, daß die Antibabypille es mir ermöglicht hat, mich jederzeit als sexuelles Wesen zu fühlen, und nicht nur dann, wenn ich mit einem Mann beisammen war. Mir wurde bewußt, daß meine Geschlechtlichkeit mir gehörte und keine Lust war, die ein Mann in mir entzündete. Es war nicht die chemische Zusammensetzung der Pille, die uns befreite, sondern die Tatsache, daß die damit verbundene permanente sexuelle Bereitschaft uns aus der sexualfeindlichen, in frühester Kindheit eingeimpften Starre und von der Angst erlöste, die uns physisch, emotional und intellektuell knebelte.

Es war nun ungeheuer beflügelnd, an einem Sommerabend in einem meergrünen Pucci-Kleid spazierenzugehen – ein Hauch von einem Kleid, das man auf der Spitze des pinkfarben lackierten Fingernagels tragen konnte und unter dem ich nur Strümpfe und Strumpfgürtel trug. Wenn die Männer mir nicht nachgestarrt hätten, wäre ich sehr enttäuscht gewesen. Daß ich aus freien Stücken beschlossen hatte, mich mit Blicken taxieren zu lassen, das Augenmerk auf meinen Körper zu lenken, weckte in mir das Gefühl, die Oberhand zu haben. Ich wußte genau, welche Kettenreaktion ich in Gang setzte und warum. Ich akzeptierte, daß es meine Aufgabe war, für die Lawine die Verantwortung zu übernehmen, die ich losgetreten hatte.

Die 48th Street entlangzuschlendern, in der Bar zu sitzen, in der wir uns nach der Arbeit trafen, war ein endgültiger, unwiderruflicher Abschied von dem Aschenputtel, das die ganze Nacht, die Schultern gegen die Wand gepreßt, ihren Freundinnen beim Tanzen im Jachtklub zugesehen hatte. Jeden Abend zwischen fünf und sechs, ungeachtet des Ortes und des Mannes, in dessen Gesellschaft ich mich gerade befand, pflegte ich den Globus an meinem Handgelenk zu öffnen und meine Pille zu schlucken. Ich mußte nicht mehr darauf warten, daß man mich ansprach, ich selbst knüpfte Kontakt zu den Männern, die mir ins Auge fielen. Es war ein euphorisches, siegessicheres Gefühl, das mir die Pille vermittelte, und ich vergaß nicht einen einzigen Tag, sie zu nehmen.

Die Gesellschaft hatte uns keine Orientierungshilfen für den Gebrauch unserer sexuellen Freiheit mit auf den Weg gegeben. Gemeinsam mit der Spirale und anderen Verhütungsmethoden gestattete die Pille den Frauen, über die Grenzen des Patriarchats und auch des Matriarchats hinauszudenken. Kein Warten mehr darauf, daß »sich irgend etwas tut«; das einzige, was Frauen nun davon abhielt, in Aktion zu treten, war die Angst vor dem Urteil anderer Frauen. Einer Frau stand nicht mehr als ein Mann zu und nicht mehr Sex als die genau bemessene Ration, keine sollte mehr als die andere erhalten. Dies scheint sich bis heute nicht geändert zu haben. Daher brauchen Frauen nichts mehr als gegenseitige Unterstützung und Solidarität und das Zugeständnis von Frauen, ihre sexuelle Freiheit genießen zu dürfen.

Die sechziger Jahre waren so reich an umwälzenden Veränderungen, daß es schwerfällt, das Knäuel der einzelnen Revolutionen zu entwirren. Das Fieber war alles verzehrend, es nährte den Gedanken, daß der leidenschaftliche Kreuzzug für unsere eigenen ehrgeizigen Ziele der einzige weit und breit war. Wenn man die Abendnachrichten im Fernsehen einschaltete und den Ton abdrehte, konnte man indessen kaum unterscheiden, welcher protestierenden Gruppe die jungen Leute angehörten. Damals herrschte im ganzen Land ein Einheitsaussehen: Jeans, T-Shirt, Stiefel, lange Haare, Pferdeschwanzfrisuren, Afrolook. Bisweilen waren die Frauen kaum von den Männern zu unterscheiden. Sosehr sie sich auch in ihren übrigen Zielen unterscheiden mochten, den Wunsch, sich in ihrem Aussehen um jeden Preis vom Establishment abzugrenzen, hatten sie gemeinsam.

Die überwiegende Mehrheit der amerikanischen Bevölkerung (die nicht im Fernsehen gezeigt wurde) wollte zu dieser Zeit noch nichts von der sexuellen Revolution wissen. Sie reagierte erbost darauf, daß die Gegenkultur die Fernsehprogramme dominierte. Die Faszination, die Hippies, Blumenkinder und demonstrierende Studenten für die Medien besaßen, weckte im Gros der amerikanischen Bevölkerung das Gefühl, man habe ihr ein Geheimnis vorenthalten, sie ausgeschlossen. Und genau das war beabsichtigt: Man war »in« oder »out«.

Als die militanten Kriegsgegner die Flagge bespuckten und sich über die jungen Burschen lustig machten, die in den Vietnamkrieg zogen, gerieten die Mitglieder der Gesellschaft, die sich als gute Amerikaner verstanden, verständlicherweise in Rage. Irgendeine Macht schien Besitz von dem Land ergreifen zu wollen, die dem »American Way of Life« fremd war. Diejenigen, denen diese Entwicklung mißfiel, hatten das Gefühl, plötzlich zu unsichtbaren Kulissenschiebern degradiert worden zu sein. Zeitweilig bot die Wut der unsichtbaren Mehrheit auch der Bitterkeit der traditionsverhafteten Frauen einen Hafen, die sich vom landesweiten Scheinwerferlicht, das auf dem neuen Feminismus ruhte, übergangen fühlten.

Es ist auffallend, wie viele charakteristische Merkmale, die in den sechziger Jahren »in« waren, heute wieder aus der Versenkung auftauchen: Fernsehserien, Kinofilme, Musik und vor allem die Wiederbelebung der damaligen Mode. Während ich diese Zeilen schreibe, findet in New York eine bedeutende Andy-Warhol-Retrospektive statt. Nicht nur Warhol, auch sein engster Kreis erlebt ein Comeback. 30 Jahre später meldet sich nun einer nach dem anderen in Interviews von Zeitungen und Zeitschriften wieder ausgiebigst zu Wort. Warum haben die Journalisten so großes Interesse an ihnen? Ich nehme an, dahinter stecken die gleichen Gründe, die Designer veranlassen, die kurzen Courrèges-Kleider ein zweites Mal zu erfinden und Pullover im Rippenstrick, die verfilzt und eingelaufen aussehen, wie die Kinder armer Leute sie aufzutragen pflegten, ein Markenzeichen des Warhol-Superstars Edie Sedgwick.

Ich nehme die Kleidung, die man heute auf der »Pirsch« trägt, sehr ernst. Wie Nelson Thall, Vorsitzender des Marshall McLuhan Center für weltweite Kommunikation, glaube ich, daß »die Kleidung eine Erweiterung der Funktionen unserer Haut ist, genauso, wie der Hammer eine Erweiterung der technologischen Funktionen unserer Hand ist.«[6] Kleidung erweitert auch unsere Möglichkeiten, Gefühle und Stimmungen darzustellen, selbst die unbewußten. Die Modetrends in den sechziger und siebziger Jahren enthielten eine Botschaft. Manche richteten sich gegen die bestehende Mode, andere gegen das Establishment, gegen den Vietnamkrieg, gegen die Rassendiskriminierung, gegen den krassen Materialismus. Aber wenn Kleidung eine politische Aussage zum Ausdruck bringt, hat sie einen völlig anderen Stellenwert, als wenn sie wie heute mehr im verzweifelten Verlangen nach Anerkennung wurzelt.

In seiner Besprechung der Warhol-Filmretrospektive von 1995 schrieb der Rezensent Stephen Holden: »Die Ästhetik, die sich wie ein roter Faden durch Warhols Film zieht, ist ein eisiger Voyeurismus ... Immer wieder hat man das Gefühl, sich Menschen mit begrenzten inneren Ressourcen gegenüberzusehen, die um jeden Preis auffallen wollen ... Darüber hinaus kann der Warhol-Superstar auch als Vorläufer der abertausend Unbekannten gelten, die geradezu versessen darauf sind, bei Talkshows im Fernsehen ihre intimsten Geheimnisse zur Schau zu stellen.«[7]

In diese scharfsichtige Beobachtung würde ich auch diejenigen einbeziehen, die heute in ihrer enthüllenden Kleidung die Straßen entlangparadieren. Auch sie sind geradezu versessen darauf, ihre intimsten Körperteile zur Schau zu stellen, und versuchen verzweifelt, ihr Spiegelbild in den Augen der Fremden zu sehen, die ihnen begegnen. Aber unsere Gesellschaft ist übersättigt, abgestumpft.

Warhol selbst war kein angenehmer Zeitgenosse. Seine Genialität lag in der Erkenntnis, wie hohl die Gesellschaft ist und wie sehr die meisten nach Sichtbarkeit gieren. Er machte sich den Drang derjenigen zunutze, die mit Freuden und wahrem Feuereifer alles zu tun oder zu zeigen bereit waren, was ihnen diese Sichtbarkeit verschaffte. Er verstand sich meisterhaft darauf, moderne Märchen nach Maß zu schneidern, wobei er seine Hauptpersonen davon zu überzeugen wußte, daß Nacktheit und sexuelle Extreme ihren eigenen Sinngehalt besäßen. Und dann wiegte er das Publikum, das seine Filme besuchte und seine Kunstwerke bestaunte, in dem Irrglauben, daß es nun einen befriedigenden Lebenssinn gefunden hätte. Die Faszination, die Frauenschuhe auf ihn ausübten – ganze Skizzenbücher voller Zeichnungen –, und seine antike Spielzeugsammlung waren Fesseln, die Warhol nach meiner Ansicht zeitlebens an die Kinderstube gekettet haben. Sein Talent lag darin, daß er seine eigene innere Leere in allen anderen Menschen entdeckte und es verstand, Nutzen für sich selbst daraus zu ziehen.

Da wir oft jeden Wochentag an einer anderen Protestkundgebung teilnahmen, besaßen viele von uns eine bunt gemischte Kleidersammlung. Meine Freundin Kate, die zuerst bei dem Verlag Grove Press und später bei Random House arbeitete, erinnert sich noch lebhaft an die Vielseitigkeit der Garderobe: »Ich hatte eine Zeitlang einen ganzen Kleiderschrank voll kurzer, heißer Fummel von Paraphernalia und The Electric Circus, die ich anzog, wenn ich in Max's Kansas City oder ins Le Club ging. Und dann besaß ich noch die zerrissenen Jeans mit Schlag, den unten weit ausgestellten Hosenbeinen. Man band sich damals kleine Halstücher ums Knie und zog eingelaufene T-Shirts ohne BH an, wenn man im Central Park zu einer Kundgebung ging.« Sind wir uns in unserem Aufzug jemals revolutionär vorgekommen? »Keine Spur«, sagt Kate. »Was uns zusammenschweißte, war Sex. Jede wurde aufs Kreuz gelegt. Wir nahmen schließlich die Pille oder hatten die Spirale, für irgendwas mußten die ja gut sein. Gleich ob wir an Protestmärschen teilnahmen oder tanzen gingen, das Wichtigste war Sex.«

Als die Revolution zum Angriff auf »geschniegeltes« Aussehen blies, war der Modetrend, der als Symbol dieser Bewegung galt, genauso obligatorisch wie derjenige, den er ersetzte. Denn trotz aller Protestsongs, die individuelle Freiheit einforderten und »Jeder soll nach seiner Fasson selig werden« predigten, waren die Hippies und Blumenkinder mit ihren langen Haaren und ihren Klamotten aus der Kleidersammlung der Heilsarmee, die für Nacktheit, Drogen und sexuelle Freizügigkeit eintraten, absolut rigide gegenüber jedem, der nicht in diese Schablone paßte.

Gegen Ende der sechziger Jahre war ich in Haight-Ashbury mit einem Kamerateam, um die Szene zu filmen; ich erinnere mich an einige Leute, die gezwungen wurden, eine Party zu verlassen, weil ihr Aussehen »nicht stimmte«. Diese Forderung nach Konformität war genauso hart und unnachgiebig wie die strenge Kleiderordnung im vornehmen Country-Club von Mami und Papi. Um es mit den Worten von Timothy Leary auszudrücken: »Der Kern der sechziger Jahre war eine populistische Bewegung, aber es gab einen Kleiderkodex unter den Hippies, der strenger war als in West Point oder in der Park Avenue.«[8]

Eines Abends im Herbst 1967 rief mich Michael Butler an und lud mich in ein Musical in Joseph Papps Theater Downtown ein. Michael hatte mir meinen ersten Job in New York verschafft; er gab eine Zeitschrift heraus, die *Islands in the Sun* hieß. Ich hatte nie im Leben einen Artikel geschrieben, geschweige denn redaktionell bearbeitet, aber er stellte mich mit der gleichen Spontaneität ein, mit der er die Rechte für das Musical *Hair* erwarb, das um ein

Haar abgesetzt worden und in Vergessenheit geraten wäre. Von diesem Abend an, als wir die Aufführung besuchten, änderte sich unser aller Leben, auch Michaels, der danach nie wieder einen seiner maßgeschneiderten Anzüge trug.

Am Abend vor der Premiere von *Hair* am Broadway saßen wir mit Freunden im Caseys, einem Restaurant in Greenwich Village. Der Regisseur und der Produzent einigten sich schließlich darauf, daß es den einzelnen Schauspielern der Truppe selbst überlassen bleiben sollte, ob er oder sie am Ende des ersten Akts splitterfasernackt unter der Persenning hervorkriechen wollte. Der Premierenabend kam, das Publikum war völlig perplex, als ein Ensemble zum allererstenmal in der Geschichte im Adams- und Evakostüm auf der Bühne eines Broadway-Theaters stand. Am nächsten Morgen berichtete der Theaterkritiker Clive Barnes über das Spektakel: »Frisch und frei ... liebenswert ... Rockmusical, das gestern abend seine Pilgerfahrt aus Downtown beendet hat, nach Zwischenstation in einer Diskothek und, vor Liebe keuchend und nach Schweiß und Blumen duftend, angekommen ist ... Brandneu, locker, vorurteilslos ...«[9]

Hair schrieb Theatergeschichte, und *Hair* brachte die Risse, die durch unsere Gesellschaft liefen, in die Popmusik ein, die Geister, die sich bei Themen wie Homosexualität, Drogen, Vietnamkrieg, Rassendiskriminierung und sexuelle Freiheit schieden, damals wie heute. Die Nacktheit und die langen Haare waren kein Theatergag, vielmehr stand dieser Trend für eine bestimmte Geisteshaltung. *Hair* sorgte mit nackten Brüsten und Hinterteilen dafür, daß die menschliche Verpackung auf einer Broadway-Bühne entfernt wurde, und das zu einem Zeitpunkt, als wir moralisch und intellektuell hohl waren. Es wies uns den Weg zu uns selbst.

Hair machte »Love and Peace«, Liebe und Frieden, zum geflügelten Wort, das jedermann im Munde führte – aber es handelte sich nicht um eine sich selbst erfüllende Prophezeiung. Wie die Warhol-Familie und andere In-Gruppen der Stadt erwärmten sich die Dazugehörigen vor allem für die Möglichkeit, andere auszugrenzen, nach dem Motto: »Wir sind in und ihr seid out.« Ich erinnere mich noch gut an den grausamen Blick bestimmter Insider, die fünf Minuten vorher noch »out« waren. Wie früher in der »Clique«, in der zwei kleine Mädchen ein drittes ausschlossen.

Die Leute legen so großen Wert darauf, »in« zu sein, eine klar umrissene Identität zu besitzen und sich wichtig zu fühlen, daß sie leichten Herzens in die hochnäsige Arroganz einer hohlen Berühmtheit verfallen und vergessen, daß sie selbst, bis zum Erwerb des neuesten Statussymbols, das ihre Zugehörigkeit kennzeichnet, »out« waren. Das Wissen, daß andere sie sehen, sie neidisch beobachten, selbst wenn sie vorgeben, die Voyeure nicht zu bemerken, verleiht jenen Leuten, die »in« sind, eine Wichtigkeit, die Euphorie hervorruft.

Wie John Berger feststellte: »… das Glück, beneidet zu werden, ist ›Glamour‹. Von anderen beneidet zu werden ist eine einsame Form der Selbstbestätigung, die davon abhängt, daß man seine Erfahrungen nicht mit jenen teilt, die einen beneiden. Man wird mit Interesse beobachtet, aber man selbst beobachtet niemanden. Tut man es doch, verringert sich der Neid der anderen … Dies erklärt den auf Reklameschildern häufig zu beobachtenden abwesenden und unbestimmten Blick der vermeintlich Glücklichen; sie blicken *über* die neiderfüllten Blicke, die sie bestätigen, hinweg.«[10]

Die kritische Überprüfung der Werte, die von den Revolutionen der sechziger Jahre zurückgewiesen wurden, war längst überfällig, aber nun, da sich der Staub verzogen hatte und Zeit vergangen war, fragten wir uns, ob wir nicht Leere durch Leere ersetzt hatten. Wenn Feministinnen Männer anschnauzten, die ihnen die Tür aufhielten, ächteten sie eine Geste der Höflichkeit, die hohl gewesen sein mag, als Frauen keine wirkliche Macht besaßen. Nun verfügen wir über Macht, aber wir haben nicht nur die Gewohnheit abgelegt, den Stuhl zurechtzurücken und die Tür zu öffnen, sondern auch andere gute Manieren, Freundlichkeiten und scheinbar leere Höflichkeitsgesten, die zu den Grundpfeilern gehören, auf die sich eine Gesellschaft stützt. Eine zivilisierte Unterhaltung über Frieden, die Lösung eines Konflikts, Schlichtung, Entspannung, der Erhalt einer Ehe, das alles setzt gute Manieren voraus. Einst waren Frauen die Hüterinnen der unsichtbaren Tugenden; nun hat niemand mehr Zeit oder Lust, ziviles Verhalten zu fordern und zu üben. Statt Manieren haben wir heute eisigen Voyeurismus und verzweifelten Exhibitionismus.

Howell Raines faßt die Bedeutung jener Zeit in seinem Leitartikel in der *New York Times* für jene, die sie miterlebt haben, sehr treffend zusammen: »Die sechziger Jahre haben eine neue, auf ethischen Grundsätzen basierende Politik gefördert, welche die Verantwortung des einzelnen unterstrich, Ungerechtigkeit und Korruption anzuprangern ... die Stimme zu erheben, um den Vietnamkrieg, Amerikas destruktivstes militärisches Abenteuer, zu beenden. Auf dieser Ebene haben die sechziger Jahre eine Massenheilung erlebt, in der die zuvor stimmlosen Bürger der Nation – die Jungen – eine Kriegspolitik aus den Angeln gehoben haben, die, was Fakt ist, aus dem Ruder gelaufen war ... Im Kern ging es bei dieser Gegenkultur um eines der Lieblingsworte der Konservativen: Werte.«[11]

Sexuelle Revolution gegen Frauenbewegung

Vermutlich liegt es an der Gleichzeitigkeit der Ereignisse, daß viele heute meinen, die Frauenbewegung und die sexuelle Revolution wären ein und dasselbe. Anfangs dachte auch ich, daß wir alle demselben Lager angehörten. Bis zum heutigen Tag meinen viele, die dabeigewesen sind, daß freie sexuelle Entfaltung auf der Tagesordnung der Frauenrechtsbewegung an oberster Stelle stand. Schließlich war da die Ankunft der Antibabypille, mit der Frauen unverblümt ihre sexuelle Freiheit verkündeten. Man nahm automatisch an, daß der Feminismus gemeinsam mit jenen Frauen, die bei Abtreibungen deutlich sichtbar das Recht der Frau, über ihren eigenen Körper zu bestimmen, auf ihr Banner geschrieben hatten und es lautstark einforderten, die Werbetrommel für die sexuelle Freiheit der Frauen rührte.

Diese scheinbare Einheit entpuppt sich jedoch bei näherem Hinsehen als Krieg zwischen verfeindeten Frauenlagern. Anfangs sah es so aus, als stünden sich die traditionsverhafteten Frauen mit Familie und Haushalt und die neuen berufstätigen Frauen am Arbeitsplatz streitsüchtig gegenüber. Inzwischen haben uns neue Glaubenslehren in immer weitere Gruppen gespalten. Da kein Ende der Debatte in Sicht ist, gewinnt das Thema Sexualität zunehmend an Bedeutung, wenn es um die Selbstdefinition von Frauen geht. Aus heutiger Sicht möchte ich behaupten, daß die Trennlinie zwischen Frauenbewegung und sexueller Revolution unsere Achillesferse war – vor allem wenn Sexualität, nicht der sexuelle Akt selbst, als wesentlicher Bestandteil unserer Menschlichkeit betrachtet wird.

Die starren Dogmen des matriarchalisch orientierten Feminismus, der Sexualität und Männern gleichermaßen ablehnend gegenübersteht, haben die Angehörigen der Frauenbewegung verschreckt, die sich gezwungen sehen, zwischen ihrer Liebe zu Männern und dem Pakt mit den Schwestern zu wählen. Sie haben aber auch die Front der eingefleischten Feministinnen geschwächt, die sich von ihren Schwestern gebrandmarkt fühlten, weil sie weiterhin mit dem Feind schlafen und es deshalb angeblich an Loyalität vermissen lassen.

Betty Friedans Buch *Der Weiblichkeitswahn*, welches bereits 1963 erschien, sprach den Kern der Probleme im System an, das der Feminismus unter Beschuß nahm, ein System, das Frauen mit List und Tücke zwang, ihre Rolle und Identität auf das Leben der Hausfrau und Mutter zu beschränken. Sie hat Männer nie als Feinde gebrandmarkt, sondern sie vielmehr als Opfer desselben Gesellschaftssystems gesehen. Während Frauen sich kleinmachten, um in die von Frauenzeitschriften aufoktroyierten stereotypen Rollen hineinzupassen, starben die Männer an ihren Schreibtischen vorzeitig am Herzinfarkt, eine Folge des Bemühens, ihren Teil des »Handels« zu erfüllen.

Unter Frauen meines Bekanntenkreises in New York und London verkörperte die sexuelle Freiheit einen großen Teil der Werte, die der Feminismus predigte. Was die Frauen nicht wußten, war, daß unsere neue Freiheitsstrategie eine erotische Komponente enthielt.

Wir zielten auf eine qualitativ verbesserte Vereinigung zwischen den Geschlechtern ab, in die wir Frauen unsere soeben erst erwachten sexuellen Wünsche und Bedürfnisse einbringen wollten. Alles in unserem Umfeld – Filme, Bücher, Kleidung, Musik, Tanz – ermutigte die Frauen dazu, sich weiterzuentwickeln, ihren Horizont zu erweitern, der sexuelle Mensch zu werden, von dem sie vielleicht schon lange heimlich geträumt hatten. Das war fraglos der Kern des neuen Feminismus.

Nicht ganz. Vielleicht war es naiv, aber am Anfang waren einige von uns stolz darauf, bannertragende Feministinnen zu sein, für ökonomische und politische Gleichstellung und Gleichbehandlung auf die Barrikaden zu gehen, aber auch Männer zu lieben. Der neue, erweiterte erotische Horizont und der Feminismus verschmolzen in unseren Gedanken miteinander. Ich übertreibe nicht, wenn ich sage, daß es ein berauschendes Gefühl war, Teil einer Frauenwelt zu sein, die seit Urzeiten bestehende Grenzen zu verschieben begann. Zum erstenmal in der Geschichte kontrollierten wir die Empfängnisverhütung. Die Verlage witterten ihre Marktchance und spannten Frauen vor den Karren, die in Büchern, Gedichten und Artikeln ausführten, was *frau* empfand; wir waren ein neuer, unentdeckter Kontinent. Als unsere Werke veröffentlicht wurden, als mehr und mehr Frauen auf den Arbeitsmarkt drängten, aufbegehrten, ausstiegen aus dem patriarchalischen System oder »ihren eigenen Weg« gingen, herrschte das stillschweigende Einverständnis unter Frauen, daß keine Idee zu obskur oder »zu wenig damenhaft« war, um nicht von unseren Schwestern akzeptiert zu werden.

Ich hatte nie etwas davon gehört oder gelesen, daß andere Frauen sexuelle Phantasien hatten. Na gut, dachte ich, wenn die Welt wirklich wissen will, was Frauen denken, wie unsere sexuellen Gefühle geartet sind, warum dann nicht ein Buch über unsere geheimsten erotischen Gedanken schreiben? Das war 1969. Meine eigenen Phantasien, lange unterdrückt, waren erst seit kurzem aus dem Unterbewußtsein ans Tageslicht gekommen.

Der erste Hinweis darauf, daß ich mich mit einem stark tabuisierten Thema beschäftigte, war die Mauer der Ablehnung, auf die ich stieß, als ich mit einigen der sexuell abenteuerlustigsten Frauen zu sprechen versuchte. Die anfängliche Reaktion war meist Bereitwilligkeit, sich auf das Thema einzulassen. Aber sobald eine verheiratete Frau zu beschreiben wagte, welche Bilder ihr während des Beischlafs durch den Kopf gingen, brachte der entgeisterte Gesichtsausdruck ihres Ehemanns alle am Tisch zum Schweigen. Oder sie wurde von einer anderen Frau mit den Worten unterbrochen: »Und ich dachte immer, daß du ein sehr befriedigendes Sexualleben führst. Ich hätte nie geglaubt, daß *du* Phantasien brauchst!«

Offenbar weckten die erotischen Phantasien der Frauen bei ihren Geschlechtsgenossinnen Neid und bei den Männern Angstgefühle. Dabei ist nichts so erregend wie die verbotenen, erotischen Vorstellungen. Wenn Männer zu Prostituierten gehen, sind sie nicht an »Blümchensex«, sondern an allem interessiert, was ihnen daheim vorenthalten oder verboten ist. Und nun drangen Frauen ebenfalls in das Reich des Verbotenen vor.

Nachdem ich vier Jahre lang Frauen interviewt, Artikel geschrieben und Anzeigen aufgegeben hatte, entdeckte ich, daß die schnellste Methode, den Kontakt zu Frauen mit sexuellen Phantasien herzustellen, darin bestand, ihnen sowohl von meinen eigenen Erfahrungen als auch von denen anderer Frauen zu erzählen. Wir brauchten eine Erlaubnis, das war's. Wir waren zu so hochanständigen, braven Mädchen erzogen worden, daß die Idee, in den Armen unseres Geliebten an einen anderen Mann zu denken, einem Ehebruch gleichkam. Sobald eine Frau etwas über die Phantasien anderer Frauen las oder hörte, wog diese Billigung stärker als das Leugnen, und das Undenkbare wurde annehmbar.

Als ich die Fahnen zu *Die sexuellen Phantasien der Frauen* an eine Redakteurin von *Ms.* schickte, eine Frau, die ich während der sechziger Jahre häufig auf Partys getroffen hatte, nahm ich an, daß sie das Material zumindest interessant finden würde. Ihr eigener unerschrockener, sexueller Exhibitionismus in jener Zeit war allseits bekannt. Was ich erhielt, war eine harsche Ermahnung, die in einem einzigen Satz bestand und besagte: »*Ms.* wird sich die Entscheidung vorbehalten, was unter sexuellen Phantasien von Frauen zu verstehen ist.«

Damit bekam ich einen Vorgeschmack auf die sexualfeindliche Haltung des Feminismus. Wenige Monate nach der Veröffentlichung erschien eine Besprechung von *MSG* in dem Magazin. Darin warf man mir nicht nur vor, das Buch aus »unterschwelligem Sadismus« von A bis Z erfunden zu haben, sondern erklärte auch, und ich zitiere wörtlich: »Eine Frau, die so ungeheuer sträfliche Sätze formuliert, kann natürlich keine Feministin sein; und das ist eines der Probleme mit diesem Buch.«[12]

20 Jahre später kann ich über diese harsche Schelte nur lächeln, aber damals verschlug sie mir die Sprache, und ich fühlte mich, bedauerlicherweise, gedemütigt, was natürlich beabsichtigt war. Aus dem Vorfall leitete ich eine Lehre ab, die ich nie vergessen habe: Entweder hältst du dich an die Regeln der Schwestern, oder du spielst nicht mit. Noch vor wenigen Jahren habe ich mich stolz als Feministin bezeichnet und mich geweigert, einer Bewegung die Bündnistreue aufzukündigen, in der ich immer eine Rolle gespielt hatte. Aber seit neuerem hat die Liga der Opfer, die gegen Männer und Sex gleichermaßen zu Felde ziehenden matriarchalischen Feministinnen, das Wort Feminismus so veruntreut, daß ich genau wie viele andere, jüngere Frauen davor zurückscheue, es weiterhin zu benutzen.

Einer der ersten Leitsätze im Feminismus war der Spruch »Die Freiheit der Frauen wird auch die Freiheit der Männer sein«. Während der siebziger Jahre, als ich Vorlesungen in verschiedenen Universitäten hielt, zitierte ich dieses Glaubensbekenntnis häufig und schilderte in den leuchtendsten Farben, wie die Veränderungen im Leben der Frauen auch die Männer befreien würden. Aber die Stimmung war bereits umgeschlagen, gegen die Männer. Es war keineswegs ungewöhnlich bei solchen Vorlesungen, daß wütende junge Studentinnen aufsprangen und mir mit geballter Faust drohten, weil ich den Männern Sympathie entgegenbrachte. »Die Männer gehen uns einen Scheißdreck an!« kreischten sie. »Warum reden Sie über *ihre* Freiheit?«

Das andere todsichere Symptom dafür, daß man sich dem Feminismus in den siebziger Jahren nicht mit Haut und Haaren verschrieben hatte, war das Bemühen um gutes Aussehen, mit dem man um das sexuelle Interesse eines Mannes warb. »Wie können Sie Feminismus predigen, so wie Sie angezogen sind?« brüllte mich eine verwirrte Studentin an einer kleiner Universität in Indiana an.

Eine meiner frühesten Erinnerungen an die starren Dogmen des Feminismus bezieht sich auf einen Zwischenfall während einer Party, wo die verstorbene Schauspielerin Joan Hackett und ich uns in einen Nebenraum begeben hatten, um uns ungestört zu unterhalten. Wir waren gerade in ein ungeheuer interessantes Gespräch vertieft, als eine Gruppe Männer zur Tür hereinkam. Als sie wieder gingen, drehte Joan sich zu mir um und sagte: »Du veränderst dich, sobald ein Mann den Raum betritt.« Obwohl ich sie sehr gern mochte, spürte ich an diesem Abend, daß es ihr an Verständnis mangelte. Sie stellte meine »richtige« feministische Gesinnung in Frage.

Wie oft habe ich diesen Augenblick vor meinem inneren Auge Revue passieren lassen? Genauso, wie wir uns »verändern«, wenn ein älterer Mensch oder ein Kind einen Raum betritt, reflektieren wir die Ankunft einer Person, die dem anderen Geschlecht angehört. Aber sich nicht zu verändern, wenn ein Mann einen Raum betritt, und sich nicht natürlich und spontan zu verhalten, macht uns auch nicht zu besseren Feministinnen.

Wir hätten mehr als das eine Wort, *Feminismus*, gebraucht, um uns für lange Zeit zu definieren. Die Kontroverse über Sex und Schönheit hat 20 Jahre lang nicht nur die eigenen Reihen gespalten, sondern auch in jeder Frau die innere Kluft zwischen »bravem« und »bösem Mädchen« vertieft. Wie in der Beziehung zur Mutter fürchten wir, nicht wir selbst sein zu können, uns als sexuelles und von ihr getrenntes Wesen zu entfalten und dennoch ihre Liebe zu bewahren.

Vor wenigen Jahren erwähnte ich in einem Vortrag an der Young Men's Hebrew Association in New York Frauen, die ihre exhibitionistischen Phantasien auslebten. Als Beispiel nannte ich die »Blitzerin«, die mit weit gespreizten Beinen, ohne Slip, Bus fährt.

Eine Gruppe Feministinnen in der ersten Reihe brüllte: »Ja, eine Frau darf das machen, und kein Mann hat das Recht, sie anzutatschen.« Ich widersprach, und in der vordersten Reihe brach die Hölle los. Die Studentinnen beharrten wütend darauf, daß Frauen imstande sein sollten, alles zu tun, wonach ihnen der Sinn steht, ohne damit rechnen zu müssen, Männer zu provozieren.

Das ist es, was der Feminismus heute anstrebt. Es geht nicht mehr um Sicherheit in einer Welt der Unwägbarkeiten, sondern um Allmacht, um eine Denkweise, die es Frauen gestattet, unter dem Deckmantel, stets im Recht zu sein, ihre sämtlichen Wünsche auszuleben. Sollte ein Mann das als Aufforderung zum Tanz verstehen, nun, auch das ist ein Sieg, denn es zeigt nur, wie mies die Männer sind. Feministinnen sind rückständig; die Lektion, die es zu lernen gilt, heißt nicht: »Alle Männer sind Tiere«, sondern: »Frauen, übernehmt die Verantwortung für euch selbst.«

Warum muß ich, wenn meine Augen aufleuchten und mein Puls sich beschleunigt, sobald ein Mann den Raum betritt, meine feministische Gesinnung beweisen, indem ich genauso auf ihn reagiere wie auf eine Frau? Seit die Unterschiede zwischen den Geschlechtern zunehmend abgeschliffen werden, begrüße ich jeden Gegensatz in uns. Meine Freundin Joan Hackett war eine zornige Frau. Im Laufe der Jahre erzählte sie mir von ihrer Kindheit, von ihrer Mutter, die sie liebte, aber an die sie sich auch mit aufgestauten Wutgefühlen erinnerte. Wie viele von uns, denen es schwerfällt, die eigenen Aggressionen gegenüber der Mutter zu akzeptieren, finden es weniger schmerzvoll, sie an Männern auszulassen?

Die Kluft zwischen Sexualität und Feminismus tut sich immer weiter auf. In den Augen gewisser Schwestern ist es nicht möglich, eine primäre Vereinigung mit Männern anzustreben und zugleich eine gute Feministin zu sein. Es ist, als besäßen die Regeln der Heranwachsenden noch immer Gültigkeit, denen zufolge drei kleine Mädchen nicht friedlich miteinander spielen können, weil zwei sich ständig gegen die dritte verbünden. Männer, Sex und Schönheit sind Themen, die Konkurrenz schaffen und somit die »Mädchenclique« zerstören.

Die Regeln der Frauenbewegung mögen sich zwar an der Oberfläche von jenen aus Kindertagen unterscheiden, doch sehr bald verkörpern sie genau das, worum es bei der Revolution in Wirklichkeit geht: Diejenigen, die die Regeln aufstellen, beherrschen die Kontrollmechanismen, die gewährleisten, daß niemand aus der Reihe tanzt, innerhalb kurzer Zeit so meisterhaft, daß sie zu Diktatoren werden.

Vor beinahe 25 Jahren erklärte die Zeitschrift *Ms.* in ihrer ersten Ausgabe: »Die sexuelle Revolution und die Frauenbewegung sind einander diametral entgegengesetzt, was ihre Philosophie, ihre Ziele und ihre Grundhaltung angeht ... Die sogenannte sexuelle Revolution ist nicht mehr als ein Glied in der Kette des Mißbrauchs, den Frauen seit Anbeginn der Geschichte des Patriarchats erlitten haben.«[13] Der Feminismus hat eine Schlacht gewonnen, aber den Krieg verloren, als er sich von der sexuellen Revolution, genauer gesagt von der Sexualität und den Männern, lossagte.

Hätte der Feminismus die Sexualität mit offenen Armen begrüßt, hätte er wichtige Aufklärungsarbeit in bezug auf sexuelle Eigenverantwortung leisten und die Frauen lehren können, ihren Körper zu lieben. Auf diese Weise wäre es uns vielleicht gelungen, unseren Töchtern ein Gefühl für die Schönheit weiblicher Formen und vor allem für unsere Genitalien zu vermitteln. Welche Aufgabe hätte dem Feminismus besser zu Gesicht gestanden, als die Vorzüge unserer Sexualität hervorzuheben und unsere größte Macht, die Fähigkeit, Leben zu schenken?

Und wenn der Feminismus bei seiner ursprünglichen Heilsbotschaft geblieben wäre, die da lautete: »Die Freiheit der Frauen wird die Freiheit der Männer sein«, vielleicht hätten sich die Männer dann unserer Revolution angeschlossen. Beiden Geschlechtern wäre es möglich gewesen, den »patriarchalischen Handel« als das zu erkennen, was er war: eine Sackgasse für Männer und Frauen gleichermaßen.

Gestern abend habe ich eine Autorenlesung besucht, eine junge Frau stellte ihr Erstlingswerk vor. Hauptperson der Handlung, die in den siebziger Jahren spielt, ist eine Frau, deren Leben von ihrer älteren Schwester überschattet wird, einem Blumenkind der sechziger Jahre, das unter rätselhaften Umständen in Europa ums Leben kam. »Warum waren die sechziger Jahre eine solche Inspiration und Bürde für die nachfolgenden Generationen?« heißt es vorne im Klappentext. »Nur wenn sie das Gespenst einer verklärten Vergangenheit vertreibt, kann die Heldin ihre Welt vollends in Besitz nehmen ... eine Reise, die für uns alle wichtig ist.«[14]

Genau darum geht es bei der Kleidung, dem Aussehen und der Rückkehr der Modetrends, die in jenen Jahren ihren Ursprung haben: Man bemüht sich, die Geschehnisse von gestern zu verstehen, um das Heute zu begreifen. Fand damals wirklich eine sexuelle Revolution statt, und wenn ja, warum sind die Geschlechter heute dann so verfeindet? Warum greifen die Feministinnen der ersten Stunde die Männer so erbarmungslos an?

Das Verschwinden der sexuellen Lust ist nicht allein auf Heimsuchungen wie Aids und andere Geschlechtskrankheiten zurückzuführen. Schließlich haben Frauen die Sexualität unter Kontrolle; ohne unsere Zustimmung geht nichts. Wenn der Sex, den wir haben, verantwortungslos ist, begleitet von Anschuldigungen des Mißbrauchs oder der Belästigung und einem dramatischen Anstieg der Frauen, die es vorziehen, mit einer Frau statt mit einem Mann zu schlafen, dann hat der Feminismus etwas damit zu tun.

Als wir Männer brauchten, um unseren leeren Magen zu füllen, und Frauen, um unsere emotionale Leere zu füllen, da war die Rivalität unter Frauen, die durch Sex und Schönheit entstand, ein echtes Problem. Nun sind wir finanziell imstande, uns selbst zu versorgen, könnten so viele Männer haben, wie wir wollen, und sogar trotz Aids sicheren Sex praktizieren. Aber wir tun es nicht. Auffallend ist außerdem, Geschlechtskrankheiten sind heute genauso weit verbreitet wie ungewollte Schwangerschaften. Was Frauen wollen, ist also ganz eindeutig nicht Sex. Wenn doch, dann wären sie verantwortungsbewußter und würden ihn häufiger genießen.

Nie in meinem ganzen Leben haben Kleider eine so nachhaltige Bedeutung besessen wie heute. Der sexuelle Blick hat den sexuellen

Akt ersetzt; wie beim Vogueing[15] ist das Ziel, gesehen und bewundert zu werden, die Krönung. Alle fünf Minuten muß ein neuer Look, ein neues Outfit her; die Modewelt spielt verrückt, stellt als Akt der Suche und Entdeckung eine Saison lang die Nähte zur Schau, nur um diese wenig später durch Büstenhalter, geschnürte Mieder und Unterwäsche zu ersetzen, die von außen auf die Designerkleidung genäht wird. Wonach suchen wir?

In der schlimmen alten patriarchalischen Zeit trugen wir jahrelang die gleichen Kleider, pflegten sie mit akribischer Sorgfalt. Wie wir uns kleideten, war weniger wichtig als das, was wir in unserem Inneren waren. Wir haben längst noch keinen Ersatz für den »patriarchalischen Handel« gefunden. Der Feminismus möchte uns glauben machen, sein sexualitäts- und männerfeindliches Konzept sei die Lösung. Doch die junge Generation läßt sich nicht auf diesen Glaubenssatz einschwören – und driftet in eine Identitätskrise.

Wir zetteln eine Revolution an und denken, wir hätten uns in einen neuen Menschenschlag verwandelt, Lichtjahre von unseren Eltern entfernt. Aber das tiefverwurzelte, intuitive Gefühl, das wir von unseren Eltern mit auf den Weg bekommen haben, das Rechts- und Unrechtsbewußtsein, das sie von ihren eigenen Eltern übernommen haben – nennen wir es unser Gewissen –, es ändert sich nur langsam, falls überhaupt. Weder Männern noch Frauen war vor 30 Jahren bewußt, wie lange es dauern würde, eine Lebensweise grundlegend zu ändern, in der beide Geschlechter seit mehreren hundert Jahren ihre Identität gefunden haben.

Die Anzahl der Frauen, die heute aus dem Berufsleben aussteigen und wieder zur Rolle ihrer Mütter zurückkehren oder die dies gern tun würden, wenn sie es sich leisten könnten, sagt viel darüber aus, wie langsam sich diese tiefverwurzelten, oftmals unbewußten Rechts- und Unrechtsgefühle wandeln. Daß sich so viele halbnackte Träumer der sechziger und siebziger Jahre zu Erzkonservativen und Stützpfeilern der heutigen Gesellschaft gemausert haben, zeigt, daß die erreichten Veränderungen keineswegs gefestigt sind. Nichts unterstreicht das Schneckentempo des Wandels mehr als die Tragödien, die mit der Sexualität verbunden sind, Fehler, die vielleicht vermeidbar gewesen wären, wenn die Sexualität an der Spitze der Themen auf der feministischen Tagesordnung gestanden hätte, Hand in Hand mit der Gleichstellung am Arbeitsplatz.

Feminismus gegen Schönheit und Männer

Es war unvermeidlich, daß die Schönheit innerhalb der Frauenbewegung über Bord geworfen wurde. Liebreiz oder gutes Aussehen war die größte Trumpfkarte der Frauen in einem System, das der Feminismus aus den Angeln zu heben suchte. Das Gesicht einer Frau, ihr Körper waren ihr Kapital, das eine Einladung zum Essen, eine Heiratsurkunde, einen Namen, ein Heim und finanziellen Unterhalt versprach. Man erwartete geradezu, eine schöne Frau an der Seite eines mächtigen Mannes zu finden; das Arrangement war auf den ersten Blick durchschaubar.

Eine Mutter blickte ihrem neugeborenen Mädchen ins Gesicht und las darin ihre Zukunft. Doch selbst die hübscheste Frau erkannte bald, daß ihre Tage auf der Sonnenseite des Lebens gezählt waren. Die junge Ehefrau, im Alter von 20 Jahren war sie meistens unter der Haube, sah mit jedem neuen Morgen die Sonne ein weiteres Stück am Horizont schwinden. Folglich mußte Schönheit politisch stigmatisiert werden, wenn wir Frauen uns auch ohne einen Mann an unserer Seite als ganzheitliche, eigenständige Menschen begreifen wollten.

Die größte Stärke der Frauen war und ist gleichwohl ihre Fähigkeit, Kinder zu gebären, großzuziehen und der menschlichen Spezies ihren ureigenen Stempel aufzudrücken. Aber in den sechziger Jahren war dies eine Macht, die im verborgenen wirkte, ein Aktivposten, der nicht realisiert werden konnte. Welchen Wert hatte das Wissen um die mütterliche Macht, solange Frauen in ihrer Existenz vollkommen vom Geld der Männer abhängig waren, solange Mutter und Kinder ohne »seine« Nahrung und »seinen« Schutz dem Untergang ausgeliefert waren? Die Rechnung, in der sich auf der einen Seite sein Geld, auf der anderen ihre Schönheit und die Macht, Kinder zu gebären, gegenüberstanden, war zu ungleich.

Nicht jeder Mann nahm sein Recht in Anspruch, zu gegebener Zeit die an seiner Seite alt gewordene Frau gegen ein jüngere einzutauschen. Viele Männer liebten ihre Familie und sahen ihre Frauen in einer überaus dominierenden Rolle, ausgestattet mit ähnlich weitreichender Macht, wie seine Mutter sie einst über ihn ausgeübt hatte. Langjährige Ehepaare nannten einander häufig »Papa« und »Mama«. Präsident Reagan redete seine Frau Nancy mit »Mommy« an. Dennoch gab es nichts daran zu deuteln, wie sich der »patriarchalische Handel« auf der Waagschale ausgemacht hätte.

Frauen wehrten sich dagegen, die Macht, die mit der Mutterrolle verbunden ist, zu sehen. Das gilt auch heute noch. Auf der bewußten Ebene war in dieser Funktion nichts von Macht zu spüren, und auch die eigene Mutter hatte die Kindererziehung nicht als Machtausübung empfunden. Bis zum heutigen Tag hegen wir den Verdacht, daß Mutterschaft, wenn sie als »Macht« und nicht, wie bevorzugt, als »Opfer« dargestellt wird, Frauen ihre Monopolstellung in der Kinderstube kosten kann.

Was »sein« Geld anbetrifft, so bleibt dieser Machtfaktor ein Barometer, auf dem sich ein aufziehender Sturm in der Beziehung ablesen läßt, ein Riß in der ehelichen Rüstung. Bis zum heutigen Tag fällt es den Scheidungsanwälten schwer, die sitzengelassene Ehefrau zu überzeugen, daß sie den Nettowert ihres Mannes beziffern muß. Ihr Arm mag von der letzten Auseinandersetzung bandagiert in der Schlinge stecken, und dennoch klammert sie sich an die Überzeugung, daß er sie finanziell versorgen wird. Als ich heranwuchs, schnitten »brave Mädchen« das Thema Geld von sich aus nicht an. Es zeugte von schlechten Manieren, den Preis eines Wagens, eines Hauses oder auch eines Kleides zu erwähnen.

Selbst als wir Frauen, die Trägerinnen und Ausübenden der Macht, die auf Schönheit beruht, den modernen Feminismus ins Rollen brachten, kam es nie zu einer ehrlichen, offenen Diskussion darüber, wie wir dieses Potential nun zu unserem eigenen Vorteil ausschöpfen könnten. Das Thema war zu heiß. Und so zog der

Feminismus zu Beginn der siebziger Jahre es vor, den Gebrauch der Schönheit an den Pranger zu stellen und die Freude daran zu ächten. Frauen, die mit Make-up zu den Veranstaltungen erschienen oder Männer kokett anlächelten, erhielten von den Schwestern eine entsprechende »Behandlung«.

Es liegt in der Natur von Revolutionen, intolerant zu sein. Ein Großteil der Energie, der für den Marsch auf die Barrikaden erforderlich ist, stammt aus dem Ausschließlichkeitsanspruch, der die Weltverbesserer aufheizt und wie Pech und Schwefel aneinanderkettet. Durch Zurückweisung all derer, die sich nicht harmonisch in das Bild einfügten, die nicht dem vorgegebenen äußeren Erscheinungsbild entsprachen, nicht die richtige politische Gesinnung mitbrachten, dünnten sich die Reihen der Mitstreiterinnen in der Frauenbewegung aus. Es zählte nicht nur, was man sagte und wie man handelte, sondern auch in hohem Maße, wie man in dem aussah, was man trug.

Ich selbst nahm den Feminismus Ende der sechziger Jahre schrittweise wahr, und was ich davon sah und hörte, weckte in mir aus dem Bauch heraus eine tiefempfundene Bejahung. Die Welt, wie wir sie von Kindesbeinen an kannten, wandelte sich rapide, und diejenigen von uns, die sich mit ihr verändern wollten, waren zu der Schlußfolgerung gelangt, daß zum erstenmal in unserem Leben Individualität, und nicht Konformität, das Gebot der Stunde war.

Da sich der Feminismus auf die wirtschaftliche Gleichstellung konzentrierte, wurde er auch zu meiner Waffe. Wer hätte auch etwas gegen gleiche Bezahlung für vergleichbare Arbeit einzuwenden gehabt? Für mich bedeutete es ungeheuer viel, meine Miete selbst zu zahlen und von meiner Familie finanziell unabhängig zu sein, denn ich wußte, daß jeder Dollar, den ich von ihr annahm, mit einem Haken verbunden war.

Es dauerte seine Zeit, bis ich die Feindseligkeit verstand, die meine Halston-Samthosen bei einer Kundgebung hervorriefen. Ich weigerte mich, sie auszurangieren. Als der Kampf gegen die Schönheit im Verlauf der Jahre noch rigider wurde, bemerkte ich, wie die Wortführerinnen von The Womens Movement Hilfsangebote von

gutaussehenden Schauspielerinnen ausschlugen, die in der Film-
branche eine einflußreiche Stellung bekleideten. Hinter der schön-
heitsfeindlichen Haltung des Feminismus verbarg sich eindeutig
mehr als das, was man auf den ersten Blick sehen konnte.

Wenn ich heute das Buch *Der Weiblichkeitswahn* von Betty Friedan wieder lese, fällt mir als erstes auf, daß sie mit keiner Silbe den
Kampf gegen Männer, Sexualität und Schönheit in ihren Zielsetzungen erwähnt, eine Haltung, die den Feminismus später kennzeichnete. Vielleicht war es unvermeidlich, daß Frauen sich auf Männer
konzentrierten und sie zum Sündenbock für alle Ungerechtigkeiten
stempelten, die Frauen erdulden mußten, aber wir sollten uns bewußtmachen, daß dies nicht von Anfang an so war. Viele von uns,
die während der sechziger Jahre gern mit Männern getanzt und geschlafen hatten, mußten in den siebziger Jahren plötzlich feststellen,
daß *frau* uns als Verräterinnen abgestempelt hatte.

Meines Wissens sprach niemand es laut aus oder schrieb es nieder, aber letztlich galt jeder Versuch, schön zu sein, das Augenmerk
auf den eigenen Körper, auf das Gesicht zu richten, als streng ver-
pönt. Da Aussehen und Sexualität nicht voneinander zu trennen
sind, mußten die Männer auf den Kundgebungen Anfang der siebziger Jahre entsprechende Haßtiraden über sich ergehen lassen.

Es gab Männer, die gute Feministen waren und sich für die Rechte der Frauen stark machten. Einer von ihnen erinnert sich an eine
politische Demonstration in New York während der siebziger Jahre, die organisiert wurde, um einer bestimmten Feministin bei der
bevorstehenden Wahl Schützenhilfe zu leisten. »Es waren mehrere
hundert Frauen gekommen und vielleicht ein Dutzend Männer«,
berichtet er. »Zwei Stunden lang griffen die Rednerinnen das
männliche Establishment auf eine Weise an, die mich, wie soll ich
sagen ... nervös gemacht hat. Als die Schlammschlacht vorüber
war, sprang die Kandidatin selbst auf die Tribüne und rief munter:
›Und nun wollen wir uns die Hände reichen und singen: What the
world needs now is love, love, love.‹ Was die Welt braucht, ist
Liebe. Aha.«

Der Weiblichkeitswahn erhielt erst drei Monate nach der Veröffentlichung eine kurze Besprechung in der *New York Times*. Die Rezensentin nahm Anstoß an den »unzulässigen Verallgemeinerungen« der Autorin; sie fand es »oberflächlich, die ›Kultur‹ für die Freudlosigkeit und innere Leere der Frauen verantwortlich zu machen«[16]. Bei seinem Erscheinen Anfang 1963 stand das Buch nur sechs Wochen auf der Bestsellerliste. Doch im November desselben Jahres bezeichnete *Life* es als »Bestseller, der über Nacht wie eine Tränengasbombe in das Geplauder der Cocktailpartys und die Diskussionen der Frauenklubs eingeschlagen war«[17].

Friedans Buch hatte eine Revolution in Gang gesetzt. Man mußte es nicht gelesen haben, um auf die umwälzenden Veränderungen zu reagieren, die in der Luft lagen. 1966, drei Jahre nach seinem Erscheinen, nahm Friedan an einem Arbeitsessen mit einer Frauengruppe teil; Thema war die bewußt lasche Haltung der Gesetzesvertreter bei der Durchsetzung von Paragraph VII des Civil Rights Act, der sich gegen sexuelle Diskriminierung richtet. Im Verlauf dieser Diskussion wurde beschlossen, nach dem Muster der Organisation zum Schutz Farbiger vor Diskriminierung eine Fördergesellschaft für Frauen zu gründen. »Ich schrieb auf eine Papierserviette das Wort NOW«, erzählt sie in ihrem Buch. »Unsere Organisation sollte Nationale Organisation *für* Frauen heißen, weil Männer ihr angehören sollten.«[18]

Friedan führte bis 1970 den Vorsitz über die Frauenrechtsorganisation NOW. Nach dem Führungswechsel hatte ihr ursprünglich männerfreundliches Konzept keinen Bestand mehr. In ihrem Nachwort zur Jubiläumsausgabe von *Der Weiblichkeitswahn* erinnert sie daran, daß wir zu Beginn der feministischen Bewegung daran glaubten, daß wir sowohl die Emanzipation als auch Spaß am Schönsein und an der Liebe zu Männern haben könnten. Sie schreibt: »Ich konnte ›Befreiung‹ für Frauen nicht mit Begriffen definieren, die die sexuelle und menschliche Realität unseres Bedürfnisses, einen Mann zu lieben und manchmal sogar von ihm abhängig zu sein, leugneten. Was geändert werden mußte, waren die überholten weiblichen und männlichen Geschlechtsrollen, die das Sexuelle entmenschlichten und es für Männer und Frauen fast

338

unmöglich machten, *to make love, not war* ... Mir schien, daß Männer nicht eigentlich die Feinde seien – sie waren Leidensgenossen und litten unter einem überholten Männlichkeitswahn, der bewirkte, daß sie sich unnötigerweise unzulänglich vorkamen, wenn es keine Bären zu erlegen gab.«[19]

Der Psychologe Warren Farrell, der 1969 in der Frauenbewegung aktiv war, gehörte drei Jahre lang dem Vorstand der New Yorker NOW-Ortsgruppe an. »Männer waren bei fast allen Aktivitäten vertreten, die damals stattfanden; entweder einzeln oder geschlossen als Solidargruppe«, erinnert er sich heute. »Betty Friedan und Karen DeCrow – die NOW-Präsidentin von 1971 bis 1974 – haben sich immer sehr, sehr vehement für die *Gleichstellung* zwischen Männern und Frauen eingesetzt, und nicht nur für die Rechte der Frauen.«

Als der Feminismus die Männer von unserem Kampf um Gleichberechtigung und Gleichbehandlung ausschloß, schlugen wir einen Weg ein, der letztlich zu der Entwicklung des Opferdenkens führte, wie es heute vorherrscht. Außerdem fachten wir damit den Sezessionskrieg zwischen Frauen an. Der Mann von heute hat den »patriarchalischen Handel« nicht erfunden, sondern geerbt. Auch Männer litten unter den Forderungen der Gesellschaft. Zwar hatten sie die Kontrolle über das Geld, aber sie mußten mit ihrem Verzicht auf Gefühle wie Fürsorge, Liebe, Zärtlichkeit und Einfühlungsvermögen teuer dafür bezahlen. Anfang der siebziger Jahre brachten Soziologen wie Jessie Bernard den sprunghaft angestiegenen Prozentsatz der Männer, die ohne Frau lebten und alkoholkrank waren, Selbstmord begingen oder vorzeitig starben, damit in Verbindung.

Gloria Steinem, die Frau, die Betty Friedan als weithin anerkannte Führerin der feministischen Bewegung folgte, war fraglos ebenfalls dieser Ansicht. Männer hatten, als Liebhaber und Freunde, immer im Mittelpunkt ihres Lebens gestanden und ihre feministischen Kreise offenbar niemals gestört. Steinem ist der Schlüssel zum Verständnis dafür, daß sich der Feminismus jedes Kommentars über das äußere Erscheinungsbild und seine Funktion in einer Welt enthalten hat, die von uns auf so spektakuläre Weise verändert wurde. Sie kennt die Männer, weiß, wie man sich ihrer bedient, um politische und persönliche Bedürfnisse zu erfüllen. Das ist nicht als Kritik gemeint, denn warum schließlich sollte der Tausch Geld gegen Macht akzeptabler sein als die Verwendungsmöglichkeiten weiblicher Schönheit? Würde ein Mitglied des Kennedy-Clans zögern, seinen Namen einzusetzen, um damit Türen zu öffnen?

Daß Gloria Steinems Liebhaber Mort Zuckerman der Zeitschrift *Ms.* 1,4 Millionen US-Dollar geliehen hatte, erfuhr ich erst 30 Jahre später. All die Jahre waren Männer und Frauen Gloria Steinem aus verschiedenen Gründen auf der persönlichen und beruflichen Ebene zu Diensten, und nicht zuletzt deshalb, weil sie eine Augenweide ist. Warum auch sollte ein Aktivposten, gleich welcher Art, krampfhaft ignoriert werden? Vor allem dann, wenn es sich um die Schönheit handelt, die so lange Zeit unser einziger Freifahrtschein zur Macht war?

Wenn sich ein Gesicht mit dem Feminismus moderner Prägung verbinden läßt, dann ist es jenes von Gloria Steinem. Ein Porträt auf einer Briefmarke zu Ehren der Frauenrechtsbewegung, dieser Platz würde ihr gebühren. Wir können die Zwiespältigkeit der Gefühle, die heute bei Themen wie Männer und Schönheit herrscht, nicht verstehen, wenn wir das auslassen, was Steinem verkörpert. Sie kann nicht aus der Diskussion ausgeklammert werden, denn sie war der General der feministischen Armee und das Pin-up-Girl. Allein ihr Gesicht weckt Erinnerungen an die Zeit, in welcher der Feminismus an Popularität gewann. Die Tatsache, daß es sich um ein ausnehmend hübsches Gesicht handelt, fällt ins Gewicht.

»Personifizierung der Frauenpower« hieß die Unterschrift unter einem Foto von Steinem, das im Januar 1969 in der *Time* abgedruckt war. »Eine der heute begehrtesten Begleiterinnen zu einem Fest in New York«, begann der Artikel. »... Einer der interessantesten Namen, den man in ein Gespräch einflechten kann, ist Gloria Steinem. Sie ist nicht nur als freiberufliche Autorin erfolgreich, ... sondern auch eine gutgebaute, unübersehbar weibliche, blondgesträhnte Brünette ... Sie bringt ihre weich fallenden Hosenanzüge und hautengen Kleider hervorragend zur Geltung, hat Beine, die ihrer Miniröcke würdig sind, und einen Verstand, der für lebhafte Gespräche sorgt, ohne dabei kompliziert zu werden.«[20]

Auf dem Foto, das den Artikel im *Time*-Magazin begleitet, sitzt Gloria und zeigt viel von ihren langen Beinen, durchaus für das Faltblatt eines Herrenmagazins geeignet. Das war nicht der Aufzug oder die Pose, die sie annahm, wenn sie kreuz und quer durchs Land reiste, um Spenden für die Frauenbewegung zu sammeln. Damit will ich keineswegs die janusköpfige Persönlichkeit der Gloria Steinem kritisieren; die Macht der sexuellen Schönheit ist, wie uns schon unsere Eltern beigebracht haben, weder an eine Zeit noch an einen Ort gebunden. Die »schöne« Steinem trug dazu bei, wohlhabende, einflußreiche Männer in das richtige Fahrwasser zu lenken, aber sie war nicht erwünscht bei den verschiedenen feministischen Kundgebungen, bei denen Steinem als Rednerin auftrat, oft gemeinsam mit schwarzen feministischen Partnern.

Gloria Steinem war ein Geschenk des Himmels. Während sie sich selbst in ihrer Autobiographie *Revolution from Within* (Revolution aus dem Inneren) als eine Frau beschrieb, die nie das seit frühester Kindheit herrschende Gefühl überwunden hatte, ein plumpes, häßliches Entlein zu sein, trotzte sie mit ihrem Stolz und mit ihrer Schönheit den Gegnern der Bewegung wie der Topp eines Mastes auf einem eleganten Schoner dem Sturm.

»Man könnte behaupten, daß es Ende der sechziger und Anfang der siebziger Jahre eine Zeitlang zwei rivalisierende feministische Bewegungen gab – den liberalen Feminismus und die Frauenbefreiungsbewegung«, schrieb Flora Davis in ihrem Buch über die Geschichte des Feminismus.[21] Zu letzterer gehörten zahlreiche militante Organisationen, wie die New York Radical Women, die Redstockings, Feminists, Cell 16, Bread and Roses und SCUM (eine Gesellschaft, deren erklärtes Ziel darin bestand, an Männern kein gutes Haar zu lassen). Die Mitglieder dieser feministischen Gruppen waren jünger, überwiegend zwischen 20 und 30 Jahre alt; viele von ihnen hatten ihre Wurzeln in der Bürgerrechtsbewegung, in der radikalen Studentenbewegung und in der Opposition zum

Vietnamkrieg. »Was die Taktik anging«, schrieb Davis, »so dachten sie in Begriffen des zivilen Ungehorsams – revolutionäre Methoden, die revolutionäre Umwälzungen forcieren sollten.«

Gloria Steinem warf genau das in die Waagschale, was damals gebraucht wurde: Sie war gut für die Sache und für die stets sensationshungrigen Medien. »Wir haben uns häufig in die Haare gekriegt«, erklärte Friedan 1992 in einem Interview, als sie auf ihre Beziehung zu Steinem angesprochen wurde. »Ich hatte was gegen diese radikale, damals moderne, männerfeindliche Politik, für die sie eintrat: ›Eine Frau braucht einen Mann genauso dringend wie ein Fisch ein Fahrrad.‹ ... Es gefiel mir nicht, daß sie ... in [einer] ihrer Rede behauptete, alle Ehefrauen seien Prostituierte. Ich hielt solche Aussagen für politisch unklug, und ich kämpfte innerhalb der NOW und in der Frauenbewegung generell gegen sie. Ich setzte mich gegen jeden Versuch zur Wehr, die Frauenbewegung aus dem Mainstream herauszulösen, und das machte mich zu Glorias Gegenspielerin.«[22]

Später wurde Betty Friedan beschuldigt, Männern gegenüber zu weichherzig zu sein. Die von ihr gegründete Organisation NOW wurde immer militanter, und zu Beginn der siebziger Jahre galt Gloria Steinem schließlich als einzige wirkliche Repräsentantin des Feminismus. Sie war wortgewandt, charismatisch und eine Schönheit, selbst mit ihrer dunkel getönten Brille und den Haaren, die ihr wie ein Vorhang ins Gesicht fielen.

Als die besonders radikalen Randgruppen Anfang der siebziger Jahre nach und nach ausstarben, begannen NOW und andere gemäßigte Organisationen, sich die militanten Frauenrechtlerinnen einzuverleiben, die keine andere Fraktion nach ihrem Geschmack fanden. Folglich drifteten diese Gruppen allmählich auf den matriarchalischen (männerfeindlichen) linken Flügel ab. Beispielsweise war die Hälfte aller NOW-Ortsverbände Mitte der siebziger Jahre gegen das gemeinsame Sorgerecht der Eltern als Eröffnungsposition in einem Scheidungsverfahren.

1970 erschien Kate Millet auf dem Titelblatt der Zeitschrift *Time*, die Auszüge ihres Buchs *Sexus und Herrschaft* abdruckte. Im selben

Jahr ging auch Germaine Greers *Der weibliche Eunuch* in Druck. Eine Reihe von Autorinnen und Herausgeberinnen gelangte zu der Schlußfolgerung, »daß ein Hochglanzmagazin, das einmal im Monat von Zeitungskiosken in allen US-Bundesstaaten verkauft wird, Tausende von Frauen zum Feminismus bekehren könnte«[23]. 1971 veröffentlichte die Zeitschrift *New York* eine Vorbesprechung von *Ms.*, und im Januar 1972 kam die erste Ausgabe des Magazins in den Handel. Es schlug wie eine Bombe ein und war innerhalb von acht Wochen vergriffen.

Nun begannen die Entscheidungsträger in den Medien die Beschwerden der Frauenbewegung ernster zu nehmen. »Als sie der Bewegung mehr Respekt entgegenbrachten«, schrieb Flora Davis, »wurden die militanten, radikalen Feministinnen abgehalftert ... Mitte der siebziger Jahre waren die meisten radikalen Feministinnen, die Bücher geschrieben und den Talk-Shows Würze verliehen hatten, in der Versenkung verschwunden.«[24]

Niemand war auf der politischen Ebene gelehriger hinsichtlich des vertrackten feministischen Themas Schönheit als Gloria Steinem selbst. Der namhaftesten Vertreterin des modernen Feminismus gelang das Kunststück, in den vergangenen 25 Jahren »trotz« ihrer Schönheit ernst genommen zu werden und gleichzeitig intime Beziehungen mit verschiedenen gutbetuchten, einflußreichen Männern zu unterhalten.

»Steinem bringt klar ihre Einstellung zur eigenen Schönheit zum Ausdruck. Sie wünscht sich einfach, jeder möge ihr Aussehen ignorieren – in der stillschweigenden Annahme, daß jeder, der darauf reagiert, sie ausschließlich als Sexualobjekt behandelt. Aber die Dinge sind in Wirklichkeit weniger klar umrissen, als sie hier dargestellt werden. Ihr gefällt der Gedanke nicht, daß man ein Sexsymbol in ihr sieht, und doch scheint sie es, vielleicht unbewußt, geradezu herauszufordern«, meinte Charlotte Curtis, die als Redakteurin für die Frauenseiten in der *New York Times* verantwortlich war.[25]

Steinems Freude am Spiegel war während ihrer gesamten politischen Laufbahn offenkundig, und es gelang ihr, den Eindruck zu erwecken, als habe ihre Schönheit keinerlei Auswirkung. Aber die Verpackung zählte um so mehr, da sich der Inhalt mit ihm messen konnte; sie war das geniale Sprachrohr all der Frauen, die Männer verachteten und die Schönheit ihrer Geschlechtsgenossinnen in der Öffentlichkeit anprangerten.

Als ich mit den Recherchen für dieses Buch begann, saß ich Steinem 1989 bei der Aufzeichnung eines Interviews gegenüber. Niemand hätte zuvorkommender, netter sein können. Ich lief ständig Gefahr, mich von ihren Argumenten einwickeln zu lassen, so bezwingend ist ihre Freundlichkeit und ... nun, der mütterliche Ton, mit dem sie andere in ihrer Ansicht wankend zu machen und zum eigenen Standpunkt zu bekehren sucht. Ich fragte sie unverblümt nach ihrer Schönheit, wollte wissen, wie sie diese Waffe einsetzte, ob sie darin einen Vorteil oder einen Nachteil sah. Sie beantwortete die Frage mit einer Geschichte: »In den sechziger Jahren gab es beim *Life*-Magazin ein Ressort, das ich unheimlich gern übernommen hätte. Ich ging mit meiner Aktenmappe zum Vorstellungsgespräch und wurde von einem Mann begrüßt, der flüchtig zu mir hochsah und sagte: ›Wir brauchen hier kein hübsches Mädchen, sondern eine Journalistin.‹ Ich habe die Stelle nicht bekommen.«

Gloria Steinem empfand ein ehrliches Vergnügen daran, die Gefährtin eines der mächtigsten Männer New Yorks, Mort Zuckerman, zu sein und gleichzeitig die feministische Bewegung zu repräsentieren. Als sie sich zwischen beiden entscheiden mußte, wählte sie die Frauenbewegung. Sie erklärte, sie sei endlich frei von der subversiven Versuchung, ihrer Schönheit und den Männern zu huldigen.

Während Gloria ihre Politik ins Rampenlicht rückte und das Licht ihrer Schönheit unter den Scheffel stellte, vertrat Helen Gurley Brown einen Feminismus eigener Machart, der nie ins Schwanken geriet. Sie sah gut aus, ließ sich mit Männern ein und verdiente eine Menge Geld; nichts davon kam ihrem feministischen Image ins Gehege. Von dem Augenblick an, als Brown 1965 das marode Magazin *Cosmopolitan* als Herausgeberin übernahm, hielt sie sich an ihr Erfolgskonzept und bastelte somit eine der größten Legenden in der Verlagsgeschichte. Das Cosmo-Girl – ich möchte darauf hinweisen, daß es nie zur Cosmo-Frau heranreifte – wurde aus Browns eigener Rippe geschaffen.

Mehr Gespielin von *Playboy* als eine Spielart des *Playboy* für Frauen, lädt das Cosmo-Girl das Auge zum Verweilen ein, sich den zusätzlichen Zentimeter in Richtung Brustwarze, in Richtung Schamhaare nicht entgehen zu lassen, und fordert den Betrachter gleichzeitig heraus, sie ja nicht wie ein Sexualobjekt anzustarren. Verschwendet Brown auch nur einen Gedanken daran, daß sich ihre Lesart des Feminismus auf Konfrontationskurs mit dem *Ms.*-Magazin befindet? In den typischen ganzseitigen Werbeanzeigen trifft das halbnackte Cosmo-Girl die folgende Aussage über sich selbst: »Ob ich Feministin bin? Ja natürlich. Feminismus bedeutet, daß man das Beste für *beide* Geschlechter will; jeder soll die Chance erhalten, sich optimal zu verwirklichen. Ob Frauen bisher benachteiligt wurden? Und ob, aber inzwischen befinden wir uns auf dem *Vormarsch* ... Anwältinnen, Ärztinnen und Wissenschaftlerinnen zuhauf, und das ist erst der Anfang. In meiner Lieblingszeitschrift heißt es, daß Emanzipation und Karriere für Frauen ungeheuer wichtig sind, aber deshalb müßten wir den Männern ja nicht gleich den Laufpaß geben. *Das* bedeutet, *feminin* sein. Mir gefällt dieses Magazin. Ich schätze, man könnte sagen, daß ich *das* Cosmopolitan-Mädel bin.«[26]

Das einzige, worüber sich Helen Gurley Brown, für die ich meinen ersten veröffentlichten Zeitschriftenartikel schrieb, Gedanken machte, waren die Auflagenhöhe und die bange Frage, ob sie auch in Zukunft noch würde Schritt halten können mit den Generationen von Frauen, die ihr Magazin kaufen. Die Absatzkurve erreichte schwindelnde Höhen, näherte sich der Drei-Millionen-Schallmauer und machte die »*Cosmo*« zur weltweit auflagenstärksten Zeitschrift für junge Frauen. Mit größtem Widerwillen gab Brown schließlich 1997, im Alter von 74 Jahren, das Zepter ab und zog sich aus dem Tagesgeschäft der Zeitschrift zurück, an deren Spitze sie 32 Jahre lang gestanden hatte.

Gloria und Helen hatten seit Jahren mit ihrer jeweiligen Zeitschrift in Welten gelebt, die Lichtjahre voneinander entfernt waren. Soweit mir bekannt, hat *Ms.* die *Cosmo*-Philosophie nie verbal attackiert. Das Schweigen hat Brown, eine Frau, die den Kampf liebte, vermutlich gewurmt. Gloria Steinem zog es klugerweise vor, sich nicht mit Amerikas beliebtester Frauenzeitschrift anzulegen.

An ihre genau umrissene Erfolgsschiene gekettet, muß *Ms.* nicht selten ums Überleben kämpfen. Es ist bedauerlich, daß Gloria ihre feministische Perspektive nicht erweitern und andere Stimmen, Meinungsverschiedenheiten und einen gesunden Dialog einbeziehen kann. Sie verfügt zweifellos über Führungsqualitäten, aber ihre Rivalität strotzt vor Sturheit. Sie folgt dem Motto: »Ich muß es schließlich am besten wissen.« Doch die neue Generation der Feministinnen ist aufmüpfig und nicht bereit, irgend jemandem blind zu folgen.

Da Schönheit und Sexualität so untrennbar miteinander verwoben sind, erstaunt es wohl nicht, daß sich Steinem mit ihrem Wissen um die Rolle der Schönheit im Feminismus nicht eben zurückhält. »Frauen, die beim Anblick von Kleidern in entzückte ›Ohs‹ und ›Ahs‹ ausbrechen und großes Aufheben darum machen, spielen dem Bild in die Hände, das viele Männer von uns zeichnen möchten – dem Bild vom putzsüchtigen, hohlköpfigen Weibchen. Dieser Rolle zu entsprechen, trägt zur Entmenschlichung der Frauen bei, und dem sollten wir ein Ende setzen.«[27] Angesichts solcher Worte stellt sich die Frage, wie die intensive Beschäftigung der Steinem mit ihrer eigenen Schönheit in dieses Bild paßt!

Im Laufe der Jahre hat der Feminismus Hunderttausende von Anhängerinnen verloren, weil sich die Frauen des »Mittelstands« in Amerika nicht mit der Bewegung identifizieren konnten. Das Gros der Frauen war für Gleichberechtigung und Gleichstellung, schreckte jedoch vor einem Feminismus zurück, der sie ihren Ehemännern, Söhnen und Liebhabern entfremdet hätte. Für mich lag die größte Tragik und Kurzsichtigkeit in der Unfähigkeit des Feminismus, diejenigen Frauen anzusprechen, die sich für eine traditionsorientierte Lebensweise entschieden hatten. Der Feminismus bot ihnen keinerlei Perspektive an.

»Viele Fehlgriffe der feministischen Bewegung werden ausgerechnet von denjenigen vorprogrammiert, die als Sprachrohr der Frauen dienen«, sagte die Schriftstellerin Anne Tyler 1982. »... Im Grunde stimme ich mit allem überein, was sie sagen, aber ich stelle fest, daß ich ihnen wegen der Art, wie sie dies tun, dauernd widersprechen möchte. Wenn Leute wie ich, die sich für die Rechte der Frauen engagieren, schon vom Feminismus abgestoßen fühlen, wie mag es da erst anderen ergehen?«[28]

Der Absolutismus hat den Feminismus seit Ende der sechziger Jahre sauertöpfisch gemacht; statt eines gesunden Dialogs hört man die herrischen Stimmen der Frauen, von denen jede ihren Besitzanspruch auf den Begriff Feminismus geltend macht. Im April 1992 bei der Kundgebung in Washington, an der 500 000 Menschen teilnahmen, um für die Wahlfreiheit der Frau bei einer Abtreibung zu demonstrierten, wurde Betty Friedan, Mutter der Frauenbewegung, nicht einmal gefragt, ob sie sich als Rednerin zur Verfügung stellen wolle. Friedan erklärte hierzu: »Um der Wahrheit die Ehre zu geben, ich fand es sehr verletzend, von den Führerinnen der Organisationen, die ich mit aus der Taufe gehoben habe, aufs Abstellgleis geschoben zu werden. Doch habe ich nicht vor, es den Medien gleichzutun, denen es Spaß zu machen scheint, den Graben zwischen uns zu vertiefen. Ich gebe zu, ich war wirklich gekränkt, daß man mich nicht gebeten hatte, bei dieser Veranstaltung zu reden ... Was da stattfindet, ist eine Art Entstalinisierung der Frauenbewegung – der Versuch, meinen Namen aus der Geschichte zu löschen, obwohl ich nicht glaube, daß es ihnen gelingen wird.«[29]

Warum gelingt es einem Buch wie Naomi Wolfs *Der Mythos Schönheit*, Frauen an allen Universitäten in den USA zu mobilisieren? Es bot ein Allheilmittel für alle Frauenleiden: Die bösen Männer haben mich gezwungen, mein Augenmerk fortwährend auf meine Schönheit zu richten, meinen Körper zu kasteien. Soviel Beachtung das Werk in den Medien auch fand, es konnte Frauen nicht vom Schönheitskult abhalten, der Mitte der achtziger Jahre wieder aufflammte. Und es schreckte auch die Verfasserin nicht ab, Männer in ihrem nächsten Buch mit weicherer Feder zu zeichnen, als Wesen, die geliebt, gewünscht und gebraucht wurden, wie sich herausstellte.

Schönheit, Sexualität, Männer – das ist der Weg, der uns aus den eingefahrenen Gleisen des Feminismus alter Prägung hinausführt. Es ist ein guter Weg, mit zwingenden Argumenten gepflastert, häufig beschrieben und gegangen, ein Weg, der uns jetzt bereits zu den Anfängen eines zeitgemäßeren Feminismus führt. Autorinnen wie Camille Paglia, Kathie Roiphe, Christina Hoff Sommers und Nadine Strossen, um nur einige wenige zu nennen, haben ihre Stimme für die richtige Sache erhoben. Rauchwolken dräuen über den Bollwerken der Feministinnen vom alten Schlag, die ihre Gegnerinnen mit Worten wie Pseudofeministin, Postfeministin oder »falsche« Feministin beschimpfen. Es sind törichte Beleidigungen, wie sie kleine Mädchen erfinden, und sie verraten die Schwäche der alten Garde.

Gloria Steinem, »Amerikas beliebteste Feministin«, klingt nicht weniger unreif, wenn sie Camille Paglia aus der Bewegung ausschließt. Nur weil eine andere Frau nicht mit ihr übereinstimmt, brillant ist wie sie und viel von Schönheit, Macht und Sexualität hält, schließt Steinem sie aus »ihrem« Feminismus aus. »Wichtig ist, daß der Feminismus nicht mehr länger eine Randerscheinung ist«, sagt Steinem. »Er ist inzwischen so sehr im Mainstream verankert, daß seine Gegnerinnen wie Camille Paglia sich zu der Behauptung gezwungen sehen, sie seien Feministinnen.«[30] Das ist eine abwertende Bemerkung, in der sich Eitelkeit und Überheblichkeit widerspiegeln.

Paglia mag schwierig, diktatorisch und egozentrisch sein, aber wenn *sie* keine Leuchte des Feminismus ist, eine Kriegerin, deren Kampfkraft sich immer wieder an der heftigen intellektuellen Debatte ureigener Machart entzündet, dann verstehe ich den Feminismus nicht mehr. Ihr fehlt ganz gewiß Steinems Fähigkeit, Menschen zu gefallen, aber genau das macht sie zu einer Gegnerin, mit der man rechnen muß. Sie gehört einer Generation von Feministinnen an, die ihre Meinung ohne Rechtfertigung, ohne ein gewinnendes

Lächeln äußern. Ist es nicht das, wofür wir gekämpft haben? Ein Feminismus, der zu einer leidenschaftlichen Debatte ermutigt, die aufflammt und abklingt, auch wenn nicht einmal darüber Konsens unter den Anhängern herrscht?

Wenn Steinem ihr Augenmerk nicht so starr darauf richtete, ihre Gefolgschaft bei der Stange zu halten, sondern statt dessen die Hand nach den Millionen Frauen ausstreckte, die bereit wären, sich in die Reihen der Emanzipationsbewegung einzugliedern, dann kämpfte sie vielleicht noch nicht auf aussichtslosem Posten. Aber sie will die Möglichkeit einer Niederlage nicht akzeptieren, was Grundvoraussetzung in jedem gesunden Wettbewerb ist. Es liegt weniger daran, daß sie den Konkurrenzkampf haßt wie die Pest, sondern vielmehr an ihrer Unfähigkeit, mit Anstand zu verlieren.

Sie zitiert oft aus Alfie Kohns Buch *No Contest: The Case Against Competition* (Kein Wettbewerb: Was gegen Konkurrenz spricht). Kohn meint, ethisches Verhalten sei im Wettbewerb vollständig ausgeklammert. Doch wie es in einer Rezension heißt: »Kohn beschreibt den Wettbewerb in seiner pathologischen, exzessiven Form. Für viele von uns ist das Ergebnis selbst unwichtig, was zählt, ist der Spaß am Kräftemessen. Eine Herausforderung zu meistern, und nicht den Gegner zu besiegen, hebt die Stimmung. Spiele sind ein wichtiges Element der Sozialisierung, das nicht nur die Freude am Sieg, sondern auch das Konzept der unparteilichen Regeln und Fairneß lehrt ...«[31] Kohn nimmt in seiner Analyse stillschweigend an, daß wir ein Paradies auf Erden hätten, wenn es uns gelänge, den Wettbewerb abzuschaffen ... Der Verlust des Rechts, sich am Wettbewerb zu beteiligen, wäre meiner Meinung nach eher der Anfang vom Verlust jeglicher Rechte.

Paglia liebt Diskussionen, die ein Kräftemessen beinhalten. Intellektuell ist sie eine Zauberin, die dem machtvollen Wirken der Schönheit im Laufe der Geschichte nachgespürt und oft darüber geschrieben hat. Sie erkennt klar, in welchem Konflikt sich Gloria Steinem befindet, wenn es um Schönheit und Konkurrenzkampf geht. In einer Podiumsdiskussion in Manhattan, vor den laufenden

Kameras des Reportagemagazins *60 Minutes*, forderte sie ihre Rivalin Gloria heraus: »Ich hasse diese Opfermentalität. Mir ist ein Universum zuwider, in dem sich alles um die Opferrolle dreht, ein Bild, das für den derzeitigen Feminismus symptomatisch ist, wie Sie wissen.«[32] Und sie beschuldigte Steinem, Dissidentinnen in den letzten 20 Jahren unterdrückt zu haben.

Als das Kamerateam von *60 Minutes* bei Steinems Podiumsdiskussion am anderen Ende der Stadt auftaucht, wird es an der Tür abgewimmelt. »Nein, Sie werden keine Fragen für Ihre Sendung stellen, bei denen es um eine Frau geht, die gegen den Feminismus ist«, schreit Gloria von ihrer Estrade herunter. »Wir werden den Fehdehandschuh nicht aufnehmen. Das ist unser Abend ... Macht die Kameras aus. Es ist uns scheißegal, was sie denkt.«[33] Zum erstenmal erlebte ich, wie Steinem aus der Fassung geriet. Ihr oft geleugnetes Wettbewerbsstreben war entfacht. Sie wird »ihren« Feminismus nicht mit Anstand und Würde aufgeben.

Paglia, tief in ihrem Inneren eine Exhibitionistin, verliert selten die Kontrolle, wenn sich eine Kamera auf sie richtet. Das ist eine öffentliche Zurschaustellung, die ich gut nachempfinden kann, weil ich aus eigener Erfahrung die Unsichtbarkeit der schreibenden Zunft kenne. Wenn man jahrelang allein in einem Raum sitzt und arbeitet, kann der Wunsch nach Applaus übermächtig werden. Aber Camille Paglia bewältigt ihre Rolle mit Bravour; sie sieht sich ihren eigenen Worten zufolge als »das Paglia-Kanonenboot, das bum, bum macht. Ich habe so viele Torpedos auf diese schweren, trägen Schlachtschiffe [des Feminismus] abgefeuert ... sie sinken langsam und ahnen es nicht einmal.«[34]

»Frauentinte« – Frauenblut

Mitte der siebziger Jahre gehörte ich einer Gruppe schreibender Frauen an, die wie ein Mikrokosmos die besten und die schlechtesten Seiten des Feminismus verkörperte. Sie war befrachtet mit unsäglichen Widersprüchen, die am Ende genauso viele Mitglieder dahinrafften, als hätte eine Bombe in unserer Mitte eingeschlagen. Wir nannten uns »Women's Ink« (Frauentinte) und trafen uns einmal im Monat zwanglos in der Wohnung einer der Angehörigen, der Geselligkeit wegen und zum beruflichen Erfahrungs- und Ideenaustausch.

Schriftsteller leben nicht nur in ihren Köpfen, sondern verbringen auch den größten Teil des Tages allein in einem Raum, wo wir uns mit Gedanken auseinandersetzen, die uns in der einen oder anderen Form bis in unsere nächtlichen Träume verfolgen. Auf der beruflichen Ebene haben wir eine geradezu kindliche Bindung (die zweifellos eine Folge der Isolation ist) an unsere Literaturagenten und Lektoren entwickelt, die den Glauben in uns nähren, daß unsere Interessen dank ihrer »elterlichen« Fürsorge den allerhöchsten Stellenwert besitzen. Auch wenn sie unsere Arbeit und sogar uns selbst mögen, steht das Bündnis aus Literaturagenten, Lektoren und Verlegern doch an erster Stelle sich selbst am nächsten. Sie sehen also, wie viele Lücken eine Gruppe wie Women's Ink füllen könnte, wenn es gilt, ein gedeihliches Umfeld zu schaffen, in dem man ein bißchen tratschen, Trost finden und gemeinsam das Labyrinth der Verträge, Tantiemen und Autorenlesungen durchhecheln kann.

In den geräumigen Wohnungen in der West Side, in denen wir uns trafen, war die Atmosphäre jedoch von Anfang an durch Rivalität aufgeheizt, und viele von uns gingen mit dem vagen Gefühl nach Hause, von den Schicksalsgefährtinnen durch die Mangel gedreht worden zu sein. Es war schwer, das Kind beim Namen zu nennen, aber aus heutiger Sicht würde ich sagen, dort herrschte die gleiche Mädchencliquenwirtschaft wie in der Schule: Es gab die »Umschwärmten«, eben jene Frauen, die viel veröffentlichten, und weniger begehrte und verlegte Sterbliche.

Rund vier Monate nachdem wir uns zusammengefunden hatten, entbrannte ein Machtkampf um die Führung. Es war kein offen ausgetragenes und mit Argumenten untermauertes Kräftemessen, sondern es glich eher einem heimtückischen Propagandafeldzug ähnlich den Flüsterkampagnen in der Schule, die sich gegen ein ausgewähltes Opfer richteten. Der Führungskampf war gekennzeichnet durch Anrufe um Mitternacht, geheime Treffen des Ausschusses, dessen Ziel es war, die herausfordernde Frau anzuschwärzen und sie nach dem Motto »Drei kleine Mädchen können nicht miteinander spielen« auszugrenzen.

Ich möchte mich nicht als Heilige darstellen, denn als ich aufgefordert wurde, an den geheimen Versammlungen teilzunehmen, ging ich hin. Aber als ich nach Hause zurückkehrte, war ich aufgewühlt; ich schrieb damals gerade an *Wie meine Mutter*, und der Gedanke an die Grausamkeit der Frauen gegenüber ihren eigenen Geschlechtsgenossinnen verfolgte mich bei Tag und Nacht. Vermutlich schmeichelte es meiner Eitelkeit, einbezogen worden zu sein, aber bis zum heutigen Tag weiß ich nicht genau, welches Verbrechen man der Angeklagten, einer hübschen Blonden, eigentlich zur Last legte.

Da war also eine Truppe kampferprobter, bekennender Feministinnen, und statt die Reihen eng zu schließen, was uns allen beruflich Vorteile gebracht hätte, begannen wir, uns gegenseitig die Augen auszukratzen. Eine Frau hatte die Kühnheit besessen, die Kompetenz der Führung in Frage zu stellen. Sie war sehr hübsch und zäh und verfügte selbst über beträchtliche Führungsqualitäten. Doch ihre größte Sünde bestand darin, daß sie gegen die eiserne Regel »Kein Wettbewerb!« verstoßen hatte. In ihrem letzten Brief schrieb sie: »Vor ein paar Jahren schrieb Nora Ephron einen Essay über Intimsprays. Ein Grund dafür, daß es so reißenden Absatz findet, ist darin zu suchen, daß man den Leuten leicht einreden kann, daß sie es nötig haben. Man muß sie da packen, wo es schmerzt – in ihrem Angstgefühl, in dem Gefühl, häßlich zu sein, Körpergeruch zu haben. Man kann in den Menschen leicht das Gefühl wecken, daß sie anrüchig sind, wenn sie für sich einstehen … Wenn sie ihre Meinung verfechten … gesunde Wut und Konfrontation sind nicht *mein* Problem. Es ist jedoch das Problem, an dem viele Mitglieder des Ausschusses kranken. Statt meine verbale Angriffslust zu begrüßen, wurde mir erklärt, ich brauche ein Intimspray.«

Es war eine häßliche Intrige, die Kampagne, sie zu verfemen, eine widerwärtige Fehde, angezettelt von erwachsenen Frauen. Es gab keinen Feind in der »Außenwelt«, keine »bösen Männer«, denen wir unsere eigene Niederträchtigkeit in die Schuhe schieben konnten. Der Feind befand sich in unserem Inneren, eine Grausamkeit, die wir selbst irgendwann einmal erfahren hatten, die heimlich in uns gärte und nur auf ein Opfer wartete. Und endlich hatten wir es gefunden – also kreuzigt sie!

Die Verbindung zwischen Frauentinte und Frauenblut mag zunächst weit hergeholt klingen, aber sie ist von entscheidender Bedeutung für dieses Buch. Was wir Frauen uns selbst zu sagen und zu schreiben gestatten, wird von den tiefen Gefühlen bestimmt, die wir unserem Körper gegenüber empfinden. Das ständige Bedürfnis, makellos rein zu erscheinen, uns nicht selbst zu erniedrigen, zensiert sogar die Gedanken, die wir uns zugestehen.

Männer kreuzigen Frauen nicht, aber andere Frauen beherrschen diese Kunst meisterhaft. Ein Beispiel dafür, wie gnadenlos Frauen einander niedermachen, war die Besprechung meines Buches *Die sexuellen Phantasien der Frauen* im *Time*-Magazin. Der Artikel trug die Überschrift »Batterien nicht eingeschlossen«. Der Satz, der am meisten die Unsicherheit der Rezensentin enthüllt, war: »Weg sind die attraktiven Männer, die romantische Szene, die sauberen Laken und der Zimmerservice der präfeministischen Phantasien.«[35] »Saubere Laken?« Pardon, Madame, wie geruhen Gnädigste Sex zu haben, ohne die Laken zu beschmutzen?

Es ist beinahe 25 Jahre her, seit Nora Ephron den Intimspray-Essay schrieb. Man könnte meinen, daß Frauen, die sich beruflich und wirtschaftlich weiterentwickelt haben, für den Kreuzigungsakt unzugänglich werden müßten, daß unser Selbstbild über die nagende Angst hinausgelangt ist, der Pesthauch unserer Genitalien könnte wieder einmal unsere Umgebung belästigen. Doch bedauerlicherweise warf die Intimspray-Industrie noch nie mehr Gewinn ab.

Ephrons Artikel, der die Überschrift trug: »Wie man das Igittigittproblem meistert«, wurde 1973 in *Esquire* veröffentlicht. Da »das Problem« einer der Schlüssel zum weiblichen Selbstverständnis ist, möchte ich die Psychoanalytikerin Natalie Shainess zitieren: »Diese Produkte [Hygiene für die Frau] erzeugen bei Frauen und Männern paranoide Gefühle gegenüber dem weiblichen Geschlecht, und durch die Darstellungsweise in der Werbung präsentiert man ein grauenvolles Bild, das Frauen unterstellt, von Haus aus penetrant riechende Wesen zu sein. Damit untergräbt man Selbstwertgefühl und Ego, auch wenn man es damit vielleicht zu stärken beabsichtigt.«[36]

Dieses Zitat ist heute noch genauso aktuell wie zu der Zeit, als es erstmals gedruckt wurde. Eher werden wir eine Frau auf dem Mond und im Oval Office als Präsidentin der Vereinigten Staaten von Amerika erleben, bevor wir uns offen damit auseinandersetzen, was Frauen bezüglich ihrer Genitalien empfinden. Und nichts ist schwieriger, als Frauen davon zu überzeugen, daß sich dieses Thema unmittelbar auf unsere Selbstwahrnehmung, auf unser Selbstbild und auf unser Selbstgefühl bezieht, wenn wir uns im Spiegel betrachten. Wir machen Männern am Arbeitsplatz Konkurrenz, leben aus freier Entscheidung mit ihnen oder ohne sie, aber wir sind immer noch zu jeder Zeit und an jedem Ort verwundbar. Wie die verfemte und verfolgte Angehörige von Women's Ink sagte: »Man kann uns immer einreden, wir hätten es nötig, daß wir häßlich, zu selbstbewußt und zu forsch, daß wir anrüchig sind.«

Alle Erfolge und alle Macht der Welt sind nichtig angesichts der Angst vor einer unverhofften Demütigung, vor Körpergeruch und dem Gefühl, als Frau versagt zu haben. Wir bezahlen unsere Kleidungsstücke aus der eigenen Tasche, legen großen Wert auf unser Aussehen, aber welche Chance hat das hübsche neue Kleid, die tolle Frisur, haben die wohlgeformten Beine im Kampf gegen Hefepilzinfektion, Körpergeruch, Menstruationsblut, gegen eine ganze Menagerie mikroskopisch kleiner Bakterien, die unsere Vagina zu beherrschen und uns öffentlicher Schande preiszugeben drohen? »Igitt, was riecht denn da so?«

»Unsere Finger während der Periode da reinschieben, um das Produkt tief einzuführen, und es wieder entfernen, wenn es voller Blut ist? Nein danke!« erklärte eine Fokusgruppe, die den Markt auf sein Interesse für ein neues Erzeugnis mit »Reinheitsgarantie« beim Sex während der Menstruation abgeklopft hatte. »Keine Nachfrage nach einem Produkt, bei dem die Frau, um es einzuführen, gezwungen wäre, sich mit dem Inneren ihres eigenen Körpers vertraut zu machen«, meinte die Leiterin des Projekts. »Sie hatten keine Lust, in die Scheide zu fassen, um den Tampon zu entfernen, und dabei mit dem Menstruationsblut in Berührung zu kommen.« Auch wurden die zusätzlichen Tage für sexuelle Aktivitäten nicht als Plus gesehen. »Ich bin daran gewöhnt, zehn Tage im Monat meine Ruhe zu haben«, lautete der Kommentar einer Frau. »Ich habe keine Lust auf mehr Sex. Nein danke, kein Bedarf!«

Die meisten Männer haben keine Ahnung vom Ausmaß unserer genitalen Ängste. Auch die Frauen selbst verdrängen oft bewußt den Gedanken, wie sich diese Empfindlichkeit auch in anderen Bereichen unseres Lebens auswirkt. Das nächstemal, wenn Sie den Text einer Werbeanzeige lesen, die mit erhobenem Zeigefinger auf die Existenz von Hygieneprodukten für Frauen verweist, überlegen Sie, welche Mechanismen damit in Gang gesetzt werden. Wenn man uns an die stinkende »Kloake« erinnert, die allen gemein ist, werden wettbewerbsorientierte Frauen ausgebremst.

Wie leicht lassen wir uns vom äußeren Erscheinungsbild der sogenannten »neuen Frau« täuschen, von der Verpackung der verführerischen Exhibitionistinnen. Der Saum ist gekürzt und bedeckt eben noch den Schritt, die Brustwarzen zeichnen sich deutlich unter den hautengen Rippenpullis ab. Nicht nur Männer fallen auf dieses Bild herein, nein, auch wir sind überzeugt, daß eine Frau, die sich so selbstbewußt kleidet und so selbstbewußt schaut, ihrer selbst absolut bis ins Mark sicher sein muß. Wenn eine Frau eine so herausfordernde Haltung an den Tag legt, muß sie ihr Leben fest im Griff haben. Oder?

Vielleicht ist das sauer verdiente Geld, das Frauen in ihr Aussehen investieren, der letzte Rettungsanker, der uns zu leugnen gestattet, wie wir in Wirklichkeit den intimsten Bereich unseres Körpers sehen. Wir fragen uns, hinter welchem Bild von Weiblichkeit sich die »echte Frau« von heute verbirgt: hinter dem schwachen Weib, das uns ständig an unsere Schwachstellen erinnern soll, oder hinter der neuen Heldin, dem Miststück, das über Leichen geht?

Die neue Frau, die alles im Griff hat, kommt im Doppelpack mit dem verunsicherten Kind in ihr; beide sind noch immer Sklavinnen ihrer Genitalien. Wenn wir unser Bild jemals richtig präsentieren wollen, das Innere und das Äußere harmonisch aufeinander abgestimmt, dann wird der Umgang mit unserem Geschlecht der wichtigste noch fehlende Baustein im Feminismus sein. Wir werden lernen müssen, für unsere eigene Empfängnisverhütung verantwortlich zu zeichnen. In Amerika sind bei den Dreißig- bis Vierunddreißigjährigen 41 Prozent aller Schwangerschaften ungewollt.[37] Und diese Altersgruppe ist das Produkt unserer Bemühungen während der letzten 25 Jahre. Nichts wird sich ändern, solange wir nicht bereit sind, unsere elementarsten, unbewußten Gefühle gegenüber den eigenen Genitalien zu erforschen.

Auch wenn Bücher, Film und Fernsehen die neue Heldin als sexuellen Nimmersatt zeichnen, als hübsches Miststück, das über Leichen geht, tötet und fickt »wie ein Kerl«, liegt die große Lüge in der Körpermitte, wie dies die gigantische, weiblich dominierte Genitalreinigungsindustrie bezeugt. Die sogenannte »neue Frau« ist in sehr viel stärkerem Maße ein technologisches Produkt als eine organisch gewachsene Frau, die sich selbst von innen heraus erschaffen hat. Sie ist ein Medienereignis, ein Event, geboren aus dem Wissen, daß Frauen inzwischen auch einen wirtschaftlich relevanten Faktor darstellen. Ihr verändertes äußeres Erscheinungsbild war unvermeidlich, da unsere jüngsten Errungenschaften und Erfolge nicht mehr mit dem dunkelblauen Kostümchen in Schranken gehalten werden konnten. Wir Frauen wollten ein Zeichen setzen, das auf unsere harte Arbeit verwies. Und so stehen wir da in unserem Armani-Outfit, selbstbewußt, mit einem Hauch Arroganz. Aber wir bluten einmal im Monat, haben Angst vor Körpergeruch im überfüllten Fahrstuhl, haben Angst, daß sich ein dunkler Fleck auf unserem Rock abzeichnen könnte.

Die neuen dämonischen Heldinnen mögen die Männer auf dem Bildschirm in Grund und Boden ficken, sie mit ihren nackten Brüsten niederdrücken und ihren Slip zu Hause lassen, aber was Frauen wirklich über ihren Körper denken, wurde ihnen wieder und wieder in Werbespots für Intimsprays, Duschgels, Desinfektionsmittel und Salben gegen Herpes eingehämmert, die alle versprechen, die stinkende »Kloake« in einen Garten Eden zu verwandeln. Die neue Heldin war längst überfällig; sie verkörpert die sehr reale, dämonische Seite der Frauen, die uns in früheren idealisierten Engelsbildern verweigert wurde. »Die Frauen zuerst erschießen«, lautet eine Interpol-Empfehlung an die mobilen Eingreiftruppen, wenn es gilt, Terroristen das Handwerk zu legen, denn die weiblichen Extremisten gelten als gefährlicher und unberechenbarer als ihre männlichen Kollegen. Überrascht Sie das?

Vielleicht haben Sie bemerkt, daß die schöne dämonische Heldin fast immer kinderlos ist. Das liegt daran, daß sie eher ein klirrendes Waffenarsenal als eine Frau ist und vermutlich weder Blutungen hat noch gebären kann oder will. Ihre Verachtung konzentriert sich in kleinen Bleikugeln, mit denen sie Männer durchlöchert, die Ursache allen Unheils in der Welt.

Das Wort »lesbisch« beschreibt nicht ganz die sexuelle Neugierde, die Frauen heute gegenüber anderen Frauen empfinden. Sie sind einander eine archäologische Ausgrabungsstätte, bei der sie im Labyrinth der Genitalien, in der Form der Brüste oder im Geschmack der Haut danach forschen, was sie im eigenen Leben schmerzvoll vermissen, etwas, das Männer ihnen nicht geben können. Da sie die Rechte, die der Feminismus ihnen erkämpft hat, nun tatsächlich besitzen, fragen sie sich, warum sie sich nicht gleichwertig fühlen, weniger gegenüber Männern, sondern vielmehr gleichwertig gegenüber anderen Frauen.

Vergessen ist die Nachdrücklichkeit, mit der Männer ihre Schönheit bestätigen; es ist *ihr* Urteil, dem sie traut, und die Schönheit *ihres* Körpers, mit dem sie sich identifizieren will. Und an jedem x-beliebigen Tag jedes x-beliebigen Monats in jedem x-beliebigen Jahr kann sie frei entscheiden, eine heterosexuelle Beziehung einzugehen – was das Privileg der Frauen ist –, aber zuerst muß sie hören, wie diese schöne Schwester mit ihrer Frauenstimme bestätigt, daß sie ihre Genitalien wunderschön findet, köstlich im Geschmack, formvollendet. Und angesichts der Tatsache, daß auch sie einmal im Monat blutet, klingt diese Aussage glaubhaft.

In Alice Walkers 1982 erschienenem Roman *Die Farbe Lila*, der mit dem Pulitzer-Preis ausgezeichnet wurde, schlafen die beiden weiblichen Hauptpersonen Celie und Shug miteinander, nachdem Shug Celie auf die Schönheit der weiblichen Genitalien hingewiesen hat:

»Sie sagt, hier, nimm mal den Spiegel und kuck dich da unten an. Ich wette, du hast das noch nie gesehen, oder?

Nä.

Und ich wette, du hast Albert [Celies Ehemann] da unten auch nie gesehen.

Ich hab ihn gespürt, sag ich.

Ich steh da mit dem Spiegel.

Sie sagt, was, schämst du dich so, daß du nich mal gehen kannst und dich selbst ankucken? Und dabei siehste so niedlich aus, sagt sie und lacht. Schön angezogen für Harpo's, riechst gut und alles, aber Schiß, dir die eigene Muschi anzukucken.

Komm mit, wenn ich kuck, sag ich.

Und wir rennen in mein Zimmer wie zwei kleine Mädchen in Sonntagskleidern.

Du paßt an der Tür auf, sag ich.

Sie kichert. Na gut, sagt sie. Kommt keiner. Alles klar.

Ich leg mich mitm Rücken aufs Bett und heb mein Kleid hoch. Zieh mir die Unterhose runter. Steck mir den Spiegel zwischen die Beine. Uuh. Das ganze Haar. Dann sind die Lippen von meiner Muschi schwarz. Dann sieht das Innere aus wie ne nasse Rose.

Is doch viel hübscher, als du gedacht hast, oder? sagt sie von der Tür.

Is jedenfalls meine, sag ich. Wo is der Knopf?

Direkt vorne oben, sagt sie. Da, wo's bißchen raussteht.

Ich kuck sie an und lang mit meinem Finger dran. Ein kleiner Schauder geht durch mich durch. Nich viel. Aber grad genug, daß ich weiß, das is der richtige Knopf zum Drücken ...

Albert und Harpo kommen, sagt sie. Und ich zerr meine Unterhose hoch und mein Kleid runter. Ich habs Gefühl, wie wenn wir was Böses gemacht haben.«[38]

In den sexuellen Phantasien der Frauen, in denen andere Frauen die Hauptrolle spielen, bezeichnen sich die Frauen als Lesbierinnen, bisexuell oder heterosexuell. Frauen haben heutzutage wenig Schuld- oder zwiespältige Gefühle, wenn sie an eine andere Frau denken oder mit einer Frau zusammen sind.

»Vieles, was Frauen an ihrem Körper mißfällt, befindet sich in Bereichen, die sie keines Blickes würdigen«, sagt die Psychologin Lonnie Barbach. »Weil sie glauben, er sei häßlich, nimmt er in ihren Gedanken überdimensionale Proportionen an. Die Häßlichkeit ihrer Genitalien fließt in die Kritik an der Dicke ihrer Oberschenkel, an ihren Brüsten ein, die entweder zu klein oder zu groß sind, kommt in jedem Körperteil zum Tragen, an dem sie etwas auszusetzen haben.«

In *Die sexuellen Phantasien der Frauen*, 1973 erschienen, gab es noch wenig erotische Gedanken, in die andere Frauen einbezogen waren, aber irgendwann in den achtziger Jahren änderten die Frauen ihre Meinung über den oralen Geschlechtsverkehr und den Sexualpartner ihrer Wahl, sowohl im wirklichen Leben als auch in ihren Phantasien. Selbst Frauen, die kein akutes Bedürfnis nach lesbischer Liebe verspüren, träumen davon, daß der Mund einer anderen denjenigen Bereich ihres Körpers erkundet, der sie mehr noch als alle anderen Merkmale von einem Schönheitswettbewerb ausschließen würde. So sachkundig der Mund eines Mannes dabei auch vorgehen mag, er ist als Mann unfähig zu begreifen, worauf es bei dieser Übung ankommt. Wir wollen fühlen, daß wir schön sind und köstlich schmecken, und somit bleibt der Mann ein Notnagel, zweite Wahl.

Der orale Orgasmus führt uns in die Zeit zurück, als wir uns erstmals auf den Handel eingelassen haben, bei dem wir die Liebe zu unserem Körper gegen die Liebe derjenigen Person eintauschten, von der wir in allen Dingen abhängig waren. Das Szenario der Phantasien während des oralen Sex wurzelt oft in der Pubertät, wo erstmals der Aufstand gegen die starren sexualfeindlichen Regeln geprobt wurde: auf dem Rücksitz eines geparkten Autos, am Strand, in öffentlichen Gebäuden, wo die Gefahr, entdeckt zu werden, an jeder Ecke lauert und der Nervenkitzel des Verbotenen so stark ist. Für Frauen *bedeutet* Sex, gegen die Regeln der Mutter zu verstoßen. Deshalb hat der Mund einer anderen Frau auf unseren Genitalien eine so ungeheure Macht über uns. Sie kennt die »Kloake« in ihrem schlimmsten Zustand, wenn sie blutet und der Gestank unerträglich ist.

Die meisten von uns haben gelernt, Schweigen über ihre Menarche, ihre erste Menstruation, zu bewahren. Das Thema Blutung ist uns seither ebenso verlorengegangen wie die Reverenz, die wir den Stimmen der Frauen entgegenbringen. Es muß in der Tat ein sehr düsteres Geheimnis bergen, dieses Blut, von dem niemand zu sprechen wagt. Ebenso stumm lernen wir, die Tage zu zählen, so daß die unsägliche Blutung uns nicht unvorbereitet trifft. In unserem Zustand der Sprachlosigkeit und erhöhten Wachsamkeit schlucken wir die spontanen Gefühlsausbrüche hinunter, die wir uns angewöhnt hatten. Was wäre, wenn wir just in dem Augenblick im Mittelpunkt der Aufmerksamkeit stünden, wenn uns unser Körper im Stich läßt?

Feministinnen wie Kate Millett machen das patriarchalische System dafür verantwortlich, daß den Frauen die dämonischen, unmoralischen, *unsauberen* Aspekte der Sexualität angelastet werden. Doch ich meine, wir selbst sind es, die von anderen Frauen dazu erzogen wurden, unsere Sexualorgane als etwas Schmutziges zu sehen, und das bedeutet, daß nur wir Frauen dieses Bild in Frage stellen können.

Männer werden nicht mit Haß auf Frauen geboren; er ist anerzogen. Es gibt Gründe für die Wut, die Männer dazu bringt, Frauen sexuell zu belästigen, zu mißhandeln und zu vergewaltigen. Es ist wichtig, den Ursachen dieser Männerwut auf die Spur zu kommen.

Viele Männer, vor allem junge Männer, haben in den Fernsehwerbespots genug Munition gefunden, um ihre Wut auf Frauen abzulassen und sie öffentlich zu erniedrigen. Ich habe genug Rap-Lyrik gehört oder gelesen, um die Botschaft zu begreifen. Junge Männer sind nicht mehr bereit, sie tatenlos hinzunehmen, unsere Frauenpower, unsere Verachtung für sie.

Ein neuer Krieg zwischen Männern und Frauen bahnt sich an; jede Partei greift zu ihren Waffen. Die Mode hat sich zu einer Bühne entwickelt, hinter deren Kulissen wir unsere Wut kostümieren. Models, gekleidet in die ledernen Bustiers der Domina, halten juwelengeschmückte Peitschen und Messer in den Händen, während sie in ihren hohen, mörderischen Stilettoabsätzen den Laufsteg entlangmarschieren. Ganzseitige Modeaufnahmen in den tonangebenden Frauenzeitschriften, die halbnackte Models männlichen und weiblichen Geschlechts zeigen, wie sie sich für die Liebe rüsten, oder für den Krieg? Die latente Gewalt, die Gefahr, wurde sichtbar gemacht, aber auch das Gefühl der Gleichgültigkeit, als spiele das alles in Wirklichkeit keine große Rolle. Raffiniert gekleidete Mädchen posieren hinter Männern im Pissoir, der Transvestit ist allgegenwärtig, und die ganze Szenerie gilt inzwischen als so selbstverständlich, daß niemand mehr ein Wort darüber verliert.

Ein Werbespot für das kalorienarme Getränk Diet-Sprite zeigt eine »Karrierefrau«, die eine Bar betritt, sich neben einen Mann setzt und sagt: »Alle Männer sind Lügner. Sie erzählen dir, daß sie dich lieben, aber das ist ausgemachter Schwindel. Sie erzählen dir, daß sie Kinder mögen, aber sie vergessen zu erwähnen, daß sie bereits zwei von der Sorte haben. Sie erzählen dir, daß das Pflaster am Ringfinger von einem Angelunfall stammt. Ja, ja.« Dann schnappt sie sich sein Glas, trinkt einen Schluck und fragt, was das sei, worauf er erwidert: »Diet-Sprite.« Sie kippt ihm den Inhalt ins Gesicht, nennt ihn einen Lügner und rauscht hinaus. Die Diet-Sprite-Repräsentanten erzählten Maureen Dowd von der *New York Times*, daß der Werbespot auf die »eigenständigen« Frauen abziele, die »ihrem Instinkt folgen«[39].

Seit wir die Frau von den Fesseln des Patriarchats befreit haben, sehen wir, daß sie in vieler Hinsicht »wie ein Mann« ist. Die dämonische Heldin, das Miststück, die in Leder gekleidete Domina, die

Wut, sie hat es immer gegeben. Wie es weitergeht, wird von den Frauen abhängen, wenn wir das Ziel unserer Wut langsam in den Brennpunkt rücken. Früher oder später müssen Frauen einander ins Gesicht sehen.

Die letzte Sonntagsausgabe der *New York Times* war eine Offenbarung. Mir war nicht bewußt, in welchem Ausmaß die »neuen Frauen« zu Tusche und grellen Farben greifen, um sich in Comics auszutoben. Die Journalistin Roberta Smith erklärt: »Der feministische Untergrund begann sich in den neunziger Jahren der kritischen Masse anzunähern ... Seine Arbeit stellt eine der am besten zugänglichen, psychologisch ausführlichsten Darstellungen vieler Formen weiblichen Lebens und weiblicher Lebensart dar ... Jede Einzelheit ist unparteiisch dargeboten, von der künstlerischen Krise bis hin zu den Körperfunktionen ... Ad absurdum geführt und in aller Regel von einem entsprechenden Zeichenstil begleitet, können Comics ein wunderbares Ventil für Gefühle und Empfindungen sein. Beinahe jede Cartoonistin hat Gebrauch von diesem Medium gemacht, um ihre weibliche Wut in irgendeiner Form abzulassen ... In einem Di-Massa-Streifen sitzt ein beleibter Mann neben Hothead auf der Parkbank und streift mit seinem Bein angelegentlich ihren Schenkel, eine Erfahrung, die den meisten Frauen aus der U-Bahn bekannt ist. Hothead erfüllt sich daraufhin ihren Traum, den sie in öffentlichen Verkehrsmitteln während der Stoßzeiten wohl unzählige Male gehabt haben muß: Sie schwingt ihr Beil und hackt ihm die beleidigende Extremität ab ... Cartoonistinnen liefern den Beweis, daß Frauen den gleichen Gefühlen, Qualen und Sehnsüchten unterworfen und zu den gleichen unsäglichen Taten und Phantasievorstellungen fähig sind wie Männer ... Ihre Arbeiten rücken die Position der Frauen zurecht, die entweder als Fußabstreifer benutzt oder auf ein Podest gehoben wurden, und bemühen sich, sie auf gleiche Ebene mit den Männern zu stellen.«[40]

Das mag politisch nicht korrekt sein, aber es spiegelt einen weiteren Wesenszug des neuen Feminismus wider. Feministinnen vom alten Schlag ziehen es vor, Boden zu gewinnen, indem sie Männer verteufeln und Frauen verherrlichen, wobei der Humor eindeutig zu kurz kommt. Doch Komödie und Satire waren, wie auch die Mode, stets Mittel, um gesellschaftliche Umwälzungen zu dokumentieren. Daher nimmt die neue Generation der Komikerinnen nicht nur mit lockerem Mundwerk Themen wie Sexualität und Gewalt aufs Korn, sondern packt auch heiße Eisen wie Menstruation und Abtreibung an.

»Nach dem alten Rollenverständnis gelten Frauen, die andere zum Lachen bringen, als unweiblich«[41], erklärt Gail Singer, Regisseurin eines Dokumentarfilms über Frauen in einer frechen satirischen Komödie namens *Wisecracks*. Solche Komödien sind »nicht der richtige Platz für eine Frau, die über soviel Stärke und Mutterwitz verfügt«, meint Komikerin Robin Tyler. »Plötzlich steht sie allein im Rampenlicht, und sie ist keine Ballerina, die von ihrem Tänzer aufgefangen wird, und keine Opernsängerin, die auf ihren Geliebten wartet ...« Und Phyllis Diller, ein alter Hase im Metier, sagte: »Sehen Sie, die Komödie ist ein aggressiver, feindseliger Akt, und Männer wurden zu aggressivem, feindseligem Verhalten erzogen. Frauen hingegen hat man eingebleut, anmutig und zurückhaltend zu sein.« Nach der Show warten die Groupies und Autogrammjägerinnen am Hinterausgang auf ihre männlichen Kollegen, sagt Singer, aber »bei einer bekannten, tüchtigen und erfolgreichen Komikerin fehlen die Entsprechungen«[42].

Wenn ich Komikerinnen wie Jenny Lecoat sehe, die vor einem Millionenpublikum im Fernsehen den folgenden Witz über die Menstruation macht, dann habe ich das Gefühl, daß damit Geschichte geschrieben wird. »Mit Kotex-Monatsbinden merkt niemand, daß Sie Ihre Periode haben«, zitiert sie aus einer Werbeanzeige. »Klar doch! Bis man sich im Klassenzimmer in die erste Reihe setzt und zehn Zentimeter größer als alle anderen ist! ... Wie war das noch mit dem neuen Produkt, das man angeblich in der Toilette runterspülen konnte? Wir sind alle darauf hereingefallen, stimmt's? Eine Binde im Klo runterspülen – manchmal sollte man den *Fernseher* im Klo runterspülen!«[43] Ich höre mir diese Sprüche an, und das brave heranwachsende Mädchen sieht sich der zehnjährigen Exhibitionistin auf ihrer hohen Mauer gegenüber. Ich habe das Gefühl, als würden die Splitter meines Selbst wieder zusammengefügt.

Joy Behar, die Moderatorin einer Satireshow, weist darauf hin, daß man Männern viele Zoten durchgehen läßt, die Frauen übel angekreidet würden. »Bei uns arbeitet ein Komiker, der absolut schweinisch ist und seine Witze sehr anschaulich erzählt. Es fängt an mit Sätzen wie ›Sie lutscht also gerade meinen Schwanz ...‹ oder ›Ich hab' meine Zunge bis zum Anschlag in ihrem Arsch ...‹ Wenn eine Frau so etwas sagte, würde man sie in die Verbannung schikken.«[44]

In den letzten 20 Jahren, in denen wir zu zeigen bemüht waren, daß wir einen Arbeitsplatz genausogut ausfüllen können wie ein Mann, haben wir viele unserer geschlechtsspezifischen Merkmale aus den Augen verloren, die Frauen eine einzigartige, geheimnisvolle Macht verleihen. Dabei hat sich auch der Blick für die einzigartigen Eigenschaften der Männer getrübt, die sich von unseren unterscheiden.

Werden Frauen auch weiterhin ihre Selbstachtung in dem Gefühl der Erniedrigung und des Ekels begraben, sobald die Sprache auf die Monatsblutungen kommt? Mutlosigkeit überkommt mich bei dem Gedanken an eine weitere mit Werbekampagnen aufgewachsene Frauengeneration, welche aus dem Abscheu Kapital schlagen, während der Periode mit den eigenen Genitalien in Berührung zu kommen.

Es war einmal ... eine Zeit, in der Frauenkörper als geheiligt galten und verehrt wurden. »Das große Jahresfest der argischen Aphrodite wurde *Hysteria*, ›Mutterschoß‹, genannt«, schreibt Barbara Walker. »Megalithische Gräber und Hügelgräber wurden als ›Mutterschoß‹ angelegt, um den Toten die Wiedergeburt zu ermöglichen. Ihre vaginalen Pforten zeigen, daß die Menschen der Jungsteinzeit erhebliche Anstrengungen auf sich nahmen, um die weibliche Anatomie in Erde und Stein nachzubilden.«[45]

In den siebziger Jahren geriet Betty Dodson mit ihren riesigen Gemälden von Vaginas und ihren Masturbationskursen für Frauen in die Schlagzeilen. Sie folgte damit der inneren Berufung, sich mit ihrem Körper auszusöhnen – ein schweigendes Bemühen seit frühester Kindheit, als sie aus der nonverbalen Kommunikation ihrer Mutter ableitete, daß ihre Genitalien häßlich und deformiert seien. Dodson war überzeugt, daß sich die inneren Schamlippen ihrer Vulva durch Masturbation ausgeweitet und eine Mißbildung verursacht hätten. Bis sie 35 Jahre alt und geschieden war, hatte sie es als erniedrigend empfunden, einen Mann diese Verunstaltung sehen zu lassen. Dann überredete sie ein Liebhaber, ein »Muschiexperte«, wie sie ihn nannte, ihn einen Blick darauf werfen zu lassen, aus allernächster Nähe und bei voller Beleuchtung, und er fand nichts daran auszusetzen. »Er holte einen Stapel Herrenmagazine und zeigte mir Bilder von Frauen, deren Genitalien genau wie meine aussahen«, erzählt sie. »Die Erkenntnis, daß ich völlig normal gebaut war, bewirkte einen grundlegenden Wandel. In meinen Workshops habe ich immer noch Frauen, die nie einen Blick auf ihre Genitalien geworfen haben.«

Themen wie Monatsblutungen, Masturbation, Geschlechtsverkehr und Schwangerschaftsverhütung sind Teil eines Ganzen. Wenn eines dieser Elemente als schmutzig gilt, dann werden alle als schmutzig empfunden.

Kleider machen Leute

»Ich habe nichts zum Anziehen!« Das allgegenwärtige Jammern der Frauen, seit Eva aus dem Paradies vertrieben wurde, erhielt eine neue Bedeutung, als Frauen während der siebziger Jahren in Scharen auf den Arbeitsmarkt drängten. Nun stellte sich die Frage: Was ziehe ich an, wenn ich als gleichberechtigte Kollegin akzeptiert werden will? Wie stelle ich es an, daß man mich nicht als sexuelles Wesen sieht, sondern als kompetente Kraft ernst nimmt?

Als erstes mußten wir in den Spiegel blicken, um eine Vorstellung unseres neuen Selbst zu erlangen, das sich in der damaligen Zeit in allen Aspekten vom Aussehen der anderen Frauen in der Familie und im Freundeskreis unterschied. Männern mußten wir es abgewöhnen, auf unsere Brüste und Beine zu starren, und wir selbst mußten aufhören, uns mit anderen Frauen zu vergleichen, unser Aussehen gegen das ihre in die Waagschale zu werfen.

John T. Molloys Karrierefrauen-Outfit wird als der Modetrend der Frauen in die Geschichte eingehen, die den Einstieg ins Berufsleben planten. Eine ganze Armee von Frauen strömte auf den Arbeitsmarkt, in Uniform: solides Schuhwerk, Aktentasche unter den Arm geklemmt, dunkelblaues Einheitskostüm, weiße Bluse und, wie Lily Tomlin es nannte, »ein Mittelding aus Schal, Schlips und Bäffchen um den Hals, das von niemandem als Bedrohung empfunden wurde, weil man nicht gut damit aussah.«[46] Wir trugen die weibliche Version des Nadelstreifenanzugs mit Weste, die bei Männern Macht signalisiert. Der Feuereifer, mit dem Frauen sich dem neuen Modetrend unterwarfen, zeigt das dringende Bedürfnis, das er erfüllte. Wenn man in den siebziger Jahren ein Flugzeug bestieg, war nicht zu übersehen, daß die Hälfte der Frauen an Bord Molloys Kleiderkodex genau studiert hatte. Molloy war ein Genie.

Doch die Angehörigen beiderlei Geschlechts haben gelegentlich die Neigung, sich zur Schau zu stellen, um zu kommunizieren. Tiere entblößen ihre Genitalien, recken den Schwanz steil in die Höhe, schürzen die Lippen, blähen ihren Körper auf, wackeln mit dem Hinterteil und aktivieren ihre Duftdrüsen. Wir tragen Kleider und bedienen uns ihrer Sprache, um Botschaften zu übermitteln. Auf Stöckelschuhen versuchen wir auf archaische Art zum Ausdruck zu bringen, daß Männer und Frauen gern einen neuen Handel eingehen würden. Daß wir einen Modestil der Vergangenheit wiederaufleben lassen, ihn auf jede erdenkliche Weise variieren, könnte darauf hindeuten, daß Männer und Frauen ihren Weg wiederfinden wollen, indem sie auf die Mode jener Zeit zurückgreifen, als das Balzspiel ins Stocken geriet und Frauen in den Krieg zogen.

Molloys Uniform für diesen Krieg transportierte eine klare Aussage: »Betrachte mich ja nicht als Frau oder als Sexualobjekt; ich bin ein Mensch, der seine eigenen Brötchen verdient, also nimm mich gefälligst ernst.« Frauen und Männer beurteilten und schätzten Frauen gleichermaßen anhand ihrer Garderobe ein, stellten sich

Umfang und Formen des Körpers vor, der sich unter der Hülle verbarg. Wir Frauen waren ebenso voyeuristisch wie Männer. Zwar hatten wir gerade erst damit begonnen, Männer unverfroren unter die Lupe zu nehmen, doch untereinander hatten wir uns stets hemmungslos begutachtet – auch wenn die feministische Literatur uns glauben machen wollte, daß der Karrierefrauen-Look ausschließlich auf Männer abzielte.

John Molloy hatte seine Recherchen mit Untersuchungen über die Auswirkung der Garderobe auf die Laufbahn von Akademikern männlichen und weiblichen Geschlechts begonnen. Er stellte fest, daß die Kleidung, die Lehrerinnen und Lehrer trugen, in hohem Maß bestimmte, wieviel Respekt und Aufmerksamkeit sie sich bei den Schülern verschaffen konnten. Als er seine Theorien auf das Arbeitsleben generell ausweitete, entdeckte er, daß es Frauen in Führungspositionen schwerfiel, sich durchzusetzen, was ihn zu der Schlußfolgerung veranlaßte, daß man autoritär auftreten muß, um Autorität auszuüben.

Molloy predigte seinen Leserinnen, daß ein Mann im Anzug signalisiert: »Ich bin ein Mann, der im Beruf etwas leistet, und verdiene daher Respekt.« Den Frauen der siebziger Jahre fehlte eine so einfache Problemlösung in ihren Kleiderschränken. Molloys Uniform für die berufstätige Frau versprach, für sie Ähnliches zu bewirken wie der edle Herrenausstatter Brooks Brothers mit seinen grauen Flanellanzügen für die Männer.

Nach umfassenden landesweiten Markttests, bei denen die ersten Eindrücke und Meinungen der Kollegen von bestimmten Kleidungsstilen erkundet wurden, legte sich Molloy auf spezifische Farben, Materialien, Muster, Schnitte und Stilrichtungen fest, die den gewünschten Effekt auf Kollegen und Vorgesetzte hatten. Tausende von Frauen hielten sich eifrig an Molloys Trends, an seine Ge- und Verbotsliste.

Bereits Mitte der achtziger Jahre sehnten sich Frauen danach, in etwas Aufregenderes als Molloys Karriereuniform zu schlüpfen. Es waren heimliche Bedürfnisse vorhanden, die früher von der Schönheit befriedigt wurden. Frauen entdeckten plötzlich, daß es eine wundervolle Erfahrung war, das selbstverdiente Geld für Modeartikel nach eigenem Geschmack auszugeben.

»Aber die Modeindustrie fühlte sich durch das Experiment, Arbeitskleidung für Frauen zu entwerfen, in ihrer Kreativität eingeschränkt«, grollte Naomi Wolf. »Sie verlor das Interesse daran, auf Anhieb für beruflichen Status und eine verhaltene sexuelle Tarnung zu sorgen, wie es bei den männlichen Arbeitsuniformen der Fall war. Die Verlagerung in der Mode [weg von Molloys Karrierefrauen-Outfit] gewährleistete, daß die Modeindustrie nicht litt, während gleichzeitig dafür gesorgt war, daß Frauen sich noch mehr darum bemühen mußten, sowohl ›schön‹ zu sein als auch ernst genommen zu werden.«[47]

Will Naomi Wolf damit sagen, daß Frauen nicht imstande waren, aus eigenem Antrieb zur Mode zurückzukehren? Ihre Worte gereichen uns nicht gerade zur Ehre. Wie der Anthropologe Lionel Tiger sagt: »Ich habe nie an diese Gehirnwäschetheorie bei Frauen geglaubt. Daß sie tun, was man ihnen in Werbeanzeigen nahelegt, weil es die Leute im Fernsehen so machen oder weil man ihnen bestimmte Dinge einredet. Ich bin überzeugt, daß sie genau das tun, was sie wollen, denn auch zu dem Zeitpunkt, als Frauen nicht viel Macht besaßen, waren sie auf ihre Schönheit bedacht. Und seit Frauen mehr Macht haben, wollen sie mehr Schönheit. Das sollte uns etwas sagen; das sollte uns sogar eine Menge sagen.«

Der erste Verdacht, daß Frauen die Karrierefrauen-Uniform unbefriedigend fanden, regte sich bei mir Anfang bis Mitte der achtziger Jahre, als die Nagelstudios plötzlich wie Pilze aus der Erde schossen. Vor dem Zeitalter des Feminismus wurde eine Maniküre ausschließlich in Schönheits- oder Kosmetiksalons angeboten; nun standen Frauen aller Altersgruppen Schlange, um sich den blutroten Hauch einer sinnlichen Berührung anpassen zu lassen. Das Karrierefrauen-Outfit war eine ausgezeichnete Tarnung, aber wie das grobe Material einer Armeedecke erinnerte sie Frauen an den fehlenden Teil ihres Selbst.

Und dann die Dessous! Ich meine nicht etwa die Unterwäsche oder »Leibwäsche«, die vor dem Feminismus, zumindest in meinem Land und zu meiner Zeit, als einziges erhältlich war. In Amerika gab es ein ganzes Sortiment von Liebestötern, auskochbare, hausbackene, langweilige Büstenhalter, Hüftgürtel und Schlüpfer, die jeden Gedanken an Erotik im Keim erstickten.

Bei meiner ersten Europareise entdeckte ich endlich, was ich mir schon immer gewünscht hatte: Reizwäsche. In zahllosen kleinen Wäschegeschäften in Paris und Rom wurden Strumpfgürtel aus milchkaffeebrauner Spitze maßgefertigt oder blaßblaue Satinslips mit Strapsen, die mit winzigen Rosenblüten bestickt waren. Die Herzogin von Windsor war nicht die einzige Frau, die ein Faible für reizvolle Dessous wie Hüftgürtel, Spitzenkamisols und elegant geformte Büstenhalter hatte, welche die Brust wie die Hände eines Liebhabers umspannten.

Heute gibt es viele Firmen, die Reizwäsche oder schicke Dessous herstellen. War es Ende der siebziger Jahre, als ich zum erstenmal eine Kreation aus schwarzem Samt mit Marabufedern in der Modezeitschrift *Vogue* sah? Es war Liebe auf den ersten Blick, und sie weckte etwas in mir, tief, tief in meinem Inneren, wo immer der Orgasmus auch beginnen mag; es berührte außerdem mein Herz, wie bei einer Zärtlichkeit, wie nur wenige Dinge es vermögen. Da saß ich, wie heute, an meiner Schreibmaschine in meiner ältesten, schäbigsten Hose und dem ausgeleierten Pullover, meiner Schriftstellerinnen-Uniform. Vielleicht sehnte ich mich danach, genau wie die Frau in ihrem marineblauen Karriere-Outfit, dieses Etwas aus Samt, Seide und Satin auf meiner Haut zu spüren. Meine Arbeit ernährte mich redlich, aber das andere Ich sah mich in dieser schwarzen Samtkreation, obwohl mir keine Gelegenheit einfiel, bei der ich sie hätte tragen können. Dennoch kaufte ich sie.

Fernando Sanchez war der Neuerer der erotischen Schönheit auf dem Höhepunkt des Karrierefrauen-Outfits. Ironischerweise hat nichts das tiefverwurzelte Bedürfnis nach etwas so grundlegend Weiblichem wie Reizwäsche in solchem Maß geweckt wie der Eintritt ganzer Heerscharen von Frauen in die Arbeitswelt. Frauen sehnten sich verzweifelt nach einer Bestätigung ihres sexuellen Selbst, während wir uns unter Einsatz der Ellbogen tiefer und tiefer unseren Weg in den Wettbewerb mit Männern und anderen Frauen bahnten. Diejenigen, die der Modeindustrie die Schuld daran geben, Frauen dem schlichten blauen Einheitsgewand entfremdet zu haben, zeigen, wie wenig sie im Grunde über die Faktoren wissen, die uns Frauen Macht verleihen.

Stellen Sie sich vor, wie eine erwachsene Frau, die frühmorgens erwacht, um zur Arbeit zu gehen, sich in dem dunkelblauen Kostüm in Augenschein nimmt, das ihre weiblichen Rundungen äußerst wirksam verbirgt, ein Panzer, der das Auge abprallen läßt und auf ihre beruflichen Leistungen lenkt. Doch bevor sie ihre Rüstung anlegt, nimmt sie den schwarzen Satinbody aus dem Schrank, steigt langsam in das Hemdhöschen, genießt es, wie der hauchdünne Stoff über ihre Oberschenkel, die Hüften, die Brüste nach oben gleitet, sich die hauchdünnen Träger über die Schultern zu streifen. Sie betrachtet sich im Spiegel, versunken in den Anblick, den vielleicht niemand außer ihr zu Gesicht bekommt, den kein Mann bewundern wird. Aber den ganzen Tag lang, mit jeder Bewegung, wird sie an ihre sexuelle Mitte erinnert.

Es hat etwas Anrührendes, aber auch Stolzes, wenn eine Frau viel Geld für ein hauchdünnes Hemdchen aus Seide und Spitze ausgibt, das sie als einzige sehen wird. Es ist ein ganz privater Luxus und sagt viel über unsere Identität aus: Wir brauchen unser sexuelles Bild genauso zum Leben wie unser täglich Brot. Wir sind ein sexuelles Wesen, auch ganz für uns allein, die Hauptperson unserer eigenen erotischen Phantasien, und wenn wir diese Phantasien oder uns selbst einem anderen Menschen anvertrauen, dann bringen wir die Macht unserer eigenständigen Identität in diese Beziehung ein.

Es war für Frauen immer eine Gratwanderung, ihren Weg zwischen »Verstand und Schönheit« zu finden. Die Frau, die beschließt, ein extravagantes Kostüm von Gianfranco Ferré zu kaufen und in ihrem Killer-Look am Arbeitsplatz zu erscheinen, programmiert den Ärger geradezu vor. Sie sollte sich dessen bewußt sein, daß sie jedes Recht hat, sich so zu kleiden, wie sie es möchte, aber auch, daß sich andere dadurch provoziert fühlen könnten. Sie hat Neid und Begehren in das Spiel eingebracht. Statt Frauen über ihre

Rechte und Pflichten hinsichtlich des Einsatzes ihrer Schönheit am Arbeitsplatz aufzuklären, lassen wir zu, daß sich die sexuelle Belästigung der Frauen durch Männer zu einer Epidemie ausweitet.

Nun haben wir also das Balz- und Paarungsritual in den von Konkurrenzkampf geprägten Arbeitsalltag eingebracht. Männer haben nicht von Geburt an gelernt, wie sie eine sexuell aufreizende Frau ansehen, ganz zu schweigen davon, wie sie mit ihr sprechen oder ihr gegenüber handeln sollen. Es bringt nichts, den Frauen zu befehlen, wieder zum dunkelblauen Kostüm zurückzukehren. Und es bringt ganz bestimmt nichts, Männern allein die Schuld an ihren unangemessenen Reaktionen zu geben, während Frauen völlig ungestraft davonkommen. Der Eintritt der Frauen ins Erwerbsleben ist ein evolutionärer Schritt und sollte auch als solcher betrachtet werden.

Eine meiner Heldinnen in der Frühzeit des modernen Feminismus war die Anwältin Flo Kennedy, die ein reines Herz besaß, sich aber weigerte, einige der geistlosen Parolen nachzuplappern oder auf bestimmte Schönheitsaccessoires zu verzichten. »Nagellack oder falsche Wimpern sind keine politische Aussage«, erklärte sie 1974. »Wenn man gute politische Prinzipien vertritt, ist die Kleidung irrelevant. Ich nehme keine Befehle von hohlköpfigen Trendsettern entgegen, die mir vorschreiben wollen, daß ich mich wie eine Schwarze mittleren Alters zu kleiden hätte. Meine politischen Prinzipien hängen nicht davon ab, ob meine Titten in einem BH stecken oder nicht.«[48]

Wenn wir Frauen nicht lernen, die Macht der Schönheit wirksamer einzusetzen, werden die Männer die Schönheit bald für sich gepachtet haben und wesentlich mehr Kapital daraus schlagen. Während wir Frauen uns darüber streiten, wer sich als Feministin reinsten Geblüts bezeichnen darf, machen uns Männer als lachende Dritte die Krone der Schönheit abspenstig. Wenn wir nicht aufhören, einander aufgrund der Kleidung, die wir tragen oder auch nicht, anzugreifen, verlieren wir die Werte aus den Augen, für die wir vor 25 Jahren auf die Straße gegangen sind.

Natürlich sind auch manche Feministinnen zur Schönheit zurückgekehrt. Warum aber können es einige Frauen nicht ertragen, wenn

Geschlechtsgenossinnen im Mittelpunkt der Aufmerksamkeit stehen? Neid ist eine Schwäche, die man nur in den Griff bekommt, wenn man sie sich als solche bewußtmacht. Merkwürdig, da zahlen wir unsere Miete selbst, kandidieren für öffentliche Ämter, stehen an der Spitze namhafter Unternehmen und beanstanden immer noch, daß Madonna, die Streisand oder wer auch immer dem Feminismus schaden, weil sie sich aufreizend kleiden und eine Schau abziehen.

Madonna hat sich selbst erfunden und sich nie für ihren sexuellen Exhibitionismus entschuldigt. Sie hat ein wirtschaftliches Imperium aufgebaut und eine ungeheure Anhängerschar gewonnen, die sich durch ihr Beispiel ermutigen läßt. Eine Frau, die ökonomischen Erfolg mit sexuellem Exhibitionismus verbindet, ist von zahllosen Neidern umgeben. Wie ihre nächste Inkarnation auch beschaffen sein mag, Madonna hat ihren größten Erfolg bei jungen Leuten erzielt, die in ihr eine emanzipierte Frau der neuen, ehrlichen Art sehen, ein Ikone der Popmusik, mit der sie sich identifizieren können. In einer »genormten« Gesellschaft, in der das Schubladendenken vorherrscht, besitzt eine Frau, die alle Schablonen sprengt, die Intelligenz, Schönheit, Sexualität und das Wissen auf sich vereint, wie man diese Vorzüge strategisch nutzt, auch eine gewaltige politische Sprengkraft.

Eine andere Frau, die zwischen die Stühle von Schönheit und wirtschaftlicher Macht geriet, war Diane Sawyer. Sie hatte mit den typischen Beschränkungen aus der präfeministischen Ära zu kämpfen. Bevor sie mit dem Reportagemagazin *60 Minutes* bei CBS Starruhm erlangte, war sie als Redenschreiberin im Weißen Haus tätig gewesen. Im Herbst 1987 war sie auf einem absolut phantastischen doppelseitigen Foto im *Vanity Fair* zu sehen. Ha, dachte ich, endlich mal eine wirklich schöne Frau, die es genießt, im Rampenlicht zu stehen, und sich dieses Vergnügen zugesteht, weil sie es sich auf der beruflichen Ebene verdient hat. Die Fotografin Annie Leibovitz hatte sie in einer lasziven, liegenden Pose abgelichtet, bekleidet mit einem Pyjama (nicht durchsichtig), den Kopf in den Nacken gelegt, die berühmte blonde Mähne ergoß sich über ihre Schultern.

Es dauerte nicht lange, bis Neid und Konkurrenzdenken den Schulterschluß probten und Sawyer den Fehdehandschuh hinwarfen, die in ebendiesem Augenblick damit befaßt war, einen neuen Vertrag mit dem Sender auszuhandeln. Man warf ihr vor, sie sei »zu weit gegangen«, habe ihre sexuelle Schönheit zu sehr enthüllt, habe sich »unprofessionell« verhalten. Der Mann, mit dem sie damals zusammenlebte, erklärte später, daß sie von Anfang an Angst vor einem möglichen Spießrutenlaufen gehabt hätte. Sie sei an dem Abend, nach dem Fototermin, händeringend nach Hause gekommen und habe gejammert, warum sie sich nur von Annie Leibovitz habe überreden lassen, eine so aufreizende Pose einzunehmen.

Eines Abends, bei einer Dinnerparty, entrüstete ich mich, was für hoffnungslose Fälle ihre Kritiker in meinen Augen doch waren. Die Schlagzeilen klangen, als hätte sie für Aktaufnahmen Modell gestanden. Meine Gäste, in einflußreichen Positionen im Medienbereich und Verlagswesen tätig, nahmen mich in die Mangel: »Eine Moderatorin und Nachrichtensprecherin, die ernst genommen werden möchte, kann ihre Schönheit nicht so ... nun, verschwenderisch vermarkten! Das wird sie Kopf und Kragen kosten!«

Tatsache ist, daß Sawyer einen Sieben-Millionen-Dollar-Vertrag mit ABC unterschrieb, eine beachtliche Steigerung, verglichen mit ihrem vorherigen Honorar. Hat das Foto ihre Karriere nun vorangebracht oder gehemmt? Die Entscheidung liegt ganz bei Ihnen. Was Sawyer angeht, so schnitt sie sich leider ziemlich bald darauf die prachtvolle Mähne ab, was ich als Akt der Buße empfand.

Wir können ganz sicher sein, daß viele auf der Strecke bleiben und haarige Anpassungen vornehmen müssen, wie Hillary Rodham Clinton, bei der sich Politik und Locken zunächst verhedderten. Interessanterweise schloß auch ihre Odyssee im Rahmen der Mode Marke Unschuldsengel einige entscheidende Stunden im Licht von Annie Leibovitz' glanzverleihenden Linsen ein. Nach einer holprigen Anlaufphase zu Beginn der Präsidentschaft ihres Mannes entpuppte sie sich als Siegerin an allen Fronten, einschließlich der Schönheit. Aber Hillary Rodham Clinton ist keine gewöhnliche First Lady. Sie gehört einer Frauengeneration an, die genauso eigenständig, meinungsstark, aggressiv und wettbewerbsorientiert ist wie ein Mann. Manche würden sogar behaupten, daß sie Männern hier einiges voraushat. Sie erweckt diesen Eindruck, weil sie ein dementsprechendes Leben führt. Ihre Familie und vor allem *sie* mit dem Weichzeichner wiederzugeben, wäre eine glatte Lüge.

Hillary Rodham Clintons Biographie ist nicht zuletzt deshalb so interessant, weil sich ihr Aussehen buchstäblich vor unseren Augen auf spektakuläre Weise veränderte, genauer gesagt vor den Augen der Presse- und Fernsehkameras. Da sie die erste First Lady ist, die eine solche Verwandlung über die Bühne gebracht hat, ist es natürlich reizvoll, darüber zu spekulieren, was den Modemuffel in eine Augenweide verwandelt hat. »Früher habe ich mit den Zähnen geknirscht und mir gewünscht, ich könnte Hillary auf den Rand meiner Badewanne setzen und ihr Nachhilfestunden in Sachen Make-up geben«, gestand die Mutter des amerikanischen Präsidenten, die verstorbene Virginia Kelley, eine selbsternannte Exhibitionistin. »Ich hätte ihr gezeigt, wie man die natürliche Schönheit hervorhebt, die sie dadurch kaschierte, daß sie überhaupt kein Make-up trug. Für sie zählte das alles nicht. Sie hatte zuviel zu tun, mußte an ihrer beruflichen Karriere basteln und sich sozial betätigen, zum Beispiel im Jugendstrafrecht. Make-up bedeutete ihr nicht die Bohne.«[49]

Das hat sich inzwischen geändert. Ich stelle mir vor, daß eine Frau, die im Laufe der Jahre mit solchem Erfolg Macht angehäuft hat, es interessant, wenn nicht sogar befriedigend finden muß, auch mit der Macht der Schönheit zu experimentieren, nachdem sie ihr so lange aus dem Weg gegangen ist. Maskenbildner, die sie zu Beginn von Clintons Amtszeit vor einer Fernsehaufzeichnung schminkten, erklärten übereinstimmend, daß sie dabei nie in den Spiegel zu blicken pflegte, so vertieft war sie in die Notizen, die sie sich gemacht hatte.

Aber sie muß die Komplimente, das Lächeln oder einen neuen Ausdruck in den Augen der Menschen wahrgenommen haben, als die Leute nach jener Rede, nach den einnehmenden Fotos von Annie Leibovitz, die sie in einem aufreizenden Donna-Karan-Kleid zeigten, mit ihr sprachen. Aus diesem Stoff werden Märchen gemacht. Hillary war an Lob für ihre Leistungen gewöhnt, aber nichts ist so herzerwärmend und heilsam wie ein Lob, das der Person selbst gilt.

Die Geschichte der Hillary Rodham Clinton ähnelt einem Märchen, bei dem die Moral umgekehrt wird; bevor sie sich in die schöne Cinderella verwandelte, war sie im Haushalt kein fleißiges Aschenputtel, wie wir alle wissen. Sie ist eine moderne Frau, die streitet und sich ihren Weg durch den Dschungel eines politischen Dramas erkämpft, wobei sie manchmal gewinnt und manchmal verliert; aber sie setzt stets ihr gesamtes Waffenarsenal ein. Nun ist sie auch noch schön. Wir sehen das Porträt einer arbeitenden Frau vor uns, bar jeder Idealisierung, mit Ecken und Kanten, guten und schlechten Seiten. Das ist genau das, was uns der Arzt verschrieben hat; wir haben lange Zeit gebraucht, um die Vorstellung zu begraben, Frauen seien grundsätzlich sanftmütiger und tugendhafter als Männer.

Keine Konkurrenz!

Ich hätte dieses Buch nicht schreiben können, wenn ich nicht vor Beginn der sechziger Jahre, als sich die Welt veränderte, die Macht der Schönheit mit eigenen Augen gesehen hätte. Sobald sich die feministische Armee in Marsch gesetzt hatte, war es ein Sakrileg, den Spiegel an der Wand nach seiner Meinung zu befragen. Da wir uns ein Stück vom ökonomischen Kuchen abschneiden wollten, den die Männer in ihrem Besitz hatten, mußten wir die Währung, mit der wir uns früher das eine oder andere Häppchen durch Tauschhandel verschafft hatten, aufgeben.

Und dann, Mitte der achtziger Jahre, wurde die harmlose Karrierefrauen-Uniform plötzlich durch die Macht der Schönheit ersetzt, und ich stellte mir die Frage: Wie gehen Frauen mit dieser erotischen Mode im Arbeitsumfeld um? Merken sie, was für eine Kettenreaktion sie auslösen, wenn sie den Raum in einem Outfit betreten, das allen die Sprache verschlägt? Wird es ihnen gelingen, dem

Neid die Spitze zu nehmen? Und wenn Männern die Augen schier aus dem Kopf fallen, werden sie dann klug genug sein, deren Starren als eine »natürliche« Folge ihrer sexuell aufreizenden Aufmachung zu betrachten?

Ich fragte mich auch, wie Männer reagieren, wenn Frauen an ihnen vorübergehen, in engen, den Hintern modellierenden, superkurzen Röcken. Manche dieser Männer und Frauen waren zu jung, um sich an die letzte Erotikwelle in der Mode zu erinnern. Wie würden sie Arbeit und Sexualität auf einen Nenner bringen? Selbst wir Veteranen hatten nie ein so starkes erotisches Gebräu erlebt, zumindest nicht am Arbeitsplatz.

Ja, die Rückkehr der Erotik sorgte für Spannung, vor allem am Arbeitsplatz. Jetzt würde ihre Macht den Feminismus vermutlich zwingen, sein Augenmerk auf Wettbewerb, Neid und Eifersucht zu richten. Aber niemand erwähnte die Begriffe Wettbewerb oder Konkurrenz. Statt dessen drehte sich das Karussell der erotischen Mode immer schneller, so daß sich die Wettbewerbsteilnehmer abstrampeln mußten, um sich in Augen zu spiegeln, die nicht selbst schon auf der Suche nach einem Spiegel waren.

Ich spürte, daß ein Feuersturm bevorstand, ein Augenblick von historischer Tragweite, dessen Wurzeln sich auf die Zeit zurückdatieren ließen, als ich erstmals nach New York gekommen war. Da ich erst vor kurzem der Isolation meiner Schriftstellerkammer entronnen war, konnte ich der Aussicht, gleich wieder drei oder vier Jahre über dem nächsten Buch zu brüten, nichts abgewinnen. Aber mir wollte der Gedanke nicht aus dem Kopf gehen; deshalb entschied ich mich für einen Kompromiß und telefonierte mit verschiedenen Freundinnen, die bei namhaften Modezeitschriften beschäftigt waren.

Wie wäre es mit einer Fotoreportage, schlug ich vor, Bilder von Models mit üppigen Kurven, die durch Büros stelzen, unter den Überschriften aus jenen Fragen, die mir bei dieser Vorstellung durch den Kopf gegangen waren? Eine berufstätige Frau, die ein halbes Monatsgehalt für ein Kostüm und hochhackige Schuhe von Manolo Blahnik ausgibt. Sie hat eine halbe Stunde für ihre Kriegsbemalung gebraucht, und nun liegen ihre Aufgaben klar auf der Hand: Sie muß die fauchenden Frauen besänftigen; sie muß die Männer beschwichtigen, in deren Lenden sich etwas regt, sobald sie in einer Parfümwolke vorübergeht. Die Atmosphäre im Raum muß wieder auf Normaltemperatur zurückgedreht werden wie vor ihrem Auftritt. Eine Menge Verantwortung, selbst für ein erfahrenes Mitglied der Truppe, gar nicht zu reden von einer jüngeren Angehörigen des Ensembles, einer Dreißigjährigen, die zum erstenmal im Rampenlicht steht, zum erstenmal dem Starren ausgesetzt ist.

»Was soll das heißen, ›die Macht der Schönheit‹? Was haben Neid und Konkurrenzkampf mit Mode zu tun?« fragten mich die Herausgeberinnen der Modemagazine. Da ich nicht bereit war, den Artikel in voller Länge zu schreiben, wie sie es forderten, fand ich andere Möglichkeiten, mich dem Thema anzunähern. Ich drehte einen Videofilm von zehn Minuten Dauer und eine Fernsehserie über das Thema, veranstaltete Symposien in drei verschiedenen Städten, war beratend für einen renommierten Kosmetikkonzern tätig und ging eine Partnerschaft mit DYG Inc. ein, einem Marktforschungsunternehmen unter der Leitung von Dan Yankelovich und Madeline Hochstein. Wir stellten mehrere Fokusgruppen zusammen, und unsere Recherchen gipfelten in einer Meinungsumfrage, die in allen US-Bundesstaaten durchgeführt wurde.

Ich lud Männer und Frauen – Psychologen, Soziologen, Anthropologen und andere Akademiker – als Referenten zu den Symposien ein. Sie gehörten zu einer Altersgruppe, die sich noch an die Rolle der Schönheit vor der sexuellen und feministischen Revolution erinnerte. Würden die jungen Frauen nicht davon profitieren, zu hören und zu sehen, wie ihre Mütter die Schönheit in einer Zeit eingesetzt hatten, als sie die eigene Existenz sichern half?

Da Frauen dazu erzogen wurden, ihre Schönheit zu leugnen, um den Neid anderer abzuwehren, haben wir uns unser ganzes Machtpotential, seine Auswirkungen auf andere und seine Einsatzmöglichkeiten nie richtig bewußtgemacht. Dies gilt es endlich nachzuholen. Außerdem muß der Feminismus matriarchalischer Prägung damit aufhören, den Frauen zu predigen, daß Wettbewerb etwas Negatives ist. Es liegt auf der Hand, daß der moderne Feminismus seine Existenz dem Konkurrenzkampf verdankt und sich ganz offensichtlich weigert, darüber in irgendeiner Form zu diskutieren.

Frauen haben wirtschaftlich und politisch in einem internationalen, wettbewerbsorientierten Markt Fuß gefaßt, und die alte Leier des Feminismus: »Wir lassen uns nicht auf einen Konkurrenzkampf ein«, wäre lachhaft, wenn sie nicht so destruktive Folgen hätte. Sie bewirkt, daß Frauen mit einer Hand auf den Rücken gefesselt zum Wettkampf antreten müssen. Übertreibungen und Wortgefechte sind das Handwerkszeug vieler berufstätiger Frauen, die das Lächeln des »braven Mädchens« aufsetzen, während sie sich mit ihren Ellbogen den Weg nach oben bahnen, blind für alle, die sie dabei niedertrampeln. »Ich und jemanden verletzen? O nein, sie ist meine beste Freundin!«

Männer bahnen sich ebenso rücksichtslos den Weg an die Schaltstellen der Macht, aber sie leugnen es nicht. Unter den aggressivsten und streitbarsten Menschen, die ich kenne, befinden sich erstaunlich viele Frauen; sie würden es nur nicht so nennen. Und einige der fürsorglichsten Menschen, die ich kenne, sind männlichen Geschlechts, aber sie fühlen sich auch heute noch nicht ermutigt, diese Beschreibung für sich zu beanspruchen, aus Angst, dafür ihre Männlichkeit einzubüßen. Wir Frauen sind genauso eifrig darauf bedacht, die Rolle des Mannes als Hausmann zu diskriminieren, wie sie darauf bedacht sind, uns daran zu hindern, ihnen den Arbeitsplatz wegzunehmen.

Zu den aggressivsten Frauen, die ich kenne und deren Bücher ich gelesen habe, gehören die Feministinnen der alten Garde. Wenn es um Streitsucht und Rivalität geht, setzen sie neue Maßstäbe. Diese Frauen haben jedes Recht, einen von Konkurrenzdenken geprägten Feldzug gegeneinander zu führen; es ist nur ihre Doppelzüngigkeit, die ich anklage. Besonders ärgerlich finde ich es, daß vor allem Feministinnen der ersten Stunde den »braven Mädchen«, die ihr »gewohntes Konkurrenzdenken« ablegen, als Belohnung Zuneigung versprechen.

Es ist unvermeidlich, daß sich bei einer Bewegung wie dem Feminismus, die sich stetig weiterentwickelt und wächst, bei einem Thema wie dem Konkurrenzkampf die Geister scheiden. Der Bruch muß nicht bitterer sein als die emotionale Trennung von der Mutter. Der Führung hat es nie gefallen, Macht und Einfluß abzugeben. Der Feminismus moderner Prägung reagiert in seiner Weigerung, einen gesunden Wettbewerb zu ermutigen und willkommen zu heißen, genauso wie die besitzergreifende, »schlechte Mutter«.

Ich wünschte, ich könnte für diejenigen unter Ihnen, die den modernen Feminismus nicht in seinen Anfängen miterlebt haben, ein emotionales Bild jener Zeit malen, da Frauen anderen Frauen noch nicht predigten, was sie tun und lassen sollten. Nun hat sich der Feminismus im »semantischen Dschungel« verirrt, und wir gehen so hart miteinander um wie in jeder x-beliebigen patriarchalischen Gesellschaft.

Wenn man das dunkle Geheimnis im Leben der Frauen enthüllen will, muß man sich darauf einlassen, das Gestrüpp in der Bindung zur Mutter zu lichten. Einer der zerstörerischen Rückschritte im matriarchalischen Feminismus der Neuzeit ist das krampfhafte Bemühen, die Mutter-Tochter-Beziehung zu idealisieren. Was für eine grausame Ironie des Schicksals, daß gerade jetzt, da Frauen die gesunden Regeln des Wettbewerbs dringend lernen müßten – Regeln, die am besten in der Opposition zur Mutter verinnerlicht werden, so daß sie später am Arbeitsplatz auf Knopfdruck abrufbar sind –, eine feministische Clique von Müttern Margaret Mahlers Werk abqualifiziert.

Jede Stelle, die eine Frau im Berufsleben besetzt, bedeutet einen Arbeitsplatz weniger für einen Mann oder eine andere Frau. Nach jeder Position, die ein Mann innehat, schielen Männer und Frauen gleichermaßen. Der Wettbewerb am Arbeitsplatz ist vielschichtig und um so komplexer, da Männer und Frauen dort auch noch um die Herzen ihrer Kollegen rivalisieren. »Einer der Gründe für die Verwirrung, die heutzutage herrscht, ist der spektakuläre Wandel am Arbeitsplatz«, sagt die Psychologin und Professorin für Management, Lisa Mainero. »Zu Beginn der achtziger Jahre wurden die Kleidervorschriften in den Firmen, das Image und das äußere Erscheinungsbild generell dynamischer. Eine der nachhaltigsten Veränderungen besteht jedoch darin, daß der Arbeitsplatz zu einer Kontaktbörse geworden ist, ein Ort, an dem man Angehörigen des anderen Geschlechts begegnet, miteinander ausgeht und Beziehungen knüpft, die über die berufliche Ebene hinausgehen. Von den Frauen, die ich befragt habe, erklärten 76 Prozent, daß sie entweder selbst eine Liebschaft am Arbeitsplatz gehabt hatten oder Kollegen kannten, die miteinander verbandelt waren.«

In den letzten fünf Jahren haben sich die neuen wissenschaftlichen Untersuchungen zum Thema Schönheit, Sexualität, Erscheinungsbild am Arbeitsplatz um ein Vielfaches vermehrt. Ein Einstellungswandel fällt besonders ins Auge: Studien wie die 1979 von Madeline Heilman durchgeführte ergaben, daß gutes Aussehen bei Männern als Pluspunkt galt, bei Frauen dagegen nur dann, wenn sie in untergeordneter Stellung tätig waren.[50] Man nahm an, daß attraktive Frauen in Führungspositionen auch Opfer aller übrigen geschlechtsspezifischen Stereotypen wie Passivität, Ängstlichkeit und dergleichen wurden.

Ende der achtziger Jahre zeigten indessen zwei Untersuchungen, daß jeder zusätzliche Attraktivitätspunkt sich beim Anfangsgehalt eines Mannes in zusätzliche 1000 Dollar übersetzte, während eine gutaussehende Frau keine unmittelbaren Vorteile einheimste, bis sie fest in ihrem Job verankert war; dann jedoch schlug jeder Attraktivitätspunkt mit mehr als 2000 Dollar zu Buche.[51] 1993 verdienten Arbeitnehmer männlichen und weiblichen Geschlechts, die als gutaussehend galten, mindestens fünf Prozent mehr als diejenigen, denen man das Attribut »Durchschnitt« anhängte.[52] 1993 stimmte in einer Umfrage von *Mc Call's*/Yankelovich die überwiegende Mehrheit der Frauen aus allen Altersgruppen darin überein, daß »die meisten Leute dich nach dem Aussehen beurteilen«[53].

Tatsache ist, daß junge Frauen heute, befreit von der Tyrannei der Schönheit, die ihre einzige Macht im Patriarchat war, nichtsdestoweniger den sehr realen Einfluß erkennen, den das äußere Erscheinungsbild auf ihr Leben hat. In unserer Umfrage erklärten 86 Prozent der Frauen und 76 Prozent der Männer, Schönheit nehme deshalb bei Frauen einen so hohen Stellenwert ein, weil sie Selbstvertrauen schaffe. Wer es ablehnt, eine gesunde Einstellung zum Wettbewerb zu fördern und Frauen zu befähigen, effektiver mit dem gewinnträchtigen Potential der Schönheit umzugehen, raubt ihnen dieses Selbstvertrauen.

Schönheit, Sexualität und Wettbewerb sind eng miteinander verzahnt. Je stärker die sexuelle Komponente der Schönheit betont wird, desto mehr Neid weckt sie und desto gefährlicher ist das Fahrwasser, in das wir steuern, denn jede Partei behauptet wider besseres Wissen, daß unverhohlen dargebotene erotische Körperteile keinen Einfluß auf den Status quo haben.

In einem Interview befragt, ob Frauen der Männer wegen schön sein wollen, erklärte Norman Mailer, der sein Leben lang in Gesellschaft schöner Frauen und mit ihrer literarischen Beschreibung verbracht hat: »Nein. Frauen sind anderer Frauen wegen darauf erpicht, gut gekleidet zu sein; Frauen machen sich anderer Frauen wegen die Haare. Der Wettbewerb ist teuflisch. ... Unter hundert Frauen gibt es nur einige wenige, die einen Trend setzen. Die übrigen folgen ihm wie Sklaven, und alle beklagen sich, daß die Männer sich nur an Äußerlichkeiten orientieren. Wir Männer optieren für die Schönheit, weil uns gar keine andere Wahl bleibt. Alle Frauen haben uns diesen Weg gewiesen. Es ist nicht leicht für einen Mann, zu sagen, ich möchte aus diesem Karussell aussteigen und mich mit einer Frau häuslich niederlassen, die innere Tugenden besitzt.«[54]

Ich kann nichts Tugendhaftes daran finden, das Streben nach Schönheit über Bord zu werfen, und ich kann mir keinen schlechteren Rat vorstellen, als in unserer heutigen Zeit den Irrglauben zu verbreiten, »gute Mädchen« lieferten sich keine Konkurrenzkämpfe. Zum erstenmal befinden wir uns gemeinsam am Arbeitsplatz und im Spiegel; wir müssen ein gesundes Wettbewerbsverhalten üben, um die Arbeitswelt für uns sicherer zu machen. Manche Frauen und Männer sind durch Charakter, Gene, Temperament und soziale Herkunft wettbewerbsorientierter als andere. Feministinnen, die predigen, Frauen seien den Männern generell moralisch überlegen, weil sie sich nicht gegenseitig Konkurrenz machen, leisten ihren Schwestern einen Bärendienst.

Es kann nicht die Rede davon sein, daß irgend jemand Wettbewerb predigt, denn das Gefühl kennen wir aus frühester Kindheit. Wenn wir argwöhnen, daß uns der Verlust eines geliebten Gegenstands oder Menschen bevorstehen könnte, dann sind Eifersucht, Angst und Wut zum Teil eine Reaktion auf den Wettbewerb. Wir empfinden diejenige Person, die uns wegnehmen könnte, was wir lieben und brauchen, als unseren Rivalen. Noch vor Beginn der ödipalen Dreiecksphase fühlt sich ein Kind als Konkurrent jedweden Objekts oder Subjekts, das den Blick der Mutter auf sich lenkt und ihm die Aufmerksamkeit stiehlt.

Solche Rivalitäten um Besitzstände sind unvermeidlich. Die Strategien, mit denen wir sie damals bewältigt haben, bereiten den Boden für alle nachfolgenden Reaktionen auf drohende Konkurrenz in der ödipalen Phase und die heute vorherrschenden Gefühle in Wettbewerbssituationen vor. Man könnte sagen, daß wir sogar noch vor der ödipalen Phase gelernt haben, uns unserer Haut zu wehren. Wenn während der ödipalen Phase die sexuelle Komponente Einzug in den Konkurrenzkampf hält und sowohl Schuldgefühle als auch Angst vor Vergeltung mit sich bringt, dann lernen wir, das Wettbewerbsdenken abzublocken. Wir streben nach Integration: Wir wollen uns nur innerhalb sicherer Grenzen auf die Herausforderung des Wettbewerbs einlassen.

Konkurrenz ist weder ein Kampf, den Männer für sich abonniert haben, noch eine von Männern aufoktroyierte Spielerei, die wir überlegenen Frauen locker ausmerzen können. Es steht *ein* Arbeitsplatz mit *einem* Arbeitsvertrag zur Verfügung, den viele wollen und nur eine oder einer erhalten kann. Andere Menschen zu zerstören, zu belügen und zu betrügen kann nicht die Antwort sein, aber auch nicht der geschlossene Frauenkreis, den die matriarchalisch denkenden Feministinnen verlangen. Höherwertige Leistungen erbringen, beweisen, daß man besser für die Position geeignet ist, aus dem Rennen um Stellung und Vertrag als Gewinner hervorgehen, das alles sind Elemente eines fairen, gesunden Wettbewerbs. Wir Frauen müssen lernen, wie wir diese Waffen konstruktiv einsetzen und uns mit unseren Fähigkeiten in den Wettbewerb einbringen können. Dadurch gewinnt der Wettbewerb, wie er von Männern praktiziert wird, an Qualität, das Spiel wird besser, aber nicht entschärft.

Wie können wir uns unser eigenes Wettbewerbsstreben eingestehen, wenn unsere erste große Liebe, unser erstes Vorbild, unsere erste Konkurrentin niemals zu ihren eigenen Gefühlen stand, genausowenig wie ihre eigene Mutter oder deren Mutter? Wenn sie doch damals nur offen eingestanden hätte, welche tückischen Empfindungen unsere persönlichen Leistungen und Verdienste, einschließlich der Schönheit, in ihr auslösten! Auf das Drängen, ihren eigenen Gefühlen einen Namen zu geben, wenn andere uns Komplimente machen oder unsere Schönheit bewundern, würde sie jeden Begriff wählen, nur nicht das gefürchtete Wort *Konkurrenzneid*.

»Wie geht eine Tochter mit dem Konkurrenzneid der Mutter um oder mit der Eifersucht auf ihre Leistungen?« fragt die Psychologin Paula Caplan. »Oft wählt sie eine der beiden nachfolgenden Strategien (oder probiert beide zu unterschiedlichen Zeitpunkten aus): Sie mindert ihr Leistungsstreben (oder beginnt zumindest, es vor ihrer Mutter zu verbergen), und sie schafft eine emotionale oder physische Distanz zwischen sich und der Mutter.«[55]

Um unsere heutigen Probleme mit dem Wettbewerb zu verstehen, müssen wir uns mit den Erlebnissen in frühester Kindheit auseinandersetzen. Bringt es denn etwas, wenn wir die Wurzeln des Gefühls kennen, das eine Rivalin in uns weckt? Ja, absolut und zweifelsfrei. Allein das Wissen, daß es nicht die stolze, exhibitionistische Frau ist, die sich als Verliererin fühlt, bevor der Kampf auch nur begonnen hat, sondern das Kind, das ich einst war, rückt die Situation in die richtige Perspektive. Ich spüre wieder, wie Übelkeit in mir hochsteigt, greife mir an die Kehle, würge die Bitterkeit hinunter und spreche, denn nichts bringt mich wirksamer in die Realität zurück als der Klang meiner eigenen starken Stimme. Ich werde mit diesem Gefühl des Unterlegenseins bis zu meinem letzten Atemzug kämpfen, aber Wissen ist Macht.

Frauen haben dieses Gefühl der Niederlage schon vor dem Kampf gemeinsam. Unsere Mütter haben uns nicht die sicheren Grenzen und Regeln des Wettbewerbs beigebracht, nicht über das vergiftende Gefühl gesprochen, das damit einhergeht, und deshalb hat das Wort Konkurrenz seinen schmachvollen, unweiblichen Klang auch nicht verloren. Es ist nichts dagegen einzuwenden, wenn sich die Mutter als Rivalin der Tochter empfindet, und nichts macht diese Situation sicherer, als es offen einzugestehen, darüber zu reden, es mit Humor zu nehmen, sich trotzdem zu umarmen, sich als Gewinnerin und Verliererin zu fühlen, zu spüren, daß das Leben weitergeht, daß die Liebe füreinander unangetastet bleibt.

Männer sehen keine Unvereinbarkeit zwischen Konkurrenz und Kooperation, weil sie der Ansicht sind, daß beides die Bandbreite der Marktchancen erweitert. Frauen, ungeübt im Wettbewerb und argwöhnisch gegenüber jeder Form der offenen Rivalität, haben selbst am Arbeitsplatz Schwierigkeiten, Seilschaften zu bilden. Wir sind unschlüssig, ob wir einer anderen Frau die Hand reichen sollten, wenn wir die Karriereleiter erklimmen, aus Angst, unsere Hilfestellung könnte ihr als Sprungbrett dienen, um die gleiche Stufe wie wir zu erreichen, ja, uns auf dem Weg nach oben sogar zu überholen.

Männer nehmen einen anderen Mann bei ihrem Gipfelsturm nicht deshalb ins Schlepptau, weil sie so edel und großmütig sind. Sie bilden Seilschaften, weil sie hoffen, damit ein Gefühl der Loyalität und Dankbarkeit auszulösen. Die Dankesschuld bleibt in der Erinnerung haften, wird in vielfältiger Münze zurückgezahlt, eine Gepflogenheit, die uns Frauen suspekt vorkommt, weil wir sie nicht ausreichend erprobt und für gut befunden haben. Der Coach eines Frauenbasketballteams aus Connecticut beschrieb die Situation treffend, indem er sagte: »Frauen haben nicht gelernt, ihren Konkurrenzneid und ihre Wut wie eine Haut abzustreifen, wenn das Spiel vorüber ist. Sie sind unversöhnlich und hassen die Rivalin, die sie ausgestochen hat, noch lange.« – Ein Mann, der nicht lernt, mit Anstand zu verlieren, dem Gewinner die Hand zu reichen und ihm einen Drink zu spendieren mit dem sicheren Wissen, daß morgen er die besseren Karten haben könnte, wird als Spielverderber ausgeschlossen. Er hat die Regeln des Wettbewerbs nicht verinnerlicht.

Der Händedruck nimmt der Niederlage den Stachel und sorgt dafür, daß man nachts ruhig schläft. Der Sieg des Rivalen wird zur Triebfeder des Bestrebens, die nächste Runde im Wettkampf für sich zu entscheiden. Männer zetteln Kriege an, aber auch wir sind kampfgestählt. Maggie Thatcher und Golda Meir waren die Vorhut. Frauen mögen eine längere Lebenserwartung haben, aber wenn wir weiterhin Gift und Galle hinunterschlucken, werden Herzinfarkt, Magengeschwüre und Haarausfall auch bei Frauen bald auf dem Vormarsch sein.

Was wir brauchen, ist mehr Dialogfähigkeit, die Freiheit zum Dissens, der offene, gesunde Wettbewerb zwischen Frauen. Frauen müssen am Arbeitsplatz erleben, daß es möglich ist, eine andere Meinung zu vertreten oder einen Arbeitsvertrag zu erhalten, den eine andere gern gehabt hätte, und trotzdem in gutem Einvernehmen miteinander essen zu gehen. Im Gegensatz zur traditionsverhafteten Frauenwelt setzt die wettbewerbsträchtige Arbeitswelt die Fähigkeit voraus, das Kriegsbeil auch wieder zu begraben.

KAPITEL 7

Männer im Spiegel

Das Ankleidekabinett meines Großvaters

Es gab nichts Aufregenderes und Geheimnisvolleres in meiner Kindheit als das Ankleidekabinett meines Großvaters. Er war mein Held und mein großes Vorbild, dem ich nachzueifern trachtete. Wenn ich mich in dem erlesenen Raum umsah, der so unverkennbar von seiner Persönlichkeit zeugte, Garderobe und Mobiliar nach Maß gefertigt, glaubte ich vielleicht, darin den Schlüssel für einen noch persönlicheren Zugang zu ihm zu finden. Ich war ein kleines Mädchen, das sich weder für Kleidung noch für das Wesen der Männlichkeit interessierte, aber ich spürte instinktiv, daß dieser auf ihn zugeschnittene Raum das innerste Wesen des Mannes spiegelte, den ich anbetete, von dem alle Familienangehörigen und entfernten Verwandten mit Ehrerbietung und Liebe sprachen und dessen Aufmerksamkeit ich unbedingt auf mich lenken wollte. In diesem Raum, inmitten des Geruchs von teurer Schuhcreme und Eau de Cologne, entstand eine tiefgehende, persönliche Bindung, die er genoß und die seine Macht noch vergrößerte.

Ich war an jenem Morgen zu ihm aufs Bett geklettert – ein seltenes Vergnügen – und hatte mich neben ihm in die aufeinandergetürmten Kissen gekuschelt, während er im *Wall Street Journal* las. Ich wollte wie mein Großvater sein, ein Selfmademan, der es aus eigener Kraft zu etwas gebracht hatte. Er hatte sein Vermögen in der Stahlbranche in Pittsburgh verdient, während der Weltwirtschaftskrise alles verloren, einen zweiten Anlauf genommen und es erneut zu Wohlstand gebracht.

Während der Sommermonate, wenn wir in seinem weitläufigen Anwesen am Ufer des Niagara wohnten, schlich ich an den heißen

Augustnachmittagen unbemerkt in sein Schlafzimmer und öffnete die Tür zu dem holzgetäfelten Raum, der eigens für die Präsentation seiner Garderobe entworfen worden war. Bis zu einer bestimmten Höhe des Ankleidekabinetts waren die Wände rundum verspiegelt, und darüber hingen Fotos von den Besitztümern meines Großvaters, von seinen Pferden, Häusern, Schiffen, und von Familienmitgliedern. Das indirekte Licht flammte auf, wie auf der Bühne, und da hingen sie, seine Anzüge, Schulter an Schulter. Hemden aus kuschelweichen Stoffen lagen in Mahagonischubladen wie im Schaufenster ausgestellt, daneben prangte eine stattliche Sammlung von Hüten und Schlafröcken, und in winzige, mit Samtfutter ausgeschlagene Schatullen waren Ringe, Manschettenknöpfe und alle nur erdenklichen Accessoires für die männliche Prachtentfaltung gebettet.

In meinem Haus hängen heute Porträts von meinem Großvater, gemalt von meiner Großmutter, seiner ersten Frau. Auf diesen Gemälden ist er noch jung und attraktiv, mit roten Haaren. Ich habe ihn älter in Erinnerung, würdiger, ein John Houston, der in unserer behäbigen Kleinstadt mit seinem Hofstaat auftauchte. Für sein Gefolge, bestehend aus Sekretärinnen und Geschäftsfreunden, wurden Zimmerfluchten im Hotel Fort Sumpter angemietet. Angetan mit einem weißen Leinenanzug, den Panamahut auf dem Kopf, die Zigarre zwischen die Zähne geklemmt, hatte ich nie einen Mann gesehen, der ihm das Wasser reichen konnte.

Was ihn in meinen Augen noch mehr glorifizierte, war die Ehrerbietung, die ihm nicht nur von uns Enkelkindern, sondern auch von seinen eigenen erwachsenen Kindern entgegengebracht wurde. Meine Mutter und ihre Schwestern wurden lammfromm in seiner Gegenwart, und ein einziges harsches Wort aus seinem Munde hinterließ bei ihnen sichtbare Verletzungen. Dennoch verehrten sie ihn und buhlten um seine Anerkennung. Er pflegte alle ihre Errungenschaften und Leistungen mit kritischen Augen zu betrachten, angefangen von der Rolle, die mein Onkel, der Admiral, in der Schweinebucht gespielt hatte, bis hin zur Körperhaltung meiner Mutter: »Schultern zurück!« Aber er war auch außerordentlich stolz auf das eindrucksvolle Erscheinungsbild des »Clans«, wenn dieser geschlossen im Country-Club eintraf, wie aus dem Ei gepellt, keiner unter 1,80 Meter Gardemaß.

Mir gefiel vor allem die Zwanglosigkeit meines Großvaters im Umgang mit anderen Menschen, sein spontanes Lachen, die geballte Kraft, die man spürte, wenn er einen Raum betrat. Den Zugang zu seinem Herzen gewann man, wie ich wußte, nur dann, wenn man keine Scheu vor ihm hatte; und so pflegte ich ihm kühn auf seinen Schoß zu klettern, ihm einen Kuß zu geben, ihm eine Geschichte zu erzählen. Und ich zeigte ihm meine guten Noten, die Urkunden und Medaillen aus der Schule. Er hielt viel von Leistungen. Zuviel, ohne Zweifel, aber er setzte mir damit ein erstrebenswertes Ziel. Da ich unbewußt vor langer Zeit entschieden hatte, meiner Mutter, die mich nicht ansah, meine schulischen Erfolge aus kindischer Rache zu verheimlichen, schickte ich meine Zeugnisse an Daddy Colbert, wie er gern genannt wurde. Seine stolzen und anspornenden Briefe, die er seinem Sekretär John diktierte, waren meine größte Belohnung.

Mein Geschenk zur bestandenen Abschlußprüfung der High-School waren ein Set Hartmann-Koffer und die Aussicht auf eine Europareise nach Beendigung des Colleges. »Das Beste sollte dir gerade gut genug sein«, sagte er. »Die Investition lohnt sich immer.«

Kann eine Frau von einem Mann etwas für ihr eigenes Aussehen lernen? Und ob. Das äußere Erscheinungsbild, das ich zwischen meinem zwanzigsten und dreißigsten Lebensjahr von mir schuf, war das Phantasiebild einer Frau an seinem Arm, die ihn entsprechend schmückte. Das weiß ich heute, denn meine wohlüberlegte Entscheidung in dem Augenblick, wenn ich ein Kleidungsstück kaufte, traf ich mit sicherem Blick für die Schönheit der Materialien und Schnitte, aber auch für die augenfällige Wirkung.

Wenn mein Großvater in den sechziger Jahren nach Manhattan kam, machte er sich nie die Mühe, seinen Besuch vorher anzukündigen. Er rief einfach aus dem Pierre oder Plaza Hotel an, um mir mitzuteilen, wo und wann wir uns zum Mittag- oder Abendessen treffen würden. »Ich warte auf dich Punkt eins im 21«, pflegte er zu verkünden, und ich sagte frohen Herzens alle anderen Verabredungen ab, wählte meine Kleidung sorgfältig aus und inszenierte meinen großen Auftritt, suchte seinen Blick, wenn er aufstand, mich umarmte und mich stolz seiner Männerrunde vorstellte. Die Freude darüber, daß ich »ein berufstätiges Mädel« war und meine eigenen Brötchen verdiente, daß meine Arbeit mich nach Europa und in die Karibik führte und daß meine Anwesenheit die Männer veranlaßte, kerzengerade dazusitzen und den Bauch einzuziehen, stand ihm ins Gesicht geschrieben.

Nach dem Essen machten wir häufig einen Spaziergang zur East Side und statteten einem seiner bevorzugten Herrenausstatter einen Besuch ab. Man bot mir einen bequemen Sessel an, kredenzte mir ein Glas Weißwein, und danach fand die private Modeschau statt. Die Vorliebe meines Großvaters für Spitzenqualität erstreckte sich bis hin zu den unsichtbarsten Details. Er zündete sich eine neue Zigarre an, und unzählige Schätze wurden geschäftig aus dem Innersten des Heiligtums herbeigeholt. Er und der Geschäftsführer waren meistens schon nach kurzer Zeit in ein angeregtes Gespräch über die Linie eines Rockaufschlags versunken. Er fragte mich immer wieder nach meiner Meinung und wies mich auf die subtilen Unterschiede hin, die eine handwerkliche Meisterleistung kennzeichneten.

An dem Tag, als er die Firma verkaufte, die er gegründet, verloren und danach wiederaufgebaut hatte, rief er mich um sechs Uhr abends in seiner üblichen, besitzergreifenden Art an, um mich zum Abendessen ins Plaza Hotel zu beordern. Er kam anscheinend nie auf die Idee, zu fragen, ob ich andere Pläne haben könnte. Ich verabschiedete mich von dem Mann auf meinem Sofa, fuhr mit einem Taxi quer durch die Stadt und traf meinen Großvater auf Strümpfen mitten in seiner Suite an, müde, aber überschäumend vor Lebenslust. Er war 70 Jahre alt.

Wir setzten uns auf das breite Sofa mit Blick auf die blaßgrünen, frühlingshaften Baumwipfel im Central Park und stießen auf seinen Erfolg an. Er ahnte noch nicht, wie es ist, nicht mehr im Berufsleben zu stehen, bar jeder Verantwortung und Macht; woher hätte er es auch wissen sollen? Er hatte seit frühester Jugend gearbeitet und seine eigenen Eltern finanziell unterstützen müssen. Von dem Tag an, als mein Großvater seine Firma verkaufte, ging es mit seiner Gesundheit bergab, wie bei vielen Männern, die mit Beginn des Ruhestands ihre Identität verlieren.

Doch an jenem Abend, dem letzten, den wir allein miteinander verbrachten, befand er sich in nahezu euphorischer Stimmung, war stolz auf den Treuhandfonds, den er für seine Kinder und Enkelkinder geschaffen hatte. Aber mich fror allein schon bei dem Gedanken an alles, was nach dem Tod meines Großvaters sein würde, und so bat ich ihn, mir lieber von früher zu erzählen.

Mein Großvater und ich tranken Champagner, aßen Austern und Hummer und ließen keinen Tanz aus, denn der Vater meiner Mutter war ein hervorragender Tänzer. Daß er mich zu eng an sich preßte und mir unter dem Tisch die Hand aufs Knie legte, obwohl ich es immer wieder wegzog, hatte zur Folge, daß ich mit den Tränen kämpfte. Mein Großvater zelebrierte das Ende seines Lebens.

Wenn er mich, kurz vor seinem Tod, als sinnliche Frau sah, wurde ich es nicht zuletzt seinetwegen, soviel ist gewiß. Ich war sein Kind, er war mein Idol, mein Vorbild, dem ich darin nacheifern wollte, das Leben mit beiden Händen anzupacken. Das Behagen, das ich in der Gesellschaft von Männern empfand, meine Neigung, sie um keinen Deut bösartiger einzustufen als Frauen, habe ich ihm zu verdanken und meinem geheimnisvollen Vater, in dessen rätselhafter Abwesenheit ein idealisiertes Bild des Mannes entstand, des fehlenden Elternteils, der mich geliebt und mich als *sein* kleines Mädchen betrachtet hätte.

Der »gute Versorger«

Es ist noch nicht lange her, daß die meisten Männer und Frauen in unserem Kulturkreis den »guten Versorger« als Inbegriff der Männlichkeit sahen. Man kann nicht oft genug darauf hinweisen, wie prägnant ein solches Männlichkeitsklischee war, wie es seinen unangefochtenen Erfolg als Mann auf den Punkt brachte. Der »gute Versorger« wurde ihm wie ein Stempel aufgedrückt, so daß der Mensch hinter dieser Schablone immer unanfechtbarer wurde, je mehr Geld er verdiente. Seine Persönlichkeit, seine Härte oder seine menschliche Wärme waren zweitrangig – wenn er sich als »guter Versorger« bewährte, bewährte er sich als ganzer Mann.

Diese Definition, auf deren Fundament zahlreiche Männergenerationen heranwuchsen, war von grundlegender Bedeutung für den Erhalt einer stabilen Weltordnung. Alle anderen Rollen rangierten auf den Hierarchiestufen unter ihm, beginnend mit der Definition von Weiblichkeit, die im Gewand des Hausmütterchens daherkam. Im Rahmen des »patriarchalischen Handels« wuchsen Kinder vielleicht mit Träumen von alternativen Lebensweisen auf, aber diese wurden fast immer über Bord geworfen.

Im Idealfall hatte der Mann überhaupt kein individuelles Erscheinungsbild. Er trug seinen Erfolg wie ein Banner vor sich her, meßbar an dem Bild, das seine Frau und seine Kinder boten, die sorgfältig herausgeputzt waren, oder an Statussymbolen wie einem augenfälligen Haus und Automobil. Der Mann verkörperte Macht, und Macht besaß und besitzt auch heute noch eine sehr große Anziehungskraft.

Wenn sich ein Mann mit einer hübschen Frau schmückte, taxierten wir *ihren* Pelzmantel, *ihre* Krokodillederhandtasche, *ihr* Gesicht und *ihre* Figur, und wenn wir den Wert dieser Qualitäten im Kopf überschlagen hatten, konnten wir unter dem Strich den Grad seiner Bedeutung ablesen. Und indem wir ihr Komplimente über das schmückende Beiwerk machten, zollten wir ihm den größten Respekt.

Als die feministische Armee in die Arbeitswelt einmarschierte, änderte sich die Art, wie wir Frauen sahen, und ich kann mir nicht vorstellen, daß wir jemals wieder zu der althergebrachten Definition von Weiblichkeit zurückkehren. Doch vorläufig beurteilen wir den Status eines Mannes auch weiterhin noch nach dem Reiz der Frau, mit der er sich schmückt.

»Männer wünschen sich attraktive Frauen nicht nur wegen ihres

Fortpflanzungswertes, sondern auch, weil diese ihren männlichen Rivalen und anderen potentiellen Partnerinnen den eigenen gesellschaftlichen Status signalisieren«, schreibt der Psychologe David M. Buss.[1] Seine Recherchen, für die er Fotografien von Männern und Frauen von unterschiedlichem physischen Reiz benutzte, ließen ihn zu der Schlußfolgerung gelangen: Die meisten Befragten waren der Ansicht, »daß ein unscheinbarer Mann schon einen sehr hohen Status besitzen muß, um eine tolle Frau für sich zu interessieren«[2]. Die Psychologin Susan Harter ergänzt seine Forschungsergebnisse: »Die Attraktivität eines Mannes wird oft nahezu automatisch mit Macht, Status, Wohlstand und Position in Verbindung gebracht. Ein Mann, der über diese Vorzüge verfügt, wird meist als attraktiv eingestuft, selbst wenn seine äußerlichen Merkmale keiner klassischen Definition dieses Begriffs entsprechen.« Untermauert wurde Harters These durch eine Umfrage, die gleich nach dem Golfkrieg stattfand. Eine Frauenzeitschrift wollte wissen: »Wer ist der attraktivste Mann in Amerika?« Es war General Norman Schwarzkopf.

Der Rückzug der Männer aus dem Reich des Spiegels erfolgte mit der Geburtsstunde des Kapitalismus. Bis zum Aufstieg der Bourgeoisie war die Kleidung der Männer überwiegend prächtiger als die der Frauen. Im 18. Jahrhundert hatten Männer damit die Aufmerksamkeit auf ihre Person lenken wollen. Doch gegen Ende des Jahrhunderts verzichteten die Männer auf Mode, Eleganz und Schönheit, um sich eine neue Uniform zuzulegen, den dunklen Anzug, in dem sie die kapitalistische Fabrik betraten. Im Austausch gegen diese öffentliche Macht verzichteten sie darauf, mit dem eigenen Erscheinungsbild zu blenden.

Auf den ersten Blick mag es den Anschein erwecken, als hätten die Männer damit einen vorteilhaften Handel abgeschlossen. Aber sich mit der Schönheit einer Frau zu schmücken und sie nicht selbst zu besitzen, ist ein Unterfangen, dem die rechte Würze fehlt. Aus ebendiesem Grund haben Männer den Frauen die Macht der Schönheit übelgenommen und sie herabgewürdigt.

Männer konnten sich das Eingeständnis nicht leisten, wie machtlos, sexuell erregt und eingeschüchtert sie sich angesichts der Schönheit einer Frau fühlten; damit hätten sie die wirtschaftlichen Grundfesten des Patriarchats erschüttert. Deshalb mußte man die Frauen domestizieren und ihre machtvolle sexuelle Schönheit entschärfen, damit der gute Versorger seine Dame beruhigt am häuslichen Herd zurücklassen konnte, derweil er hinaus ins feindliche Leben ging, um die Feuer der industriellen Welt zu entfachen.

In der Folge traute er sich als treusorgender Familienvater in aller Regel nicht, an »schmutzigen Sex« auch nur zu denken, den er liebend gern mit der Mutter seiner Kinder gehabt hätte, mit der Frau, die er auch als »Mutti« zu bezeichnen pflegte. Wenn er seine diesbezüglichen Bedürfnisse befriedigen wollte, ging er zu den »bösen Frauen«. Sie besaßen ein ganz eigenes Erscheinungsbild, das sich grundlegend von dem des Hausmütterchens unterschied.

Dadurch, daß er ihre sexuelle Schönheit an der Kandare hielt, beschränkte er auch sein eigenes Vergnügen, aber damit erleichterte sich der »gute Versorger« das Leben. Wer seine Frau nicht unter »Kontrolle« halten konnte, galt als Schwächling. Später wurde die Ehefrau dann in die Vorstadtsiedlung verbannt, wo es während der langen Arbeitstage kein männliches Wesen, sondern nur grüne Witwen wie sie gab.

In der präfeministischen Zeit war die Gesellschaft so strukturiert, daß alles ausgemerzt wurde, was den wirtschaftlichen Fortschritt hemmte. Diejenigen, die sich diesem ehernen Gesetz nicht beugen wollten, signalisierten schon durch ihr äußeres, unangepaßtes Erscheinungsbild, daß Ärger ins Haus stand. Eine »böse Frau«, wie Lana Turner in dem Film *Wenn der Postmann zweimal klingelt*, brachte mit ihrer zur Schau gestellten Sexualität das Fundament ins Wanken und stellte eine Bedrohung für den Status quo dar. Von dem Moment an, da dieser Typ Frau die Szene betrat, erhielt die Musik einen erotischen Unterton und machte die züchtig gewandeten Kinobesucherinnen auf das aufmerksam, was sie bereits befürchtet hatten: Sie liefen Gefahr, ihre Männer an Frauen wie diese zu verlieren. Die ganze Stadt war in Aufruhr, wenn eine Gloria Grahame oder Marilyn Monroe mit wiegenden Hüften die Main

Street hinunterschlenderte, den Männern die Köpfe verdrehte und die Musik zu einem dramatischen Trommelwirbel anschwoll. Das Aussehen sprach Bände.

Obwohl ich mit diesen Klischees aufgewachsen war, sah ich mich weder als Nestzerstörerin noch als Nestbauerin, und ich fand auch wenig Gefallen an der Spezies Mann im grauen Flanellanzug, die soziale Sicherheit versprach. Sobald ich meine Zelte in New York aufgeschlagen hatte, fand ich das Aussehen der Männer erregend, die *nicht* zur Gattung »guter Versorger« zählten. Ich entdeckte eine unwiderstehliche Erotik in den störrischen Haaren, der lässigen Haltung, im Fehlen des dunkelblauen Anzugs, in der Art, wie die »verbotenen Männer« ihr Zigarette oder ein Glas Scotch in der Hand hielten. Als Mädchen wußte man, daß sie kein Geld hatten, dafür aber andere, weit faszinierendere Ziele verfolgten, und mit welcher Inbrunst! Ihre Gesichter waren beseelt von den Gedanken, die ihnen auf der Zunge lagen, und wenn sie eine Frau anblickten, dann sahen sie sie. Nichts kündigte deutlicher an, wohin die Reise ging, als das äußere Erscheinungsbild.

Männer können kein Mitgefühl von Frauen erwarten, die noch immer davon ausgehen, daß die geballte Macht in männlicher Hand liegt. Die meisten Männer legen daher Wert darauf, sich als langweilige, aber zuverlässige Spezies zu präsentieren und nicht über den Horizont des ökonomischen Erfolgs hinauszublicken, über den sie sich noch immer definieren. Für Frauen, die darauf erpicht sind, ein Nest zu bauen, ist der blaue Anzug, der Unterwerfung unter das Joch des Kapitalismus signalisiert, eine Aufforderung zum Balz- und Paarungsritual.

Daß ich mich für den entgegengesetzten Weg entschied, war meiner Mutter ein Rätsel, obwohl sie sich wenig Gedanken um mich machte. Wenn ich meine wechselnden Lebensabschnittspartner über die Feiertage mit nach Hause brachte, verkniff sie sich jede Bemerkung über das Fehlen des blauen Anzugs und des soliden Schuhwerks. Musiker, Schriftsteller, Maler, Männer, die sich ziellos treiben ließen, keiner der Liebhaber, die ich meiner Mutter ins Haus brachte, rief helles Entsetzen bei ihr hervor oder provozierte einen Kommentar, mit Ausnahme der gelegentlichen Frage: »Er ist Jude, oder?« Meine Begleiter waren smart, gewitzt und ganz eindeutig erotisch, was meine Mutter vermutlich auch spürte.

Es ist eine machtvolle Erfahrung, einem Mann den Zugang zu seiner Eitelkeit zu erschließen, berauschend wie das Erwachen der Prinzessin im Märchen. Eine Frau, die dem Narzißmus eines Mannes Beifall spendet, ihn ermutigt, ihm auch weiterhin zu folgen, nun, einen derartigen Nachhilfeunterricht vergißt ein Mann nicht so leicht. Wir Frauen sind diejenigen, die ihm die Erlaubnis geben, sein Selbstbild zu mögen, angefangen bei jener ersten Frau in seinem Leben, die seine bewundernswerte Gestalt geliebt hat oder auch nicht.

Da gab es einen gewissen Schriftsteller, den ich zu einem Schneider mitnahm; er wob seine Zauberfäden auf eine Weise, die meinem Geliebten gestattete, sein Selbstbild zu ändern, und mich. Wir waren in Rom, machten dort Urlaub. In seinem Koffer, es war nur einer, hatte er ein Paar Jeans zum Wechseln, Hemden und einen Blazer eingepackt, aber hauptsächlich befanden sich Schreibblöcke darin, auf denen er sich Notizen zu machen pflegte, und Bücher, die er gerade las. Ich war bis über beide Ohren verliebt in ihn und brauchte einen Zauber, der ihn in meinen Bann schlug. Eines Morgens verkündete ich feierlich, daß ich ihn zu Marcello Mastroiannis Schneider mitzunehmen gedachte. »Betrachte es als Experiment, über das du schreiben kannst«, versuchte ich ihn zu überzeugen.

Selbst nach einem ausgiebigen Mittagessen mit mehreren Martinis auf der Piazza Navona war er nervös wie ein Bräutigam, und so gingen wir zu Fuß in die Via Condotti, nur wenige Schritte von der Spanischen Treppe entfernt. Durch eine schmiedeeiserne Tür gelangten wir in einen kleinen begrünten Innenhof, gingen eine enge Stiege hinauf und betraten eine schattige Zimmerflucht. Stoffballen lagen wie zufällig auf Zuschneidetischen und stapelten sich an den Wänden in hohen Regalen. Das einzige Geräusch war das Plätschern des Brunnens unten im Hof.

»Buona sera«, säuselte der sagenumwobene Schneider, Inbegriff der lässig-eleganten Männermode eines Stils, der an zerwühlte Betten erinnert. Während seine Gehilfen Maß bei meinem Liebsten nahmen, sprach der Maestro mit seiner freundlichsten Stimme, wohl spürend, daß er ein unbeschriebenes Blatt in seinen Händen hatte.

Mein Liebster war ein überheblicher Zeitgenosse, stets darauf bedacht, jeden Hauch von Unbehagen zu kaschieren, aber sein Betragen an jenem Tag war wie das einer Jungfrau, die langsam und nach allen Regeln der Kunst verführt wird. Das Stelldichein mit dem Spiegel führte dazu, daß er sich in sein eigenes Bild verliebte. Wie bei meinem Großvater empfand ich Vergnügen daran, daß ich den Voyeur spielte und beobachtete, wie seine Schutzmechanismen Stück für Stück fielen.

»Wenn ein Mann in den Spiegel blickt, richtet er seine Augen auf alles, nur nicht geradeaus«, wurde ein Spiegelverkäufer in der Zeitschrift *Esquire* zitiert. »Es ist, als hielte er es für falsch, sich selbst anzusehen, als hätte er Angst, dabei erwischt zu werden.«[3]

Erst seit kurzem haben sich Begriffe wie Voyeurismus und Exhibitionismus in das Gespräch eingeschlichen. Ursprünglich bezogen sie sich lediglich auf einen pathologischen Zustand, wenn der voyeuristische Blick oder der exhibitionistische Akt die sexuelle Aktivität ersetzt. Doch bisher gibt es keine anderen Wörter, welche die diesbezüglichen Veränderungen der letzten Jahren zum Ausdruck bringen. Das beinahe zwanghafte Bestreben, die Aufmerksamkeit um jeden Preis auf den eigenen Körper zu lenken, erreicht dort ihren Gipfel, wo sich die Welt voyeuristisch oder exhibitionistisch gibt. Nichts hat diese Entwicklung stärker beeinflußt als der Wiedereintritt der Männer in den Schönheitswettbewerb.

»Inzwischen gehen die Leute mit diesen Begriffen viel großzügiger um«, sagt Robertiello. »Männer sind überwiegend voyeuristisch orientiert und Frauen wesentlich exhibitionistischer. Manche Männer legen heute größeren Wert darauf, gut auszusehen, ihren Körper in bestem Licht zu präsentieren, aber die Entwicklung ist neueren Datums und setzt sich nur langsam durch, sie betrifft die Mehrzahl der Männer auch heute noch nicht.«

Heute geben kluge Frauen wie Judith Seifer zu: »Natürlich sind

Frauen Voyeure! Was ist es denn anderes als Voyeurismus, wenn Frauen andere Frauen anstarren und ein Gedächtnis wie ein Elefant dafür haben, was die andere trägt?« Die meisten Verhaltensforscher stimmen mittlerweile darin überein, daß beide Begriffe mehr und mehr in die Umgangssprache eingehen und eine eigene Bedeutung annehmen.

Kann es wahr sein, frage ich mich, daß Frauen solche Hemmungen hatten, über die Macht zu sprechen und zu schreiben, die männliche Schönheit über sie hat? Ist unser Mangel an Bereitschaft, die Macht der Schönheit mit Männern zu teilen, auch nur um einen Deut geringer als der Unwille der Männer, einen Teil ihrer wirtschaftlichen und politischen Macht an Frauen abzugeben? Die Macht, die dem Geld innewohnt, ist so offenkundig, daß es eines Gesprächs bedarf, wenn es den Besitzer wechselt. Schönheit ist nicht weniger machtvoll, aber ihr prägender Einfluß wurde mehrere Jahrhunderte lang bagatellisiert. Lange Zeit war Männern dieser Machthebel versagt, und sie konnten es sich auch nicht leisten, die Schönheit der Frauen für die Öffentlichkeit sichtbar in die Waagschale der Macht zu werfen.

Das Exklusivrecht, das die Frauen im Patriarchat auf die Schönheit hatten, führte zu krassem Fehlverhalten bei jenen Männern, die sich aus wirtschaftlichen Gründen die schönen Frauen nicht leisten konnten, zu denen sie sich hingezogen fühlten und auf die sie einen Anspruch zu haben meinten. Selbst der gutsituierte Mann, der sich mit einer Frau von augenfälliger Schönheit schmückt, ist oft nicht zufrieden; es ist *ihre* Schönheit, die Beachtung findet, nicht *seine*. Deshalb strafen viele Männer Frauen, die über soviel geballte Macht verfügen, mit Verachtung. Die heimliche Wut, die sich dahinter verbirgt, ist genauso häßlich wie der Zorn, mit dem einige Feministinnen die Männer überschütten.

Die Invasion der Frauen am Arbeitsplatz und die Möglichkeit, unseren eigenen Lebensunterhalt zu verdienen, haben das Selbstbild der Männer aus den Angeln gehoben. Das bunte Karussell der Modebilder spiegelt den spektakulären Wandel in der Definition von Männlichkeit und Weiblichkeit wider. Wir alle befinden uns auf der Suche nach einem Erscheinungsbild, das nicht nur die Kleidung umfaßt, und wir experimentieren mit einem Vorstellungsbild von unserem Leben, das wir bewältigen können. Ein Dasein ohne den Anker der Identität, die unser visuelles Bild einschließt, ist sehr beunruhigend.

Belastend, lächerlich und erstickend waren die traditionellen Klischees vom »guten Versorger« und vom braven Hausmütterchen, aber sie haben tiefere Spuren hinterlassen, als wir uns eingestehen wollen. Ohne dieses Stützkorsett der sozialen Rollen finden sich vor allem Männer in einer Grauzone männlicher Identität wieder. Wir sparen weder Zeit noch Tinte, die Rollen der Frauen, die Probleme der Frauen und das Leben der Frauen zu erforschen. Für Männer ist die Neigung, gar nicht erst an den Grundfesten ihrer Männlichkeit zu rütteln, möglicherweise die einzige »typisch männliche« Eigenschaft, die sie für sich beanspruchen können. Die meisten Männer verharren im alten Trott.

Unsere unkontrollierbare Wut, unsere Fähigkeit, zu lieben, und unser Bedürfnis, gesehen zu werden, beginnen im Augenblick unserer Geburt. Doch weder der Vergewaltiger noch der Mann, der eine halbnackt auf der Straße herumspazierende Frau mit Stielaugen anglotzt oder sie durch anzügliche Bemerkungen beleidigt, glaubt, daß unsere Bedürfnisse im Kinderzimmer wurzeln. Entscheidend ist, ob in der frühesten Kindheit des Mannes die Augen der Mutter aufleuchteten, wenn sie ihn ansah.

» Was findet sie bloß an ihm?«

Wie sah eine Frau vor 30 Jahren einen Mann? Ganz gewiß nicht als Sexualobjekt oder als ein Wesen, das seine eigene Schönheit besitzt. Wenn das eigene Überleben von einem Mann abhängt, der ins feindliche Leben hinauszieht, um seine Arbeit zu verrichten, dann ist das Bild, das sie sich von ihm macht, von ihren existentiellen Bedürfnissen geprägt. Eine Frau projizierte damals ihre eigenen Wünsche und Träume auf den Mann, sämtliche Bestrebungen, die sie selbst gern verwirklicht hätte, wenn es gesellschaftlich sanktioniert gewesen wäre. Eine gewisse heldenhafte Schattierung blieb folglich nicht aus: Sie stellte ihn auf ein Podest, verlieh ihm eine Größe, die ihm nicht innewohnte.

Sein Übergewicht, seine schlaffes Doppelkinn, die vorzeitig beginnende Glatze, der deutlich sichtbare Alterungsprozeß, das alles besaß in dem Idealbild, das sie sich von ihm machte, weniger scharfe Konturen. Sie sah ihre Aufgabe darin, ihn zu umsorgen, zu kochen, ihm das Essen vorzusetzen und seine Kleider zu waschen und zu bügeln. Sie war zufrieden, bis zum nächsten Tag, an dem er sie wieder verließ, das Schicksal sämtlicher Haushaltsmitglieder auf dem Buckel. Wenn sich der Zug verspätete, mit dem nach getaner Arbeit heimkehrte, wenn sie ein Streichholzbriefchen von irgendeiner Absteige in seiner Anzugtasche fand oder wenn andere Frauen ihr den Klatsch über seine Seitensprünge zutrugen, dann betete sie, daß sich die Tür öffnen möge, nur um ihn zu sehen, stark und zuverlässig wie ein Fels in der Brandung, der Mann, der die Bruchteile ihres Leben wieder zu einem harmonischen Ganzen zusammenfügen konnte.

Bis Mitte der fünfziger Jahre schliefen Ehepaare in Kinofilmen in Einzelbetten, und die Männer hatten sämtliche Anzugsknöpfe vorschriftsmäßig geschlossen, bis es Zeit war, zu Bett zu gehen. In Filmen wirkten die Männer selbst in den häuslichen vier Wänden stark und zuverlässig. Wenn ein Mann seiner Familie finanziell etwas bieten konnte, fragte niemand: »Was findet sie bloß an ihm?«

In den Zeitungen und Fachzeitschriften, die er las, war die Rede von Geschäften und Politik. In ihren Zeitschriften wimmelte es von guten Ratschlägen und Tips, wie man einen Mann hält. Das Schlimmste, was einer Frau widerfahren konnte, war, ihren Mann zu verlieren. Aus diesem Grund konnte sie es sich nicht leisten »sich gehenzulassen«. Wenn Frauen träumten, sich aus dem tristen Alltag stehlen wollten, dann lasen sie Liebesromane. In den fünfziger, sechziger und noch in den siebziger Jahren war der Romanheld, den Frauen sich wünschten, groß, stark, eine imposante Erscheinung, einer von der schweigsamen, nachdenklichen Sorte, dessen Gedanken sie nicht auf Anhieb ergründen konnten. Entweder war er Gutsbesitzer und sie seine Angestellte, oder er war Arzt. Und wohlhabend, nicht zu vergessen. Sie waren immer wohlhabend. Was brachte es einer Frau, die kein eigenes Geld besaß, von gutaussehenden, sexuell anziehenden Männern zu träumen, die aufregend, aber gefährlich waren, weil man mit einem Seitensprung alles aufs Spiel gesetzt hätte?

Die Film- und Liebesromanbranche fütterte die Frauen mit romantischen Phantasien, aber sonst gab es nichts, was speziell darauf gemünzt war, bei Frauen sexuelle Gelüste zu wecken, sie an Selbstbefriedigung oder an eine Affäre denken zu lassen. Da Frauen sich nicht als sexuelle Wesen sahen, und schon gar nicht allein im stillen Kämmerlein ohne Ehemann, wurden die sexuellen Sehnsüchte, die sie in Wirklichkeit verspürten, von ihnen selbst und allgemein als »romantische Veranlagung« abgetan.

Vor 25 Jahren war Frauen noch nicht bewußt, daß sie sexuelle Phantasien besitzen. Da sich Frauen zudem für Männer ausschließlich in ihrer Rolle als »guter Versorger« interessierten, wozu sollte es also gut sein, wenn Männer über ihr Aussehen nachdachten und versuchten, das Augenmerk einer Frau auf sich zu lenken? Es gab nichts daran zu rütteln, Männer waren Voyeure und Frauen Exhibitionistinnen. Die Bedeutung des Bestrebens, daß auch Männer inzwischen gut aussehen wollen, geht über das Offenkundige hinaus. Es deutet darauf hin, daß Frauen, die heute wirtschaftlich weniger abhängig sind, sie ansehen, sie beurteilen sollen.

In einer Studie, die 1994 von der University of Chicago durchgeführt wurde und sich mit den sexuellen Gepflogenheiten in Amerika befaßte, erklärten 30 Prozent der befragten Frauen in der Altersgruppe der Achtzehn- bis Vierundvierzigjährigen, daß sie es »sehr erotisch« fänden, ihrem Partner beim »Ausziehen zuzusehen«. Kein schlechter Schnitt, wenn man davon ausgeht, daß »brave Mädchen« die Augen züchtig niederschlagen. Was die Männer angeht, so stimmten 50 Prozent der Achtzehn- bis Vierundvierzigjährigen und 40 Prozent aus der Gruppe der Fünfundvierzig- bis

Neunundfünfzigjährigen darin überein, daß es »sehr erotisch« sei, ihrer Partnerin beim »Ausziehen zuzusehen«.[4]

»Männer befinden sich heute häufiger in der Position des Sexualobjekts als früher«, sagt Warren Farrell. »Aber es trifft auch noch zu, daß sie von Frauen zuallererst als ›Erfolgsobjekt‹ gesehen werden.« Frauen, die von der Arbeitswelt desillusioniert sind, haben die Wahl, sich aus dem Berufsleben zurückzuziehen und sich wieder vom Ehemann versorgen zu lassen oder in den häuslichen vier Wänden einer selbständigen Tätigkeit nachzugehen. Diese Option ist den meisten Männern versagt. Männer merken, daß dieselbe Frau, die ihnen am Arbeitsplatz Konkurrenz macht, die ihnen ökonomisch gleichgestellt ist oder sogar mehr erreicht haben mag, sie immer noch nach ihrem Gehaltsscheck einstuft.

Mittlerweile taucht der neue männliche Held in den Liebesromanen auf, die man als Barometer für die Zukunft der Geschlechter nicht unterschätzen darf. Der Cowboy hat die Bühne betreten und ist heute die bevorzugte Phantasiefigur, deren Bild millionenfach auf den Schutzumschlägen der Bücher prangt. 46 Prozent des gesamten Umsatzes im Taschenbuchbereich werden in den USA mit Liebesromanen erzielt.[5] Weltweit gibt es 50 Millionen Romanleserinnen, und jede von ihnen verschlingt pro Woche mehr als einen Schmöker. Nach Schätzungen von Barnes & Noble gibt die amerikanische Durchschnittsleserin 1200 Dollar im Jahr für ihre Taschenbuchleidenschaft aus. Was für eine Art Hunger wird damit gestillt?

»Sein Aussehen signalisiert der Frau auf Anhieb, daß er stark ist, daß er sie beschützen kann«, erklärt Katherine Orr. Klingt verdächtig nach »gutem Versorger«. Laut Orr ist der Cowboy kein gewöhnlicher Handlanger auf einer Rinderfarm, sondern Besitzer einer riesigen Ranch. »Das sagt der Leserin, gleich ob sie verheiratet ist oder allein lebt – ihr Durchschnittsalter liegt übrigens bei 42 –, daß er der Retter ist, der sie aus der Beschränktheit ihres Alltags erlösen kann. Doch trotz Reichtums und Stärke haben das Interesse und die Aufmerksamkeit, die er ihr widmet, in seinem Leben den höchsten Stellenwert. Er spricht mit ihr. Frauen sind immer auf Kommunikation bedacht, Männer nicht. Romanleserinnen wollen den Dialog. Und da er zahllose Hilfskräfte beschäftigt, kann er anderen die Arbeit auf seiner Ranch überlassen und sich ausschließlich ihr widmen.«

Ein »guter Versorger«, der spricht. Noch immer der Traum jeder Frau. Nach dem Beischlaf im wirklichen Leben dreht sich der Mann um, da bei ihm die Rückbildungsphase nach dem Orgasmus schneller eintritt als bei der Frau. Er löst den engen Kontakt, rechtschaffen müde und bereit, einzuschlafen. Sie möchte die Nähe und Intimität bewahren, die Erregung ist immer noch nicht ganz abgeklungen, psychologisch und chemisch. Sie wünscht sich, er möge sie in den Armen halten, mit ihr reden. Die verbale Kommunikation vor und nach dem Koitus steht auf der Liste der Frauen ganz oben. Selbst in ihren Phantasien betonen Frauen die Bedeutung zärtlicher Worte, das ausgedehnte Gespräch, das Vertrauen schafft und die Frau buchstäblich öffnet. Sehr gewieft von den Heftchenverlagen, einen sprechenden Cowboy aus der Versenkung zu holen, der auch noch reich ist.

Wir Frauen lernen, während wir sehen. Die Männer in den sexuellen Phantasien, über die ich Frauen erstmals in den siebziger Jahren befragte, besaßen keine klare Identität. »Ich weiß nicht, wer er ist«, erhielt ich immer wieder zur Antwort. Diese Anonymität gewährleistete, daß der »gesichtslose Fremde« sie nicht beurteilte und nach dem Fick, bei dem er sie gewöhnlich mit Gewalt »nahm« (ihre Worte), auf Nimmerwiedersehen verschwand. Deshalb konnte sie ihm bedenkenlos ihr verborgenes, ungezügeltes, erotisches Selbst zeigen, und da es sich um eine »Vergewaltigung« (ebenfalls ihre Worte, obwohl Gefühle wie Schmerz und Demütigung fehlten) handelte, ging sie unberührt aus der Erfahrung hervor; der Ruf des »braven Mädchens« blieb unversehrt. Heute können wir Frauen es uns erlauben, ihn zu sehen, ihn genau zu betrachten. Wir wollen einen Blick auf ihn werfen, und da Männer spüren, daß unsere Augen auf ihnen ruhen, pumpen sie im Fitneßstudio ihren Bizeps auf und zaubern mit Frisierschaum Fülle ins Haar.

Manche Frauen verachten Männer, die masturbieren, während sie nackte Frauen in *Playboy* oder *Penthouse* betrachten, als sei

eine voyeuristische Verbindung zum Penis schmutzig und unmännlich. In den Phantasien der meisten Frauen kommen Männer nicht
vor, die sich selbst befriedigen, denn das würde ihr sagen, daß er
sie nicht braucht.

Der Reiz der Selbstbefriedigung liegt für den Mann auch darin,
daß er gegen die sexuellen Regeln und Tabus der Mutter verstößt,
die ihm von Kindesbeinen an eingebleut wurden. Ist es nicht genau
dieser Punkt, den die nackten Frauen in den Magazinen anspre-
chen, zusätzlich zu dem Kick, seinen verbotenen schmutzigen kleinen Orgasmus zu haben, während er ihren Blick unverblümt erwidert? Sie *sieht* zu, wie er »es macht«. Dieser Blickkontakt ist Hugh
Hefners Beitrag und geht auf das Konto des *Playboy*.

»Wir mögen einige sexuelle Präferenzen haben, die in unserer
fernen Vergangenheit wurzeln«, schreibt die Anthropologin Helen
Fisher. »Manche Männer sind Voyeure. Manche sehen sich gern
Pornos an ... Fakt ist, daß die sexuellen Phantasien der Männer
regelmäßig durch visuelle Reize der unterschiedlichsten Art stimuliert werden. Vielleicht werden diese sexuellen Vorlieben zum Teil
durch das stärker ausgeprägte räumliche Vorstellungsvermögen gesteuert. Frauen schwärmen für Liebesromane und Seifenopern im
Fernsehen – lauwarme, verbale Pornographie. Vielleicht leiten sich
diese Neigungen aus ihrer Sensitivität für die Sprache ab.«[6]

Cosmopolitan veröffentlichte vor kurzem ein weiteres Klappbild
von einem nackten Mann, ungefähr das zwölfte, seit Burt Reynolds
1973 sein Debüt im Adamskostüm gab. Eindeutig ist Helen Gurley Brown aufgefallen, welcher Beliebtheit sich einer der neueren
Coca-Cola-Werbespots erfreut, in dem Frauen vom Bürofenster
aus einen Bauarbeiter unten auf der Straße beäugen. Sie kichern
und lassen sich über seinen knackigen Körper aus. Aber werden sie
deshalb feucht, so wie Männer hart werden beim Anblick einer
nackten Frau?

Die Erotikfilmemacherin Candida Royalle sagt ja. »Ich habe festgestellt, daß Frauen sich gern männliche Genitalien anschauen.
Frauen geben das vor ihrem Partner vielleicht nicht zu, weil sie es
sich nicht einmal selbst eingestehen können. Aber es gibt wissen-

schaftliche Experimente, bei denen Frauen, die an Sensoren angeschlossen waren, die verschiedensten erotischen Fotos vorgelegt wurden. Als sie später nach ihren Empfindungen gefragt wurden, erklärten die meisten, sie hätten keinerlei sexuelle Erregung verspürt, aber die Aufzeichnungen der Meßgeräte sagten etwas ganz anderes. Frauen weigern sich einfach, ihre physischen Reaktionen bewußt zur Kenntnis zu nehmen. ›Brave Mädchen‹ sehen sich auch heute so etwas nicht an.«

Bis zum heutigen Tag gehören Männer, die sie zum Sex »nötigen«, zu den machtvollsten erotischen Phantasien der Frauen. Er kam, sah, siegte und ließ ein »unschuldiges« Opfer zurück. Alles, was wir von unserem Phantasieliebhaber wollen, ist, seine Stärke und seinen Schwanz zu spüren. Sind solche Bilder etwa »anständiger« als die nackten Schönen im *Playboy*, die einen Mann dazu verführen, ein »böser Junge« zu sein und zu masturbieren? Unterscheiden sich Madonna und Sharon Stone, wenn sie ihren Körper als Waffe einsetzen, um Männer aufs Korn zu nehmen, wirklich so sehr von den Männern, die eine Frau mit ihrer verbalen sexuellen Belästigung zum Lustobjekt herabwürdigen?

Die hungrigen Augen der Männer

Im streng abgegrenzten Schubladenleben eines Mannes besteht kein Bedürfnis nach Liebesromanen. Es gibt keine Ecke, die träumerisch und weich gekennzeichnet wäre, da weich der Feind von hart und hart Voraussetzung für seine sexuelle Funktionstüchtigkeit ist. Frauen möchten sich auf einer Welle des Gefühls tragen lassen, Männer können sich das nicht leisten. Der sexuelle Part, der ihnen überantwortet ist, lastete immer schwer auf ihnen. Frauen mögen darüber die Nase rümpfen, aber für den Mann, der vom Temperament her nicht immer wie ein Don Juan gerüstet erscheint, sind der Erektionszwang und der Erhalt seiner Manneskraft ungeheuer wichtige Bestandteile seiner Identität.

Manche Frauen sagen verächtlich, daß Männer in ihren Penis

vernarrt oder »schwanzgepolt« sind. Aber was ist, wenn der Penis nicht steif wird beim Anblick einer nackten Frau *in seinem Bett?* Sie erwartet, daß er sie erregt, dafür sorgt, daß seine Erektion erhalten bleibt, bis auch sie soweit ist, damit er ihr dann einen Orgasmus »verschafft«. Eine unverhoffte Erektion mag peinlich sein, und noch schlimmer, wenn Spuren auf der Anzughose zurückbleiben, aber wie fühlt sich ein Mann, dem es nicht gelingt, eine Erektion zu bekommen oder lange genug zu halten?

Als der patriarchalische Mann die Welt beherrschte, ermutigte er die Frauen zu sexueller Ignoranz. Das hatte zwar zur Folge, daß er sich eine langweilige Partnerin im Bett schuf, aber gleichzeitig verhinderte er damit auch unsere visuelle und intellektuelle Aufklärung auf dem Gebiet der Sexualität. Wir wandten die Augen von unseren eigenen Genitalien ab und blickten auch seine nicht an. Frauen sahen in Männern Versorger und Beschützer, in dem Maße, wie wir sie überhaupt wahrnahmen, und Männer gingen in Stripteaselokale oder in Tingeltangelkneipen und Bordelle, um Frauen anzusehen und es auf eine Art mit ihnen zu treiben, wie sie es ihren braven Frauen zu Hause niemals zugemutet hätten. Männer sahen sich Nacktfotos von Frauen an, weil das menschliche Auge sozusagen von Geburt an den Geschmack am weiblichen Körper entwickelt. Man könnte sagen, daß die Betrachtung nackter Frauen für den Penis eine gute Übung war, damit die ineinandergreifenden Zahnräder von Gehirn und Erektion, die Männer brauchen, immer gut geschmiert waren.

Zur Zeit der Jahrhundertwende gab es eine beliebte Stilrichtung in der Malerei, die mit den voyeuristischen Bedürfnissen der Männer spielte, während sie gleichzeitig dem strikten, erotikfeindlichen Verhaltenskodex des prüden Viktorianischen Zeitalters Genüge tat. Eine wahre Glanzleistung, diese Malerei des Fin de siècle, die einem patriarchalischen Mann von nobler Gesinnung die Möglichkeit bot, eine Ausstellung zu besuchen und ohne Angst vor Strafe oder Ächtung die nackten Frauen auf den ausgestellten Gemälden zu betrachten. Damit befriedigte er seine voyeuristischen Neigungen als Schirmherr der schönen Künste.

Faszinierend daran ist, wie es der Gesellschaft doch immer wieder gelingt, das menschliche Bedürfnis nach dem Anblick eines nackten Körpers innerhalb der vorgezeichneten Grenzen einer bestimmten geschichtlichen Epoche zu stillen, gleich ob das Schönheitsidol männlichen oder weiblichen Geschlechts ist. Die Konzentration des Mannes richtete sich zu Beginn der industriellen Revolution einzig darauf, ein »guter Versorger« zu sein, aber seine erotischen Phantasien brauchten nichtsdestoweniger ein Ventil.

Frauen wurden deshalb fein säuberlich zwei Kategorien zugeordnet. Da war die achtbare Frau, die Ehefrau und Mutter – deren absolute Reinheit den Mann für die Unvermeidbarkeit entschädigte, sich im unmoralischen wirtschaftlichen Handel die Finger schmutzig zu machen –, und das schamlose Weib, das jedermann zur Verfügung stand, der seine sexuellen Gelüste zu befriedigen gedachte. Achtbare Frau und schamloses Weib – Mutter und Sexgöttin – in einer einzigen Person vereint, war ein undenkbarer Gedanke, erschreckend und bedrohlich. Dem viktorianischen Gentleman, nach den kriminellen Machenschaften und Konkurrenzkämpfen des neuen Marktes der Ruhe und Erholung bedürftig, waren, zumindest unter dem Blick der Öffentlichkeit, die Hände gebunden. Er war mit seiner Mutter, der »Haushaltsäbtissin«, und einem emotional distanzierten, tyrannischen Vater aufgewachsen.

Ich stelle mir vor, wie der viktorianische Mann sich in den Tagträumen der gefahrlosesten Sorte verlor, nach einem harten Arbeitstag in der blutleeren Maschinerie des Merkantilismus. »Für den Mann gegen Ende des 19. Jahrhunderts«, schreibt Bram Dijkstra, »war nichts unwillkommener als der Gedanke, daß eine Frau – selbst eine Frau als Sinnbild der Natur – ihm das Heft aus der Hand nahm. Er wollte das Sagen haben, es war sein gutes *Recht*, das Sagen zu haben. Ihm war schließlich, wie Henry Drummond ihm versicherte, ›die Erfüllung der erstrangigen, wichtigsten Aufgabe überantwortet – der Kampf ums Überleben‹. Die Frau hatte, selbst als Inbegriff der Natur, die ihr zugewiesene Rolle, schwerelos durchs Leben zu gleiten, denn mit beiden Füßen auf der Erde zu gehen, bedeutet, handeln und jemandem mit Kopf oder Hand ein

Zeichen geben, die Initiative ergreifen, eine der Möglichkeiten, ihm das Heft aus der Hand zu nehmen.«[7]

Der Voyeur und das Schönheitsobjekt, eine starre Definition der geschlechtsspezifischen Rollen, die für den größten Teil des 20. Jahrhunderts bestand. Der Mann, als Voyeur, wurde seiner Masturbationsphantasien und -aktivitäten wegen verachtet, aber den »Akt« der Selbstbefriedigung machte ihm niemand streitig. Frauen, das Sexualobjekt, entwickelten sich in den dreißiger und vierziger Jahren Schritt für Schritt. Sie waren im Vargas Girl der Zeitschrift *Esquire* verkörpert, einer langbeinigen Sexgöttin, genauso blutleer wie die Nackten des Fin de siècle. Aber sie und ihre weniger vornehmen Freundinnen auf den billigen Drucken aus den Kunstkalendern statteten Männer mit dem für die Masturbation nötigen Handwerkszeug aus: dem nackten, weiblichen Schönheitsobjekt, dem sie sich gefahrlos nähern konnten.

Es war Hugh Hefner, der in den fünfziger Jahren den revolutionären Schritt wagte und sein nacktes »Playmate« auf dem Klappbild in der Mitte des *Playboy* mit seinem voyeuristischen männlichen Gefährten verkuppelte. Diese Frauen waren einverstanden, zunächst via Blickkontakt die Phantasiewelt der Männer zu betreten und sie einzuladen, Zugang zu ihrer eigenen zu finden. Im Laufe der Zeit wurden sie kühner, berührten ihre Brüste und schoben die Hände zwischen ihre Schenkel. Und ihr provozierender Blick sagte: »Siehst du? Ich habe die gleichen sexuellen Bedürfnisse wie du.« Auf ihre Weise brachte das Playmate auch die Emanzipation der Frauen einen Schritt voran, denn es verkündete, daß auch die gemeine Sterbliche, das Mädel von nebenan, eine eigene Sexualität besaß. Nicht, daß sich »brave Mädchen« mit dem nackten Klappbild identifiziert hätten, Gott bewahre! Aber die Tür war einen Spaltbreit offen, und die Playmates, »böse Mädchen«, die sie nun mal waren, erteilten allen Frauen die Erlaubnis, die eigene Sexualität stärker wahr- und anzunehmen.

Die Feministinnen gingen auf die Barrikaden, als der *Playboy* 1979 junge Frauen aus den amerikanischen Eliteuniversitäten aufforderte, um das Privileg zu konkurrieren, sich für die Fotografen auszuziehen; der Sturm der Entrüstung richtete sich sowohl gegen das Magazin als auch gegen die »Früchtchen«, die sich auf das Angebot eingelassen hatten. Daß es soweit gekommen war, daß diese netten, braven, anständigen Mädchen von nebenan, aus dem allerfeinsten Stall, nackt vor der Kamera posierten, war ein Indiz, daß nicht nur Männer ihren voyeuristischen, sondern auch Frauen ihren exhibitionistischen Neigungen frönten.

Playmates, so marktschreierisch sie ihre Sexualität auch anpreisen mochten, stellten keine Bedrohung für die Männer dar, weil sie sich auf den Innenseiten eines Magazins verbargen. Selbst die »Bunnies« in ihren Häschenkostümen, die den Männern in den Playboy-Clubs Getränke servierten, waren unberührbar, und der strenge Verhaltenskodex, der bei der Arbeit herrschte, hätte den Pfadfindern zur Ehre gereicht. Er schützte die Häschen vor lüsternen Männern, aber die Regeln sicherten auch die Männer ab.

Die matriarchalischen Feministinnen sehen die Playmates und *Penthouse*-Pets immer noch als herabwürdigend, eine Haltung, die in meinen Augen eher dem Frauenbild der Männer im viktorianischen Zeitalter entspricht als der sexuellen Freiheit, die wir in den sechziger und siebziger Jahren gewonnen haben. Aber genau das ist es, worüber wir Frauen uns entzweien, ein Problem, das allein bei uns liegt und nichts mit Männern zu tun hat. Ich kann es den Männern nicht verdenken, wenn sie sich tunlichst aus der Debatte heraushalten, wieviel nackte Haut eine gute Feministin zeigen darf.

Viele Männer genießen es auch heute, ihre erotischen Bedürfnisse auf die gleiche Weise wie ihre Großväter zu befriedigen: allein, im Dunkeln. Kein Nervenkitzel war größer als der Orgasmus in Mutters hübschem Badezimmer, nur ein paar Schritte vom Eßtisch entfernt. Und nichts ist so erregend wie eine Frau, deren Finger zwischen den Beinen beschäftigt sind, deren Augen den Mann anblicken und ihn auffordern, es ihr gleichzutun.

Wenn Männer beginnen, die Macht ihrer eigenen Schönheit zu erkennen und wertzuschätzen, werden sie Frauen mit anderen Augen betrachten. Da nicht mehr so viele Bedürfnisse unbefriedigt bleiben, werden sie uns nicht mehr mit ihren Blicken verschlingen.

Ich frage mich, wie Frauen darauf reagieren werden und ob manche nicht den Spiegel vermissen werden, den sie angeblich hassen. Männer wissen oft mehr über Frauen und ihre Schönheit als wir selbst. Sie sehen sich genau an, wie wir einander beobachten. Wir leugnen die Rivalität unter Frauen, aber in der Literatur und in Filmen scheinen Männer immer den Kopf zu schütteln, amüsiert, wie unbeteiligte Zuschauer, wenn Frauen sich ihretwegen erbitterte Konkurrenzkämpfe liefern. Dabei geht es ihnen gar nicht um den Preis selbst, denn der eigentliche Lohn war immer im Blick anderer Frauen zu finden.

Ich begrüße den Vorstoß der Männer in die Schönheitsarena. Ich möchte an der Straße Spalier stehen und sie durch Zurufe ermutigen, sich die Macht und Freude zurückzuholen, die ihre männlichen Vorfahren schon vor 200 Jahren genossen haben. Wenn die Mode heute an einem Tag auf Tauchfahrt in die fünfziger Jahre geht und am nächsten Tag auf den Pfaden der siebziger Jahre wandelt, um morgen ein futuristisch anmutendes Bild zu entwerfen, dann sollten wir uns daran erinnern, daß Modetrends den bewußten Entscheidungen, die Menschen im Alltag fällen, oft um Nasenlängen voraus sind.

Die Augen der Männer verschlingen uns. Wenn sie länger auf uns ruhen, als für ein Kompliment erforderlich ist, dann hassen wir sie. Wie lange und intensiv darf der Blickkontakt sein, um noch als Kompliment zu gelten? Diese Entscheidung bleibt immer den Frauen überlassen. Wann verwandelt sich der bewundernde Blick in ein rüdes Starren? Frauen gehen gnadenlos mit Männern ins Gericht, wenn sie Stielaugen machen, und hassen sie, wenn sie es nicht tun. Der Blick des Passanten ist vielleicht genauso intuitiv und ohne beleidigende Absicht auf die attraktive Frau gefallen wie auf das leckere Stück Torte im Schaufenster der Bäckerei, während er in Gedanken bei der Geschäftsbesprechung weilt, zu der er gerade geht. Männer sind hungrig.

Da Männer uns die Macht der Schönheit, die viele von ihnen schmerzhaft vermissen, kampflos überlassen haben, waren sie auf den Genuß unserer Schönheit in gleichem Maß angewiesen wie wir auf ihr Geld. Doch zurückgewiesen von Frauen, die ihren eigenen Körper hassen und es nicht ertragen können, daß andere ihn goutieren, gehen Männer zu Prostituierten, sehen sich nackte Frauen in Magazinen an und lassen der aufgestauten Sehnsucht und Wut freien Lauf, die sich, was betont werden muß, häufig gegen die eigene Person kehrt.

Die Mehrzahl der Männer bezahlt Prostituierte nicht für die Befriedigung sadistischer Gelüste, sondern schlüpft vielmehr in die Rolle des Masochisten, des »bösen Jungen«, der zu Füßen einer Domina seinen Orgasmus hat. Die Anzahl der Männer, die Frauen mißhandeln oder mißbrauchen, hat laut Statistik mit dem Masseneintritt der Frauen in den Arbeitsmarkt zugenommen. Die Brutalität von Männern soll nicht ignoriert oder entschuldigt werden, aber was hier nicht in die Rechnung eingeht, ist die Sterblichkeitsquote bei Männern, ihre Unfähigkeit, allein zu leben angesichts der Tatsache, daß sie von Kindesbeinen an gelernt haben, Gefühle zu unterdrücken. Wir sitzen alle im selben Boot.

Der »Kopulationsblick«

Früher hat niemand den Klagen der Frauen darüber, angestarrt zu werden, ernsthaft Bedeutung beigemessen; wenn Männer sie keines zweiten Blickes würdigten, gab es keine Selektion, Verlobung, Ehe, wirtschaftliche Sicherheit. Frauen brachten in ihrer Kleidung zum Ausdruck, daß sie auf dem Heiratsmarkt gesehen und auserwählt werden wollten. Männer machten sich die Rolle des Voyeurs oft zunutze, um »Stielaugen zu machen«, aber niemand hatte ihnen von klein auf beigebracht, wie man eine Frau »richtig« ansieht. Ihnen fehlte das Wissen um die Etikette oder um die Reaktion der Frauen, die sich beobachtet oder bei der Musterung ausgeschlossen fühlten. Unsere Angst vor Zurückweisung sollte gleichermaßen in die Rechnung eingehen, denn wir steckten in einem beklemmenden Dilemma, wenn wir taxiert wurden. Wir verabscheuten diese Prüfung, hofften aber gleichzeitig, sie zu bestehen. Durchfallen hätte bedeutet, nicht erwählt zu werden und als alte Jungfer zu sterben, ohne Ehemann und Kinder. Wir haßten die Blicke der Männer, selbst wenn wir uns zu den Klängen romantischer Musik und mit der Phantasievorstellung in Schale warfen, daß ihnen die Augen übergehen würden.

Die Anthropologin Helen Fisher äußert sich sachlich und sachkundig zu diesem Thema: »Das Starren ist vermutlich das sichtbarste menschliche Balzritual. Laßt Augen sprechen. In westlichen Kulturen, in denen der Blickkontakt zwischen den Geschlechtern gesellschaftlich toleriert ist, sehen Männer und Frauen potentielle Partner oft zwei oder drei Sekunden lang intensiv an ... Dann senkt der Betrachter die Augen und wendet den Blick ab. Kein Wunder, daß in vielen Kulturen der Schleier eingeführt wurde ... Das Starren aktiviert einen primitiven Bereich des menschlichen Gehirns und ruft eine der beiden grundlegenden, emotionsgeladenen Reaktionen hervor – Annäherung oder Rückzug. Wir können den Blick eines anderen, der auf uns geheftet ist, nicht ignorieren; wir müssen handeln ... Dieser unverwandte Blick, von Ethologen als Kopulationsblick bezeichnet, könnte durchaus in unserer evolutionären Psyche verankert sein ... Vielleicht ist das Auge ... das ursprünglich für romantische Gefühle zuständige Organ, denn der Blick (oder das Starren) ruft beim Menschen häufig ein Lächeln hervor.«[8]

Männer starren anders als Frauen. Fisher ist der Ansicht, daß die Blickgewohnheiten der Männer von ihren Urahnen weitervererbt wurden, die stundenlang reglos hinter einem Busch in der kargen afrikanischen Savanne auf Wild lauerten, das sich auf dem Weg zur Wasserstelle befand. Das männliche Gehirn verarbeitet Informationen über Aktivitäten mit räumlichem Charakter anders als das einer Frau. Wir Frauen beginnen gerade erst, ernsthaft hinzublicken, vielleicht als Antwort auf das wiedererwachte Interesse der Männer an der Mode, oder als Belohnung für unseren eigenen, neuerworbenen Status als wirtschaftlich relevanter Faktor.

Die Autorin Susie Bright behauptet, daß Lesben die hohe Kunst des unverblümten, taxierenden Blicks aus dem Effeff beherrschen, und empfiehlt Männern: »Seht sie an. Von Kopf bis Fuß. Laßt euren Blick überall dort verweilen, wo es euch beliebt. Wenn sie es merkt (und sie wird, wenn ihr wirklich hinschaut), seht ihr geradewegs in die Augen. Seht sie unverwandt an. Jede Sekunde wird euch wie eine Minute vorkommen. Ihr werdet versucht sein, den Blick abzuwenden, aber tut es nicht ... Ihr werdet an Ort und Stelle erkennen, ob sie euch will oder nicht ... Wenn sie euch will, wird euer Blick sie fesseln, weil er ihr sagt, daß sie eure volle Aufmerksamkeit hat ... Wenn ich eine heterosexuelle Frau mit der Stärke meiner neugierigen, lebensprühenden Augen verführen kann, dann solltet ihr Männer nicht die geringsten Probleme haben.«[9]

Tatsächlich? Aber er hat sehr wohl ein Problem damit, ein ausgewachsenes. Es beginnt bei der Tatsache, daß der unverwandte Blick einer Frau ganz anders als der Blick eines Mannes empfunden wird. Frauenaugen haben immer über unser Aussehen gerichtet; wir werfen uns für Frauen in Schale, und unsere Augen haben schon in frühester Kindheit den Blick einer Frau gesucht.

Männer blicken von Frau zu Frau, niemals befriedigt, immer auf der Suche nach jüngeren, hübscheren Exemplaren, wenn sie den schmerzlichen Verlust der inneren Schönheit spüren. Eine kluge Frau sieht ihren Partner als Individuum, das seine ureigene Schönheit besitzt, sie stärkt seinen Glauben an sich selbst, untermauert sein Selbstbild als physisch liebenswerter Mensch. Ein solcher Mann wagt es nicht, ihr Bild von ihm aufs Spiel zu setzen. Nur sie hat ein Auge für ihn, ist sein guter Spiegel. Ohne sie wäre er wieder der Unsichtbarkeit und Eintönigkeit der Männerwelt anheimgegeben. Geld ist eine nicht zu verachtende Macht, aber sie wärmt nicht.

In der Epoche der streng patriarchalischen Strukturen erlernte ein Mann im Lauf der Zeit durch Beobachtung das Ritual, wie er eine Frau anzuschauen hat. Der Mann beobachtete seinen Vater und andere Männer, die vorübergehende Frauen mit Blicken und Bemerkungen bedachten. Und da die Männer nie erwähnten, wie sich die Frauen bei der Musterung fühlen mochten, kam dem jungen Mann überhaupt nicht in den Sinn, daß andere Fähigkeiten von ihm gefordert sein könnten als der Mumm, sie unverwandt anzustarren. Die Schwachstellen in der Rüstung der Frauen entdecken die Jungen oder Männer erst durch unsere Reaktion.

Stellen Sie sich vor, wie einem männlichen Wesen, das unter der Macht eines Frauenblicks aufgewachsen ist, die Erkenntnis dämmert, daß es einen Menschen, der demselben Geschlecht wie seine Mutter angehört, mit Blicken an- und ausziehen, sexuell erregen oder aus der Fassung bringen kann. Es macht diese Entdeckung etwa zur gleichen Zeit, in der es seine Rolle als zukünftiger »guter Versorger« zur Kenntnis nimmt. Das bedeutet, daß es den Einfluß seines Vaters, der ihm bisher geringer als der seiner allmächtigen Mutter vorkam, überdenken und neu einschätzen muß. Wenn der Mann die verschiedenen Instrumente männlicher Macht zu handhaben lernt, ebnen sie ihm den Weg in die bisher beängstigende Welt, in der Frauen das Regiment führen.

Es gibt keinen Schimpfnamen für weibliche »Blitzer«. In den US-Bundesstaaten North Carolina und Mississippi wurde ein Gesetz gegen die sogenannten »Peeping Toms« erlassen, Männer, die Frauen heimlich durchs Fenster beobachten; Frauen, die Männer beobachten, fallen nicht unter diese Regelung.[10] Wir spazieren halbnackt auf der Straße herum, ziehen uns vor dem Fenster aus oder sehen uns in unseren Phantasievorstellungen masturbieren, in voller Sicht unseres Nachbarn. Der Reiz des Verbotenen, wenn wir unsere Beine spreizen, seine Augen auf unseren Genitalien spüren, während unsere sicher hinter geschlossenen Augenlidern verborgen sind, erzeugt einen Orgasmus, der uns erzittern läßt.

Wenn Frauen ihre Blicke schärfen, und das werden wir, sollten wir aus den Fehlern der Männer lernen, über die wir uns so lange und so bitter beklagt haben. Wollen Männer uns mit ihrem musternden Blick aus den hochhackigen Schuhen kippen, um uns zu erniedrigen und den Platz in der Hackordnung zuzuweisen, der uns als dem unterlegenen Geschlecht gebührt? Könnte es nicht vielmehr sein, daß sie unsere Dominanz spüren? Wenn wir beklagen, daß die Blicke der Männer uns zu einem »Lustobjekt« herabwürdigen, machen wir die Schönheit häßlich, obwohl Redewendungen wie »Sie ist eine Augenweide« ausdrücken, daß wir Balsam für die Seele sind und die Heilkraft einer Medizin besitzen, die jemanden gesunden läßt.

Die eiskalte Wut, die in Frauen beim Anblick des Gaffers hochsteigt, liegt darin begründet, daß er uns nicht über unsere eigene Selbstverachtung hinweghilft. Wurde uns nicht schon in frühester Kindheit erzählt, daß eines Tages der Märchenprinz kommen und unsere wahre Schönheit erkennen würde? Doch wieder Fehlanzeige: Seine Augen haben uns enttäuscht, haben die Bemühungen vor dem Spiegel, bevor wir das Haus verließen, nichtig gemacht, haben uns öffentlich beschämt und die Warnungen aller Frauen und Mütter als richtig bestätigt: »Ich hab' dir doch gleich gesagt, du sollst dich nicht so zur Schau stellen!«

Warum muß jede positive Wahl bezüglich Kleidung, Frisur oder Make-up ihren negativen Gegenpart haben, den warnenden Hinweis, wenn wir dieses Bustier tragen oder uns die Haare färben, fordern wir die Gefahr geradezu heraus? Die Gebrüder Grimm haben viele Märchen mit moralisch erhobenem Zeigefinger geschrieben: Die Schöne ist hochnäsig und verdient Strafe; die Stiefmutter und die Schwester sind neidisch auf sie und behandeln sie grausam; sie lockt Männer in den sicheren Tod; der eigene Vater entbrennt in inzestuöser Liebe zu ihr. Die Feen, Elfen und Tiere im Märchen, die der schönen Maid raten, nicht das prachtvolle Kleid oder die roten Schuhe zu tragen, sind in Wirklichkeit die Mutter und andere Frauen, die uns warnen, daß man mit zuviel Schönheit heimlichen Groll und Ausschluß aus der Gemeinschaft riskiert.

Wenn uns die Männer auf der Straße heute mit ihren Blicken ausziehen, ertönt die warnende Stimme aus dem Märchen: »Du hast es ja nicht anders gewollt!« Der Mann hat kein einziges Wort gesagt. Wir wissen nicht, was er über uns denkt. Er sieht uns nur an. Die Angst, daß wir zu weit gegangen sind, zuviel gezeigt haben, steckt uns in den Knochen. Wenn wir dort ankommen, wo wir hinwollten, erzählen wir anderen Frauen, was uns unterwegs widerfahren ist. »Typisch Männer«, sagen sie mitfühlend. Doch vielleicht erwähnt eine hinter vorgehaltener Hand die weit aufgeknöpfte Bluse, die Brustwarzen, die sich unter dem durchsichtigen Stoff abzeichnen, die deutlich erkennbare Rundung der Pobacken. »Sie hat's provoziert!« murmeln sie, ein einstimmiges Urteil, das die Bande der Freundschaft enger schmiedet, wobei das Opferlamm ausgegrenzt wird.

Vielleicht hassen wir am Starren der Männer vor allem den Gedanken, daß sie unserer Verunsicherung oder unserer Vorstellung von der Person auf die Spur gekommen sein könnten, die wir gern wären, mit großer sexueller Anziehungskraft, genau das, was uns verboten ist. Ist in diesem Bild, das er sich gerade von uns macht unser Kleid zu eng, der Büstenhalter zu prall gefüllt? Wir hatten schon vor Verlassen des Hauses Zweifel an unserem Spiegelbild, aber irgend etwas in unserem Inneren fand Gefallen an dem Outfit, das unsere Rundungen betont. Und sie sind um so offensichtlicher, weil wir die Jacke weggelassen haben, von der wir uns nun, in unserem Unbehagen, wünschten, wir hätten sie angezogen.

Um der Wahrheit die Ehre zu geben, hier geht es weniger um *seine* Meinung als vielmehr um das, was sein Blick ausgelöst hat. Wir können seine Augen nicht einmal sehen, wagen nicht, ihn anzublicken, aber wir haben Angst, daß er die Hure in uns entdeckt, das »böse Mädchen«, das zu verbergen man uns dringend nahegelegt hat. Jetzt haben wir die Katze aus dem Sack gelassen, in der irrigen Meinung, mit den Folgen umgehen zu können. Dem ist nicht so, und wir kreiden ihm unser Versagen an. Wir hassen ihn, weil er unseren Körper anstarrt, der nach Sichtbarkeit, einem Streicheln verlangt, genau das, was Mutter strikt verboten hat. Aber es ist unsere Projektion; wir nehmen unsere eigenen pechrabenschwarzen, verbotenen Wünsche und übertragen sie auf den Mann, um ihm dann zur Last zu legen, daß er sie besitzt.

Der Phanatasiefick

Nur in unserer Phantasie gestatten wir uns, gegen die ehernen Regeln der Mutter zu verstoßen und die Männer, ebenso wie uns selbst, beim Anblick unseres Körpers, unserer Brüste, unserer Genitalien »anzutörnen« und einen Orgasmus zu erreichen. Nichts kommt an das Gefühl des Sieges heran, das wir bei der Eroberung dieser verbotenen, gestohlenen Sexualität empfinden: »Ja, ich verstoße gegen die Regeln, schlafe mit diesem Mann, mit diesen Männern, ihre Körper sind entflammt beim Anblick meiner Schönheit, das Gesicht tief in meiner Möse vergraben, nach der sie sich in ihrem Hunger verzehren!« Ich selbst fand nichts erregender als oralen Sex im Auto des Jungen, mit dem ich gerade ausgegangen war, direkt vor der Tür des Studentinnenwohnheims, wenn die Aufsicht signalisierte, daß bis zur Ausgangssperre gerade noch zwei Minuten blieben. Bis heute erinnere ich mich daran mit diebischer Freude.

Der Held unseres Phantasieficks ist kein »Liebhaber« im klassischen Sinn, denn er bewirkt mit seinem Penis und seinem Mund, was kein Sterblicher vermag: Seine Zunge verwischt das Bild, das wir uns von unseren Genitalien gemacht haben – kein hübscher Anblick –, bis wir kommen, wobei das abrupte Stöhnen des Orgasmus teilweise aus Dankbarkeit für die wenigen Augenblicke der Selbstliebe erfolgt. Die Phantasie einer Frau, die einen Striptease nach allen Regeln der Kunst vor einem männlichen Publikum hinlegt, das beim Anblick ihres schönen nackten Körpers nicht umhinkann zu masturbieren, befreit sie zeitweilig von den Lektionen, die sie in frühester Kindheit gelernt hat, daß ihre Genitalien häßlich sind. Um diese Höhepunkte zu erreichen, verwandeln Frauen die Männer in Bestien, denn kein gewöhnlicher, netter Mann wäre imstande, die mächtige Mutter zu bezwingen.

Die erotischen Träume der Männer würdigen Frauen in keiner Weise herab. Selbst in ihren geheimsten Gedanken, in denen sie alles sein und alles tun können, haben sie keine Ähnlichkeit mit teuflischen, gemeinen, ausbeuterischen Widerlingen. Wovon die große Mehrheit der Männer träumt, ist eine Frau, die ihren eigenen Körper liebt, sich halbwegs auf ihrer sexuellen Wellenlänge befindet oder beim Akt der Verführung von Anfang bis Ende die Regie übernimmt. Sie soll den Kontakt anbahnen, so daß ihnen die Angst vor Zurückweisung erspart bleibt und sie das unmißverständliche

Einverständnis erhalten, das sie sich immer von einer Frau gewünscht haben. Die Frau seiner Träume hungert nach Sex, und nicht nach einem Essen bei romantischem Kerzenlicht. Sie liebt seinen Penis, seinen Anblick und Geruch, und sein Samen ist für sie köstlicher Nektar, den sie bis zum letzten Tropfen trinkt. Sie verkörpert alles, was die meisten Frauen nicht sind, und sie denkt an ihren eigenen weiblichen Körper, wie er es stets getan hat: Sie sieht in ihm einen Tempel, dessen verborgene Gänge bis in jeden cremigen Spalt von seinem Mund erkundet werden.

Die Phantasie, daß sich zwei Frauen lieben, ist ein »Dauerbrenner«, von dessen Verwirklichung er träumt. Allein der Gedanke, daß sie – zwei Frauen, wohlgemerkt! – den Körper der anderen genießen, ist erregend. Sie legen ein lebendiges Zeugnis dafür ab, daß auch sie ein tierhaftes Element besitzen, so wie er. Sie haben keine Ähnlichkeit mit der verklemmten Frau seiner Wirklichkeit, die er mit viel Mühe überredet, die Beine zu spreizen, damit er auf ihrem Altar opfern kann. Manchmal fordern ihn seine Phantasiefrauen zum Mitmachen auf, und wenn er das Glück und/oder das Geld besitzt, erfüllt er sich diesen erotischen Traum.

Das letzte, was ein heterosexueller Mann der patriarchalischen Ordnung brauchen konnte, war der Gedanke an Sex mit einem anderen Mann. Es war nichts dagegen einzuwenden, wenn Frauen mit homoerotischen Vorstellungen spielten, aber das Bild eines »normalen« Mannes, von der Physiognomie bis hin zu dem, was in seinem Kopf vorging, mußte mit dem Handel übereinstimmen. Um sich als Mann von echtem Schrot und Korn zu erweisen, bedurfte es einer Frau, die er versorgte. Der Eintritt der Frauen in die Arbeitswelt hat den Spiegel für Männer erweitert; Frauen haben, als sie die Rolle der Selbstversorgerin übernahmen, Männer von den Fesseln ihres beschränkten Selbstbilds befreit.

Die meisten Männer würden ihre Rückkehr zum Spiegel nicht dem Feminismus zugute halten. Es gibt andere Faktoren, die zu den grundlegenden Veränderungen in ihrem Leben beigetragen haben, aber schon Karl Marx wußte, daß vor allem ökonomische Aspekte das Rad der Geschichte weiterdrehen. In diesem Jahrhundert hat der Feminismus die Rolle der neuen ökonomischen Politik übernommen. Während Männer erleichtert aufatmen und sich tiefer und tiefer in das Reich des Spiegels vorwagen, werden ihre geschlechtsspezifischen Rollen vermutlich fließender werden, ähnlich denen der Frauen.

Meine Recherchen haben gezeigt, daß die erotischen Phantasien junger heterosexueller Männer, die sich um andere Männer ranken, gerade erst an die Oberfläche des Bewußtseins vordringen. Im Gegensatz zu früheren Männergenerationen empfinden sie dabei keine Schuldgefühle; der andere Mann ist in aller Regel namen- und gesichtslos, wodurch die Phantasie auf einem sicheren Fundament ruht. Wie könnte die Phantasie auch nicht auf das dereinst verbotene Terrain abschweifen, seit so viele Männer beginnen, sich ihrer eigenen Schönheit zu widmen?

Schönheit am Arbeitsplatz: Kompliment oder sexuelle Belästigung?

Sexuelle Schönheit am Arbeitsplatz ist Dynamit. Das Erfolgs-Outfit war eine eherne Rüstung, die viele Probleme löste, doch als sexuell aufreizende Mode und hochhackige Schuhe ihr Comeback erlebten, waren Männer diejenigen, die mit diesem unvorhergesehenen Ereignis fertig werden mußten. Frauen durften, entsprechend dem feministischen Gesetz, mit ihrem Körper machen, was sie wollten, während es Männern verboten war, auf Provokationen zu reagieren. Statt darüber aufzuklären, welche Reaktionen wir hervorrufen, wenn wir uns aufreizend kleiden, geben wir Frauen das Instrument der Aufdeckung mit Schimpf und Schande oder die strafrechtliche Waffe der sexuellen Belästigung an die Hand, eine Keule, die in Amerika gegen jeden Mann eingesetzt werden kann, der mit seiner Reaktion ein unangenehmes Gefühl in uns hervorruft.

Wann der Tatbestand der sexuellen Belästigung gegeben ist, was man darunter versteht und wie man dagegen vorgehen sollte, sind Fragen, deren Lösung noch einige Zeit brauchen wird. Schließlich lernen 80 Prozent der berufstätigen Frauen ihren späteren Ehemann am Arbeitsplatz oder durch berufliche Kontakte kennen. Natürlich kann man sich über Männer ereifern, die Frauen auf der Straße, in einem Lokal oder während einer Party mit Blicken oder Worten in einer Weise behandeln, die als beleidigend und rüde Anmache empfunden wird. Aber ungeachtet dessen, ob er rein juristisch schuldig ist oder nicht, liegt es bei uns, den Schauplatz zu verlassen. Der Arbeitsplatz ist dagegen ein geschlossenes Szenarium. Hier werden Situationen und Empfindungen durch die räumliche Enge noch intensiviert, und es besteht die Möglichkeit, daß es sich nicht um einen einmaligen Vorfall handelt, sondern belästigende Blicke, Worte und Berührungen wiederholt erfolgen, morgen oder nächste Woche.

Wir haben den Dschungel in das Arbeitsumfeld gebracht, haben es dem Tier im Menschen überlassen, das Spektrum der männlichen und weiblichen Interaktionen auszugestalten. Jeder strebt an die Futterkrippe, jeder muß sich im Wettbewerb gegen jeden behaupten, jeder beäugt den anderen mit Sehnsucht, Wut, Neid und Rivalität. Diese Emotionen, die früher auf ein Dutzend Schauplätze verteilt waren, konzentrieren sich nun auf einer einzigen Bühne, wobei die Zuschauer, die Kollegen, auf den Beginn des Spektakels warten.

Frauen haben keine Vorstellung davon, wie Männer uns sehen. Wenn Männer unter sich sind, wirken sie völlig locker und unverkrampft. Wenn wir zu ihnen hinüberspähen, in die Ankleideräume oder aufs Spielfeld, beneiden wir sie um die Fähigkeit, loszulassen, so anders geben sie sich in einer Männerrunde, und so unterschiedlich ist das Verhalten von Frauen untereinander. Wir wünschen uns sehnlichst, daß Männer uns dieses grundlegende, ihresgleichen vorbehaltene Vertrauen schenken.

Was könnten wir ihnen im Austausch geben? Wir sind Männern auf wirtschaftlicher und politischer Ebene immer noch nicht hundertprozentig gleichgestellt, aber wir haben uns inzwischen eine beachtliche Portion von ihrem Kuchen abgeschnitten. Doch statt die Gesetze des Geschlechterkriegs zu entschärfen und eine Entspannungspolitik zu betreiben, wurden die Feindseligkeiten noch geschürt. Wir sollten das Thema sexuelle Belästigung nicht ausschließlich aus der Warte der Frauen betrachten, sondern uns fragen, ob den Mann die alleinige Schuld trifft. Wir Frauen sind oft blind für das physische Erscheinungsbild, das wir abgeben, mit und ohne Kleider.

Wir wurden geboren und dazu erzogen, um von einem Mann auserwählt zu werden. Was weiß unser genetisches Erbe von feministischen Alternativen? Die Hitze, die unsere Wangen zum Erröten bringt, wenn ein Mann uns mit penetranten Blicken durchbohrt, löst in uns eine Mischung aus Erregung, Demütigung und Wut aus. Wir haben soeben gegen die Regeln der »braven Mädchen« verstoßen. Es spielt keine Rolle, daß wir in der realen Welt längst über sie hinausgewachsen sind. Schließlich haben wir ja das Kleid ausgesucht, gekauft und aus eigener Tasche bezahlt, oder?

Aber bevor Stolz aufflammen kann, packt uns schon eine grauenvolle Unsicherheit: Wir sind auf uns allein gestellt, dort im Rampenlicht, aller Augen richten sich auf uns, und keine Truppe stärkt uns den Rücken! Ohne Erfahrung im Umgang mit der Euphorie eines erfolgreichen Exhibitionismus haben wir Angst vor Kontrollverlust, vor Erniedrigung. Wir tun, was Frauen immer getan haben: Wir greifen zu hochmütiger Entrüstung. Wir verhalten uns genauso wie in der Zeit, bevor Frauen ökonomische Macht errungen haben, denn auf dieser Stufe sind wir emotional stehengeblieben.

»Von sexueller Belästigung sind häufig diejenigen Frauen betroffen, die beim Eintritt ins Arbeitsleben nicht gelernt haben, ihre Sexualität zu integrieren«, sagt Judith Seifer. »Sie meinen: ›Ich muß sie unter Verschluß halten, strikt überwachen, denn Männer sind außerstande, sich in diesem Punkt zu beherrschen.‹ Statt dessen sollten sie sich lieber sagen: ›Kraft, berufliche Kompetenz und der Erhalt der Kreativität haben nicht zuletzt mit meinem sexuellen Energiepotential zu tun.‹

Ich halte Workshops über Sexualität am Arbeitsplatz ab. Die meisten Frauen haben eine sehr enge Arbeitsbeziehung zu ihren männlichen Kollegen. Oft beinhaltet diese Wechselbeziehung eine Art Energieverlagerung. Um dies zu bewerkstelligen, muß die Frau jedoch ihre eigene sexuelle Energie bewußt wahrnehmen und akzeptieren, gleich ob es sich bei der Beziehung zwischen Mann und Frau um eine Arbeitsbeziehung, eine platonische Freundschaft oder eine Büroliebe handelt. Wenn dieses Thema nie abgeklärt wurde, ist die Katastrophe geradezu vorprogrammiert. Sie machen gemeinsam Überstunden oder nehmen an einer Tagung teil, und plötzlich merkt einer von beiden, daß er den einzigen Menschen, der ihn versteht und in dessen Gesellschaft er sich wohl fühlt, auch sexuell begehrt. Und plötzlich entlädt sich die gesamte sexuelle Energie, die vorher in die Arbeit eingegangen ist, in einer sexuellen Annäherung oder in einem Verhalten, das wir als sexuelle Belästigung bezeichnen.

Frauen geben Männern die alleinige Schuld, aber wenn sie nicht lernen, die eigene Sexualität als wichtigen Teil ihrer Persönlichkeit anzunehmen, werden sie dieses Potential nie richtig ausschöpfen können. In meinen Augen ist jede Form der Energie mehr oder weniger physischer oder sexueller Natur. Sie verschmelzen miteinander und fließen zusammen. Das bringen wir unseren Kindern nicht bei. Sexuelle Selbstdisziplin muß in der Kindheit beginnen. Wir sind in dem Glauben aufgewachsen, daß ein Mann die Selbstbeherrschung verliert, wenn eine Frau ihn erregt. Ich weiß, daß ich mich ganz gut unter Kontrolle habe und daß auch Männer dazu fähig sind. Doch unsere Kultur hat weitgehend die Vorstellung abgesegnet, daß ›Sex mit Männern und sexuelle Bedürfnisse nicht kognitiv steuerbar sind. Sex ist etwas, was Frauen haben und Männer wollen, und es obliegt uns, für Ordnung zu sorgen.‹

Deshalb fühlen sich Frauen als Opfer, Männer machen uns nicht zu Opfern. Kultur und Erziehung, die dazu ermutigen, uns unserer sexuellen Energie zu entfremden, das sind die Faktoren, die Vergewaltigung im Bekanntenkreis und sexuelle Belästigung am Arbeitsplatz begünstigen.«

Mir scheint, als sei die feministische Kommandozentrale darauf bedacht, um jeden Preis die Vorstellung aufrechtzuerhalten, daß Männer alle Macht besitzen. Die *Ms.* Foundation hält alljährlich eine Aktion unter dem Motto »Zeigt Töchtern euren Arbeitsplatz«

ab. »Zeigt Kindern euren Arbeitsplatz« sollte es besser heißen, denn von der Idee könnten beide Geschlechter profitieren. Mädchen werfen oft den besten Teil ihres Selbst über Bord, wenn sie zehn oder elf sind. Wir wären vielleicht weniger dazu geneigt, wenn vom Tag der Geburt an nicht nur weibliche, sondern auch männliche Elemente in uns Fuß fassen könnten, Bewunderung, Energie, Selbstbehauptungsfähigkeit, Mut, all das. Die Vorstellung macht mich wütend, daß Jungen zusehen müssen, wie Mädchen über den grünen Klee gelobt werden, während sie sich ausgeschlossen fühlen. Wie sieht der Junge diese Bevorzugung? Wie er das Leben bisher ohnehin gesehen hat: Frauen haben alle Macht. Und böte sich hier nicht eine hervorragende Gelegenheit für Jungen, erfolgreiche Frauen am Arbeitsplatz zu sehen, außerhalb der Kinderstube, Seite an Seite mit Männern?

Warum nehmen wir an, daß Söhne unsere emotionale und intellektuelle Aufmerksamkeit weniger brauchen? Wir haben uns darauf programmiert, Männer ausschließlich als negative Rollenmodelle zu betrachten. Ich habe mit eigenen Ohren gehört, wie Frauen im Büro ihre männlichen Kollegen verächtlich als »Hohlkopf« bezeichneten; wie entwickelt sich aus einem liebenswerten, empfindsamen kleinen Jungen ein Hohlkopf? Es wird keine Anstrengungen geben, Kindern den Arbeitsplatz zu zeigen, solange Väter ihre Söhne nicht mit der ganzen Geschichte vertraut machen, mit den guten und den schlechten Seiten des Mannseins.

Die Definition von Männlichkeit ist auch heute noch im stillschweigend akzeptierten Bild vom harten Burschen verwurzelt, das alle Zeiten überdauert hat. Die wenigen Männer, die sich geoutet und über sexuelle Belästigung seitens einer Frau beschwert haben, werden mit Verachtung gestraft, genauso wie Männer, die behaupten, von einer Frau sexuell mißbraucht worden zu sein. Selbst viele von uns, die sich in Wort und Tat für die Rechte der Männer einsetzen, geben zu, daß ihnen der Anblick eines Mannes, der sich ein Baby im Tragegurt vor die Brust gebunden hat, einen Stich versetzt. Wir wollen, daß er sein Kind liebt und sich bei der Betreuung engagiert, aber dabei sind seine Hände gebunden, so daß er keine

Kugel abfangen könnte, wenn eine auf uns gerichtet wäre. Das ist genau das Thema, das diskutiert werden muß: die Zwiespältigkeit unserer eigenen Gefühle.

Die Realität, der sich junge Männer heute am Arbeitsplatz gegenübersehen, ist nicht die Welt, in der Frauen hilflos sind angesichts der Allmacht der »bösen Männer«. Keines der beiden Geschlechter ist für die Beziehungen gerüstet, mit denen sie heute am Arbeitsplatz konfrontiert werden. »Oft herrscht ein hohes Maß an Ambivalenz«, sagt Eleanor Maccoby, eine Entwicklungspsychologin, die sich intensiv mit geschlechtsspezifischen Studien befaßt. »Man ist sich nicht sicher, ob man für das andere Geschlecht erotisch reizvoll oder nur eine Kollegin oder ein Kollege sein will. Damit beginnen die Probleme.«[11] Männer erleben provokative Kleidung, das Make-up und die Bereitschaft zum Flirt als »Einladung, um auf nichtberuflicher Ebene zu reagieren, was dazu führt, daß sie die beruflichen Absichten dieser Frau weniger ernst nehmen«, ergänzt Warren Farrell. Und der Anthropologe Lionel Tiger formulierte bei unserem ersten Schönheitssymposion 1989: »Schönheit ist ein Marketinginstrument für die Reproduktion, die wiederum von der sexuellen Anziehungskraft und dem sexuellen Erfolg abhängig ist.« Wenn die Schönheitsinitiative von Erfolg gekrönt ist, führt sie zur Ehe und zum Schlußstrich unter die berufliche Laufbahn der Frau.

Kollegen einer schönen Frau wissen, daß jeder heterosexuelle Mann für ihre Reize empfänglich ist. Sie ist eine, wie Farrell es nennt, »genetische Primadonna«. In einem Verkaufsgespräch findet sie automatisch leichter den Zugang zu männlichen Kunden, und der männliche Vorgesetzte möchte sie als Mentor unter seine Fittiche nehmen. Farrells Forschungen deuten ferner darauf hin, daß Männer, die für eine attraktive Chefin arbeiten, befürchten, die »genetische Primadonna« könne in solchem Maß an männlichen Schutz gewöhnt sein, daß sie nicht weiß, wie sie ihre männlichen Mitarbeiter schützen soll. Sie haben Angst, daß sie nicht kompromißbereit ist, nicht die Dynamik von Geben und Nehmen versteht. Sie fragen sich bang, ob sie nicht zuwenig Erfahrung darin hat, auch einmal harsche Kritik wegzustecken.

Zum Glück wächst die Anzahl der Frauen, die über das Arbeitsleben von Frauen sprechen und schreiben. »Sicher, es gibt noch
immer weniger Frauen als Männer in Führungspositionen an der
Unternehmensspitze, aber Feministinnen wollen nicht wahrhaben,
daß sich dieses Ungleichgewicht teilweise aus den freien Entscheidungen der Frauen herleitet«, schreibt Laura A. Ingraham, Anwältin und Mitglied des Beraterteams der Organisation Independent
Women's Forum. »Die Vorstellung, daß Frauen fortlaufend von
den unsichtbaren Barrieren des Sexismus am Aufstieg gehindert
werden, reduziert sie auf einen immerwährenden Opferstatus. Außerdem wird dadurch das Anliegen auf den Kopf gestellt, das die
wahren Feministinnen ursprünglich verfochten haben: Chancengleichheit für Frauen. Die Gleichberechtigung beim Zugang zum
Arbeitsmarkt und bei den beruflichen Aufstiegsmöglichkeiten war
nie als Garantie dafür gedacht, daß Frauen einen bestimmten Prozentsatz der vorhandenen Führungspositionen besetzen ... 1992
waren Frauen mit 23 Prozent im Topmanagement präsent, verglichen mit 14 Prozent im Jahr 1982. Von 1979 bis 1993 stiegen die
Löhne und Gehälter der Frauen um 119 Prozent ... Warum streichen Feministinnen nicht rot im Kalender an, daß Frauen endlich
offene Türen einrennen, statt über die gläserne Decke zu jammern,
die angeblich unseren Aufstieg bremst?«[12]

Die Rechte und Pflichten der Männer sind heute genau umrissen.
Frauen haben nicht nur die ihnen gebührenden Rechte erstritten,
sondern »dürfen« nun genauso verwerflich handeln wie jeder
Mann und unterliegen demselben Strafgesetz bei sexueller Belästigung. Daß die meisten Männer zögern, gerichtliche Schritte gegen
eine Frau einzuleiten, dürfte kein Dauerzustand sein. Männer sind
langsam, wenn es gilt, sich gegen den Feminismus zur Wehr zu
setzen, aber auf den Kopf gefallen sind sie nicht.

Wenn die Wut der Männer von einem Mitglied der älteren patriarchalischen Generation geäußert wird, wie bei Norman Mailer
der Fall, hören wir zu unserer Verblüffung, daß Männer Angst vor
Frauen haben: »Wenn Frauen eines Tages alle Macht an sich reißen, was durchaus der Fall sein könnte«, wird Mailer in einem

Interview mit Madonna zitiert, »und wenn man unter ihnen die Entsprechung zu Stalin oder Hitler findet (und aufgrund des Kontakts zu einigen Vorkämpferinnen der Emanzipationsbewegung könnte ich mir einen solchen Frauentypus leicht vorstellen), sehe ich schon den Tag kommen, an dem männliche Sklaven in Saft und Kraft gehalten und täglich gemolken werden, um ihr Sperma in Samenbanken zu deponieren und den Erhalt der menschlichen Rasse zu gewährleisten. Dafür reicht ein Bestand von 100 Männern aus. Folglich haben Männer eine tiefverwurzelte Angst vor Frauen. Es ist nicht so, daß sie denken: ›Oh, wie schön, eine weibliche Brust, um meinen Kopf darauf zu betten; es kostet mich ja nichts.‹ Sie wissen vielmehr, daß es in dieser zarten Brust eiskalte Zonen gibt, eisige Bereiche, verabscheuungswürdig, und wenn sie auch nur einen Funken Gespür für das andere Geschlecht besitzen, wissen sie, daß eine Frau zu erobern dem Erklimmen eines Gesichts gleicht, das in eine steile Felswand gehauen ist ... Nicht jeder denkt so wie ich, aber Männer spüren das instinktiv, möchte ich behaupten.«[13]

Was Mailer bei seiner Ausführung nicht berücksichtigt, ist die Tatsache, daß Frauen genauso wie Männer »eine tiefverwurzelte Angst vor Frauen« haben. Dieser Furcht voreinander, diesem inneren Bedürfnis, um die Billigung und Akzeptanz einer anderen Frau zu buhlen, dem ehernen Gesetz »Wage ja nicht, dich meinem Willen zu widersetzen, mir zu widersprechen, mir Konkurrenz zu machen«, erlassen von der Gigantin in unserer Kinderstube, dieser Angst spielt die matriarchalische Version des Feminismus in die Hände. Die Angst der Frauen vor der Zurückweisung durch andere Frauen, die tiefempfundene Traurigkeit, die das Gefühl des Ausgeschlossen- und Ausgegrenztseins begleitet, wird geschürt durch die immer noch schwelende Glut der frühkindlichen Beziehung.

Am Anfang verkündete der Feminismus feierlich, daß es weniger Kriege geben würde, wenn Frauen erst einmal in echte Machtpositionen vorgerückt wären. »Wenn Frauen die Hälfte der gewählten Mitglieder des Repräsentantenhauses stellen und es von Zeit zu Zeit einen weiblichen Präsidenten geben würde«, schrieb Gloria

Steinem 1970, »könnte man die Machismo-Probleme in unserem Land weitgehend mindern. Die altmodische Vorstellung, daß Männlichkeit von Gewalt und Sieg abhängt, ist schließlich ein wichtiger Einflußfaktor für die Probleme auf unseren Straßen und in Vietnam ... In den nächsten 50 Jahren oder so werden Frauen in der Politik eine unverzichtbare Rolle spielen und ein neues Konzept von Männlichkeit schmieden, das weniger aggressiv und besser geeignet ist für unseren übervölkerten, postatomaren Planeten.«[14]

Frauen wie Janet Reno, Jeanne Kirkpatrick und Clinton-Beraterin Susan Thomases entsprechen nicht gerade Steinems Prophezeiung, daß Frauen ihre emphathischen Fähigkeiten als großen, ihnen eigenen Pluspunkt in Machtpositionen einbringen können. Auch mit ihrer Prognose über das Aussehen der Frauen hat sie nicht ins Schwarze getroffen: »Frauen mit einer normalen beruflichen Identität werden ihr Selbstempfinden höchstwahrscheinlich weniger am krampfhaften Erhalt der Jugend und an ihrem äußeren Erscheinungsbild festmachen; folglich wird es weniger Nervenzusammenbrüche geben, wenn die ersten Falten in Erscheinung treten.«[15]

Mit dem Einkommen der Frauen haben sich auch die Summen erhöht, die sie für Mode und Kosmetik ausgeben. Ob Berufsanfängerin oder Aufsteigerin, Frauen wollen am Arbeitsplatz ein gutes Bild abgeben, und der Erhalt des jugendlichen Aussehens ist ein wichtiger Teil dieses Bildes. Die Modedesigner konzentrieren sich vielleicht darauf, mittels weitschweifiger Marktforschungsprojekte herauszufinden, was Frauen sich wirklich wünschen, aber eines ist sicher, junge Männer werden nicht untätig danebensitzen, die Modenschau mit Stielaugen betrachten und jeden Vorwurf der sexuellen Belästigung, mit dem Frauen sie attackieren, stillschweigend hinnehmen. Statt dessen werden sie zur Gegenattacke übergehen: Sie werden sich im Kampf mit den Frauen messen und deren Verwirrung nutzen, um ein neues goldenes Zeitalter der männlichen Schönheit einzuläuten.

Männer werden sich nicht auf weibliche Abwehrmechanismen des Neids einlassen. Sie werden ihre ureigenen Wettbewerbsstrategien nicht zimperlich leugnen. Schon heute machen Männer, die ihr

Aussehen in die Machtstrukturen am Arbeitsplatz einbringen, von ihrem gesamten Waffenarsenal Gebrauch, einschließlich Aktenkoffer und Attraktivität, um der Konkurrenz den Vertrag vor der Nase wegzuschnappen. »Wenn man die Ressourcen kontrolliert [die früher beinahe ausschließlich Männern vorbehalten waren]«, sagt Verbraucherpsychologe Michael R. Solomon, »dann macht man sich über die persönliche Anziehungskraft keine großen Gedanken … Aber das Eindringen der Frauen in verantwortliche Positionen am Arbeitsplatz hat das Machtgleichgewicht verlagert.«[16] Männer halten nach Möglichkeiten Ausschau, sich ihren Wettbewerbsvorsprung zurückzuerobern und genau zu beobachten, welche Vorteile das Aussehen den Frauen im Konferenzraum einträgt.

In einer Studie wurde festgestellt, daß die Stadt in den USA, in der Männer das meiste Geld für Kleidung auf den Tisch blättern, nicht die Modemetropole New York ist, sondern Atlanta. Ein Manager aus der Bekleidungsbranche erklärte in einem *Newsweek*-Interview, daß Atlanta »die Stadt der Außendienstler und Bezirksleiter ist, genau die Art Leute, bei denen der erste Eindruck entscheidend ist, um einen Fuß in die Tür zu bekommen«[17].

Auch beschränken Männer, wie Sie vielleicht bemerkt haben, ihr Augenmerk keineswegs auf das modische Erscheinungsbild am Arbeitsplatz. Norman Karr von der Men's Fashion Association erzählte *Newsweek*, daß sich Männer verschiedene Garderoben zulegen, »für mein öffentliches und mein wahres Selbst«[18]. Klingt das nicht vertraut, meine Damen?

Wenn uns der zu seinem Vorteil verwandelte Mann im Konferenzraum aussticht und nicht zu übersehen ist, daß aller Augen auf ihm und nicht auf uns ruhen, schreien wir dann auch noch »Hilfe, Belästigung«? Wenn er sein Aussehen geschickt vermarktet, um bei seiner Chefin die Beförderung zu ergattern, mit der wir geliebäugelt hatten, was ist dann mit unserer Urangst, eine andere Frau könnte uns den Gebrauch der Schönheit ankreiden? Ich möchte Haus und Hof verwetten, daß Männer uns genau die Lektion erteilen, die wir Frauen nicht von allein lernen wollten. Ihr Erfolg in der Schönheitsarena – in *unserer* angestammten Domäne! – wird uns schmerzlich vor Augen führen, daß wir miteinander in fairen Wettbewerb treten müssen, wenn wir nicht die ungeschlachten Arbeitspferde der Industrie werden wollen.

»Her mit meinem Spiegel!«

Nach Generationen der Entrüstung darüber, daß Männer uns mit ihren Blicken ausziehen, müssen wir Frauen nun in einem Wettbewerb mithalten, für den wir schlecht gerüstet sind. Die gleichen Personen, die wir wie ungezogene Kinder zu schelten pflegten, sind nun gleichwertige Rivalen. Der Konkurrenzkampf um die bewundernden Augen der Betrachter ist nicht länger unser ureigenes Revier.

Frauen nehmen die Rückkehr der Männer zum Spiegel nicht ernst. Wir sind geübt darin, die Rivalität unter Frauen zu leugnen, und so weigern wir uns beharrlich, uns einzugestehen, daß wir neue Konkurrenten im Schönheitswettbewerb haben, die gleichen, die einst unsere Jagdtrophäen waren. Haben wir wirklich geglaubt, Männer würden tatenlos zusehen, wie wir ihnen die Arbeitsplätze wegnehmen, die Rolle, die mehr als alles andere ihr Mannsein definierte, ohne auf Vergeltung zu sinnen? Und wenn sie ihr Geld in einen Calvin-Klein-Anzug investieren, sich im Fitneßstudio trimmen und mehr Geld für einen erstklassigen Friseur ausgeben, Männer werden ihre Munition verschießen. Sie halten nichts von Leugnen und ähnlichen weiblichen Problembewältigungsstrategien.

Frauen werden entweder die Fesseln der Regeln für »brave Mädchen« abstreifen und wirksames Wettbewerbsverhalten lernen oder damit rechnen müssen, den Spiegel an die Männer zu verlieren. In diesem Fall ist abzusehen, daß sie ihn mit einem Elan ins Feld führen werden, der uns weit in den Schatten stellt. Die neue Aufmerksamkeit, die Männer ihrem Aussehen widmen, reflektiert einen ungestillten Hunger, der immer schon vorhanden war. Wenn der Feminismus nicht seinen Claim im wirtschaftlichen Territorium der Männer abgesteckt hätte, wären die bunten Halstücher, die langen Haare und der Schmuck, mit denen sich ein Mann in den siebziger Jahren ausstaffierte, sang- und klanglos wieder verschwunden.

Als radschlagende Pfauen, die sie in früheren Leben waren, werden sie den Beifall zu würdigen wissen und sich mit Stolz verbeugen. Ihre Neigung, sich herauszuputzen und ihr Prunkgefieder zu zeigen, hat ein größeres historisches Gewicht als unsere. Beinahe 500 Jahre lang waren Umgangsformen und Erscheinungsbild der Männer das Maß aller Dinge in Sachen Schönheit. Das Handwerk des Schmückens ist schnell wieder erlernt, weil es unmittelbare Belohnung verspricht. Wenn sich bewundernde Augen auf uns richten, macht sich Hochstimmung breit, und das Wohlgefühl bringt unser Blut in Wallung – bei Männern wird es nicht anders sein.

Frauen gestatten sich aufgrund des seit langem verinnerlichten Konkurrenzverbots nicht, Euphorie angesichts ihrer eigenen Schönheit zu empfinden; Männern sind solche Ängste fremd. Frauen werden vielleicht sehr bald am eigenen Leib feststellen müssen, wie es gewesen sein mag, in den letzten 200 Jahren ein Mann zu sein, ziellos und unsichtbar in einem eisigen Klima umherzuwandern, die Augen stets auf der Suche nach dem Anblick der Schönheit, die seinen Hunger stillt.

Männer, die bereit waren, die Mode mit offenen Armen zu begrüßen, dachten nicht daran, sich altjüngferlich gegen die taxierenden Blicke des anderen Geschlechts zu verwehren. Sie waren sich über die Macht der Schönheit und ihre vielfältigen Einsatzmöglichkeiten genau im klaren. »Die erotische Kleidung, die Männer trugen, sollte nicht zuletzt auf Frauen wirken, erotische Reaktionen in ihnen wachrufen«, schreibt Lois Banner. »Europäer glaubten in dieser Epoche, daß die Liebe eine launische Gefühlsregung sei, die jeden wie der Blitz aus heiterem Himmel treffen konnte. Folglich waren die Augen und das, was die Augen sahen, von entscheidender Bedeutung. Der ursprüngliche Funke, der Liebe hervorrief, wurde den äußeren Eigenschaften der Schönheit zugeschrieben und in aller Regel als das erfreuliche Erscheinungsbild derjenigen Person definiert, die man erblickte.«[19]

Mehrere Jahrhunderte lang haben Männer die von Neid diktierten Irrungen und Wirrungen der Frauen als Zuschauer am Rande beobachtet. Sie wissen, daß sie weder mit Worten noch mit Taten Einfluß auf die Macht nehmen können, die Frauen über andere Frauen haben. Das ist für einen Mann nicht sehr schmeichelhaft, war aber im Rahmen des »patriarchalischen Handels« sehr praktisch: Die unter Frauen übliche Taktik, die Wahrnehmung der eigenen Schönheit zu trüben, ermöglichte es dem »guten Versorger« nämlich, ungestört durch eventuelle Nebenbuhler nach wirtschaftlichem Wohlstand zu streben. Er wußte, wohlüberlegt oder intuitiv, daß *die anderen Frauen* sein Schmuckstück schon »in Schach halten« würden.

»Halt, Attraktivität ist ja ein Mittel, um beruflich vorwärtszukommen!« sagen sich die jungen Männer von heute. Eine neue Form des Wettbewerbs steht uns ins Haus, eine Strategie, vor der junge Frauen immer noch auf der Hut sind. Aber sie spüren nichtsdestoweniger, daß die Männer ihres Alters ihnen die Schönheit streitig machen werden, wenn sie nicht erkennen, was sie verlieren: die Macht der Schönheit.

Und gleichermaßen sollten Männer genau auf die vielfältigen Verhaltensweisen achten, die wir Frauen an den Tag legen, wenn es um Schönheit geht. »Er war eine hohlköpfige Kleiderpuppe«, befindet eine Managerin, als sie mir von dem tadellos gekleideten Mitarbeiter erzählt, den sie entlassen hatte. Wir feiern eine heißbegehrte Auszeichnung in ihrem Tätigkeitsfeld, die ihr verliehen wurde, bei einem gemeinsamen Abendessen, und obwohl sie ihr Aussehen nicht einsetzen mußte, um Karriere zu machen, war es zweifellos eine Kletterhilfe.

In ihrer Stimme schwingt unverkennbar eine gehörige Portion Neid auf den attraktiven Mann mit, der in ihr Reich eingedrungen war und zur Strafe gefeuert wurde. Werden Männer, wenn sich immer mehr Frauen in die Führungsetagen hochhangeln, das traditionelle Schicksal berufstätiger Frauen erleiden? Werden auch sie das von heimlichem Groll geprägte Vorurteil haben, daß sich zuviel Schönheit in weniger Intelligenz, Motivation und Ehrgeiz übersetzt?

Nichts bringt so wirksam wie die sogenannten wirtschaftlich relevanten Faktoren die hartnäckigsten dunklen Geheimnisse ans Licht. Gutes Aussehen ist nicht *nur* ein Aktivposten, aus dem Frauen Kapital schlagen, um einen Mann zu umgarnen. Die kaleidoskopartigen Trends in der Männer- und Frauenmode, der meteorhafte Aufstieg der Models als kulturelles Idol, die Scheinwerfer, die so grell wie nie zuvor in unserem Leben auf die Schönheit gerichtet sind, all das bringt die Diskussion um das leidige Thema ein Stück voran.

Die schöne Frau, die der »hohlköpfgen Kleiderpuppe« den Stuhl vor die Tür gestellt hat, wird sich bald mit einem gleich starken Gegner messen müssen, mit einer Kleiderpuppe, die auf die Barrikaden geht. Männer nehmen ihre Rivalen genau ins Visier, machen einen Schritt vor und einen zurück, um erneut Anlauf zu nehmen, rempeln sich gegenseitig an, während sie sich die Führung streitig machen, oder verbünden sich möglicherweise sogar zeitweilig mit ihrem Konkurrenten. Sie bauen auf dem Fundament ihrer Erfahrungen mit unterstützenden Netzwerken auf, aber sie trommeln nicht in einer Nacht-und-Nebel-Aktion Gleichgesinnte zusammen, um den gutaussehenden Stutzer aus der Clique auszuschließen.

Modetrends ändern sich, noch bevor wir merken, was sich am Horizont der Geschichte zusammenbraut. Es ist, als würde unser geübtes inneres Auge die ferne Landschaft taxieren und uns physisch auf das vorbereiten, was vor uns liegt. »Ende der siebziger Jahre begannen Männer und Frauen ernsthaft, ihre jeweilige Wirkung auszutauschen«, sagt Anne Hollander. »Frauen wurde plötzlich bewußt, wie gut sie die männliche Kleidung gebrauchen konnten – nämlich in jeder Situation. In Malloys *Dress for Success* (Sich erfolgsorientiert kleiden) heißt es: ›Kleide dich nicht so, als wärst du versessen auf den Arbeitsplatz. Kleide dich so, als gehörte dir der Arbeitsplatz bereits.‹ Und was sollen Männer nun tun? Sie werden sich zum erstenmal in der Geschichte der Mode typisch weibliche Effekte zu eigen machen. Sie besitzen heute die wunderbare Eigenschaft, das maskulin ausgerichtete System so zu nutzen, wie es nicht möglich war, bis der Feminismus die Karten neu mischte.«

Als die Bilanzen – stets der einzig wahre Gradmesser des unternehmerischen Erfolgs – die männlich dominierte Schönheitsindustrie darüber informierten, daß Männer plötzlich mehr Mode- und Körperpflegeartikel kauften, horchten Werbebranche und Hersteller auf. Sie wußten schon vor Hinz und Kunz, wohin der Trend ging. Die Werbeanzeigen in den Männermagazinen klärten dann die maskuline Bevölkerung insgesamt auf; sie entfachten die Vorstellungskraft der Männer, sich in neuem Licht zu sehen, im zweireihigen Anzug, drahtiger, muskulöser, jünger, männlicher.

Als der renommierte Herrenausstatter Bergdorf Goodman gegenüber der Frauenboutique in der Fifth Avenue einen Laden für Herrenmode eröffnete, erzählte mir der Geschäftsführer, er müsse seinen Verkäufern Nachhilfeunterricht in der Kunst erteilen, Männern einen Anzug für 1000 Dollar schmackhaft zu machen. Die neue Welt der Männermode entpuppte sich als wahre Goldmine, aber würden die Männer auch bereit sein, wie die Frauen erkleckliche Summen vorab zu investieren? Allem Anschein nach lautet die Antwort ja. Fünf Jahre später ist in der Bergdorf-Werbung zu lesen: »Ohne Stil ist Ehrgeiz nur aggressiv.«

Im Gegensatz zu Frauen betrachten Männer die Pflege der Schönheit als eine Aktivität, der nachzugehen allein ihrer Entscheidung obliegt; und wenn sie im Schönheitswettbewerb übersehen werden, auch gut. Wir Frauen sind in dieser Beziehung nicht so unabhängig. Wir beschließen vielleicht auf der intellektuellen Ebene, uns nicht von den Forderungen der Mode an die Kandare nehmen zu lassen, eine gute Entscheidung. Aber noch ist die Erinnerung der Frauen an eine Kindheit nicht verblaßt, in der die weibliche Schönheit eine ungeheuer wichtige Rolle gespielt hat. Die meisten von uns glauben noch nicht an die Machtpotentiale, die eine Alternative zur Schönheit darstellen können. Wenn es anders wäre, würden Frauen die Schönheit nicht mit neidischen Blicken verdammen. Erst wenn wir wirksameres Wettbewerbsverhalten lernen, uns das bohrende Gefühl bewußtmachen, bevor es uns zu ersticken droht, werden wir ehrlich die Entscheidung treffen können, uns nicht an der Schönheitskonkurrenz zu beteiligen. Mag sein, daß Anwältin Susan Thomases, Hillary Rodham Clintons rechte Hand, ungerührt mit ihrem Spitznamen »old floppy-shoes« zu leben vermag, wenn sie mit ausgetretenen Schuhen, zerknittertem Kostüm, ungekämmt und ungeschminkt durch die Korridore der Macht in Washington latscht. Aber für das *Wall Street Journal* war ihr Erscheinungsbild exotisch genug, um sie wegen ihrer mangelnden Aufmerksamkeit gegenüber den gängigen Schönheitsidealen zu zitieren.[20]

Männer haben sich zu Blickfängern entwickelt, in gleichem Maß wie die Frauen. Starren wir beim Einkaufsbummel nicht genauso lange auf die Plakate mit dem männlichen Model in Calvin-Klein-Unterwäsche und Beinahe-Erektion wie auf die riesigen Glamourposter von Cindy Crawford? Werden unsere Augen nach der Rückkehr in unseren Alltag, gleich ob wir männlichen oder weiblichen Geschlechts sind, vom üppigen Busen einer Frau angezogen, oder bleiben sie auf dem elegant gekleideten Adonis haften, der Bewunderung erwartet, sich mit größter Sorgfalt vor dem Spiegel angekleidet hat, in der bewußten Absicht, sein Aussehen in einer Weise taxieren zu lassen, von der sein Vater nicht einmal zu träumen gewagt hätte?

Vor 20, ja sogar noch vor zehn Jahren waren Männer, die zuviel Zeit vor dem Spiegel verbrachten, suspekt. Als ich damals den in klassischem Sinn bestaussehenden Mann in meinem Bekanntenkreis fragte, was es für ihn bedeute, natürliche Schönheit zu besitzen und außerdem noch zu den Erfolgreichsten und Kompetentesten in seinem Beruf zu gehören, sagte er: »Man hat es sehr schwer, ernst genommen zu werden.« Ich nehme an, das hat seinen Ruf als unerbittlicher Gegner begründet, als Kopfmensch, der seine Ziele aggressiv verfolgt. Früher wurde er regelmäßig um ein Interview gebeten, wenn jemand, was sehr selten vorkam, einen Artikel über gutaussehende Männer schreiben wollte. Einer seiner besten Freunde sagt, daß ein so attraktiver Mann beinahe unvermeidlich die Vermutung weckt, er könne nicht auch noch über geistige Gaben oder berufliches Know-how verfügen.

Die meisten Männer rücken mit äußerster Vorsicht tiefer in das Reich des Spiegels vor. Sie richten ihre Antennen auf andere Männer und empfangen die anhaltenden Signale, daß sich die neuerworbene Schönheit nicht als Hindernis für den finanziellen Erfolg erweist. »Männer würden nie offen zugeben, was ich Ihnen gleich verraten werde«, schrieb ein Redakteur der Zeitschrift *Mademoiselle* in seinem Beitrag, »weil sie sich dann seltsam vorkämen. Aber eine der schlimmsten Befürchtungen im Leben eines heterosexuellen Mannes besteht darin, auch nur andeutungsweise etwas zu sagen, was Zweifel an seiner sexuellen Orientierung aufkommen lassen könnte. In Wirklichkeit beobachten wir Männer unsere Herde genauso intensiv wie die Frauen … Wir verschlingen solche Geschichten nur deshalb, weil wir wissen wollen, warum dieser Kerl vom Schicksal begünstigt ist und wir nicht, warum ihm Ruhm und Reichtum und Frauen zuhauf in den Schoß fallen … Uns scheint, als bliebe es ihm erspart, mühevoll ein Ziel im Leben anzustreben, als müsse er überhaupt nichts anderes tun als warten, bis sich ihm die einmaligen Gelegenheiten von selbst präsentieren.«[21]

Das Gros der Hetero-Männerwelt steht immer noch auf Kriegsfuß mit feminin wirkender Kleidung. Die Welt der Homosexuellen hat sich im Gegensatz dazu erweitert und freut sich sichtlich über das Modefenster, das sich gegen Ende der sechziger Jahre für Männer auftat. Ein schwuler Mann muß nicht erst von der Macht der Schönheit überzeugt werden, die visuellen Signale sind bereits ein unverzichtbares Element homosexuellen Verhaltens.

Bis vor kurzem besaß nichts auch nur annähernd eine solche Sprengkraft für das Leben eines Mannes wie die leiseste Andeutung, er könne homosexuell sein. Allein schon ein Traum oder eine Phantasie, in denen er sich mit einem anderen Mann beisammen sah, reichten aus, um ihn auf die Couch des Psychiaters zu treiben. Doch die Kindheitserinnerungen eines Mannes enthalten vermutlich auch Bilder vom Wettmasturbieren mit seinen Freunden, oder er hat später zu einem älteren Jungen in seiner Schule aufgeblickt, einem Sportler mit bewundernswert durchtrainiertem Körper, eine Schwärmerei, die eine erotische Komponente enthält. Diese Träume lernt er zu verbannen, wenn er die rigiden Regeln der heterosexuellen Männerwelt zu verinnerlichen beginnt. Wie verbannt man einen Traum, wie schaltet man das Unbewußte aus?

Ich erinnere mich an einen Morgen im letzten Jahr, als uns per Telefon eine atemberaubende Meldung erreichte: Der Multimillionär und Verleger Jann Wenner – von ihm stammte der Stein des Anstoßes zur Gründung der Zeitschrift *Rolling Stone* – hatte seine Frau und seine Kinder verlassen, um sich in der Suite eines noblen East-Side-Hotels mit einem männlichen Model zu verschanzen. Ein gefundenes Fressen für die Klatschspalten der Regenbogenpresse, aber die Welt geriet nicht aus den Fugen, wie es vielleicht 20 Jahre früher der Fall gewesen wäre. Allseitiges Zögern herrschte, ob man solche Storys über das »Outing« Homosexueller überhaupt drukken solle. Als die Neuigkeit schließlich doch ruchbar wurde, fiel die Reaktion der breiten Öffentlichkeit verhalten aus, amüsiert, aber tolerant. Schließlich war da nicht irgendwer, sondern einer der mächtigsten, reichsten Männer aus der Verlags-, Film- und Musikindustrie schwul. Wenner hätte ebensogut am nächsten Tag in den Schoß der Familie zurückkehren können, um in der Öffentlichkeit wieder an der Seite seiner Frau zu erscheinen, ohne Skandal.

Die Modewelt war immer für ihren hohen Anteil an homosexueller Prominenz bekannt. Wenn wir schöne Frauen in phantastischen Kleidern sehen, denken wir nicht automatisch: »Aha, das hat garantiert ein Schwuler entworfen!«, sondern: »Die sieht ja atemberaubend aus!« Wir haben immer noch nicht erkannt, was wir dem homosexuellen Blick verdanken, der unser Leben so unendlich bereichert hat, aber dafür haben wir unseren Männern gestattet, allen Männern wohlgemerkt, die Aufmerksamkeit wieder auf sich zu lenken.

Nichts spricht in unserem Kulturkreis eine deutlichere Sprache als Geld. Manche mögen insgeheim die Unterhaltungsmoguln Barry Diller und David Geffen verachten, aber der potente Geruch ihrer »Kohle« eilt ihnen voraus, verwandelt selbst die großmäuligen, gegen Homosexuelle allergischen Männer in neidische, winselnde Hündchen. Die Tatsache, daß solche mächtigen, schwulen Männer zunehmend wahrgenommen und salonfähig werden, infiltriert allmählich die Haltung der Gesellschaft in allen Lebensbereichen. Das gilt auch für die Schönheit, die früher fast ausschließlich mit homosexuellen Männern und ihrer besonderen Sensibilität in Verbindung gebracht wurde.

Mehr als Arbeit, mehr noch als Ehe und Familie brauchen wir eine sexuelle Identität. In der Intimität erotischer Phantasien haben Männer immer mit dem Bild von Frauen geliebäugelt, die einander befriedigen, und darin eine erregende Erlaubnis zum Mitmachen gesehen. So aufregend, da verboten, solche Phantasien auch sein mochten, der Gedanke an einen anderen Mann kam darin nicht vor; er stellte keinen Nervenkitzel, sondern beinahe eine Gewähr für eine sexuelle Ladehemmung dar.

Heute läßt das Thema Homosexualität, wie in Film, Literatur, erotischen Phantasien und im wirklichen Leben bezeugt, immer noch Alarmglocken schrillen, aber es hat viel von seinem Schrecken verloren: Die Ladehemmung ist nicht mehr garantiert, es regt sich etwas, während die verbotenen Bilder aus der Tiefe des Unbewußten heraufsteigen. Während er den anderen Mann betrachtet, sieht der Mann sich selbst, starrt, wie er einst die anderen angestarrt hat, die mit ihm um die Wette masturbierten, und die Sicht auf die männliche Macht brauchte, um sich gegen die Macht der Mutter zu behaupten. Das war in einer Zeit, bevor der Blick auf andere Männer gleichbedeutend mit dem Verlust der eigenen Männlichkeit wurde.

Der patriarchalische Mann machte sich aus dem Staub, sobald ihm der mütterliche Einfluß in allen Bereichen des Lebens bewußt wurde. Der schwule Mann, dessen Schönheit sein Kapital ist, erkennt den Einfluß der Frauen auf ihn bereitwilliger an. Vor zehn Jahren wäre die Geschichte meines Freundes Dick klar in die Welt der Homosexuellen eingeordnet worden. Ich finde, daß sie eine sehr zeitgemäße Parabel für alle Männer darstellt.

Dicks Mutter war eine außergewöhnliche Schönheit, der ihr hübscher vierjähriger Sohn ein Dorn im Auge war. Sie verließ ihn und seinen Vater, doch jedesmal, wenn Dick sie wiedersah, was selten genug vorkam, erwies er sich als ihr gelehriger Schüler, was die

Macht der Schönheit betraf. »Mir war immer gesagt worden, ich sehe ihr sehr ähnlich«, berichtete er, »und ich konnte nicht verstehen, warum sie mich nicht liebte. Aber ich beobachtete, wie sie ihre Schönheit benutzte, und von ihr lernte ich, Kapital aus meinem Aussehen zu schlagen. Ich sagte mir, na gut, wenn es mir schon nicht gelingt, deine Aufmerksamkeit zu wecken, dann werde ich dich in deinem ureigenen Spiel besiegen.«

In seiner betörenden, charmanten und gewinnenden Art gehört Dick zu den konkurrenzbewußtesten Männern, die ich kenne. Als er 13 Jahre alt war, wurde er wieder auf einen der formal vereinbarten, kurzen Besuche zu seiner Mutter geschickt. »Sie war gerade erst mit ihrem Liebhaber aus Mexiko zurückgekommen«, erzählte er. »Irgendwann verließ meine Mutter das Wohnzimmer. Ich flirtete mit ihm; ich wußte genau, was ich tat, ich provozierte ihn auf Teufel komm raus, berührte seine Schulter, seine Hand, und schließlich legte er den Arm um mich. Wir waren auf dem Sofa, er obenauf, und er küßte mich und sagte: ›Nein, nicht so, mach den Mund auf!‹ Und in dem Moment kam sie zur Tür herein.

Ich hatte sie in meinem ganzen Leben noch nie so wütend gesehen. Sie schickte mich umgehend nach Hause, sie wies mich zurück und behielt ihren Liebhaber. Aber ich hatte ihr Konkurrenz gemacht und gewonnen. Ich bin sicher, daß sie so dachte. Ich hatte eine Todesangst, wie sie sich an mir rächen würde. Die Besuche wurden immer seltener, bis sie ganz unterblieben.«

Das Rückgrat einer Frau versteift sich, wenn ein Mann sie vor dem Spiegel beiseite drängt; in seinem Blick und in seinem Verhalten schwingen Selbstsucht und nicht Selbstlosigkeit mit. Würde er ihr sein Leben zu Füßen legen? Und wie soll er sie während der Schwangerschaft, in jenen neun Monaten, die bei Anthropologen als Zeitspanne für die »natürliche Auslese« eines potenteren Sexualpartners bezeichnet wird, versorgen und beschützen, wenn er bei seinem Schneider ist?

Es spielt für sie keine Rolle, daß sie ein Haus besitzt, mehr verdient als er und eine Waffe im Nachtschränkchen neben ihrem Bett verwahrt, um sich zu schützen. Und es fällt genausowenig ins Gewicht, daß sie heutzutage die Brust herausnehmen und ihr Baby mitten im Restaurant stillen kann, in dem sie die Rechnung bezahlt. Ihr tiefverwurzeltes Mißtrauen gegenüber einem narzißtischen Mann ist das Vermächtnis ihrer weiblichen Vorfahren.

»Die Emanzipationsbewegung muß sich der Gefahr bewußt sein, Männer zum Mord an Frauen zu provozieren«, sagte Margaret Mead.[22] Jungen und Männer scheinen sich in zunehmendem Maß auf ihre Muskelkraft zu besinnen, sich roher Gewalt zu bedienen. Marina Warner weist darauf hin, daß in den Mythen der Moderne, in den Filmen und Videospielen, Jungen heute lernen, daß Statur und Muskeln einen echten Mann kennzeichnen. Gewalt sei zur »Quelle männlicher Autorität und Macht« geworden, schreibt sie.[23]

Männer müssen beim Eintritt ins Arbeitsleben ein noch schwierigeres Kunststück zuwege bringen als Frauen. Daran ändern auch die Vorwürfe des matriarchalischen Feminismus nichts, sie besäßen einen angeborenen Hang zur Gewalttätigkeit und eine Antipathie gegen alles, was gut, friedfertig und weiblich besetzt sei. Als der Mann ein kleiner Junge war, wurden seine warmherzigen, sanften Gefühle, die der Mutter galten, der Herrscherin in seiner Welt, keineswegs als defizitär empfunden. Doch als er über die Schwelle trat, um in die Welt der Jungen hinauszuziehen, mußte er diese starken Emotionen zurücklassen. Es war die Gesellschaft, die ihn im Lauf des Sozialisierungsprozesses lehrte, daß den »maskulinen« Empfindungen eine höhere Wertigkeit zukommt. Die Emotionen der anderen Art, die »femininen«, die allen Menschen angeboren sind, wurden gnadenlos unterdrückt.

Der Psychiater Willard Gaylin hat mir einmal erklärt: »Wenn Männer nicht schon in frühen Jahren enge Freundschaften schließen – während der Kindheit, in der High-School, im College –, dann fehlt ihnen später dazu das Talent oder die Energie. Der Arbeitsplatz saugt ihnen das Mark aus den Knochen. Sie gehen mit dem Gefühl durchs Leben, ausgegrenzt zu sein.« Ich habe die meiste Zeit meines Lebens in der Gesellschaft von Männern verbracht, war zweimal verheiratet und hatte etliche Liebesaffären, und ich bin keinem einzigen Mann begegnet, der in späteren Jahren eine enge, für beide befriedigende Freundschaft mit einem anderen erwachsenen Mann angeknüpft hätte.

Mein Mann hatte mit 19 Jahren einen schweren Autounfall; nach seinen eigenen Worten war es eine nachhaltige Erfahrung, dieses Wissen, dem Tod gerade noch einmal »von der Schippe gesprungen zu sein«. Als er von seinen Verletzungen genesen war, schenkte ihm sein Vater seinen alten Wagen; er sagte, er habe ohnehin vorgehabt, sich ein neues Auto zu kaufen, und sein Sohn sollte von dem Geld der Versicherung lieber eine schöne Reise machen. »Lade doch einen deiner Freunde ein, mitzukommen«, schlug er vor. Mein Mann bat seinen Vater, ihn zu begleiten. Sie hatten nicht ein einziges Mal in all den Jahren ein paar Tage allein miteinander verbracht. Sein Vater war ein erfolgreicher, hart arbeitender Mann, der tagsüber und häufig auch an den Abenden weg war.

Gemeinsam besuchten sie Acapulco, Mexico City und San Francisco, aber sie sprachen nicht ein einziges Mal miteinander. O ja, sie redeten über Geschäfte, Politik, aktuelle Ereignisse des großen Weltgeschehens, aber nie über Themen, die etwas mit ihrem persönlichen Leben, mit ihren Gefühlen, ihrem Inneren, mit den unsichtbaren Dingen zu tun hatten.

Wie würden sich Mutter und Tochter auf einer solchen gemeinsamen Reise verhalten? Wären sie imstande, nicht ein einziges Mal über ihre Gefühle und Empfindungen zu sprechen? Unvorstellbar. Es ist weder bis in alle Ewigkeit festgeschrieben noch genetisch vorprogrammiert, daß Männer ihr emotionales Selbst bereits im Jungenalter wegschließen müssen. Es ist auch nicht Schuld der Frauen oder unsere Aufgabe, das zu ändern, sondern ausschließlich Angelegenheit der erwachsenen Männer. Verglichen mit dem Kampf der Frauen, sich in der Arbeitswelt und in politischen Ämtern zu etablieren, wird sich diese Revolution vermutlich noch zäher und mühevoller anlassen.

Es ist nicht leicht für einen erwachsenen Mann, in den Trümmern des emotionalen kleinen Jungen herumzustochern, in der Hoffnung, etwas zu entdecken, womit er seinem Sohn einen anderen

Weg weisen kann. Doch wenn ein erwachsener Mann sein eigenes Leben als Lehrstück benutzt und auszusprechen lernt, was er gern getan hätte, dann findet er einen neuen Zugang zu frühen »unmännlichen« Wunden und einem besseren Verständnis der Welt der Frauen. Und was ist mit der Rivalität, die er gegenüber dem eigenen Sohn empfindet? Wenn Jungen nicht bald von ihren Vätern lernen dürfen – die als gleichgeschlechtlicher Elternteil das entscheidende Rollenmodell darstellen –, dann wird es bald nicht genug Gefängnisse geben, um die nächste Generation der männlichen Straftäter hinter Schloß und Riegel zu bringen. Das ist meine Meinung.

Männergruppen wie jene von Robert Bly sind ein hoffnungsvoller Anfang. *Ms.* schickte eine Reporterin, als männlicher Teenager getarnt, zu einem Gruppentreffen von The Promise Keepers, um dort »verdeckte Ermittlungen« durchzuführen. »Ich sehe nicht, wie sich die Gesellschaft in der von uns gewünschten Weise verändern kann, wenn Männer nicht in ihrem Bemühen unterstützt werden, weniger wie Männer zu handeln, sondern sich in fürsorgliche, liebevolle, ethisch verantwortungsbewußte und nichtdominierende menschliche Wesen zu verwandeln«, hieß es in ihrem Lagebericht.[24] Offensichtlich hatte sie das Gefühl, am Ende viele Zielsetzungen dieser Männergruppe begrüßen zu müssen.

»Wenn ihr die Macht der Gebärfähigkeit betrachtet, die ihr [Frauen] besitzt, die reproduktive Stärke, über die ihr verfügt, die Erziehung der Kinder … und wenn ihr die Hand dann auch noch nach dem wenigen ausstreckt, was von uns übriggeblieben ist«, sagt Fernsehstar Tim Allen, »dann werdet ihr ungeheuer zornige junge Männer erleben, die ihren Zorn in Handeln umsetzen werden, um den kläglichen Rest ihres Territoriums zu verteidigen.«[25] Was bedeutet Mannsein in einer Welt, in der die Mittelschicht und ihre Werte herrschen, in der Frauen nicht nur Macht gewonnen, sondern auch die Regeln seines emotionalen Engagements neu definiert haben?

Die kleinen, kahlköpfigen Tycoons
und ihre Jagdtrophäen mit der Löwenmähne

Meine Freundin und ich sitzen in einem Restaurant in Bel Air in Los Angeles, als sie mich heimlich anstößt und auf die beiden Neuankömmlinge aufmerksam macht: ein kleiner, kahlköpfiger Mann im dunkelblauen Anzug, der gerade eine Fluglinie, ein ganzes Land gekauft hat. Er unterscheidet sich nicht von anderen Männern, aber er weiß, daß wir ihm sein dickes Aktienpaket, seine Häuser, seinen Privatjet ansehen. Sie erhöhen ihn, machen ihn zu einem ebenbürtigen Partner der schönsten Frau im Raum, ein wahres Schmuckstück, auf das er Anspruch hat. Sie trägt ein elegantes Hermès-Aktenköfferchen, und auf ihrem Kopf türmt sich eine wundervoll gestylte Mähne, in der sich das Sonnenlicht auf eine Weise fängt, daß wir einen Moment lang geblendet sind. Wir fragen nicht: Was findet sie bloß an ihm?

»Er muß eine schlimme Jugend gehabt haben«, sage ich zu meiner Freundin. Es steht ihm ins Gesicht geschrieben: »Während der Pubertät bei Mädchen abgeblitzt.« In der merkwürdigen zweiten Hälfte der achtziger Jahre war das ein Spruch, den ich immer mit Gewinn aufgesagt habe, wenn ich neben einem Industrieboß saß: »Erzähl mir von deiner Jugend.« Hinter diesem Spiel stand keine boshafte Absicht, sondern der Wunsch nach Austausch; ich schilderte als Gegenleistung meine eigene Misere und kann gut verstehen, warum er so hart gearbeitet hat, um diese Durststrecke zu überwinden, um dafür zu sorgen, daß es ihm nie wieder so ergeht. Kleine, kahlköpfige Tycoons hatten schon in ihrer Jugend ehrgeizigere Ziele als die Football-Helden aus ihrer Klasse. Sie haben die Samstage im väterlichen Büro verbracht, um Bilanzen lesen zu lernen, während alle anderen beim großen Spiel waren. Und am Ende haben sie auf ganzer Linie gewonnen.

Nie war der Sieg der kleinen, kahlköpfigen Männer mit der schlimmen Jugend offensichtlicher als Mitte der achtziger Jahre. Sie waren auf den Titelblättern der Zeitschriften abgelichtet, oder zumindest ihre schönen Frauen mit ihrem Markenzeichen, der Löwenmähne, die eine ganze Seite füllte. Selbst wenn sie in Wirklichkeit gar nicht hübsch waren, weckte die Haarpracht zumindest diesen Anschein. »Das Haar macht's!« pflegte eine meiner Freundinnen zu sagen. Diese Frauen hatten genug Kleingeld, um sich die tägliche Pflege durch einen Coiffeur der Spitzenklasse zu leisten.

Das Bild glich dem eines alternden Debütantinnenballs, wenn sich diese supererfolgreichen Männer »outeten«. Sie besaßen keine Ähnlichkeit mit Adonis, aber dafür Frauen, die mehr als eine Jagdtrophäe waren, denn auch sie arbeiteten hart. Sie leiteten ihre eigene Firma oder opferten ihr Leben auf dem Altar einer endlosen Reihe von Wohltätigkeitsveranstaltungen.

Eine aufschlußreiche, schäbige Begleiterscheinung dieser Ära war die eifrige öffentliche Diskussion über das Geld. Die Unterhaltung bei Tisch drehte sich um Preise und Summen, die man in Besitztümer investiert hatte. Niemand nahm ein Blatt vor den Mund, sondern fragte unverblümt, was ein Apartment, ein Kleid, ein Ferienhaus gekostet hatten. Blieb diese Frage aus, fühlten sich die Besitzer bemüßigt, darauf hinzuweisen, als wären sie ohne das Preisschild wertlos. Ich bin nicht etepetete, aber das Fundament des Schweigens bezüglich der Preise war in frühester Kindheit so unerschütterlich gelegt worden, daß ich zu keiner Zeit einen Gedanken daran verschwendet hatte, bis das Thema Geld, als es durch die Tischgespräche schwirrte, einem ins Auge sprang.

Männer haben sich seit Menschengedenken mit schönen Frauen geschmückt, um der Außenwelt zu signalisieren, daß sie es geschafft hatten. Doch Mitte der achtziger Jahre suchten die schönen Frauen – zumindest in New York und anderen Metropolen – nach einem eigenen Betätigungsfeld. Der Feminismus hatte die Lohnarbeit salonfähig gemacht, und die Frauen der reichsten Männer wollten »in« sein und mitreden können. Die wettbewerbsorientierten Frauen der Nabobs waren nicht einfach nur auf irgendeine Beschäftigung bedacht, sondern auch auf eigene Erfolge. Die Müßiggängerinnen der fünfziger Jahre, die kurz vor dem Mittagessen aufgestanden waren, nichts als Kleidung im Kopf hatten und ihren Männern als Schmuckstück dienten, waren vom Winde verweht.

Hinter der Schwerstarbeit, die diese Frauen leisteten, standen keine finanziellen Bedürfnisse. Über ihren vollgepackten Terminkalender berichteten *Vogue, Town and Country* und *Harper's Bazaar*. Die Ärmsten sähen einem strapaziösen Tagesablauf entgegen, hieß es ironisch: Fitneßtraining um sechs Uhr morgens, mit Privattrainer, versteht sich, danach zum Friseur und von dort in der Limousine mit Chauffeur ins Büro, eine einzige Hetze. Aus irgendeinem unerfindlichen Grund wurden sie und werden sie noch heute sehr ernst genommen. Die feministische Kommandozentrale hat diese Frauen nie ins Visier genommen, hat sie weder mit Lob noch mit Verachtung bedacht, obwohl ihr mit Arbeits- und Spielterminen gefüllter Filofax seine Entstehung dem feministischen Einfluß verdankte. Es war verteufelt unangenehm für eine Frau geworden, bei einem gesellschaftlichen Anlaß auf die Frage »Was machen Sie eigentlich?« die Antwort schuldig zu bleiben. Im Klartext bedeutete diese Frage: Welcher interessanten Arbeit gehen Sie außerhalb der häuslichen vier Wände nach?

Und so wurde das Power-Paar geboren, bestehend aus einem Mann, in aller Regel geschieden, und einer sehr viel jüngeren, schönen Frau, die er sich im Anschluß zulegte. Sie waren gewiß nicht repräsentativ für die Mehrheit der Bevölkerung, aber die Hätschelkinder der Medien. Während Ehefrau Nummer eins das Haus und die Kinder versorgt hatte, streckte sich die hübsche Nachfolgerin nach der Decke, um seinem Bild in der Öffentlichkeit Glanz zu verleihen. In aller Regel gewandter auf dem gesellschaftlichen Parkett als er, brachte sie ihm Schliff bei. Er lernte, welchen Klubs man angehören, welche Wohltätigkeitsorganisationen man unterstützen, welche Festivitäten man besuchen, wie man sich selbst als Gastgeber profilieren und natürlich wie man sich kleiden mußte.

Sie diente ihm häufig als Sprachrohr und Aushängeschild; da sie attraktiver war als er, zeigte sie den Kameras ihre Schokoladenseite, bis ihr Bild automatisch mit seinem Namen in Verbindung gebracht wurde. Der Knackpunkt an diesem Handel war, daß sie ihn nicht klein aussehen ließ, was untragbar gewesen wäre – ganz im Gegenteil: Sie gaukelte der breiten Öffentlichkeit, die zu der

Schlußfolgerung gelangen sollte, er müsse ein Teufelskerl sein, um es mit einer solchen Frau aufzunehmen, Größe vor. Am ersten Januar jeden Jahres setzte sich das Power-Paar zusammen und stimmte seine Pläne aufeinander ab, um zu gewährleisten, daß die unterschiedlichen beruflichen und die gemeinsamen gesellschaftlichen Verpflichtungen auf einen Nenner gebracht wurden.

Was für eine interessante Alternative zur Unsichtbarkeit hatte ihnen der Feminismus geboten: eine berufstätige Ehefrau, deren Einkommen mit Sicherheit nicht an seinen Fortune-500-Status als einer der reichsten Männer des Landes herankam, doch deren Aussehen und, was noch wichtiger war, deren gesellschaftlicher Schliff sie als Frau kenntlich machten, mit der man rechnen muß.

Wir begegnen einem kleinen, kahlköpfigen Mann in dunkelblauem Anzug, maßgeschneidert, auch wenn er sich nicht im geringsten von anderen Anzügen unterscheidet, und wenden unseren Blick gleichgültig ab, bis uns jemand darüber aufklärt, wer er ist, oder vielmehr, was er besitzt. Wir drehen uns um, sehen ihn aus einer ganz neuen Perspektive, kein kleiner Gernegroß mehr, sondern ein Prinz mit goldenem Strahlenkranz um das edle Haupt. Jetzt fällt uns schlagartig ein, wie oft wir seinen Namen schon gesehen haben, nicht nur im Wirtschaftsteil der Tageszeitung, sondern auch in den Klatschspalten der Regenbogenpresse und anderer Magazine. Nun können wir die schöne, große Blondine verstehen, die eilends den Raum durchquert, um ihren Besitzanspruch sichtbar zu machen.

Viele dieser Vollblutpferde aus gutem Stall hätten gar nicht heiraten müssen; sie wären durchaus imstande gewesen, sich ihr eigenes weitläufiges Apartment in der Park Avenue zu kaufen. Sie hätten sich einen jüngeren, attraktiveren Partner leisten können, nicht unbedingt einen Gigolo, aber einen Mann, der vom Alter und von den Interessen her eher auf ihrer Wellenlänge gewesen wäre, der sich bei ihrem Tanz als vollwertiger Partner erwies und ihre Musik hörte. Wissenschaftliche Untersuchungen, die vor und seit den Anfängen des modernen Feminismus durchgeführt wurden, haben indessen immer wieder gezeigt, daß Frauen ungeachtet ihrer eigenen ökonomischen Ressourcen auch heute noch einen Mann bevorzugen, der mehr Geld mit in die Ehe bringt als sie.

Der Psychologe David M. Buss und mehrere Kollegen nahmen des weiteren 37 Kulturen auf sechs Kontinenten und fünf Inseln unter die Lupe, und wieder stellten sie fest, daß Frauen in allen Ländern der Erde, in allen politischen Systemen (einschließlich Sozialismus und Kommunismus), aller Rassen, aller religiösen Gemeinschaften und in allen Paarungssystemen (von der hochgradigen Polygamie bis zur augenscheinlichen Monogamie) mehr Wert auf die finanzielle Komponente legen als Männer. »Insgesamt werden finanzielle Ressourcen von den Frauen etwa 100 Prozent höher als von den Männern bewertet, also etwa doppelt so hoch.«[26]

Mich persönlich enttäuschen diese Ergebnisse, obwohl meine anthropologischen Kollegen die Achseln zucken und sagen würden: »Hab' ich dir ja gleich gesagt!« Ich hatte gehofft, daß die seit Beginn des modernen Feminismus spektakulär verbesserte Fähigkeit der Frauen, ihre Brötchen selbst zu verdienen, unseren Blick vom schnöden Mammon befreit und auf Merkmale des Partners gelenkt hätte, die einen Gleichklang auf persönlicherer Ebene ermöglichen. Trotzdem scheinen die wie auch immer gearteten genetischen Neigungen bei der Wahl eines Partners, der sie während der gebärfähigen Jahre beschützen und versorgen kann, bei den Frauen gesiegt zu haben. Die Umfragen von David Buss zeigen sogar, daß gerade die erfolgreichsten Frauen mit guten beruflichen Qualifikationen in noch stärkerem Maß als ihre finanziell weniger gut situierten Geschlechtsgenossinnen Spitzenverdienern den Vorzug geben.

Eine Frau nimmt das schüttere Haupthaar und den Schmerbauch eines reichen Mannes aus einer anderen Perspektive wahr als die gleichen Makel bei einem armen Schlucker. Die wirtschaftliche Stärke verwandelt ihn, doch wenn wir den Einfluß der Macht zurückverfolgen, müssen wir uns fragen, ob das Bankkonto des Mannes für eine Frau nicht genauso unwiderstehlich ist wie die Macht der Mutter. Die Mutter, die alle Macht der Welt besaß, war in unseren Augen »schön«, weil wir ohne sie nicht existenzfähig gewesen wären. Wird nicht dieser Eindruck vermittelt, wenn eine schöne junge Frau mit eigenem gesicherten Einkommen einen kleinen, kahlköpfigen Tycoon heiratet, der sie wirtschaftlich haushoch überragt?

Kein historisches Ereignis seit der industriellen Revolution kann sich rühmen, im gleichen Maß wie der Feminismus jeden Aspekt der Gesellschaft nachhaltig beeinflußt zu haben. Und das Nachbeben ist noch nicht abgeklungen. Das *Wall Street Journal* brachte beispielsweise einen Artikel über die Generation der zwanzig- bis dreißigjährigen Töchter des Feminismus, die mit überarbeiteten, müden, abwesenden Müttern aufgewachsen sind. Diese jungen Frauen behaupten, daß für sie die wirtschaftliche Unabhängigkeit, die bei ihren Müttern eine vorrangige Antriebskraft für die Emanzipation darstellte, nicht mehr so wichtig ist. Sie sehen sich auf der Skala zwischen der Frauenrolle in der patriarchalischen Struktur und dem Frauenbild, das der Feminismus geschaffen hat. Wenn es viele Frauen mit dieser Gesinnung gibt, werden sie mit Sicherheit dem Feminismus ein ganz neues Gesicht geben.

Wenn beim Power-Paar beide berufstätig sind und ökonomische Macht besitzen, kann jede Partei zu jeder Zeit sein Ränzel schnüren. Ein solches Paar hat höchstwahrscheinlich keine gemeinsamen Kinder und könnte dem gleichen Geschlecht angehören. Die wirtschaftliche Unabhängigkeit gestattet beiden, einen Machtpoker im Namen der Liebe zu eröffnen, um mit dieser Strategie den Erhalt einer Beziehung zu gewährleisten, die Psychologe Michael Vincent Miller als »häusliche Schreckensherrschaft«[27] bezeichnet.

Die Soziologen Philip Blumenstein und Pepper Schwartz schreiben: »Zweitehen sind weniger dauerhaft, wenn die Frau eigene Ambitionen hat. Es liegt nicht daran, daß eine ehrgeizige Frau zwangsläufig unzufrieden mit ihrer Ehe ist oder nach saftigeren Weiden schielt. Es ist vielmehr der Ehemann, der nicht mehr mit einer so anspruchsvollen oder erfolgreichen Frau leben will. Nach unseren Erkenntnissen waren unter den verheirateten Paaren, die sich getrennt haben, die Ehemänner um so mehr auf ein Ende der Beziehung bedacht, je ehrgeiziger die Frau war.«[28]

In rund 25 Jahren hat der Feminismus das Drehbuch für eine universelle Frauenbiographie neu skizziert. Das Aussehen des Mannes spielte früher keine Rolle, und auch nicht, ob er alt oder fies war. Das Ziel bestand darin, einen »guten Versorger« zu finden, um nicht allein zu leben, von der Gesellschaft verachtet, von den Männern verschmäht. Schöne Frauen waren selten alte Jungfern. Heute gibt es Singles, und niemand benutzt mehr diesen Ausdruck. Und wir blicken auch nicht bestürzt auf die hübsche, unverheiratete Frau, die künstlich befruchtet wurde und ihre fesche Schwangerschaftskleidung ohne Angst vor Zensur trägt. Aber wenn sie sich ihr Sperma besorgt, wird sie mit Sicherheit darauf achten, daß es bestimmte Erbeigenschaften enthält. »Die Nachfrage nach kleinen Männern ist gleich Null«, erklärte der Sprecher einer Samenbank, auf die sich meine Recherchen erstreckten. Ein potentieller Spender unter 1,70 Meter brauche sich gar nicht erst zu bewerben.

Nichts brachte den schlechten Geschmack der wildgewordenen Power-Paare Mitte der achtziger Jahre trefflicher auf den Punkt als das Tamtam, das bei der Ankunft des Modeschöpfers Christian Lacroix in New York gemacht wurde. Er kam im November 1987 über den großen Teich, um die Jagdtrophäen einzukleiden. Niemand beschrieb diese groteske Schmierenkomödie anschaulicher als Julie Baumgold im *New York*-Magazin; sie befand, daß die Lacroix-Mode geschichtliche Entwicklungen ebenso ostentativ leugnete wie früher die aussterbenden Fürstenhäuser Europas. »Kleider, die von solchem Prunk und Starrsinn zeugen, hat man vermutlich seit dem 18. Jahrhundert nicht mehr gesehen, als die französischen Adligen in offenen Karren über das Kopfsteinpflaster zur Guillotine gebracht wurden.«[29]

Aus dem Lacroix-Experiment, das dem Börsenkrach von 1987 folgte, läßt sich eine Lehre über Demütigung und Desaster ziehen, die märchenhaft anmutet. Die Kleider, die er den neuen tonangebenden Frauen der Gesellschaft brachte, waren absurd, manche sogar lächerlich in ihrer maßlos übertriebenen Extravaganz. Aber die Frauen, die sich darum rissen, waren blind für den Aberwitz.

Ein Modell von Lacroix kostete damals 15 000 Dollar, aber die Society-Größen kämpften verbissen um das Privileg, sich mit einer Garderobe auszustaffieren, die zwar aus den edelsten Materialien gefertigt war, aber Karikaturen aus ihnen machte.

Als das Erfolgs-Outfit zu drücken begann, wollten die Frauen für ihr neuerdings selbstverdientes Geld etwas kaufen, das dem Bild der neuen Frau entsprach. Aber wer ist sie, die »neue Frau«? Sie läßt sich erst dann definieren, wenn wir wissen, wer der »neue Mann« ist. Kein Geschlecht entwickelt sich völlig losgelöst vom anderen. Daß Modedesigner aus alt neu machen, statt Originale zu erfinden, heißt nicht, daß sie uns völlig falsch eingeschätzt haben. Solange wir die Gegenwart nicht ungeschminkt sehen und entdecken, wo wir unsere Seele zurückgelassen haben, werden wir auch weiterhin in die Reinkarnationen aus der Vergangenheit schlüpfen.

Haben die Männer, die 15 000 Dollar für ein Lacroix-Modell auf den Tisch blätterten, innegehalten und überlegt, was zum Teufel ihre Frauen mit Vogelkäfigen auf dem Kopf und Reifen unter ihren Röcken wollten? Vermutlich haben sie geschwiegen, in der Annahme, daß ihre bessere Hälfte gewiß mehr über die soziale Bühne wußte, auf der sie gelandet waren wie Lebewesen von einem anderen Stern. Die kleinwüchsigen Tycoons der achtziger Jahre waren Meister des Aktienpokers und sonst nichts; niemand hatte ihnen beigebracht, wie man sich auf dem gesellschaftlichen Parkett bewegt. Sie verließen sich auf ihre Jagdtrophäen, um sich unbeschadet durch die klippenreichen Gewässer der Gesellschaft lotsen zu lassen. Und sie ließen sich von ihnen oder von gemieteten Imageberatern sagen, wie sie sich kleiden mußten.

Die Internationalisierung des Unternehmertums hat bewirkt, daß sich der amerikanische Geschäftsmann im Reich des Spiegels mit seinen europäischen Konkurrenten messen muß, die es gewohnt sind, sich hervorragend zu kleiden. Das Bemühen, dem Erscheinungsbild des Rivalen in nichts nachzustehen, ihn vielleicht sogar zu übertrumpfen, hat die Rückkehr zur Attraktivität als richtige Entscheidung bestätigt.

Bevor ein Topmanager von Topeka zu einer Konferenz nach Turin fliegt, wird er darauf aufmerksam gemacht, daß in der europäischen Geschäftswelt das Erscheinungsbild des Gesprächspartners ein Bestimmungsfaktor für den Verlauf der Verhandlungen ist. Die internationale Imageberaterbranche gedeiht nicht nur prächtig, weil sie den Geschäftsmann neu einkleidet und ihn mit den richtigen Schuhen, Manschettenknöpfen und Krawatten ausstaffiert, sondern weil sie ihm außerdem beibringt, wie man sich im Irrgarten von Besteck und Kristall zurechtfindet.

»Wenn Männer sich heute am Konferenztisch treffen«, sagt Beraterin Camille Lavington, »dann beäugen sie sich gegenseitig genauso sorgfältig wie die Werbebroschüren auf dem Tisch. Männer ziehen es vor, mit Männern Geschäfte zu machen, die wie sie den Wert tadelloser Manieren und eines ebenso tadellosen Erscheinungsbilds zu schätzen wissen.«

Es ist interessant, daß Männer in den achtziger Jahren zur gleichen Zeit ihrer »Uniform« überdrüssig wurden wie die Karrierefrauen ihres blauen Kostümchens. »Amerikanische Männer verdienten plötzlich viel Geld und gaben es für Kleidung aus, die ihren neuen Wohlstand zur Schau stellte und ihnen ermöglichte, mit der europäischen und japanischen Herrenmode Schritt zu halten«, sagt Lavington.

Im Zuge der Globalisierung der Wirtschaft gaben gutgekleidete Männer wie Don Johnson, Star der Erfolgsserie *Miami Vice*, ihren Geschlechtsgenossen das Signal, an allen Modefronten aufzumarschieren: im Geschäfts- und im Freizeitbereich, im Sommer wie im Winter. Die Garderobe der Männer nimmt im Kleiderschrank inzwischen die gleiche Menge Platz in Anspruch wie die Garderobe der Frauen. Heute setzen Film- und Sportgrößen, genauso wie die Moguln im Geschäftsleben, Zeichen in der Männermode. An diesen Maßstäben, gebührend fotografiert und veröffentlicht, orientiert sich ein Großteil der Männer, die entweder das teure Original oder eine preiswertere Kopie kaufen.

Lavingtons Nachhilfeunterricht in Sachen Benimm beginnt mit dem Blickkontakt, dem Händedruck, Gang und Haltung. »Als erstes sieht man seinem Gesprächspartner direkt in die Augen; darin kann man viel über die Persönlichkeit desjenigen ablesen, mit dem man es zu tun hat. Dann überfliegt man, wie gepflegt das äußere Erscheinungsbild ist. Dabei gilt es, folgende Reihenfolge zu beachten: Haarschnitt, glattrasiert/bärtig, Hemdkragen, Krawatte, Aussehen und Paßform der Kleidung (mit anderen Worten, ob sie gut sitzt) und zum Schluß die Schuhe. Die Kleidung eines Mannes sagt etwas über seinen Einfluß aus. Im internationalen Markt, wo man aus der Concorde steigt, um mit Franzosen und Italienern Verhandlungen zu führen, würde man auf Anhieb bemerken, ob jemand zu kurze Socken trägt, die ein Stück nacktes Bein zeigen, statt der langen, die einer Führungskraft angemessen sind. Die Entscheidungsträger, Leute, die für riesige Budgets verantwortlich sind, halten sich an einen bestimmten Kleider- und Verhaltenskodex, auf den man sich allgemein verständigt hat.«

Die Rückkehr der Männer zum Spiegel hat nicht bei den Kleidern haltgemacht. Nach Angaben der American Academy of Cosmetic Surgery entfielen 1993 24 Prozent aller Schönheitsoperationen auf Männer, während es 1980 nicht mehr als zehn Prozent waren. Das männliche Schönheitsstreben geht über Gesichtslifting, Nasenkorrekturen und Fettabsaugen hinaus. Von Implantaten, um den Brustkorb aufzupumpen, bis hin zur Phalloplastik, um den Penis zu vergrößern, reicht die Palette der Körperbereiche, die Männer heute verschönern. »Die am häufigsten durchgeführten Eingriffe bei Männern sind Rhinoplastik (Nasenkorrektur), Blepharoplastik (Augenliften), Fettabsaugen und Straffen, Gesichtslifting, Dermabrasion (Hautabschleifen) und Brustimplantate«, sagt Jeffrey Kneznovich, Vorstand der American Academy of Cosmetic Surgery.[30]

Ich glaube jedoch, daß Männer nicht so zwanghaft auf das Schönheitsstreben fixiert sein werden wie Frauen; für uns war Schönheit die Existenzgrundlage. Männer werden sich jedoch auch nicht darauf beschränken, die traditionellen Privilegien der Frauen in Sachen Schönheit zu übernehmen. Ihr Vorstoß in die Kinderstube wird länger dauern, aber er wird unabwendbar sein, nicht weil sie es unbedingt wollen, sondern weil das Bedürfnis besteht. Die neue Vaterrolle wird das Aussehen der Männer auf andere Weise beeinflussen als Imagepflege, plastische Chirurgie und Bodybuilding, doch der Wandel wird am Ende tiefgehender und dauerhafter sein.

»Die Zukunft der männlichen Schönheit liegt weitgehend in den Händen der Frauen«

Als ich 20 Jahre alt war, rief mich ein Anwalt an, um mir mitzuteilen, daß ich ein bescheidenes Vermögen geerbt hatte. »Von wem?« wollte ich wissen. »Von Ihrem Vater«, erwiderte er, und so erfuhr ich etwas über sein Leben und seinen Tod.

Jahre später, als meine Tante Dot nach Key West kam, sagte sie: »Dein Vater war der attraktivste Mann in ganz Pittsburgh. Er besaß Ausstrahlung. Die Leute drehten sich um und starrten ihn an, wenn er zur Tür hereinkam.« Obwohl sie sich immer geweigert hatte, ihn auch nur zu erwähnen, war sie nun bereit, in den Kassettenrecorder zu sprechen, den ich auf den Kaffeetisch gestellt hatte. Ich hatte lange auf diesen Augenblick gewartet – er kam erst vor zwei Jahren –, aber ich konnte mich bis heute nicht überwinden, das Band zurückzuspulen und abzuhören. Ich möchte dieses Buch ohne ihn beenden, abwesend, wie er in meinem Leben gewesen war.

Kein Wunder, daß ich mich nie zu schönen Männern hingezogen fühlte. Das war nichts für mich, ein Mann, bei dem ich Angst haben mußte, daß andere ihn mir stehlen könnten. Die Deprivation der frühen Kindheit hatte mich gelehrt, Männer zu bevorzugen, die mehr in mir sahen, als sie sich jemals hätten träumen lassen. Als Gegenleistung war ich ihnen ein dankbarer, guter Spiegel; in meinen Augen sahen sie sich bewundert, erwählt. Ich schaue gern zu, wenn sich ein Mann an- und auszieht. Auf die Rolle des Voyeurs beschränkt, eine Schablone, in die er oft gesteckt wurde, tritt der Mann spät in das Reich des Spiegels ein. Ich kenne Männer, die sich beim Anziehen überhaupt nicht im Spiegel ansehen.

Als ich Anfang der achtziger Jahre meinem Mann begegnete, war er von meiner Neigung fasziniert, mich zur Schau zu stellen, von meiner Freude an augenfälliger Kleidung. Wenn wir eine Straße hinuntergingen, merkte er, wie mich die Leute ansahen, und mir war bewußt, daß er ihre Blicke registrierte. Ich erschloß ihm die Welt des Spiegels, indem ich ihn zu Bergdorf's mitnahm; dort saß ich auf einem zierlichen goldenen Stuhl, wie einst beim Herrenausstatter Sulka, zu dem ich meinen Großvater begleitete, und beobachtete, wie er sich im Spiegel betrachtete, während der Schneider für einen Anzug Maß bei ihm nahm.

Es war, als hätte er diesen Mann im Spiegel nie zuvor gesehen. Als wir uns kennenlernten, besaß er sechs haargenau gleiche Anzüge, made in Korea. Ihm Kleidung zu kaufen, ist eine Investition in mein eigenes Glück. Morgens kommt er aus dem Ankleidezimmer und stellt sich vor mich hin, wartet auf meinen Urteilsspruch. Es ist mein Blick, nach dem er verlangt, meine Meinung zu einem Erscheinungsbild, das er sich erst gestattete, als wir uns trafen. Er hätte dem Auge einer anderen Frau nicht getraut. Ihn mit seiner Eitelkeit bekanntzumachen, kühlt meine angeborene Eifersucht ab. Ich bin sein bester Spiegel.

Ich mache mir keine Sorgen, daß er zu narzißtisch wird, denn dazu ist die Rolle des »guten Versorgers« ihm viel zu sehr in Fleisch und Blut übergegangen. Wenn wir eine Straße hinuntergehen, ist er auch heute noch, trotz seines eigenen neuen Habits, mehr daran interessiert, wie Männer mich ansehen. Das sagt viel über das Selbstwertgefühl eines Mannes aus, der sich mit einer Frau schmückt.

Andere Männer haben mir erzählt, es sei schwer, den Blick einer Frau zu fesseln. »Ich gehe mit meiner Frau Nan die Fifth Avenue entlang«, erzählt der Autor Gay Talese, »und betrachte die Frauen, die an uns vorübergehen. Aber sie sehen nicht mich an, sondern sie.« Wie fühlt man sich als Angehöriger des unsichtbaren Geschlechts? Das kann nicht gesund sein und trägt ganz offenkundig zu den hungrigen Blicken bei, mit denen Männer uns anstarren. Dabei ist mein Freund Gay ein attraktiver Mann, stets makellos gekleidet, aber Frauen übersehen ihn trotzdem. Die meisten Frauen sind nicht dazu erzogen worden, Männer eingehend zu mustern.

Junge Frauen beginnen inzwischen, Männer genau zu betrachten, obwohl sie als Voyeure ungeübt sind und es einige Zeit dauern wird, bevor das neue Verhalten in Fleisch und Blut übergegangen ist. »Eine der ersten analytischen Vorstellungen, mit denen man Voyeurismus zu erklären versuchte, war, daß die Augen ähnlich wie der Mund benutzt werden, um sich etwas Gutes einzuverleiben«, erklärt Robertiello. »Die Erfahrung, eine schöne Frau anzusehen, ihren Körper mit Blicken zu verschlingen, das Bild zu verinnerlichen und sich daran gütlich zu tun, ähnelt dem Prozeß der Nahrungsaufnahme.«

Werden Männer, wenn sie sich stärker in der Kinderstube engagieren, ihren Kindern eine sensorische Erinnerung an das Aussehen, den Geruch und die Beschaffenheit des männlichen Körpers vermitteln, so daß sich diese später ihr ganzes Leben lang intuitiv davon angezogen fühlen wie von einem üppigen Frauenkörper?

»Die Uneingeweihten denken, daß Männer nackte Frauen ansehen, um sie herabzuwürdigen, oder daß die Frauen Männer hassen und sich nur des Geldes wegen dafür hergeben«, sagt Robertiello, der gerne Stripteasebars besucht. »Aber es ist eine Liebesorgie. Wir Männer beten diese Frauen an. Sie erkennen die Verehrung in unseren Augen. Männer sehen Göttinnen in den Frauen, die ihnen einen Blick auf sie gewähren. Der Ehefrau ist nicht daran gelegen, ihm ihren Körper zu zeigen. Diese Frauen leben die unterdrückten, exhibitionistischen Träume des Mannes aus.«

Niemand kann einem Mann so nachhaltig die Erlaubnis erteilen, sich in allen Bereichen der Schönheit und Sexualität zu bewegen, wie eine Frau; sie gehört demjenigen Geschlecht an, das ihm seine Sexualität als erstes verwehrt hat. Wenn er sie von uns zurückerhält und wenn er überzeugt ist, daß wir es ehrlich meinen und ihn seiner eigenen Schönheit näherbringen wollen, wird er uns immer verbunden sein. Ohne die Erlaubnis der ersten Frau in seinem Leben, seinen Körper zu lieben, durchzieht der drohende Liebesverlust wie ein roter Faden das Leben des Mannes, eine Schwäche, die in eine Stärke umgewandelt werden muß. Wenn er als Junge seinen Penis berührte, setzte er sein Leben aufs Spiel, oder zumindest empfand er es so; älter geworden, verwechselt er immer noch seine Angst, seinen Schmerz und seine Wut mit Liebe und erotischem Begehren. Die Prostituierte kennt seine Phantasien. Männern diese Erlaubnis zu geben, sie in unsere Welt einzulassen, die Macht der Fürsorge und der Schönheit mit ihnen zu teilen, ist ein Geschenk, das immer reiche Früchte tragen wird.

Schönheit mag ökonomischen Wohlstand nicht aufwiegen, aber die wachsenden Summen, die Männer in ihr Aussehen investieren, stellen das Gleichgewicht im Handel zwischen Männern und Frauen bereits her. Frauen blicken Männer ernsthafter an, als sähen sie diese zum erstenmal. Und da junge Männer ihr äußeres Erscheinungsbild nutzen, um vorwärtszukommen, werden Frauen in Zukunft nicht mehr leugnen und abstreiten können, das gleiche zu tun.

Zu beobachten, wie Männer ihre Schönheit im Wettbewerb einsetzen, könnte Frauen ermutigen, ihre Probleme mit Sieg und Niederlage genauer zu erforschen. Wenn ein Mann entdeckt, daß seine Identität nicht ausschließlich von seiner wirtschaftlichen Macht abhängt, wird er vielleicht merken, daß die Wahl einer »guten Versorgerin«, die am beruflichen Wettbewerb mehr Gefallen findet als er, ihm ein weit besseres Leben bietet, als sein Vater es je hatte. Gutes Aussehen und Bewunderung könnten dem Bestreben der Männer, ausschließlich wirtschaftliche Macht bis zum vorzeitigen Tod zu verfolgen, die Spitze nehmen und darüber hinaus ihre voyeuristische Abhängigkeit von Frauen verringern.

Wenn mehr Frauen lernen, den Anblick der Männer zu genießen, werden wir uns dann die Frage stellen, warum wir sie so lange ihrer voyeuristischen Neigungen wegen verachtet haben? Wenn mehr Frauen die gutgebauten Männer ansehen, die neben uns im Fitneßstudio trainieren, die ihre Garderobe bei unserem Lieblingsdesigner kaufen, der nun auch auf Männermode macht, werden wir sie dann als Partner im Reich der Schönheit betrachten? Einige Frauen werden in Männern ein »Stück Fleisch« sehen, unsere Beschreibung für die Blicke, mit denen sie uns zu taxieren pflegten. Andere werden hoffentlich ein natürliches Talent in den Voyeurismus einbringen und die Erinnerung daran, wie wir immer von Männern gesehen werden wollten.

Sobald Frauen klare Zeichen setzen und sich für schöne Männer entscheiden, werden Männer sich noch mehr anstrengen, ihr Erscheinungsbild zu verbessern. Und wird dann irgendwann die Zeit kommen, wo eine hart arbeitende, gutverdienende Frau ihr Recht auf einen gutaussehenden Mann in Anspruch nimmt und sich wohl in ihrer Haut fühlt, wenn die Leute ihn und nicht sie mit ihren Blicken verschlingen? Und wird die Teilung der Macht auch für ihn Vorteile haben, wenn sie den größten Teil des Geldes verdient?

Die wirtschaftlich relevanten Faktoren sind es, die den Verlauf der Geschichte bestimmen. Es gibt keine Säbelzahntiger mehr, mit denen Männer ringen müssen, keine Kriege mehr, die mit schierer Muskelkraft ausgefochten werden; die Aufgabenstellung des Mannes hat eine schrittweise Entwicklung erfahren. Einige Frauen mögen immer noch über die Rituale staunen, die der neuen Männerbewegung zu eigen sind, aber sie bilden nur die Speerspitze. Erinnern Sie sich, wie man allenthalben über den Feminismus gespottet hat, als dieser laufen lernte? Eines Tages werden wir uns über die Skepsis wundern, mit der wir die ersten Abstecher der Männer in die Domäne der Schönheit beobachtet haben, und über das Zögern der Frauen, Männer in der Kinderstube als Gleichrangige zu behandeln. Bis dahin wird eine Frauengeneration herangewachsen sein, die gelernt hat, auf eigenen Füßen zu stehen und vielleicht sogar einen Mann finanziell zu unterstützen. Sie wird diese Errungenschaft als das hinnehmen, was sie ist: als Zeichen des Erfolgs eines Menschen, der zufällig dem weiblichen Geschlecht angehört.

»Frauen ist der Spatz in der Hand lieber als die Taube auf dem Dach«, meinte *Psychology Today* in einem Bericht, in dem die Ergebnisse einer Umfrage über die Wertigkeit männlicher Attraktivität veröffentlicht wurden. »Es spielt keine Rolle, ob er einen Bart hat, beschnitten ist, klein ist oder auf einem anderen Gebiet nicht ganz ›der Norm‹ entspricht.« Anders bei Frauen, die finanziell besser situiert und sich ihres guten Aussehens bewußt sind. »Diese neue, selbstsichere Minderheit«, heißt es in der Umfrage, »brachte unerschrocken ihre starke Vorliebe für besser aussehende Männer zum Ausdruck ... Eines der faszinierendsten Umfrageergebnisse war, daß Frauen, die sich selbst als attraktiv einschätzten, das äußere Erscheinungsbild und sexuelle Potenz bei Männern höher bewerteten. Diese Frauen waren ein wenig älter als der Durchschnitt (der bei 38 Jahren lag), schlanker ... und finanziell besser situiert (annähernd die Hälfte verdiente mehr als 30 000 Dollar im Jahr).«[31]

Warren Farrell fügt hinzu: »Der Unterschied zwischen Männern und Frauen, die sich zum Lustobjekt degradiert sehen, besteht darin, daß schöne Frauen ihr ganzes Leben lang an den Primadonnastatus gewöhnt waren, weil Männer sie ihrer Schönheit wegen begehrten. Auch wenn ein äußerst attraktiver Mann von Kindesbeinen an aufgrund seiner äußeren Merkmale bewundert wurde, erwartete man noch andere Dinge von ihm, vor allem Erfolg auf wirtschaftlicher Ebene. Wenn eine beruflich erfolgreiche Frau ihn zurückweist, weil er ökonomisch ein Versager ist, beginnt er sich wie ein Sexualobjekt zu fühlen. Es besteht ein großer Unterschied zwischen schönen Männern und Frauen, verheerend für beide, aber auf spektakuläre Weise anders geartet.«

Heute gibt es eine neue Kategorie schöner Frauen, die einen Mann so einschüchtert, daß er sich ihr nicht zu nähern wagt: Das sind Frauen, die schön und erfolgreich zugleich sind. Erfolgreiche Frauen denken, daß sie Männer abschrecken, aber Farrell gelangt in seinen Studien zu einer anderen Schlußfolgerung: »Im Gegensatz zur landläufigen Meinung gilt, je erfolgreicher eine Frau, desto attraktiver ist sie für einen Mann. Aber der Mann weiß, daß eine schöne und erfolgreiche Frau ihm eher einen Korb geben wird als eine schöne Frau ohne berufliche Ambitionen. Sie braucht ihn nicht. Sie wird ihn behandeln, wie Jane Fonda es tut: Er darf ihr Filmproduzent, Präsidentschaftskandidat oder Multimillionär sein. Frauen sagen: ›Oh, Männer halten nicht viel von erfolgreichen Frauen!‹ Aber das stimmt einfach nicht. Er würde nicht Angst davor haben, von ihr zurückgewiesen zu werden, wenn er sich von ihr nicht bereits angezogen fühlte.«

Niemand möchte zurückgewiesen werden. In aller Regel haben

wir einen Partner gewählt, der ausgleichen sollte, woran es uns mangelte. Männer verfügten über Geld- und Grundbesitz, was uns fehlte, während wir die Schönheit in die Verbindung einbrachten, mit der sich Männer schmücken konnten. Nun verfolgen Männer ihre Schönheitsziele selbst, um den Verlust zu kompensieren, und sie landen dabei häufiger in den Wartezimmern der Ärzte. »Ich bekomme inzwischen immer mehr Männer mit gestörtem Körperbild zu Gesicht«, sagt Dr. Stephen Roman von der Outpatient Eating Disorders Clinic in New York, in der Patienten mit Eßstörungen behandelt werden. »Sie treiben zwanghaft Sport, und manche nehmen zu viele Anabolika.«[32] Seit 1987 ist in den USA die Anzahl der Männer, die regelmäßig Sport treiben, um mehr als 30 Prozent gestiegen.[33]

Heute rührt der Hunger in den Augen vor allem jüngerer Männer, die beim Anblick einer Frau Stielaugen bekommen, nicht nur von sexuellem Begehren her; Männer wollen sich selbst zur Schau stellen. In einer Umfrage aus dem Jahr 1994 wurden 6000 Männer zwischen 18 und 55 Jahren gefragt, wie sie sich gern sehen würden.[34] Die drei meistgenannten Antworten hatten mit dem äußeren Erscheinungsbild zu tun: attraktiv für Frauen, sexy, gutaussehend. Die typisch maskulinen Klischees – entschlußfreudig, durchsetzungsfähig – rangierten erst an achter und neunter Stelle. In derselben Umfrage stimmten 56 Prozent der Männer der Aussage zu: Es gefällt mir, wenn andere mein Aussehen bemerken und loben. (69 Prozent der Männer zwischen 20 und 30 Jahren konnten sich mit dieser Aussage identifizieren.) Sechs Jahre vorher waren es nur 48 Prozent gewesen.

Wenn die jungen Männer heute die Schönheit wieder für sich beanspruchen, dann holen sie sich lediglich zurück, was ihre Vorfahren bereits besaßen. Bis zum Ende des 18. Jahrhunderts gehörte der Spiegel im Ankleidezimmer den Männern. Anne Hollander beschreibt ein »Gipfeltreffen« im 16. Jahrhundert zwischen dem französischen König Franz I. und dem englischen Monarchen Heinrich VIII., wobei die »Beschreibungen der Prunkgewänder, in denen man zu diesem Staatsempfang erschien, unerträglich ist!

Alle Beteiligten trugen silberne Roben, mit Diamanten übersät, außer sie steckten in goldenen Roben, die mit Rubinen gespickt waren! Alles war mit Hermelin gefüttert, und alles war 20 Yards lang, und alles trug Federn am Hut und so weiter. Deshalb wurde diese Zusammenkunft der beiden Staatsmänner das Gefecht der goldenen Gewänder genannt. So wie die Dichtung mit symbolischer Substanz und Allegorien versehen ist, so war die Symbolik hier in die Kleidung selbst eingewoben. Das Muster, das in Goldfäden oder Perlen auf den Ärmel gestickt war, mußte also eine nachhaltige Wirkung entfalten. Blieb dieser Effekt aus, war man gewissermaßen weniger reizvoll als derjenige, der diesen Effekt erreichte. Die beiden waren Rivalen, die sich in einem unmittelbaren Konkurrenzkampf maßen, genauso wie ihr Hauswesen, ihre Heere, ihr Hofstaat und alles, was sonst noch dazugehörte. Der eine mußte den anderen an Pracht überbieten.«

Laut einer Studie mit dem Titel »Frauen: Die neuen Versorgerinnen« tragen in den USA 55 Prozent der Frauen mehr als die Hälfte zum Haushaltseinkommen bei.[35] Die Erhebung, die sich mit den Ansichten der Frauen über Arbeit, Familie und Gesellschaft befaßt, gilt in als die umfassendste seit 14 Jahren. Frauen werden auch heute noch schlechter bezahlt: In den USA erhalten sie im Schnitt 73 Cents für die gleiche Tätigkeit, die einem Mann einen Dollar einbringt, obwohl die Anzahl der Haushalte, die ausschließlich von einem weiblichen Verdiener finanziert werden, von 1974 bis 1994 um 114 Prozent gestiegen ist.[36] Ein interessantes Ergebnis war, daß 48 Prozent der berufstätigen Frauen erklärten, sie würden es auch dann vorziehen, einer Vollzeit- oder Teilzeitbeschäftigung nachzugehen, wenn das Geld nicht ins Gewicht fiele.[37]

Bleibt abzuwarten, in welchem Ausmaß Frauen, wenn sie immer tiefer in die einstige Männerdomäne vordringen, erfolgreiche und/oder attraktive Partner ins Visier nehmen. Das hat Warren Farrell gemeint, als er erklärte, die Zukunft männlicher Schönheit läge weitgehend in den Händen der Frauen.

Ein Mann wird mit einer Frau knallhart um eine Stellung konkurrieren und nicht darauf warten, daß sie seinen neuen maßgeschneiderten Anzug absegnet. Wenn sie ihm als Partner einen Korb gibt, weil er zu attraktiv ist und ihr die Schau stehlen könnte, wird er eine andere finden, eine Frau, die ihn mit anderen Augen betrachtet, der sein Erscheinungsbild genauso gefällt wie sein Beitrag zum Haushaltseinkommen und die selbst nicht so auf den Spiegel fixiert ist. Ein junger Mann besitzt heute die Möglichkeit, sich eine Welt vorzustellen, in der sich die Prinzessin im Abglanz seiner Schönheit sonnt. Es gibt sie, irgendwo dort draußen, diese Frau, die nicht neidisch ist, und er wird sich auf die Suche nach ihr begeben.

Über kurz oder lang werden wir uns daran gewöhnt haben, schöne Männer mit weniger schönen Frauen zu sehen und eine schöne Frau mit einem Mann, der sich in ihrem ökonomisch mächtigen Schatten wohl fühlt. Natürlich wird das alte Arrangement – der kleine, kahlköpfige, gutbetuchte Mann mit seiner Prinzessin, die ihn um Haupteslängen überragt – nicht von der Bildfläche verschwinden. Die Kombinationsmöglichkeiten aus wirtschaftlichem Wohlstand und Schönheit sind ungeheuer variabel. Die »Kapitalisierung« männlicher Schönheit wird nun, da der Anfang gemacht ist, keine flüchtige Erscheinung sein, die bald wieder vergeht. Wie die neue ökonomische Relevanz der Frauen ist auch sie ein Faktor, der in den »neuen Deal« eingehen wird.

»Männer streben nach Macht«, sagt John Molloy. »Wenn es gelingt, sie davon zu überzeugen, daß Attraktivität ihnen Macht verleihen kann, daß sie damit imstande sind, bei anderen ihre Wünsche durchzusetzen, dann ist gutes Aussehen gebilligt.« Umgekehrt werden Männer vor allem zurückscheuen, was ihre Macht schmälern könnte.

Frauen haben keine Ahnung, zu welch genialen Meisterleistungen Männer es in der Kunst des guten Aussehens bringen werden. Nach 200 Jahren, in denen wir die Schönheit für uns hatten und es vorgezogen haben, ihre Macht zu bestreiten, werden wir nun erleben, wie echte Pfauen ihr Rad schlagen. Wir glauben vielleicht, Männer wären außerstande, auch nur zwei Kleidungsstücke herauszusuchen, die einigermaßen zusammenpassen. Ein vorschnelles Urteil, über das wir noch einmal gründlich nachdenken sollten. »Männer wurden in den achtziger Jahren mündig, soweit es den Einsatz der Kleidung als Kommunikationsmittel betrifft«, sagt Männermodedesigner Alan Flusser, der mehrere Bücher über die Männermode geschrieben hat. »Auch Frauen benutzen die Mode als Kommunikationsinstrument, aber Männer verfolgen dabei ihre eigene Strategie. Wir haben die Geburt des 1000-Dollar-Plus-Anzugs erlebt, ein Erscheinungsbild, das in den Geschäften zur Regel wurde. Bis zum Beginn der achtziger Jahren war so exklusive Männergarderobe beinahe unverkäuflich. Danach rissen sich die Männer um Kleidung, die teuer war und zeigte, welches Erfolgsniveau sie erreicht hatten oder, bei einigen, welches Erfolgsniveau sie *anstrebten*. Die Aufgeschlossenheit der Männer für die Vorstellung, was sie tragen konnten und was nicht, wurde mit Begeisterung und Engagement begrüßt.«

Ich stimme Flusser zu, aber ich würde die Impulse nicht schmälern, die vom Feminismus ausgingen, als die Konzentration der Frauen auf wirtschaftliche Relevanz ein Machtvakuum im Spiegel hinterließ. Der Blick war hungrig, und so erschien es natürlich, daß Männer die Lücke füllten. »Die schnellsten und erotisch aufreizendsten Fortschritte in der Geschichte westlicher Kleidung sind eindeutig in der Männermode erfolgt«, sagt Anne Hollander.

Frauen haben nicht nur die traditionelle Männerarbeit, sondern auch die Männermode übernommen. Frauen zogen im Zweiten Weltkrieg Männerhosen an und danach nie wieder aus. Heute sind Frauen in Hosen am Arbeitsplatz und in den exklusivsten Restaurants salonfähig. Ich erinnere mich an ein Bild von einem Hosenanzug, den der italienische Designer Patrick de Berentzen 1963 eigens für mich kreierte. Es war der Tag nach der Ermordung von John F. Kennedy. Ich saß weinend auf der Piazza del Popolo in Rom, als er mich sah und sagte: »Ich möchte dir etwas schenken. Ich habe noch nie einen Anzug für Frauen entworfen.« Während er Maß nahm und einen blaßgrünen, bestickten Stoff nebst Straßknöpfen aussuchte, brach auch er in Tränen aus. Wir alle weinten.

Am Silvesterabend jenes Jahres wollte ich in meinem für damalige Zeiten aufsehenerregenden Abendanzug und in Begleitung den berühmten Club 21 in New York besuchen; es gab eine lange Debatte mit dem »Majordomus«; sie hatten noch nie eine Frau in Hosen ins »Allerheiligste« gelassen. Aber der Anzug war so wunderschön, daß man uns Einlaß gewährte. Das gesamte Küchenpersonal lief herbei, um eine Frau in einem doppelreihigen »Männeranzug« zu bestaunen.

1968, bei der Premiere des Musicals *Hair*, trug das männliche Publikum ein kunterbuntes Kleidersammelsurium, zum Beispiel Nehru-Jacken, Samthosen und Seidenschals, dazu Halsketten, Glasperlen und einen einzelnen Ohrring. Als ich ein Jahr später nach London zog, wurde ich Stammkundin in einem Geschäft an der Greek Street, wo Thea Porter bestickte Roben, Kaftane und Flatterhosen von ausgesuchter Schönheit für Männer und Frauen entwarf. In der Morgenausgabe der heutigen Zeitung mit dem Bericht über die Männerkollektion in Mailand sind männliche Models in den gleichen Nehru-Jacken und Hosen mit weiten Beinen abgebildet. »Man nimmt an, daß Frauen bereitwillig wieder in ihre hochhackigen Schuhe und in ihre hautengen Kleider steigen«, schreibt die Moderedakteurin der *New York Times*, »und daß Männer einer Evolution in der Mode entsagen, die Anzüge genauso bequem gemacht hat wie Pullover.« Und sie fügt hinzu: »Der neue männliche Glamour-Look beinhaltet einige augenfällige Merkmale, die aufs Haar den traditionell weiblichen Lockmitteln abgeschaut sind.«[38]

Männer werden nicht verzweifelt die Hände ringen, wenn sie vor dem Spiegel stehen, aus Angst, eine zu auffällige Kleidung gewählt zu haben. Wir Frauen haben gezögert, allzu fest an unsere Schönheit zu glauben oder sie zu offen einzusetzen. Männer fürchten nicht, aus der Clique ausgeschlossen zu werden, weil sie ihr Aussehen als berufliche Kletterhilfe benutzt haben. Wenn ein Mann unser geflüstertes »Du siehst gut aus« hört, wird er uns ansehen und von der Ernsthaftigkeit des Lobes weit eher überzeugt sein als wir von den Lobes- oder Liebesbeteuerungen der Männer.

Liebe und Schönheit haben eine gemeinsame, nicht geschlechtsspezifische Biographie, die in der Familie beginnt. Die Vorzugsbehandlung, die hübschere Geschwister während der Kindheit und Adoleszenz erfahren haben, wirkt sich bei Jungen genauso verhaltensprägend aus wie bei Mädchen. Der Tanz vor dem Spiegel ist so alt wie die Menschheit selbst; nun schließen sich die Männer dem Reigen wieder an, tanzen in Opposition und im Wettbewerb mit uns, eine unvermeidbare Reaktion auf den Einzug der Frauen in die Wirtschaftsarena.

In meinen Augen wäre es an der Zeit, das Märchen von Dornröschen zu aktualisieren: Heute wartet der schlafende Prinz darauf, von einer voyeuristischen Prinzessin wachgeküßt zu werden.

KAPITEL 8

Penis, Schuh und Vagina

Der Penis:
Vergangenheit, Gegenwart und Zukunft

In meiner Kindheit geschah es einmal, daß auf einem meiner Streifzüge durch die Nachbarschaft ein mir fremder Mann vor mir seinen Penis entblößte. Der Vorfall hatte mich derart schockiert, daß ich ihn Jahre später unbewußt in einem Gedicht verarbeitete, welches in einer Ausgabe des *Cerberus* abgedruckt wurde, eines alljährlich erscheinenden Sammelbands mit den Geschichten und Gedichten der Absolventen meiner Schule. Ich möchte keinem Kind die Begegnung mit einem Exhibitionisten im pathologischen Sinn wünschen, aber er tauchte in meinem Leben auf und verdiente sich seinen Platz in diesem Buch über Männer und Frauen, die in einer unannehmbaren Haut stecken.

Wir umhüllen unseren Körper mit einer sexuell aufreizenden, modischen Verpackung, in der Hoffnung, daß andere hinschauen und Gefallen an denjenigen »Teilen« unseres Selbst finden, die anzusehen wir selbst nicht fertigbringen. In meinen Augen besteht eine Verbindung, mag sie auch noch so subtil sein, zwischen dem Kinderschreck, der den Exhibitionismus in sozialfeindlichem Verhalten auslebt, und den Männern, die überall auf der Welt mit der Hand auf dem ungeliebten Penis im Bett liegen und von einer Frau träumen, die ihn ansieht, berührt, schmeckt, bewundert.

Von einer Frau großgezogen, lernt der Mann zu glauben und zu akzeptieren, daß der Bereich zwischen seinen Beinen nichts Reizvolles hat. Der Junge sucht sich andere Jungen als Verbündete. Dabei bleibt es, denn als Erwachsene haben die Männer eines gemein: die Entschlossenheit, der Frauenansicht zu trotzen und das Symbol ihres Andersseins zu feiern. Es lebe der kleine Unterschied!

Daß sich Männer dabei anstrengen müssen, zeigt, welch tiefen, prägenden Stempel dieses erste Urteil einer Frau bei ihnen hinterlassen hat. Daß Männer Frauen ihren Penisneid verzeihen, daß sie sogar noch einen Schritt weiter gehen und uns von der Schönheit unserer eigenen Genitalien zu überzeugen suchen, beweist ihren Großmut.

Ich weiß, daß es sie gibt, aber in den 25 Jahren meiner Forschungsarbeit habe ich nicht einen einzigen Mann kennengelernt, der sich in seinen sexuellen Phantasien selbst entblößt hätte. Wovon er träumt, ist eine Frau, die seinen Penis mit Wohlgefallen betrachtet, seinen Geruch einatmet, seinen Samen kostet und ihm die Absolution erteilt, wenn sie ihn schluckt. Unzählige Männeraugen leuchten bei diesem Gedanken auf, gleich in welchem Land der Welt. Sie akzeptiert mich so, wie ich bin, sagt seine erotische Phantasie. Sie liebt den intimsten, besten Teil meines Selbst, findet ihn nicht abstoßend, wie man mir früher weismachen wollte. Er ist in ihren Augen nicht so ekelhaft, daß sie sich von ihm und von mir abwendet.

»Es ist kein Zufall, daß so viele Männer Erektionsprobleme haben«, sagt Judith Seifer, »oder daß sie die Erektion nicht halten können oder vorzeitig ejakulieren. Das sind die Männer, denen die Mutter eingeschärft hat, daß es nicht statthaft ist, auf gutem Fuß mit dem Penis zu stehen. Infolge der Schuld- oder Angstgefühle, die ihnen von klein auf eingeimpft wurden, haben viele Männer nie die entwicklungsspezifische, intensive Beschäftigung mit ihren eigenen Genitalien erlebt, die während der Pubertät stattfindet. Solche Kinder und Jugendlichen masturbieren nicht, und genau das ist eine Voraussetzung für die Ejakulationsfähigkeit. Übung. Schon in der Pubertät lernen Jungen, je länger sie den Samenerguß hinauszögern, desto intensiver die Lust. Und je größer die Erregung vor dem Höhepunkt, desto größer wird der Penis. Die Masturbation ist ein hervorragender Lehrer.«

Obwohl Frauen dem Anblick eines Penis nichts abgewinnen können, haben sie etwas dagegen, daß Männer zu Prostituierten gehen, die sich genau im klaren darüber sind, für welchen Genuß ihre Freier bezahlen: für den Mund, den sie auf ihrem Penis spüren. »Oraler Sex steht bei den Männern an erster Stelle«, sagt Norma Jean Almodovar; sie leitet die Organisation COYOTE, in der sich die Prostituierten von Kalifornien organisiert haben. »Ob Sie's glauben oder nicht, es gibt immer noch schrecklich viele Frauen, die sich weigern, mit ihrem eigenen Ehemann oralen Sex zu praktizieren.«

»Der orale Sex hat bei Männern allem Anschein nach mit der Qualität der gesamten Partnerbeziehung zu tun und dem Gefühl, geliebt zu werden«, sagt June Reinisch, die frühere Leiterin des Kinsey Institute. »Für Männer besitzt er eine inhaltlich umfassendere Bedeutung als für Frauen. Die Akzeptanz, Liebe und Bewunderung, die eine Frau dem Penis eines Mannes entgegenbringt, steht in engem Zusammenhang mit der Annahme seines ganzen Selbst, der Wertschätzung und Liebe seiner ganzen Person.«

Wenn Männer die Meinung der Frauen, ihr Penis sei häßlich, ekelerregend und nichts, was sie küssen möchten, akzeptieren, beugen sie sich unserem Urteilsspruch und nicht dem eigenen. Ein solches Verhalten härtet Männer gegen sich selbst ab, kappt die Nabelschnur zu den eigenen Gefühlen. Wenn sich ein Ehepaar entzweit, verläßt der Mann leichter die eheliche Gemeinschaft, nicht, weil er weniger leidet, sondern weil er von Kindesbeinen an unter der Tyrannei der strikten Frauenregeln gelernt hat, Schmerz auszuhalten und ein Leben ohne Schönheit und Gefühle zu erwarten.

Zugegeben, manche Männer übertreiben den Voyeurismus, aber dahinter steckt Wut, die im Verlauf des Sozialisierungsprozesses erworben wurde. Warum enthalten wir Männern die Freude vor, die sie uns mit der Anerkennung unserer eigenen Schönheit bereiten? Schließlich *erwarten* wir von ihnen, daß sie unsere negative Einstellung zu den eigenen Genitalien ändern. Männer können unseren Haß auf diejenigen Teile unseres Körpers, die sie am meisten lieben, nicht nachvollziehen. Auch sind sich die Angehörigen beiderlei Geschlechts offenbar nicht bewußt, in welchem Ausmaß diese negative Einstellung auch auf andere physische Bereiche übergreift und den Selbstwert untergräbt. Wir stoßen den hungrigen

Mund der Männer beiseite, drehen uns weg, um ihren Augen zu entgehen, die uns vergöttern würden, und nennen sie Schweine, wenn sie sehen und schmecken möchten. Vielleicht haben wir seinen Komplimenten in der ersten Zeit des Kennenlernens noch Glauben geschenkt, doch als sich die körperliche Anziehungskraft in »Liebe« verwandelte, wurde aus unserem Satyr ein »guter Versorger«. In unseren Ehepartnerrollen als Mutti und Papa sehen wir uns genau so wie einst unsere Eltern, die in unseren Augen bar jeder Sexualität waren.

Der Mann hatte zunächst gedacht, er könne beides haben: Liebe *und* Erotik. Aber nun bescheidet er sich mit ehelicher Liebe und käuflichem Sex. Er darf die Genitalien einer Frau betrachten und sie seine eigenen kosten lassen, und für diese orale Befriedigung akzeptiert, erwartet er Strafe von der Hand der Prostituierten, die ihn auspeitscht, ihn mit ihren hohen Absätzen tritt, ihm das Hinterteil versohlt, weil er Mamis sexuelle Tabus gebrochen hat.

Sexualerzieherin Betty Dodson sagt, sie habe nur wenige Männer kennengelernt, »die ihren Schwanz und ihre Eier wirklich mögen, denen es wirklich Spaß macht, zu masturbieren. Als mein erstes Buch erschien, hätte ich gern Phallusskizzen eingefügt, um Männer mit dem gleichen Anschauungsmaterial aufzuklären wie Frauen, aber der Verleger lehnte ab. Es war offenbar nichts dagegen einzuwenden, wenn Frauen zur Schau gestellt wurden. Aber Männer? Die Vertreter weigerten sich angeblich, dem Handel ein solches Buch anzubieten. Praktisch jeder Mann auf der Welt befürchtet, sein Schwanz sei nicht adäquat oder groß genug. Ich habe Seminare für Männer durchgeführt, damit sie die Schönheit ihrer Genitalien erkennen, aber es war unmöglich, sie zu einem Dialog darüber zu bewegen.«

In den wilden sechziger Jahren gab es etliche Männer, die auf Unterwäsche verzichteten – ihren Penis sozusagen befreiten. Diese Zeit bringen wir im allgemeinen mit dem Beginn des weiblichen Exhibitionismus in Verbindung, obwohl auch die Männer versuchten, über die kulturspezifische Definition von Männlichkeit hinauszugelangen. Sie sprengten das Klischee des »guten Versorgers« genauso, wie wir büstenhalterlosen Frauen aus den Schablonen unserer Mütter ausbrachen. Wäre uns Frauen das restriktive Leben der Männer bewußter gewesen, hätten wir vielleicht ihnen und damit uns selbst helfen können. Aber die meisten Männer schwiegen, so wenig gewöhnt war die männliche Stimme an Klagen und so wenig geneigt das Ohr der Männer und Frauen, ihnen zuzuhören. Das gilt noch heute. Wir wollen von der Forderung nach mehr Rechten in der Kinderstube genausowenig hören wie von den heimlichen Ängsten bezüglich ihres Penis.

Arme Männer, die liebend gern stundenlang unsere Vagina anschauen würden, sie mit der Zunge abschlecken wie ein ausgewachsener Kater, der sich genüßlich putzt. Wenn Männer nackte Frauen in Zeitschriften betrachten, Frauen, die ihre Beine spreizen und ihnen einen Blick aus nächster Nähe gestatten, erweisen sie diesen erotischen Klappbildern eine Huldigung, die uns gelten könnte, wenn wir nicht so prüde wären. Aber brave Mädchen sind nicht fähig, nicht gewillt, ihn so nahe an ihre »Kloake« heranzulassen. Und was den Genuß des klebrigen Samens angeht, der uns überall bespritzt – ihre »Hommage« –, ja pfui Teufel!

»Es ist aufschlußreich, wie wenig Frauen, sogar Frauen, die nackt für die einschlägigen Magazine posieren, über die sexuelle Reaktion der Männer wissen«, erklärt Gay Talese. »Ich war in den siebziger Jahren in Hefners Villa in Los Angeles, damals, als wir viel Zeit miteinander verbrachten. Ich sah mir die neueste Ausgabe des *Playboy* an, das sehr hübsche, erotische Playmate des Monats, und plötzlich spazierte sie zur Tür herein. Ich saß in der Bibliothek und trank gerade einen Brandy, und sie gesellte sich zu mir, und wir unterhielten uns. Sie hatte natürlich Kleider an, aber ich konnte sie mir sehr gut ohne vorstellen, schließlich hatte ich ja gerade ihr Bild in Großformat gesehen. Ich wollte wissen, ob sie ahnte, was für eine Wirkung ihre lasziven Posen auf die Leser des *Playboy* hatten, der jeden Monat von drei oder vier Millionen Männern gekauft wurde.

›Was meinen Sie damit?‹ fragte sie.

Ich recherchierte damals gerade für *Thy Neighbour's Wife* [Die

Frau deines Nachbarn], und ich sagte zu ihr: ›Machen wir uns doch nichts vor. Das Magazin kann man überall kaufen, in ländlichen Regionen, in jeder Kleinstadt, in den Motels am Straßenrand und in Nobelherbergen. Während wir uns hier in Kalifornien unterhalten, ist es in Newark, New Jersey, Mitternacht, und vielleicht hat sich dort irgendein Mann nach dem Abendessen in sein Hotelzimmer zurückgezogen und liegt jetzt mit einer Erektion im Bett. Er betrachtet Ihr Bild und masturbiert dabei, sieht Sie an. Kurz vor dem Orgasmus langt er nach einem Kleenex, stopft seinen Penis in das Papiertuch, und im nächsten Moment kommt er. Im Grunde hatte er Sex mit Ihnen.‹

Sie sagte: ›Das finde ich widerlich. Echt widerlich.‹

Und ich: ›Tut mir leid, aber das ist die Wahrheit. Ich könnte dieser Mann sein, weil ich Ihr Bild gesehen habe und Sie sehr erotisch finde. Und es könnte jeder Mann sein, der noch einen Funken sexueller Restenergie besitzt. Nicht nur, daß ich mich mit diesem Mann identifiziere, sondern ich repräsentiere auch Millionen Männer, die wie dieser Mann sind.‹

Stell dir vor, was dann passiert ist. Diese Frau hat sich bei Hefner beschwert, und am nächsten Tag zitierte er mich zu sich und sagte: ›Gay, ich finde, du hast dich gestern abend sehr schlecht benommen; so mit ihr zu reden!‹ Und ich erwiderte: ›Ich hab' mich überhaupt nicht schlecht benommen. Im Gegenteil, ich bin beleidigt, daß du glaubst, so mit mir reden zu müssen. Das Masturbationsgeschäft trägt dir Millionen ein. Du bist der erste Mann in der Wirtschaftsgeschichte dieses kapitalistischen Landes, der mit der Masturbation Millionen verdient. *Damit* scheffelst du ein Vermögen, und nicht mit den philosphischen Interviews, die du abdruckst.‹ Hefner wollte nichts davon hören.

Ich glaube nicht, daß Frauen, die heute nackt posieren, auch nur einen Deut anders sind. Selbst Männer wissen nicht viel von Männern. Es gibt keine Autorität in Sachen männliches Sexualleben. Henry Miller, John Updike, Philip Roth sind literarische Pornographen. Aber sie schreiben Romane. Sie verstecken sich hinter den handelnden Personen. Männer schreiben nicht über ihr eigenes

Sexualleben, im Gegensatz zu Frauen. In Wirklichkeit wissen wir nicht das geringste über das Sexualleben von Männern. Es ist ein schmutziges Geheimnis.«

Heute, seit mehr Männer in das Reich des Spiegels eindringen, wird der Penis wie alle anderen Dinge genauer betrachtet. Im Lauf der Jahre erhielt ich Leserzuschriften von unzähligen Männern, die nicht nur Alter, Ehestand und Beruf angaben, sondern auch die Größe des Penis, in schlaffem und erigiertem Zustand. Ich hatte nicht darum gebeten, aber die Verfasser meinten wohl, diese Einzelheiten würden mir das Verständnis ihrer Probleme erleichtern. Angezogen oder nackt, ein Mann ist sich seines Glieds in einer Weise bewußt, die Frauen nicht ausloten können.

Als June Reinisch in einem Interview gefragt wurde, wovor die meisten Männer Angst haben, wenn es um Sex geht, erwiderte sie: »Impotenz ist ein großes Problem.«[1] Sie listete außerdem die Angst vor Geschlechtskrankheit, Homosexualität und dem Ausbleiben des »richtigen« Orgasmus auf. Nach kurzem Überlegen fügte sie hinzu: »Und die Größe des Penis. Die Größe des Penis bereitet amerikanischen Männern Kopfzerbrechen. Selbstzerstörische Gedanken!«

Ein ganzes Leben lang haben Männer die Größe ihres Glieds mit der eines anderen Mannes im Umkleideraum verglichen oder mit dem Fremden, der im Pissoir neben ihnen steht. Nie wurde die Größe gebührender zur Kenntnis genommen als beim Vater, ein beklagenswerter Vergleich, wenn man bedenkt, wie alt der Junge war und wie dringend er Bilder von Männlichkeit brauchte – viele Bilder! –, um sich gegen die machtvolle Figur der Mutter und Frau zu behaupten.

Wäre der Vater in gleichem Maß in die Erziehung seines Sohnes einbezogen wie die Mutter, dann gäbe es nicht die zwanghafte Fixierung auf Größe und Aussehen des Penis, wie sie der Autor und Schauspieler Tim Allen in der folgenden Passage schildert: »Mein Vater nahm mich und meine Brüder immer zum Pinkeln mit, du bist gerade so groß wie dein Pimmel, und dein Vater holt seinen raus. Dieser Wal von einem Penis schießt raus, und du hast einen mickrigen Ständer, so klein wie ein Pilzkopf, den du mit deinen beiden Händen kaum aus dem Körper ziehen kannst. Und der Penis deines Vaters macht – wummm! Und du schreist auf vor Schreck, wenn du dieses riesige, haarige, tierische, häßliche Ding siehst – ›verdammt! O mein Gott!‹ Und wenn wir rauskamen aus dem Herrenklo, hieß es: ›Scheiße! Hast du das gesehen? Verdammt, es war total behaart, hast du's gesehen?‹ Und wir beteten: ›Hoffentlich werde ich später nie so aussehen!‹«[2]

Von Frauen großgezogen und dem Sauberkeitstraining unterworfen, glaubt die gesamte Männerwelt, daß alles zwischen ihren Beinen schmutzig ist. Und so blickt der Junge auf seinen Vater, um Zeichen männlicher Macht zu entdecken, nur um mit einem Penis konfrontiert zu werden, der dem Gullivers gleicht. Ein fürsorglicher, in das Mannwerden seines Sohnes einbezogener Vater wäre eine Orientierungshilfe. Schon in frühester Kindheit hätte ihm dieser ermöglicht, unbewußt eine Liste all jener Eigenschaften anzulegen, die einen Mann und seine Verhaltensweisen kennzeichnen. Der große Penis des Vaters hätte nicht allein die Macht ausgleichen müssen, die seine Mutter besaß. Er wäre von dem Jungen als etwas Bewundernswertes, als eine Verheißung kommender Freuden betrachtet worden. Bis Männer die Rolle des Versorgers übernehmen, wird der Penis nie groß genug sein.

»Nach dem Liebesakt stellt sich jeder Mann die bange Frage: ›Wird er noch einmal steif?‹« sagt Gay Talese.

»Und nach dem Liebesakt stellt sich jede Frau die bange Frage: ›Wir er sich noch einmal bei mir melden?‹« kontere ich.

Der Vergleich zwischen den beunruhigenden Gedanken, die Männern und Frauen nach dem Koitus durch den Kopf gehen, ist aufschlußreich: Der Mann ist verantwortlich für die sexuelle Vorleistung, was bedeutet, einen Steifen zu bekommen, und darüber hinaus für die Einleitung des nächsten Schritts im Balzritual, sich also wieder zu melden und einen Korb zu riskieren. Im Bett lassen sich die Frauen bedienen, und später ziehen sie es vor, der Freundin am Telefon ihr Leid zu klagen, statt ihn anzurufen. Dennoch werfen wir Männern vor, taktlos und gefühlskalt zu sein, wenn sie zögern, sich wieder mit uns in Verbindung zu setzen, und sexuelle Fehlleistungen kreiden wir ihnen ebenso gnadenlos an.

Es überrascht wohl nicht, daß heutzutage das Geschäft mit den Penisimplantaten blüht. In einem Artikel in *Vogue* hieß es, daß zwischen 1990 (als diese Operationen in Amerika erstmals durchgeführt wurden) und 1994 schätzungsweise 3000 Penisvergrößerungen durchgeführt wurden.[3] Allein 1994 stieg die Zahl nochmals um 3000 an, und einige meinen, sie habe sich 1995 verdoppelt. Die seriösen Mediziner sind aufgeschreckt; in ihren Augen fällt die genitale Schönheitschirurgie in die Grauzone zwischen Urologie und Quacksalberei. »Wir sagen Männern, die von Haus aus einen Riesenständer haben, doch auch nicht, daß sie verrückt sind, oder?« meinte Gary Griffin, Herausgeber einer Informationsbroschüre mit dem Namen *Penis Power Quarterly*. »Männer haben sich immer einen größeren Penis gewünscht«, fügte er hinzu. »Je größer, desto besser. Ein großer Penis ist ein Zeichen der Männlichkeit, und Männer sind in dieser Hinsicht sehr konkurrenzbewußt.«

Wie können wir in einer Zeit, in der Frauen mehr kosmetische Operationen durchführen lassen als je zuvor, Männern den Wunsch verdenken, sich den Penis vergrößern zu lassen? Was Frauen von der Penisgröße und seinem Einfluß auf die sexuelle Leistung halten, wurde erforscht; die Zahlen schwanken, aber eine Statistik springt ins Auge: »Für Frauen, die sich für attraktiver als der Durchschnitt hielten, besaß die Penisgröße einen ganz besonders hohen Stellenwert«, berichtet Psychiater Michael Pertschuk in einer Umfrage von *Psychology Today*. »Bei Frauen, die sich ›wesentlich attraktiver als der Durchschnitt‹ einstuften, spielte der Penisumfang eine relativ große oder mäßige Rolle, und für 54 Prozent war die Penislänge wichtig. Bei Frauen, die ihr Aussehen als durchschnittlich einschätzten, lagen die Zahlen um rund 20 Prozentpunkte niedriger.«[4]

Verringern sich die Ängste der Männer hinsichtlich des Penisgröße, seit Männer mehr Wert auf ihren optischen Gesamteindruck legen – Kleidung, Kosmetik, Bodybuilding – und Frauen auf ihre physische Attraktivität reagieren? Bemerken sie, daß es andere physische Eigenschaften gibt, die Frauen reizvoll finden? Laut einer Umfrage des *Glamour*-Magazins scheint das nicht der Fall zu sein. Auf die Frage, ob sie lieber (A) 1,55 Meter groß mit einem 18 Zentimeter langen Penis wären oder (B) 1,85 Meter groß mit einem 7,5 Zentimeter langen Penis, wählten 62 Prozent der Männer Antwort A und nur 36 Prozent Antwort B.[5]

Von Füßen und Fetischen

Es gibt keine hieb- und stichfesten Forschungsergebnisse über den Zusammenhang zwischen Penis und Frauenschuhen und -füßen, und das endgültige Wort über die möglichen Bedeutungen ist noch nicht gesprochen, aber eines steht fest: Seit immer mehr Frauen in Video- und Sexshops einen Blick auf den nackten Penis werfen, ist der Absatz hochhackiger Schuhe gestiegen. Auch die Männer haben ihr Interesse für Frauenfüße und Frauenschuhe wiederentdeckt.

Hier der Bericht eines Journalisten über eine Modenschau im Bryant Park in New York: »Die Models trugen ... dominaähnliche hohe Schaftstiefel, hochgeschnürte Riemchensandalen mit Stilettoabsätzen und Slipper aus schwarzem Patentleder mit Spikes – Schuhe, die sich in jedem Fetischladen zu Hause fühlen würden. Es lagen Neid und Drama und Schönheit und Tod in der Luft, und die Atmosphäre ging nicht von dem Meer der Teleobjektive aus ... oder von den Orders, die getätigt wurden ... und auch nicht von der Kleidung selbst. Sie ging von den Schuhen aus, vom wahren Instrument der Transzendenz.«[6]

Nichts geschieht zufällig in der Welt der Mode; die Rückkehr zum Stilettoabsatz, die zeitgleich mit den steigenden Nachfrage nach gepolsterter Männerunterwäsche und Penisimplantaten erfolgte, deutet darauf hin, daß es sich hier nicht um ein schicksalhaftes Zusammentreffen von Ereignissen handelt. Die Beziehung zwischen Penis, Schuh und Vagina, mit der wir kokettieren, ist ebenso amüsant wie aufschlußreich, so eindringlich gemahnt uns der Zusammenhang zwischen den dreien an altbekannte Märchen.

»Ein kleines Gehäuse, in welches ein Körperteil hineinschlüpfen und genau hineinpassen kann, kann man als Symbol für die Vagina auffassen«, schrieb der Kinder- und Sozialpsychologe Bruno Bettelheim mit Bezug auf den Schuh des Mädchens Aschenputtel im gleichnamigen Märchen. »Etwas Zerbrechliches, das man nicht dehnen darf, weil es sonst zerbrechen könnte, erinnert an das Hymen; und etwas, das am Ende eines Balles leicht verlorengehen kann, wenn der Liebhaber seine Geliebte festzuhalten sucht, erscheint als passendes Bild für die Jungfräulichkeit … Jedes Kind weiß, daß Hochzeit etwas mit Sex zu tun hat … und es ist völlig klar, daß Aschenputtel eine unberührte Braut ist.

Daß … seit über zweitausend Jahren der weibliche Pantoffel in vielgeliebten Geschichten auf der ganzen Welt als Märchenlösung für das Problem, die rechte Braut zu finden, akzeptiert wird, muß seine guten Gründe haben. Wenn man die unbewußte Bedeutung des Pantoffels als Symbol für die Vagina analysiert, so besteht die Schwierigkeit darin, daß zwar Männer wie Frauen auf diese symbolische Bedeutung reagieren, es aber nicht in der gleichen Weise tun.«[7]

Mir gefällt das Vage an der Penis-Schuh-Verbindung, das Nichtwissen, denn im Gegensatz zu den hieb- und stichfesten Fakten der Sexualität haben wir hier einen Tatbestand, der zugleich niemandem entgeht und von niemandem verstanden wird: Das Auge wird auf geheimnisvolle Weise von Frauenfüßen und -schuhen angezogen. So reich ist die Geschichte des Themas, daß ich ein ganzes Buch diesem unergründlichen Rätsel widmen könnte, denn die Fuß-Schuh-Beziehung ist für die sexuelle Schönheit ein Symbol von unermeßlicher Bedeutung.

Aber beginnen wir mit Freud, der sagte, daß der Schuh oder Pantoffel in Träumen die weiblichen Genitalien repräsentiert und daß der strenge Fußgeruch im späteren Leben zwar als unangenehm empfunden wird, auf Kinder freilich eine faszinierende Wirkung ausübt. Wir alle krochen einmal auf dem Fußboden herum, umkreisten die beachtlichen Füße der Mutter. Auf diesen bloßen oder beschuhten Grundpfeilern der Macht kam sie oder verließ sie uns.

Barbara Stanwyck angelt sich Henry Fonda in dem Film *Die Falschspielerin* während einer Kreuzfahrt an Bord eines Luxusliners, indem sie umknickt und sich dabei den Absatz ihres Schuhs abbricht. Sie lockt ihn in ihre Kabine, in der eine ganze Kiste voller Schuhe steht.

»Sehen Sie ein Paar, das Ihnen gefällt?« fragt sie mit verführerischer Stimme und fordert ihn auf, zu wählen. Sie wackelt mit dem nackten Fuß vor seiner Nase herum, während er schwitzt, schluckt, ihren Fuß in den Schuh zwängt, das Riemchen am Knöchel befestigt, glücklich darüber, daß er die Mutprobe bestanden hat. Er sei zwei Jahre lang am Amazonas gewesen, erklärt er, und habe dort das Verhalten von Schlangen erforscht: »Mein Leben gehört den Schlangen.« Nun gehört sein Leben ihr, denn als er ihr den Schuh über den nackten Fuß streift wie der Prinz bei Aschenputtel, führt er in unserer voyeuristischen Vorstellung den Penis in die Vagina ein, und siehe da, er paßt wie angegossen. Sie sind füreinander bestimmt.

»Erotisch reizvolle Schuhe gehören zu den ältesten und vermutlich am weitesten verbreiteten Fetischobjekten«, heißt es in der Zeitschrift *Esquire*. »Sie geben den Zehen eine spitz zulaufende Form, wölben den Spann. Sie heben die Waden. Sie sorgen für schräggestellte Pobacken, einen durchgebogenen Rücken, schwingende Hüften und einen wiegenden Gang. Die ledrigen, animalischen Gerüche und Materialien beschwören Bilder von blutigen Abenteuern im Dschungel herauf, die in unseren Genen verankert sind. Sie lassen den Fuß kürzer und kostbarer erscheinen, doch verleihen sie dem Körper zugleich eine erschreckende Höhe und eine Art Bedrohung wie durch ein Stilett. Ein erotischer Schuh ist ein Meisterwerk der Verhüllung und Enthüllung und definiert somit die Dynamik der Sinnlichkeit selbst.«[8]

Das zeitlose Rätsel, das sich um Füße und Schuhe, Vagina und Penis rankt, macht heute sowohl in den Nachrichten der Tageszeitungen als auch auf den Seiten der Modemagazine Schlagzeilen. Marla Maples PR-Agent wurde eines Tages verhaftet, weil er jahrelang die Schuhe seiner Dienstherrin gestohlen hatte. »Und ich hab' mich schon gefragt, wo meine Schuhe hin sind«, schmollte Marla, Gattin des Baulöwen Donald Trump.

In einem anderen Zeitungsartikel war von einem Mann die Rede, der einem siebzehnjährigen Mädchen 150 Dollar geboten hatte, wenn sie mit ihm in ein Hotelzimmer gehen und sich die nackten Füße küssen lassen würde. Die Polizei nahm einen glücklich verheirateten vierundvierzigjährigen stellvertretenden Staatsanwalt fest. »Er hat gesagt, er sei Fetischist«, erklärte die junge Frau. »Ich sollte mit ihm ins Hotelzimmer gehen und Hemd und Pumps anziehen, damit er sich aufgeilen und selbstbefriedigen konnte … Er meinte, er könnte es gar nicht mehr abwarten, meine ›wunderschönen Füße‹ zu sehen. Ich glaub', der steht auf Zehen oder so.«[9]

Nimmt die erotische Anziehungskraft von Fuß und Schuh heute tatsächlich zu, oder hat die schwierige Zeit des Wandels in den geschlechtsspezifischen Rollenbildern unsere Wahrnehmung für Erscheinungsformen der Sexualität geschärft, die es immer gab? Meiner Meinung nach haben die seismischen Verschiebungen, die als Reaktion auf den Feminismus, die Technologie und die Reproduktionsbiologie erfolgten, wieder unser Interesse an sexuellen Symbolen geweckt.

Die American Orthopaedic Foot and Ankle Society schätzt, daß Frauen heute im Schnitt Schuhgröße 39 tragen. Doch die meistverkaufte Größe bei Damenschuhen ist $38^{1}/_{2}$, was darauf hindeutet, daß sich die Durchschnittsfrau mit Größe 39 auf Schuhen durchs Leben quält, die zu klein und zu eng sind. Tatsächlich trugen 88 Prozent der 1991 befragten Frauen zu kleine Schuhe, und 80 Prozent hatten Fußprobleme.[10]

Früher oder später müssen sich Schuh, Vagina und Penis darauf verständigen, was das alles zu bedeuten hat. Manchmal ist eine Zigarre wirklich nicht mehr als eine Zigarre, aber wie weit wird unsere technologisch ausgefeilte Welt den unbewußten Druck der Märchenweisheit, die Frauen anspornt, ihre Füße in schmerzendes Schuhwerk zu zwängen, noch verstärken? Wiegt das optische Vergnügen, das Frauen empfinden, die Unbequemlichkeit beim Tragen auf, seit die hochhackigen Stiefel eine Wiedergeburt erleben? »In der Kleiderordnung der Masochisten sind die Stiefel natürlich überaus wichtige Machtsymbole und für Männer sehr erregend«, sagt Psychiater Avodah Offit. »Die derzeitige Begeisterung für Stiefel scheint in ihrem Ursprung eindeutig maskulin zu sein. Frauen, die sie tragen, neigen dazu, die Stärke und Dominanz der Männer zu übernehmen.«[11]

Füße schwellen in Stiefeln häufig noch mehr an als in Schuhen, was bedeutet, das Gefühl der sexuellen Macht muß tatsächlich sehr verlockend sein. Männer zwingen uns nicht, Schuhwerk zu kaufen, das unsere Bewegungsfreiheit einschränkt, unsere Füße deformiert, unsere Wirbelsäule verkrüppelt. Wir tun es dem Bild im Spiegel zuliebe.

Es gibt keine Parallele in den sexuellen Phantasien der Frauen zu derjenigen der Männer, die davon träumen, mit Frauenschuhen ins Bett zu gehen. Sexualtherapeuten und Psychiater haben verschiedene Erklärungsmodelle für den Schuhfetischismus. Am wenigsten überzeugend ist die Theorie: »Der Fuß ist am weitesten vom Herzen entfernt, was bedeutet, in größter Distanz zur Intimität; das gestattet dem Mann, Sex pur ohne Fallstricke zu genießen.« In meinen Augen ist es schlüssiger, auf die frühkindliche Erfahrung zurückzugreifen: Schuhe oder Füße sind derjenige Teil der Mutter, die dem auf dem Boden herumkrabbelnden Kind am nächsten sind. In diesem Sinne schreibt Valerie Steele über den Fetischismus: »Freud hat behauptet, ›der Fetisch ist ein Ersatz für den Penis einer Frau (der Mutter), an den der kleine Junge einst glaubte und ... den er nicht aufgeben will ... Denn wenn eine Frau kastriert worden war, drohte seinem eigenen Penis Gefahr. ...Ja, in *seiner* Vorstellung besitzt die Frau doch einen Penis ... aber dieser Penis ist nicht mehr derselbe ... Etwas anderes ist an seine Stelle getreten.‹ Der Fetisch dient folglich der Beschwichtigung seiner Kastrationsangst, und gleichzeitig ›überträgt er die Bedeutung des Penis auf einen anderen Teil des weiblichen Körpers‹ oder auf einen Bekleidungsgegenstand. Die Objekte, die als ›Ersatz für den fehlenden weiblichen Phallus‹ gewählt werden, waren nicht zwangsläufig die gleichen, die andernorts als Phallusymbol erschienen; aber sie standen vielleicht zum ›letzten Augenblick in Bezug, in dem die Frau noch als phallisch galt‹ ... Der Reiz der Schuhe wird mit der Assoziation zwischen Fuß und Penis in Zusammenhang gebracht: ›Der Fuß repräsentiert das Glied der Frau, dessen Verlust tief empfunden wird.‹«[12]

Einige Männer ziehen Frauenschuhe an, träumen von Sex mit einer nackten Frau, die nur ihre Stöckelschuhe trägt, oder nehmen einen hochhackigen Schuh mit ins Bett und masturbieren. »Die Füße sind sowohl ein Symbol der Demütigung als auch der Macht«, sagt Offit. »Der hohe Absatz ist eine Waffe ... und gleichzeitig ein Phallussymbol. Und im gleichen Maß, wie er eine Frau verkrüppelt, läßt er sie machtvoll erscheinen. In hohen Absätzen kann eine Frau auf teuflische Weise unterworfen werden – sie kann nicht sehr schnell laufen oder ihr Gleichgewicht halten, die Füße tun ihr vermutlich weh – aber sie ist auch größer, trägt ein Objekt mit einem Dorn, der in den Körper eines Mannes gerammt werden könnte: Schließlich nennt man ihn nicht umsonst Stilettoabsatz.«[13]

Auch wenn der Fetischismus allem Anschein nach ein Phänomen ist, das ausschließlich Männer betrifft, wie Kinsey meinte, deutet die Unfähigkeit vieler Frauen, mit weniger als zehn Paar Schuhen zu verreisen, darauf hin, daß wir daran teilhaben, obwohl wir selbst keine Fetischisten sind. Der Reiz der Schuhe macht niemanden zum Fetischisten; erst der Wunsch nach dem Schuh als sexuelles Ersatzobjekt für den Menschen.

Die Prostituierte Norma Jean Almodovar betrachtet den Fetischismus aus einer pragmatischeren Warte: »Mit Fußfetischisten redet man nicht über Geschlechtsverkehr. Sie wollen sich auf das physische Objekt konzentrieren, während ich dabei bin. Im Grunde träumen sie davon, sich auf dem Boden zu wälzen, mir die Absätze der Schuhe, die ich an den Füßen trage, und die Kappe der Schuhe zu lecken; manche verlangen noch, daß ich ihnen den Fuß samt Schuh auf die Genitalien stelle. Ich muß nicht fest drauftreten, nur so, daß sie den Schuh, den Absatz auf dem Penis spüren. Danach ziehe ich den Schuh aus, und dann wird die ganze Prozedur barfuß oder in Strümpfen wiederholt, mit den Zehen, und im Anschluß daran masturbieren sie und kommen auf meinem Fuß.«

Nichts erregt die Phantasie mehr als das Verbotene. Wenn man Kindern untersagt, ihre Genitalien zu berühren, erhält das Tabu eine so emotionsgeladene Komponente, daß der Gedanke, dagegen zu verstoßen, sich den ehernen Regeln der allmächtigen Mutter zu widersetzen, zur erotischen Phantasie wird. Die Geschichte unserer erotischen Tagträume beginnt in der Kindheit; sie wurzelt im Neinsagen, in der Belehrung mit erhobenem Zeigefinger, in der düsteren Aussicht auf die Hölle und ewige Verdammnis. Ein Bild, dem wir uns nicht entziehen können.

Der Hosenbeutel

Als der französische König Karl V. 1367 den Männern verbot, die zu seiner Zeit modernen wie ein Penis geformten Schuhe zu tragen, machten die Männer einfach den Hosenbeutel zur modepolitischen Aussage. »Mit anderen Worten: Man könnte die Behauptung aufstellen, daß die Sexualisierung des Fußes auf das tatsächliche Sexualorgan zurückübertragen wurde«, schrieb Banner.[14] Der Hosenbeutel, in der Welt der Homosexuellen bereits seit längerem beliebt, erlebt vielleicht bald ein modisches Revival auf breiterer Front, wenn man an Val Kilmer in *Batman Forever* oder an die Modefotos von Calvin Klein denkt, die den Unterwäscheabsatz vermutlich ankurbeln. Wer könnte auch der verführerischen Ausbuchtung widerstehen, die das Auge zum Erkunden einlädt?

Was für eine faszinierende Vorstellung, eine Welt, in der Männer stolz ihren Penis zur Schau stellten, geschmückt und verschönert auf eine Weise, daß die Blicke der Frauen – und anderer Männer – nahezu magnetisch angezogen werden. Genausowenig können wir unsere Augen vom Pelz, Schmuck, Busen, Po im hautengen Satinrock und den verhexenden Füßen in den hochhackigen Schuhen abwenden. Wie mögen Männer in jenen vergangenen Jahrhunderten empfunden haben, die sich gegenseitig Konkurrenz mit ihren schmuckvollen, individuell gestalteten Hosenbeuteln machten? Hat es ihnen gefallen, im Mittelpunkt der Aufmerksamkeit zu stehen? Die einzige moderne Version vom Mann mit Hosenbeutel ist der Cowboy in seinen ledernen Chaps, und dort, zwischen seinen Schenkeln, das Auge des Bullen: der Schritt, der jeansbedeckte »Korb«, unübersehbar und ohne Scham dargeboten.

Erinnern Sie sich an die Village People, eine schwule Popgruppe aus den siebziger Jahren, deren Mitglieder eine Vorliebe für solche Cowboyhosen und Matrosenanzüge hatten? Und an die hautengen weißen Navyhosen mit Schlag? In meiner Heimatstadt Charleston, einem Seehafen, sah man sie an jeder Ecke. Und wie unbefangen mein kindlicher, vorpubertärer Blick zum Schritt der Männer wanderte, die mir auf dem Heimweg vom Kino begegneten. Mein Freund Bob war in der Navy; er erzählte mir, daß die jungen Kadetten als erstes die neuen weißen Hosen zum Schneider brachten, um sie in der Taille und am Gesäß so eng machen zu lassen, daß der »Korb« und die Rundung des Hinterteils deutlicher sichtbar wurden. Gerade erst dem Drill der Grundausbildung entronnen, war der junge Seemann sich der Tatsache bewußt, daß sein Körper nie zuvor so gut in Form war, der Bauch flach, die Muskeln geschwellt. Einige hatten sich ihre Uniformen so eng auf den Leib schneidern lassen, daß später rund um die Taille kleine Reißverschlüsse eingenäht werden mußten.

In der Beschreibung von Pracht und Pomp in der Renaissance schreibt Ackerman, daß die Kleidung »den Körper nicht verbarg, sondern gerade an den richtigen Stellen eng anlag, um das Geschlecht zu betonen. Eine der merkwürdigsten Modeerscheinungen war der Hosenbeutel, der von den Männer in Europa zwischen dem 14. und 16. Jahrhundert getragen wurde. Ähnlich wie eine Penisschmuckhülle bei Eingeborenenstämmen oder ein Sportsuspensorium sollte er das Glied schützen, doch die Männer übertrieben seine Größe und Form. Manchmal war er sogar mit einem Kopf in Form eines Wasserspeiers verziert, um die Aufmerksamkeit auf den Penis zu lenken und ihn ständig groß und erigiert erscheinen zu lassen.«[15]

Welchen Ursprung der Hosenbeutel auch gehabt haben mag, seine Fähigkeit, die Blicke auf sich zu lenken und sexuelle Gefühle hervorzurufen, sollte man nicht schmälern. Banner ist der Meinung, er sei in erster Linie entstanden, um den Penis in der Schlacht zu schützen. »Doch ein Kenner der Materie hat unlängst die Theorie aufgestellt, der Hosenbeutel sei in Wirklichkeit als Schutzhülle erfunden worden, um die kostbaren Kleiderstoffe vor Flecken zu schützen, die durch die quecksilberhaltigen Penissalben entstanden, mit denen die Syphilis bekämpft wurde, eine Seuche, die sich um 1490 in Europa ausbreitete.«[16] Banner räumt indessen ein, daß »es auch ein sexualisiertes Kleidungsstück war, denn es lenkte die Aufmerksamkeit auf das männliche Sexualorgan. Der konservative Pastor in den *Canterbury Tales* wetterte von der Kanzel gegen die kurzen Jacken, die einen ungehinderten Ausblick auf die Form der Genitalien gewährten. In den Mysterien- und Mirakelspielen des 14. Jahrhunderts wurden die Teufelsdarsteller oft mit einem großen falschen Penis ausgestattet.«

Die Männer achteten bei ihren Hosenbeuteln auf unterschiedliche Schnitte und Formen, bemalten sie individuell und erfinderisch, um das Augenmerk des Betrachters auf sie zu lenken. »Bei einem Blick auf einen modisch gekleideten jungen Mann der elisabethanischen Epoche entdeckte man vielleicht einen mächtig ausgebeulten, hoch aufgerichteten ledernen Hosenbeutel mit Wasserspeiergesicht, der unverhohlen zurückstarrte«, schreibt Diane Ackerman. »Irgendwo darunter lümmelte sich ein ganz gewöhnliches Mitglied der Zunft. Das ist, als ließe man sich von der dröhnenden Stimme des Zauberers von Oz einschüchtern, nur um zu entdecken, daß sich im Kostüm des Zauberers ein Mann von schmächtiger Statur mit einem Megaphon verbirgt.«[17] Ist hier etwa ein spöttischer Unterton zu vernehmen?

Auch wenn sie unseren Segen nicht haben, greifen Männer nach dem Spiegel. Als Calvin Kleins Marky-Mark-Unterwäsche Ende 1992 in den USA auf den riesigen Werbetafeln am Rande der Schnellstraßen prangte, drang aus der feministischen Kommandozentrale nicht einmal ein Flüstern. »Mit nichts als einem Paar Lycra-Boxershorts bekleidet, die seine muskulösen Schenkel umspannten und im Schritt provozierend ausgebeult waren, stand er da und lachte uns aus«, schrieb ein Journalist. »Ein Bekleidungsartikel, den wir entweder als wenig maskulin empfunden oder aber weitgehend verborgen haben, ist aus seinem maßgeschneiderten Kerker ausgebrochen und präsentiert sich dem Blick der Öffentlichkeit nun als ein Objekt, das nicht weniger als einen Massenkult ausgelöst hat, einen kollektiven Akt der Fetischisierung.«[18]

Die Werbung für die »Unterwäsche des neuen Mannes« hat große Ähnlichkeit mit dem Presserummel, der um den Wonderbra entstand: die exotischen String-Tangas und Boxershorts sitzen, schützen, bedecken und stützen nicht einfach, sondern, so die Wortwahl der Werber, »meißeln«, »modellieren«, »konturieren«, »ziselieren«, »verwandeln«, »umschmeicheln«, »akzentuieren« und »liebkosen jede Kontur« und, im Fall der auf Form gearbeiteten »Body Briefs«, »küssen jeden Quadratzentimeter Haut«.[19]

Der oben zitierte Journalist fährt mit seiner Beschreibung der hautengen Männerreizwäsche fort: »Oft unnötig kompliziert durch Litzen, Reiß- und Schnappverschlüsse, sind Hosenschlitze nicht mehr einfache und praktische Öffnungen, sondern ausgewachsene Hosenbeutel, aufgeblähte Säckchen, die aus dem Schritt wegstehen.«[20]

Ich feuere Männer an, sich mit ihrem einfallsreichen sexuellen Exhibitionismus weiter vorzuwagen, auch damit wir Frauen endlich über die voyeurismusfeindlichen Regeln hinausblicken können, die uns jahrhundertelang gezwungen haben, die Augen züchtig zu Boden zu senken. Stellen Sie sich vor: Frauen in der Rolle der Voyeure! Das wäre ein erster Schritt zur Befreiung, und zwar von Männern und Frauen gleichermaßen. Es macht schließlich keinen Spaß, in einer Parade mitzumarschieren, wenn niemand zuschaut.

—————— •◆• ——————

KAPITEL 9

Wider die doppelte Moral
des Alterns

*Ehebruch: Scharlachroter Buchstabe
oder Rotes Kreuz?*

Im Januar 1980, als mein Haus bis auf die Grundmauern niederbrannte, ging mein gesamtes Hab und Gut in Rauch auf, einschließlich meiner ersten Ehe. Ich habe einige Jahre gebraucht, um
der reinigenden Kraft des Feuers den gebührenden Dank zu zollen.
Es setzte einen Schlußstrich unter ein Kapitel meines Lebens, dem
ich schon Jahre zuvor entwachsen war; ich konnte es mir nur nicht
eingestehen.

Meine Ehe war alles andere als konventionell gewesen, sondern
vielmehr das Produkt einer Epoche, in der sexuelle Freizügigkeit
und die neue wirtschaftliche Stärke der Frauen, Schönheit und Feminismus einem Feuerball glichen. Im Verlauf dieser Ehe schrieb
ich meine ersten Bücher, und diese Arbeit verhalf mir zu einem
besseren Selbstverständnis. Ich hatte das Glück, die sexuellen
Phantasien von Frauen und die Mutter-Tochter-Beziehung genau
zum richtigen Zeitpunkt zu thematisieren: in der vitalsten Periode
des Feminismus. Damals herrschte ein fruchtbarer Nährboden für
die Entwicklung eines Liberalismus, der auch Meinungsäußerun-
gen und Gedanken zuließ, die vorher tabuisiert waren. Viele dieser
Türen haben sich inzwischen wieder geschlossen, aber die welt-
anschauliche Offenheit während der sechziger und siebziger Jahre
ließ mein exhibitionistisches Herz höher schlagen.

Das Schreiben erwies sich als eine Art Selbsttherapie, ein Tor
durch die Mauern des Gedächtnisses in mein Unterbewußtsein, wo
ich mein bestes Selbst deponiert hatte. Mein Selbstbild als Frau

begann sich zu wandeln, doch vor dem Brand hatten sich lediglich meine innere Einstellung und mein Verhalten geändert. Es bedarf oft einer längeren Anpassungsphase, die unbewußte Ebene einzubeziehen, den wichtigsten Bereich, wenn Erneuerung eintreten soll.

Als sich die greifbaren Spuren meiner Vergangenheit in Asche verwandelt hatten, stellte ich mein ganzes bisheriges Leben in Frage, einschließlich meiner Ehe. Das war kein kognitiver Vorgang; andere dachten, ich stünde am Rande eines Nervenzusammenbruchs, wie ich später erfuhr. In Wirklichkeit war ich mental in Bestform; ich begab mich lediglich auf eine Reise in die Vergangenheit, auf die Suche nach meinem verlorenen Ich. Meine Ehe war die erste Hürde, die ich dabei nehmen mußte, eine harte Nuß. Ich hatte meinen damaligen Mann geheiratet, weil er mich nicht aus den Augen ließ, mein Wunschtraum, mit dem ich das Defizit seit frühester Kindheit ausgleichen wollte. Als wir uns begegneten, befand ich mich ironischerweise auf dem Höhepunkt meiner sexuellen Erfolgswelle; die Männer standen Schlange, um mit mir zu tanzen. Doch ich fühlte mich außerstande, mit all der Bewunderung umzugehen; ich war verunsichert und hatte Angst, mein Kleid zu beschmutzen, mich selbst zu erniedrigen. Und so lief ich allem davon, was ich mir immer gewünscht hatte, und heiratete meinen ersten Mann, einen gutaussehenden, intellektuellen Schriftsteller mit einer lieblosen, einsamen Kindheit und ungeheurem Nachholbedarf, den ich hinter der Fassade des Zynikers intuitiv spürte.

Kurz vor der Hochzeit hatte mich der letzte Rest eines gesunden Instinkts nach Rom getrieben. Vermutlich hoffte ich, in den Armen italienischer Liebhaber meinen Entschluß noch einmal zu überdenken. Doch er schrieb mir in dieser Zeit, und in seinem Brief stand eine Zeile, die mich anrührte und mein Herz eroberte: »Ich werde mein Leben damit zubringen, dich anzusehen.«

Da war er, der lebenslang währende liebende Blick, jener besondere »Blick«, den ich in meiner Kindheit so schmerzlich vermißt hatte. Ein unwiderstehliches Angebot. Die Worte »Ich liebe dich« verblaßten neben dem Satz »Ich kann mich nicht satt sehen an dir«.

Das bedeutete, daß er sich nicht mehr umschauen, daß er blind für andere Frauen sein würde. Und er hielt sein Versprechen, seine Augen schweiften nie ab.

Ich fühlte mich in seinem Treueversprechen genauso geborgen wie ein Kind, das sich vertrauensvoll in die Arme der Mutter schmiegt. Sein Blick war ein Labsal für meine Seele, verlieh mir Stärke, und so setzte ich mich hin und schrieb. Ich sah zu ihm auf, zu dem großen Intellektuellen, der mich unter seine Fittiche genommen hatte, nicht als der »gute Versorger«, sondern als die liebevolle, bewundernde Mutter, die mich nicht aus den Augen ließ. Außer wenn ich mich aus seinem Blickwinkel entfernte, um mit anderen, den verbotenen Männern beisammenzusein, die nichts mit wärmender, mütterlicher Liebe zu tun hatten.

Ich spielte die Versorgerin, eine Rolle, die mir gefiel und an die ich gewöhnt war; ich hatte schließlich auf eigenen Füßen gestanden, seit ich von zu Hause weggegangen war. Als die ersten Honorarschecks vom Verlag eintrudelten, setzte ich stolz meine Unterschrift darunter und gab sie ihm.

Ich bin nicht stolz auf meine Seitensprünge, aber sie waren ein Produkt dieser Ehe; ich holte mir anderswo sexuelle Erfüllung, denn es bestand kein erotisches Band zwischen uns. Liebe ja, Anhänglichkeit, Nähe, aber zu einer erfüllenden Sexualität gehören zwei und die erregende Erfahrung der Distanz, damit der sexuelle Funke überspringen kann. Wir beide lebten in einer symbiotischen Beziehung, miteinander verschmolzen wie Mutter und Kind, wie zwei Erbsen in einer Schote.

Wir, ich meine die Gesellschaft, sind nicht sonderlich tolerant, wenn Frauen ihrem Ehemann Hörner aufsetzen. Dessenungeachtet wächst laut Statistik die Anzahl der Frauen, die fremdgehen, eine Entwicklung, die nicht zuletzt vom Motor unserer neuen ökonomischen Stärke angetrieben wird. Mit der finanziellen Eigenständigkeit geht eine gesteigerte Anspruchshaltung einher. Wenn eine Frau in der Schuld eines Mannes steht, der ihr ein Dach über dem Kopf gewährt, überlegt sie es sich zweimal, ob sie ihm untreu wird.

Wenn sich Frauen blind für die Affären ihres Mannes stellten, lag es daran, daß »die andere« ihm jenen Sex gab, der ihnen längst keinen Spaß mehr machte. Eine Ehefrau, die beide Augen zudrückte, wenn er seinen sexuellen Appetit anderswo stillte, war dem Casanova oft doppelt lieb und teuer: Solche Ehen hielten nicht nur, sondern wurden im Zuge der dopppelbödigen Moral oft noch enger zusammengeschweißt. In meiner eigenen Ehe waren die Rollen vertauscht; falls Freunde von meinem Doppelleben wußten, gaben sie es nie zu erkennen.

Daß ich selbst eine »gute Versorgerin« war, spielte bei meinen Affären eine entscheidende Rolle. Ich hatte die Konsequenzen nicht bewußt durchdacht, aber mir war sicher klar wie einem untreuen Ehemann, daß ich schlimmstenfalls nicht am Hungertuch nagen würde, wenn er mir auf die Schliche kam. Trotzdem suchte ich meine Liebhaber sorgfältig aus. Wenn ich nach Hause zurückkehrte und meinen Mann wartend, lächelnd und mich liebend vorfand, bewunderte ich ihn um so mehr.

Manchmal begrüßte er mich nicht liebevoll, sondern hatte sich in sein Arbeitszimmer verkrochen und trank. Er konnte einiges vertragen, als wir uns kennenlernten, aber was wußten ich oder andere schon über Alkoholprobleme? Ich nahm an, daß er jederzeit damit aufhören konnte. Er würde allein schon deshalb die Finger davon lassen, weil er mich liebte. Wenn er sich in sein Arbeitszimmer zurückzog, um allein zu trinken, weinte ich und war untröstlich. Schließlich hörte er wirklich damit auf, aber selbst danach schloß er sich oft tagelang in seinem Arbeitszimmer ein. Ich zahlte die Miete und schlüpfte in die Rolle der Ehebrecherin.

Ich drückte ihm die Schecks mit meinen Tantiemen in die Hand. Als ich schließlich wirklich allein die Brötchen für uns verdiente, schrumpfte ich immer mehr in meiner Ehe. Ich verlieh ihm als Meister der »wahren« Literatur Proustsche Dimensionen, während ich hinkritzelte, was er als »deine Büchlein, die unseren Lebensunterhalt sichern« bezeichnete.

Ich brauchte diese Apokalypse des reinigenden Feuers, das die Vergangenheit zerstörte, jedes einzelne Bruchstück, damit ich wie Phönix aus der Asche wiedergeboren werden konnte. Wenn ich heute hier sitze und über meine zweite Ehe nachdenke, die sich so grundlegend von der ersten unterscheidet, dann bin ich sicher, daß es ohne mein Bedürfnis nach einem Neubeginn nie soweit gekommen wäre.

Nach dem Brand zogen wir in ein Hotel, während ich mich um die Aufräumarbeiten kümmerte. Zugleich verhandelte ich mit meinem Verleger um einen neuen Buchvertrag. Ungerührt verlangte ich ein horrendes Honorar; wir brauchten das Geld dringend. Aber trotz alledem hoffte ein Teil von mir, daß sich mein Verleger nicht auf meine Forderung einlassen würde, denn ich fühlte mich müde und ausgelaugt nach dem Desaster. Doch er stimmte zu, und ich war wie betäubt. Die Aussicht, ein Buch über Eifersucht und Neid zu schreiben, hätte zu anderen Zeiten zwar Beklemmung angesichts der Aufgabenstellung in mir ausgelöst, mich aber auch mit Vorfreude erfüllt, wenn ich emotional in Topform gewesen wäre. Aber ich war nicht in Topform.

Ich kam nur langsam in die Gänge, wie ein Vehikel, das Rost angesetzt hat, angetrieben vom Wiederaufflackern meines Überlebenswillens, den ich einst im Übermaß besessen hatte. Nachdem mein Haus niedergebrannt war, erinnerte ich mich daran, wozu ich als kleines Mädchen fähig gewesen war: Mut aufzubringen. Nun, da das gefräßige Feuer alles verschlungen hatte und der emotionale Kraftspeicher leer war, rief ich mir dieses Mädchen ins Gedächtnis zurück. Ich folgte seinem Beispiel und ging auf die zweimonatige Promotiontour für mein soeben erschienenes Buch, begann mit der Arbeit an meinem neuen Buch, überwachte den Wiederaufbau meines Hauses, unterschrieb einen Zweijahresvertrag mit NBC und bat meinen Mann, sich eine Bleibe in Key West zu suchen, getrennt von mir.

Ich gab mir nicht die geringste Mühe, meine nächste Affäre zu vertuschen. Mein Liebhaber war ein Mann, den ich schon seit Monaten bewunderte. Seine Attraktivität und die Ernsthaftigkeit, mit der er seinem Handwerk nachging, er war Zimmermann, hatten meine Phantasie beflügelt, seit er in meiner neuen Wohnung arbeitete. Für mich ungeplant und für ihn unerwartet, passierte es einfach, wie so oft in jenen Jahren. Wahrscheinlich verhielt ich mich wie ein Mann, der sich nach harter, erfolgreicher Arbeit etwas Gutes gönnt.

Nachdem ich eine Woche lang kreuz und quer durchs ganze Land gereist war, um die Werbetrommel für mein neues Buch zu rühren, war wieder ein Gespräch mit dem Architekten fällig; er verließ kurz den Raum, um zu telefonieren. Ich sah auf, und da stand er, mein Zimmermann, so schön, so ernsthaft, daß ich einfach nicht umhin konnte, zu ihm hinüberzugehen, meine Arme um ihn zu legen und ihn zu küssen. In diesem Augenblick empfand ich Dankbarkeit, Bewunderung und, ich gebe es zu, ein Anrecht auf einen solchen Liebhaber.

Er begleitete mich an den Wochenenden, bis die Lesereise beendet war. Während der Flüge nach San Francisco, Chicago oder Los Angeles stand ihm die Freude ins Gesicht geschrieben, und ich dachte: Vielleicht empfinden Männer das gleiche, wenn sie eine Frau auf eine wundervolle Reise mitnehmen, wenn sie die Macht besitzen, einem anderen etwas zu schenken und ihren Reichtum zu teilen. So fühlt man sich also als der Gebende.

Eines Sonntags fuhren wir nach Cape Cod, lagen am Strand und hörten verträumte Klänge, die mich an die romantische Musik meiner Teenagerzeit erinnerten. Aber es bestand ein wesentlicher Unterschied zu damals: Diesmal hatte ich die Initiative ergriffen, war in gleichem Maß die Gebende wie die Nehmende. Die Situation erschien mir dennoch heikel, denn er war um einiges jünger als ich, und sowohl seine Jugend als auch die romantische Musik besaßen eine Sogwirkung, die mich in die Abgründe der Phantasiewelt meiner Adoleszenz zog. Ich konnte es mir nicht gestatten, mich diesem Mann zu unterwerfen.

Ich hatte den Zimmermann nicht seiner Jugend wegen ausgewählt, sondern aufgrund einer einzigartigen Mischung aus Attraktivität, Liebenswürdigkeit und einer beinahe losgelösten Hingabe an seine Arbeit. Außerdem hatte ich seine Augen auf mir gespürt und wußte, daß es keine Zurückweisung geben würde.

Das Leben hatte mich gelehrt, daß Frauen andere Machtfaktoren als jugendliche Schönheit besitzen. Daß die Jugend angeblich ein Monopol auf die Schönheit hat, wurde uns von einer Gesellschaft eingehämmert, die Frauen auf dem »ihnen gebührenden Platz« festnageln wollte, was bedeutet, unser Wert sollte auf die gebärfähigen Jahre zwischen Adoleszenz und Klimakterium beschränkt bleiben. Nun, der Platz, der »uns gebührt«, änderte sich ebenso wie unser Selbstgefühl und das Bild, das sich andere von uns machten. Wenn ein Mann eine erfolgreiche, mit ihren eigenen Leistungen zufriedene Frau anblickt, bemerkt er vielleicht ihr Alter, aber er fühlt auch ihre Energie, spürt, wie sie das Leben mit beiden Händen anpackt. An dieser Macht möchte er teilhaben, genauso wie Frauen traditionell an der ökonomischen Macht der Männer partizipieren wollten.

Wenn Frauen nur an diesen doppelten Reiz – das äußere Erscheinungsbild und ihre Leistungen – glauben würden! Vielen Männern ist in dieser Hinsicht bereits ein Licht aufgegangen. Junge, im feministischen Zeitalter aufgewachsene Männer haben am eigenen Leibe erfahren, welche Wirkung eine Frau hat, deren *ganzes* Selbst Bewunderung weckt.

Schließlich trennten wir uns, mein Zimmermann und ich, aber ich habe nie aus den Augen verloren, was ich in jenem Sommer entdeckte. Wäre die Konstellation der Planeten eine andere gewesen, hätte das Feuer mein Haus nicht bis auf die Grundmauern niedergebrannt und mein Berufsleben nicht über Nacht ein beispielloses ökonomisches Hoch erreicht, wäre ich möglicherweise weiterhin das kleine Mädchen geblieben, statt mir als erwachsene Frau ein neues Heim zu schaffen.

In den sechs Jahren zwischen dem Ausbruch des Feuers und der Scheidung schrieb ich das Buch über die Eifersucht zu Ende, stand finanziell auf eigenen Füßen und unterstützte meinen Exehemann. Als das Buch abgeschlossen war, reichte ich die Scheidung ein. Was mich wurmte, war die Feindseligkeit früherer Freunde, männlichen und weiblichen Geschlechts. »Was willst du eigentlich, du hast doch den besten Ehemann der Welt!« entrüstete sich ein Bekannter, als er mich kurz vor der Scheidung mit einem anderen Mann im Restaurant ertappte. Daß dieser Moralapostel selbst in dem Ruf

stand, ein notorischer Schürzenjäger zu sein, minderte das Scham-
gefühl nicht, das ich plötzlich verspürte.

Frauen könnten noch schneller an Sichtbarkeit gewinnen, wenn
wir die schönen, sexuell attraktiven Frauen und ihre beruflichen
Leistungen auch im späteren Lebensabschnitt feiern würden, wie
Männer es immer getan haben. Doch der uralte Neid auf die Erotik
und Schönheit anderer Frauen läßt uns zögern und bewirkt, daß
wir uns für das eine oder das andere entscheiden. Dabei könnten
wir, wie Männer, die den Zenit ihres Lebens überschritten haben,
beides genießen. Ich unterschätze die Macht, die der Doppelmoral
des Alterns innewohnt, keineswegs. Ich will allerdings betonen,
daß sie ihren Ursprung in der Frauenwelt hat, in der wir den Verfall
sehen, den sogenannten Wertverlust, bevor er auch nur begonnen
hat. Wir entdecken die ersten Falten, wenn die Haut noch makellos ist, und machen andere auf unsere vermeintlichen Mängel aufmerksam. Zu behaupten, daß Männer nur mit jungen Frauen
zusammensein, zusammenleben und schlafen wollen, käme der
Behauptung gleich, daß sie unzugänglich für den Glanz der Intelligenz, Lebensklugheit, ökonomischen Macht und sexuellen Initiative in den Händen einer Frau wären, die weiß, was sie hat.

Der Feminismus hat uns weit genug emanzipiert, um den alten
Schlachtruf »Wir wollen nicht wie Männer sein!« zu ändern und
zu akzeptieren, daß Männer auch nachahmenswerte Eigenschaften
besitzen. Darauf zu beharren, daß Frauen ausschließlich von Frau-
en lernen können, beschränkt unser Potential.

Zum Teufel mit dem Neid anderer Frauen!

Frauen warten und warten. Die Uhr läuft, und wir spüren, wie die
Zeit verrinnt und gegen uns arbeitet. Am Ende erstarrt der abwar-
tende Blick der Besorgnis, Angst und Wut zur Maske. Als wir jung
waren, haben wir beobachtet, wie sich die hungrigen Blicke automatisch auf die Schöne hefteten, Hände sich nach ihr ausstreckten,
Einladungen in ihr Ohr geflüstert wurden. Wir nehmen an, daß sich

in unserem abwartenden Blick das Mauerblümchendasein spiegelt; niemand will uns. Wenn wir schöner wären, hätten wir es nicht nötig, zu warten.

Die Angst vor der verrinnenden Zeit und dem Älterwerden beginnt, wenn wir noch lächerlich jung sind. Allein diese Tatsache sollte uns bewußtmachen, wie irrational unsere Ängste sind, wie sehr wir immer noch unseren Müttern ähneln. Oder sie erblickten eine alte Frau im Spiegel und fragten sich: »Soll das alles gewesen sein?« Diese passive Wartehaltung ist völlig unvereinbar mit allem, was wir in den letzten 20 Jahren erreicht haben.

Wozu soll ein ansehnliches Bankkonto gut sein, wenn wir im Alter weniger wert sind? Wozu ein Haus, einen Pelzmantel, eine Europareise aus eigener Tasche finanzieren, wenn wir uns vorstellen, daß wir in diesem Haus, in diesem Mantel und auf dieser Reise wieder nur darauf warten, daß etwas geschieht? Warum sagen wir nicht: »Männer werden gesehen, geliebt und begehrt bis zum Tod, warum nicht auch wir?« und verfolgen dieses Ziel mit der gleichen Energie, die uns auch auf dem Arbeitsmarkt vorangebracht hat?

Die Antwort lautet, daß wir keine Lust haben, in den Konkurrenzkampf mit anderen Frauen zu treten. Wenn wir die Initiative ergreifen, kämen wir unserem Ziel näher, doch um im Alleingang zu handeln, müssen wir uns aus »der Clique« herauslösen. Wird sie uns wieder aufnehmen, wenn wir mehr als einen Geliebten besitzen und sexuelle Schönheit, die sich zu sterben weigert, und ökonomischen Erfolg, der größer ist als der ihre? Würde unsere Mutter uns mit offenen Armen empfangen?

»Eine Frau muß sich ständig selbst beobachten und wird fast ständig von dem Bild begleitet, das sie sich von sich selbst macht«, schreibt der Kunstkritiker John Berger. »Ob sie durch ein Zimmer geht oder über den Tod ihres Vaters weint, sie wird es kaum vermeiden können, sich selbst beim Gehen oder Weinen zu beobachten ... Und so kommt sie dazu, den *Prüfer* und die *Geprüfte* in ihr als die beiden wesentlichen, doch immer getrennten Komponenten ihrer Identität als Frau anzusehen ... Wie sie sich anderen darstellt, ... ist von entscheidender Bedeutung dafür, was man gemeinhin als den Erfolg ihres Lebens ansieht. Ihr eigenes Selbstgefühl wurde durch das Gefühl verdrängt, etwas in der Einschätzung anderer zu sein.«[1]

Obwohl Berger diese Sätze vor beinahe 25 Jahren schrieb, ist die Beschreibung auch heute noch so relevant, daß man eine Gänsehaut bekommen könnte. Dieser ständige innere Zwang zur Selbstbeobachtung ist es, der uns das Mark aus den Knochen saugt und unser Leben Stück für Stück auffrißt. Er verhindert, daß wir unsere Energie und unser Leben sinnvoller nutzen.

Männer leben nicht mit einem solchen Selbstbild. Sie wurden nicht zum Warten erzogen, sondern waren vielmehr aufgefordert, die Initiative zu ergreifen. Dieses Sprungbrett, das selbst den schüchternsten Jungen aktiviert, sorgt dafür, daß er sein Augenmerk auf ein höheres Ziel als den Gedanken konzentriert, wie andere ihn sehen könnten. Er wuchs nicht mit dem Gefühl auf, daß immer der letzte Schliff fehlte, daß ein Mädchen niemals gut genug war. Sobald der Tanz der Adoleszenz eröffnet wurde, stürmten die Jungen los, um die Schönste im Ballsaal aufzufordern und sie in die Nacht zu entführen, bevor einer der weniger Eifrigen sie ihm vor der Nase wegschnappte.

In der Phase der Reife und Weisheit des Alters ist es an der Zeit, unser Leben in die Hand zu nehmen, es hinzubiegen, zu formen, es nach unserem Willen zu gestalten. Wie alt sind wir? 30? 40? 60? Wie viele Lebensjahre auch immer, kein Warten mehr darauf, daß unser Telefon klingelt, daß ein Mann uns anruft, daß sich etwas tut. Wir haben nichts zu verlieren außer unserer Angst. Greifen wir denn nicht auch zum Hörer, um uns mit einem Kunden zum Geschäftsessen zu verabreden? Doch wenn wir einen Mann auf der privaten Ebene zum Essen einladen und einen Korb erhalten, trifft er uns damit bis ins Mark unseres Frauseins. Das ist die Strafe dafür, daß wir gegen die Regeln der Frauen verstoßen und versucht haben, ein größeres Stück vom Kuchen zu ergattern.

Die Schamgefühle, die wir heute angesichts der Ablehnung eines Mannes empfinden, wurzeln in unserem Selbstbild aus Kindertagen: Wir haben uns geprüft und für zu leicht befunden. Zurückgewiesen per Telefon, sacken wir in unserem Chefsessel zusammen, als wäre die Luft raus, gedemütigt, mit schamrotem Gesicht: »Haben wir es dir doch gleich gesagt!« lautet das einmütige Urteil der Gesetzeshüterinnen. Wir hassen den Mann, aber was uns noch mehr wurmt als der Verlust eines potentiellen Partners ist das Scheitern des Versuchs, durch Initiative aus den einengenden Grenzen der Frauenwelt auszubrechen.

Wenn eine Frau mittleren Alters den ihr zustehenden Anteil am Leben auf Schritt und Tritt überwachen muß, damit sie nicht den Neid der anderen hervorruft, weil sie aus der Reihe tanzt, dann scheint sich seit unserer Jugend, als die »gemeinsamen Themen« das A und O im Leben aller Mädchen waren, nichts geändert zu haben. Wir treten auf der Stelle, waren schon einmal hier. Wir Frauen sind heute wohlhabender, haben nie besser ausgesehen, haben uns nie erotischer und selbstsicherer gefühlt, aber der Gedächtnisanker hält uns fest an der Kandare, erinnert uns daran, daß wir ohne den Rückhalt »der Clique« sein werden, wenn wir nach Höherem streben.

Und genau dazu möchte ich Sie ermutigen: Genießen Sie das Leben auf der von Ihnen gewählten Bühne! Gehen Sie das Risiko ein, die Tür zu öffnen und im dritten Akt des Lebens Ihr ganzes Potential zu leben. Machen Sie sich bewußt, daß unsere Angst nichts weiter ist als die Drohung, aus »der Clique« unserer Adoleszenz ausgeschlossen zu werden, die Angst, die Mutter zu einem Zeitpunkt zu verlieren, als wir nicht ohne sie leben konnten. Wir sind nicht mehr so hilflos wie einst, wo es um Leben und Tod ging; und wichtiger noch, es sitzen viele Frauen im Publikum, die uns Beifall zollen werden.

»Gemeinsame Erfahrungen« können in manchen Situationen beruhigend und schön sein, aber wenn sie als unentrinnbarer Sumpf empfunden werden und uns auf den kleinsten gemeinsamen Nenner der Konformität in der Frauenwelt hinunterziehen, dann ist es Zeit, sie abzustreifen. Wir sind verpflichtet, für die jüngeren Frauen Pionierleistungen zu erbringen und ihnen als Rollenmodell auf dem Weg in eine neue Zukunft zu dienen.

Die Schöne in den Zwanzigern, deren Becher noch so voll ist, daß er beinahe überfließt, kennt Neidgefühle und Konkurrenzdenken sehr gut aus eigener Anschauung. Doch wenn sie eine Frau sieht, die doppelt so alt ist wie sie und ihre jugendliche Schönheit in eine Anziehungskraft ganz eigener Art verwandelt hat, in etwas Aufregendes, das sich nur mit der Reife des Alters entwickelt, wird sie das Leben einer Frau als Abenteuer begreifen, das über die gebärfähigen Jahre hinausgeht. Die Überzeugung, daß die Schönheit einer Frau weder zeitlich begrenzt noch auf die traditionellen Klischees beschränkt ist, setzt Vorbilder voraus. Es bringt nichts, solche Versprechen abzugeben, wir müssen sie leben.

Wir, die neue Generation der mittleren Jahre, repräsentieren heute den Markt mit den höchsten Zuwachsraten. Wir gehören einer Gesellschaft von Männern und Frauen an, die über Geld und berufliche Qualifikationen verfügen; wir erwarten, noch eine Zeitlang im Erwerbsleben zu stehen, unsere Freizeit zu genießen und uns sexuell so lange zu betätigen wie irgend möglich. Eine vergleichbare Bevölkerungsgruppe hat es nie gegeben. Synthetisches Östrogen, Testosteron, wundersame Schönheitscremes, revolutionäre Bodybuilding-Geräte, kosmetische Chirurgie, das alles wird in Qualität und Quantität noch eine weitere Steigerung erfahren. Die Zeit der gesunden und attraktiven Älteren wird kommen, und dabei geht es weniger um ewige Jugend als vielmehr um eine qualitative Erweiterung, um eine Bereicherung des Lebens.

In einem Interview erzählte Dominique Aury, die sechsundachtzigjährige französische Journalistin und Verfasserin der *Geschichte der O*, die ursprüngliche Idee für das Buch sei ein Liebesgedicht für einen Mann gewesen, den sie zu verlieren fürchtete. Sie war fast 50, als sie die Erinnerung an die erotischen Phantasien ihrer frühen Jugend heraufbeschwor. »Was hätte ich tun sollen?« sagte Dominique Aury. »Ich konnte nicht malen, ich konnte keine Gedichte schreiben. Wie sollte ich seine Aufmerksamkeit fesseln? ... Ich war nicht mehr jung, ich war nicht hübsch, und deshalb mußte ich eine andere Waffe finden. Der physische Aspekt reichte nicht aus. Die Waffen befanden sich, zu meinem Leidwesen, im Kopf.«[2] Als sie ihrem Geliebten von ihren Absichten erzählte, sagte er: »Das traust du dich nicht.« »Meinst du?« erwiderte sie. »Nun, ich kann's zumindest versuchen.«

Die *Geschichte der O* erschien erstmals 1954 und wurde seither immer wieder aufgelegt. Aufschlußreich ist, daß Dominique Aury, damals eine Frau mittleren Alters, ihre magische Fähigkeit entdeckte, ihren Geliebten durch die erotischen Phantasien ihrer Jugendzeit zu halten, durch »jene langsamen Traumbilder kurz vor dem Einschlafen ... in denen die reinste, leidenschaftlichste Liebe stets die erschreckendste Unterwerfung guthieß oder sogar forderte, wobei kindliche Vorstellungen von Ketten und Peitschen die Symbole des Zwanges bezwangen«.

Was haben wir bei unserem Aufbruch zu den neuen Ufern der Adoleszenz zurückgelassen? Damals wußten wir wenig darüber, was das Leben als erwachsener, reifer Mensch für uns bereithalten würde. Aber damals besaßen wir besseres Rüstzeug als jemals danach – und es ist noch vorhanden. Ob wir einen Geliebten halten oder ein berufliches Traumziel erreichen wollen, wenn wir nur den Mumm aufbringen, wir werden unsere besten Ressourcen dort finden, wo wir sie vor Jahr und Tag über Bord geworfen haben: an der Schwelle zur Adoleszenz.

»Die leidenschaftliche, idealistische, energiegeladene, junge Person, die vor der Menstruation in uns war, kann wiedererstehen, wenn wir es zulassen«, schrieb Germaine Greer in *Wechseljahre*, ihrem Buch über das Klimakterium. »Es ließen sich bessere Strategien entwickeln, den schwierigen Übergang zu meistern, wenn wir unser Tun nicht als ein Verleugnen oder Verschieben der Wechseljahre sähen, sondern als Beschleunigung dieser Veränderung, die eine Rückverwandlung in jenes Ich bedeuten sollte, das wir waren, ehe wir zum Werkzeug von Sexualität und Fortpflanzung wurden. Damals waren wir stark, fühlten uns wohl und glücklich, bis die Adoleszenz uns in schwierige Wesen verwandelte. Aber wir werden wieder stark und glücklich sein und uns wieder wohl fühlen.«[3]

Bis heute hat die Gesellschaft ihre ätzende Kritik und Verachtung an älteren Frauen ausgelassen, an der Männerlosen, der alten Jungfer, der Hexe mit den altersfleckigen Händen und Runzeln auf der Oberlippe. Der heimliche Groll auf die Macht der Frauen, der sich seit der Kinderstube aufgestaut hat, fand ein häßliches Ventil und wurde auf der Alten abgeladen, die sehr wohl erkannte, warum sie als Sündenbock herhalten mußte. Schließlich hatte sie in ihrer Jugend die gleichen Gefühle gegenüber älteren Frauen gehegt. Und so wurde dieses Bild zu einer sich selbst erfüllenden Prophezeiung.

Seit Menschengedenken gab es nichts, was den Wettbewerb unter Frauen mehr angekurbelt hätte als die Schönheit, und nichts war mehr tabuisiert als die offene Rivalität auf diesem Gebiet. Wie lange wird es noch dauern, bis Frauen akzeptieren, was Männer akzeptieren mußten – daß Konkurrenzneid existiert und daß es Regeln gibt, die das Kräftemessen sicher, ja sogar zum Vergnügen machen können? Ich reite immer wieder auf den Themen Rivalität und Konkurrenz herum, weil sie die ständigen Begleiter der Schönheit sind.

Es ist traurig, aber wahr, daß Frauen nachts nicht ruhig schlafen können bei dem Gedanken, daß andere Frauen Vorteile genießen, die ihnen, den Neiderinnen, versagt bleiben. Wir knüppeln unsere besten Vorbilder nieder, die Heldinnen unseres Zeitalters. Statt uns auf unserem Weg nach oben an ihrem dynamischen Leben zu orientieren wie an einer Landkarte, bestrafen wir sie, verpassen ihnen einen »Denkzettel« wie schon in der Schule. Die Zeitschrift *Marie Claire* veröffentlichte einen Artikel über erfolgreiche Frauen im Rampenlicht, wie Barbra Streisand, Mary Matalin, Linda Bloodsworth-Thomason, Linda Wachner und Leslie Abramson, und titelte: »Frauen, die ihren Mann stehen: Erfolgsgeheimnisse von sechs Frauen mit Ellbogen.« Herausgeber und Journalisten schienen gleichermaßen unsicher gewesen zu sein, ob sie diese reichen, mächtigen, hochgradig sichtbaren Frauen nun in die Rubrik Heldinnen einordnen oder als Opfer ihrer eigenen raubtierhaften Unersättlichkeit darstellen sollten.

Über Barbra Streisand hieß es: »Gleich ob ihr Ruf auf Sexismus, Neid oder Wahrheit beruht, sie gilt als dominierend und ichbezogen.« Wachner, Leiterin der Warnaco Group (sprich Wonderbra), soll ihre männlichen Führungskräfte mit den Worten beschimpft haben: »Ihr Eunuchen! Wie halten es eure Frauen bloß bei euch aus? Ihr habt nichts als heiße Luft zwischen den Beinen!« Und später: »Ich würde wirklich gern ein Kind haben, ich wollte keines adoptieren; ich könnte einen Mann adoptieren, soll der sich ein Kind zulegen.« Und Matalin: »Ich mag Leute nicht, denen es an Aggressivität und Durchsetzungsvermögen mangelt, weder in meinem Berufs- noch in meinem Privatleben.« Von Linda Bloodsworth-Thomason, Autorin und Produzentin des Films *Warum hab' ich ja gesagt?*, hieß es: »Sie war freudig überrascht, daß man sie für eine knallharte, mit allen Wassern gewaschene Frau hielt ... ›Ich muß sagen, ich finde das toll.‹«[4]

Es ist nicht so, als hätten wir starke Frauen wie diese in Hülle und Fülle, die uns als Rollenmodell dienen könnten, doch die Gelegenheit, sie fertigzumachen, war für die Frauenzeitschrift offenbar unwiderstehlich. Die Boshaftigkeit und die Häme, die in diesen Persönlichkeitsprofilen zum Ausdruck kommen, sind geradezu greifbar. Wer möchte schon solchen Drachen nacheifern? Natürlich muß erwähnt werden, daß sie in dem Ruf stehen, knallhart und despotisch zu sein, aber dieser Aspekt sollte in die richtige Perspektive gerückt und gegen ihre brillanten Leistungen in die Waagschale geworfen werden. Ich habe die Nase gestrichen voll von einer Journaille, die meint, Frauen wie die Streisand, Jane Fonda oder Hillary Rodham Clinton allein aufgrund ihrer Kleidung oder ihres Körperkults verreißen zu müssen.

Vor kurzem wurde im Fernsehen ein Streisand-Special wiederholt, und zum erstenmal sah ich die Eröffnungsfeier der Olympischen Spiele in Los Angeles. Ich hörte den tosenden Beifall der Menge, als sie die Bühne betrat und »It Feels as If We Never Were Apart« sang, und ich spürte die magische Anziehungskraft, mit der sie die Zuschauer im Stadion und am Bildschirm in ihren Bann zog. Ihr Manager Marty Erlichman erinnerte an Streisands Anfangszeit in New York, als sie kein Engagement fand und niemand »diese Stimme« hören wollte. Da sie weder Geld noch ein Dach über dem Kopf besaß, trug sie ständig ein Klappbett mit sich herum; es fand sich immer jemand, der ihr ein leeres Studio oder einen Probenraum als Nachtquartier anbot. 30 Jahre später muß sie sich von einer Frauenzeitschrift als Ellbogenfrau, als Mannweib beschimpfen lassen. Das mag zutreffen, aber bei dieser Milchmädchenrechnung bleiben alle anderen Aspekte ihrer Persönlichkeit unberücksichtigt, ein ganzes Künstlerleben. Diese unglaubliche Frau hat unser eigenes Leben wie ein Talisman aus Fleisch und Blut begleitet.

Wenn wir Frauen unsere Heldinnen nicht so behandeln wie unsere Helden, wenn wir nicht ihren guten Seiten nacheifern und die negativen mit einem Achselzucken abtun, werden ihr Mut und ihre positiven Wesensmerkmale nicht in uns weiterleben. Uns werden dann auch weiterhin die vorbildlichen weiblichen Rollenmodelle fehlen, die wir dringend benötigen. Lieber trösten wir bei einem gemeinsamen Essen eine verlassene Ehefrau, als den Triumph einer Frau zu feiern, die eine glänzende Karriere und ein sinnliches Abenteuer unter einen Hut gebracht hat.

Kein Wunder also, daß nur wenige erfolgreiche Frauen sich selbst eingestehen, was sie in ihrem Leben erreicht und geleistet haben, und lieber tiefstapeln. Sie riechen den Neid der anderen förmlich; sie befürchten, daß andere Frauen ihnen den Erfolg übelnehmen, und so spielen sie ihn herunter wie in ihrer Adoleszenz. Sie arbeiten hart dafür, verzichten aber auf die Belohnung aus Angst, Mißgunst zu wecken. Männer können uns nicht davon abhalten, die Rechte in Anspruch zu nehmen, die wir uns erkämpft haben. Nur die Macht, die andere Frauen ausüben, ist ein wirksames Abschreckungsmittel: Sie hält uns klein und verhindert, daß wir über uns selbst hinauswachsen, sie überflügeln. Eines der Privilegien des Alters ist die Freiheit, zu reden, wie uns der Schnabel gewachsen ist, selbstbestimmt zu handeln und unser äußeres Erscheinungsbild nach eigenem Gusto zu gestalten.

Wir müssen unser ganzes Leben lang Trennungen verkraften. Idealerweise sollte die Ablösung von der Mutter in der Kinderstube abgeschlossen sein, doch selbst wenn die Chance zur Individuation in der frühkindlichen Phase oder während der Adoleszenz vertan wurde oder wenn wir heiraten und mit unserem Ehemann in einer symbiotischen Beziehung leben, ist es nicht zu spät. Wenn wir die Nabelschnur jetzt nicht kappen, ungeachtet des Alters, wird uns die Zensur anderer Frauen, die uns vorwerfen, immer noch schön oder sexuell begehrenswert sein zu wollen, die Lust am Erfolg gleich welcher Art vergällen.

Ungeachtet dessen, ob wir beschließen, den hungrigen Blick auf »freier Wildbahn« auch nach dem 40. Lebensjahr noch zu genießen, oder uns statt dessen für die Belohnungen der Unsichtbarkeit entscheiden, wir haben das Glück, uns einer weit besseren Gesundheit und höheren Lebenserwartung zu erfreuen als unsere Großeltern.

Andere Frauen werden die Hexe sehen, die sie selbst eines Tages zu werden fürchten, die groteske alte Schachtel, wie man uns gestern abend vielleicht heimlich genannt hat. Trotzdem haben wir uns prächtig amüsiert, auch wenn wir uns heute morgen Sorgen machen, daß wir ein Glas zuviel getrunken, zu lange getanzt und zum Gespött der Leute geworden sind. Vielleicht waren wir sexuell ein wenig zu aufreizend, ein Verbrechen, für das Frauen früher als Hexe verurteilt und auf dem Scheiterhaufen verbrannt wurden. Wenn andere Frauen zu weit gehen und einen Mann behexen, ächten und schicken wir sie zum Teufel; das ist unsere Art, ihren Umtrieben ein für allemal ein Ende zu setzen.

Die Männer, mit denen wir nicht geschlafen haben, obwohl wir sie mehr als alle andere begehrten, werden uns immer im Kopf herumspuken. Wir haben verzichtet, aus Angst ... vor was? Aus Angst vor der Zensur der Mutter und der anderen Frauen. Gehorsam reduzieren wir unser Leben auf Sparflamme, damit wir uns ihrer Liebe auch weiterhin sicher sein können.

Die Creme, die wir uns brav ins Gesicht schmieren, bevor wir zu Bett gehen, wird in aller Regel Antifaltencreme genannt. Wir behaupten, daß wir damit vorzeitiger Faltenbildung vorbeugen wollen. Doch unser Unterbewußtsein weiß, daß es sich um ein magisches Ritual handelt, um die Alpträume von der Gigantin zu verscheuchen, in die wir uns mit jedem Tag mehr verwandeln. Wir Frauen altern heute besser als unsere Mütter, nicht weil die Cremes wirkungsvoller geworden sind, sondern weil wir eine Sorge weniger haben und ein Leben führen, in dem uns die Botschaft von unserer Eigenständigkeit immer wieder eingehämmert wurde.

Es sei jeder Frau selbst überlassen, dem Spiegel zu entsagen – »Gott sei Dank, damit habe ich nichts mehr am Hut; jetzt kann ich auf den Streß verzichten und mir die grauen Haare rauswachsen lassen!« –, aber wenn wir mit dieser Entscheidung wirklich zufrieden sind, sollten wir auch nicht unsere Krallen zeigen und Neid empfinden, wenn Freundinnen weiterhin Wert auf ihr Äußeres legen. Wir sind bei Zwanzigjährigen an Neid auf die Schöne gewöhnt, doch gehören wir der ersten Generation an, die ihre Attraktivität in den mittleren Lebensabschnitt einbringt. Wenn man nicht gerade zu den Filmstars oder den Superreichen gehörte, bestand eine stillschweigende Übereinkunft unter Frauen, daß der Schönheitswettbewerb ab einem »gewissen Alter« zu Ende war. Die Pharisäerinnen trugen bequeme Schuhe und kein Make-up. Und nun nehmen wir die Schönheit in einen neuen Lebensabschnitt mit, doch wir sind für den Konkurrenzkampf mit anderen Frauen genausowenig gerüstet wie als Heranwachsende.

»Die überwältigende Mehrzahl der Indizien, die sich in wissenschaftlichen Untersuchungen und in eigenen Gesprächen herauskristallisiert haben, deuten darauf hin, daß im vitalen Alter sowohl Frauen als auch Männer *zunehmend sie selbst werden*«, schreibt Betty Friedan in ihrem Buch über das Altern, das ich seiner optimistischen Einstellung wegen bewundere. Als ich diese Zeilen las, dachte ich: Ja, seit Mitte 40 wird mir sehr deutlich bewußt, wie ich früher, vor der Adoleszenz, einmal war. »Kann das Alter selbst … ein Abenteuer sein?« fragt Friedan. »Wir können Risiken in Angriff nehmen, die wir vorher gescheut hätten, uns auf neue Abenteuer einlassen, unser eigenes Alter leben … dieser dritte Lebensabschnitt, in den wir nun eintreten, diese wundervolle, befreiende *Leichtigkeit* des Seins könnte ein ernsthaftes Zeichen sein – ein Wegweiser zum Überleben, ein Wegweiser zur Evolution.«[5]

Evolution. Das gefällt mir.

Daß wir das Thema Sex nicht schon vor 20 Jahren in unseren Ziel-setzungskatalog aufgenommen haben, mit gleicher Wertigkeit wie die wirtschaftliche Gleichstellung, zeugt von unserem Unbehagen angesichts weiblicher Macht, der eigenen und der Macht, die andere Frauen auf uns ausüben. Andernfalls wären wir gezwungen gewesen, unsere eigene Zwiespältigkeit, den inneren Konflikt zu hinterfragen. Auch hätten wir den Neid auf die sexuelle Anziehungskraft anderer Frauen genauer unter die Lupe nehmen müssen, die wesentlich mehr Animositäten hervorruft als eine berufliche Karriere auf der Überholspur.

Unsere Angst vor der Sexualität begann in unseren Kinderstubentagen. Auf dem Arm der Mutter mußten wir zum erstenmal schmerzlich entdecken, daß unsere Genitalien eine Hürde für ihre Liebe darstellten. In unserer grenzenlosen Angst, sie zu verlieren, spalteten wir die Persönlichkeit der Mutter in zwei Hälften, hielten die »gute Mutter« von der »bösen Mutter« fein säuberlich getrennt.

Diese Spaltung ist, wie Bruno Bettelheim sagt, »nicht nur ein Mittel, das Bild der ganz und gar guten Mutter zu bewahren, wenn die wirkliche Mutter nicht ganz und gar gut ist, sondern auch ein Ventil für den Ärger auf die böse ›Stiefmutter‹, ohne daß man sich das Wohlwollen der echten Mutter, die ja als andere Persönlichkeit gesehen wird, verscherzen würde«[6]. Es ist unsere Aufgabe, wenn wir erwachsen werden, die beiden Hälften zusammenzufügen, die »gute« und die »böse Mutter« wieder miteinander zu verschmelzen, in ihr und in uns selbst, und dabei unsere Angst vor der Sexualität zu besiegen. Daß wir in diesem Punkt kläglich gescheitert sind und daß der Feminismus sich immer noch weigert, das Thema Sexualität offen anzusprechen, hat zur Folge, daß wir auch weiterhin gespalten bleiben. Das »brave Mädchen« steht dem »bösen Mädchen« gegenüber, ein geteiltes Ich, dem die Anstrengung, die »gute Mutter« vor der »bösen Mutter« zu schützen, vorzeitig Falten ins Gesicht gekerbt hat.

Wir sind geboren, um das Lustpotential unseres Körpers auszuleben, und unterdrücken dieses grundlegende Bedürfnis nur dann, wenn es auf Konfrontationskurs mit dem liebevollen Blick der Mutter gerät, derjenigen Person, die unsere Existenz gewährleistet. Als wir noch klein waren und in der Kinderstube die Zeichnungen von den alten Hexen der Gebrüder Grimm sahen, erkannten wir darin die »böse Mutter«, die uns zu bestrafen pflegte. Wir beobachteten sie, lernten von ihr und begriffen, daß uns durch unsere eigene Sexualität die größte Gefahr drohte, ihre Liebe zu verlieren. Nichts mißfiel ihr mehr an unserem Körper und an ihrem eigenen als die Genitalien. Wenn wir mit unserem Bruder Doktor spielten oder mit unseren Spielgefährten ein Wettpinkeln veranstalteten, wußten wir, daß wir etwas Verbotenes taten, die Gefahr herausforderten.

Wir hatten uns ihren mißbilligenden Blick so unauslöschlich eingeprägt, daß es war, als verfolge er uns in der Adoleszenz bis auf den Rücksitz des geparkten Autos. Genauso wie wir sie von Kindesbeinen an in eine »gute« und in eine »böse Mutter« gespalten haben, um ihre Liebe zu bewahren, so trennen wir auch unsere eigene böse Lust von unserer Persönlichkeit ab: Das »brave Mädchen« ist Mutters Schatz, das »böse Mädchen« unser unannehmbares sexuelles Selbst, der Teil unserer Identität, den wir, wie Bettelheim sagt, retten müssen, indem wir unsere Angst heldenhaft besiegen.

Solange wir jung sind, haben wir die Verantwortung für den unschicklichen Lustgewinn den Jungen überlassen. Auf teuflische Weise machte das Festhalten an der Nabelschnur des Guten, die uns mit der Mutter verband, den »verbotenen Sex« mit Männern um so spannender. Gegen Mutters Regeln zu verstoßen enthielt das Versprechen, im späteren Leben voranzukommen: Wir meinten, die »gute Mutter« zu lieben, aber zugleich sexuell aktiver zu sein als sie. Hätte uns jemand gesagt, daß wir immer noch wie kleine Mädchen in einer symbiotischen Beziehung zur Mutter standen, hätten wir als Beweis für unsere eigenständige Identität entrüstet auf unsere sexuellen Abenteuer verwiesen, auf die erotisch aufreizende Garderobe, in der wir uns zur Schau stellten. Wir waren die neue Frauengeneration, überhaupt nicht zu vergleichen mit unserem asexuellen, lieben alten Mütterchen. So würden wir nie enden, Gott bewahre!

Aber so werden wir enden, wenn wir nicht bald Abhilfe schaffen. Es gibt keine Prüfung, die unsere Autonomie sicherer beweist und mit mehr Angst vor dem möglichen Liebesverlust der Mutter und anderer Frauen befrachtet ist, als den Sieg über die Angst vor der eigenen Sexualität. Jedesmal, wenn wir uns berühren, mit einem Mann schlafen, das erotisch aufreizende Kleid tragen, das die Blicke anzieht wie ein Magnet, sehen wir uns dem Risiko ausgesetzt, die Mutter und andere Frauen herauszufordern. Doch der sexuelle Konkurrenzkampf mit den anderen Mädels ist nie eingeläutet und gewonnen. Wir kehren reumütig in die Gemeinschaft der Frauen zurück, wo das Gesetz der Konformität herrscht. Männer sind aufregend; die sexuellen Aktivitäten mit ihnen gewähren uns einen einzigartigen Ausblick auf unsere Autonomie. Aber Männer sind nicht in der Lage, uns das symbiotische Einssein zu vermitteln, dem wir eigentlich entwachsen sein sollten, nach dem wir uns aber immer noch sehnen.

Wir wachsen in der Erwartung auf, daß ein Mann unsere Meinung von der »Kloake« ändern und uns sexuell zum Leben erwecken wird. Wir verlangen von ihm, daß er uns auf den von Bettelheim geschilderten Weg bringt, der dazu führt, daß wir unsere Angst vor der eigenen Sexualität überwinden. Das ist indessen nicht Aufgabe des Mannes. Dennoch hassen wir ihn, wenn er daran scheitert. Womöglich lieben wir ihn auch – wir sind ja an zwiespältige Gefühle gewöhnt – und heiraten ihn sogar. Aber die Wut, weil es ihm nicht gelungen ist, uns sexuell aus dem Dornröschenschlaf zu erwecken, ist nicht etwa verraucht. Sie kommt gemeinsam mit dem Neid auf sein sexuelles Selbstbewußtsein zum Ausdruck; irgendwann wenden wir uns auf der erotischen Ebene von ihm ab, bringen unser ganzes Selbst in die Erziehung der Kinder ein und schließen ihn dabei aus. Oder wir nehmen uns einen Liebhaber, weil wir glauben, sexuell freizügig und unabhängig zu sein. Doch falls unser Seitensprung von dem Wunsch motiviert ist, den Nervenkitzel verbotener sexueller Eskapaden noch einmal zu erleben wie in der Adoleszenz, dann ist unsere Untreue nicht von Bettelheims heldenhaftem Bemühen geprägt, die Angst vor der eigenen Sexualität zu besiegen. Was wir dann verspüren, ist vor allem der kindliche Wunsch, ein erotisches Abenteuer zu erleben, dem Mutter mit drohend erhobenem Zeigefinger begegnet wäre, die einzige Voraussetzung, die Sex in unseren Augen immer spannend gemacht hat.

Wir haben den Drachen nie getötet, wir haben in all den Jahren des Alleinlebens das Feuer der Sexualität nie um unseretwillen entfacht, haben den Sex in der Ehe nur in Kauf genommen, weil der Mann etwas anderes besaß, was uns reizte, zum Beispiel ein eigenes Haus oder ein dickes Auto. Sich widerwillig in »seine« sexuellen Aktivitäten zu schicken, sich seinem Penis zu unterwerfen, empfinden wir als Opfergang und nicht als einen Akt, der dem eigenen Lustgewinn dient.

Wenn wir unseren Ehemann zu einem Partner gemacht haben, mit dem es sich in behaglicher Symbiose lebt, schwindet unser sexuelles Bedürfnis. Wir verwandeln uns in »Mutti«, schrittweise zunächst, dann zunehmend schneller, wenn wir selbst Mutter werden. Viele, die vor 20 Jahren für die sexuelle Freiheit der Frauen gekämpft haben, waren wie ausgewechselt, als sie ihren Säugling in den Armen hielten: »Nun verstehe ich, warum Mutter sich damals so verhalten hat!« Sie werfen ihre eigene Sexualität über Bord, ziehen ihrer kleinen Tochter die Hand zwischen den Beinen weg und legen somit die Saat für eine weitere Generation, die mit der doppelten Moral des Alterns aufwächst.

Unsere eigene Sexualität in Besitz nehmen, sie genießen, erscheint uns deshalb verboten, weil wir Angst haben, daß die großmächtige Mutter sich in ihrem Zorn erheben und uns wie einen Wurm zertreten könnte, wenn wir uns ihrem Gebot widersetzen. Wer oder was sonst wäre mächtig genug, sich zwischen eine unabhängige Frau und ihre Lustanwandlungen zu stellen?

Wenn man uns in der Adoleszenz fälschlicherweise sagt, daß wir uns jetzt auf dem Höhepunkt der sexuellen Lust befinden, müssen wir annehmen, daß uns diese vergeht, wenn die Blutungen aufhören und das Klimakterium eintritt. Die gebärfähigen Jahre sind nichts weiter als eine von vielen Phasen in der Entwicklung der weiblichen Sexualität, die mit der Geburt beginnt. Die Menopause markiert lediglich das Ende der Reproduktionsfähigkeit, nicht aber das Ende der Sexualität. Es gab Epochen in der Geschichte, als man glaubte, daß sich Frauen in den Wechseljahren auf dem Höhepunkt ihrer Sexualität befanden. In ihrem Buch *In Full Flower* (Voll erblüht) zitiert Lois Banner aus einer Autobiographie, die aus dem 16. Jahrhundert stammt: »Wer um eine Wittib freit, darf keinen biegsamen Aal in seinem Hosenbeutel haben, sondern erbringe einen Beweis, daß er vorher steif ist.«[7]

Unsere sexuelle Lust geht nicht verloren, wenn wir älter werden. Nur das Bild von unserer eigenständigen sexuellen Identität wird pflichtschuldigst über Bord geworfen, um dem altjüngferlichen Klischee des Patriarchats zu entsprechen, das die weibliche Sexualität streng reglementierte, in Übereinstimmung mit der ökonomischen Machtstruktur. Sämtliche Stützpfeiler in dieser Struktur waren so ausgerichtet, daß die Männer die Hände frei hatten, um am Rad der Wirtschaft zu drehen, während die sexuelle Macht der Frau in Schach gehalten und auf das Kinderkriegen beschränkt war.

Doch das war einmal. Es gibt zwar einige Frauen, die sich bestimmte starre Strukturen aus der Zeit des Patriarchats zurückwünschen und Kontinuität und Sicherheit in der »guten alten Zeit« sehen, aber wozu soll unser neuer ökonomischer Machtstatus gut sein, wenn wir uns damit nicht die Privilegien des Alterns verschaffen können, die Männer schon immer genossen haben? »Die meisten Männer und Frauen – junge Frauen, die Angst vor sich selbst haben – strafen ältere Frauen mit Verachtung und Grausamkeit, wenn diese unangemessene Anzeichen von Sexualität erkennen lassen«, schreibt Doris Lessing in ihrem Roman über das Altern und eine fünfundsechzigjährige mutige Frau, die einen Mann, der halb so alt ist wie sie, »bis zum Wahnsinn liebt«[8].

Michiko Kakutanis Rezension des Lessing-Buches in der *New York Times* erschien just zu der Zeit, als diese Seiten entstanden, und spricht für sich. »Die Geschichte, die Ms. Lessing in dem Buch *Und wieder die Liebe* erzählt, ist unglaubhaft, entbehrt nicht der Komik und wirkt unbeholfen«, schreibt Kakutani. »Ms. Lessing will uns weismachen, daß eine fünfundsechzigjährige Frau nicht nur dem eigenen Begehren und der sexuellen Lust anheimfällt, sondern daß sie auch zum Liebesobjekt mehrerer junger Männer wird.«[9]

Kakutanis Neid auf Lessing und die Romanheldin ist ebenso offensichtlich wie schändlich. Obwohl die Worte aus dem Mund der mächtigsten Buchrezensentin in den USA stammen, ähneln sie der Strategie eines trotzigen Kindes, das die Sexualität der Mutter zu leugnen versucht. Fragt sich, ob sie, eine Frau Anfang 40, noch die gleichen Gefühle haben wird, wenn sie selbst 65 ist!

»Das Altern ist bei Frauen ein Prozeß, der sexuell obszön wirkt«, schrieb Susan Sontag in einem Artikel im Jahr 1972. »Der schlaffe Busen, der faltige Hals, die altersfleckigen Hände, die sich lichtenden weißen Haare, der taillenlose Oberkörper und die mit Krampfadern durchzogenen Beine einer alten Frau werden als obszön empfunden ... Eine Denkweise, die Frauen besonders hart trifft, ist der eingefleischte Ekel vor dem alternden weiblichen Körper ... Daß alte Frauen abstoßend wirken, ist eine der am tiefsten verwurzelten ästhetischen und erotischen Empfindungen in unserer Kultur.«[10]

Ich weiß nicht, was mir zuerst einfällt, die Hexe oder die Vagina, aber ohne Zweifel besteht zwischen beiden eine Wechselwirkung. Weibliche Sexualität ist entweder »behexend«, wenn es sich um junge, hübsche Frauen handelt, oder häßlich wie die Warzen auf der Nase der alten Hexe. Wir stellen uns Hexen fälschlicherweise immer als alte Frauen vor, aber bestrickend schöne junge Frauen wurden im Mittelalter nicht weniger häufig als Hexe verbrannt. Die sexuelle Macht, über die eine schöne Frau verfügte, bewirkte beim Mann eine Erektion, feuchte Träume und Impotenz.

»Als sexualisierte Wesen galten alternde Frauen [im Mittelalter] als bösartige Kreaturen«, erklärte Lois Banner. »Die Handlangerinnen des Teufels in der Menschenwelt ... ›Wo der Teufel selbst nicht in Erscheinung treten kann, da bedient er sich einer alten Frau als Mittlerin.‹ Diese Frauen, so meinte man, gehörten einem Geheimbund an, der Prostitution in großem Stil betrieb; sie befehligten die jungen weiblichen Teufel (die Succubi) und die jungen männlichen Teufel (Incubi), die sie aussandten, um Menschen zu verführen und Anhänger für den Satanskult zu gewinnen.«[11]

Von der Wiege an daran gewöhnt, nicht unsere Genitalien zu berühren oder gut von ihnen zu denken, verstehen wir nun, warum die Menstruation als »Fluch« bezeichnet wurde, eine Macht, über die nur Hexen gebieten. Ist es da verwunderlich, daß wir in unseren Zügen die ersten Anzeichen der Häßlichkeit von der Vagina/Hexe zu erkennen glauben, wenn wir mit 40 oder 50 Jahren in den Spiegel blicken und schlaffes Gewebe, den Verlust der Schönheit, entdecken?

Viele Frauen betrachten das Klimakterium als Ende des Sexuallebens, obwohl wissenschaftlich erwiesen ist, daß sich die weibliche Libido bei weitem nicht so schnell verringert wie die männliche. Bei Frauen, die es vorziehen, einen Schlußstrich unter ihre ungelebte Sexualität zu ziehen, sind solche sensationellen Neuigkeiten in den Wind gesprochen.

Die ältere Frau verwandelt sich, je mehr ihr das Fleisch von den Knochen hängt und je stärker sich die symbiotische Tochter innerlich an sie klammert, nicht in die gute, sondern in die böse Mutter. Das geschieht nicht auf der bewußten Ebene. Wenn sie von Freunden hört, daß sie am Telefon genau wie ihre verstorbene Mutter klingt, schaudert es sie, da sie weiß, wie sehr sie diese Stimme gehaßt hat. Wenn sie nun ihr ergrauendes Schamhaar anblickt, den verkniffenen Mund, sieht sie den Schrecken, der jenseits des Alterns liegt. Auf der vorbewußten Ebene weiß sie, daß sie nicht die Mutter darin wiedererkennt, die sie geliebt hat, sondern die Hexe.

Daß wir vielleicht eigene Kinder großgezogen haben, hat nichts mit der Angst vor der eigenen Sexualität zu tun. Der Geschlechtsakt ist nicht mehr als das, ein Akt, der im Drehbuch steht, bis wir uns der alten Angst vor dem Liebesentzug, der uns drohte, wenn wir gegen das Sexualverbot der Eltern verstießen, stellen und sie besiegen. »Zu ganzen Menschen, die alle ihre Möglichkeiten ausgeschöpft haben, werden wir erst, wenn wir nicht nur zu uns selbst finden, sondern gleichzeitig auch fähig und glücklich darüber sind, miteinander wir selbst zu sein«, schreibt Bettelheim.[12]

Der Prozeß, eine ganzheitliche Persönlichkeit zu werden, vollzieht sich in zwei Stufen. Märchen wie »Schneewittchen« und »Aschenputtel«, in denen die Heldin eine Reihe von Prüfungen bestehen muß, handeln von der Entwicklung der Eigenpersönlichkeit. Der Zweck liegt darin, die Hauptfigur zu dem Punkt zu bringen, an dem klar wird, daß er oder sie es »wert ist, geliebt zu werden«. Schneewittchens oder Aschenputtels Gefühle für den Prinzen werden nicht erwähnt; es heißt nur vage, daß sie glücklich waren bis an ihr Lebensende. Man hat das Gefühl, daß hier etwas fehlt. »Während diese Märchen die Heldin bis zur Schwelle der wahren Liebe führen, sagen sie uns nichts darüber, welches Wachstum der Persönlichkeit für die Vereinigung mit dem geliebten Partner notwendig ist«, schreibt Bettelheim.[13] Eine weitere Prüfung ist unabdingbar: Der Held/die Heldin muß die Angst vor der Sexualität besiegen. Diese Funktion erfüllt der Märchenzyklus mit einem Tierbräutigam, der da anknüpft, wo Dornröschen von der Bühne abtritt.

Denken Sie beispielsweise an »Die Schöne und das Tier«, ein Märchen, das zum Tierbräutigam-Zyklus gehört. Hier sieht die Heldin ihrer Angst ins Gesicht, und das Ungeheuer wird schön durch ihre Liebe. Kinder finden solche Geschichten tröstlich, weil sie sehen, daß sie nicht die einzigen sind, die Angst vor der Sexualität haben. Denn so, wie die Hauptpersonen im Märchen »trotz ihrer Angst entdecken, daß ihr Sexualpartner kein häßliches Tier, sondern ein liebenswerter Mensch ist, genauso wird es auch dem Kind ergehen«[14].

Das rumänische Märchen »Das verzauberte Schwein« ist weniger bekannt, aber reich an zeitgenössischem weiblichen Heroismus.

Hier wird eine junge Königstochter gezwungen, ein Schwein zu ehelichen, das nur des Nachts Menschengestalt annimmt; sobald der Morgen graut, wird ihr Gemahl wieder in ein Schwein zurück- verwandelt. Um dies zu verhindern, folgt das Mädchen dem Rat einer Hexe und bindet eines Nachts einen Strick um das Bein des Mannes. Doch der Mann wacht auf und sagt dem Mädchen, weil es versucht habe, die Sache zu beschleunigen, müsse er es jetzt ver- lassen und sie würden sich nicht eher wiedersehen, als bis es drei paar eiserne Schuhe durchgelaufen und einen stählernen Stab auf der Suche nach ihm stumpf gemacht habe.

Bettelheim beschreibt die Suche: »Er verschwindet, und das Mäd- chen gelangt auf seiner endlosen Wanderung auf der Suche nach ihm zum Mond, zur Sonne und zum Wind. Bei jedem von den dreien bekommt es ein Huhn zu essen, und es wird ihm gesagt, es solle ja die Knochen verwahren ... Endlich ... gelangt es an einen hochgelegenen Ort, wo sein Mann wohnt, wie man ihm gesagt hat.« Um zu ihm hinaufzusteigen, fertigt das Mädchen eine Leiter aus den Knochen der Hühnchen, die es unterwegs verzehrt und mitgenommen hat; es schneidet sogar ihren kleinen Finger ab, um die letzte benötigte Sprosse hinzuzufügen. Als es seinen Gatten er- reicht hat, ist dieser von der Verzauberung erlöst. Als Prinz und Prinzessin erben sie das väterliche Königreich und »regierten, wie nur Könige regieren, die vieles erduldet haben«[15].

In Märchen ist es für gewöhnlich eine ältere Frau, eine Stiefmutter, die einen Schadenzauber anwendet, oder eine Hexe, die den Mann oder Prinzen in ein häßliches Tier verwandelt. Damit wird unter- schwellig angedeutet, »daß die sexuellen Ängste der jungen Mäd- chen nicht aus deren eigener Erfahrung stammen, sondern aus dem, was andere ihnen gesagt haben«[16]. Es gibt endlose Debatten dar- über, wer Frauen die sexualfeindliche Botschaft eingetrichtert hat.

Wir Frauen betrügen uns selbst, wenn wir meinen, daß der Ver- zicht auf Männer uns davor bewahrt, unsere Angst vor der Sexua- lität überwinden zu müssen. Tatsache ist, daß diese Angst schon in uns steckte, lange bevor sich das andere Geschlecht für uns interes- sierte. Solange die Kloake nicht als schön empfunden wird – wie das Schwein, das sich als liebenswert entpuppte –, werden wir das Alter als häßlich empfinden. Und wenn wir das Häßliche nicht in etwas Schönes verwandeln, was die menschliche Sexualität im wesentlichen ist, werden unsere heranwachsenden Kinder anfällig gegen alle tödlichen Seuchen sein, die mit unverantwortlichem Sexualverhalten in Verbindung stehen.

Welche Erneuerung könnte schwieriger sein als jene, in der sich das Heimchen am Herd in eine emanzipierte Kollegin verwandelt hat? Die Antwort ist eindeutig: die Bewahrung der sexuellen Schönheit im Alterungsprozeß. Als die Feministinnen der alten Garde Sexualität und Schönheit von der Liste ihrer Zielsetzungen strichen, klammerten sie eine der vorrangigen Ursachen für Kontroversen unter Frauen aus.

In einem Interview mit Gail Sheehy äußerte sich Gloria Steinem zum Thema Sexualität: »Sex und Sinnlichkeit – zwei volle Tage im Bett zu verbringen und sich Essen vom Chinesen bringen zu lassen – waren ein so wichtiger Teil meines Lebens, und jetzt sind sie es einfach nicht mehr ... Ich weiß nicht, inwieweit das hormonell bedingt ist oder inwieweit sich diese Sache von ganz allein erledigt hat.«[17]

Eine verblüffende Botschaft der meistzitierten Feministin. Obwohl sie das Gewicht, das ihren Worten zukommt, kennt, stellt Steinem ihren Erfolg, der Sexualität im Alter abzuschwören, als Ziel für andere Frauen hin und rät ihnen, »... darauf zu vertrauen, daß es ihnen vielleicht ähnlich ergehen könnte«. Was heißt das? Das Interesse an der Sexualität in der dritten Lebensphase zu verlieren, soll ein Geschenk des Himmels sein, auf das wir uns freuen dürfen?

Die Aussage der Gloria Steinem, sie habe mit der sexuellen Schönheit nichts mehr am Hut, ist verwirrend. Vor allem angesichts der Tatsache, daß kurz nach dem Interview mit Sheehy eine einundsechzigjährige, schöne Steinem einem Fotografen für ein Porträtfoto Modell saß. Die Aufnahme erschien in der Jahresausgabe des Magazins *People*, das von 20 Millionen Frauen gelesen wird und die 50 schönsten Menschen der Welt in chronologischer Reihenfolge auflistete.[18] Das ist nicht der Schwanengesang einer Heldin, sondern die Drohung einer mächtigen Mutter, die ihre Kinder in dem Glauben beläßt, das Ausleben der eigenen Sexualität sei eine Hürde für ihre Liebe. Da es ihr selbst nie gelungen ist, Sexualität und Feminismus miteinander zu versöhnen, hinterläßt Steinem das Vermächtnis einer Heldin, die es laut Bettelheim nie geschafft hat, »die Angst vor der Sexualität als etwas Gefährliches, Tierhaftes zu besiegen«.

Die Frauen, die jetzt die Wechseljahre erreichen, sind wirtschaftlich unabhängig und wirken in ihrem Verhalten und Aussehen jünger als ihre Mütter. Dies gibt Anlaß zu der Frage: Wie sollen sie den sexuellen Aspekt ihrer Persönlichkeit handhaben?

»Von Mitte Vierzig an bis in ihre Sechzigerjahre hinein«, schreibt Gail Sheehy in *Wechseljahre. Na und?*, »tendieren Frauen dazu, aggressiver und zielbewußter zu werden, während Männer eine weiche und verletzliche Seite zeigen, die früher unterdrückt worden sein mag. Frauen, deren Eierstöcke aufgehört haben, das weibliche Sexualhormon Östrogen auszuschütten, produzieren in der Rinde ihrer Eierstöcke noch eine kleine, aber kontinuierliche Menge des männlichen Sexualhormons Testosteron. Die relativ große Menge von Testosteron bei ungefähr fünfzig Prozent der Frauen, die aus den Wechseljahren heraus sind, könnte teilweise erklären, warum Frauen in diesem Alter häufig ein beschützendes Verhalten an den Tag legen. Bei Männern dagegen sinkt der Testosteronspiegel mit dem Alter allmählich ...«[19]

»Die Sexualität vor und nach der Menopause ist vielschichtig und individuell; sie hat weit weniger mit dem Östrogenspiegel zu tun als vielmehr mit dem Selbstverständnis jeder Frau und der Einstellung zu der Lebenssituation, in der sie sich befindet«, betont Bernadine Healy, ehemalige Leiterin der US-Gesundheitsorganisation National Institute of Health. »Biologisch gesehen hat das Östrogen eine eindeutige Wirkung auf die Funktion der Vaginalsekrete einer Frau, und es mag eine Rolle für die Intensität der Gefühle spielen, aber die Libido wird weitgehend vom Testosteron bestimmt. Der Sexualtrieb der Frau kann sich sogar noch verstärken, da sich das

Verhältnis zwischen Testosteron und Östrogen vor und nach dem Klimakterium zugunsten des ersteren ändert ... Als Ärztin und Frau ist mir vollkommen klar, daß die Sexualität, vor allem zum Zeitpunkt der Wechseljahre, ein enges Zusammenwirken von Geist, Körper und Lebensumständen beinhaltet.«[20]

Die wissenschaftlichen Forschungen widerlegen Steinems Überzeugung, daß »50 werden das Ende eines Lebensabschnitts war, eines Lebensabschnitts, in dem die Frau noch ein sexuelles, reproduktives Gebrauchsgut darstellte ...«[21]. Die Aussage ist nicht einmal in der Sache richtig. Die Freiheit von der Last des Gebärens bedeutet nicht, daß unsere sexuellen Aktivitäten mit 50, 60 Jahren oder darüber aufhören. Ganz im Gegenteil, sie könnte die Phase sexueller Experimentierfreudigkeit und einer neuen, aufgeschlossenen Geisteshaltung einläuten, und genau da beginnt guter Sex, nämlich im Kopf.

Wir versuchen eigenständig zu sein in allem, was wir tun, tragen aber ein fremdbestimmtes Bild unserer Sexualität in das 21. Jahrhundert hinein. Da Schönheit eng mit Sexualität verzahnt ist, hören zwanzig- und dreißigjährige Frauen Glorias Botschaft und sehen, wie ihnen die eigene Attraktivität täglich mehr entgleitet. Wenn die schöne Führerin des Feminismus den Drachen schon nicht töten oder ihnen Anleitungen geben konnte, wie man das Ungeheuer besiegt, welche Aussichten haben sie dann, es auf eigene Faust zu schaffen?

Vor 25 Jahren schrieb die zweite ruhmreiche Feministin, Germaine Greer: »Revolutionäre Frauen treten vielleicht Organisationen wie der Women's Liberation Group bei und fluchen, brüllen, kämpfen gegen die Gesetzeshüter, aber hat man je von einer Rebellin gehört, die mit geschürzten Röcken die Straße entlangmarschiert und aus voller Lunge brüllt: ›Habt ihr's kapiert? Die MÖSE ist was Schönes!‹ Der mit einer Mauer umgebene Garten Eden war eine MÖSE. Der Glorienschein der Heiligen war eine MÖSE. Die mystische Rose ist eine MÖSE. Genauso wie der Goldtopf am Ende des Regenbogens oder das Tor zum Paradies. Die MÖSE ist ein geheimnisvoller Tunnel, der alles in seinen Bann zieht. MÖSE ist

Wissen. Wissen ist Sensibilität, was wiederum Aktivität bedeutet. MÖSE ist das Symbol der Wissenschaft von der Erotik ... Es ist an der Zeit, sich eingehender mit der MÖSE zu beschäftigen, und Frauen müssen damit beginnen.«[22]

Greer war etwas älter als 20 Jahre, als sie diese Zeilen schrieb. Sie war ein Augen- und Ohrenschmaus, eine exhibitionistische Berühmtheit. Ihre überschäumende sexuelle Vitalität ermutigte uns alle; dazu kam noch ihre Stimme, in der unerschütterliche Überzeugung mitschwang. Greer genoß es zweifellos, ihre gesamte Munition zu verschießen, womit ich meine, daß sie ihre prachtvolle Mähne zurückwarf, die Brust rausstreckte, mit dem Hintern wackelte und die langen Beine zeigte. Sie war und ist sensationell, obwohl sie sich in ihrem Buch über das Klimakterium nicht immer so präsentiert. Hier bringt sie ganz entschieden zwiespältige Gefühle zum Ausdruck: »Die Veränderung tut weh. Wie ein Mensch, dem man gerade die Ketten von den Füßen genommen hat, schwankt die befreite Frau zunächst. Ständig im Blickpunkt zu stehen, war zwar quälend, doch ihre gegenwärtige Unsichtbarkeit verwirrt sie. Sie hatte nicht gemerkt, wie sehr sie von ihrem körperlichen Erscheinungsbild abhängig war, an Ladentheken, in der Autowerkstatt, im Bus. Zum ersten Mal im Leben stellt sie fest, daß sie die Stimme erheben oder endlos warten muß, während andere sich vordrängen.«[23]

Als *Wechseljahre* veröffentlicht wurde, brachte *Harper's Bazaar* einen Artikel über Greer mit einem Foto, auf dem sie nackt posiert, lässig auf der Couch sitzend; das lange Haar mit den grauen Strähnen bedeckt halb ihr Gesicht, die Brüste sind welk, und sie hält ihre Katze im Arm – ein Hexenbild. Verwirrend daran ist, daß sie in ihrem Buch nicht die sexuelle Macht, sondern vielmehr die Aggressivität der Hexe feiert, die Männer lähmt. Die Frau, die früher mit einladendem Blick die Männer in ihren Bann schlug, propagiert in ihrem Buch eine Zauberformel, die das starke Geschlecht verschwinden läßt. Ausgeklammert sind auch die reife Schönheit und Macht, in die Frauen hineinwachsen könnten, wenn sie daran glaubten und sie bei sich selbst oder bei Heldinnen wie Greer sähen, die schön und vibrierend vor Lebenskraft in einem Buchladen in meiner Heimatstadt *Wechseljahre* signierte.

Wenn wir keine vertrauenswürdigeren Vorbilder sind, werden jüngere Frauen in unsere müden, wütenden Gesichter schauen, sich noch tiefer in die Pflege ihrer jugendlichen Schönheit vertiefen und den Gedanken verdrängen, daß sie uns jemals gleichen könnten. Da stehen die Heldinnen und jammern über die Tatsache, daß keinem Mann bei ihrem Anblick das Wasser im Mund zusammenläuft – wie früher. Nun, nicht alle Heldinnen. Faye Wattleton, die zweiundfünfzigjährige ehemalige Leiterin der Organisation Planned Parenthood, ist eine Ausnahme. Ich habe vor zehn Jahren ein Interview mitgeschnitten, in dem sie sagte, sie sei von den Frauen in ihrer Familie dazu erzogen worden, die Macht der Schönheit zu achten und zu verlängern. Wenn ich Frauen gegenüber ihren Namen erwähne, bewundern sie, auch wenn sie Wattleton nicht persönlich kennen, ihre Schönheit, ihren beruflichen Erfolg und ihr Engagement für den Feminismus. Alle diese Gaben hütet sie wie ein Mensch, der ein Vermögen geerbt hat.

Ich begrüße die Freiheit, die mit der Reife des Alters einhergeht, die Chance, voll und ganz ich selbst zu sein. Aber ich weigere mich zu akzeptieren, daß sich diese Chance nur dann bietet, wenn wir bei Männern angeblich kein sexuelles Interesse mehr wecken. Der Feminismus sollte endlich sexuelle Offenheit gegenüber Männern bekunden, von mehr reden als von Penis und Vagina, nämlich von Gefühl, Wärme, Erotik und einer tiefen, alles verzehrenden Leidenschaft, die oft während sexueller Höhenflüge erlebt wird. Andernfalls muß er sich den Vorwurf gefallen lassen, versagt zu haben.

Der Einfluß des Vaters im dritten Akt, wenn er im ersten eine Hauptrolle gespielt hätte

Ich sehe zwei wichtige gesellschaftliche Veränderungen auf uns zukommen: Sie betreffen das Klischee vom männlichen Versorger und die Machtperspektive der Frau über 50.

Ohne daß ein Mann aktiv in die frühkindlichen, prägenden Phasen unseres Lebens einbezogen war, wachsen Mädchen in der Erwartung eines Märchenprinzen auf, der ihre Einstellung zu Schönheit, Sexualität und allen möglichen anderen, für Frauen relevanten Themen ändern wird. Wie könnte ihm das gelingen? Wie läßt sich die Bahn von Wind, Mond und Sternen beeinflussen, die himmlische Landkarte korrigieren, die in einer Kinderstube gezeichnet und von einem Engel kontrolliert wurde, der gleichzeitig als Hexe fungierte? Wir wußten wenig über unseren Märchenprinzen, außer daß er männlichen Geschlechts war. Da blieb viel Raum für Träume und Idealisierung über das Maß hinaus, das ein gewöhnlicher Sterblicher zu erfüllen vermag.

Der Vater als männliches Wesen betrat die Bühne erst spät; in der Kinderstube glänzte er durch Abwesenheit. Die ödipale Phase tritt nach einer Zeit der faulen Kompromisse, Verlustängste und Unterwerfung ein. Das bedeutet: Frauen erhalten selten das zurück, was sie in all den Jahren der Abhängigkeit von der Mutter, die ihre einzige Überlebenschance darstellt, geopfert haben. Wie soll der Vater auch von dem Bedürfnis nach Zustimmung und Ermutigung wissen, die seine Tochter gebraucht hätte, um das allmächtige Urteil der Mutter zu kompensieren, vor allem, was die Sexualität und Schönheit betrifft?

Und so wird diese Aufgabe dem Prinzen überantwortet, dem es um keinen Deut besser gelingt, in einer Frau ein Gefühl für ihre eigene Schönheit und Sexualität zu wecken. Dieses Versagen verzeihen wir den Männern nie. Wenn wir 45 oder 50 Jahre alt sind und seinen diesbezüglichen Beteuerungen immer noch nicht glauben, resignieren wir und geben dem Druck der Mutter in uns nach: Wir sehen die Hexe, die sich auf Katzenpfoten einschleicht, und sagen: »Ich bin alt«, bevor wir es wirklich sind. Was für eine Verschwendung!

Stellen Sie sich vor, wie sich der dritte Akt entwickeln könnte, wenn der Vater von Anfang an aktiv in die Betreuung und Erziehung der Tochter eingebunden gewesen wäre, entweder gemeinsam mit der Mutter oder allein, falls sie einer Erwerbsarbeit außer Haus nachgeht. Unsere Kinder könnten buchstäblich Erfahrungen aus erster Hand mit den positiven »männlichen« Fähigkeiten und Eigenschaften sammeln. Sie würden seine starken Arme verinnerlichen, seine sanften Hände, seine Liebe der ganz anderen Art, die weniger durch kritische Blicke als vielmehr durch Billigung und Ermutigung gekennzeichnet ist. Männer sind weiß Gott keine Engel, aber sie zeigen in aller Regel ihre Unabhängigkeit, Durchsetzungsfähigkeit und Sexualität wesentlich offener als Frauen.

Wenn ein Mann in der Kinderstube genauso gute Leistungen erzielt wie die Frau an ihrem Arbeitsplatz, wird er am Ende die zwingende Logik hinter diesem Deal erkennen. Unter dem Strich handelt es sich um ein klares Abkommen: Wenn Frauen die Zeitdauer ihrer sexuellen Schönheit verlängern wollen, müssen sie den Männern eine Macht von vergleichbarer Wertigkeit zugestehen.

Nach heutigem Stand der Dinge können Mädchen, die ausschließlich von ihren Müttern in der matriarchalischen Kinderstube betreut und erzogen werden, ihre sexuelle Schönheit nicht genießen, aus Angst vor dem Verlust der einzigen Person, auf deren Liebe sie zu vertrauen gelernt haben. Hätte sich der Vater ebenfalls als fürsorgliche und engagierte Bezugsperson erwiesen, wäre auch ihm geholfen und seine Angst vor einem Ausschluß aus der Frauenwelt geringer. Sollten uns Frauen die kalte Schulter zeigen, würden wir wissen, daß es noch einen anderen Menschen gibt, der uns liebt.

Ohne die ungesunde symbiotische Mutterbindung wären wir höchstwahrscheinlich weniger geneigt, ihre Persönlichkeit in eine »gute Zauberin« und in eine »böse Hexe« zu spalten, um unsere Liebe zu ihr unversehrt bewahren zu können. Wir würden die Mutter als ganzheitlichen Menschen sehen, die Liebe der Männer nicht pauschal in Zweifel ziehen und weniger unter Verlustangst leiden.

Wenn ein Mann nicht ausreichend angesehen wird, fühlt er sich nicht gleich vom Gespenst der Unsichtbarkeit bedroht. Er weiß, er kann auch ohne die Blicke leben, die sich ständig auf ihn heften, denn so ist er aufgewachsen. Ein Mann braucht zu Beginn seines Lebens den Blick der Mutter, ohne den er sich verloren fühlt, aber er entfernt sich mit weniger Angst und mehr Zustimmung aus ihrem Gesichtskreis; er trainiert sein eigenes, inneres Auge. Ein Mann genießt es, betrachtet zu werden, wie John Berger schreibt, aber er läuft nicht ständig mit einem Luftballon über dem Kopf herum, in den er hineinprojiziert, wie andere ihn sehen.

Wenn ein Mann 50, 60 oder 80 Jahre alt ist, mag seine Haut faltig und die Haarpracht verschwunden sein, aber deshalb fühlt er sich nicht weniger als Mann. Falls er sich Sorgen macht, dann weniger wegen seines äußeren Erscheinungsbilds als vielmehr um seinen Erfolg auf wirtschaftlicher Ebene. Sollte eine Frau ihn seines Geldes oder Samens wegen begehren, würde er sich nicht lange den Kopf darüber zerbrechen, warum sie einen Prinzen in ihm sieht. Doch selbst finanziell unabhängige Frauen, die keine Lust auf einen Mann haben, stellen ihren eigenen Wert in Frage, wenn sie altern. Was ist so anders an uns, daß wir offenbar außerstande sind, genauso selbstbewußt durch den Spiegelsaal zu marschieren wie Männer?

Ich meine, der Unterschied besteht darin, daß die Mutter sich nicht in ihrem Sohn gespiegelt sieht. Männer wachsen in dem Wissen auf, daß sie rein körperlich anders gebaut sind als die Mutter, was die Individualität und Trennung von ihr unterstreicht. Sein Penis untermauert den gesellschaftlichen Druck, daß es richtig ist, ihn seinen eigenen Weg gehen zu lassen. Seine Erektionen und Sekrete sind ihrer Kontrolle entzogen. Seine Identität wird zwar in hohem Maß von der Meinung beeinflußt, die sie von seiner Männlichkeit hat, aber am Ende bleibt es in aller Regel ihm überlassen, über seine Identität zu entscheiden.

Wen wundert es da, daß ohne die Anwesenheit eines Mannes im ersten Akt die Macht des Penis übertrieben und bisweilen sogar als Waffe gegen Frauen eingesetzt wird? Vielleicht konnte der Junge und Mann sich nicht anders im Kampf gegen die Gigantin im Kinderzimmer behaupten, war nicht in der Lage, sich emotional und verbal zu wehren, da er es nicht wagte, die Hand gegen sie zu erheben? Diese Hemmungen fehlen ihm später im Umgang mit anderen Frauen. Sie sind oft die Leidtragenden der Wut, die sich vor langer Zeit aufzustauen begann.

Vielleicht wäre die Aktivität des Vaters in der Kinderstube nicht imstande, die Gewalt gegen Frauen mit Stumpf und Stiel auszurotten. Doch wenn ein Junge von Geburt an mit einem klaren Bild von Männlichkeit aufwächst – von einem Vater, der ihn in den Armen wiegt, füttert und erzieht –, wären die Möglichkeiten, seine eigene männliche Identität zu entwickeln, vielseitiger.

Da sich das Schönheitsempfinden einer Frau vom ersten weiblichen Rollenbild, der Mutter, herleitet, wäre nun auch der anwesende Vater einbezogen. Das bedeutet, daß Mädchen und Jungen gleichermaßen mit einem männlichen und einem weiblichen Schönheitsideal aufwachsen. Doch Voraussetzung dafür ist die Bereitschaft der Frauen, die Betreuung und Erziehung von Kindern nicht als Opfer zu sehen, sondern als eine der machtvollsten Rollen im Leben. Und sie müssen gewillt sein, diese Macht zu teilen.

Männer haben die Angst vor der Macht der Frauen, an die sie weit mehr als wir selbst glauben, bis heute nicht überwunden. Der Zugang in ihre männlich dominierte Arbeitswelt wurde uns nicht der Fairneß oder Gerechtigkeit wegen gestattet. Das Geld, das ihnen Macht verlieh, wirkte wie ein Pflaster; es verdeckte die emotionalen Wunden, die ihnen die Gigantin in der Kinderstube zugefügt hatte. Als die weibliche Macht in Form des Feminismus mit geballter Wut zum Angriff blies, gaben die Reihen der Männer gerade so weit nach, daß wir hinter die feindlichen Linien schleichen konnten. Und als Hänsel der Hexe den kleinen Finger hinhielt, schnappte sie bekanntlich gleich die ganze Hand.

Trotz aller Siege weigern sich Frauen zu erkennen, daß wir die Hexenkräfte der Mutter besitzen. Wir spielen lieber das arme kleine Rotkäppchen, das auf Gedeih und Verderb dem großen bösen Wolf ausgeliefert ist. Wir geben Männern die Schuld an der Doppelmoral des Alterns: Wenn sie aus einer Reihe ihnen unbekannter Frauen eine auswählen dürften, würden sich die meisten für eine junge, schöne entscheiden. *Wir Frauen würden in einer solchen Situation nicht anders reagieren.* Wenn dagegen ein jüngerer Mann eine fünfzig- oder siebzigjährige Frau liebt und sexuell begehrt, ist nicht er es, der sich abwendet. Wir Frauen disqualifizieren uns selbst, denn wir haben unseren Körper schon in der Zeit gehaßt, als er noch jung und knackig war. Wenn die Hexenrunzeln sichtbar werden, kehren wir der Sexualität voller Selbstekel den Rücken, wobei wir in den Augen der Männer nur die Projektion unseres eigenen Widerwillens entdecken.

Es gibt absolut nichts, was wir Frauen nicht erreichen könnten, die Abschaffung der Doppelmoral im Alterungsprozeß eingeschlossen. Wir sind imstande, unser Haus von derart verstaubtem Gerümpel zu befreien und uns die Macht unserer sexuellen Schönheit bewußtzumachen, die nicht mit den Wechseljahren endet und weder von der Jugend gepachtet noch von ihr definiert wird. Wir müssen nicht an Hexenkünste glauben, sondern nur an uns selbst; Männer haben das bereits erkannt.

Die Anwesenheit des Vaters in der Kinderstube würde mit der Ansicht der Frauen, daß sich Sexualität und Schönheit über Jugend definieren, ein für allemal aufräumen. Das ist Evolution, wie sie im Buche steht. Männer, die aktiv in die Betreuung und Erziehung ihrer Kinder eingebunden sind, seit die Frauen die Tür zur Kinderstube einen Spaltbreit offengelassen haben, um in die Arbeitswelt hinauszuziehen. Wenn die Stimme eines Mannes der Tochter Märchen aus dem Tierbräutigam-Zyklus vorliest, in denen die Heldin ihre Angst vor der Sexualität überwindet und somit ein ganzheitlicher Mensch wird, wird die Tochter seine Worte und sein Bild verinnerlichen. Sie enthalten ein Versprechen, an dem sie persönlich wachsen kann, eine alternative Meinung zum Urteil der Mutter.

Die Macht mit Schönheit schmücken

Unter der Herrschaft des Patriarchats ging der Marktwert einer Frau zurück, wenn sie älter wurde. Obwohl wir vielleicht nicht mehr gebärfähig sind, haben wir uns zu immer besseren Versorgerinnen entwickelt, und genau auf dieser Ebene müssen wir unseren eigenen Wert bemessen. In einer Kultur, die den Erfolg wie einen Gott anbetet, steht es uns frei, die Werbetrommel für uns selbst zu rühren, um unseren Marktwert zu unterstreichen. Es ist eine sehr verkaufswirksame Strategie, Funktionstüchtigkeit und Macht durch eine schöne Verpackung zu betonen.

Während wir die Früchte des modernen Feminismus ernten, nehmen wir in den dritten Akt alle Errungenschaften mit, die wir Frauen in jüngeren Jahren erkämpft haben. Das ist ein Augenblick, den man feiern muß, statt sich aufs Altenteil zurückzuziehen und auf den Tod zu warten. Wozu soll ökonomische Macht gut sein, wenn wir uns damit nicht die Vorrechte des Alterns verschaffen können, die Männer stets genossen haben? Um unser Potential voll auszuschöpfen, müssen wir einander den Rücken stärken, damit aufhören, eine andere Frau herabzusetzen, und ihre Leistung vielmehr als neue Meßlatte für den eigenen Erfolg betrachten.

Wir beurteilen Männer nach den Kriterien Vaterbild, Wohlstand, Geld und Macht. Auch wenn ihr Einkommen kaum ausreicht, um eine Familie über Wasser zu halten, billigen wir ihnen das Recht zu, uns zu erwählen und damit unser Selbstbild zu bestimmen. Unser ökonomischer Erfolg hat uns nun das Recht gegeben, den »patriarchalischen Handel« zu ändern, der festgeschrieben hatte, daß die hübscheste junge Frau dem reichsten Mann zufiel. Männer können ihre Jagdtrophäe auch heute noch erobern, aber wir sollten uns nicht länger auf sein Geld verlassen noch auf das Urteil, das er über uns fällt. Soll er sich ruhig für die Jugend entscheiden; wir verfügen über eine neue Macht. Der Zauber liegt nicht in den Augen des Betrachters, sondern bei der Frau, die ihn besitzt und an ihre sexuelle Schönheit glaubt, bis zum letzten Atemzug.

Einst wurden ältere Frauen ihrer Macht wegen als Hexe gefürchtet. Die sexuelle Energie, die sie verkörperten – nicht ihr vertrocknetes Geschlecht –, ließ Männer und weniger kühne Frauen gleichermaßen erschaudern. Lois Banner schreibt: »Die häufigsten Schimpfnamen, mit denen Frauen andere Frauen im Mittelalter brandmarkten, waren ›Hure‹ und ›Hexe‹. In allen Frauen steckt eine Hure; in allen Frauen verbirgt sich eine Hexe.«[24]

Über die Unsichtbarkeit älterer Frauen endlos zu lamentieren, verwandelt die Errungenschaften der vergangenen 20 Jahre in eine

Farce, die besagt, daß wir nie etwas anderes als Lustobjekt waren und immer bleiben werden. Die Rückkehr zur Tyrannei jugendlicher Schönheit, die heute zu beobachten ist, erschwert die Arbeit an uns selbst. Die Mode der jungen Leute, ein müder Abklatsch der sechziger und siebziger Jahre, unserer eigenen Jugendzeit, äfft unsere Unfähigkeit nach, das Bild einer verführerischen, reifen Schönheit zu schaffen.

Wer sind wir? Es sind nicht so sehr die Kleider, die Leute machen, sondern es ist die Art, wie wir uns geben, wie wir von uns denken und wie wir uns sehen. Wir brauchen ein äußeres Erscheinungsbild, das den Anbruch eines neuen mittleren Alters für Frauen feiert. Wir gehören nicht der Generation unserer Mütter an. Je eher wir über die Angst hinauswachsen, sie in unserem Leben zu überflügeln, desto näher kommen wir unserem Ziel, ein neues Bild von uns zu schaffen.

Wenn wir mit einer Neunzehnjährigen um Männerblicke konkurrieren, ziehen wir immer eine Niete. Unseren Sichtbarkeitserfolg als Fünfzigjährige mit dem Aufsehen zu vergleichen, das wir als Dreißigjährige erregt haben, wäre töricht. Wir spielen nicht mehr mit bei der Genlotterie, müssen nicht mehr im Wettbewerb mit anderen Frauen darauf warten, daß ein Partner uns als Los zieht, um unser Erbgut zu reproduzieren. Wir sind älter und weiser geworden, und wir legen keinen Wert mehr auf wahllose Blicke; wir wollen überhaupt nicht mehr auserwählt werden, sondern selbst die Auswahl treffen. Wir sind nicht mehr im Tanzkurs, sondern haben eine Phase erreicht, in der wir es sind, die den ersten Schritt tun und einen Mann zum Tanz auffordern.

Die »Altweibergeschichten«, in denen es um den Verlust der sexuellen Anziehungskraft im Alter geht, sind genau das: Märchen, die von boshaften alten Weibern erzählt werden, um andere Frauen klein und in Schach zu halten. Damit soll verhindert werden, daß sich jemand ein größeres Stück vom Kuchen schnappt, als ihr »zusteht«. »Die Orgasmusfähigkeit einer Frau ist mit dem Älterwerden in keiner Weise beeinträchtigt«, schrieben Masters und Johnson 1994. »In einer Studie wurde sogar festgestellt, daß die Orgasmushäufigkeit bei sexuell aktiven Frauen mit jedem Lebensjahrzehnt zunahm, bis einschließlich des achten.«[25]

Die meisten meiner Freundinnen sind älter als 50, und sie sehen genausogut aus wie Dreißigjährige. Nicht genauso jung, wohlgemerkt, denn es ist nicht Jugend, was sie zu bieten haben. In den fünfziger Jahren galt eine Frau in der Lebensmitte als alt. Heute lachen wir, wenn jemand behauptet, 50 sei alt; hat sich unser Blick oder haben sich die Frauen geändert? Wer hat bewirkt, daß Frauen mit 50 zum alten Eisen gezählt wurden? Sie und ich.

Ein Mann mit 45 sieht distinguiert aus, bei einer Frau gleichen Alters ist dagegen der Lack ab, soll Frauenforscherin Debby Then (vom Center for the Study of Women des UCLA) gesagt haben.[26] »Frauen mit 40 haben heute ein besseres Selbstgefühl als jemals zuvor«, fügt Debby Then hinzu. »Aber leider ist das der Zeitpunkt, an dem wir für die Gesellschaft unsichtbar werden.«

Da gefällt mir Carolyn Heilbruns Perspektive von Frauen, Schönheit und Alter besser. Sie wählt als Rollenmodell einer älteren Frau Margaret Mead. »Ich erinnere mich, wie ich mit meiner Tante zu Mittag aß und sie mich fragte: ›Warum machst du nicht mehr aus dir?‹ Ich blickte zu Margaret Mead hinüber, die rund 1,50 Meter groß war und 90 Kilo wog ... und von zahlreichen Leuten umringt wurde, einschließlich junger Männer. Ich glaube, damals beschloß ich, ihr nachzueifern.«

Margaret Mead wird oft von anderen Frauen als Paradebeispiel für eine Frau reifen Alters genannt, die der Unsichtbarkeit den Kampf angesagt hat. In ihrer Autobiographie feiert Mead das Klimakterium, die Freiheit vom Kinderkriegen, als eine Phase, in der sich Frauen der Zugang zu etwas »ganz Besonderem« öffnet: »Plötzlich wird ihre ganze Kreativität freigesetzt – sie malen oder schreiben wie nie zuvor oder stürzen sich mit Begeisterung in eine wissenschaftliche Arbeit.«[27] Was ihr Aussehen und ihre Sexualität angeht, so schrieb ihre Tochter über sie: »Sie schien schöner zu werden: Sie kaufte zum erstenmal Designerkleider von Fabiani, und ich glaube, sie begann eine neue, romantische Beziehung. Fraglos erlebte sie eine vollständige berufliche Renaissance.«[28]

Bei dem Symposion über Macht und Schönheit, welches wir 1989 abhielten, fragte die Fernsehjournalistin Nancy Collins die vornehmlich männlichen Führungskräfte eines namhaften Kosmetikkonzerns, warum immer noch zwanzigjährige Frauen für ihre Antifaltencreme Werbung machten. Die Antwort lautete, weil die Verbraucherinnen es so wünschen. Inzwischen hat die Anzahl der attraktiven Models, die älter als 40 sind, in der Werbung für Schönheitsprodukte um ein Vielfaches zugenommen; Lauren Hutton, Patti Hansen, Carmen und Isabella Rossellini bilden die Vorhut. Die großen Kosmetikfirmen wollen vor allem Geld verdienen. Wenn sich also nachweisen läßt, daß ältere Models Antifaltencremes besser verkaufen können als jüngere, dann wird das Werbekonzept entsprechend umgestellt.

Wenn eine Frauengeneration heranwächst, die sich den neugierigen, kühnen Blick des kleinen Mädchens und seine vielfältigen Talente und Eigenschaften auch über die Adoleszenz hinaus bewahrt, dann wäre die Unsichtbarkeit nach dem Klimakterium keine Horrorvision mehr, denn wir besäßen ein verinnerlichtes Wertempfinden. Wir würden uns an die Vorteile erinnern, die wir in den Jahren vor der adoleszenten sexuellen Schönheit ins Feld führen konnten, als andere in stärkerem Maß auf unsere Stimme, auf unseren Charme oder auf sportliche und schulische Leistungen reagierten. Damals empfanden wir es als Freiheit, nicht ständig im Rampenlicht stehen zu müssen.

Größeres und engagierteres Bemühen wird uns zu dem Menschen machen, der wir sein wollen. Das werden andere in unserem Gesicht erkennen, das nicht mehr so jung ist, wie es einmal war, aber auch nicht faltiger als das eines gleichaltrigen Mannes. Die jugendliche Schönheit verblaßt, aber Intellekt, Energie, Führungskompetenz, alle unvergänglichen Eigenschaften, die früher als »typisch männlich« galten, einschließlich der sexuellen Energie, werden in Zukunft auch ein charakteristisches Merkmal von Frauen sein.

In zehn Jahren werden wir fraglos immer noch Klagen über die Unsichtbarkeit hören, aber es bleibt zu hoffen, daß dann weniger

Verzweiflung und mehr Humor in den Stimmen mitschwingt, weil sich die Frauen ihres Wertes stärker bewußt sind. Wem macht es schon Spaß, sein attraktives Erscheinungsbild einzubüßen? Mir nicht. Und Männern genausowenig.

Was soll die gute Zauberin tragen?

Die Schneider unserer Zeit erhalten ihre Arbeit auf dem Präsentierteller serviert. Jedes Jahr werden Millionen von Frauen 50 und älter, und nie waren wir finanziell besser situiert. Wir haben unser eigenes Geld verdient und fühlen uns frei, es für uns selbst auszugeben. Wir wollen aussehen, wie wir uns fühlen: vital, sexuell in Topform und selbstbestimmter als je zuvor.

Anne Hollander ist eine Cassandra, die uns erzählt, daß Kleider eine Sprache haben und etwas über die Person aussagen, die in ihnen steckt. Das haben wir tief in unserem Inneren immer schon gewußt, aber es gehörte zur Rolle einer wohlerzogenen Frau, zu sagen: »Es kommt nicht darauf an, wie du aussiehst, meine Liebe, oder was du trägst; wichtig ist allein der Charakter.« Charakter ist wichtig, keine Frage, aber es ist möglich, gut und gleichzeitig sexuell begehrenswert und attraktiv zu sein.

In meiner Jugendzeit erreichten die Mütter meiner Freundinnen nie die Phase einer reifen sexuellen Schönheit; sie erlebten den Höhepunkt ihrer Attraktivität während der Adoleszenz, sparten ihre Jungfräulichkeit bis zur Ehe auf und verwandelten sich ziemlich schnell von der umschwärmten Ballkönigin in die fleißige Haushaltsbiene, deren Aussehen bar jeder Sexualität war, sobald das erste Kind kam. Wenn eine neue Generation junger Frauen heranwuchs, auf die sich das Scheinwerferlicht der Mode richtete, verschwanden ihre Mütter visuell hinter den Kulissen. Aber wir altern nicht mehr wie unsere Mütter.

»Was wollen Frauen?« ist eine Frage, die inzwischen eine neue Bedeutung erhalten hat. Wir sind eine ganze Armee, die weder mit einem psychologischen noch mit einem visuellen Modell für die

Jahre der reifen sexuellen Schönheit herangewachsen ist. Wir haben wirklich nichts anzuziehen!

»Das Schweigen der Unsichtbarkeit kann verheerend sein, wenn man ein Leben lang Komplimente gehört oder nach dem zustimmenden Blick gesucht hat, der die Fähigkeit bestätigt, anderen zu gefallen«, schrieb Psychologin Rita Freedman 1986.[29] Aber dieses verheerende Gefühl stellt sich teilweise schon in einem Leben ein, das erst 26 Jahre andauert. Junge Frauen befinden sich in einer Sackgasse zwischen einem in der Kinderstube verarmten Selbst und der Angst vor dem Älterwerden.

Wir müssen ein Erscheinungsbild für die »gute Zauberin« finden. Fühlen sich Frauen nicht wohl, wenn man ihnen ansieht, daß sie mächtig sind? Assoziieren sie Stärke mit Alter, mit dem Bild der Mutter? Beim Anblick einer attraktiven, unbekannten Fünfzigjährigen werden andere Erinnerungen in uns geweckt als beim Anblick eines Mannes. Wir schauen sie an und sind von ihrer Schönheit beeindruckt. Aber dann erzählt uns jemand, wie alt sie ist, und schon sehen wir sie aus einer ganz anderen Warte. Das Bild der ersten weiblichen Bezugsperson in unserem Leben hat großen Einfluß darauf, wie wir unseren eigenen Alterungsprozeß und den anderer Frauen betrachten. Die diebische Freude, die es manchen macht, ältere Frauen zu verunglimpfen, wurzelt in dem Bestreben, es der »bösen Hexe« in der Kinderstube heimzuzahlen.

Wenn wir uns im Spiegel mustern, mit 50 oder 60, zögern wir, uns auf unser Erscheinungsbild einzulassen. Nur die emotional abgenabelte Frau, die ihre Individualität entwickelt hat, erreicht eine Lebensphase, in der sie die verinnerlichte Mutter als ganzheitlichen Menschen und somit sich selbst ebenfalls als ganzheitlich erlebt. Diejenigen, die nie soweit kommen, sind mit der »guten Zauberin« und der »bösen Hexe« aus dem Märchen auf der Strecke geblieben, mit der Spaltung der mächtigsten Frau unserer Kinderwelt in die geliebte und in die gehaßte Mutter. Kein Wunder, daß wir nicht machtvoll aussehen wollen.

Meine eigene Zwiespältigkeit hinsichtlich des Bedürfnisses, gesehen zu werden, ist ein Baustein in diesem Puzzle. Sie hat zur Folge, daß ich meine vollgestopften Kleiderschränke gelegentlich gnadenlos entrümpele und mit nur einem einzigen kleinen Koffer reise. Der Exhibitionismus, der mich dazu drängt, mich in augenfälliger Aufmachung zu zeigen, geht mit der Angst vor Kontrollverlust einher. Ich bin süchtig danach, Waren umzutauschen, und kann gut verstehen, wenn Frauen immer weniger kaufen: Die bestaussehende, bestbetuchte Frauengeneration unseres Alters, die es je gab, unterscheidet sich von der Generation unsere Mütter, doch haben wir keine Modelobby, die uns angemessen repräsentiert.

Warum konzipieren Redakteure, Stylisten und Fotografen, die Modezeitschriften gestalten, nicht ein Erscheinungsbild für das Auge und die Brieftasche der Mehrzahl ihrer Leserinnen, deren durchschnittliches Alter immerhin 32,4 Jahre beträgt? Kurz bevor Alexander Liberman als Leiter des Kreativbereichs von Condé Nast – in deren Besitz sich *Vogue* befindet – nach 50 Jahren Firmenzugehörigkeit in den Ruhestand ging, traf ich ihn in seinem Büro. Respektvoll, ja beinahe eingeschüchtert durch seine berufliche Autorität, fragte ich ihn, warum ein Magazin für erwachsene Frauen nicht anspruchsvoller gestaltet würde wie die Ausgaben, die er vor 30 oder 40 Jahren konzipiert hatte. Damals hatte man über Frauen aus aller Welt berichtet, die einen Platz in der Ruhmeshalle modebewußter, extremer Schönheiten verdienten.

»Man kann keine Zeitschrift verkaufen, die auf Matronen zugeschnitten ist«, wies er mich verächtlich zurecht. »Sie leben in der Vergangenheit.« Ich war so verblüfft, daß ich wortlos aufstand. Die Audienz war beendet.

Es ist nicht nur die Mittelmäßigkeit der Mode, die bewirkt, daß mich so wenige Seiten in der *Vogue* interessieren. Wahrscheinlich liegt es auch daran, daß ich heute eine bessere Meinung von mir selbst habe und daher nicht mehr in solchem Maß wie früher auf eine ausgefallene Verpackung angewiesen bin. Ich neige nicht zur Selbstüberschätzung, aber ich habe ein besseres Selbstverständnis entwickelt, das Ergebnis von 25 Jahren des Schreibens. In dieser Zeitspanne bin ich zu der Erkenntnis gelangt, daß ich mich mit zehn am wohlsten in meiner Haut gefühlt habe. Es war vor allem dieses Wohlgefühl, das ich mehr noch als alles andere wieder aufleben lassen wollte. Damals habe ich nie in den Spiegel gesehen. Ich glaubte an das aufgeweckte, beredte, sportliche Mädchen, das ich war, und tapfer, unsäglich tapfer! Wie konnte ich es aus den Augen verlieren?

In einer Variante des Märchens »Aschenputtel« bemühen sich die beiden bösen Stiefschwestern, nachdem sie im Konkurrenzkampf um den Königssohn ausgestochen wurden, sich wieder lieb Kind bei Aschenputtel zu machen, um an ihrem Reichtum teilzuhaben. Auf dem Weg zur Kirche, in der die Hochzeit stattfinden soll, stoßen zwei Vögel vom Himmel herab und picken den bösen Schwestern ein Auge aus. Nach der Trauungszeremonie erscheinen sie erneut und hacken ihnen auch das zweite Auge aus. »Und so wurden sie für ihre Boshaftigkeit und Falschheit bestraft bis an ihr Lebensende.«

Daß die beiden Schwestern ihr Augenlicht einbüßen, ist für Bruno Bettelheim ein Symbol ihrer Blindheit, aber »auch eine logische Folge davon, daß sie es versäumt haben, eine eigene Persönlichkeit zu entwickeln«. Sie haben kein getrenntes Selbst entwickelt, haben nicht den Unterschied zwischen Gut und Böse erkannt, sind nicht zu Eigeninitiative und Selbstbestimmung gelangt. »Sie bleiben leere Schalen.«[30]

Ein großer Teil des Lebens wird in dem Bemühen verbracht, gesehen zu werden. Trotz meines Geredes, meinen Kleiderschrank gnadenlos »auszumisten«, möchte ich doch nicht in Sack und Asche enden. Die Entscheidung, daß man sich in puncto Aussehen kein Bein mehr ausreißen wird, sollte jeder Frau selbst überlassen bleiben, aber im vollen Bewußtsein dessen, was man aufgibt.

Vielleicht möchte ich mich durch die Arbeit an diesem Buch mit meinem Bedürfnis aussöhnen, gesehen zu werden. So kann ich, wenn die Zeit der augenfälligen Kleidung vorüber ist, besser den Gedanken verinnerlichen, wegen anderer, unsichtbarer Eigenschaften liebenswert zu sein. Dieser Vorgang der emotionalen Trennung und Individuation, von dem Bettelheim und Mahler sprechen, beginnt in der Kinderstube, und obwohl er im Idealfall mit dem zweiten Lebensjahr abgeschlossen sein sollte, haben kluge Männer und Frauen erkannt, daß wir unser ganzes Leben daran arbeiten.

»Hinter jeder Angst verbirgt sich ein Wunsch«, sagte Freud. Wenn eine kühle Brise in Key West das durchsichtige Zoran-Top gegen meine Brüste weht, fühle ich mich gespalten; der eine Teil meines Ichs möchte gesehen werden, der andere fürchtet sich davor. Der Psychiater Eric Berne schrieb darüber in seinem Buch *Die Spiele der Erwachsenen*. Er sagt, statt uns wie gesunde Erwachsene zu verhalten, die nur das tun, was sie selbst billigen, lassen sich einige Menschen auf das Spiel ein, zugleich die Rolle eines kritischen Elternteils und die des ungezogenen Kindes zu übernehmen. Falls ich tatsächlich in jener Phase steckengeblieben sein sollte, in der ich gegen eine überkritische Mutter rebellierte, die mich nicht sehen wollte, werde ich mich damit abfinden. Das ist dann eben meine ureigene Art, an sie gebunden zu bleiben und immer noch zu versuchen, das von ihr zu bekommen, was ich als kleines Kind nicht von ihr haben konnte. Falls ich meine Bücher schreibe, um mich an ihr zu rächen, nun, dann befinde ich mich in bester Gesellschaft, zum Beispiel mit Freud und Paglia. Und was ist mit Madonna, Marilyn Monroe und Gypsy Rose Lee – ziehen sie ihre Kleider aus, um es der Mutter und den Frauen heimzuzahlen? Oder erreichen wir alle einen Punkt, an dem wir etwas nur um unserer selbst willen tun?

In ihrem Buch *Weibliche Perversionen* bietet die Psychiaterin Louise Kaplan eine faszinierende, zeitgemäße Erklärung, warum einige von uns das Bedürfnis haben, sich zu entblößen und zur Schau zu stellen. Ich möchte sie eingehender zitieren, denn in unserer Zeit der ungenügenden elterlichen Fürsorge und Zuwendung wachsen immer mehr junge Frauen ohne den »Blick« auf und suchen folglich eine Bestätigung ihrer Existenz im Exhibitionismus. Hier spricht Kaplan über den »Homöovestismus«, ein Wort, das der kanadische Psychoanalytiker George Savitzianos geprägt hat. Sie beginnt mit der Beschreibung einer fiktiven Person.

»Eine Frau wie Emma Bovary, die genauso handelt und sich genauso kleidet, wie es ihrer Rolle entspricht, kann eine Homöovestitin sein, eine Frau, die sich ihrer Weiblichkeit nicht sicher ist, eine Frau, die Angst hat, ihre männlichen Bestrebungen offen zuzugeben ... Das Konzept des Homöovestismus mit seiner Implikation der Nachahmung des eigenen Geschlechts [erfaßt] vielleicht besser, was geschieht, wenn sich eine Frau feinmacht, um sich als wertvolle sexuelle Ware darzustellen, als der Begriff des *Exhibitionismus* ... Öffentlichkeit und Psychiater gleichermaßen bezeichnen Stiptease-tänzerinnen und Darstellerinnen in Pornofilmen oder Modelle für Pornozeitschriften häufig als Exhibitionistinnen. Während die Befriedigungen, die der Exhibitionismus bietet, ... eine gewisse Rolle dabei spielen, daß Frauen sich zu diesen Beschäftigungen hingezogen fühlen, agieren jedoch die zahllosen Frauen, die sich mit Reizwäsche, Schleiern oder durchsichtigen Kleidungsstücken aufputzen, um in eindeutigen, aufreizenden Haltungen zu posieren, deshalb so, weil sie sich selbst bestätigen wollen, daß sie nicht verlassen oder vernichtet werden. Ihre Existenz steht auf dem Spiel. Der fetischisierte Körper der Darsteller im Pornofilm ist alles, was von einem kleinen Mädchen übriggeblieben ist, das nie verstehen konnte, warum ihm alle Liebe entzogen wurde ... Frauen wie ... die Kultfigur Marilyn Monroe ... sind in Körpern gefangen, die nur durch die Nachahmung von Weiblichkeit lebendig werden können. Diese weiblichen Darsteller von Weiblichkeit werden von ihren rigiden sexuellen Szenarios ebenso beherrscht wie die Männer, die sie erobern, fesseln und bedienen.«[31]

Mir gefällt an Kaplans umfassender Definition des Begriffs Exhibitionismus, daß sie das Sichtbarkeitsbedürfnis der erwachsenen Frau als Folge des fehlenden »Blicks« in frühester Kindheit erklärt. Die Angst des Kindes, »verlassen oder vernichtet« zu werden, die Unfähigkeit, zu »verstehen ..., warum ihm alle Liebe entzogen wurde«, wie Kaplan schreibt, hat zur Folge, daß Kinder aus leeren Kinderstuben zu jungen Leuten herangewachsen sind, deren exhibitionistischer Kleidungsstil und Jargon nicht nur ein Markenzeichen der Mode, sondern einer ganzen Lebensstrategie geworden sind: »Sieh mich an! Sieh mich an, verdammt noch mal, oder ich bring' dich um!«

Barbara Bush mit ihrem echten schlohweißen Haar und ihren falschen Perlen hat mich nicht davon überzeugt, daß sie glücklich war mit ihrer Wahl des »natürlichen« Kittelschürzen-Looks. Mir schien sie eher wie ein Pulverfaß, das jeden Moment vor Wut und Neid explodiert. Wenn die Schönheitsindustrie den Neid ungetarnt als Instrument für ihre Werbung ausschlachtet, freue ich mich und feuere sie an: Nur zu, sagt rundheraus, was Sache ist! Wenn sie die heimlichen Zielsetzungen einer Kultur in verbrämter Form präsentiert, entwickelt sich die Werbung zu einer Kunstform: »Wieso heißt es, Männer werden immer interessanter, wenn sie älter werden, und Frauen nur älter?« fragt die Frau in einem Werbespot für Oil of Olaz. »Ich habe nicht vor, in Würde alt zu werden; ich kämpfe dagegen an, von Kopf bis Fuß.«

Wir wollen besser aussehen als unsere Mütter, wenn wir älter werden, und trotzdem zu den »guten Zauberinnen« gehören. Diese Wünsche sind ein gefundenes Fressen für die Reinheitsfanatikerinnen; sie empfinden es als Mangel an Moral, wenn wir der Natur ins Handwerk pfuschen. Die Angst bei einer Fünfzigjährigen, die sich mit Hilfe der kosmetischen Chirurgie verschönern läßt, ist die Angst des heranwachsenden Mädchens, das aufgrund seiner sexuellen Attraktivität mehr Jungen in seine Netze gelockt hat, als ihm zusteht. Sie befürchtet, daß die anderen Mädels sie schneiden könnten, wenn es herauskommt, und deshalb kocht sie erotisch lieber auf Sparflamme. Wir würden uns die Lippen vielleicht mit Collagen unterspritzen und die Haare kastanienbraun färben lassen, wenn wir damit nicht Gefahr liefen, die Grundfesten der Tugendhaftigkeit zu erschüttern und damit die Zuwendung und Zustimmung der Clique zu verwirken. Warum überlassen wir es anderen, über unsere Moral zu Gericht zu sitzen?

Andere Gesellschaften hatten weniger Probleme als wir, Schönheit und ernsthafte, nicht auf Äußerlichkeiten bedachte Aktivitäten auf einen Nenner zu bringen. Sie sahen im Streben nach Schönheit, ungeachtet des Alters, kein närrisches Blendwerk. Im Gegenteil, die Rolle der Schönheit war ein unverzichtbares Element ihrer Kultur; liegt es vielleicht daran, daß diese Kulturen älter sind als wir? Not macht bekanntlich erfinderisch, und während des Zweiten Weltkriegs, als es in Paris nichts zum Anziehen gab, sondern nur Menschenschlangen, die nach Brot anstanden, kreierten dieselben Frauen, die in der Résistance gekämpft hatten, eine Mode ganz eigener Art. Die Pariser Frauen fertigten Hüte aus Zeitungspapier und Hühnerfedern oder ein Hochzeitskleid aus Fallschirmseide. Die Originalität, mit der sie der Schönheit dienten, wurde gebührend gewürdigt; niemand wäre auf die Idee gekommen, ihre Verdienste deshalb weniger wertzuschätzen.[32]

Es gibt ein berühmtes Foto aus der Zeit, als in Frankreich Strom gespart werden mußte: Frauen sitzen unter der Trockenhaube, während im darunterliegenden Raum Männer auf Fahrrädern kräftig in die Pedale treten, um die Elektrizität zu erzeugen. Das war kein Bild von weiblicher Eitelkeit, die Amok läuft, sondern galt als Symbol des Überlebenswillens und der Einstellung einer ganzen Bevölkerung, die es als genauso lohnenswert empfand, für die Schönheit der Frauen zu kämpfen wie für den Louvre oder für die Kathedrale von Chartres.

Ob wir einander als mächtig und behexend sehen, ist letztlich ein Handel, den wir Frauen untereinander abschließen müssen, basierend auf unserer eigenen Sicht. Jeder Versuch einer Frau, ihre Sexualität und Schönheit in Besitz zu nehmen, steht dem gleichermaßen starken Bestreben entgegen, Zuwendung und Akzeptanz in der Frauenwelt zu finden. Solange das Bild einer neuen Frauengeneration nicht Eingang in die Welt der sexuellen Schönheit gefunden hat, werden uns jüngere Frauen nicht beruhigt nacheifern, sondern mit Mißtrauen und Neid beobachten, bis wir das Terrain wirklich erobert und befriedet haben. Erst dann kann eine Massenbewegung entstehen, die sich nicht aufs Altenteil zurückzieht, sondern in ein weiterführendes, aktives Leben hinauszieht. Diesen Weg gehen moderne Frauen, die den Mut haben, zu neuen Ufern aufzubrechen, auch wenn sich der Feind in unseren eigenen Reihen befindet.

Geld ermöglicht es jeder Frau, ein selbstbestimmtes Leben zu führen, allein oder zu zweit, weiterzuarbeiten oder zu privatisieren und nach eigenem Gutdünken zu geben und zu nehmen. Sie kann eine Liebesbeziehung zu einem Mann eingehen, die sich nicht auf das Versprechen stützt, versorgt zu werden oder zu versorgen. Der Feminismus hat immer Druck gemacht, um gleiche Rechte auf wirtschaftlicher Basis zu erkämpfen, doch die enge Verbindung, die zwischen der ökonomischen und der emotionaler Unabhängigkeit der Frauen besteht, kommt in seinem Lehrplan nicht vor. Es geht nicht nur darum, unsere Rechnungen aus der eigenen Tasche zu bezahlen. Wichtig ist vielmehr, sich mit Geld etwas zu erkaufen, was auf der tiefsten, unbewußten Ebene angesiedelt ist: das Wissen um die eigene finanzielle Autonomie. Es wirkt für Frauen wie ein Schmiermittel für den Abnabelungsprozeß.

Frauen mit sechsstelligen Einkommen könnte man für eigenständig halten, aber in ihrem Umgang mit Geld lassen sie deutlich erkennen, daß die Bindung an die Mutter noch genauso symbiotisch ist wie in der Adoleszenz. Deshalb hat das Geld seine Tücken: Kleine Mädchen gehen als starke Erwachsene durch, nur weil sie die Spendierhosen tragen. Sie täuschen damit sogar sich selbst. Geld kann uns nicht zu emotionaler Eigenständigkeit verhelfen, aber es eröffnet uns einen Weg, um uns aus Mutters Fängen zu befreien, die versprochen hat, uns zu lieben, solange wir zu Hause bleiben. Wenn wir das Geld haben, um eine eigene Wohnung und ein Diaphragma zu bezahlen und wenn wir die Tür zu ersterer offenstehen und letzteres unbenutzt lassen, wessen kleines, abhängiges Mädchen sind wir dann?

Frauen sprachen nicht über Geld, als ich aufwuchs. Das galt als unfein. Deshalb begrüße ich die wirtschaftliche Autonomie der Frauen mit Pauken und Trompeten und weiß es zu schätzen, daß man sich damit ein Stück Eigenverantwortung kaufen kann. Und deshalb habe ich auch der früheren Gouveneurin von Texas, Ann Richards, lautstark applaudiert, als sie das Thema bei ihrer Wahlkampagne ansprach; die mutige Rede, die sie vor der Texas Girls High School vom Stapel ließ, hat sie möglicherweise ihr politisches Amt gekostet.

»Die wichtige Frage, die Sie sich stellen müssen«, sagte Richards, »ist nicht ›Was will ich später einmal werden?‹, sondern ›Wer will ich später einmal sein?‹ und ›Was will ich aus meinem Leben machen?‹. Warten Sie nicht darauf, daß Ihnen der Märchenprinz begegnet, der Ihnen ein besseres Selbstwertgefühl vermittelt und Sie versorgt ... In der realen Welt endet die Hälfte aller Ehen mit einer Scheidung. Und mehr als 70 Prozent aller geschiedenen Frauen stellen fest, daß sie sich kontinuierlich der Armutsgrenze nähern ... Der einzige Mensch, auf den Sie sich verlassen können, wenn Sie Hilfe brauchen, sind Sie selbst. Und fast alle Ziele, die erstrebenswert sind, erfordern einige Anstrengung, Mühen, die sich unter Umständen nicht sofort auszahlen ... Wenn es eine einzelne Hürde gibt, die Frauen zurückhält, ... dann ist es unsere eigene Unentschlossenheit, der Realität des Geldes ins Gesicht zu sehen ... Sie müssen gewillt sein, Ihr Leben und die Verantwortung für sich selbst in die Hand zu nehmen.«[33]

Ich hatte die wirtschaftliche Abhängigkeit meiner Mutter beizeiten erkannt und darin ein Bild gesehen, dem ich nie gleichen wollte. Ich bin zutiefst dankbar, daß ich heute finanziell auf eigenen Füßen stehe. Mein Idealbild sind Väter und Mütter, die ihren Töchtern beibringen, was Autonomie bewirken kann. Mit dem Geld, das uns andere zustecken, ist fast immer ein Haken verknüpft, selbst oder gerade dann, wenn es aus Liebe gegeben wird. Aufgrund der finanziellen Abhängigkeit glauben sie das Recht zu haben, Kritik an uns zu üben. Wenn wir darauf angewiesen sind, daß andere für das Dach über unserem Kopf zahlen, steht hinter den bewußten Überlegungen die Angst: Was ist, wenn sie mir morgen alles wegnehmen?

Es gibt einiges an der traditionellen Lebensweise unserer Mütter und Großmütter, was ich schmerzhaft vermisse, aber so ist es nun mal in Revolutionen: Wo gehobelt wird, da fallen auch Späne. Daß Frauen ein selbstbestimmtes Leben führen und ökonomisch unabhängig sein können, wenn sie es wollen, ist eine ungeheure Errungenschaft. Das Schlüsselwort ist jedoch die *Wahlmöglichkeit*, und die Geringschätzung, die der Feminismus Frauen entgegenbringt, die sich für die unentgeltliche Arbeit im Haushalt entscheiden, ist eine Schande.

Wenn eine Frauengeneration nach der anderen die Arbeitswelt erobert und ihr Einkommen steigt – beides ist unvermeidlich –, wird die Doppelmoral des Alterns zunehmend zum Auslaufmodell werden. Frauen, die Sicherheit aus dem Wissen beziehen, daß sie sich selbst finanziell über die Runden bringen können, werden dem Spiegel hoffentlich weniger kritisch gegenüberstehen und weniger geneigt sein, ihren Wert mit dem Alter schwinden zu sehen. Mit einem dickeren ökonomischen Polster wird sich ein Wohlgefühl einstellen, aus dem eine Anziehungskraft ganz eigener Art resultiert – vor allem für jüngere Männer, die durch ihre Mütter an Frauen gewöhnt sind, die wirtschaftliche Macht besitzen.

Männer nehmen schon zu Beginn ihres Lebens Schönheit und Frauenmacht in sich auf. Wenn die unvergeßliche Herrscherin in der Kinderstube dann auch noch mit ökonomischer Macht glänzt, wird die Doppelmoral des Alterns Schnee von gestern sein, oder zumindest seltener. Dann bleibt nur noch eines: Frauen müssen an ihren eigenen Wert glauben.

Je mehr ökonomische Macht ein Mann besitzt, desto leichter bahnt er den Kontakt zu einer Frau an. Er fühlt sich verletzt, wenn sie ihn zurückweist, aber das hält ihn nicht davon ab, anderswo sein Glück zu versuchen. Ein dickes Bankkonto hat für einen Mann sehr großes Gewicht; er hat schon als Heranwachsender miterlebt, wie Männer von dieser Macht Gebrauch gemacht und wie Frauen darauf reagiert haben. Uns Frauen fehlt jedoch die jahrzehntelange Erfahrung, unser eigenes Geld in eine persönliche Schatzsuche zu investieren.

Als wir vor 20 Jahren um gleiche Löhne kämpften, wollten wir ökonomische Freiheit und uns im Umgang damit von Männern unterscheiden. Wir hofften, eine spirituelle Wiedergeburt zu erleben und daraus als eigenständige Wesen hervorzugehen, ohne uns mit schnöder Profitgier die Hände schmutzig zu machen. Was bringt die matriarchalischen Feministinnen auf die Idee, daß wir besser, netter, großmütiger und moralischer sein werden, wenn wir die gleiche wirtschaftliche und politische Macht wie Männer besitzen? Wir sind Menschen, die zufällig dem weiblichen Geschlecht angehören und, was die Tugendhaftigkeit und Menschenfreundlichkeit angeht, um keinen Deut anders als Männer, von denen manche nett sind und andere nicht.

Da ich dazu erzogen worden war, nicht über Geld zu sprechen, hielt ich mich an das weibliche Schweigegelübde und erzählte niemandem, daß ich mein Taschengeld regelmäßig in der globusförmigen Spardose aus Glas deponierte. Hinter der Entschlossenheit, baldmöglichst aus dem Haus zu gehen und mein eigenes Leben zu führen, stand der Schwur, nie wieder unter dem Gefühl des Ausgeschlossenseins oder unter Verlustangst zu leiden. Die volle Bedeutung der Abhängigkeit hatte ich zum damaligen Zeitpunkt noch nicht begriffen, aber ich spürte mit sicherem Instinkt das emotionale Gewicht, das auf meiner Mutter und auf mir selbst lastete, und die Rolle des Geldes entging mir nicht. Der Vergleich zwischen der Freiheit und dem Respekt, die mein Großvater genoß, und den Ängsten und Sorgen, die Frauen erdulden mußten, war ein guter Lehrmeister.

Meine Mutter lächelte spöttisch, wenn sie die gläserne Spardose auf dem Bücherregal neben meinem Bett sah, und obwohl es sie ärgerte, daß meine Schwester oft ihr Taschengeld verlor oder verlegte, verstärkte diese Eigenschaft das Band zwischen ihnen noch. Mit anderen Worten: So waren Frauen eben, von Gelddingen hatten sie keine Ahnung.

Als ich mich in eine sexuelle Frau verwandelte, nahm das Rätsel um Liebe und Geld eine kniffligere Wende. Die kleine Heldin, die weder Tod noch Teufel fürchtete, eignete sich ein Erscheinungsbild an, das sexuelle Unabhängigkeit signalisierte. Ich legte es mir in dem vollen Wissen zu, daß es seine Wirkung auf Männer nicht verfehlen würde, vor allem auf solche mit Geld. Was mir an ihnen nicht gefiel, war, daß sie ihr Bildnis im Bankkonto gespiegelt sahen.

Das bedeutete, daß sie keine Frau nahe an sich heranließen, daß niemand ihre Abwehrmechanismen zu durchbrechen vermochte. Ich wollte einen Mann, den ich aus seinem Schlaf erwecken konnte wie der Prinz Dornröschen, einen Mann, dessen Panzer durch die Sicherheit des Geldes nicht undurchdringlich geworden war.

Ich war nicht auf Reichtümer aus und bin es auch heute noch nicht; ich wollte nur ein gewisses Maß an finanzieller Unabhängigkeit erlangen, um nicht so verzweifelt auf einen Mann angewiesen zu sein, daß ich mich nicht mehr in ihm und er sich nicht mehr in mir sehen konnte. Ich finde es viel spannender, wenn ein Mann den Mut aufbringt, emotional Anleihe bei mir zu nehmen, wenn er die Palette seiner Freiheiten erweitert oder mit der Macht der Schönheit spielt. Dieser Austausch zwischen einem Mann und einer Frau ist genauso aufregend wie Sex – nun, er stellt eine Form der Sexualität dar. Als ich 22 Jahre alt war, wußte ich, nicht auf der Ebene des Verstandes, sondern intuitiv, was ich wollte. Ich wollte einen Mann erwecken und mich ihm unersetzlich machen, indem ich ihn davon überzeugte, daß mich nicht sein Geld, sondern sein innerstes Wesen interessierte. Wichtig war für mich dieser unverbildete Kern, der schon vor dem Kuß der Gesellschaft vorhanden war.

Wenn andere uns ökonomisch versorgen und uns das Hand- oder Haushaltsgeld von einem Bankkonto zuteilen, das ausschließlich auf ihren Namen läuft, haben wir, auch wenn die Summe noch so großzügig bemessen sein mag, die Rolle des Kindes inne, das brav seine Hausaufgaben gemacht hat und nun auch sein Taschengeld bekommt. Der Streit wegen des lieben Geldes steht auf der Liste der Ursachen ganz oben, wenn es in einer Ehe zu kriseln beginnt.

Der Erhalt der Familienstruktur muß auf einer freiwilligen Entscheidung beider Partner beruhen, weil beide – und nicht der Mann allein – über die finanziellen Mittel verfügen, ihrer Wege zu ziehen. Heute setzen viele Paare, selbst nach bitterbösen Streitigkeiten, die eheliche Gemeinschaft nur deshalb fort, weil der materielle Verlust bei einer Trennung zu groß wäre. Man hat oft darüber nachgedacht und ist zu der Schlußfolgerung gelangt, daß sie sich nicht rechnet.

Frauen, die als unbezahlte Kraft im Haushalt tätig sind, füllen eine Rolle aus, die für die Entgeltarbeit des Ehemanns wichtig ist. Deshalb sollten sie ein eigenes Einkommen beziehen, einen Prozentsatz dessen, was er verdient. Auf einem Bankkonto angelegt, auf das sie allein Zugriff hat, kann es das autonome Selbst der Frau ungeheuer stärken. Die Vorteile werden vielleicht nicht bewußt wahrgenommen, aber die Transaktionen, die darin bestehen, Waren und Dienstleistungen vom eigenen Konto mit selbstverdientem Geld zu bezahlen, sagen ihr bei häufiger Wiederholung eines, gleich ob sie es hören will oder nicht: Ich kann auf eigenen Füßen stehen! Und siehe da, sie stellt außerdem fest, daß sie anderen nicht weniger lieb und teuer ist, seit sie eine eigene Identität besitzt. Im Gegenteil, das Pendel der Sympathie schwingt eher noch stärker zu ihren Gunsten aus, weil das niederdrückende Gewicht der Abhängigkeit entfernt ist und die Eigenständigkeit ihr Auftrieb und neue Lebensfreude verleiht.

In meiner ersten Ehe war es umgekehrt, da habe ich die Brötchen verdient, aber ich fühlte mich nie wohl in der Versorgerrolle und händigte ihm immer eifrig und dankbar mein Geld aus. Daß Frauen Liebe und Geld in einen Topf werfen, besagt: »Wenn ich viel Geld verdiene, wer will mich dann noch unter seine Fittiche nehmen?« Geld ist der Erzfeind einer symbiotischen Beziehung – wenn man es nicht schnellstmöglich einem anderen überantwortet, es in andere Hände gibt, so wie ich.

Daß heute viele Frauen einer außerhäusigen Erwerbsarbeit nachgehen, heißt nicht automatisch, daß sie abgenabelt und unabhängig sind. Doch ohne Geld für Essen und Miete laufen wir in jedem Fall an der kurzen Leine. Wir sind angewiesen auf die Unterstützung von den Eltern, vom Ehemann oder von Wohlfahrtseinrichtungen. Die Frauenwelt weigert sich immer noch, dem schnöden Mammon die Verdienste zuzuerkennen, die ihm gebühren. Wie beim Thema Sexualität, zu dem er in enger Beziehung steht, bereitet uns der Gedanke daran Unbehagen; wir meinen, daß Geld nichts Feminines, Weibliches hat.

Um sich den befreienden Einfluß des Geldes besser vor Augen zu führen, sollte man es für einen Mann ausgeben, ihn zum Essen einladen, ihm eine Freude machen und das Gefühl genießen, die Initiative ergriffen zu haben. Diese Übung kommt uns zugute, wenn wir die Rechnung begleichen; wir haben etwas getan, worauf unsere Mutter nie im Leben gekommen wäre.

Ein Liebhaber aus längst vergangener Zeit genoß es, in Bars zu gehen und etwas zu trinken, genau wie ich. Ich saß auf dem Barhocker, während er neben mir stand, die Ellbogen auf die Theke gestützt, in stundenlange Gespräche vertieft, ohne Blick für unsere Umgebung, wie bei frisch Verliebten üblich. Er legte gleich nach unserer Ankunft ein paar größere Scheine auf die Theke, und der Barkeeper füllte die Gläser nach und legte das Wechselgeld hin. Er unterbrach uns nie, und mein Geliebter sah das Wechselgeld weder an, noch zählte er den Rest nach, wenn wir das Lokal verließen. »Der Mann konnte nicht mit Geld umgehen«, sagen Sie jetzt vielleicht, aber ich sehe es anders; ich bewunderte die Leichtigkeit im Umgang mit Geld, die ihn und den Barkeeper gleichermaßen auszeichnete. Leichtigkeit ist ein Begriff, der in meinem Leben einen sehr hohen Stellenwert besitzt; ich möchte in einigen Lebensbereichen lockerer werden.

Frauen fehlt diese Leichtigkeit im Umgang mit vielen Dingen, und es gibt wenig, was uns sichtbar schwerer fällt, als die Essensrechnung im Restaurant zu bezahlen. Mir würde es gefallen, an der Bar zu stehen, ein paar Scheine auf die Theke zu blättern und ungestört mit meinem Begleiter zu plaudern, ohne an das Wechselgeld zu denken.

Vor 25 Jahren haben wir uns dagegen verwehrt, daß Männer unser Essen bezahlen, uns die Tür aufhalten, uns Feuer für die Zigarette geben. »Selbst ist die Frau« hieß das Motto, mit dem wir ein für allemal »den Mythos von der männlichen Überlegenheit« zerstören wollten. Ehrlich gesagt, ich mag es, wenn man mir den Stuhl zurechtrückt, aber es gefällt mir auch, einen Mann zum Essen einzuladen oder die Initiative zu ergreifen und Händchen mit ihm zu halten. Und es macht mir nicht das geringste aus, seinen Anzug aus der Reinigung zu holen oder ihm ein Abendessen mit allem

Drum und Dran zu kochen, was sehr befriedigend sein kann, wenn man es gern und *aus freien Stücken* tut.

Dem Feminismus sollte es nicht nur um gleiche Löhne, sondern auch um gleiche Chancen gehen, unser Selbstbild ein zweites Mal zu erfinden. Wir müssen lernen, unsere ökonomische Eigenständigkeit mit jeder Pore aufzunehmen, so daß wir uns wohl in unserer neuen Haut fühlen. Wir müssen imstande sein, die Spannungen wegzumassieren, unter denen unsere Mütter standen. Sie kosten Kraft und lassen uns vorzeitig altern. Wenn wir die Initiative ergreifen, ein Vorrecht, das uns der neue ökonomische Machtstatus bietet, dann sind wir auf dem richtigen Weg.

Wird das darwinistische Weltbild aus den Angeln gehoben, wenn eine Frau einem Mann das Abendessen zahlt? Sollen die beiden danach zu ihm gehen? Wird von ihr erwartet, daß sie das Spiel eröffnet, oder kann sie ihn, wenn er ohne ihr ausdrückliches Einverständnis den ersten Schritt tut, bezichtigen, das harmlose Rendezvous ausgenutzt und sie genötigt zu haben? Die Anthropologin Helen Fisher weist auf die Bedeutung der Nahrungsbeschaffung im Balzritual der Tiere hin: Bei einigen Säugetierarten übernehmen Weibchen diese Aufgabe vor der Paarungszeit. Verliebte Frauen laden ihren Partner gleichwohl wesentlich seltener zum Essen ein als umgekehrt.

Da sich immer mehr Frauen als »gute Versorgerinnen« erweisen und imstande wären, alle damit verbundenen Funktionen auszuüben, stellt sich die Frage, ob wir Frauen unser Selbstbild nicht grundlegend ändern müssen. Wenn eine Frau die Rechnung bezahlt, erwarten wir weder im Aussehen noch im Verhalten Passivität, Gefügigkeit, mangelnde Eigenverantwortung oder geringes Selbstwertgefühl. Ihre Rolle als ökonomische Versorgerin hat eine hohe Aussagekraft: Vielleicht sagt sie nicht unverblümt, daß sie nach dem Essen mit ihm schlafen will, aber wenn sie mit zu ihm geht, wie soll der Mann ihre Aktivitäten dann deuten? Wartet er darauf, daß sie den ersten Schritt tut, wie bei der Essensrechnung? Daß sie die Rechnung bezahlt hat und ihn in seine Wohnung begleitet, läßt in jedem Fall die Schlußfolgerung zu, daß sie das Geschehen an diesem Abend aktiv mitbestimmen will. Was als nächstes geschieht, liegt also *zu gleichen Teilen* in ihrer beider Verantwortung. Vergewaltigung oder sexuelle Nötigung ist eine Straftat, da beißt die Maus keinen Faden ab, doch wenn Frauen ihre eigene Rechnung und die eines Mannes bezahlen, verantwortungsvolle Positionen in der Wirtschaft innehaben und erotisch aufreizende Kleidung tragen, sollten wir die Rolle unserer ökonomischen Macht und Schönheit, ihre Wechselwirkung und die Folgen für die Beziehungen zwischen den Geschlechtern noch einmal gründlich überdenken.

Geld ist nicht alles, aber es nimmt dem Existenzkampf die tödliche Spitze, physisch und emotional. Aus diesem Wissen ist die Leichtigkeit geboren, mit der ein Mann seinen Mann steht, sein ungezwungenes Lachen, die Freiheit, alles zu sagen, was ihm durch den Kopf geht, so töricht es auch sein mag. Er merkt oft nicht einmal, daß der Hemdzipfel aus dem Jackett hervorlugt oder sein Haar dringend gekämmt werden sollte! Aber genau das ist es, was so reizvoll an ihm wirkt: Er schert sich nicht im geringsten um das Bild, das der Spiegel ihm vor Augen führt. Am Ende ist die Leichtigkeit des Seins immer Männersache gewesen, weil wir die Angst um das äußere Erscheinungsbild für uns gepachtet hatten.

Der Prinz, der Minnesänger, der Schneider und die Hochzeit: Ein Musical, produziert von dem Mädchen, das ich einst war

Zwei Jahre nachdem mein Haus abgebrannt war, traf ich den Mann, den ich heiraten wollte und mit dem ich bisher das beste Drittel meines Lebens verbracht habe. Wenn die Flammen nicht alles vernichtet hätten, wären wir uns vermutlich nie begegnet und vor dem Traualtar gelandet. Ich hätte den Prinzen nie erkannt, der so geschickt verkleidet war in jener Nacht, als ich die Tür öffnete, hätte ihn gewiß nicht verführt, wenn aus der Asche nicht das Mädchen wiedergeboren worden wäre, das ich einst war: mein bestes Selbst.

Er rief mich an einem Spätnachmittag im August an und erwischte mich, als ich gerade am Telefon vorüberging; normalerweise ist mein Anrufbeantworter eingeschaltet. Ich schrieb gerade an meinem Buch über den Neid, und da das Klingeln des Telefons eine kurzfristige Verschnaufpause versprach, nahm ich den Hörer ab. Eine sanfte Männerstimme erinnerte mich zögernd daran, daß wir uns vor einigen Monaten während einer Dinnerparty nach erfolgreichem Abschluß eines Films begegnet waren, den ein gemeinsamer Freund gedreht hatte. Als kein Zeichen des Erkennens von mir kam, fragte er, wie es mir ginge. »Ich kämpfe mit Geschwistern«, murmelte ich nach einem pflichtschuldigen »Oh, hallo«. »Wie wär's mit einem Drink, zur Entspannung?« Eigentlich hatte ich geplant, den Abend zu Hause zu verbringen. Aber es war schon nach vier, und ich hielt es in meinen vier Wänden nicht mehr aus. Später erzählte er mir: »Wenn du mir einen Korb gegeben hättest, hätte ich es vermutlich auf die Kurzfristigkeit meiner Einladung geschoben.« Der mutige Zeitungsverleger fürchtete sich vor einer Zurückweisung. Damit berührte er mein Herz, das eine Schwäche für das Schaf im Wolfspelz hat.

Er kam, um mich zu einem Drink abzuholen, und blieb bis heute, wie wir allen erzählen, die es hören wollen. In Wirklichkeit hatte ich keinerlei Erwartungen, als es an der Tür läutete, keinerlei Erinnerungen an sein physisches Selbst. Und da stand er, mir auf Anhieb vertraut, schwarzes, lockiges Haar, und machte einen Diener, wie ein Jüngling bei seiner ersten Verabredung. Wir setzten uns auf die Terrasse, und während er ein Bier trank, erzählte er irgend etwas von einem ausgewogenen oder überzogenen Budget in Mexiko. Ich hörte zu und sah, wie die Sonne an diesem späten Augustnachmittag hinter dem Horizont am jenseitigen Ufer des Hudson versank. Die Luft war so würzig und schwer, daß es schien, als könne man die 17 Stockwerke bis zum Gehsteig wie an einem Fallschirm hinunterschweben.

»Wer spielt da Klavier?« wollte er wissen. Ich erklärte ihm, es sei Peter Allen, mein Nachbar, und wir hörten zu, wie Petes Stimme ertönte, wieder abbrach und erneut einsetzte. »Er schreibt gerade ein Musical«, erklärte ich. Das Lied, das er sang, hieß »Come save me«.

Als es dunkel wurde, fuhren wir mit dem Taxi in ein Restaurant in der East Side, wo wir beim Essen unsere lockere, unpersönliche Unterhaltung fortsetzten, die so anders war als alles, was später kam. Danach traten wir auf die Madison Avenue hinaus und er nahm meine Hand. Mehr war nicht. Es war ein höchst bemerkenswertes Händchenhalten, so intensiv, daß mir die Namen zweier guter Freunde nicht mehr einfielen, denen wir begegneten. Ich war mir sicher, was passieren würde.

Was folgte, war eine Szene, für die ich mein ganzes Leben lang genetisch vorprogrammiert war. Wir kehrten in meine Wohnung zurück, ich schenkte ihm einen Drink ein, legte eine Platte von Roberta Flack auf – die zufällig gerade sang »I'm the One«, beugte mich zu ihm hinunter und küßte ihn, während er mitten in einem Satz war. Seit dem Feuer hatte ich keine Angst mehr, die Initiative zu ergreifen. Zurückweisung riskieren, Chancen wahrnehmen, den ersten Schritt tun war mir wieder in Fleisch und Blut übergegangen. Mein Prinz reagierte wie im Märchen, er erwachte. Und wurde lebendig.

Verführt werden ist eine der bevorzugten Männerphantasien. Männer schließen die Augen und bekommen schon bei dem Gedanken, daß eine Frau die Führung übernimmt, eine Erektion. In jener Nacht nahm ich ihn bei der Hand und führte ihn nach unten in mein Schlafzimmer.

Während der nächsten drei Tage gelang es ihm, sich ein für allemal von den Frauen zu verabschieden, mit denen er sich gelegentlich traf. Eine Woche später reiste er nach Europa, um eine Zeitung aus der Taufe zu heben; wir gelobten, jeden Tag miteinander zu telefonieren und uns alle zwei oder drei Wochen in seiner Heimat oder in meiner zu treffen. Drei Jahre später beendete ich mein Buch *Eifersucht*, und zwei Jahre danach war meine Scheidung durch und wir konnten heiraten. Und wie wir heirateten!

Peter Allen war dafür verantwortlich, daß es eine Trauung vom Feinsten wurde; eines Abends, als wir uns nach einem gemeinsamen Essen vor unseren jeweiligen Wohnungstüren trennten, sagte er: »Ihr zwei heiratet, und ich werde bei eurer Hochzeit singen und tanzen!« Ein solches Angebot konnten wir uns nicht entgehen lassen! Nach dem Bund fürs Leben stand uns schon der Sinn, aber nun galt es, nicht nur die Trauung über die Bühne zu bringen, sondern auch noch ein Musical mit allem Drum und Dran.

Zwei Wochen später steckte Norman mir den Verlobungsring an den Finger; wir aßen gerade im Rainbow Room hoch droben im Rockefeller Center zu Abend. »Das wär's«, sagte ich, und deutete auf die kleine Bühne oberhalb des Orchesterraums. Norman legte den Kopf in den Nacken und sah hinauf. »Da oben willst du heiraten?« fragte er, ziemlich sicher, daß es ein Scherz sein sollte. Wir hatten viele Prüfungen und Proben bestehen müssen, wobei Normans schmerzhaftes Gefühl der Unsichtbarkeit während der Jahre vor meiner grauenvollen Scheidung, in der wir unsere Liebesaffäre geheimhalten mußten, nicht die leichteste war. »Ich würde viel lieber ein Flugzeug chartern und ›Norman liebt Nancy‹ in den Himmel schreiben«, protestierte er schwach. »Das Podest dort oben ist wie Wolke sieben«, erwiderte ich. Er drückte mir die Hand, an der sein Verlobungsring glitzerte, blickte noch einmal nach oben, sah mich wieder an und sagte: »Ich vertraue dir.«

Es sollte eine Märchenhochzeit in jeder nur erdenklichen Weise werden, einschließlich der letzten Prüfung in Gestalt des Malheurs mit dem Hochzeitskleid. Es tauchte nicht auf, im wahrsten Sinne des Wortes: Der Stoff und der Schneider verschwanden auf Nimmerwiedersehen, *Hokuspokus*! Heute, acht Jahre später, könnte eine in Panik geratene Braut auch in allerletzter Minute Ersatz auftreiben; selbst Armani entwirft inzwischen Brautkollektionen. Aber 1988, als der Feminismus noch in vollem Saft stand, waren märchenhafte Hochzeitskleider nicht gefragt. Was zum Teufel sollte die Heldin des Hochzeitsmusicals tragen?

Zum Glück betrat nun der Meister der Nadel die Szene, dessen Namen ich seit den sechziger Jahren kannte, als ich Barbra Streisand in seinen Kreationen singen und tanzen sah. Das erste »wichtige« Kleid, das ich gekauft hatte, war ein Modell von Donald

Brooks gewesen. Als ihm nun ein gemeinsamer Freund die Bitte vortrug, lehnte er ab; er habe alle Hände voll mit den Kostümen für einen Film zu tun und keine Zeit, für eine völlig Fremde ein Hochzeitskleid zu entwerfen. Aber ich blieb nicht lange eine Fremde für ihn; ich erhielt eine Audienz im Russian Tea Room bei Wodka und Blinis mit ihm, und bevor die Mahlzeit beendet war, hatte er auf einer Papierserviette eine Robe skizziert, wie einer Marlene Dietrich auf den Leib geschneidert, komplett mit Spitzenkapuze.

Es war Juli, und die meisten Ausstellungsräume der Stoffhersteller waren in den Sommermonaten geschlossen. Aber Donald, ein Zauberer, wie er im Buche steht, trieb weiße Spitze auf, die für mein Hochzeitskleid ausreichte; es wurde von einer Spanierin genäht, die kein Wort Englisch sprach. Als er zur letzten Anprobe erschien, zwei Tage vor der Hochzeit, begrüßte ich ihn in dem Kleid, das er vor 20 Jahren entworfen hatte, einem langen, schmalen Schlauch aus Wolljersey mit breiten blau-weißen Streifen und nur einem Träger.

Und so wurden Norman und ich im schönsten Nachtklub der Welt getraut, auf einem Podest hoch über der sich drehenden Tanzfläche. Hier hatten die Unterhaltungskünstler der dreißiger Jahre mit einem Tusch ihren großen Auftritt, bevor sie die geschwungene Art-déco-Treppe hinunterschwebten, in der das Orchester saß.

Der große Abend war ein Fest, wie man es nur einmal im Leben feiert, und ein bewußter Kontrast zu unserem abgeschirmten Privatleben, das wir vor und nach der Hochzeit führten. Im Anschluß an die Trauungszeremonie setzte Peter Duchins Orchester ein, die goldenen Vorhänge ringsum wurden wie von Geisterhand hochgezogen und gaben den Blick auf die Kulisse von Manhattan frei, die Tanzfläche drehte sich langsam im Kreis, eine lange Hochzeitstafel tauchte aus der Versenkung auf, die zusammengekauerten Tänzer sprangen hoch und erwachten zum Leben, die Hochzeitstorte wurde hereingerollt, und dann kam als Krönung Peter Allens Geschenk. Er hatte seine Band mitgebracht, seine Backup-Sängerinnen, er selbst spielte Klavier und tanzte, warf irgendwann und irgendwo die Smokingjacke ab, und die begeisterten Zuhörer forderten immer wieder lauthals »Rio« als Zugabe. Niemand verstand es besser, Menschen glücklich zu machen, als Peter Allen.

Am Tag nach der Hochzeit fuhren Norman und ich in unser Haus nach Connecticut, wo ich ihn während der herrlichen Julitage immer wieder bat, mir in allen Einzelheiten zu erzählen, wie das Fest gewesen war. Wenn man die eigene Hochzeit inszeniert, fällt es einem schwer, sich in die Braut zu verwandeln; ich war zwar dabeigewesen, hatte aber große Gedächtnislücken. Beispielsweise beklagte ich mich darüber, daß er nicht mit mir getanzt hatte. »Aber ich habe doch die halbe Nacht mit dir getanzt!« protestierte Norman.

Ich erinnerte mich, daß es traumhaft gewesen war, und noch etwas anderes ging mir im Kopf herum, das mich rastlos machte und immer wieder vom Pool, an dem wir lagen, ins Haus trieb, weil es erzählt zu werden verlangte. Am Ende der Woche hatte ich eine Kurzgeschichte über ein junges Mädchen geschrieben, das in einer Kleinstadt im Süden aufwächst. Als ich fertig war, gab ich Norman das Manuskript zu lesen, der lächelte und sich bedankte.

»Wofür?« fragte ich.

»Ist das nicht deine Geschichte, deine Antwort auf den Trinkspruch, den ich bei unserer Hochzeitsfeier ausgebracht habe?«

»Du hast einen Trinkspruch ausgebracht?«

Und hier ist er, ein Sinnspruch für alle Frauen, die als zehnjährige Mädchen Wagemut besaßen:

»Als Nancy ein kleines Mädchen war und in Charleston aufwuchs, war sie bei jedem Abenteuer die Anführerin. Mit ihren Freunden im Schlepptau kletterte sie auf die höchsten Mauern des Städtchens, rannte los und brüllte aus Leibeskräften ›Weiter! Schneller!‹, um ihre Spielgefährten unten anzuspornen, mit ihr Schritt zu halten. Es gab keine Mutprobe, die ihr Angst eingeflößt, kein Risiko, das sie nicht gesucht und keine Herausforderung, der sie sich nicht mit Freuden gestellt hätte.

Heute abend, da wir auf dem obersten Absatz der berühmten Treppe im Rainbow Room stehen, mit Ausblick auf unsere Gäste und ganz New York, heute verstehe ich, welche Wirkung die junge

544

Nancy auf ihre Freunde gehabt haben muß. Mich von ihr an die Hand nehmen zu lassen, mich ihrer Führung anzuvertrauen, verleiht mir mehr Mut, als ich je besaß, und mehr Bereitschaft, das Leben voll auszuschöpfen. Meine liebe, geliebte Nancy. Dir zu begegnen, dich zu heiraten, war und ist der aufregendste Moment meines Lebens, ein Abenteuer, auf das ich mich einlassen will. Ich freue mich auf die guten Zeiten, die vor uns liegen, ohne Langeweile und ohne Bedauern. Auf unsere Ehe, auf unser gemeinsames Leben und auf die vielen hohen Mauern, die wir erklimmen werden, wenn wir das Leben voll ausschöpfen.«

Heute verstehe ich, warum ich die Worte nicht hören konnte, als sie ausgesprochen wurden; selbst jetzt habe ich Schwierigkeiten, sie zu verinnerlichen. Es lag nicht nur an der Aufregung, die jede Braut bei ihrer Hochzeit empfindet, sondern vielmehr am Inhalt des Trinkspruchs, der den Nagel auf den Kopf traf und genau das war, was ich immer hören wollte. Hatte ich die Worte als zu schmerzhaft oder zu schön empfunden? Vielleicht konnte Nancy, die Frau, das Geschenk nicht erkennen, aber dem kleinen Mädchen war es gelungen; deshalb hatte mich die Unruhe gepackt, so daß ich ins Haus gehen und die Geschichte aufschreiben mußte wie unter einem inneren Zwang. Dieses kleine Mädchen hatte ein ganzes Leben lang zu mir gesprochen.

Im Herbst nach unserer Hochzeit fiel es mir schwer, in die Einsamkeit meiner Schriftstellerklause zurückzukehren. Es war Jahre her, daß ich Zeit zu meiner freien Verfügung hatte. Ich las viel, ging spazieren, blätterte in Zeitschriften, genoß seit langem das erste gemeinsame Mittagessen mit Freunden. Doch das Arbeitstier in mir wurde rastlos. Ich konnte der Versuchung nicht widerstehen, mit den Recherchen zu beginnen, an deren Ende der Rohling für dieses Buch stand.

In meiner ersten Ehe hatte ich mit Schlaflosigkeit zu kämpfen. Ich versuchte es mit Hypnose und Schlaftabletten, doch nichts half. Eines Tages erwähnte ich in einem Gespräch mit meinem langjährigen Freund und Mentor Robertiello mein Schlafproblem, und er sagte beiläufig: »Du und dein Mann, ihr hängt wie die Kletten aneinander, so daß ihr beim Einschlafen wahrscheinlich Angst habt, eure Identität zu verlieren. Du kämpfst gegen den Schlaf an, um an deinem Selbst festzuhalten.« Ich hatte mich emotional nie so weit von dem zehnjährigen Mädchen entfernt, das ich einmal gewesen war, wie in jener Ehe.

In meiner Ehe mit Norman bin ich zufriedener, als ich es mir jemals erträumt hätte; deshalb tauchte auch wohl die Idee auf, meine Schränke zu entrümpeln und nur noch mit einem kleinen Koffer zu verreisen. Wozu brauche ich eine ausgeflippte Verpackung? Das zehnjährige Mädchen, das ich war, das mein Mann in mir entdeckt hat und am meisten liebt, schert sich einen Teufel um die äußerliche Schönheit. Manchmal scheint er es klarer zu sehen als ich selbst; in solchen Zeiten schlüpfe ich tagsüber in eine Haut, die nicht zu mir paßt, und verliere nachts meinen Weg aus den Augen.

Letzte Nacht war ich im Traum wieder unterwegs, und als ich meine Koffer öffnete, entdeckte ich zu meinem Entsetzen, daß sie leer waren. All die schönen Kleider, die ich für die Hochzeit eingepackt hatte, zu der Norman und ich eingeladen waren, hatten sich in Luft aufgelöst. Wir fuhren gerade durch die menschenleere Hauptstraße eines kleinen Kaffs, in dem sich die Bumslokale mit grellen Neonreklametafeln aneinanderreihten, ähnlich wie in Key West die T-Shirt-Läden. Da ich wußte, ich würde an diesem Ort nie etwas finden, das gut genug war, um bei der Hochzeit zu glänzen, erbot sich Norman, nach Hause zurückzukehren. Aber die Fahrt hätte acht Stunden gedauert. Wir hätten die Trauung verpaßt, und das alles wegen meiner Torheit. Ich stand auf der Straße, die Koffer geöffnet und leer, umgeben von einer gaffenden Menge, die rundum zufrieden war mit dem, was sie auf dem Leibe trug. Warum gehörte ich nicht zu den Menschen, denen ein »reines Herz« wichtiger ist als aller Tand? Offenbar befürchte ich, daß es in meinem Inneren ziemlich düster aussieht, und will diesen Sündenpfuhl durch ein exhibitionistisches Kleid kaschieren.

»Das Gepäck, mit dem man reist, sei die Sündenlast, von der man gedrückt wird«, zitiert Freud aus der Studie eines Kollegen. Mein lieber Dr. Freud, das kann ich nur bestätigen! »Doch dieses Gepäck erweist sich oft als unmißverständliches Symbol für die Genitalien des Träumenden«, fügt der Meister hinzu.[34] Erniedrigung. Kontrollverlust. Mich beschmutzen. Der zweite, immer wiederkehrende Alptraum, an den sich mein Unterbewußtsein klammert. Meines und das anderer Frauen, die mit Werbespots für weibliche Hygieneprodukte bombardiert werden.

Woher hatte Freud nur diese Ideen? Ich stelle mir den berühmten Mann vor, wie er sich eines Morgens um die Jahrhundertwende in Wien in seinem Bett aufsetzt, gerade erst aus einem Traumschlaf erwacht, und die letzten Geistesblitze des Unterbewußtseins niederschreibt. Verlorenes Gepäck, meint er, symbolisiert einen Identitätsverlust. Wieder ins Schwarze getroffen! Gleich, ob im Traum oder in der Realität, steht hinter der Angst, mein Gepäck zu verlieren, das beklemmende Gefühl, ohne meine auffallende Garderobe von anderen Mensch nicht angenommen oder gesehen zu werden.

Vielleicht zeugt es nicht unbedingt von der Reinheit des Herzens, wenn man nur mit einem kleinen Koffer verreist. Vielleicht wäre es an der Zeit, die Litanei zu beenden, daß meine Mutter mich nicht geliebt und mir zugemutet hat, im alten, abgelegten Abendkleid meiner Schwester zum Tanzen in den Jachtklub zu gehen, wo mich niemand sah. Und dann traf mich der Blitz der Erkenntnis: Wenn der »Blick« damals schon mir gegolten hätte, wäre ich heute vermutlich nicht mit einem Mann verheiratet, der mich sieht und die exhibitionistische Autorin frecher Bücher liebt. Wie kann man sich mit einem solchen Mann an die Vergangenheit klammern?

Ich schleppe meine Koffer wie meine Träume durchs Leben, stets in Sorge, die Fluggesellschaft sei vielleicht außerstande, meine Identität zu ermitteln. Schon als Heranwachsende pflegte ich immer zuviel einzupacken. Als ich mit der Arbeit an diesem Buch begann und das leere Blatt betrachtete, hatte ich keine Ahnung, wie ich beginnen sollte. Nur um endlich etwas zu Papier zu bringen, in der Absicht, es später zu streichen, schrieb ich: »Ich bin eine Frau, die gesehen werden möchte. Doch ich wünsche mir auch – und inzwischen ist diese Möglichkeit zunehmend attraktiv –, es aufzugeben, mich in den Augen anderer finden zu wollen.« Kaum hatte ich die

Worte schwarz auf weiß vor mir, begann ich auch schon, meine Kleiderschränke auszuräumen. Manchmal stand ich mitten während der Arbeit auf und ging nach oben, um einen weiteren Karton mit der kaum getragenen Garderobe zu packen und an Freunde und Verwandte zu schicken. Ich werde das Buch mit weit mehr als fünf Zentimetern Platz zwischen den Kleiderbügeln beenden. Bin ich deshalb ein besserer Mensch?

Hinter der Frau, die Norman liebt, verbirgt sich das Mädchen, auf das er bei unserer Hochzeit einen Trinkspruch ausgebracht hat. Es sind nicht die anderen, sondern ich selbst, die es nicht voll akzeptiert. Dieses Mädchen sehnte sich danach, um seiner selbst willen gesehen zu werden, und nicht der Kleider wegen, die es am Leibe trug. Seine Überlebensstrategie war weit effektiver als alles, was mir seither eingefallen ist. Aufmerksamkeit und Zuwendung erringen waren seine Ziele, und er erreichte sie durch Liebenswürdigkeit, Humor, Einfallsreichtum und die Fähigkeit, eine gute Geschichte spannend zu erzählen. Zuwendung zu erringen erschien mir die einfachste Sache der Welt, als ich zehn war.

Die Worte meines Mannes während der Hochzeitsfeier öffneten ein Fenster, das mir Ausblick auf das nächste Kapitel des Lebens und das Mädchen gewährt, das ich früher einmal war und, wie er meint, immer noch bin. Sie wartet in dem Fundbüro auf mich, wo ich sie deponiert habe, mit ihren staksigen Beinen, in alten Jeans, Flanellhemd, mit Zöpfen und Pony. Niemand würde sie eines zweiten Blicks würdigen. Sie ist unsichtbar, bis sie lächelt und mich ansieht. Erst da fesselt sie mein Auge und erwacht zum Leben. Wenn sie spricht, sprudelt sie über vor Lebendigkeit. Sie kommt zu mir, erzählt mir eine Geschichte, faßt mich vertrauensvoll bei der Hand, überzeugt davon, daß ich sie lieben werde. Ich kann meine Augen nicht von ihr lösen. Und sie ist nicht hübsch.

»Ich bringe dich nach Hause«, sagt sie, und wir gehen die King Street hinunter, am Gloria-Filmpalast vorüber; sie ist schon fast so groß wie ich. Sie spielen gerade das Musical *Easter Parade*, das sie zweimal gesehen hat, wie sie mir erzählt. Auf der gegenüberliegenden Seite befindet sich die Bäckerei, in der wir uns braune Papiertüten mit marmeladegefüllten Doughnuts und Eclairs füllen ließen, zum Naschen in den Pausen wie geschaffen. Als wir am Kaufhaus Belk's vorbeikommen, dem Schauplatz meines Ladendiebstahls, werfe ich ihr einen unbehaglichen Blick zu, aber sie eilt mir voraus.

Vor uns taucht nun das Blechschild mit dem Mörser und Stößel von Schwettman's Drugstore auf, das hoch über dem Gehsteig hängt, und darunter lümmeln sich, an die große Glasscheibe gelehnt, Malcolm, Jimmy, Billy und Tommy. Ich strecke schützend die Hand aus, den Spruch bereits auf den Lippen, den Tante Pat mir als Ermutigung mit auf den Weg zu geben pflegte: »Rücken gerade, Schultern zurück; denk dran, die Goldwyn-Mädels sind die schönsten der Welt!« Da fällt mir ein, daß meine Begleiterin erst zehn ist und die Adoleszenz noch vor sich hat. Ohne die Jungen zu beachten, die sie geflissentlich übersehen, öffnet sie die Fliegengittertür und tritt mit forschem Schritt ein, bedeutet mir mit einem Kopfnicken, ihr zu folgen. Aber ich warte lieber draußen.

Wie kindlich die Jungen wirken, genauso naiv und schlecht vorbereitet auf die bevorstehende Adoleszenz, wie ich es gewesen war. In ein paar Jahren würde sich das liebenswerte Mädchen von ihrem eigenen Geld einen ID-Armreif kaufen, da niemand daran gedacht hatte, ihr einen zu schenken. Er wurde Sklaveneisen genannt, weil auf der Innenseite Name und Blutgruppe der Trägerin sowie die Telefonnummer der bei einem Unfall zu benachrichtigenden Person eingraviert waren. Auf ihrem wird Malcolms Name auf der einen und Tommys auf der anderen Seite stehen, und sie wird ihn natürlich nicht in der Öffentlichkeit tragen können.

Wir spazieren den Block bis zur Broad Street entlang, biegen nach links ab, an dem prachtvollen Herrenhaus vorbei, das aus der Zeit vor dem Bürgerkrieg stammt. Im zweiten Stockwerk hat der Zahnarzt seine Praxis, der ihr erst vor kurzem Zahnspangen angepaßt hat; in ein paar Jahren wird sie gelernt haben, selbstbewußt zu lächeln und dabei mit der Oberlippe das verhaßte Metall zu verdecken. Ein paar Häuser weiter halten wir am Fenster des winzigen Ladens inne, wo ich meine Briefmarken zu kaufen und zu verkaufen pflegte. Ich möchte ihr sagen, daß sie später mit mir in ferne

Länder reisen wird, von denen viele auf den hübschen kleinen Quadraten und Rechtecken abgebildet sind. Aber vermutlich weiß sie es bereits: Sie steckt voller Optimismus, und der ist es ja, der ihr den Weg in die Schiffe und Flugzeuge ebnet, mit denen sie reist.

An der Ecke Broad und Meeting geht es weiter nach rechts, an der Post und der Hibernian Hall vorbei, wo sie in Kürze mit großem Herzklopfen Madame Larkas Ballettunterricht besuchen wird. An der Ecke Tradd Street biegen wir ab, bis wir an das hohe rosafarbene Haus mit den blauen Holzjalousien gelangen. Der schmiedeeiserne Balkon im ersten Stock oberhalb des Musikraumes, das Klavier, auf dem ich nie zu spielen lernte, weil »sie« spielten. Würde mein heutiges Ich sie überzeugen können, nicht so dumm zu sein und ihr Leben allein deshalb zu beschränken, weil sie wütend auf die Mutter war, die sie nicht sah, und neidisch auf ihre Schwester, die beachtet wurde?

Ich drehe mich um, aber sie ist verschwunden. Nein, warte, möchte ich ihr zurufen, Geh nicht, noch nicht! Und dann höre ich ihre Stimme: »Nancy! Nancy!« Ich kenne den Weg: durch das große schmiedeeiserne Tor, an dem kleinen Gästehaus vorüber, hinauf in das Geäst des Feigenbaums und hinüber auf die angrenzende Mauer. Ich beobachte, wie sie auf einen großen Baum klettert und mit einem riesigen Satz auf die drei Stockwerke hohe Mauer springt; die Überreste des alten Herrenhauses. Staub wirbelt hoch, und lockere Ziegelsteine lösen sich unter ihren Füßen, als sie die Mauer bis zur Hälfte entlangrennt. Sie weckt die Aufmerksamkeit einer alten grauhaarigen Matriarchin, die sie lauthals beschimpft. Sie ist wieder mal auf der Veranda ihres hochgelegenen Hauses erschienen, das sich auf der East-Bay-Seite der Mauer befindet, nicht weit von Tante Pats Studio entfernt, wo ich malen lernte und meine erste Geschichte schrieb. Früher habe ich den alten Zerberus so in Harnisch gebracht, daß sie ihre Dobermänner von der Leine ließ, die drei Stockwerke unter mir in dem dichten Gestrüpp hin und her rannten.

Von ihrem Aussichtsposten hoch droben auf der Mauer kann das Mädchen unser Haus sehen, in dem meine Mutter und meine

Schwester und ich lebten, als ich klein war; die gläserne globusförmige Spardose ist erst zur Hälfte gefüllt. Wie soll ich sie vor der Adoleszenz warnen, vor der Macht der Schönheit, die ihr nicht zu eigen sein wird, vor dem Fehler, soviel von sich selbst aufzugeben, nur um im Schönheitswettbewerb unter »ferner liefen« zu rangieren? Tu es nicht, rufe ich ihr zu, aber natürlich stößt meine Warnung auf taube Ohren. Sie muß ihren Weg zu Ende gehen, denn nur so gelangt sie an den Punkt ihres Lebens, an dem ich nun stehe. Und am Ende wird sie es sein, die mich rettet:

»Komm zu mir, rauf auf die Mauer, Mom!«

Anmerkungen

Kapitel 1

1 John Berger, *Sehen. Das Bild der Welt in der Bilderwelt*. Reinbek: Rowohlt 1974, S. 9.

2 Steven A. Holmes, »Out-of-Wedlock Births Up Since '83, Report Indicates.« In: *New York Times*, 20. Juli 1994, S. A1ff.

3 Achy Obejas, »Women Who Batter Women.« In: *Ms.*, September/Oktober 1994, S. 53.

4 Iona und Peter Opie, *I Saw Esau: The Schoolchild's Pocket Book*. London: Walker 1922, S. 75.

5 Ebd., S. 11–12.

6 Nora Frenkiel, »›Family Planning‹: Baby Boy or Girl?« In: *New York Times*, 11. November 1993, S. C6.

7 Ebd., S. C6.

8 Muhammad N. Bustan und Ann L. Coker, »Maternal Attitude Toward Pregnancy and the Risk of Neonatal Death.« In: *American Journal of Public Health* 84, Nr. 3, 1994, S. 411–414.

9 Ethel S. Person, *By Force of Fantasy: How We Make Our Lives*. New York: Basic 1995, S. 111–112.

10 Judith H. Langlois und Cookie White Stephan, »Beauty and the Beast: The Role of Physical Attractiveness in the Development of Peer Relations and Social Behavior.« In: *Developmental Social Psychology: Theory and Research*, Sharon S. Brehm u. a. New York: Oxford University Press 1981, S. 160, zitierend aus R. D. Parke u. a., »Fathers and Risk: A Hospital Based Model of Intervention.« In: *Exceptional Infant IV: Psychosocial Risks in Infant-Environmental Transactions*, D. B. Sawin u. a. New York: Brunner/Mazel 1980.

11 Judith H. Langlois und Rita Casey, »Baby Beautiful: The Relationship Between Infant Physical Attractiveness and Maternal Behavior.« Bei der vierten halbjährlichen International Conference on Infant Studies vorgelegter Aufsatz, New York 1984.

12 Katherine A. Hildebrandt und Hiram E. Fitzgerald, »Facial Feature Deter-

minants of Perceived Infant Attractiveness.« In: *Infant Behavior and Development* 2, 1979, S. 329–339.

13 Judith H. Langlois u. a., »Facial Diversity and Infant Preferences for Attractive Faces.« In: *Developmental Psychology* 27, Nr.1, 1991, S. 79–84.

14 Judith H. Langlois u. a., »Infants' Differential Social Responses to Attractive and Unattractive Faces.« In: *Developmental Psychology* 26, Nr. 1, 1990, S. 153–159.

15 Katherine Hildebrandt Karraker u. a., »Responses of Students and Pregnant Women to Newborn Physical Attractiveness.« Bei der Konferenz der American Psychological Association vorgelegter Aufsatz, New York, August 1987, S. 2.

16 Katherine Hildebrandt Karraker und Marilyn Stern, »Infant Physical Attractiveness and Facial Expression: Effects of Adult Perceptions.« In: *Basic and Applied Social Psychology* 11, Nr. 4, 1990, S. 381.

17 Katherine Hildebrandt und Teresa Cannan, »The Distribution of Caregiver Attention in a Group Program for Young Children.« In: *Child Study Journal* 15, Nr. 1, 1985, S. 51–52.

18 Daniel N. Stern, *Tagebuch eines Babys.* München/Zürich: Piper 1993, S. 63.

19 Ebd., S. 53f.

20 Ebd., S. 54.

21 Ebd., S. 68.

22 Theodore Shapiro und J. Stine, »The Figure Drawings of 3-Year-Old Children.« In: *Psychoanalytic Study of the Child* 20, 1965, S. 298–309.

23 Stern, *Tagebuch eines Babys,* S. 68.

24 Ebd., S. 54.

25 Helen Fisher, *Anatomy of Love: The Natural History of Monogamy, Adultery, and Divorce.* New York: Norton, 1992, S. 23.

26 Stern, *Tagebuch eines Babys,* S. 51f.

27 Ebd., S. 68f.

28 Ebd., S. 72.

29 Kenneth S. Robson, »The Role of Eye-To-Eye Contact in Maternal-Infant Attachment.« In: *Journal of Child Psychology and Psychiatry* 8, 1967, S. 16.

30 Robert Robertiello, *Your Own True Love.* New York: Richard Marek, 1978, S. 120.

31 Weiteres über Mahlers Theorien finden Sie in Margaret S. Mahler, *On Human Symbiosis and the Vicissitudes of Individuation,* Band 1 von *Infantile Psychosis.* New York: International University Press 1969 (Dt.: *Symbiose und Individuation. Psychosen im frühen Kindesalter.* Stuttgart: Klett 1986); Margaret S. Mahler, *The Psychological Development of the Human Infant.*

New York: Basic Books 1976 (Dt.: *Die psychische Geburt des Menschen. Symbiose und Individuation.* Frankfurt/M.: Fischer 1978); Richard Robertiello, *Hold Them Very Close, Then Let Them Go: How to Be an Authentic Parent.* New York: Dial 1975; Nancy Friday, *Wie meine Mutter. My Mother My Self.* Frankfurt/M.: Fischer 1982.

32 Elizabeth Debold u. a., *Mother Daughter Revolution: From Betrayal to Power.* New York: Addison-Wesley 1993, S. 17 (Dt.: *Die Mutter-Tochter-Revolution.* Reinbek: Rowohlt 1996).

33 Ebd., S. 5.

34 Shere Hite, *The Hite Report on the Family.* New York: Grove/Atlantic 1995, S. 17 (Dt.: *Hite Report. Erotik und Sexualität in der Familie.* München: Knaur 1996).

35 Barbara Tuchman, *Der ferne Spiegel. Das dramatische 14. Jahrhundert.* Düsseldorf: Claassen 1980, S. 56.

36 Philippe Ariès, *Geschichte der Kindheit.* München: dtv 1978, S. 92, 560.

37 Ebd., S. 651.

38 Neil Postman, *Das Verschwinden der Kindheit.* Frankfurt/M.: S. Fischer 1986, S. 39.

39 Richard L. Berke, »Religious Right Gains Influence and Spreads Discord in G.O.P.« In: *New York Times,* 3. Juli 1994, S. A1ff.

40 Mark Leyner, »Samurai Father.« In: *Esquire Gentleman,* Frühjahr 1994, S. 81.

41 John Lahr, »Dealing With Roseanne.« In: *New Yorker,* 17. Februar 1995, S. 58.

42 Penelope Leach, *Children First: What Our Society Must Do – and Is Not Doing – for Our Children Today.* New York: Knopf 1994, S. 58 (Dt.: *Kinder sind die Erwachsenen von morgen. Ein Plädoyer für eine kindgerechte Welt.* München: Knaur 1996).

43 Simone de Beauvoir, *Das andere Geschlecht. Sitte und Sexus der Frau.* Reinbek: Rowohlt 1992 (1951), S. 679.

44 Nancy Gibbs, »Bringing Up Father.« In: *Time,* 28. Juni 1993, S. 58.

45 Michael Lamb, »The Changing Roles of Fathers.« In: M. E. Lamb (Hrsg.), *The Fathers Role: Applied Perspectives.* New York: Wiley 1986, S. 11.

46 Kyle D. Pruett, »Fathers Influence in the Development of Infants Relationships.« In: *Acta Paediatrica Scandinavica 77,* Supplement Nr. 344, 1988, S. 43–53. R. Parke, *Fathers.* Cambridge, Mass.: Harvard University Press 1991, S. 35 (zitiert von Pruett). Martin Greenberg und N. Norris, »Engrossment: The Newborn's Impact upon the Father.« In: *American Journal of Orthopsychiatry 44,* Nr. 4, 1974, S. 520–531.

47 Gibbs, »Bringing Up Father«, S. 53–54.

48 U.S. Census, »Marital Status and Living Arrangements.« März 1994, S. IX.

49 Susan Chira, »Study Confirms Some Fears on U.S. Children.« In: *New York Times*, 12. April 1994, S. 1, 13.

50 Gibbs, »Bringing Up Father«, S. 53.

51 Pleck u. a., *Husbands' and Wives' Paid Work, Family Work, and Adjustment*. Wellesley, Mass.: Wellesley College Center for Research on Women 1982; und R. P. Quinn und G. L. Staines, *The 1977 Quality of Employment Survey*. Ann Arbor, Mich.: Survey Research Center 1997. Zitiert in Michael E. Lamb, »The Changing Roles of Fathers«, S. 21.

52 Patrice Duggan Samuels, »Dads to the Rescue for the Child-Care-Needs.« In: *New York Times*, 12. Februar 1995, S. F23.

53 Henry Biller und D. Meredith, *Father Power*. New York: David MacKay 1974.

54 Kyle D. Pruett, *Die neuen Väter. Männer auf dem Weg in die Familie*. München: Mosaik 1988, S. 39, zitierend aus Seymor und Hilda Parker, »Cultural Rules, Rituals and Behavior Regulation.« In: *American Anthropologist* 86, 1984, S. 584–600.

KAPITEL 2

1 Genesis 3, 6–7.

2 Herman Melville, *Billy Budd und andere Geschichten*. Hamburg: Claassen 1957, S. 35.

3 A. S. Byatt, »The Seven Deadly Sins/Envy: The Sin of Families and Nations.« In: *New York Times Book Review*, 18. Juli 1993, S. 3.

4 Melanie Klein, *Envy and Gratitude and Other Works 1946–1963*. New York: Delacorte 1977, S. 181 (Dt.: *Gesammelte Schriften. Bd. III: Schriften 1946–1963*. Stuttgart: Frommann-Holzboog 1977).

5 Ebd., S. 176.

6 Byatt, »The Seven Deadly Sins/Envy: The Sin of Families and Nations«, S. 25.

7 George M. Foster, »The Anatomy of Envy: A Study in Symbolic Behavior.« In: *Current Anthropology* 13, Nr. 2, April 1972, S. 184.

8 Willard Gaylin, *Gefühle*. München: Kösel 1991, S. 128, 130.

9 Bruno Bettelheim, *Kinder brauchen Märchen*. München: dtv 1980, S. 263.

10 Ebd., S. 279.

11 Karen K. Dion, »Young Children's Stereotyping of Facial Attractiveness.« In: *Developmental Psychology* 9, Nr. 2, 1973, S. 183–188.

12 Stephen Bank und Michael D. Kahn, *The Sibling Bond*. New York: Basic 1982, S. 51.

13 Stern, *Tagebuch eines Babys*, S. 140.

14 Bettelheim, *Kinder brauchen Märchen*, S. 88.

15 Ebd., S. 128.

16 Norman Cavior, »Physical Attractiveness, Perceived Attitude Similarity, and Interpersonal Attraction Among Fifth and Eleventh Grade Boys and Girls.« Dissertation, University of Houston, August 1970.

17 Opie, *I Saw Esau*, S. 72.

18 Philip Roth, *Portnoys Beschwerden*. Reinbek: Rowohlt 1970, S. 125.

19 Cecile Fraley u. a., »Early Genital Naming.« In: *Developmental and Behavioral Pediatrics* 12, Nr. 2, Oktober 1991, S. 303.

20 Christiane Northrup, *Women's Bodies, Women's Wisdom*. New York: Bantam 1994, S. 241–242 (Dt.: *Frauenkörper, Frauenweisheit. Bewußt Leben – ganzheitlich Heilen*. München: Zabert Sandmann 1994).

21 Michael K. Frisby, »Clinton Fires Surgeon General Elders Citing Differences in Opinions, Policy.« In: *Wall Street Journal*, 12. Dezember 1994, S. A16.

22 Saul Bellow, *Herzog*. Köln: Kiepenheuer & Witsch 1985.

23 Quinn und Staines, *The 1977 Quality of Employment Survey: Descriptive Statistics, With Comparison Data from the 1969–1970 and the 1972–1973 Surveys*, Tafel 15.32.

24 Gibbs, »Bringing Up Father«, S. 56.

25 Leach, *Children First*, S. 121, 120.

KAPITEL 3

1 Stacy Schiff, *Saint-Exupéry: A Biography*. New York: Knopf 1993, S. 43 (Dt.: *Saint-Exupéry. Eine Biographie*. München: BTB 1996).

2 *American Girl*, Juli/August 1994, S. 48.

3 Margaret Atwood, *Katzenauge*. Frankfurt/M.: Fischer 1994, S. 145–147.

4 Ebd., S. 170.

5 Bettelheim, *Kinder brauchen Märchen*, S. 254f.

6 Dorothy Dinnerstein, *Das Arrangement der Geschlechter*. Stuttgart: DVA 1979, S. 74f.

7 Sheila Benson, »True or False: Thelma and Louise Just Good Ol' Boys?« In: *Los Angeles Times*, 31. Mai 1991, S. F1.

8 Doris Lessing, *Unter der Haut. Autobiographie*. Hamburg: Hoffmann und Campe 1994, S. 151.

9 Michael Segell, »The Pater Principle.« In: *Esquire*, März 1995, S. 122.

KAPITEL 4

1 Peter Blos, *On Adolescence: A Psychoanalytic Interpretation*. New York: Free Press 1966 (1962), S. 203–204.

2 Virginia Rutter, »Adolescence: Whose Hell Is It?« In: *Psychology Today*, Januar/Februar 1955, S. 68.

3 Postman, *Das Verschwinden der Kindheit*, S. 53.

4 Laurence Steinberg, *Adolescence*. New York: Knopf 1985, p.v.

5 Rutter, »Adolescence: Whose Hell Is It?«, S. 68.

6 Louise J. Kaplan, *Weibliche Perversionen. Von befleckter Unschuld und verweigerter weiblicher Unterwerfung*. München: Goldmann 1993, S. 271.

7 U. S. Census, »Who's Minding the Kids?«, 1994.

8 Beauvoir, *Das andere Geschlecht*, S. 469.

9 Barbara G. Walker, *Das geheime Wissen der Frauen. Ein Lexikon von Barbara G. Walker*. München: dtv 1995, S. 698.

10 Beauvoir, *Das andere Geschlecht*, S. 437.

11 Susan C. Roberts, »Blood Sisters.« In: *New Age Journal*, Mai/Juni 1994, S. 137.

12 Roberta G. Simmons und Florence Rosenberg, »Sex, Sex Roles, and Self-Image.« In: *Journal of Youth and Adolescence* 4, Nr. 3, 1975, S. 229–258.

13 Roberta G. Simmons u. a., »Disturbance in the Self-Image at Adolescence.« In: *American Sociology Review* 38, 1973, S. 553–568.

14 David Elkind, »Egocentrism in Adolescence.« In: *Child Development* 38, 1967, S. 1029–1030.

15 Rutter, »Adolescence: Whose Hell Is It?«, S. 58–59.

16 Louise J. Kaplan, *Abschied von der Kindheit*. Stuttgart: Klett 1988, S. 203.

17 »My Generation: The Seventeen Survey.« In: *Seventeen*, Oktober 1989, S. 101.

18 Vangie Foshee und Karl Bauman, »Gender Stereotyping and Adoleszent Sexual Behavior: A Test of Temporal Order.« In: *Journal of Applied Social Psychology* 22, Nr. 20, 1992, S. 1574–1775.

19 Susan Harter, »Causes and Consequences of Low Self-Esteem in Children and Adolescents.« In: *Self-Esteem: The Puzzle of Low Self-Regard*, herausgegeben von R. F. Baumeister. New York: Plenum 1993, S. 95f.

20 Lenerz u. a., »Early Adolescents' Organismic Physical Characteristics and Psychosocial Functioning: Findings from Pennsylvania Early Adolescent Transitions Study (PEATS).« In: *Biological-Psychosocial Interaction in Early Adolescence: A Life-Span Perspective*, herausgegeben von Richard M. Lerner und T. T. Fochs. Hillsdale N. J.: Erlbaum 1987, S. 225–247, zitiert

in Thomas F. Cash und Thomas Pruzinsky, Hrsg., *Body Images*. New York: Guilford 1990, S. 118f.

21 »My Generation: The Seventeen Survey«, S. 103.

22 *Seventeen*, Juni 1995, S. 58.

23 E. Mavis Hetherington, »Effects of Father Absence on Personality Development in Adolescent Daughters.« In: *Developmental Psychology* 7, 1972, Nr. 3, S. 313–326.

24 Berichtet in Biller und Trotter, *The Father Factor*, S. 186.

KAPITEL 5

1 Paul Theroux, »The Roots of Desire.« In: *Vogue*, Oktober 1995, S. 250.

2 Teen Research Unlimited, unveröffentlichte Zahlen, 1995.

3 Morton Hunt, *Sexual Behavior in the 1970s*. Chicago: Playboy Press 1974, S. 77.

4 Harold Leitenberg u. a., »Gender Differences in Masturbation and the Relation of Masturbation Experience in Preadolescence and/or Early Adolescence to Sexual Behavior and Sexual Adjustment in Young Adulthood.« In: *Archives of Sexual Behavior* 22, 1993, Nr. 2, S. 96.

5 Tamar Lewin, »Boys Are More Comfortable with Sex Than Girls Are.« In: *New York Times*, 18. Mai 1994, S. 20.

6 Clara Thompson, »Penis Envy in Women.« In: *Psychiatry* 6, 1943, S. 123f.

7 Wendy Bounds, »Dating Game Today Breaks Traditional Gender Rules.« In: *Wall Street Journal*, 26. April 1995, S. B4.

8 Biller und Trotter, *The Father Factor*, S. 183.

9 Joseph P. Shapiro u. a., »Honor Thy Children.« In: *U.S. News & World Report*, 27. Februar 1995, S. 39.

10 Walter Goodman, »Writers Discuss Theme of Myths in Modern Life.« In: *New York Times*, 13. Oktober 1984, S. A13.

11 Frank Pittman, *Man Enough: Fathers, Sons, and the Search for Masculinity*. New York: G. P. Putnam 1993 (Dt.: *Warum Söhne ihre Väter brauchen: Der schwierige Weg zur Männlichkeit*. Bergisch Gladbach: Lübbe 1994), zitiert in Lee Smith, »The New Wave of Illegitimacy«. In: *Fortune*, 18. 4. 1994, S. 94.

12 Marina Warner, *Six Myths of Our Time*. New York: Vintage 1995 (1994), S. 41.

13 Ebd., S. 32f., 36f.

14 U. S. Justice Department, »The Survey of State Prison Inmates«, 1991.

15 John Snarey, *How Fathers Care for the Next Generation*. Cambridge, Mass.: Harvard University 1994, The Pater Principle, S. 122.

16 Warren Farrell, *The Myth of Male Power*. New York: Berkley Publishing 1994, S. 165.

17 Snarey, *How Fathers Care for the Next Generation*, S. 173.

KAPITEL 6

1 Tom Robbins, »The Mini, a Natural High.« In: *New York Times*, 6. April 1995, S. C1.

2 Amy M. Spindler, »In Milan, Brazen Men Parading.« In: *New York Times*, 19. Januar 1995, S. C13.

3 Germaine Greer, *Der weibliche Eunuch. Aufruf zur Befreiung der Frau.* Frankfurt/M.: S. Fischer 1971, S. 34.

4 Nadine Brozan, »Fashion Award Winners.« In: *New York Times*, 18. November 1994, S. B8.

5 Sally Belfrage, *Un-American Activities.* New York: HarperPerennial 1995 (1994), S. 199.

6 Karen de Witt, »So What Is That Leather Bustier Saying?« In: *New York Times*, 1. Januar 1995, Sektion 4, S. 2.

7 Stephen Holden, »For Warhol, to Be Was to Be on Screen.« In: *New York Times*, 27. Januar 1995, S. C28.

8 Laurel Graeber, »So Where Is That Lava Lamp Now?« In: *New York Times*, 6. April 1995, S. C6.

9 Clive Barnes, »Hair – It's Fresh and Frank.« In: *New York Times*, 30. April 1968, S. 40.

10 Berger, *Sehen*, S. 126–127.

11 »In Price of the Counterculture.« In: *New York Times*, 11. Dezember 1994, S. 14.

12 Barbara Grizzuti Harrison, »Talking Dirty.« In: *Ms.*, Oktober 1973, S. 41.

13 Anselma Dell'Olio, »The Sexual Revolution Wasn't Our War.« In: *Ms.*, Frühjahr 1972, S. 104.

14 Jennifer Egan, *The Invisible Circus.* New York: Talese-Doubleday 1995, Klappentext.

15 Eine Mischung aus Tanz und Mimik, mit der man Haltung und Gang eines Mannequins auf dem Laufsteg zu den Klängen von Popmusik nachahmt. (A. d. Ü.)

16 Lucy Freeman, »The Feminine Mystique.« In: *New York Times Book Review*, 7. April 1963, S. 46.

17 »Angry Battler for Her Sex.« In: *Life*, 1. November 1963, S. 84.

18 Betty Friedan, *Der Weiblichkeitswahn oder Die Selbstbefreiung der Frau. Ein Emanzipationskonzept.* Reinbek: Rowohlt 1986, S. 270.

19 Ebd., S. 271–272.

20 »Thinking Man's Shrimpton.« In: *Time*, 3. Januar 1969, S. 38.

21 Flora Davis, *Moving the Mountain: The Women's Movement in America Since 1960.* New York: Simon and Schuster 1991, S. 69–70.

22 »Playboy Interview: Betty Friedan.« In: *Playboy* (US-Ausgabe), September 1992, S. 62.

23 Davis, *Moving the Mountain*, S. 117.

24 Ebd., S. 118–119.

25 »Gloria Steinem, A Liberated Women Despite Beauty, Chic and Success.« In: *Newsweek*, 16. August 1971, S. 52.

26 *Cosmopolitan*-Anzeige von 1995.

27 Liz Smith, »Gloria Steinem, Writer and Social Critic, Talks about Sex, Politics and Marriage.« In: *Redbook*, Januar 1972, S. 76.

28 Jay Cooks, »How Long Till Equality?« In: *Time*, 12. Juli 1982, S. 22.

29 »Playboy Interview: Betty Friedan«, S. 149.

30 Molly O'Neill, »Decades as Icon; Now, Freedom.« In: *New York Times*, 9. Februar 1995, S. C10.

31 Andrew Bard Schmookler, »No Contest: The Case Against Competition.« In: *Los Angeles Times/The Book Review*, 28. September 1986, S. 11.

32 »Camille«, *60 Minutes,* CBS, 1. November 1992. Interview von Steve Kroft.

33 Ebd.

34 Ebd.

35 Margaret Carlson, »Batteries Not Included.« In: *Time*, 2. Dezember 1991, S. 78–79.

36 Nora Ephron, »Dealing with the, Uh, Problem.« In: *Esquire*, März 1973, S. 184.

37 »Preventing Pregnancy, Protecting Health: A New Look at Birth Control Choices in the United States.« Alan Guttmacher Institute 1991.

38 Alice Walker, *Die Farbe Lila*. Reinbek: Rowohlt 1984, S. 59.

39 Maureen Dowd, »Our True Lies.« In: *New York Times*, 20. August 1995, S. A13.

40 Roberta Smith, »A Parallel Art World, Vast and Unruly.« In: *New York Times*, 20. November 1994, Sektion 1, S. 42–43.

41 Susie Linfield, »Women Comics Stand and Deliver.« In: *New York Times*, 12. Juli 1992, S. 11.

42 *Wisecracks*, 1992. 93 Minuten. Eine Zinger-Filmproduktion in Koproduktion mit Studio D des National Film Board of Canada.

43 Ebd.

44 Ebd.

45 Walker, *Das geheime Wissen der Frauen*, S. 765.

46 Maureen Dowd, »Fashion Week Fabrics.« In: *New York Times*, 7. April 1995, S. A34.

47 Trucia Kushner, »Finding a Personal Style.« In: *Ms.*, Februar 1974, S. 83f.

48 Virginia Kelley und James Morgan, *Leading with My Heart*. New York: Simon and Schuster 1995 (1994), S. 212.

49 Madeline E. Heilman und Lois R. Saruwatari, »When Beauty Is Beastly: The Effects of Appearance and Sex on Evaluations of Job Applicants for Managerial and Nonmanagerial Jobs.« In: *Organizational Behavior and Human Performance* 23, 1979, S. 360–372.

50 Irene Hanson Frieze u. a., »Attractiveness and Business Success: Is It More Important for Women or Men?« Aufsatz für die Konferenz der Academy of Management, Washington D. C., August 1989; Irene Hanson Frieze u. a., »Perceived and Actual Discrimination in the Salaries of Male and Female Managers.« Bei der Konferenz der Academy of Management vorgelegter Aufsatz, Chicago 1986.

51 Daniel S. Hamermesh und Jeff E. Biddle, »Beauty and the Labor Market.« National Bureau of Economic Research, November 1993.

52 *McCall's*/Yankelovich Confidence Study: Health and Appearance, 1993.

53 »A Doctor Is No Better Than His Patient: An Interview with Norman Mailer.« In: *Cosmopolitan*, Mai 1990, S. 404.

54 P. Caplan, *Between Women: Lowering the Barriers*. Toronto: Personal Library 1981, S. 120; zitiert in Robert W. Firestone u. a., »The Mother-Daughter Bond.« The Glendon Association.

KAPITEL 7

1 David M. Buss, *Die Evolution des Begehrens. Geheimnisse der Partnerwahl*. Hamburg: Kabel 1994, S. 79.

2 Ebd., S. 80.

3 Stephen Brewer, »Put Your Face Here.« In: *Esquire*, August 1990, S. 34.

4 Robert T. Michael u. a., *Sex in America: A Definitive Survey*. New York: Litte, Brown 1994, S. 146–147 (Dt.: *Sexwende. Liebe in den 90ern. Der Report*. München: Knaur 1994).

5 Dana Wechsler Linden und Matt Rees, »I'm Hungry. But Not for Food.« In: *Forbes*, 6. Juli 1992, S. 70.

6 Fisher, *Anatomy of Love*, S. 205.

7 Bram Dijkstra, *Idols of Perversity*. New York: Oxford University Press 1986, S. 87.

8 Fisher, *Anatomy of Love*, S. 21–23.

9 Susie Bright, »How to Make Love to a Woman: Hands-on Advise from a Woman Who Does.« In: *Esquire*, Februar 1994, S. 108.

10 Robert Wayne Pelton, *Loony Sex Laws That You Never Knew You Were Breaking*. New York: Walker 1992, S. 6, 157.

11 Susan Edmiston, »Reconcilable Differences.« In: *Mirabella*, 20. März 1990, S. 112.

12 Laura A. Ingraham, »Enter, Women.« In: *New York Times*, 19. April 1995, S. A23.

13 Norman Mailer, »Norman Mailer on Madonna: Like a Lady.« In: *Esquire*, August 1994, S. 50.

14 Gloria Steinem, »Feminist Utopia.« In: *Time*, 31. August 1970, S. 22.

15 Ebd., S. 22.

16 Jerry Adler u. a., »You're So Vain.« In: *Newsweek*, 14. April 1986, S. 55.

17 Ebd., S. 51.

18 Ebd., S. 52.

19 Lois W. Banner, *In Full Flower: Aging Women, Power, and Sexuality*. New York: Vintage 1993 (1992), S. 212.

20 Jill Abramson und Ellen Joan Pollock, »Hillary's Enforcer': How Susan Thomases, Top Clinton Adviser, Fell Hard From Grace.« In: *Wall Street Journal*, 8. April 1996, S. A1.

21 Skip Hollandsworth, »Why I Hate Hunks.« In: *Mademoiselle*, Oktober 1990, S. 86.

22 »Who's Come a Long Way, Baby?« In: *Time*, 31. August 1970, S. 20.

23 Marina Warner, *Six Myths of Our Time*. New York: Vintage 1995, S. 36.

24 Donna Minkowitz, »In the Name of the Father.« In: *Ms.*, November/Dezember 1995, S. 71, 64.

25 Camille Paglia, »When Camille Met Tim.« In: *Esquire*, Februar 1995, S. 70.

26 Ebd., S. 71.

27 Michael Vincent Miller, *Intimate Terrorism: The Deterioration of Erotic Life*. New York: Norton 1995.

28 Philip Blumenstein und Pepper Schwartz, *American Couples*. New York: Morrow 1983, S. 312.

29 Julie Baumgold, »Dancing on the Lip of the Volcano: Christian Lacroix's Crash Chic.« In: *New York*, 30. November 1987, S. 36.

30 Jacqueline Stenson, »With Cosmetic Surgery, Men Can Change Everything From Pecs to Private Parts.« In: *The Washingtonian*, Mai 1993, S. 92.

31 Jill Neimark, »How Men Measure Up.« In: *Psychology Today*, November/ Dezember 1994, S. 35, 38.

32 Ebd., S. 70.

33 American Sports Data, ein Marktforschungsinstitut, berichtet, daß die Anzahl der Männer, die mindestens hundertmal im Jahr ins Fitneßstudio gehen, von 17,2 Millionen (1987) auf 22,6 Millionen (1994) gestiegen ist.

34 *GQ*, »Men in the Nineties: The Quiet Revolution«, 1994, S. 20, 21, 27.

35 Families and Work Institute, »Women: The New Providers«, Mai, 1995, S. 33.

36 Zahlen des U. S. Bureau of Labor Statistics, genannt in Donna D. H. Walters, »Walking Women Play Key Role at Home, Study Finds.« In: *Los Angeles Times*, 11. Mai 1995, S. A22.

37 Families and Work Institute, »Women: The New Providers«, S. 29.

38 Amy M. Spindler, »How Much Glamour Can a Man Take?« In: *New York Times*, 30. Juni 1994, S. C11.

KAPITEL 8

1 Beverly Beyette, »Kinsey Institute's Reinisch Wants to Renew, Expand Sexual Studies; American Sex Habits Changed Since 1948 – But Not That Much.« In: *Los Angeles Times*, 18. Mai 1986, S. 1.

2 Paglia, »When Camille Met Tim«, S. 72.

3 Kevin Cook, »Is Bigger Better?« In: *Vogue*, April 1995, S. 266.

4 Neimark, »How Men Measure Up«, S. 72.

5 »Have You Ever Measured Your Penis?« In: *Glamour*, Januar 1995, S. 136.

6 Chip Brown, »Heel, Boy!« In: *Esquire*, November 1995, S. 107.

7 Bettelheim, *Kinder brauchen Märchen*, S. 309, 310.

8 Brown, »Heel, Boy!«, S. 103.

9 Susan Forrest, »DA Booted.« In: *Newsday*, 5. November 1993.

10 Carol Frey u. a., »American Orthopaedic Foot and Ankle Society Women's Shoe Survey.« In: *Foot and Ankle*, 1993, S. 79.

11 Sherry Magnus, »Feet, Sex and Power ... The Last Erogenous Zone.« In: *Vogue*, April 1982, S. 384.

12 Valerie Steele, *Fashion and Eroticism*. New York: Oxford University Press 1985, S. 32–33.

13 Magnus, »Feet, Sex and Power«, S. 384.

14 Banner, *In Full Flower*, S. 207.

15 Diane Ackerman, *A Natural History of Love*. New York: Vintage 1995 (1994), S. 74–75.

16 Banner, *In Full Flower*, S. 207.

17 Ackerman, *A Natural History of Love*, S. 248.

18 Daniel Harris, »The Current Crisis in Men's Lingerie: Notes on the Belated Commercialization of a Noncommercial Product.« In: *Salmagundi*, Herbst 1993, S. 130, 131.

19 Ebd., S. 132.

20 Ebd., S. 136.

KAPITEL 9

1 Berger, *Sehen*, S. 43.

2 John De St. Jorre, »The Unmasking of O.« In: *New Yorker*, 1. August 1994, S. 43, 45.

3 Germaine Greer, *Wechseljahre*. Düsseldorf: Econ 1991, S. 69, 71.

4 Aimee Lee Ball, »Ballbusters: Success Secrets of 6 Pushy Women.« In: *Marie Claire*, September/Oktober 1994, S. 58.

5 Betty Friedan, *The Fountain of Age*. New York: Simon and Schuster 1993, S. 483, 568, 597 (Dt.: *Mythos Alter*. Reinbek: Rowohlt 1995).

6 Bettelheim, *Kinder brauchen Märchen*, S. 82.

7 *The Art of Courtly Love*, zitiert in: Banner, *In Full Flower*, S. 172.

8 Doris Lessing, *Love, Again*. New York: HarperCollins 1996, S. 133 (Dt.: *Und wieder die Liebe*. Hamburg: Hoffmann und Campe 1996).

9 Michiko Kakutani, »Who Exactly Is This Sexagenarian Sex Kitten?« In: *New York Times*, 15. März 1996, S. C30.

10 Susan Sontag, »The Double Standart of Aging.« In: *Saturday Review*, 23. September 1972, S. 37.

11 Banner, *In Full Flower*, S. 193.

12 Bettelheim, *Kinder brauchen Märchen*, S. 326.

13 Ebd., S. 325–326.

14 Ebd., S. 350.

15 Ebd., S. 347–348.

16 Ebd., S. 349.

17 Gail Sheehy, *Wechseljahre. Na und?* München: List 1993, S. 135.

18 »The 50 Most Beautiful People in the World.« In: *People*, 8. Mai 1995, S. 91.

19 Sheehy, *Welchseljahre. Na und?*, S. 209.

20 Bernadine Healy, *A New Prescription for Women's Health: Getting the Best Medical Care in a Man's World*. New York: Viking 1995, S. 183.

21 O'Neill, »Decades as an Icon«, S. C10.

22 Germaine Greer, *The Madwoman's Underclothes*. New York: Atlantic Monthly Press 1987 (1986), S. 37–38.

23 Greer, *Wechseljahre*, S. 68–69.

24 Banner, *In Full Flower*, S. 194.

25 William H. Masters u. a., *Heterosexuality*. New York: HarperCollins 1994, S. 470 (Dt.: *Heterosexualität*. Wien: Ueberreuter 1996), zitierend aus: B. D. Starr und M. B. Weiner, *The Starr-Weiner Report on Sex and Sexuality in the Mature Years*. Stein and Day 1981.

26 Lynn Darling, »Age, Beauty and Truth.« In: *New York Times*, 23. Januar 1994, sec. 9, S. 5.

27 Margaret Mead, *Blackberry Winter: My Earlier Years*. New York: Morrow 1972, S. 246–247 (Dt.: *Brombeerblüten im Winter. Ein befreites Leben*. Reinbek: Rowohlt 1978).

28 Sheehy, *Wechseljahre. Na und?*, S. 207–208.

29 Rita Freedman, *Beauty Bound*. Lexington, Mass.: Lexington 1986, S. 204 (Dt.: *Die Opfer der Venus: Vom Zwang, schön zu sein*. Zürich: Kreuz 1989).

30 Bettelheim, *Kinder brauchen Märchen*, S. 319, 321.

31 Kaplan, *Weibliche Perversionen*, S. 274, 281, 285.

32 Holly Brubach, »Survivors.« In: *New Yorker*, 27. August 1990, S. 74–75.

33 Ann W. Richards, »Girls, Pull Your Freight.« In: *New York Times*, 25. Juni 1994, S. 23.

34 Sigmund Freud, *Die Traumdeutung*. Gesammelte Werke II/III. Frankfurt/Main: S. Fischer 1968, S. 363.

Bibliographie

(In dieser Bibliographie sind nur jene Titel enthalten, die nicht bereits in den Anmerkungen erwähnt wurden.)

Alan Guttmacher Institute. »Preventing Pregnancy, Protecting Health: A New Look at Birth Control Choises in the United States.« 1991.

Alan Guttmacher Institute. »Teenage Reproductive Health in the United States.« 1994.

Allende, Isabel. *Das Geisterhaus.* Frankfurt/M.: Suhrkamp 1984.

American Association of University Women. »Shortchanging Girls, Shortchanging America.« Januar 1991.

American Orthopaedic Foot and Ankle Society, »Position Statement on Women's Shoewear and Foot Problems.« 1991.

Anderson, Sherwood. *Winesburg, Ohio.* Frankfurt/M.: Suhrkamp 1958.

Bachmann, Ronet, und Saltzman, Linda. »Bureau of Justice Statistics Special Report: National Crime Victimization.« August 1995.

»Beautiful People, The.« W, Januar 1995, S. 86–94.

Berne, Eric. *Spiele der Erwachsenen.* Reinbek: Rowohlt 1967.

Blume, Judy. *Are You There, God? Its Me, Margaret.* New York: Dell 1991 (1970).

Blumenfeld, Laura. »Feminists Hit a Bump and Grind at Lesbian Club.« *Washington Post*, 25. Juli 1991, S. D1–2.

Brownmiller, Susan. *Weiblichkeit.* Frankfurt/M.: Fischer 1984.

Butterfield, Fox. »Teenage Homicide Rate Has Soared.« *New York Times*, 14. Oktober 1994, S. A22.

Cash, Thomas F., und Henry, Patricia E. »Women's Body Images: The Results of a National Survey in the USA.« *Sex Roles* 33, 1995, Nr.1/2, S. 19–28.

Cheever, Susan. *A Woman's Life: The Story of an Ordinary American and Her Extraordinary Generation.* New York: Morrow 1994.

Chira, Susan. »No Cookie-Cutter Mothers in 90's. *New York Times*, 8. Mai 1994, Sektion 1, S. 26.

De Witt, Karen. »So What Is That Leather Bustier Saying?« *New York Times*, 1. Januar 1995, Sektion 4, S. 2.

»A Doctor Is No Better Than His Patient: An Interview with Norman Mailer.«
Cosmopolitan, Mai 1990, S. 332–333ff.

Dworkin, Andrea. *Pornographie. Männer beherrschen Frauen*. Frankfurt/M.:
Fischer 1990.

Dworkin, Andrea. *Woman Hating: A Radical Look at Sexuality*. New York:
E. P. Dutton 1974.

Ekman, Paul. *Telling Lies: Clues to Deceit in the Marketplace, Politics, and
Marriage*. New York: Norton 1985.

Ellis, Havelock. *Studies in the Psychology of Sex*, Bd. 2. New York: Random
House 1937.

Faludi, Susan. »I'm Not a Feminist But I Play One on TV.« *Ms.*, März/April
1995, S. 30–39.

Faludi, Susan. *Backlash. Die Männer schlagen zurück*. Reinbek: Rowohlt 1995.

Faulkner, William. *Das Dorf*. Stuttgart: Goverts 1957.

»Feminist Fatale.« *Longevity*. Juli 1994, S. 16.

»The 50 Most Beautiful People in the World.« *People*, 8. Mai 1995, S. 66–183.

Fleming, Anne Taylor. »Peekaboo Power Suits.« *New York Times*, 28. Januar
1993, S. A21.

Foster, George. »Cultural Responses to Expressions of Envy in Tzintzutzan.«
Southwestern Journal of Anthropology 21, Frühjahr 1965, Nr. 1, S. 24–35.

Freud, Sigmund. *Drei Abhandlungen zur Sexualtheorie*. Frankfurt/M.: Fischer
1991.

Friday, Nancy. *Eifersucht: Die dunkle Seite der Liebe*. Bern: Scherz 1986.

Frieze, Irene Hanson; Olson, Josephine E.; Good, Deborah Cain. »Perceived and
Actual Discrimination in the Salaries of Male and Female Managers.« Bei der
Konferenz der Academy of Management 1986 vorgelegter Aufsatz, Chicago.

Gibbs, Nancy. »The War Against Feminism.« *Time*, 9. März 1992, S. 50–57.

Graeber, Laurel. »Zenia Is Sort of Like Madonna.« *New York Times*, 31. Oktober 1993, S. 22.

Halpern, Sue. »Soul Sisters.« *Harper's Bazaar*, Juli 1994, S. 48.

Heilbrun, Carolyn. *Gloria Steinem: The Education of a Women*. New York:
Dial 1995.

Heilbrun, Carolyn. *Writing a Woman's Life*. New York: Ballantine 1989
(1988).

Hemingway, Ernest. *Paris – ein Fest fürs Leben*. Reinbek: Rowohlt 1995.

Hill, Carol De Chellis. *Henry James' Midnight Song*. New York: Poseidon
1993.

Hollander, Anne. *Anzug und Eros. Eine Geschichte der modernen Kleidung*.
Berlin: Berlin Verlag 1995.

Irving, John. *Das Hotel New Hampshire*. Zürich: Diogenes 1982.

Johnson, Joyse. *Minor Characters*. New York: Houghton Mifflin 1983.

Jong, Erica. *Keine Angst vor Fünfzig*. Hamburg: Hoffmann und Campe 1995.

Kadar, Andrew G. »The Sex-Bias Myth in Medicine«. *Atlantic Monthly*, August 1994, S. 66–70.

Kaminer, Wendy. »Feminism's Identity Crisis.« *Atlantic Monthly*, Oktober 1993, S. 51–68.

Kaplan, Louise J. *Oneness and Separateness: From Infant to Individual*. New York: Simon and Schuster 1978.

Keller, Bill. »What's 'Shock' in Zulu? Whites Visiting to Say Hi.« *New York Times*, 31. Mai 1994, S. A4.

Kinsey, Alfred; Pomeroy, Wardell B.; Martin, Clyde E. *Das sexuelle Verhalten des Mannes*. Frankfurt/M.: S. Fischer 1965.

Kolota, Gina. »News of Robust Elderly Belies Fears of Scientists.« *New York Times*, 27. Februar 1996, S. A1ff.

Lehmann-Haupt, Christopher. »Young Characters Trying to Fill a Gap.« *New York Times*, 6. April 1995, S. C21.

Lessing, Doris. *Das goldene Notizbuch*. Frankfurt/M.: Goverts im S. Fischer Verlag 1978.

Maddox, Brenda. *D. H. Lawrence: The Story of a Marriage*. New York: Simon and Schuster 1994; besprochen in Christopher Lehmann-Haupt, »D. H. Lawrence Seen in One Intense Lens.« *New York Times*, 14. November 1994, S. C18.

Martin, Richard, und Koda, Harold. *Jocks & Nerds: Men's Style in the 20th Century*. New York: Rizzoli 1989.

McNally, Terrence. »Frankie and Johnny in the Clair de Lune.« *Three Plays by Terrence McNally*. New York: Plume 1990 (1986).

Mediawatch Multi-Media Service. »Product versus Media Report.« 1995.

Mendelsohn, Ink. »We Were What We Wore.« *American Heritage*, Dezember 1988, S. 37–45.

Millett, Kate. *Sexus und Herrschaft. Die Tyrannei des Mannes in unserer Gesellschaft*. München: Desch 1971.

Morgan, Robin. *Sisterhood Is Powerful*. New York: Random House 1970.

Morris, Bernadine. »From DKNY, Eclecticism for Mothers, Daughters.« *New York Times*, 7. April 1994, S. C11.

Moyers, Bill. »Sissela Bok.« *Bill Moyers' World of Ideas*, WNET und WTTW, 3. Oktober 1988.

National Center for Health Statistics Division of Vital Statistics, veröffentlichte und unveröffentlichte Daten.

»A New *Glamour* Survey, Hearts and Minds: What Do College Men and Woman Really Mean to Each Other?« *Glamour*, August 1981, S. 230–231ff.

Newman, Paul. Interview mit James Lipton. *Inside the Actor's Studio*. Bravo, 26. April 1995.

O'Neill, Molly. »In an Ivy League of Her Own.« *New York Times*, 20. Oktober 1994, S. C1ff.

Parker, Dorothy. »Ein Telefonanruf.« *New Yorker Geschichten*. Reinbek: Rowohlt 1995. Erstmals veröffentlicht in *The Bookman*. Januar 1928.

Pierson, John. »Man Walked on the Moon, Why Can't Man Make a Woman's Dress Shoe That Doesn't Hurt?« *Wall Street Journal*, 10. Januar 1996, S. B1.

Phillips, Adam. *On Flirtation: Psychoanalytic Essays on the Uncommitted Life*. Cambridge, Mass.: Harvard University 1994.

Pogrebin, Letty Cottin. »Competing With Women.« *Ms.*, Juli 1972, S. 78–81ff.

Raspberry, William. »An Interest in Failure.« *Washington Post*, 5. November 1993, S. A27.

Rhodes, Richard. *How to Write: Advice and Reflections*. New York: Henry Holt 1995.

Roberts, Sam. *Who We Are: A Portrait of America Based on the Latest U.S. Census*. New York: Times Books 1994.

Saturday Night Live. NBC, 19. Februar 1994.

Seventeen. »Love and Sex in the 90s Survey.« März 1991.

Shapiro, Laura, mit Chang, Yahlin. »The Girls of Summer.« *Newsweek*, 22. Mai 1995, S. 56.

Signature: Gloria Steinem. Interviewed by Patrick Watson. CBS Cable, 4. November 1981.

60 Minutes. »Camille.« CBS, 1. November 1992.

Smith, Lee. »The New Wave of Illegitimacy.« *Fortune*, 18. April 1994, S. 81–94.

Sommers, Christina Hoff. »A Holiday Based on Ms. Information.« *Wall Street Journal*, 10. April 1995, S. A20.

Sommers, Christina Hoff. »The Myth of Schoolgirls' Low Self-Esteem.« *Wall Street Journal*, 3. Oktober 1994.

Sommers, Christina Hoff. *Who Stole Feminism?* New York: Simon and Schuster 1994.

Steinberg, Laurence, mit Steinberg, Wendy. *Crossing Paths: How Your Child's Adolescence Triggers Your Own Crisis*. New York: Simon and Schuster 1994.

Steinem, Gloria. *The Beach Book*. New York: Viking 1963.

Steinem, Gloria. *Unerhört: Reportagen aus »Ms.«* Reinbek: Rowohlt 1984.

Steinem, Gloria. *Was heißt schon emanzipiert. Meine Suche nach einem neuen Feminismus*. Hamburg: Hoffmann und Campe 1993.

Stephenson, June. *Men Are Not Cost Effective: Male Crime in America*. New York: HarperPerenial 1995.

Thurman, Judith. »What If He's Cuter Than You?« *Mademoiselle*, April 1985, S. 120.

Trebay, Guy. »Inventing Kirsty.« *Harper's Bazaar*, Juli 1994, S. 127ff.

Turgenjew, Iwan. *Erste Liebe*. Frankfurt/M.: Insel 1977.

U. S. Census. »Current Population Reports.« Serie P–60.

U. S. Census. »Projection of the Population, by Age, Sex, Race, and Hispanic Origin.«

U. S. Census. »Who's Minding the Kids?« 1994.

Verhovek, Sam Howe. »Family Becomes Issue in the Texas Governor's Race.« *New York Times*, 22. Juni 1994, S. A16.

Walters, Donna D. H. »Working Women Play Key Role at Home, Study Finds.« *Los Angeles Times*, 11. Mai 1995, S. A22.

Warner, Marina. *Six Myths of Our Time*. New York: Vintage 1995.

Weinraub, Bernard. »Hollywood Braces for Look Into Mirror of ›Sunset Boulevard‹.« *New York Times*, 9. Dezember 1993, S. C13ff.

Welford, Heather. »Best Friends and Bully Girls.« *The Guardian*, 23. November 1993, S. T16–21.

Wilde, Oscar. *Das Bildnis des Dorian Gray*. München: Goldmann 1990.

Wilford, John Noble. »Children's Cemetery a Clue to Malaria as Rome Declined.« *New York Times*, 26. Juli 1994, S. C1ff.

Williams, Lena. »Pregnant Teenagers Are Outcasts No Longer.« *New York Times*, 2. Dezember 1993, S. C1.

Woodman, Sue. »How Teen Pregnancy Has Become a Political Football.« *Ms.*, Januar/Februar 1995, S. 90–92.

Zollo, Peter. »Talking to Teens.« *American Demographics*, November 1995, S. 24.

Register